兰州年鉴

2011

Lanzhou Yearbook

兰 州 市 人 民 政 府　主 办
兰州市地方志办公室　编

兰州大学出版社

图书在版编目（CIP）数据

兰州年鉴. 2011 / 兰州市人民政府，兰州市地方志办公室编. — 兰州 ：兰州大学出版社，2012.12
ISBN 978-7-311-04022-2

Ⅰ. ①兰… Ⅱ. ①兰… ②兰… Ⅲ. ①兰州市—2011—年鉴 Ⅳ. ①Z524.21

中国版本图书馆CIP数据核字(2012)第309956号

书　名	兰州年鉴 2011
作　者	兰州市人民政府　主办 兰州市地方志办公室　编
出版发行	兰州大学出版社（地址:兰州市天水南路 222 号　730000）
电　话	0931-8912613(总编办公室)　0931-8617156(营销中心) 0931-8914298(读者服务部)
网　址	http://www.onbook.com.cn
电子信箱	press@lzu.edu.cn
印　刷	兰州新华印刷厂
开　本	889mm×1194mm　1/16
印　张	26.25（插页 8）
字　数	846 千
版　次	2012 年 12 月第 1 版
印　次	2012 年 12 月第 1 次印刷
书　号	ISBN 978-7-311-04022-2
定　价	238.00 元

（图书若有破损、缺页、掉页可随时与本社联系）

兰州市地方志编纂委员会

（兰州年鉴编辑委员会）

《兰州年鉴》编辑部

SHUZILANZHOU

数字兰州 2011

面积	13085.6 平方公里
常住人口	361.62 万人
户籍人口	323.54 万人
市区人口	210.36 万人
人口自然增长率	5.08‰
年平均气温	10.8℃
年降水量	234.2 毫米
地区生产总值	1100.39 亿元
第一产业	33.79 亿元
第二产业	529.18 亿元
第三产业	537.42 亿元
非公经济增加值	433.40 亿元
工业增加值	399.06 亿元
主要工业产品产量	
啤酒	47015 万升
卷烟	239.58 亿支
原煤	486.03 万吨
原油加工量	1033.72 万吨
汽油	201.70 万吨
水泥	548.06 万吨
平板玻璃	653.89 万重量箱
钢材	138.63 万吨
铝锭	79.72 万吨
发电量	169.27 亿千瓦时
铁合金	45.55 万吨
农业机械总动力	140.54 万千瓦
农业增加值	33.79 亿元
粮食作物播种面积	194.94 万亩
主要农产品产量	
粮食	40.38 万吨
蔬菜	198.07 万吨
油料	2.26 万吨
瓜类	12.29 万吨
肉类	3.13 万吨
鲜蛋	1.73 万吨
牛奶	6.50 万吨
水产品	0.12 万吨
全社会固定资产投资	660.69 亿元
社会消费品零售总额	545.11 亿元
居民消费价格指数	103.5%
国内旅游人数	887.5 万人次
入境旅游接待人数	3.1 万人次
国内旅游收入	62.80 亿元
外贸进出口总额	10.6 亿美元
地区财政收入	304.13 亿元
一般预算收入	72.76 亿元
一般预算支出	146.93 亿元
金融机构人民币存款余额	3235.84 亿元
人民币贷款余额	2359.28 亿元
城乡居民人民币储蓄存款余额	1295.95 亿元

保险承保总额	12335.43 亿元
城镇单位在岗职工工资总额	1693436 万元
城镇单位在岗职工平均工资	33966 元
城市居民人均可支配收入	14061.84 元
城镇居民家庭恩格尔系数	38.83%
农民人均纯收入	4587 元
农村居民家庭恩格尔系数	38.42%
私营企业	42227 户
个体工商户	100335 户
货运量	8054.29 万吨
铁路	1221.15 万吨
公路	6832 万吨
民航	1.14 万吨
客运量	3802.30 万人
铁路	975.81 万人
公路	2627 万人
民航	199.49 万人
电信业务总量	34.35 亿元
邮政业务总量	1.70 亿元
固定电话	104.66 万部
移动电话用户	349.25 万户
计算机互联网用户	50.04 万户
幼儿园	281 所
在园幼儿	55621 人
小学	697 所
在校学生	217649 人
普通中学	219 所
初中在校学生	123651 人
高中在校学生	75263 人
特殊教育	2 所
在校学生	1198 人
职业中学	17 所
在校学生	13342 人
技工学校	19 所
在校学生	29948 人
普通中等专业学校	40 所
在校学生	62155 人
成人中等专业学校	15 所
在校学生	12432 人
普通高校	19 所
在校学生	227627 人
成人高等院校	5 所
在校学生	78920 人
民办高校	6 所
在校学生	49754 人
公共图书馆	9 个
文化馆	10 个
医疗卫生机构	1552 个
医院床位数	25479 张
卫生技术人员	24348 人

兰州市第十四届人民代表大会第六次会议召开

在兰州市第十四届人民代表大会第六次会议城关区分组讨论会上，陆武成书记发言

在兰州市第十四届人民代表大会第六次会议上，袁占亭市长作政府工作报告

唐僧取经群雕

中山桥夜景

节日中的城关桥夜景

黄河巨龙

城关区远眺

兰州国学馆（文庙）牌坊及泮桥

新近建成的甘肃国际会展中心

晚霞中的黄河游船

兰州的“城市客厅”——东方红广场

交通银行甘肃省分行与兰州新区管委会签订战略合作协议

住房公积金支持保障性住房建设委托贷款银行合作签约仪式

兰州“主食厨房”暨九州配送园区项目奠基仪式

兰州新区多项巨额投资项目签约

市政府、中石油昆仑燃气公司签约仪式

陆武成书记、袁占亭市长会见巴西雅博阿唐市市长一行

陆武成书记会见纳米比亚楚梅布市市长

袁占亭市长会见日本秋田市市长

袁占亭市长会见中英贸易协会代表团

袁占亭市长向波特兰州立大学代表团赠送礼品

彩龙飞舞

百狮闹春

锣鼓喧天

高高跷

2011 年兰州国际马拉松赛主会场（起、终点）

重在参与

起跑

重在参与

2011 中国 MBA 黄河（兰州）漂流赛

参赛各大学代表队

竞相出发　奋力拼搏

“读者杯”2011中国机器人大赛暨RoboCup公开赛
开幕式
Opening ceremony

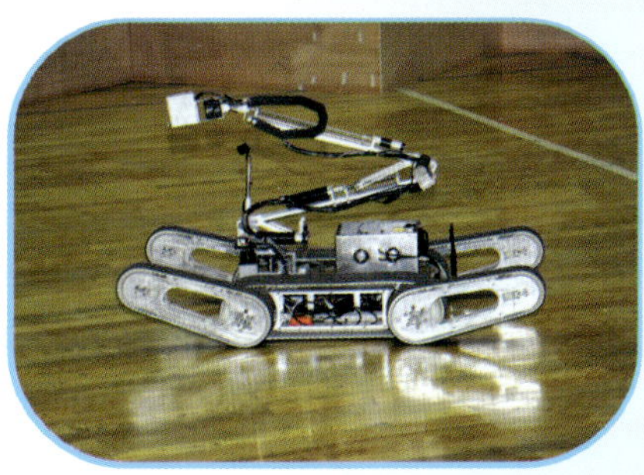

RoboCup
“读者杯”
2011中国机器人大赛暨RoboCup公开赛

8 月 8 日全民健身日活动

社区拔河比赛

“体彩杯”中国兰州第二届羊皮筏子黄河漂流

武警兰州市支队节日期间城市武装巡逻

法庭审判

交警风雪中执勤

女子特警夜间巡逻

治安清查

抓获逃犯

老兰州的荒山

绿化前的徐家山荒貌

城关区工程造林整地模式

皋兰山绿化一景

金融工会会员林

城关区党员林纪念碑

五一山省级森林生态旅游区

编辑说明

一、《兰州年鉴》是兰州市人民政府主办、兰州市地方志办公室编辑的政府年刊(地方综合年鉴)。《兰州年鉴》(2011年卷)全面、系统地载录2010年兰州经济和社会发展的基本情况，为社会各界和海内外人士了解兰州、研究兰州和在兰州投资兴业提供权威性资料。

二、《兰州年鉴》(2011年卷)采用类目体编辑法，除特载、大事记、兰州专文和统计公报外，主体内容分为类、目、分目、子目(部分目下)几个层次。共有23类、111目、40分目、1285子目，全书约88万字。

三、《兰州年鉴》各部分的初稿、资料由市辖各县区、市直各部门、中央和省属驻兰单位提供，并经供稿人所在单位领导审定。由于兰州市总工会、中国移动兰州分公司、民主促进会兰州市委员会、部分保险公司等单位未能提供资料和稿件，致使本卷有明显缺漏。

四、本卷编辑时，对一些类、目做了适当调整和归并、简化或重定类目标题。考虑到年鉴体例的允许和内容的需要，将“附录”改为“兰州专文·统计公报”。由于目录编排细密，不再设“索引”。

五、《兰州年鉴》所用数据均经各供稿单位审核；反映全市国民经济和社会发展的统计数据依据兰州市统计局公布的资料采用。

特 载

大 事 记

兰州综述

兰州概貌

国民经济和社会发展

固定资产投资与重大项目建设

精神文明建设

五城联创

兰州市组织机构与负责人

党政机关

中国共产党兰州市委员会

中共兰州市纪律检查委员会

兰州市人大常委会

兰州市人民政府

政协兰州市委员会

民主党派·人民团体

中国国民党革命委员会兰州市委员会

中国民主同盟兰州市委员会

中国民主建国会兰州市委员会

中国农工民主党兰州市委员会

九三学社兰州市委员会

共青团兰州市委员会

兰州市妇女联合会

兰州市工商业联合会

兰州市科学技术协会

兰州市文学艺术界联合会

兰州市残疾人联合会

政　　法

公　　安

检　　察

审　　判

司法行政

军　　事

兰州警备区

武警兰州市支队

甘肃陆军预备役高射炮兵师

人民防空

双拥工作

新区·开发区

兰州新区

兰州高新技术产业开发区

兰州经济技术开发区

城市建设与管理

城市规划

城市建设与投资经营

公用事业

城市管理与执法

建筑业

房地产管理与住房保障

石油化工

食　品

建　材

医　药

农林·水利

农　业

林　业

水　利

交通·通信

公　路

铁　路

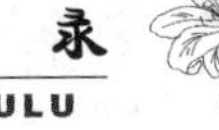

邮 政

中国电信

中国联通

经贸·非公经济·旅游

国内贸易

对外经贸

招商引资

非公有制经济

旅 游

粮　　食

供　　销

烟草专卖

兰州海关

财政·金融·保险·监管

财　　政

国家税务

地方税务

银　　行

经济管理与监督

发展与改革

国土资源管理

国有资产监督管理

工商行政管理

价格管理

质量技术监督

统　计

审　计

安全生产监督管理

食品药品监督管理

教育·科学技术

教　育

校外教育

科学技术

社会科学

气　象

地　震

文广·新闻·卫生·体育

文化广播影视

兰州日报晚报

卫　生

体　　育

社会生活

社会保障与劳动就业

民　　政

民族宗教

人口与计划生育

人物与荣誉榜

人　　物

荣 誉 榜

县区概况

城关区

七里河区

西固区

安宁区

红古区

榆中县

皋兰县

永登县

法规文件

地方法规

政府规章

文件选目

兰州专文·统计公报

政府工作报告（节选）

——2011 年 1 月 4 日在兰州市第十四届人民代表大会第六次会议上

兰州市人民政府市长 袁占亭

“十一五”时期，是改革开放以来兰州经济社会发展最好最快的时期。五年来，在省委、省政府和市委的正确领导下，全市各族人民坚持以邓小平理论和“三个代表”重要思想为指导，深入贯彻落实科学发展观，抢抓西部大开发政策机遇，不断解放思想，完善发展思路，积极应对全球金融危机等困难和挑战，“十一五”发展的各项目标任务顺利完成。

综合经济实力显著增强。全市生产总值、地区性财政收入、地方财政总收入年均分别增长 12%、25.81%和 27.4%，人均生产总值达到 32900 元，年均增长 11%。全社会固定资产投资累计完成 2255 亿元，是“十五”时期的 2.1 倍，年均增长 20.5%。配合国家和省上实施了兰渝铁路、兰州铁路枢纽、国家石油储备基地、输油气管道等一批重大项目。建成了兰州石化 70 万吨乙烯、榆中钢厂、甘肃会展中心、柴家峡水电站等重点项目。工业增加值和社会消费品零售总额分别翻一番，达到 398 亿元和 546 亿元，年均增长 13.6%和 16.3%。非公有制经济增加值由 171.57 亿元提高到 430 亿元，年均增长 20.2%，占生产总值的比重达到 40.2%。三次产业比例调整为 2.9∶48.4∶48.7。全面完成节能减排任务，万元生产总值能耗下降 20%。

城乡基础设施条件明显改善。五年城乡建设累计投入 627 亿元，完成北滨河路西延、天水路改扩建、南河道整治、城市出入口改造、金城关古建筑群等一批重大基础设施项目，加快实施供水、供电、供气、供暖等公用设施建设，城市综合功能进一步完善。大力推进小城镇和新农村建设，着力实施农田水利、电力通讯、交通能源等基础设施和社会事业项目，建设新农村示范村 101 个，新建农村公路 4800 公里，沼气 3 万户，累计解决 54 万人安全饮水问题。城中村改造取得明显成效，建成和开工建设村民安置房 210 万平方米，近 10 万城中村农民转为城市居民。城乡一体化建设积极推进，城镇化率由 59%提高到 62%。生态建设和环境保护取得重大进展，全市森林覆盖率由 9.25%提高到 12.21%，城区人均公共绿地面积达到 8.93 平方米。实施了清洁能源改造“123 计划”等重点环境治理工程，空气污染综合指数由 3.18 下降到 3.01，城区污水处理率达到 95%以上，黄河兰州段功能区和饮用水源地水质达标率保持在 100%。城市环境卫生集中整治取得明显成效，城市面貌有了大的改观。

改革开放取得重大突破。国企改革“393”攻坚任务全面完成，239 户企业进行了改制，8.3 万多名职工置换国企身份，209 户企业实现资产重组。新一轮政府机构改革全面完成，行政管理体制和审批制度改革稳步推进，行政审批事项由1068项减少到328项。投融资体制改革成效显著，成功发行企业债券15亿元。文化体制改革深入实施，20家文化单位完成转企改制，兰州大剧院文艺创作和演出实力明显增强。农村土地流转、水管体制和集体林权制度改革逐步深化。科技、教育、财税、金融、医疗、住房以及社会管理等方面的改革全面推进。对外开放进一步扩大，五年累计引进国内资金652.4亿元，合同利用外资3.2亿美元。引进世界500强在内的大企业30多家，外商投资企业发展到254户，外贸进出口总额达到37.6亿美元。

社会各项事业全面发展。五年累计用于社会事业的投入285亿元，是"十五"时期的2.2倍。科技创新和支撑能力进一步增强，科技进步对经济增长的贡献率达到55%，高于全国平均水平，兰州被列为国家创新型试点城市。各级各类教育协调发展，教育布局调整优化，城乡办学条件明显改善。"文化兰州"建设深入推进，中国秦腔博物馆、非物质文化遗产博物馆、国学馆、地震博物馆等一批重点文化设施相继建成。城乡卫生基础设施进一步完善，完成66个乡镇卫生院和772个村卫生所标准化建设。全民健身活动和竞技体育蓬勃开展。统计、审计、物价、工商、质监、食品药品监管、广播电视、司法、民族宗教、人口与计划生育、残疾人救助、第六次人口普查等工作取得了新的成绩。"平安兰州"建设深入推进，安全生产形势持续好转，社会大局和谐稳定。民主法治和精神文明建设不断加强，"五城联创"工作取得积极成效，先后荣获省级历史文化名城和卫生城市、全国创建文明城市工作先进城市称号，"双拥模范城"建设实现"六连冠"。

人民生活水平大幅提高。城市居民人均可支配收入净增5471元，农民人均纯收入净增1847元，年均分别增长10.4%和10.9%。开工建设各类保障性住房300多万平方米，城镇居民人均居住面积达到15平方米。参加养老、失业、医疗、工伤和生育保险的总人数达到200万人。城镇居民基本医疗保险参保率达到80%以上，新型农村合作医疗参合率达到94%以上。低收入群体和困难群众生活得到保障，城乡低保实现了动态管理下的应保尽保，五年累计发放低保金、困难群体生活补贴、住房补贴、取暖补贴、交通补贴超过15亿元。全市贫困人口由23.98万人减少到17.6万人，农村贫困面下降5.8个百分点。为民兴办近100件实事，解决了一大批群众关心的热点难点问题。

2010年，是"十一五"规划的最后一年。我们紧紧抓住国家深入推进西部大开发、支持甘肃经济社会发展和省委新的区域发展战略出台实施等重大机遇，认真落实市委"1355"总体发展思路、"打好六大战役、实现六个突破"的总体部署和"再造兰州"战略，突出"抓发展、治污染、拓空间、畅交通、强管理、提效能、保民生、促和谐"等重点工作，圆满完成了市十四届人大五次会议确定的各项目标任务。

一、经济平稳快速增长

预计全市生产总值突破1000亿元，达到1100亿元，增长12%以上；地区性财政收入突破300亿元，达到303亿元，增长18.91%；地方财政总收入突破100亿元，达到127.66亿元，增长35.13%。农业优势特色产业发展壮大，推广全膜双垄栽培面积46万亩，粮食产量达到40万吨，实现农业增加值32亿元，增长5%。强化工业经济运行调控服务，实现工业增加值398亿元，增长12%左右。完成全社会固定资产投资660亿元，增长30%。实现社会消费品零售总额546亿元，增长18.5%。实现旅游收入63.5亿元，增长68.4%。金融机构各项存款余额、贷款余额和居民储蓄存款余额分别增长21%、32%和20%。城市居民人均可支配收入达到14000元，增长10%；农民人均纯收入达到4560元，增长14%，是近年来增幅最高的一年。单位生产总值能耗下降4%左右，二氧化硫和化学需氧量分别下降2%和6%。

二、项目建设成效显著

紧紧抓住国家出台支持甘肃经济社会发展等政策机遇，全方位、宽领域、深层次凝炼项目，在多元支柱产业、城乡基础设施、环境治理、民生和社会事业等方面凝炼项目771项，计划投资4400多亿元。全市集中实施重大项目100项，总投资797.81亿元，完成投资252.6亿元。争取实施国家扩大内需项目289项，完成投资29.03亿元。

全力支持区域性重大项目建设，蓝星"1318"一期、金川科技园镍钴锰生产线、连铝26万吨电解铝、方大炭素堆内构件、兰州南和连城330千伏输变电等项目建成投产，兰渝铁路、兰新铁路第二双线、兰州铁路货运枢纽等项目进度加快，兰州石化公司催化汽油加氢装置、吉利汽车扩能改造、交大真空镀膜、新区高铁、中川机场改扩建等项目开工建设，与省交通厅签署了南绕城高速等4条公路省市联建项目。积极推进项目申报工作，加大跑省进京力度，先后到20多个国家部委汇报衔接项目，促进了城市轨道交通、核热电联产、生物医药基地、地质灾害防治等项目的争取，92个项目列入国家、省上“十二五”规划和专项规划。大力开展招商引资，组织了赴粤闽、江浙、港澳等招商考察活动,举办了第十六届兰洽会，签约各类国内合同项目269项，引进资金到位235.8亿元。创新项目管理方式，在重大项目建设和重点工作中推行“指挥部模式”，开展“百日会战抓落实、百日攻坚抓项目”活动，加强现场协调和督促检查，加快了项目实施进度。

三、破解发展难题初见成效

围绕强化“中心带动”作用，深入研究经济社会发展制约因素，一批突出瓶颈难题初步得到解决。针对城市发展空间受限难题，推进实施“再造兰州”战略，全面启动兰州新区规划建设，组建新区管理机构，开展规划设计国际招标，编制完成总体规划纲要，一批基础设施项目启动建设，与11家金融机构签订了金融授信合作协议。立足产业支撑不足实际，积极研究培育发展多元支柱产业，深入开展调查研究，制定出台《关于发展培育多元支柱产业的意见》，提出构建“3+8”板块经济体系，两个国家级开发区增容扩区启动实施，八个县区产业园区正在积极谋划，每个产业发展的实施方案基本确定。着力解决环境污染治理难题，开展大气污染成因及防治对策研究，启动“环境污染治理行动计划”，城区污水全收集全处理工程基本完成，雁儿湾、西固、盐场污水处理厂建设进展顺利，兰州被环保部确定为大气污染防治试点城市。大力实施“畅交通”工程，坚持集中整治、强化管理和完善路网三位一体，制定城市智能交通管理方案，实施广场西口等枢纽型什字和17个路口交通综合优化改造，启动市区出入口停车场建设，深入开展公交车、出租车行业综合整治，探索机动车尾号和过境大车限行等措施，交通拥堵问题得到一定缓解。

四、城乡规划建设管理进一步加强

成立城乡规划委员会，开展城市空间、综合交通两大战略研究，完成第四轮城市总体规划大纲和第一版城乡统筹总体规划，修编完善了和平地区、西站地区、黄河风情线优化提升、银滩文化名人岛等专项规划，城区控详规划覆盖率达到90%以上。集中实施城市路、桥、管、网等项目122项，100条小街巷整治等项目全部建成，南山路、庙滩子地区整体改造、西热东输管网等项目加快推进，深安、金雁、元通三座黄河大桥及七里河大桥、中山桥加固维修、北环路一期等项目开工建设，新区快速通道、城市轨道交通等项目取得重大进展。加快城乡统筹发展和新农村建设，编制新农村村庄规划200个，2个统筹城乡发展试点县区和10个试点镇建设取得积极进展，实施了农村路网、农田水利、产业发展、农民新居、环境整治等26个重点项目，建成农村沼气池9000座，新建改造农村公路1000多公里，61个城中村实现撤村建居。启动市级万米单元网格精细化管理平台。大力开展违法建设、广告管理和环境卫生整治活动，拆除各类违法建筑15.7万平方米，解决“半拉子”工程和“断头路”问题初见成效。

五、民生热点难点问题逐步解决

为民兴办的20件实事全面完成。积极推进国家级创业型城市创建工作，培训各类劳动力3.76万人，安置困难群体就业近1万人，城镇新增就业5.64万人，城镇登记失业率控制在4%；输转劳动力32.5万人次，创劳务收入27.38亿元。社会保障覆盖面不断扩大，养老、失业、医疗、工伤、生育参保人数分别达到32.25万人、57.31万人、78.68万人、41万人和34.6万人，新型农村合作医疗参保人数达到112万人。公共卫生服务均等化重点工作有效推进，启动实施国家基本药物制度，群众看病就医费用明显降低。建成市儿童福利院、市残疾人托养就业康复中心。加强保障性住房建设，新开工经济适用房126.5万平方米、廉租房21万平方米、棚户区改造130万平方米，完成农村危旧房改造10368户。全面推动解决房产证历史遗留问题，为2334户城市居民登记发证。实施中小学校舍安全工程，239所汶川地震受损学校恢复重建项目全部开工建设，建成102所农村寄宿制学校，发放义务教育“两免一补”资金1.36亿元，群众反映强烈的教育热点问题得到缓解。制定出台稳定物价具体政策，启动市场价格应急预案，及时为困难群众发放临时物价补贴，居民消费价格基本稳定。

六、社会保持和谐稳定

加大社会治安综合治理力度，技防建设覆盖面达到86.3%，群众对社会治安的满意度有所提高。扎实开展矛盾纠纷排查化解和“两访”治理活动，解决了一批重点疑难信访案件。食品药品放心工程积极推进，开展食品药品安全专项整治行动，查处了一批非法经营和违法案件，创建规范化药房100家，食品药品放心消费示范门店100家。深入开展“安全生产年”活动，煤矿、道路交通、消防火灾等领域安全生产状况进一步改善。完成红古区29家小煤矿关闭任务，全面彻底解决窑街矿区历史遗留问题。应急管理工作进一步改进，妥善处置了兰钢幼儿园食物中毒、窑街煤电公司瓦斯突出等突发事件。创建全国文明城市工作深入推进，在中央文明委开展的全国公共文明指数测评中，我市列全国省会城市第16位，西北省会城市第1位。

七、行政服务水平明显提高

以强化执行力和优化发展环境为目标，在全市集中开展了“行政效能建设年”活动，广大干部的效能意识普遍增强，行政执行力得到提高。完善政府决策规则和程序，重大工作决策、重点项目招投标、大额度资金使用等事项一律集体决策。实施市级政府部门机构改革，优化和规范职能部门设置，在规划、国土等部门实行了“网上收件、限时办结、上下互联、在线监督”的网络化审批。创新行政管理手段，全面启动“数字兰州”建设工程，完成政府门户网站改版，推行网上办公和手机办公，初步实现市政府常务会议无纸化召开。借助网络问政于民、问计于民、问需于民，办理人民网、政府网留言2000多条。加强政务督查工作，建立任务管理、联动督查、考核通报、调研服务等机制，督查重大决策和重点工作800多项，办理省市人大代表和政协委员议案、提案和建议1084件。重点工作和重大项目向社会公开承诺，接受广大群众的监督，促进了工作落实。各级干部深入基层现场办公，在一线研究解决疑难问题，形成了思想务实、工作落实、作风扎实的氛围。

各位代表，“十一五”时期兰州经济社会发展取得的成就，是在省委、省政府和市委正确领导下，全市广大干部群众开拓创新、攻坚克难、奋力拼搏的结果，是市人大、市政协和社会各界监督支持的结果。在这里，我代表市人民政府，向各位代表、政协委员和全市各族人民，向各民主党派和工商联、各人民团体、社会各界人士，向离退休老同志，向驻兰解放军指战员、武警官兵和公安民警，向各级新闻媒体和广大网友，向所有关心、支持和参与兰州现代化建设的同志们和朋友们表示崇高的敬意和衷心的感谢！

“十一五”发展取得的成就，为“十二五”发展奠定了坚实基础，也积累了许多宝贵的经验。我们体会到，兰州要实现经济社会全面协调可持续发展，必须不断深化对市情的认识，坚持在继承中创新、在创新中发展，把握政策机遇，不断完善发展思路；必须充分发挥省会中心城市的区位、科教、人才、文化、商贸等综合优势，以项目建设为支撑，调整经济结构，培育发展多元支柱产业，从整体上增强经济实力；必须围绕提升城市影响力和带动力，优化城市空间布局，加强基础设施建设，完善城市服务功能，综合治理“城市病”，塑造城市特色和形象；必须把保障和改善民生作为一切工作的出发点和落脚点，在抓好经济发展的同时，协调推进社会事业发展，切实为群众办实事办好事，让人民群众共享改革发展成果；必须坚定不移地推进改革开放，善于用世界眼光和战略思维分析解决问题，积极学习借鉴外地先进经验，在工作中敢闯敢试、开拓创新、破解难题；必须大力发扬真抓实干精神，提高行政效能，优化发展环境，紧紧依靠广大干部群众，形成人心思进、创业实干、共谋发展的合力。这些既是“十一五”以来的经验总结，也是我们在今后工作中应当坚持的重要原则。

回顾过去五年的工作，我们也清醒地看到，我市经济社会发展中长期积累的矛盾和问题还很多，有些还比较突出。一是发展速度还不快，综合经济实力不够强，中心带动作用发挥不充分；二是传统产业所占比重大，高附加值的新兴产业发展不足，产业集中度不高；三是自我发展能力不高，生产要素集聚程度低，市场化融资渠道比较单一，新的经济增长点不明显；四是区域性科技、教育、人才资源整合和制度创新不足，转化利用不充分，潜在优势没有完全发挥出来；五是城乡基础设施欠账较多、功能薄弱，交通拥堵、大气污染等问题比较突出；六是社会各项事业发展仍然不足，就业矛盾比较突出，社会保障体系尚不完善；七是政府职能和机关作风还不适应市场经济发展的要求，行政效能和政府执行力有待进一步提高。我们必须围绕研究解决这些问题，在加快发展中破解难题，在破解难题中加快发展。

1月

4日　省委副书记、省长徐守盛检查考核落实兰州市党风廉政建设责任制、推进惩治和预防腐败体系建设情况。

5日　省委副书记、省长徐守盛在皋兰县调研第三批深入学习实践科学发展观活动进展情况。陆武成、张津梁等市领导陪同调研。

7日　市政府与中国移动通信集团甘肃有限公司签订“无线数字兰州”建设项目合作协议。

是日　兰州石化公司石油化工厂316罐区发生爆燃着火事故。省委书记陆浩、省长徐守盛现场指导救援工作。市委书记陆武成、市长张津梁等现场参与指挥。

11日　亚行贷款兰州城市交通项目奠基。

12日　2010年经济区(安宁区)首场项目签约仪式举行。

13日　市十四届人大常委会第二十一次会议审议通过有关人事任免事项，决定袁占亭为兰州市人民政府代理市长。

15日　市政府与浙江吉利控股集团公司签订合作建设吉利兰州生产基地年产10万辆自由舰、全球鹰轿车扩能改造及新建年产2万辆帝豪轿车SKD生产线项目。

21日　市政府召开常务会议，讨论在市十四届人大五次会议上的《政府工作报告（讨论稿）》《2009年国民经济和社会发展计划执行情况及2010年国民经济和社会发展计划报告》《关于兰州市2009年财政预算执行情况和2010年财政预算草案的报告》。会议决定设立“兰州市青少年科技奖创新市长奖”。

28日　省委常委、市委书记陆武成在友谊饭店接见兰州市首届“十大创业就业杰出青年”和“十大创业就业优秀青年”。袁占亭、刘为民、王韶珊、戈银生、宋昌义等领导参加接见。

30日　兰州重离子治疗中心在城关区雁滩北面滩奠基开工。省市领导陆浩、徐守盛、刘伟平、陆武成、崔玉琴、咸辉、郝远、张津梁、李沛文、袁占亭、哈全玉和中科院副院长詹文龙、中科院兰州分院院长程国栋、兰州重离了加速器国家实验室主任魏宝文及市四大班子有关领导出席开工仪式。

是日　兰州、白银两市共同签署《兰州白银区域合作发展框架协议》。

2月

1日—5日　政协兰州市第十二届委员会第四次会议召开。会议通过市政协十二届四次会议政治决议等重要文件。市政协主席左灿湘作市政协十二届常务委员会工作报告。

1日—6日　兰州市第十四届人民代表大会第五次会议召开。会议通过关于政府工作报告的决议等重要文件。袁占亭当选为兰州市人民政府市长，毛仁当选为兰州市人大常委会副主任，刘生荣、刘建伟、肖祥祺当选为兰州市人大常委会委员。

2日　省电力投资集团公司与江西赛维LDK太阳能高科技有限公司进行战略合作会谈，达成合作共识。

20日　省委常委、市委书记陆武成，市委副书记、市长袁占亭等一行到南山路伏龙坪隧道等城市基础设施建设现场，调研重点项目进展情况。牟少军、金祥明、俞敬东、魏邦新等参加调研。

23日　全国贯彻实施《中国共产党党员领导干部廉洁从政若干准则》电视电话会议召开。省委常委、市委书记陆武成，市委副书记、市长袁占亭，市委常委、纪委书记徐伟在兰州市分会场参加会议。

26日　兰州市2010年新春社火大展示暨第八届春节文化庙会闭幕式在东方红广场举行。

28日　“福虎庆春·舞动金城”2010年元宵节音乐焰火晚会在水车博览园举行。

3月

3日　市政府召开常务会议，研究并原则通过《兰州市人民政府关于开展行政效能建设年活动的实施意见》和《贯彻落实省市委重大决策部署调研工作方案》。

5日—12日　以省委常委、市委书记陆武成为团长的兰州市党政经济合作考察团分组赴深圳、香港、澳门、东莞、佛山、广州、厦门、福州等城市开展参观、考察、推介和招商活动。

5日　兰州市党政经济合作考察团在深圳市举行“兰州—粤港澳经贸合作洽谈暨项目推介会”，陆武成、袁占亭、杨志武、牟少军、金祥明、俞敬东等省、市领导参加推介会。

9日　兰州—粤港澳地区经贸合作项目签约仪式在广州市举行，陆武成、袁占亭、牟少军、金祥明、俞敬东等出席签约仪式。

22日　市政府召开常务会议，讨论并原则通过《兰州市人民政府目标管理考核暂行办法》《兰州市行政效能建设考核办法(试行)》和《兰州市餐厨垃圾集中处置管理规定(草案)》。

30日　全市“行政效能建设年”活动动员大会在市政府举行，市委副书记、市长袁占亭在会上指出，要切实把效能建设贯穿于各项工作的始终，促使各级行政机关面貌有大改观、行政效能有大提升、各项工作有大推进。刘为民、吴继德、杨志武、徐伟、曹丕玉、毛仁、姚国庆、魏志乐、戈银生、魏邦新、宋昌义等出席会议。

4月

2日　市政府召开常务会议，研究通过《兰州市推进供热计量工作的实施意见》《兰州市城镇低收入家庭廉租住房共有产权配售管理实施意见(试行)》和《兰州市人民政府2010年度立法工作计划(草案)》。

是日　兰州—白银商贸区域发展合作协议签约仪式在兰州市举行，标志着兰白都市经济圈商贸领域合作拉开帷幕。

6日　段家滩路、盐什公路维修改造工程开工，市领导陆武成、左灿湘、牟少军、徐伟、金祥明、姚国庆、俞敬东出席开工仪式。

8日　市委副书记、市长袁占亭携兰州市代表团参加并出席第九届中国重庆高新技术交易会暨第五届中国国际军民两用技术博览会。

9日　第八届“兰州·什川之春”旅游节开幕。

12日　2010年兰州桃花节开幕。

14日　市委举行政策研究咨询顾问聘书颁发仪式，省委常委、市委书记陆武成为17名首批受聘顾问颁发聘书。

15日　市委、市政府向青海省玉树州委、州政府发去慰问信，并向灾区人民捐助100万元。

21日　全市各级组织采取各种方式举行哀悼活动，表达兰州人民对玉树遇难同胞的深切哀悼。

22日　七里河安宁污水处理厂TOT项目、雁儿湾污水处理厂改扩建BOT项目正式签约。

26日　“甘肃加快转变经济发展方式高层论坛”在兰州开坛。市委副书记、市长袁占亭应邀参加，并作“培育发展多元支柱产业、努力发挥中心带动作用”主题演讲。

27日　市政府召开常务会议，审议并原则通过《兰州市政务督查工作暂行规定》《兰州市生活饮用水卫生监督管理办法(草案)》和《兰州市建设工程地震安全性评价和抗震设防要求管理规定(修订草案)》。

28日　兰州万达商业广场项目成功签约。省市领导刘永富、袁占亭、哈全玉、左灿湘、吴继德、杨志武、牟少军、金祥明、潘卫平、俞敬东、魏邦新出席签约仪式。

29日　兰州“主食厨房”启动暨九州食品配送园项目举行奠基仪式。市领导袁占亭、金祥明、俞敬东、魏邦新出席。

是日　市十四届人大常委会第二十三次会议召开，表决通过《兰州市人民代表大会常务委员会关于修改〈兰州市人民代表大会及其常务委员会立法程序的规定〉的决定》及有关人事任免事项。

5月

3日　2010年兰州市中小学生乒乓球比赛在甘肃省全民健身馆圆满落幕。市委副书记、市长袁占亭以及副市长周丽宁、戈银生等市领导出席闭幕仪式。

5日—7日　袁占亭、杨志武、魏邦新带领市政府办公厅和市发改、建设、环保、文化、财政、国土、农委等部门负责同志，在京拜会国家环保部、国家发改委和国家文物局有关负责同志，并就城市环境综合治理、轨道交通建设等重大项目及高新技术产业发展事宜进行深入沟通。

10日 市委副书记、市长袁占亭会见前来考察的重庆小天鹅投资控股(集团)有限公司董事局主席廖长光和总裁何永智，双方就在兰打造重庆洪崖洞商业业态进行深入交流。市委常委、城关区委书记金祥明参加会见活动。

是日 市委副书记、市长袁占亭会见前来考察兰州农副产品采购中心项目选址的江苏雨润集团执行董事、副总裁葛玉琪一行。副市长俞敬东参加会见活动。

11日 窑街煤电集团公司金河煤矿一号井五采区1529探巷工作面发生瓦斯事故。省委常委、市委书记陆武成作出重要指示，袁占亭、李森洙、姚国庆、魏邦新等领导第一时间赶到事故现场，指导抢险和善后工作。

是日 首届兰州市青少年科技创新市长奖暨第25届兰州市青少年科技创新大赛举行，市委副书记、市长袁占亭向兰州市中小学生群体当中的“小小科学家”们颁发亲笔签名的证书、奖杯及奖金。省科协党组书记、第一副主席史振业，副市长周丽宁等参加颁奖大会。

13日 广州恒大地产集团兰州置业公司与兰州市政府、城关区政府就兰州恒大九州生态园建设项目正式签约。陆武成、袁占亭、牟少军、金祥明、俞敬东等领导出席签约仪式。

15日 舞剧《大梦敦煌》首演十周年庆祝演出在北京人民大会堂举行。

16日 市委副书记、市长袁占亭应邀做客人民网、文明网，接受“中国城市面面观书记市长系列访谈”和“百位市长创建文明城市网上谈”节目专访，分别与中央文明办及两家网站负责人进行座谈，畅谈兰州市创建全国文明城市等工作。

17日 省委常委、市委书记陆武成主持召开市委常委会议，传达学习《国务院办公厅关于进一步支持甘肃经济社会发展的若干意见》，并就贯彻落实《意见》精神进行安排部署。

18日 兰州市人民政府与中石油昆仑燃气有限公司合作签约仪式在宁卧庄宾馆隆重举行。陆武成、袁占亭等领导和黄维和、王永纯等中国石油天然气股份有限公司领导出席仪式。

是日 市政府召开常务会议，学习贯彻《国务院办公厅关于进一步支持甘肃经济社会发展的若干意见》，审议并原则通过市政府各调研组就兰州市培育发展多元支柱产业的各项专题调研报告。

19日 兰州肉联厂有限责任公司百万头生猪屠宰加工生产线竣工开业。刘永富、陆武成、袁占亭、哈全玉、牟少军等省、市领导出席开业典礼。

20日 省委、省政府召开贯彻落实《国务院办公厅关于进一步支持甘肃经济社会发展的若干意见》动员大会，省委书记、省人大常委会主任陆浩，省委副书记、省长徐守盛出席会议并讲话。袁占亭、吴继德、杨志武、牟少军、王冰等领导及市直各部门负责人在兰州分会场参加会议。

21日 兰州沙井驿棚户区改造工程开工。陆浩、徐守盛、刘伟平、姜信治、陆武成、李沛文、袁占亭、吴继德、牟少军、姚国庆、李虎林等省、市领导出席开工仪式。

是日 吉利汽车兰州基地扩能改造暨六家配套企业入驻项目在兰州空港循环经济产业园开工建设。

是日 市政府召开常务会议，讨论并原则通过《兰州市重大项目和片区开发建设实施指挥部模式的指导意见》。

22日 兰州市安宁区和宝鸡市扶风县缔结友好县区签约仪式举行。市委副书记、市长袁占亭，甘肃煤监局局长张家渔出席签约仪式。

26日 中国关心下一代工作委员会主任、全国人大常委会原副委员长顾秀莲视察城关区雁南街道天庆嘉园社区关心下一代工作。

31日 下午，四千余名中小学生和教师代表在兰州体育馆以“奔向新时代，争当好少年”为主题，庆祝2010年“六一”国际儿童节。

6月

5月24日—6月3日 应兰州市友好城市日本秋田市政府和泰国正大集团邀请，市委副书记、市长袁占亭率兰州市政府友好代表团对日本和泰国进行访问。

5日 城关区徐家湾旧城改造项目签约。陆武成、袁占亭、牟少军、金祥明、俞敬东、李虎林等领导出席签约仪式。

是日 市委副书记、市长袁占亭会见前来考察兰州农副产品采购中心项目用地的江苏雨润集团董事局主席祝义材一行。副市长俞敬东、市政府秘书长李虎林及相关部门负责人参加会见活动。

8日—11日 省委常委、市委书记陆武成和市委副书记、市长袁占亭率领兰州市党政经济合作考察团，赴南通、杭州、永康、温州等地考察学习。

18日 市委副书记、市长袁占亭出席蓝科高新第一次科技大会、兰石所成立50周年暨蓝科高新兰州基地启用仪式。

是日 市政府召开常务会议，研究并原则通过《兰州市环境污染治理行动计划(讨论稿)》和《兰州市建设国家创新型试点城市工作实施方案》。

22 日 市委副书记、市长袁占亭就市民反映强烈的房产证难办问题，前往市住房保障和房地产管理局进行现场办公。

23 日 由农业部和甘肃省人民政府共同主办、甘肃省农牧厅和兰州市人民政府共同承办的甘肃兰州高原夏菜产销对接会暨兰州富硒农产品展销会在东方红广场隆重开幕。农业部总经济师张玉香出席开幕式并讲话。陆武成、崔玉琴、泽巴足、黄选平、袁占亭、哈全玉、牟少军、毛仁、魏志乐、陈亲恭等省市领导参加会议。

24 日 甘肃会展中心建筑群——第 16 届兰洽会主场馆举行开馆仪式。陆浩、陈学亨、刘伟平、冯健身、姜信治、陆武成、李沛文、石晶、袁占亭等省、市有关领导及会展中心项目投资方——甘肃省电力投资集团公司总经理、党委书记李宁平出席仪式并为新馆开馆剪彩。

27 日 省委常委、市委书记陆武成，市委副书记、市长袁占亭会见前来参加“魅力金城——全国晚报老总看兰州”大型采访活动的晚报老总代表。

28 日 全省社区统战工作现场交流会在兰州召开。

30 日 市政府召开全市出租汽车行业综合整治暨精神文明创建动员大会，强调要力争通过两到三年的努力，把全市出租汽车行业打造成具有一流从业人员、一流服务水平的示范性窗口行业。

是日 上午，“梦幻丝路·五彩敦煌”——甘肃长卷美术主题创作展览在市博物馆开幕。

7月

1 日 兰州日报社社庆及《兰州晚报》创刊 30 周年庆典大会举行。省市领导陆武成、袁占亭、哈全玉、左灿湘、牟少军、王冰、曹丕玉等出席。

4 日 兰州牛肉拉面商标特许单位授牌仪式隆重举行，陆武成、袁占亭、哈全玉、左灿湘共同为兰州牛肉拉面商标揭牌。

是日 第三届兰州农民艺术节暨第九届黄河风情文化周在金城大剧院开幕。

5 日 省委常委、市委书记陆武成，市委副书记、市长袁占亭会见率团来兰考察的中共徐州市委书记曹新平一行，双方就加强交流合作进行友好商谈。

是日 《金城之夜》大型文艺晚会在兰州体育馆隆重举行，全国人大常委会副委员长周铁农，省市领导陈学亨、刘伟平、侯长安、冯健身、刘永富、罗笑虎、刘立军、陆武成、袁占亭等出席并观看晚会。

6 日 第十六届中国兰州投资贸易洽谈会开幕，十一届全国人大常委会副委员长周铁农，十届全国人大常委会副委员长顾秀莲等出席开幕式。省委、省人大、省政府、省政协、省军区、省武警总队领导，市委、市人大、市政府、市政协领导出席。

是日 第十六届兰洽会兰州市项目推介暨经济合作项目签约仪式举行，市委副书记、市长袁占亭出席会议并向与会客商推介兰州。杨志武、王冰、潘卫平等市领导出席签约仪式。

7 日 市委副书记、市长袁占亭在市政府会见由日本八户市市长小林真先生带领的工商代表团，双方就进一步加强更广领域的交流合作交换意见。

是日 西固区河口村与杭州西湖区龙井村缔结为友好村。

8 日 兰州非物质文化遗产陈列馆在金城关举行揭牌仪式，市委书记陆武成、市长袁占亭，文化部政策法规司副司长孙若风，文化部非物质文化遗产司副司长刘宁出席开馆仪式并揭牌。

是日 省委常委、市委书记陆武成会见纳米比亚奥西科托省楚梅布市市长恩格尔·纳瓦提赛博率领的友好代表团一行。

10 日 市委副书记、市长袁占亭主持召开园区经济发展座谈会，会议听取江苏津通工业园区的成功经验介绍，探讨兰州市园区经济发展的前景和对策。

12 日 市政府就集中解决房屋产权登记发证历史遗留问题召开新闻发布会。

15 日 市委召开常委会，讨论并原则通过《推进农村产权制度改革的意见》《加快推进农村土地承包经营权流转工作的意见》。

16 日 兰州国学馆在九州台南麓隆重开馆，省委常委、市委书记陆武成，省文物局副局长马玉萍等出席开馆仪式并揭牌。

8月

1 日 解决房屋产权登记发证历史遗留问题开办仪式在市房产交易大厅举行。

3 日 市委十一届七次全委(扩大)会议召开，决定当前和今后一个时期实施“再造兰州”战略，力争通过 5 年至 10 年努力，在城区面积拓展和经济总量上再造一个兰州。

4 日 兰州新区党工委筹委会和管委会筹委会揭牌成立，标志着兰州新区规划建设工作全面展开。

8 日 市委、市政府部署支援舟曲救灾工作，决定先期向舟曲灾区捐款 300 万元，并紧急调运价值 29 万元的灾区急需物资。

9日 榆中三角城、金崖洪灾发生后，市委副书记、市长袁占亭率有关部门负责同志，前往受灾乡镇看望受灾群众，现场指挥抢险。

是日 市十四届人大常委会二十五次会议召开，听取和审议市政府《关于兰州市2010年上半年国民经济和社会发展计划执行情况》等。

10日 兰州新区管委会筹委会第一次会议召开，强调新区管委会筹委会要高水平谋划新区未来，超常规展开新区工作，确保兰州新区开发建设赢在起步。

13日 市政府召开第11次常务会议，听取城市轨道交通项目进展情况汇报，研究并通过促进公交优先发展的报告。

15日 省委常委、市委书记陆武成，市委副书记、市长袁占亭会见巴西雅博阿唐杜斯古拉佩斯市市长艾力亚斯·高美斯率领的友好代表团一行。

16日 兰州新区管委会筹委会召开工作会议，就新区建设土地储备、征用等工作进行具体安排布署。

17日 由市委、市政府主办的“传承、创新、可持续发展——上海世博与绿色兰州”论坛在上海环球金融中心举办。

是日 市委、市政府在上海环球金融中心举行上海世博会——兰州宣传文化周新闻发布会。

18日 上海·兰州文化周在上海世博园绿地博览广场开幕。

18日—21日 兰州市党政考察团分赴上海、南宁、重庆、郑州、昆明等地学习考察新区开发建设和高新区、经济区发展的经验与做法。

24日 市委副书记、市长袁占亭在市政府会见由市长穗積志为团长的日本秋田市友好代表团一行。

26日 市委常委会召开会议，讨论并原则通过《兰州新区规划建设方案》，听取全市重大项目进展情况汇报，通报市党政考察团赴外考察情况，研究部署加快推进兰州新区建设和重大项目建设工作。

28日 首批250多名舟曲灾区高一学生入住兰州市安置学校。

9月

3日 兰州铁路枢纽工程南坡坪特大桥合龙。

7日 市政府在兰高校科技项目凝练工作现场经验交流会召开。市长袁占亭强调要发挥在兰高校科技优势，共同推进地方和高校“研政产”紧密合作。

9日 省委副书记、代省长刘伟平调研兰州市保障性住房建设情况。

12日 北环路工程正式开工，省市领导陆武成、朱志良、崔玉琴、邵克文、张津梁、张世珍、左灿湘等出席开工仪式。

15日 省委常委、市委书记陆武成会见湖南省常德市市委书记卿渐伟一行，双方就加强交流合作进行友好商谈。

16日 市政府召开在兰科研院所科技项目凝练工作现场经验交流会，市长袁占亭出席会议并强调，要深化院地、院企科技合作，共同谋划“研政产”合作体系，促进重大科技成果在兰转化和产业化。

18日 “富国强军，共筑长城”主题宣传教育活动举行，省市领导陆武成、杨志武、王冰等出席活动。

19日 兰州新区管委会筹委会与三一重工集团在兰举行“兰州混凝土搅拌站设备”项目和“甘肃三一机械有限公司”项目签约仪式。省市领导陆武成、袁占亭、杨志武、俞敬东等参加签约仪式。

20日 兰州市命名表彰10位“兰州市首届道德模范”和10位“美德好少年”颁奖典礼在省政府礼堂举行。省市领导陆武成、武来银、袁占亭、哈全玉等出席典礼并为获奖者颁奖。

21日 市委召开常委会，研究并原则通过《关于发展和培育多元支柱产业的意见》《关于加快推进循环经济发展的实施意见》。

27日 国家发改委副主任穆虹一行视察调研兰州新区规划建设情况，省委常委、市委书记陆武成、省长助理夏红民，省发改委主任赵春等参加视察调研。

是日 由首钢胜利机械厂、首钢前进机械厂破产重组的兰州胜利机械有限责任公司、兰州前进机械装备制造有限责任公司举行成立暨揭牌仪式。省市领导陆武成、李永军、哈全玉、左灿湘、刘为民、牟少军、潘卫平、姚国庆、陈亲恭等出席。

28日 纪念孔子诞辰暨孔子铜像落成典礼在兰州国学馆举行，省市领导陆武成、张世珍、袁占亭、刘为民、牟少军、王冰、徐伟、李森洙、金祥明、段英茹、曹丕玉等出席庆典。

29日 深安、金雁、元通三座黄河大桥开工奠基仪式举行，省市领导陆浩、刘伟平、冯健身、姜信治、陆武成、袁占亭、哈全玉等出席奠基仪式。

是日 市儿童福利院隆重举行新院落成典礼，省市领导陆浩、刘伟平、冯健身、姜信治、陆武成、孙效东、李沛文、袁占亭、哈全玉等出席落成典礼。

是日 兰州市庆祝中华人民共和国成立61周年暨第二届兰州

社区艺术节焰火晚会隆重举行，省市领导陆浩、刘伟平、励小捷、姜信治、陆武成、石晶、袁占亭等出席开幕仪式。

10月

7日 呼和浩特市委书记韩志然率领的呼和浩特市考察团来兰州市考察。陆武成、刘为民、牟少军、俞敬东等领导陪同考察。

8日 市政府召开常务会议，安排部署前三季度经济运行、下年各项重点工作的谋划及项目建设、招商引资、城市管理、保障性住房建设等工作，审议并原则通过《关于加快发展旅游业的实施意见》。

11日 甘肃国际机电、水暖城在七里河开建。陆武成、牟少军、俞敬东等领导出席奠基仪式。

17日 庆阳市党政考察团来兰州市参观考察。陆武成、袁占亭、哈全玉、左灿湘等领导陪同考察。

18日 西部工程机械产业基地项目、西部星光达国际珠宝名表城项目成功签约。陆武成、杨志武、牟少军、俞敬东等领导出席签约仪式。

20日 兰州新区投融资高峰论坛举行，兰州新区建设有限公司揭牌。省市领导陆武成、袁占亭、杨志武、牟少军、徐伟、俞敬东等出席论坛并揭牌。

21日 市政府召开全市工业项目凝炼现场工作会，指出工业项目凝炼要围绕发展培育多元支柱产业，依托在兰企业基础比较优势，深化政企合作凝炼项目，促进工业经济健康快速可持续发展。

是日 市政府召开全市应对气候变化和节能减排工作领导小组(扩大)会议，指出要进一步动员全市上下强化措施，扎实工作，确保完成今年和“十一五”节能减排的目标任务。

22日 兰州高新区彭家坪装备制造业生态区T218号、T219号道路竣工通车。

是日 甘肃移动公司兰州第二移动通信枢纽及配套工程兰州高新区彭家坪新区开工。陆武成、袁占亭、左灿湘、牟少军、牛向东等领导出席开工仪式。

25日 西行线(一期)、石化大道、黄河生态公园三个基础设施建设项目在西固开工。

是日 下午，甘肃电投河口水电站主河床截流暨首台机组启动仪式举行。

26日 城关区店子街廉租房建设项目奠基。省市领导陆武成、袁占亭、左灿湘、牟少军、金祥明、俞敬东、李继彬等出席奠基仪式。

是日 “新技术、新媒体、新政务、新发展”兰州论坛开幕。市长袁占亭作题为《落实“中心带动”战略、加快“数字兰州”建设》主题演讲。

27日 省委副书记鹿心社来兰调研城乡一体化建设情况。陆武成、袁占亭、刘为民、魏志乐、俞敬东、李虎林等领导陪同调研。

是日 抚顺市委书记刘强率领的抚顺市党政考察团来兰州市考察。陆武成、袁占亭、左灿湘、刘为民、杨志武、张悌先等领导与考察团座谈交流。

11月

1日 兰州市第六次全国人口普查入户登记正式开始。

4日 市委常委会召开会议，传达贯彻省市主要领导干部研讨班暨省委十一届十次全委扩大会议精神，讨论《中共兰州市委关于制定兰州市国民经济和社会发展第十二个五年规划的建议》和《兰州市国民经济和社会发展第十二个五年规划纲要》。

5日 红古区顺起小煤矿一、二坑口成功爆破彻底关闭，标志着红古区29家小煤矿将永久退出历史舞台，窑街矿区历史遗留问题彻底解决。

是日 市政府召开常务会议，学习贯彻省市领导干部研讨班暨省委十一届十次全委扩大会议精神，审议并原则通过《关于新建商品房开发项目配建保障性住房的意见》《关于进一步调控房价的意见》，通过《兰州市公厕免费开放管理办法》。

8日 市委、市政府召开兰州地区冬季大气污染防治工作动员大会，认真贯彻中央和省上的有关精神要求，深刻分析兰州市当前大气污染防治工作面临的形势，安排部署冬季大气污染防治工作的具体任务。

是日 市政府召开南山路工程建设推进会议，指出南山路工程凝聚了历任市委、市政府的努力，饱含了全市人民的热切期望，全市上下要攻坚克难、形成合力，超常规部署、精细化组织，举全市之力加快南山路工程建设，为老百姓交一份满意的答卷。

9日 市政府召开城区主要出入口整治建设汇报会，指出要立足长远发展，调动各方面积极性，整体规划、分步实施，力争3到5年使兰州市城区主要出入口实现大变样。

12日 市委、市政府召开全市建设创新型试点城市暨科学技术奖励大会，指出要切实发挥科技的引领作用，着力推动体制机制创新、工作创新、产业创新和全民创业，不断提高兰州市企业自主创新能力、产业核心竞争力和城市可持续发展能力，努力走出一条依靠科技进步、劳动者素质提高、管理创

新推动增长的创新型城市建设之路。

15日 中山桥保护维修工程正式开工。国家文物局局长单霁翔及省市领导陆浩、刘伟平、励小捷、姜治信、陆武成、崔玉琴、栗震亚、袁占亭、哈全玉、左灿湘、牟少军、王冰、金祥明、俞敬东、牛向东等出席开工仪式。

16日 全市主要领导干部研讨班暨市委十一届八次全委(扩大)会议召开，提出全市上下要以科学发展观为指导，进一步解放思想、凝心聚力、开拓创新、大干快上，全面实施“再造兰州”战略，努力为完成“十二五”奋斗目标，加快推进兰州率先跨越发展做出积极贡献。

19日 省委副书记、代省长刘伟平来兰州市就兰州新区建设进行专题调研。陆武成、袁占亭等市领导陪同调研。

25日 市委常委会召开会议，审议并原则通过《兰州市市管重点企业领导人员管理暂行规定(试行)》《兰州市市属企业领导班子和领导人员综合考核评价办法(试行)》《兰州市2010—2020年深化干部人事制度改革实施意见(审议稿)》。

26日 省政协主席陈学亨来兰州市视察南北两山土地整理、生态建设等工作。袁占亭、左灿湘、刘为民、周学海、魏志乐、李虎林等市领导陪同视察。

29日—30日 陆武成、袁占亭一行在北京拜会国土资源部、交通运输部、环保部、工业和信息化部及中央文明办相关负责同志，殷切期望在国办《若干意见》指导下，在国家部委大力支持下，使兰州市更多重大项目能列入国家“十二五”规划，为兰州在新一轮西部大开发中实现大发展创造有利条件。

12月

1日 市政府与国家行政学院在北京举行战略合作框架协议签署仪式，就院地共建培训基地和加强政务信息化等方面达成共识。国家行政学院副院长洪毅，市领导袁占亭、杨志武、李虎林等出席仪式。

3日 兰州新区合作项目第二次集中签约仪式隆重举行，省市领导陆武成、袁占亭、牟少军、俞敬东等出席签约仪式。

7日 国家气象局局长郑国光来兰调研，省委常委、市委书记陆武成，省气象局局长张书余，市委常委、秘书长牟少军，副市长魏志乐等陪同调研。

8日 兰州市气象灾害防御工程在榆中县和平经济开发区开工。国家气象局局长郑国光及省市领导陆武成、袁占亭、张书余、刘为民、牟少军、周学海、魏志乐等出席开工仪式。

是日 中国交响乐世纪回顾暨第二届中国交响音乐季兰州展演周闭幕，省、市领导陆浩、姜信治、袁占亭、王冰、段英茹、张悌先等出席闭幕式。

9日 国家土地督察西安局组织召开兰州市土地例行督察意见反馈会议，市委副书记、市长袁占亭代表兰州市作表态发言。

10日 市委召开全市基层党建工作会议，传达学习李源潮对兰州市基层党建工作的重要批示精神，总结交流了基层党建工作经验。

14日 省委常委、市委书记陆武成主持召开市四大家联席会议暨市第四轮城市总体规划修编工作领导小组会议，听取兰州城市四版总体规划修编工作情况汇报，审议城市四版规划纲要成果。

17日 市委副书记、市长袁占亭主持召开市政府常务会议，研究讨论《政府工作报告(征求意见稿)》等有关事项，讨论并原则通过《兰州市财政支出绩效评价管理暂行办法(送审稿)》《兰州市政府性债务管理暂行办法(送审稿)》等。

18日 市侨联举行成立50周年大会，省市领导陆武成、张文学、费亚夫、段英茹、杜逸、董化琪、张祖迁、魏邦新、孙晓钢等出席会议。

是日 中共兰州新区党工委、兰州新区管委会机关办公场所举行乔迁仪式，省委常委、市委书记陆武成出席乔迁仪式并揭牌。

21日 市委副书记、市长袁占亭主持召开市政府常务会议，会议决定成立兰州市畅通工程指挥部，讨论并原则通过《兰州市城市市容和环境卫生管理办法(修订草案)》。

是日 市委常委会召开会议，讨论《政府工作报告》(送审稿)和《关于兰州市2010年国民经济和社会发展计划执行情况及2011年国民经济和社会发展计划(草案)的报告》等事宜。

27日 兰州至中川铁路开建。中国铁道企业管理协会会长、铁道部原部长王兆成及省市领导陆浩、刘伟平、姜信治、陆武成、夏维宴、王子军、朱志良、张津梁、袁占亭、俞敬东等出席仪式。

28日 城关区在西北宾馆举行兰州酒钢结算中心、甘肃沙地绿产甘草生物科技园和旧城改造三个项目签约仪式。

30日 省交通运输厅与兰州市政府举行公路项目联建协议签字仪式。省市领导陆武成、袁占亭、杨咏中、王繁己、赵彦龙、刘为民、牟少军、姚国庆等参加签约仪式。

兰州综述

兰州概貌

【地理位置】 兰州市位于北纬35°34′20″～37°07′07″，东经102°35′58″～104°34′29″之间，地处甘肃省中部，是中国陆地的几何中心。北部和东北部毗邻白银市的白银区和景泰县、靖远县；东部和南部与白银市的会宁县和定西市的安定区、临洮县及临夏回族自治州的永靖县相邻；西南部和西部与青海省民和县相连；西北部与武威市的天祝藏族自治县接壤。全市总面积13085.6平方公里。

【建置沿革】 兰州历史悠久,旧石器时代晚期，兰州市就有先民居住。夏商周时期，为羌戎居地。秦始皇三十三年(前214年)置陇西郡榆中县，为兰州市境最早的行政建置。汉武帝元狩二年(前121年)置金城县。汉武帝元鼎六年(前111年)置令居县(今永登县)，在河桥镇置浩亹县。汉宣帝神爵二年（前60年)，在今红古区花庄一带置允街县。西汉在今永登县苦水镇置枝阳县。汉昭帝始元六年(前81年)，置金城郡，始领6县，后增至13县，今兰州市境有允街、浩亹、令居、枝阳、金城、榆中6县。十六国时期，前赵、后赵、前凉、前秦、后秦、西秦、后凉、南凉、北凉等占领过金城郡，其中西秦曾建都于兰州。隋文帝开皇元年（581年)，置兰州，领金城郡。置兰州总管府，为军事建置。唐代，兰州领五泉、广武、狄道三县。唐代宗广德元年(763年)吐蕃占领兰州，一直到北宋仁宗。宋仁宗景祐三年(1036年)，西夏在今永登县红城镇置卓罗和南监军司，并占领兰州。宋神宗元丰四年(1081年）收复兰州，宋与西夏隔黄河对峙。宋高宗绍兴元年(1131年)，金占领兰州。元太宗六年(1234年)，蒙古占领兰州、金州。明太祖洪武二年(1369年)，徐达攻取兰州，降兰州为兰县、金州为金县，属临洮府。洪武五年(1372年)，改庄浪州为庄浪卫，属陕西行都司。明惠帝建文元年（1399年)，肃王移藩兰县，加强了明朝的统治。明宪宗成化十三年（1479年)，升兰县为兰州。清圣祖康熙五年(1666年)陕甘分省，兰州为甘肃省会。清世宗雍正三年（1725年)，改庄浪卫为平番县，属凉州府。清高宗乾隆三年(1738年)，临洮府移兰州，改称兰州府，兰州改为皋兰县。兰州府领狄道州、河州、皋兰县、渭源县、靖远县、金县。乾隆二十九年（1764年)，陕甘总督移驻兰州，管辖今陕西、甘肃、宁夏、青海、新疆。1913年，并兰州府、巩昌府为兰山道，领皋兰等15县；平番县属甘凉道。1919年，改金县为榆中县。1928年，改平番县为永登县。1941年7月1日，成立兰州市。

1949年8月26日，兰州市解放。兰州市由县级市升为地级市。1950年，兰州市辖9个区和皋兰县，榆中县属定西专区，永登县属武威专区。1958年，辖城关等7个区，永登县划入兰州市，改为永登区。1963年，恢复永登县，划归武威专区。1970年4月，永登县、榆中县划入兰州市。1985年10月，白银区从兰州市划出，升格为省辖地级市。至2010年，兰州市辖城关、七里河、安宁、西固、红古5区及永登、榆中、皋兰3县。

【行政区划】 2010年，兰州市行政区域下辖5区3县，53个街道办事处，29个乡，35个镇，359个社区居委会，775个村民委员会。

城关区辖24个街道办事处：

临夏路街道办事处、张掖路街道办事处、白银路街道办事处、伏龙坪街道办事处、酒泉路街道办事处、广武门街道办事处、东岗西路街道办事处、皋兰路街道办事处、渭源路街道办事处、雁南街道办事处、雁北街道办事处、盐场堡街道办事处、草场街街道办事处、靖远路街道办事处、团结新村街道办事处、铁路东村街道办事处、铁路西村街道办事处、五泉街道办事处、火车站街道办事处、拱星墩街道办事处、嘉峪关路街道办事处、焦家湾街道办事处、东岗街道办事处、青白石街道办事处。

七里河区辖9个街道办事处：秀川街道办事处、土门墩街道办事处、龚家湾街道办事处、西站街道办事处、西园街道办事处、西湖街道办事处、建兰路街道办事处、晏家坪街道办事处、敦煌路街道办事处；2个乡：黄峪乡、魏岭乡；4个镇：西果园镇、阿干镇、八里镇、彭家坪镇。

西固区辖9个街道办事处：西固城街道办事处、先锋路街道办事处、福利路街道办事处、四季青街道办事处、陈坪街道办事处、西柳沟街道办事处、临洮街街道办事处、新安路街道办事处、新合路街道办事处；4个乡；金沟乡、达川乡、河口乡、柳泉乡；2个镇：新城镇、东川镇。

安宁区辖8个街道办事处：培黎街道办事处、安宁西路街道办事处、银滩路街道办事处、刘家堡街道办事处、孔家崖街道办事处、十里店街道办事处、安宁堡街道办事处、沙井驿街道办事处。

红古区辖3个街道办事处：窑街街道办事处、下窑街道办事处、矿区街道办事处；1个乡：红古乡；3个镇：海石湾镇、花庄镇、平安镇。

永登县辖5个乡：坪城乡、民乐乡、通远乡、七山乡、柳树乡；13个镇：城关镇、武胜驿镇、中堡镇、中川镇、连城镇、河桥镇、红城镇、上川镇、树屏镇、大同镇、苦水镇、秦川镇、龙泉寺镇。

榆中县辖15个乡：小康营乡、清水驿乡、中连川乡、园子岔乡、上花岔乡、哈岘乡、连搭乡、马坡乡、新营乡、银山乡、三角城乡、来紫堡乡、龙泉乡、韦营乡、贡井乡；8个镇：甘草店镇、夏管营镇、城关镇、高崖镇、青城镇、金崖镇、定远镇、和平镇。

皋兰县辖2个乡：黑石乡、水阜乡；5个镇：西岔镇、什川镇、忠和镇、石洞镇、九合镇。

【地形地貌】 兰州市位于陇西黄土高原的西部，是青藏高原向黄土高原的过渡地区。境内大部分地区为海拔1500～2500米黄土覆盖的丘陵和盆地。石质山地是祁连山余脉，分布在市境的南北两侧。榆中县南部和永登县西北部的石质山地海拔都在3000米以上，其中马衔山海拔3670米、兴隆山海拔3021米、奖俊埠岭主峰海拔3455米，自然植被垂直分布，有云杉林、油松林、辽东栎林、山杨林，以及灌丛。兰州地势西部和南部高，东北低，黄河自西南流向东北，横穿全境，切穿山岭，形成峡谷与盆地相间的串珠形河谷。峡谷有八盘峡、柴家峡、桑园峡、大峡、乌金峡等；盆地有新城盆地、兰州盆地、泥湾—什川盆地、青城—水川盆地等。还有湟水谷地、庄浪河谷地、苑川河谷地、大通河谷地等。

兰州黄河谷地盆地西起青石关，东至桑园峡，东西长60余公里；南北最宽约9公里，最窄处不足1公里；平均海拔1500~1550米。

【气候状况】 2010年，兰州市气温偏高创极值、冷暖高低变幅大，降水偏少，且分布极为不均，旱涝并举，局地灾情明显。各地年平均气温在6.5～10.8℃之间，较往年偏高0.7～1.0℃。极端最高气温出现在7月28日，为39.8℃，极端最低气温出现在12月16日，为–23.0℃。冬季、春季、秋季平均气温同比偏高0.9～2.2℃，12月皋兰、榆中和永登偏低0.7～1.2℃。各地年降水量在192.0～331.9毫米之间，榆中和皋兰略少1～2成，市区和永登偏少3～4成，4～5月和9～10月、12月降水偏多，其余均偏少。年内蒸发量永登2037.8毫米，其余在1098.4～1240.2毫米之间，与历年平均值相比，永登偏多290.4毫米，其余各地偏少。各地日照时数在2361.6～2651.2小时之间，与历年平均值相比，偏少14～62小时。11月～12月上旬市区空气污染加重，日照明显偏少。

5月至9月，先后多次出现强雷阵雨天气，局地出现冰雹洪涝灾害，经济损失严重。

2010年沙尘天气较往年明显增多。市区沙尘天气多达19天；皋兰和榆中沙尘24天，其中扬沙天气9～11天；永登沙尘天气12天，其中扬沙8天，沙尘暴1天。3月19~22日，全市各地出现了强度最强、持续时间较长的沙尘天气，兰州和永登出现沙尘暴，能见度降至400米以下，市区污染指数连续超过300，达重度污染。

【自然资源】 兰州市地质发育较为齐全，除太古界外，从中生界、前古生界至第四系均有不同程度的分布。在漫长的地质发展史中，形成多种矿产资源，已发现矿产48种。主要有煤、石英石、石灰石、玻璃硅质原料、水泥黏土、铁、铜、铅、金、银等。水泥石灰石分布广，储量4.8亿吨，占甘肃省的三分之一。石英石质量好、品位高，储量约3.8亿吨。煤矿已探明储量的有8.26亿吨，占全省的12%。

森林及绿地：全市有林业用地面积53.9万公顷，其中：林地面积6.3万公顷，疏林地面积0.53万公顷，灌木林地面积9.4万公顷,未成林地面积3.7万公顷，苗圃地面积0.05万公顷，宜林地33.5万公顷，全市森林覆盖率达到12.21%。天然森林分布在兴隆山、马衔山、冷龙岭、奖俊埠岭等石质山地，总面积7.57万公顷。主要树种有云杉、冷杉、祁连圆柏、油松、山杨、白桦、辽东栎等。城市绿地面积4211.33公顷，全市绿地率25.07%，公共绿地面积1679.7公顷，绿化覆盖率28.17%，人均拥有公共绿地面积8.93平方米。

全市野生高等植物122科，541属，1614种，仅南北两山就有61科，145属，270种。野生动物有5个纲，52个科，182种。其中鸟纲有16个目，37个科，148种。属国家一、二类保护的有金雕、石羊(岩羊)、麝、隼、鹫、梅花鹿、马鹿、雪鸡、中华秋沙鸭、水獭、天鹅等20余种。

【人口民族】 2010年，全市常住人口361.62万人。户籍人口323.54万人，其中非农业人口202.92万人，比上年增加3.1万人，农业人口120.62万人，比上年减少0.1万人。

2010年，全市可识别的少数民族成分55个，人口15.93万人，占全市人口总数的4.41%，其中信仰伊斯兰教10个少数民族人口约15.4万人。超过800人的少数民族有10个，即回族、满族、藏族、东乡族、蒙古族、土族、维吾尔族、土家族、壮族、苗族。

全市有3个少数民族聚居村，即城关区伏龙坪街道皋兰山回民村、红古区海石湾镇虎头崖回民村、榆中县连搭乡朱家沟回民村。

国民经济和社会发展

【概况】 2010年，兰州市认真贯彻落实国务院办公厅《关于进一步支持甘肃经济社会发展的若干意见》精神，深入实施省委区域发展战略和市委“1355”总体发展思路及“再造兰州”战略，按照“打好六大战役、实现六个突破”的工作部署，抓发展、治污染、拓空间、畅交通、强管理、提效能、保民生、促和谐，全市经济快速健康发展，各项事业取得新的成绩。全年实现生产总值1100.39亿元，增长12.8%。其中第一产业增加值33.79亿元，增长5.01%；第二产业增加值529.18亿元，增长13.72%；第三产业增加值537.42亿元，增长12.39%。全社会固定资产投资完成660.69亿元，增长30.52%。社会消费品零售总额完成545.11亿元，增长18.51%。非公有制经济实现增加值433.4亿元，增长23.1%。地区性财政收入完成304.13亿元，增长19.36%。一般预算收入完成72.76亿元，增长27.56%。城市居民人均可支配收入达到14061.84元，增长10.2%。农民人均纯收入达到4587元，增长14.6%。居民消费价格指数103.8%。节能减排取得良好成效，单位生产总值能耗下降4.8%，二氧化硫和化学需氧量排放总量分别下降2%和6%。

【农村经济稳步发展】 以特色农业、旱作节水农业、畜牧业养殖为重点，进一步加快农业和农村基础设施建设，增强农村经济综合实力，特色优势产业加快发展，农业产业化经营水平不断提高。粮食作物播种面积194.94万亩，比上年下降2.29%，双垄全膜覆盖栽培面积45.79万亩，粮食总产量40.38万吨，比上年增长4.10%。蔬菜播种面积73.17万亩，增长2.12%；蔬菜产量198.07万吨，增长6.11%。在畜牧业发展上，实施了10个示范场（区）、100个示范户建设，调动了周边农户发展养殖业的积极性，肉、蛋、奶总产量达到11.3万吨。

【工业经济平稳增长】 2010年，全市工业实现增加值399.06亿元，增长11.82%。规模以上工业增加值372.67亿元，增长12.3%，增速较上年加快2.47个百分点。其中，轻工业完成增加值76.19亿元，增长19.4%；重工业完成增加值296.48亿元，增长10.5%，轻工业增速高于重工业8.9个百分点。市属规模以上工业完成增加值97.94亿元，增长14.7%。全市工业经济效益综合指数227.2%，比上年提高13.9个百分点。工业产品销售率达到97.21%。受中石油兰州公司主营业务利润大幅下降以及水泥生产企业利润下降的影响，全市工业实现利润54.15亿元，下降13.03%。

【消费需求旺盛】 2010年消费持续稳步上升，全市实现社会消费品零售总额545.11亿元，增长18.51%。其中批发业实现零售额39.67亿元，增长23.06%；零售业实现零售额417.14亿元，增长18.74%；住宿业实现零售额4.01亿元，增长16.82%；餐饮业实现零售额84.28亿元，增长15.5%。全市接待国内外游客890.6万人次，

增长 26.7%;实现旅游总收入 63.5 亿元，增长 68.4%。

【物价小幅上涨】 居民消费价格小幅上涨，增长 3.8 个百分点。八大类居民消费价格指数“四升四降”；其中食品、烟酒及用品、医疗保健和个人用品、居住四类价格分别上涨 9.7%、5.8%、3.8%和 3.3%；衣着、家庭设备用品及维修服务、交通和通讯、娱乐教育文化用品及服务四类价格分别下降 1.7%、0.9%、1.5%和 0.5%。

【重点领域改革稳步推进】 城乡综合配套改革取得实质性进展。全面推行国有土地有偿使用制度，完善土地一级市场，积极探索土地二级市场管理的途径和方法。推进产权制度改革，稳步开展农村宅基地使用权、房屋使用权、集体建设用地使用权、农村土地承包经营权、林地承包经营权和股权的流转工作。林权制度改革进展顺利，落实林改经费 1432 万元，完成集体林地确权面积 478.86 万亩。国企改革重组不断深化。完成了兰州燃气集团与中石油昆仑燃气、焦家湾粮库有限责任公司与兰州小二黑食品有限公司的资产重组工作，完成了原首钢胜利、前进机械厂破产改制和重组，完成对兰州鑫源物资再生利用有限公司等 10 户企业的改制验收。交通运输领域改革稳步推进，探索建立交通发展投融资平台。实施新一轮医药卫生体制改革。基本医疗保障体系已经形成，基层医疗机构和农村三级医疗服务网络不断完善，全市乡镇中心卫生院新建、改扩建基本完成。国家基本药物制度初步建立，基本公共卫生服务逐步均等化。推进行政管理体制改革。完成了新一轮政府机构改革，组建了兰州新区。稳步推进审批制度改革，清理行政审批项目 1068 项，取消、调整行政审批项目 765 项。积极推进事业单位人事制度改革，完成了市属事业单位三类岗位各等级的岗位等级认定和 8 个县区专业技术十一级以上岗位、三级以上工勤技能岗位等级认定工作，认定岗位总量 42256 个。继续深化财政体制改革，抓好国库集中支付、政府采购、收支两条线和预算外资金管理等制度改革。教育、文化体制改革深入实施。制定义务教育区域一体化办学方案，积极推进集团化办学、片区办学及联校办学模式。调整学校结构布局，优化区域教育资源配置。文化体制改革进展顺利，20 家文化单位完成转企改制。

【社会事业稳步发展】 教育满意行动计划深入实施，医疗、卫生、就业等民生工程积极推进。中小学校舍安全工程开工 176 所，其中 122 所竣工并交付使用。新型农村合作医疗运行机制不断完善，参保人数达 112 万人。农村卫生基础设施建设进一步加强，榆中县医院建成使用，永登县医院、皋兰县医院以及 110 个标准化村卫生所建设进展顺利。就业工作有序推进，城镇新增就业人数 5.64 万人，实现劳务输转 32.5 万人，创劳务收入 27.38 亿元。社会保障力度不断加大，养老、失业、医疗、工伤、生育参保人数分别达到 32.25 万人、57.31 万人、78.68 万人、41 万人和 34.6 万人。

【困难和问题】 从应对金融危机的过程来看，兰州市的产业结构不尽合理，能源、原材料等传统产业所占比重过大，科技含量高、附加值高的新兴产业发展滞后，服务业中传统服务业比重过高，产业结构的抗风险能力差。2010 年国家先后出台淘汰落后产能政策、房地产调控系列政策、停止执行丰水期优惠电价政策以及取消 406 种商品的出口退税政策，对兰州市钢铁、有色冶金等相关行业带来较大影响。2010 年央行 6 次提高存款准备金率，治理地方融资平台，调控信贷，受此影响，企业融资难的问题难以有效解决。四是消费价格总水平持续攀升。受国内外多种因素影响，以农产品为主的生活必需品价格持续上涨，食用油、粮食、鲜菜价格普遍上涨，同时波及部分行业和食品制成品价格，加大了城乡居民特别是中低收入群体的生活负担。

（白廷龙）

固定资产投资与重大项目建设

【固定资产投资】 2010 年全社会固定资产投资完成 660.07 亿元，比上年增长 30.52%。按城乡区域划分：城镇固定资产投资完成 591.98 亿元，增长 24.45%，其中房地产投资 118.28 亿元，增长 19.95%；农村固定资产完成投资 22.91 亿元，比上年增长 14.12%。按隶属关系分：中央在兰单位完成投资 207.64 亿元，增长 49.75%；省属在兰完成投资 84.67 亿元，增长 18.57%；市及市以下完成投资 368.38 亿元，比上年增长 24.4%。分产业看，第一产业完成投资 5.68 亿元，增长 15.21%；第二产业完成投资 219.84 亿元，增长 18.11%；第三产业完成投资 435.17 亿元，增长 38.09%。

【重大项目建设】 2010 年，14 项省列重大项目全部开工，完成投资 85.48 亿元，占计划的 147%。100 项市列重大项目全部开工建设，完成投资 252.6 亿元，占计划的 105.3%，其中：中央、省属项目 32 项，完成投资 145.38 亿元，增长 17.18%；市属项目 68 项，完成投资 107.24 亿元，增长 9.91%。国电范家坪热电联产、330 千伏连城输变电、方大炭素堆内构件、甘肃宏宇变压器有限公司出城入园整体搬迁、祁连山水泥日产 4500 吨新型干法水泥生产线、农村饮水安全、省人民医院住院部大楼、兰州市烈士陵园、甘肃会展中心建筑群展览中心等 29 项建成或部分建成投入使用。

（白廷龙）

精神文明建设

【概况】 2010 年，兰州市的精神文明建设围绕省委区域发展战略和市委“1355”总体发展思路，依据全省精神文明建设工作要点，以建设社会主义核心价值体系为根本，以创建全国文明城市为目标，切实加强公民道德建设，着力深化精神文明创建活动，不断提高公民文明素质和社会文明程度。

【公民思想道德建设】 深入开展“讲文明树新风”活动。全市以“讲文明、重礼仪、告别不文明行为”为主题，深入开展“迎世博、迎亚运、讲文明、树新风”活动，倡导文明言行，改善城乡环境，维护公共秩序，引导人们学礼仪、懂规范、讲礼貌、守秩序，在全社会树立文明礼仪之风。3 月 5 日，在东方红广场举行“迎世博、迎亚运、讲文明、树新风”——百万市民践行礼仪活动暨志愿服务活动启动仪式。省文明办和市委、市政府领导以及 5000 多名志愿者代表参加了启动仪式。全市各单位精心谋划活动内容，扎实有效地开展礼仪教育实践和志愿服务活动，充分发挥广大志愿者的示范带动作用，创新活动的方式方法，增强活动的针对性和实效性。深入挖掘和大力宣传基层创新工作的典型做法和经验，充分调动基层单位的积极性和创造性，积极整合资源，搞好配合，形成合力，共同营造了学礼仪、讲文明、树新风和开展志愿服务活动的浓厚氛围。

加强市民教育工作。向各县区、市直各部门配发了 15000 本《兰州市市民道德教育读本》。组建市民教育学校总校和 8 个县区分校，首批招聘专兼职教师 77 名，对招聘教师和部分街道社区工作人员进行了培训。各县区、市直各部门、各单位、街道举办市民教育培训班，以社会主义荣辱观、社会公德、职业道德、家庭美德、文明礼仪为重点内容，对广大市民进行普遍培训。一年来，全市共有 153.39 万人参加了培训，占城镇总人口的 75.76%。年内，邀请清华大学客座教授杨金波作了以“公共礼仪”为主题的文明礼仪知识讲座，传播普及礼仪知识，提高市民文明素质。

组织开展“兰州市首届道德模范”评选表彰活动。市委宣传部、市文明办等 5 部门组织开展了“兰州市首届道德模范”评选表彰活动。经过宣传发动、推荐申报、群众投票等程序，共评选出助人为乐、见义勇为、诚实守信、敬业奉献、孝老爱亲等 10 名道德模范。9 月 20 日，市上隆重召开颁奖大会，对评选出的兰州市首届道德模范进行了表彰，并在各新闻媒体上进行深入宣传。7 月份，组织了两场全国道德模范基层巡讲报告会。

【未成年人思想道德建设】 制定印发了《关于深入推进未成年人思想道德建设的任务分工》《关于进一步加强未成年人心理健康教育辅导工作的安排意见》《关于做好 2010 年未成年人心理健康教育工作的通知》等，对未成年人思想道德建设工作进行安排部署。进一步加强中小学生心理健康教育和青春期教育，开展心理健康教育师资培训和经验交流。顺利迎接了中央文明办对兰州市未成年人思想道德建设工作的测评，测评成绩在 30 个被测的省会城市和副省级城市中位于第 14 名。继续深入开展净化社会文化环境工作。在开展网络、网吧、荧屏声频、校园周边环境四大整治的同时，组织开展打击和治理淫秽色情及低俗信息“线下”传播专项行动。市公安、文化、工商等 8 部门联合制定方案，对专项行动进行周密安排和明确细致的分工，狠抓任务落实。专项行动中，共破获网上传播淫秽色情案件 3 起，处罚 3 人；查获手机“线下”传播淫秽色情信息案件 16 起，处罚 9 人。查出视听节目网站、博客、播客、论坛、网络动漫、点对点网络等传播网络淫秽色情等有害信息 2011 条，关闭淫秽色情网站 12 家，取缔黑网吧 2 家。查获淫秽视频 43 部、淫秽及低俗图片 703 张、色情视频短片 590 部、淫秽电子书 465 部、涉嫌淫秽电子书 40 部，总容量达 94.24GB。

组织开展美德好少年评选表彰活动。为不断提高全市未成年人思想道德素质，推动“做一个有道德的人”主题活动深入开展，市文明办、市教育局、团市委、市妇联和市校外教育办等 5 部门联合开展了兰州市首届美德好少年评选表彰活动。通过全市海选、初选、投票、评审会评议等环节，评选出了 10 名美德好少年，于 9 月 20 日与全市首届道德模范一并进行了表彰。甘肃日报、兰州日报、兰州电视台等省市媒体对他们的事迹进行了广泛的宣传报道。

组织未成年人开展丰富多彩的课外活动。组织全市广大未成年人开展“传唱优秀童谣、做有道德的人”网上签名寄语活动。6月1日，在城关区新桥小学举行了兰州市“传唱优秀童谣、做有道德的人”网上签名寄语活动启动仪式。据统计，全市8县区有213371人参加了签名寄语活动。参与开展了全省未成年人“清洁能源河西行”夏令营活动，共组织全市17名优秀学生赴酒泉、嘉峪关等地开展了相关活动，使未成年人在实践中感受生态文明建设。

切实加强农村未成年人思想道德建设。认真学习推广山东淄博市建设“乡村少年宫”的经验，组织相关人员赴淄博进行了实地学习考察，制定了《关于推进“乡村少年宫”建设的实施意见》。对全市农村未成年人校外活动场所现状进行了调研，全面了解掌握农村未成年人校外活动场所和开展活动的现状以及在队伍建设、管理体制、资金保障等方面存在的问题，为加强农村未成年人思想道德建设工作摸清了底数，奠定了基础。经过深入调研，精心准备，在永登县秦川中心小学举行了“乡村少年宫”建设试点工作启动仪式，全市“乡村少年宫”建设工作正式启动。

【群众性文化活动】 全市广泛开展“我们的节日”主题活动，重点组织开展了“我们的节日——春节·元宵节”主题活动、“红旗颂”——少年儿童清明纪念革命先烈主题教育活动、“我们的节日·端午节”主题活动。春节期间，组织了电视专题片《永远的春节》——“兰州年味”的拍摄，并在甘肃电视台播放，进行广泛宣传。利用清明节这一重要传统节日，对中小学生进行革命传统教育和传统美德教育，组织开展缅怀英烈、祭奠亲人，植树造林、绿化美化，诗文诵读、陶冶性情等活动，大力弘扬中华民族优秀文化传统，扎实推进社会主义核心价值体系建设。市委宣传部、市文明办、市教育局、市校外教育办联合举办了“红旗颂”——兰州市少年儿童清明纪念革命先烈主题教育活动。活动以“红旗颂”为主题，采取诗与歌、舞与乐的文艺节目形式，表达了对革命先烈的深切缅怀之情。各县区利用当地爱国主义教育基地，积极组织缅怀先烈活动，引导广大群众继承先烈遗志，报效祖国。组织开展“兰州市中小学生经典诗文诵读比赛”活动，各中小学以“传承优秀文化、弘扬爱国精神”为主题，以开展中华经典诗文诵读活动为载体，引导广大中小学生唱响具有浓郁民族色彩的精神之歌和文化之歌。6月至9月，全市共有61所中小学校的学生参加了诵读比赛。11月，市教育局、文明办联合举办了兰州市中小学中华经典诗文诵读比赛颁奖大会暨获奖节目展演，集中展示了活动成果。举办了第六届“兰州读书节”活动，以中华传统经典和红色经典为主要内容，向市民群众推介了一批优秀图书，兴起读书热潮。开展“同享读书快乐”活动，激发读书热情，推动全民读书活动广泛深入开展，使市民在读书过程中提高素质。

【志愿服务工作】 认真落实中央、省、市《关于深入开展志愿服务活动的实施意见》，建立完善志愿服务体系和工作机制，充分发挥兰州志愿者联合会的作用，在全社会大力倡导志愿精神。起草印发了《关于开展志愿服务活动的通知》，积极组织开展关爱空巢老人、扶危救困、扶弱助残、便民利民等志愿服务活动。城关区“爱心集结号”志愿者网站、七里河区“夕阳红工程”、西固区“爱心门铃”亲情服务、安宁区“关爱空巢老人·青春行动”等志愿服务品牌逐步形成。协调市广电总台，依托兰州新闻综合广播的名牌栏目，建立了《听众接待室》志愿者服务队，为市民生活提供志愿服务线索，帮助群众解决生活中遇到的困难。在市广电总台交通音乐广播挂牌成立了兰州志愿者联合会“995车友之家”爱心服务队，1320多名出租车司机成为服务队首批队员，在高考期间义务接送考生、帮助老弱病残等社会弱势群体。组织了“兰州市迎世博、迎亚运、讲文明、树新风——百万市民践行礼仪活动暨志愿服务活动”、“倡导绿色生活，培育低碳一族”活动、“传递温暖，奉献爱心”向玉树地震灾区送温暖、重阳节“六敬爱老”志愿服务等集中性的志愿服务活动。开展了全市志愿服务先进集体和优秀志愿者评选活动，引导和激励更多的社会公众参与志愿服务，再掀志愿服务活动热潮，进一步推动我市志愿服务工作再上新台阶，努力推动志愿服务的大众化、经常化、规范化。

（刘　奕）

五城联创

【概况】 2010年，全市大力实施“13458”全国文明城市创建工程，继续深化“五城联创”活动，组织实施创建晋级达标工程，深入推进新一轮创建文明城市活动。

【创建文明城市】 开展公共文明指数测评工作。先后举办了两期创建全国文明城市工作培训班，邀请市创建工作特聘顾问、华东理工大学教授鲍宗豪和国家统计局城市社会经济调查司王文亮处长就城市公共文明指数测评工作进行了专题辅导。依据《兰州市创建全国文明城市工作督查考核办法（试行）》，按照《兰州市迎接2010年全国城市公共文明指数测评实施方案》的要求，各县区和26个窗口行业开展了3次自测工作，委托国家统计局兰州调查队对全市进行了1次全面测评。6月，召开全市迎接公共文明指数测评工作动员大会。7月，接受了中央文明办对兰州市公共文明指数和未成年人思想道德建设工作的测评，城市公共文明指数测评成绩在30个被测的省会城市和副省级城市中排名第16位，与2009年相比，城市公共文明指数水平得到大幅提升。

努力实现创建文明城市工作的常态化。制定下发了《关于建立健全创建全国文明城市长效机制的意见》，进一步明确了创建文明城市工作的指导思想和坚持科学发展、坚持以人为本、坚持制度管理、坚持求实创新的基本原则。建立健全了创建文明城市工作中的组织领导和工作机制、责任机制、引导机制、监督机制、督查机制、考核机制、保障机制、省市共建机制等8项机制，提出了加强领导、发动群众、形成合力、强化宣传等四项工作要求，为兰州市创建全国文明城市工作实现长效化、常态化、科学化、规范化打下了重要基础。

加大创建工作监督力度。启动了舆论监督平台，对创建工作进行全面监督。《兰州日报》开设“创建文明城市曝光台”栏目，兰州电视台开设“创建文明城市——我们在行动”专栏，成立巡查拍摄组，对全市的不文明现象和市民反映强烈、影响文明城市创建的难点问题，进行现场拍摄、曝光和跟踪报道。招募“创建文明城市志愿评议员”，对发现的不文明现象和创建中存在的问题进行监督评议。开设创建文明城市监督热线，建立“创建文明城市志愿监督员”队伍，对群众反映的影响创建的突出问题进行跟踪监督。在“市政府公众信息网”开设“创建文明城市监督台”，收集市民反映的创建问题，督促协调相关部门解决。从6月中旬开始，全市相关部门组成联合督查组，对城市公共文明指数测评所涉及的内容进行不间断地实地督查，进一步落实测评任务，收效良好。

群众性精神文明创建工作扎实推进。修订完善了《兰州市文明单位、文明村镇、文明社区建设管理办法》，制定了《兰州市文明单位、文明村镇、文明社区考评细则》，细化各类文明单位考评标准，强化动态管理，制定奖惩措施，不断提高各类文明单位创建工作质量。兰州市公交行业和出租车行业分别召开行业综合整治暨精神文明创建动员大会，掀起行业创建高潮。在全社会广泛开展“守信用、重合同”、“消费者信得过”、“百城万店无假货”等诚信主题活动，加强行业治理，规范服务行为。向省上推荐了5个兰州市精神文明建设的先进典型案例，在《甘肃日报》上进行了集中宣传展示。推荐报送10个优秀节目(电视类8个、广播类2个)参加了全省精神文明建设先进典型宣传优秀广播电视节目评选活动。组织开展了兰州市精神文明建设创新案例征集评选活动，评选出“兰州市精神文明建设二十大创新案例”和10个“兰州市精神文明建设创新案例提名奖”。

【创建国家卫生城市】 按照“政府组织、地方负责、部门协调、群众动手、科学治理、社会监督”的工作方针，依照《兰州市2009—2011年创建国家卫生城市工作实施方案》，深入开展创建国家卫生城市活动。广泛开展“提升城市形象”、“提高环境质量”、“整治环境卫生”、“周末卫生大扫除”等活动，进一步促进了城市基础设施建设、综合服务功能完善、环境卫生管理、环境保护上台阶上水平，创卫整体推动效应明显。为进一步巩固扩大县区级卫生小区、卫生单位创建成果，不断深化城市卫生“细胞”工程建设，促进爱国卫生管理经常化、制度化、规范化，按照《兰州市卫生小区卫生单位考核管理办法》和《兰州市卫生小区卫生单位考核管理办法实施细则》，全市积极开展市级卫生小区、卫生单位创建达标活动。城市环境卫生面貌不断改善。把创造良好市容环境卫生面貌作为塑造城市形象、提高服务功能的重头戏，坚持建管并重、软硬齐抓、标本兼治，在不断加大城市基础设施投入的基础上，全方位加大了执法力度，使市容环境面貌发生了显著变化。加大油污路面和污水井口的冲洗力度，共冲洗道路552万平方米、油污路面300多条、污水井口2.6万个(次)、垃圾收集点3046个(次)，清运垃圾近100万吨。加强了环卫基础设施建设，新设置公厕50座，配置果皮箱500多处，环卫基础设施落后的状况得到初步改善。

传染病预防控制工作得到加强。全市报告乙类传染病14种13435例，死亡14例，发病率411.52/10万，死亡率为0.43/10万，同期下降20.89%；报告丙类传染病8种5386例，无死亡报告，发病率164.98/10万，同期下降10.21%。卫生监督执法水平明显提高。坚持“标本兼治、着力治本”的工作方针，遵循“求真务实，注重成效，从基础抓起，从源头抓起，从大案要案抓起”的原则，共出动卫生执法人员15727人次，监督检查被监管单位25006户次，查处食品违法案件348起，处罚卫生不达标学校155家，纠正违规医疗

机构26家，取缔黑诊所76户，查处发布违法医疗广告单位12家。根据创卫工作要求，采取抓重点带一般的方法，在全市重点行业组织开展了以灭蟑为重点的达标活动。对社区、重点行业灭蟑技术人员进行了业务培训，全市共举办培训会80场次。通过杀灭行动，蟑密度由灭前的15.94%降到了灭后的2.7%，使城区蟑密度基本控制在国家规定的标准以内。

【创建国家园林城市】 城市园林绿化工作坚持以“营造精品园林，增加城市绿量，建设优美环境，树立行业形象”为目标，抓重点、促管理、创精品，取得了显著成效，实现了跨越式发展。加快白塔山、五泉山公园景区整治改造工程建设，白塔山维修改造完成百株景观大树进公园工程。认真开展“百万鲜花靓金城”活动，加快实施黄河湿地保护和龙源园二期项目，进一步巩固黄河风情线绿化整治成果，使城市绿化、美化水平有了较大提高。结合第四版城市绿地系统规划修编，积极推进东西向大通道绿色生态景观长廊建设，更新老化枯死树木，整治塌陷和斑秃草坪绿地，补植缺株断档苗木，丰富植物空间结构，有效扩大了绿地面积。加快实施《兰州市500米服务半径公共绿地规划》，有重点地选择打造庆阳路、瓜州路、西固公园路以及南关生态小游园、七里河区玫瑰园等精品绿化道路和小游园，为市民提供更加便捷的公共活动空间。全年共种植乔木23.43万株、大灌木10.77万株、小灌木194.09万株、草花11.2平方米，播种草坪22.53万平方米，完成新增、改造城市绿地192.48公顷，摆放盆花14.53万盆，完成垂直绿化8280米。全面实施绿色图章审批管理制度，控制建设项目绿地比例，加强建设项目附属绿化工程跟踪管理，做到绿化审批前置，努力实现按规划建绿。加大绿化监督检查力度，及时查处毁绿案件和擅自改变绿化规划及无绿化资质施工行为，使绿化管护工作向集约化、精细化发展。

【创建国家环境保护模范城市】 根据“兰州市国民经济和社会发展第十二个五年规划”，结合兰州市实际情况，合理确定环保“十二五”规划目标和任务，以改善环境质量为目标，完成了《兰州市环境保护“十二五”规划》的编制。面向社会公开招募来自大中专院校、政府机构等社会各阶层的环保志愿者2354名，积极组织环保志愿者参加环保宣传、环保公益活动和环境执法检查工作,对社会环境问题进行监督和举报。通过创新载体，进一步拓宽了社会公众参与环保工作的广度，群众对环保工作的满意率不断提升。兰州市环保志愿者招募活动获兰州市精神文明建设创新案例奖。6月4日，中国文明网以“兰州市首批2354名环保志愿者正式上岗”为题，报道了兰州市环保志愿者参与环保工作的情况，在全国引起了良好的反响。9月19日，兰州市环境保护局、共青团兰州市委和兰州市保护母亲河领导小组办公室联合开展的“绿色生活，有你有我”——兰州市保护母亲河生态环保宣传实践系列活动，700多名环保志愿者和广大市民共同参加了本次启动仪式，营造了浓厚的“创模”氛围。

结合兰州实际，采取三项措施加强对污染防治设施运行的执法监察：一是采取联合检查和交叉检查的方式，对污水处理厂、燃煤电厂脱硫设施运行和省重点污染源防治设施运行情况每月一检查、一通报。二是加强对排污单位的申报管理工作。对未安装自动监测设备的污染源，由排污单位提供具备资质的监测单位出具主要污染物监测数据，以此申报污染物排放量。三是加强对污染防治设施运行的监督性监测。加强对铅、汞、镉、砷、铬等重金属项目及对环境安全有重大隐患的典型特征污染物的监测。经过努力，全市污染减排目标任务全面完成。二氧化硫、化学需氧量两项约束性指标分别控制在8万吨和4.67万吨以内，排放量在目标值之内。完成市区生活污水全收集全处理工程建设任务。累计环保投资52.93亿元，占同期GDP的1.68%，生活垃圾无害化处理率达到80.91%；工业危险废物处置利用率达到100%，医疗废物安全处置率达到99.96%；清洁能源使用率达到82%。城区大气环境质量明显改善。全市主要污染物烟尘、工业粉尘排放量比“十五”末分别下降了29.69%和50.6%，空气污染综合指数从“十五”末的3.18下降到3.01，空气质量污染物浓度二氧化硫、可吸入颗粒物分别比“十五”末下降13.2%和4.5%。水污染防治工作取得积极进展。全市地下水水质保持良好，地表水部分水体水质逐年好转。兰州市饮用水水源水质达标率保持在100%，黄河兰州段水质达到国家三类标准，水域功能区水质达标率保持在100%。区域环境噪声平均等效声级达到国家标准。医疗废物和危险废物得到有效控制。

【申报国家历史文化名城】 2010年，兰州市申报国家历史文化名城工作重点是完成了部分古建文物的修缮。将城区濒危古建筑修缮和五泉山、白塔山整体改造纳入“五城联创”重点项目之一，拨付专项资金1583.03万元，修缮了金天观四合院、小四合院、东望河楼、西望河楼、玉皇阁东厢房、玉皇阁西走廊、云水堂，府城隍庙东六至东八厢房，五泉山二郎庙、东长廊和皋兰文庙及白塔山三星殿等古建筑，使濒危古建筑得以改观。组织出版了《兰州历史文化名镇丛书》。完成了《金崖史话》《红城史话》《苦水史话》《青城史话》出版发行，完成《窑街史话》《清水史话》《什川史话》《河口史话》《甘草店史话》的初稿编撰工作。编印了《兰州市申报国家历史文化名城资料汇编（第十二集）》，收录了2008年9月至2009年12月期间，兰州市申报国家历史文化名城、名镇工作所产生的文件和资料。完成了大型画册《历史文化名城——兰州》的图片征集和文字编写工作。画册分大河古道、沧桑岁月、史前遗存、文物石刻、寺观城堡、民风民俗、风流人物、名产物华9篇40目，配文40多万字，图片300多幅。这部画册以图文并茂形式详细记载和反映了1.5万年以来各个历史阶段兰州的社会发展状况，是一部综合、完整反映兰州文脉的参考书、工具书，将为申报国家历史文化名城打下坚实的资料基础。

（刘　奕）

兰州市组织机构与负责人

中国共产党兰州市委员会

书　记　陆武成
副书记　张津梁（1月免）
　　刘为民
　　袁占亭（1月任）
常　委　陆武成
　　张津梁（1月免）
　　刘为民
　　吴继德（9月免）
　　杨志武　牟少军
　　王　冰（1月任）
　　徐　伟（12月免）
　　李森洙
　　张殿元（5月免）
　　金祥明　段英茹
　　孙若风（7月免）
　　张悌先
　　李　军（5月任）
秘书长　牟少军
副秘书长　张永平（2月任）
　　宋昌义（2月免）
　　刘福全　王　林(7月免)
　　刘怀君　高春远
　　李富君　杜宁让
　　赵雪涛（7月任）

市委办公厅

主　任　张永平（2月任）
　　宋昌义（2月免）
副主任　宁辉东（7月任）
　　房拥和（7月免）
　　赵雪涛（7月免）
　　郭海泉（7月任）
纪检组长　冯乐泉

市委组织部

部　长　张悌先
常务副部长　吴永建
副部长　王　宏　方书英
　　王得明
　　尤占海（7月任）
部务委员　滕　敏（2月任）
　　王华琪（2月任）

市委宣传部

部　长　王　冰（1月任）
常务副部长　谢　鹏（7月免）
　　张正华（7月任）
副部长　李培生（7月免）
　　李继龙（7月免）
　　魏周弟
　　张永平（2月免）
　　韩德才
　　姜晓红（3月任）
　　杨增宽（7月任）
　　谢　鹏（7月任）

市委统战部

部　长　段英茹
常务副部长　郑　钢
副部长　马　彬　孟凡声

市委政法委员会

书　记　李森洙
常务副书记　焦　伟
副书记　张明泉　张禄永

市委政策研究室

主　任　高春远
副主任　陶　军（12月免）
　　甄作俊（12月任）
　　刘晓宏

市直机关工委

书　记　李克安
副书记　周　萍（7月免）
　　王瑞玲（12月免）
　　王新德（7月任）
　　花福萍（4月任）

市机构编制委员会办公室

主　任　俄有勋（1月任）
　　王得明（1月免）
副主任　李俐娟　王万胜（9月任）

市信访局

局　长　房拥和（7月免）
　　袁世兴（10月任）
副局长　武进洲（10月免）
　　王书月（10月任）

市委农村工作办公室

主　任　钱承文（7月任）
副主任　张延春（7月任）
　　王华魁（7月任）

市老干部工作局

局　长　王　宏
副局长　苏生元　花福萍（4月免）
　　杨道宽（4月任）

市档案局

局　长　许宝林（7月免）
　　李永生（9月任）

副局长　刘富强　刘承业

市委保密委员会办公室（市保密局）

主　任　彭雷嘉

副主任　段生林

副局长　褚　晓

市委党史办公室

主　任　杨毓荣（6月免）

　　　　殷志强（6月任）

副主任　袁志学

市委精神文明建设委员会办公室

主　任　张永平（3月免）

　　　　姜晓红（3月任）

副主任　郁百年　李辛村

市委党校

校　长　滕兴科

副校长　王兴朝（7月免）

　　　　李一文

　　　　濮　政（7月任）

校务委员　濮　政（7月免）

　　　　马学义　李智明（9月任）

市社会科学院

院　长　李培生

副院长　李永生（9月免）

　　　　贺永泉

兰州日报社

社　长　杨增宽

副社长　张永平　李寿增

　　　　丁　力　丁　晶（7月任）

党委副书记、纪委书记　何大宏

中共兰州市纪律检查委员会

书　记　徐　伟

常务副书记　葛延年

副书记　董文胜　李勇红

常　委　徐　伟　葛延年

　　　　董文胜

　　　　杨幼清（7月免）

　　　　李明珊

　　　　郑　钢（7月免）

　　　　龙　斌

　　　　巩田龙（1月任）

　　　　谢慧芬（7月任）

　　　　刘明岱（7月任）

市监察局

局　长　葛延年

副局长　杨幼清（7月免）

　　　　董文胜（1月免）

　　　　巩田龙（1月任）

　　　　谢慧芬（7月任）

　　　　王巧芸（10月任）

兰州市人大常委会

主　任　哈全玉

副主任　王　嵘（1月免）

　　　　潘卫平　张宗奎（1月免）

　　　　王韶珊　胡康生　张祖迁

秘书长　朱宗礼

副秘书长　杨　巩　何会宁

　　　　宋建民

办公厅主任　朱宗礼

法制工作委员会主任　杨兴普

副主任　陈一平(7月任)

内务司法工作委员会主任　石生禄

副主任　郭　华

财政经济工作委员会主任　王天庆

副主任　张　松

农业与农村工作委员会主任　万世文

副主任　唐建西（4月免）

　　　　徐蔚燕（4月任）

教育科学文化卫生工作委员会主任　郭盾骅

副主任　尤应耀（9月任）

城乡建设与环境资源保护工作委员会主任　梁维德

副主任　张　则　张福寿

民族侨务工作委员会主任　马文春

副主任　张兰芬（4月任）

代表人事工作委员会主任　郁新山（11月任）

副主任　郁新山（11月免）

　　　　张学常（9月任）

研究室主任　任超英

副主任　扶元田

信访室主任　张忠义（7月免）

　　　　李小平

副主任　朱　成（7月免）

　　　　周永荣（11月任）

兰州市人民政府

市　长　张津梁（1月免）

　　　　袁占亭（1月任）

副市长　吴继德（9月免）

　　　　杨志武

　　　　孙若风（7月免）

　　　　王　冰（1月免）

　　　　周丽宁　姚国庆

　　　　魏志乐　戈银生

　　　　俞敬东（6月任）

　　　　高材林（8月免）

秘书长　魏邦新（4月免）

　　　　李虎林（4月任）

副秘书长　雒泽民

　　　　余海云（7月免）

　　　　王俊东（4月免）

　　　　朱合泉　郑继祖

　　　　韦青祥

　　　　淡汉荣（10月任）

　　　　王延泽　敬国华

市政府办公厅

主　任　雒泽民（12月任）

副主任　米　琳　苏文武　陈建军

纪检组长　张延才

市发展和改革委员会

主　任　陶军锋（4月免）

　　　　潘　恩（4月任）

副主任　潘　恩（4月免）

　　　　胡德庆（7月免）

　　　　杨衍佑　魏邦昆

　　　　张兆荣

　　　　李威青（9月任）

纪检组长　杨　林（9月任）

兰州市工业和信息化委员会

主　任、党组书记　巨洪程（1月任）

副主任　张兴君（1月任）
杨正岱（1月任）
孙　燕（1月任）
赵旭东（1月任）
纪检组长　张国昇（1月任）
副主任　龚成久（1月任）

市教育局
局　长　何泳忠
党组书记　田　明
党组副书记、纪检组长
梁志仁（7月免）
副局长　张玉珊（7月免）
蒙自福　南战军　臧晓平

市科技局
局　长　周锦彪
副局长　梁贵江　李殿卿　王慰祖
吴海芸
纪检组长　张兴东

市民族宗教事务委员会
主　任　马　彬（1月任）
党组书记　吴仲英（1月任）
副主任　杨生义（1月任）
康建武（1月任）

市公安局
局　长　姚　远（1月免）
王　幸（11月任）
副局长　黄大功　周史任（8月免）
李武平　何全意
王毓弟(7月免)　王应德
周　宏　张景吉（10月任）
王小明（1月任）

市民政局
局　长　杨广增
副局长　张世和　魏小文　魏国万
康得胜　范兰琴（10月任）

市司法局
局　长　曾效勇
副局长　韵玉成（7月免）
张维民（10月免）
赵　丽（9月免）　李　瑛

市财政局
局　长　陈卫东
党组书记　陈宝志（11月免）
副局长　赵兰生　鲁福有
朱双凤（9月免）
钟铭生
纪检组长　李笔强

市人力资源和社会保障局
局　长　王得明（1月任）
副局长　党　玲（1月任，7月免）
金文河（1月任）
纪检组长　火成坤
副局长　慕　洲（1月任）
李元生（1月任）
杨衍佐（1月任）

市城市规划局
局　长　万　里（1月任）
党组书记　赵资英（1月任，7月免）
万　里（7月任）
副局长　杜正喜（1月任，9月免）
赵和平（1月任）
卢　健（1月任）
纪检组长　易曾春（1月任）

市国土资源局
局　长　丁祖全
副局长　孙敏毓　张纪勋
杨立岭
谢立宏（10月任）
纪检组长　黄鹏祥（10月任）

市城市建设局
主　任　宋智虎（1月任）
副主任　李正平（1月任）
宋小平（1月任）
王维治（1月任）
樊勤生（1月任）
张　毅（7月任）
党组成员　赵元喆（1月任）
纪检组长　祁建萍（1月任）

市交通运输局
局　长　颜承鲁（1月任）
副局长　刘克勤（1月任）
杜明飞（1月任）
赵　胜（1月任）
钱　芳（1月任）
纪检组长　郑向先（1月任）

市水务局
局　长　黄云飞（9月任）
副局长　韩德强（9月任）
郭庭天（9月任）
王建国（9月任）
纪检组长　米亚玲（9月任）

市林业（三北）局
局　长　朗得晨（9月任）
副局长　马万荣（9月任）
姚见喜（9月任）
张守琪（9月任）
王元昌（9月任）
魏云邦（9月任）
纪检组长　刘瑞生（9月任）

市商务局（市商贸中心办公室）
局　长　司德成
副局长　王汝荣（7月免）
成贵喜　王永堂
杨进龙
刘志强（9月任）
纪检组长　程国珍（9月任）

市文化广播影视新闻出版局
局　长　范　文（1月任）
党组书记　谢　鹏（1月任）
副局长　杨邦军（1月任）
赵中东（1月任）
纪检组长　吴南春
副局长　朱秀红（1月任）

市卫生局
局　长　薛开华
副局长　黄良平（10月去世）

谢　伟　杨继良
纪检组长　胡　芳
副局长　金　敏（9月任）

市人口和计划生育委员会

主　任　苏　琦（4月免）
王俊东（4月任）
副主任　孙建生　保先财
纪检组长　杨建鹏

市食品药品监督管理局

局　长　腾耀文（1月任）
副局长　马科信（1月任）
权文军（1月任）
纪检组长　秦万虎
副局长　谢　群（9月任）

市审计局

局　长　高兴贵
副局长　郑登江　韩　林
何金春（11月任）
纪检组长　程国珍（9月免）
张红桢（9月任）

市环保局

局　长　陈　静
副局长　郑志强　杜文艳
闫子江
纪检组长　张秋兴（9月任）

市体育局

局　长　龙富国
副局长　贺有利　尚虎珊　付松华
纪检组长　穆志勇

市统计局

局　长　段迎存
副局长　谭生龙　高亚萍　陈海力
纪检组长　刘　维

市安全生产监督管理局

局　长　马海麟
副局长　张力平　达选忠(1月任)
纪检组长　李建奎
副局长　丁永平（1月任）

市物价局

局　长　徐希望
副局长　石铭军　李发庭　马立岳
纪检组长　刘同春

市粮食局

局　长　肖　伟
副局长　王绍荣　高忠霞
蒋常荣
纪检组长　王自礼（9月免）

市政府外事办公室

主　任　火照程
副主任　梁亚琊（7月免）
杨林春　周朝阳(9月任)

市政府法制办公室

主　任　刘立川（7月免）
董建梅（7月任）
副主任　康亚鑫（10月任）

市城市管理综合行政执法局

局　长　张永财（1月任）
副局长　李永忠（1月任）
杨文俊（1月任）
杜正喜（9月任）
白小平（9月任）
纪检组长　白小平（9月免）
张玉华（9月任）

市住房保障和房地产管理局

局　长　刘大可（1月任）
副局长　杨学栋（1月任）
张祥生（1月任）
陈永军（1月任）
纪检组长　颜东平（1月任）

市园林局

局　长　李　权（1月免）
李正平（4月任）
副局长　王和清（4月任）
王立吉（7月任）
纪检组长　马欣宁（9月任）

市政府国有资产监督管理委员会

主　任　李天亮（1月任）
党委书记　吴志伟（1月任）
监事办主任　金义权（1月任，9月免）
党委副书记、纪委书记
马连玉（1月任，11月免）
副主任　程　涛（1月任）
张三才（1月任）
许来强（1月任）
鲁北军（1月任）
牛成喆（1月任）

市农业委员会

主　任　石镜如（1月任）
党组书记　李向军（1月任）
副主任　颜为英（1月任）
辛世江（1月任）
张正功（1月任）
张立虎（1月任）
徐守刚（1月任）
才吉安（1月任）
纪检组长　张祖香（1月任）

市人民防空办公室

主　任　薛宝印（1月免）
李　权（1月任）
副主任　陈志国（1月任）
孙　伏（1月任）
纪检组长　马宝新（1月任）

市人民政府研究室

主　任　钱文昌（1月任　7月免）
王延泽（7月任）
副主任　刘亚平（1月任）
张英南（1月任　11月免）
杨映琳（11月任）

兰州高新技术产业开发区管委会

主　任　牛向东
党工委书记　陶军锋
（5月任，12月免）
李彦龙（12月任）
党工委副书记、纪委书记　李林风

副主任　刘建西
董建梅（7月免）
孙加宁　郑纪华
彭　铖（7月任）

南北两山环境绿化工程指挥部

总指挥　马金山
副总指挥　王恩瑞　牛有弟
郭继珍　张志勇
纪检组长　慕晓峰

市经济合作服务局

局　长　黄宗元（1月任）
副局长　刘　英（1月任）
肖朝林（1月任）
董　贵（9月任）
纪检组长　苗成武（1月任）

市旅游局

局　长　刘　刚（1月任）
副局长　康清荣（1月任）
何　威（11月任）

市地震局

局　长　张克尧
副局长　陈　伟

市供销联社

主　任　倪惠平
党组书记　张宗辉
副主任　张　伟
纪检组长　罗时坚

兰州住房公积金管理中心

主　任　王　治
副主任　胡　琴　甘晓宁
周应键
纪检组长　贾　文

市少年儿童活动中心

主　任　王锡森
副主任　羊子键（党总支副书记）
翟利敏

市城投中心（市城市发展投资〈集团〉有限公司、市土地储备投资中心）

董事长、总经理、党委书记
张鹏举（7月任）
党委副书记、纪委书记　张喜林
副总经理　万　力　贾军政
边怀银（7月任）
土地储备投资中心党总支书记、副主任　杨立玲（7月任）
土地储备投资中心主任　李长江
土地储备投资中心副主任
万　力　李向平　贾军政
总会计师　李向平
总工程师　管　林
副总经济师　曹香芝

兰州广播电视总台

党委书记、总台长　谢　鹏
党委副书记、纪委书记　汪永国
副总台长　李正强　张旭利
汪小平　王　韧

市招投标管理局

局　长　徐成瑜
副局长　万国平

市项目投资评审中心

主　任　石爱国
副主任　李有珍

市政府金融工作办公室

主　任　张兆祯（1月任）
书　记　张兆祯（10月任）
副主任　黄时武（1月任）

市地方志办公室

主　任　陈茂林（1月免）
副主任　金钰铭

市气象局

局　长　王全福
副局长　徐　强

市政府政务大厅

主　任　王俊东（10月免）
副主任　韩　宁
张栋梁（12月免）
白汉志（7月任）

市委市政府接待办公室

主　任　黄继全（10月免）
淡汉荣（11月任）
副主任　刘建忠　刘宗军

市质量技术监督局

局　长　苗岷生
副局长　龚淑珍　栗志敏　陈筱渝
纪检组长　李　军
副局长　杜兴中

市工商局

局　长　程书印
副局长　达智文　马凤莲　杨小顺
杨宪明

市地税局

局　长　廖永凯
副局长　温青梅　吕　焰　毋辉军
贾发元

市国税局

局　长　景顺祥
副局长　于洪涛　周德宣　屠凤英
郑学强　李志远

兰州银行股份有限公司

董事长　李治文（4月免）
房向阳（4月任）
党委书记　安振亚（4月免）
辛　坚（4月任）
党委副书记　房向阳（4月任）
纪委书记　裴东平（4月任）
纪委副书记　郭　泉（4月任）
监事长　刘　层（4月任）
行　长　房向阳（4月免）
张俊良（4月任）
副行长　裴东平（4月免）
刘　层（4月免）
张俊良（4月免）
潘竞琴（4月任）

李玉峰（4月任）
李　峰（4月任）
杨　阳（4月任）
王瑞虹（4月任）
总稽核　黄莜红（4月任）
工会主席　薛建君（4月任）

市中级人民法院

院　长　闻长利
副院长　李新华　王连生　张保利
贾忠南　唐　斌（10月任）

市人民检察院

检察长　李保刚
副检察长　李一陆
蒋昱程（7月免）
金优和　杨晋骁
李恩崇（7月任）

政协兰州市委员会

主　席　左灿湘
副主席　陈冬芝　王建中
张立荣（2月免）
赵福元（2月免）
魏邦新　李继彬
孙晓刚　蒙自福
张荫林　苏广林
宋昌义（2月任）
陈亲恭（2月任）
魏职勤（2月任）
张淑菊（2月任）
秘书长　段树嘉
副秘书长　王立仁（7月免）
田国强（7月任）
宁辉东（7月免）
曹利平（9月免）
赵泉富（2月任）
张　敏（11月任）

市政协办公厅

主　任　段树嘉（7月免）
田国强（7月任）
研究室主任　赵泉福（7月免）
邓海弟（7月任）
副主任　王永岭（10月免）
李海臣
提案委员会主任　杨宏伟（10月免）
王永岭（10月任）
副主任　刘　芳（7月免）
马同人（9月任）
社会与法制委员会主任
金永忠（7月免）
曹利平（9月任）
副主任　周　廉
文史资料与学习委员会主任
李克义
副主任　王克堂（8月免）
科教文卫体委员会主任　王蒲新
副主任　张巨印
经济委员会主任　马兴国
副主任　陆宁生
人口资源环境委员会主任
张　敏（11月免）
副主任　郝春魁
民族宗教和港澳台侨委员会主任
杨　耀
副主任　马小燕
农业和农村工作委员会主任
王武年
副主任　赵晓安

民主党派、人民团体

中国国民党革命委员会兰州市委员会

主　委　孙晓刚
副主委　黄汉伟　赵凤兰　秦遇成
胡　骏
秘书长　胡　骏

中国民主同盟兰州市委员会

主　委　蒙自福
副主委　吕保伶　李　军　张巨印
杨　巩　唐浩旋
秘书长　刘　朝

中国民主建国会兰州市委员会

主　委　刘晓瑚
副主委　马东兵　韩　林　吴贤德
张梦才　孙　洁（8月免）
蔡根泉
秘书长　廖顺泰

中国民主促进会兰州市委员会

主　委　张荫林
副主委　王芳霞（12月免）
兼职副主委　杨仁名　陈永革
陈　伟
秘书长　王巧芸

中国农工民主党兰州市委员会

主　委　张祖迁
副主委　魏丽红　王　波　徐优文
潘建西
秘书长　付筱华

九三学社兰州市委员会

主　委　戈银生
副主委　李仁金　罗湘瑞　何文涛
谢　伟

兰州市总工会

主　席　胡康生
副主席　高长林　马兴华　牛国巍
王育民　康灵娜

共青团兰州市委员会

书　记　杨　平（5月免）
李富君（5月任）
副书记　杨斌宏（9月免）
何　威（11月免）
马俊源　郭芷东（4月任）

兰州市妇女联合会

主　席　张淑菊（1月免）
王　方（1月任）
党组书记　张淑菊（4月免）
王　方（4月任）
副主席　畅伟杰（7月免）
张建新
肖迎珺（9月任）

兰州市工商联

会　长　魏职勤
党组书记　许　斌（7月任）
副会长　伞秀香　鄢　军

秘书长　高万富

兰州市文学艺术界联合会

主　席　魏周弟

副主席　岳逢春　王作宝

兰州市残疾人联合会

党组书记、理事长　唐延生

副理事长　孔令利　杨海源

兰州市归国华侨联合会

主　席　宋政奎

党组书记　马　彬（1月免）

　　　　　孟凡声（4月任）

市科学技术协会

主　席　高国维

副主席　刘　兵

市政府驻外机构

北京联络处

主　任　朱合泉

副主任　栾　星

　　　　冷希敏（10月免）

上海联络处

主　任　刘　航

副主任　国　利　康毓秀

深圳（珠海）办事处

主　任　王　璞

副主任　范文森

厦门办事处

主　任　包正福

副主任　冷希敏（10月任）

乌鲁木齐办事处

主　任　康　新

副主任　王克一

拉萨办事处

主　任　李康年

副主任　李赫林

（宋书明）

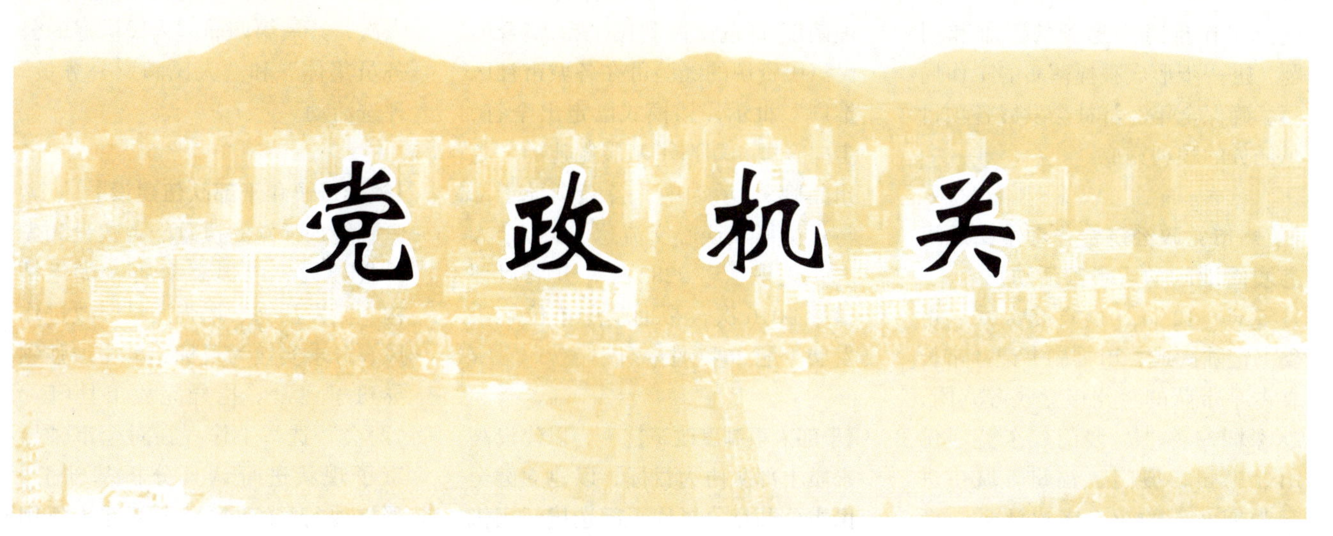

中国共产党兰州市委员会

【市委常委会】 2010年，中共兰州市委共召开常委会17次，印发会议纪要17期。会议主要内容分七类：学习贯彻党的十七届五中全会精神、省委主要领导干部研讨班暨省委十一届十次全委扩大会议精神，研究制定《中共兰州市委制定兰州市国民经济和社会发展第十二个五年规划的建议》《兰州市国民经济和社会发展第十二个五年规划纲要》《兰州市领军人才队伍建设实施办法》《兰州市中长期人才发展规划（2010—2020年）》《关于进一步促进残疾人事业发展的实施意见》；学习全党深入学习实践科学发展观总结大会及国务院办公厅《关于进一步支持甘肃经济社会发展的若干意见》精神；研究制定《中共兰州市委、兰州市人民政府关于贯彻落实〈国务院办公厅关于进一步支持甘肃经济社会发展的若干意见〉加快推进兰州率先跨越式发展的实施意见》《兰州新区规划建设方案》《关于发展和培育多元支柱产业的意见》《关于加快推进循环经济发展的实施意见》《推进农村产权制度改革的意见》；通过市委常委会《2010年工作要点》、市政府《政府工作报告》《兰州市2009年国民经济和社会发展计划执行情况及2010年国民经济和社会发展计划草案的报告》《兰州市2009年财政预算执行情况和2010年财政预算草案的报告》等；研究兰州市经济和社会发展等重要问题，内容涉及工业、农业、城市建设、招商引资、精神文明建设、教育、安全生产、社会稳定扶贫开发、双拥等方面；研究召开市委十一届七次、八次全委会议；研究干部任免、机构调整等问题。

【中共兰州市十一届七次全委(扩大)会议】 8月3日召开。省委常委、市委书记陆武成代表市委常委会报告前半年工作及下半年工作目标,提出“跳出老城建设新区、跨越发展再造兰州”和“两轮驱动、三足鼎立、多元支撑、基础先行、全面推进”发展思路，贯彻了国务院办公厅《关于进一步支持甘肃经济社会发展的若干意见》精神和省委“中心带动”战略要求，进一步解放思想、统一认识，振奋精神、真抓实干，奋力推进全市经济社会率先跨越发展。

【中共兰州市十一届八次全委（扩大）会议】 11月16日召开。省委常委、市委书记陆武成传达党的十七届五中全会和省市主要领导干部研讨班暨省委十一届十次全委扩大会议精神。会议通过《关于认真学习和贯彻省市主要领导干部研讨班暨省委十一届十次全委扩大会议精神的通知》。

【市委、市政府决定】 2010年，市委、市政府作出过多项决定。其中包括:(一) 春节期间慰问困难企业和困难职工，对生产经营困难、停产或半停产企业的困难职工，按企业困难职工人数平均每人100元标准给予救助;(二) 在上年下半年开展“作风建设年”活动的基础上，继续开展“行政效能建设年”活动，着力解决“六个问题”，抓好“六个规范”;(三)自4月起，在全市党的基层组织和党员中开展“创建先进基层党组织，争当优秀共产党员”(即“创先争优”) 活动；(四)决定举办兰州市第三届农民艺术节暨第九届黄河风情文化周，时间定为7月4日开幕；(五) 集中两周左右时间，在全市范围内开展重点工作集中督查活动，着力解决重点工作推进中遇到的困难和问题，进一步形成狠抓落实的工作局面，确保全年经济社会发展各项目标任务的顺利完成。

【兰州市党政经济合作考察团赴粤港澳闽地区学习考察活动】 3月5日—12日，由省委常委、市委书记陆武成，市委副书记、市长袁占亭带队的兰州市党政考察团，赴深圳、香港、澳门、东莞、佛山、广州、厦门、福州等城市进行为期8天的招商考察活动。考察团通过有组织的经济合作洽谈推介，共签约各类合作项目23项，总投资408亿元，引进资金380亿元。

·组织工作·

【概况】 2010年，全市组织工作紧紧围绕市委“1355”总体发展思路，着眼服务科学发展和实现组织工作自身科学发展两大任务，进一步解放思想，转变观念，创新机制，改进方法，为全市经济社会加快发展、率先发展、科学发展提供了坚强的组织保证和人才支撑。

【创先争优活动】 学习实践科学发展观活动结束后，启动创先争优活动。全市6860个党组织、143818名党员参加创先争优活动。各县区、各部门围绕中心，突出实践，切实加强培训引导和载体建设，不断提高广大党员“五带头”意识和能力。在街道、社区实施“民情流水线”工程，经过不断完善提高，形成城市基层党建工作新模式。中组部部长李源潮对“民情流水线”作“兰州市在创先争优活动中实施‘民情流水线’工程很好,畅通民意收集渠道,完善民事办理制度,打造便民利民平台,整合助民惠民资源的经验可在各城市社区推广”批示，该模式已走出全省，走向全国，塑造了基层党建的“兰州品牌”。活动中，各级领导干部与党员群众谈心交流达1.5万余人次，兑现承诺2282件，开展点评指导3016次，帮助基层单位解决发展难题2647件。

【干部人事制度改革】 以建设高素质干部队伍为目标，以建立健全民主公开竞争择优干部选拔任用机制为重点，按照中央《2010—2020年深化干部人事制度改革规划纲要》和省委《实施意见》精神，制定《兰州市2010—2020年深化干部人事制度改革实施意见》，召开全市深化干部人事制度改革工作座谈会。制定《兰州市市管干部选拔任用工作程序（试行）》《兰州市挂职锻炼干部管理暂行办法》等规章制度。严格执行《兰州市党政机关科级领导干部竞争上岗工作暂行办法》各项规定，对13家市直部门（单位）科级领导职务竞争上岗实施方案进行审批，对《暂行办法》落实情况开展专项督查。结合市属企业实际，出台《兰州市市属重点企业领导人员管理暂行规定（试行）》《兰州市市属企业领导班子和领导人员综合考核评价办法（试行）》，为考核评价市属企业领导人员提供依据和保证。会同市人社局，开展2009年新录用公务员培训和2010年公务员招录工作。研究制定机构改革中有关提前退休政策，推进队伍新老交替。完善人员调配审核制度，规范调动程序。按照省上部署，从村干部中招录30名乡镇公务员。完成全市县级非领导职数摸底测算、申请批复和重新设置工作。完成工资审批3500人次。认真开展公务员登记、培训、考核及评选表彰工作，培训公务员7377人次，开展第四届“人民满意的公务员集体”和“人民满意公务员”评选活动。

【领导班子和干部队伍建设】 紧紧围绕加强党的执政能力建设和先进性建设，以提高素质、优化结构、激发活力、增强团结、改进作风、务求实效为目标，大力加强领导班子建设。指导完成市县（区）“两会”选举工作。在对全市领导班子现状进行认真分析基础上，严格执行《党政领导干部选拔任用工作条例》，及时调整配备，不断优化各级领导班子结构。通过考试考察，确定119名80后优秀年轻干部，择优向省上推荐96名。加大挂职锻炼工作力度，从上报的96名80后干部中推荐27人赴定西、甘南等艰苦地区挂职锻炼；从全市年轻干部中选派67人到乡镇（街道）和市直部门互派挂职。做好跨地跨部门交流挂职工作，对22名上级部门分配到兰州市挂职干部进行协调安置，选派3名副县级领导干部赴省直部门挂职锻炼。根据《兰州市市管领导班子和领导干部年度绩效考核评价办法》，完成2009年度绩效考核任务,组织开展2010年度绩效考核。配合省委考核组完成对兰州市省管领导班子和领导干部定期考核工作。制定《兰州市市管领导班子和领导干部平时考核暂行办法》，按照平时考核要求，开展日常考核并建立考核档案，弥补了年终考核的不足，为市委全面准确评价干部提供依据。

【干部教育培训】 制定《兰州市2010年干部教育培训工作安排意见》《发挥干部教育培训主导作用，努力推进学习型政党建设的实施意见》等，大力推进学习型党组织建

设，在全市开展“五个一”学习活动。集中审批324个部门、单位培训班次。积极实施主体班次培训，全年共举办主体班25期，培训不同层次干部1250人；指导部门、单位班次128期，培训公务员和专业技术人员25000人次。推荐、选派116名干部参加上级培训机构举办的培训。制定《关于进一步提高教学质量的意见(试行)》，实行教师授课竞聘制度，采用案例式、模拟式、互动式、探讨式等教学方式，提高培训质量。积极开展高层次、高质量培训，分别在北大、浙大举办4期党政领导干部、企业经营管理人员高级研修班，邀请国内知名专家学者授课。组织全市1.1万名县科级干部参加2010年在职自学公共课程考试。

【人才工作和人才队伍建设】 调整充实市委人才工作领导小组成员单位，制定《兰州市人才工作目标责任制考核暂行办法》，编制《兰州市中长期人才发展规划(2010—2020年)》，提出今后10年全市人才工作战略目标、主要任务、重大政策和重点项目。继续实施“百乡万名农村实用人才”培训工程和科技特派员下基层活动，组织专家咨询服务团赴农村开展科技服务，组织实施4个重点人才工程项目。制定《兰州市领军人才队伍建设实施办法》《兰州市关于加强非公经济组织人才队伍建设的意见》，开展领军人才评选工作。完成2010年兰州市与在兰高校院所互派专业技术干部挂职工作。大力加强紧缺人才培养和人才引进力度，采取“请进来、走出去”方式，培训紧缺人才500余名，培训专业技术型农民4000余名，引进各类人才1703名，表彰奖励兰州市第二届有突出贡献高技能人才和兰州市“科技功臣提名奖”获得者、科技进步奖获得者。制定《兰州市科技创新团队计划实施办法》，对12个优秀团体资助96万元。对15个优秀科研项目资助30万元。举办全市高级专家迎春茶话会，为200多名专家和拔尖人才进行体检，发放津贴；组织部分专家学者外出疗养考察。

【基层组织建设】 以落实基层党建工作责任制为抓手，完善县区委书记抓基层党建工作述职制度，规范乡镇、辖村街道党工委抓党建工作备案制度，建立村党组织书记实绩考核评议制度。分领域召开全市农村、街道社区、机关和非公有制企业党建工作推进会，针对各领域党建工作实际情况，进行集中研究和专题部署。完成2009年农村党员冬训和党内统计工作，制定《兰州市2010—2013年党员教育培训规划》，全年集中培训党员4万余人。不断完善流动党员管理服务机制，探索建立“委托管理与属地化管理相结合”等管理模式，实现党员管理的全覆盖。积极在生产和工作一线发展党员，培养入党积极分子8000多人。继续推进农村远程教育工作，新建站点340个，建成规范化站点250个。配合省文化厅为357个站点配备投影设备。对2184名站点管理员和协管员分批次开展专题培训，建立了一支懂技术会管理的远程教育骨干队伍。坚持“建、管、学、用”并重，组织学习收看3.8千多场次，参加16.9万人次。继续深化“三争一促”活动，制定并依据《“三争一促”示范村、先进村考核办法》开展督查评比和命名表彰。积极推进统筹城乡基层党建试点工作，实施“百千万结对帮扶互联共建工程”，全年共确定互联共建项目147个，落实项目资金1677.75万元，结对帮扶困难户9285户，有1.4万名机关党员和3800名农村党员参与其中，受惠群众达到16万人。完成全市95%的村级党组织换届选举工作。继续探索基层党组织设置方式，按照七种新模式组建党组织37个。大力开展村级组织活动场所建设攻坚年活动，新建成村级组织活动场所68个。深入推广“四议两公开”工作法，初步形成“六议工作法”“五步决策法”等经验做法。完成年度大学生“村官”考录、分配和补录工作，组织部分“村官”外出考察培训，初步建立大学生“村官”成才长效机制。编印《中国共产党甘肃省兰州市组织史资料》(自编本)。制定《中国共产党兰州市代表大会代表任期制实施细则(试行)》，为党代表有效行使权利提供制度保证。继续深化“民情流水线”工程，对全市第三批“党建工作示范社区和标准化社区”进行命名表彰，配合中组部调研组完成对“民情流水线”工程调研，起草经验材料，制作《工作手册》，为“民情流水线”工程在全国推广奠定基础。开展社区党组织设置模式和街道“大工委制”、社区“兼职委员制”试点工作。建立全市街道社区基本情况定期上报制度，随时掌握“三有一化”建设进展情况。开展非公企业党建示范点创建活动，对新社会组织党建工作进行调研分析。将市非公企业党工委挂靠到市工商局，进一步理顺关系。在市直部门党组织中开展“讲党性、重品行、作表率”、创建“学习型党组织、学习型领导班子、学习型党员队伍、学习型干部队伍”和“三争一提高”等主题实践活动，批复2家中央省属在兰企事业单位调整党委委员，对41家市属企事业单位党组织换届人选进行审核，指导召开换届选举大会。调研市属国有企业推行“双向进入、交叉任职”情况，摸底调查全市中小学党的建设情况。

【干部监督工作】　通过中心组学习、专题辅导、研讨交流，谈心谈话、问卷测试、党校专题培训等方式，加强四项监督制度的学习宣传和贯彻落实。推行干部选拔任用全过程记实制，进一步完善干部监督制度体系，出台《听取纪委意见实施办法》等制度。通报上年《条例》检查结果，对“三个满意度”测评得分情况进行排名评比。全面落实干部选任事项报告制度。继续加强对领导干部的日常监督管理，共受理群众信访件127件；确定9名领导干部作为2010年经济责任审计对象并委托审计局进行审计。认真做好领导干部出国境审批和备案管理工作，办理67批次共211人因公出国境政审手续和71批次共83名县级干部因私出国境政审备案手续。全面落实领导干部报告个人重大事项制度，1815名副县级以上领导干部报告了个人有关事项。召开全市干部监督工作联席会议，聘请10名同志担任全市组织工作监督员。

【组织工作宣传】　紧紧围绕服务中心和提升四个满意度，组织召开全市组织系统调研、信息、宣传工作会议。制定《关于进一步加大全市组织工作宣传力度的通知》，确定重点，明确要求。对60个组织工作重点课题进行任务分解，并督促落实。开展迎“七一”党的建设和组织工作政策法规知识竞赛。摄制《和谐西固展新姿》《苑川河畔的大学生村官》等电视专题片，并在甘肃电视台播出。建成全市组织部门“大组工网”，为省、市、县区三级组织部门信息互动搭建平台，畅通渠道。建立部机关新闻发布制度，通过报纸、杂志、广播、电视、网站、QQ群、手机短信等信息渠道，多角度、全方位地宣传兰州市党的建设和组织工作的经验做法、特色成效。全年共编发《兰州组工通讯》12期,《兰州组工信息》282期，刊发信息422条。

【自身建设】　把“讲党性、重品行、作表率”活动与“组织部长下基层”、创先争优、机关效能建设、学习王彦生、沈浩同志先进事迹、“五个一”专题学习等活动相结合，着力建设模范部门，积极打造过硬队伍。通过坚持落实目标责任制，按月召开工作汇报会，及时召开工作点评会，认真督查督办领导批示件，保证各项工作有效开展。制定《关于规范部机关公文处理相关事项的通知》《规范部机关干部因公用车、就餐等事项的通知》等规章制度，进一步规范办文办事程序，严肃工作纪律。整理、归档1968年—1999年间部机关积存的文书档案1831卷。举办“部机关年轻干部公文写作知识培训班”，组织20名年轻干部驻村蹲点，进一步提高部机关干部综合素质。举办全市组织系统学习贯彻“国办47条”专题辅导讲座和“贯彻落实四项监督制度”交流会等活动，组织部机关干部赴高新区、街道社区、农村基层党建示范点、革命传统教育基地参观学习。大力开展结对帮扶，适应构建“兰白都市经济圈”战略发展要求，与白银市委组织部签署组织工作合作协议，实现兰白两地组织工作有效对接。

(宋书明)

·宣传思想工作·

【概况】　2010年，全市宣传思想文化工作紧紧围绕学习宣传贯彻国务院办公厅《关于进一步支持甘肃经济社会发展的若干意见》精神，省委、省政府区域发展战略，市委、市政府“再造兰州”战略，认真落实《2010年全市宣传思想工作要点》确定的目标任务，各项工作主题鲜明、重点突出、进展顺利、成效显著，为兰州市继续解放思想、坚持改革开放、推动科学发展、促进社会和谐提供了强有力的思想文化保证。理论武装工作成效显著，领导干部理论学习不断深化，党委(党组)理论学习中心组制度进一步完善，学习质量明显提高；舆论引导能力稳步提升，紧紧围绕中心工作，坚持党管媒体原则和“团结稳定鼓劲、正面宣传为主”方针，大力加强学习贯彻党的十七届五中全会精神的宣传，大力加强推动科学发展、加快经济发展方式转变的宣传，大力加强改善民生、促进社会和谐稳定的宣传，进一步增强了广大干部群众迎难而上、加快发展、科学发展的顽强意志和信心；精神文明创建扎实有效，坚持把社会主义核心价值体系融入到宣传思想文化工作全过程，抓住重大节庆、重要活动的契机，深入推进了社会主义核心价值体系建设；文化体制改革深入推进，文化事业和文化产业加快发展，全力推进文化体制改革，文艺精品创作生产成绩突出，城乡群众文化生活进一步丰富；外宣力度明显加大，省内省外媒体、国内国外媒体、传统新兴媒体优势互补，新闻外宣、文化外宣、旅游外宣、节会外宣协力发展的对外宣传格局逐步形成，兰州的知名度和影响力进一步提升；队伍建设进一步加强，宣传文化干部政治素质和服务能力进一步提高，宣传思想文化阵地建设成效显著。

【学习型党组织建设】　根据中央和省委部署，兰州市把建设学习型党组织与市委、市政府中心工作相结合，创新学习形式，丰富学习内容，在提高党员干部学习能力、

实践能力、创新能力，增强党组织凝聚力、创造力和战斗力方面取得新进展。2010年兰州市被甘肃省确定为全省学习型党组织建设重点城市之一。3月10—11日，市委常委、宣传部长王冰参加了省委召开的宣传部长论坛（天水），作了《建设学习型组织助推兰州经济又好又快发展》的演讲。11月24日，《人民日报》《光明日报》等中央媒体在刊发甘肃学习型党组织建设情况时指出："兰州市通过中心组集中学习，深入调查研究、外出学习考察等形式，进一步拓宽发展思路，夯实发展措施，形成培育多元支柱产业总体思路，提出'建设兰州新区、再造一个兰州'战略举措。"

【"硬指标"考核"软任务"成效明显】 继续实行目标管理，结合贯彻落实《市委常委会工作要点》《全市宣传思想工作要点》，签订工作目标责任书，把宣传思想工作"软任务"量化为"硬指标"，重点对各县区和宣教系统各部门在中央电视台、《人民日报》等中央媒体及省级媒体刊发新闻的数量提出具体指标。截至年底，各县区、各部门目标任务已全面完成。全年兰州市在中央电视台《新闻联播》播出有关兰州市新闻40余条，其他节目播出180多条；《人民日报》《光明日报》《经济日报》等中央级报刊上刊登有关兰州市新闻稿件240多篇；中央人民广播电台播出280多条。

【"再造兰州"战略宣传】 市委十一届七次全委(扩大)会议提出"再造兰州"战略，市委宣传部发出《进一步学习宣传"再造兰州"战略的通知》，组织开展全方位、立体式宣传报道，对"再造兰州"战略进行深入宣传和解读。市属报刊、广播、电视、网站等新闻媒体，在重要版面、黄金时段、重点网页安排专题报道，开展系列解读和宣传。全市各级党委政府所在地及重要公共场所制作悬挂"再造兰州"战略宣传标语，在市区主干道、广场、车站等醒目位置设置公益广告。《人民日报》《光明日报》等中央级媒体头版头条显著位置对兰州新区建设进行宣传报道，省属各大媒体也对"再造兰州"战略进行重点报道。通过积极宣传，"再造兰州"战略深入人心、形成共识，成为兰州新名片、新招牌，获得省内外、国内外高度关注和支持。

【新闻宣传】 2010年，围绕党的十七届五中全会、省委十一届十次全委会和市委十一届七次、八次全委会精神，组织开展系列新闻宣传。主要包括党的十七届五中全会精神、贯彻国务院办公厅《关于进一步支持甘肃经济社会发展若干意见》、"十二五"规划、"打好六大战役、实现六个突破"、发展多元支柱产业、创建文明城市、城区污水"全收集、全处理"项目、南山路建设、创先争优活动、行政效能年、城关区虚拟养老院建设等，取得良好宣传效果，营造了兰州市经济社会又好又快发展的良好氛围。

【思想政治工作荣获省委表彰】 2010年，兰州市着力推进社会主义核心价值体系建设，思想政治工作取得突出成绩。年初召开的全市宣传思想工作会议，表彰奖励近年来在全市思想政治工作中成绩突出的市委办公厅等40个先进集体和韩宁等58名优秀思想政治工作者。城关区"爱心集结号"志愿者网站、七里河区"夕阳红工程"、西固区"爱心门铃"亲情服务、安宁区"关爱空巢老人·青春行动"等志愿服务品牌逐步形成。在2011年年初召开的全省思想政治工作及精神文明表彰大会上，中共兰州市委作为全省思想政治工作先进集体，受到省委表彰。

【精神文明建设和创建工作】 7月，兰州市接受中央文明办对公共文明指数和未成年人思想道德建设工作测评，城市公共文明指数测评成绩在30个被测的省会和副省级城市中排名第16位，未成年人思想道德建设排名第14名。与2009年相比，位次得到大幅提升；省文明办也对兰州市工作给予通报嘉奖。兰州市精神文明建设和创建工作取得新的飞跃；大力实施"13458"全国文明城市创建工程，深入开展"迎世博、迎亚运、讲文明、树新风"活动，积极倡导开展志愿服务活动，成功组织兰州市"首届道德模范"评选表彰活动，共评选出助人为乐、见义勇为、诚实守信、敬业奉献、孝老爱亲等10名道德模范。开展"我推荐我评议身边好人"活动，共评选126名"兰州好人"，2人上中国好人榜，还成功举办全国道德模范与身边好人现场交流活动。

【新闻媒体阵地建设】 2010年，兰州日报社报业大厦项目重新启动，装修工作进展顺利。《兰州晚报》喜迎创刊30周年，发行量位居全省报刊前列，新闻影响力也在省内位列前茅。9月，市政府常务会研究决定，将在天水路高速路出口建设兰州广播电视大厦，项目前期筹备工作进展顺利，将于2011年上半年开工建设。在原市互联网管理中心(中国兰州网)基础上，成立兰州市互联网信息中心，年底迁入新址办公，网站机构升格、市属新闻网站资源整合工作也在稳步推进。

【文化建设和文化产业发展】 2010

年，荣获国内多项大奖的大型舞剧《大梦敦煌》迎来创演10周年，并在北京人民大会堂隆重举行《大梦敦煌》创演10周年庆典专场演出和研讨活动。文化产业园区、基地建设成绩喜人，秦腔博物馆、非物质文化遗产陈列馆、彩陶博物馆等已成为兰州市文化建设新标志。兰州创意文化产业园、兰州金城关创意文化产业园、高新区动漫数字产业园、东方红影城文化产业示范基地、陇萃堂文化产业生产基地、古一徵创意文化产业园建设和发展各具特色，初步形成集群化发展格局。积极发挥文化产业发展专项资金作用，先后投入586万元扶持资助18个文化产业项目，吸引省上资金330万元扶持资助5个文化产业项目，共计撬动各类资金投入2.3亿元。在2011年年初召开的全省宣传思想工作会议上，兰州市被评为全省文化体制改革先进地区受到表彰。

【上海世博会“兰州宣传文化周”活动】　8月16日—22日，成功举办上海世博会“兰州宣传文化周”活动，演出国家舞台精品剧《大梦敦煌》、交响乐《丝路经典音乐会》、秦剧《曹操与杨修》;《大河魂》美术作品展、国家级非遗项目兰州太平鼓、永登高高跷等兰州市精品节目在世博园、上海大剧院、上海音乐厅、上海东方艺术中心、刘海粟美术馆等地展示，数百万观众观摩观看。还举办“上海世博与绿色兰州”论坛，召开兰州宣传文化周新闻发布会。世博会期间，通过开设城市形象宣传广告栏、在进沪高速公路投放大型户外广告、上海东方卫视“午间新闻”首段插播兰州城市形象宣传片、在甘肃展示园区内摆放《走进兰州》等宣传品、利用进沪列车刊物《报林》杂志介绍兰州等方式，进一步扩大兰州的知名度和影响力。

【“魅力兰州·电视宣传周”活动】

6月中旬，受凤凰卫视美洲台邀请，兰州市对外文化交流协会组团赴美国、加拿大与该台共同举行“魅力兰州·电视宣传周”活动，“魅力兰州”大型系列宣传片在凤凰卫视美洲台陆续播放。期间，新华社洛杉矶记者站、《世界日报》《星岛日报》、凤凰卫视美洲新闻中心等媒体进行联合采访。代表团还参加系列参观考察和交流促进活动，将开放、创新、充满生机和活力的兰州城市形象展现给了美洲人民。

【首届“舞台精品奉献社会”新年演出月活动】　新年过后，由市委、市政府主办，市委宣传部、市文化出版局承办的首届“舞台精品奉献社会”新年演出月活动在金城大剧院举行。活动期间，免费向广大市民演出经典舞剧《大梦敦煌》、秦腔《曹操与杨修》及兰州交响乐团演出的“校园音乐厅”——兰州市学生音乐教育普及工程等节目。

【电视剧《黄河古镇》在兰开机拍摄】　1月20日，由中共甘肃省委宣传部、省广电局，市委、市政府和中央电视台中视传媒联合制作的30集电视剧《黄河古镇》在中山桥开机拍摄。电视剧《黄河古镇》是省委宣传部2009年度重点文艺生产项目，也是甘肃省、兰州市开发与保护非物质文化遗产一项重大文化精品工程。该剧以兰州水烟为主线，全景式展示了兰州非物质文化遗产深厚底蕴，反映了上世纪初兰州地方工业从兴盛到衰落，再走向兴盛的历史变化。该剧对弘扬兰州民俗文化、提升兰州形象，具有重要意义。

【中国儿童艺术剧院“走进西部”公益演出活动】　4月12日—16日，由中宣部、文化部委托中国儿童艺术剧院组织的“2010年中国儿艺经典儿童戏剧走进西部校园——情系甘肃·关爱少年儿童”公益演出活动在兰州举行。中国儿童艺术剧院分别为中小学生和幼儿园小朋友在金城剧院和指定幼儿园各演出10场经典少儿戏剧《小蝌蚪找妈妈》《小吉普变变变》，近万名少年儿童观看了这两部经典剧目。

【打击和治理淫秽色情及低俗信息“线下”传播专项行动】　3月2日，兰州市召开打击和治理淫秽色情及低俗信息“线下”传播专项行动动员大会，按照省委统一部署，积极发挥市文化市场综合执法支队职能作用，迅速行动，在全市范围内开展淫秽低俗信息“线下”传播清理整治工作。市文化市场行政执法支队直属执法大队联合城关、七里河、安宁大队携手省、市多家新闻媒体，连续几日对辖区内手机销售、维修及话费充值门店、安宁区校园周边及重点地段10家通讯店进行检查。在检查中发现零点通讯、宏伟通讯分店、光明通讯店、天星智联通讯店、安宁区保安堡2号一家手机维修通讯店及位于交通大学附近桃海小吃街内一家手机入网、图铃下载通讯店存在“线下”传播淫秽、低俗信息的经营行为。这些手机店经营业主均为外地来兰人员，并对其从事非法下载传播淫秽色情信息获取利益事实供认不讳。鉴于涉案人行为已构成传播淫秽色情物品牟利罪，移交公安机关处理。同时，市文化市场行政执法支队七里河大队对辖区网吧及手机通讯市场进行突击检查，在七里河区上西园小学附近查处“黑网吧”两家，其中一家涉嫌手机“线下”传播淫秽色情信息。这是支队检查中发现的首个集网吧、手机维修、下载、缴费为一体的店面，鉴于其位于小学附近，危害严重、性质恶劣，执法人员当即责令其停业，并暂扣上网所用电脑8台，同时现场将当事人及涉嫌传播淫秽信息的主机移交当地派出所做进一步调查处理。3月17日，市文化市场行政执法支队城关大队通过排摸、检查，在兰州市商学院长青学院附近的“华亚”手机店查处一起手机“线下”传播淫秽色情信息案件。该店负责人对其手机店违法下载、传播视频短片的行为供认不讳。此案是支队打击手机“线下”传播淫秽信息行动中最大的一起，涉案当事人已现场移交公安机关处理。

【“两进两入”宣讲对谈活动】 2010年，中国特色社会主义理论体系“进乡镇、入社区，进企业、入校园”宣讲活动由省委宣传部牵头，市、县(区)、大专院校和企业党委宣传部门共同承担，省、市、县(区)三级联动。市委宣传部召开宣讲对谈活动协调会，向各县区及相关单位传达市委宣传部《关于组织实施中国特色社会主义理论体系“进乡镇、入社区，进企业、入校园”宣讲对谈活动》通知，明确兰州市开展“两进两入”活动目的、时间、形式、范围、内容等有关事项。各县区及相关单位负责同志与市委宣讲团专家成员就宣讲时间、主题进行沟通协调。要求通过市、县(区)、大专院校和企业共同努力，做到在全市各乡镇、社区、大专院校和企业普遍开展一次宣讲对谈活动，达到覆盖面上有新突破、质量和效果上有新提高、手段和载体上有新创造。省委宣讲团在红古区、永登县及市属企业开展宣讲对谈活动7场；市委宣讲团在城关区、七里河区、西固区、安宁区、榆中县、皋兰县及市属大专院校和国有大中型企业宣讲对谈活动14场。

【国防教育报告会】 在纪念抗日战争胜利65周年暨第十个全民国防教育日来临之际，9月3日上午，市委宣传部、兰州警备区政治部、市国防办联合举办国防教育报告会，邀请兰州警备区副司令员李洪涛作《中国的国防和新中国的国防现代化》主题报告。介绍了中国国防建设的发展历程和成就、中国武装力量的体制和当前中国的国家安全形势，并对和平时期中国国防建设和军民共建等工作进行深入解读。兰州警备区司令员陈少晏出席报告会。市委、市人大、市政府、市政协分管国防教育工作领导，兰州警备区、甘肃预备役师、武警兰州支队分管领导，各县区委宣传部、人武部、国防办主要领导，市直各部门、各单位分管领导等200余人参加报告会。

【赵启正专题报告会】 11月9日下午，市委召开市委中心组(扩大)学习会议，邀请全国政协常委、全国政协外事委员会主任赵启正作“公务员的新闻素养”专题报告。省委常委、市委书记陆武成主持报告会并讲话。市委理论学习中心组全体成员，市上四大家领导和市直各部门、各县区的主要负责同志参加报告会。赵启正还和与会者进行互动交流，就大家关心的问题作了解答。用大量鲜活事例，深入浅出、说理透彻，对兰州市公务员加强新闻素养、提高面对媒体、引导舆论的能力和水平，具有指导意义。当天上午，赵启正一行先后观览了水车博览园、中山铁桥、黄河母亲雕塑、中国秦腔博物馆和兰州非物质遗产陈列馆。省政协副主席张世珍、市政协主席左灿湘陪同调研参观。

(王槐义)

·统战工作·

【概况】 2010年，市委统战部紧紧围绕市委“1355”总体发展思路和“再造兰州”战略，全面落实“围绕一个中心，加强三支队伍培训，突出四个创新，推进六项工作”的“1346”目标措施，突出特色、打造亮点，强化措施、狠抓落实，奋力开创统一战线服务科学发展和实现自身科学发展新局面，为实现全市率先跨越发展作出积极贡献。

【服务经济社会发展】 坚持把促进经济科学发展、维护社会和谐稳定作为统战工作目标和方向，支持统一战线广大成员紧紧围绕贯彻落实党的十七届五中全会精神、“国办47条”和省委区域发展战略，紧扣市委“打好六大战役、实现六大突破”工作部署、“再造兰州”战略和“十二五”规划，深入开展调查研究，形成调研报告39篇，向人大、政协提交各类意见建议和提案550余件。组织统战系统各单位赴白银市开展“兰白都市经济圈”统一战线合作对接活动，签订两地宗教、工商联等《合作协议》4份，为两市统一战线加强合作交流，共同服务推进“兰白都市经济圈”建设搭建起新的平台。引导各级商会、台胞、侨胞积极参与全市招商引资和项目建设，组织非公有制经济人士到“兰州新区”实地考察，为招商引资牵线搭桥，协议引进项目13个，引资220多亿元。组织召开兰州市非公有制企业服务城乡一体化座谈会。

【人才和干部队伍建设】 开展新一轮大规模培训，在抓好党政领导干部、统战干部和党外代表人士

“三支队伍”培训上狠下功夫。积极协调将统战系统培训任务纳入市委干部培训总体计划，把统一战线方针政策纳入各级党委中心组学习内容，纳入各级党校、行政学院教学内容。组织全市党政干部、统战干部聆听中央和省委统战部专家、领导关于统一战线和民族理论、方针政策报告宣讲会和专题讲座2场；在市委党校举办的全市中青年后备干部培训班、乡镇领导干部培训班等主体班次专题开展统战理论讲座；在统战系统及非公经济人士中举办“城乡一体化”和“再造兰州”战略、统战政策理论和台湾形势报告会等宣讲报告会4场；举办全市统战干部、民族宗教干部、涉台干部、基层商会党支部书记等各类培训班10期。组织机关全体干部到天水、陇南、甘南等地进行学习考察，并与各地统战部门交流；选派112名市、县统战系统干部参加省、市、县委党校培训和公务员培训。举办全市党外干部培训班2期，培训民主党派后备干部和无党派代表人士90名。推荐4名无党派代表人士到中央社会主义学院参加培训；推荐选送8名伊斯兰教中青年阿訇参加中央和全省统战系统组织的培训。积极探索“走出去”培训的路子，市民宗委和市伊协在兰州大学举办为期4个月的全市伊斯兰教教职人员文化综合知识进修班，进修学员26名；联合省委统战部在中国人民大学举办非公经济代表人士高级培训班，在厦门市举办统战干部培训班，提高培训针对性和实效性。

【民主党派工作】 深入开展社会主义核心价值体系学习实践活动，组织全市统战系统干部参加中央统战部“身边的榜样——树立和践行社会主义核心价值体系先进人物事迹报告会”和“非公有制经济人士感恩行动”电视电话会，以榜样的力量强化教育效果。举办“树立和践行社会主义核心价值体系”专题报告会，引导活动深度开展，有效巩固了共同团结奋斗的思想基础。建立市级统一战线季度联系会制度，创新会议主题，采取专题调研、研讨交流、参观考察等形式，组织召开市级统战系统各单位联系会议4次。加强民主党派、工商联与政府部门的联系交流，提请市政府下发《关于进一步加强政府有关部门与民主党派和工商联对口联系的意见》，定期组织召开对口联系座谈会，为推进民主政治建设和各民主党派、工商联与政府部门交流合作搭建了民主监督、参政议政平台。“两会”期间组织召开民主协商会，保证了各项选举任务圆满成功；积极参与民主评议政风行风建设，推荐63名党外代表人士担任民评代表；组织召开市级民主党派双月联系会5次，学习党的十七届五中全会和省、市全委会议精神，通报全国和省、市统战部长会议精神；赴南宁、广州考察学习，参观基层设施农业和路网建设工程，交流各民主党派服务发展经验。注重统战人才培养使用，对全市1.8万名党外干部进行全面调查摸底，充实党外干部人才库。推荐5名统战系统年轻干部到基层挂职锻炼，提拔任用7名民主党派机关科级干部，公开招考9名民主党派机关工作人员。成立党外知识分子联谊会，为无党派人士参政议政搭建有效平台。

【民族宗教工作】 在永登县秦川镇少数民族移民村召开兰州市第七个民族团结进步宣传月活动仪式暨龙西村沼气池建设开工典礼，现场发放宣传资料3000余份，为60户少数民族家庭发放沼气池建设补贴12万元；协调市人大、市政协、兰州市民族中学为龙西村民族小学赠送价值1.2万元的图书和40台电脑。全市民族团结进步宣传月活动中为少数民族群众捐助各类资金及物资100多万元。充分发挥甘肃、宁夏跨地区宗教工作联动机制作用，确保大型跨地区宗教活动平稳渡过。制定下发《兰州市宗教教职人员生活补助费实施办法》《兰州市宗教教职人员生活补助费审核发放办法》，为全市236名无固定收入宗教教职人员落实并发放生活补助40多万元。召开全市“和谐寺观教堂”创建活动推进会，总结交流经验，表彰涌现出的先进集体和个人。深入开展藏传佛教寺庙法制宣传教育工作，红古区委统战部等3个集体、1个寺院、4名个人受到省上表彰。协调民宗委、工商、卫生等相关部门深入开展清真食品行业执法检查，维护少数民族合法权益。积极争取到南京市佛协援助兰州市贫困山区100口水窖资金捐赠。顺利完成市级五大宗教协会换届工作。

【经济统战工作】 召开全市“一企帮一村，共建新农村”总结交流观摩会，提出“百企帮百村”新目标，组织动员非公企业与30个贫困村签订帮扶协议，开展结对帮扶。全市已有70个贫困村得到非公企业的结对帮扶，实施帮扶项目50多个，投入帮扶资金400多万元。按照中央和省委统战部安排部署，在市工商联所属32个会员企业党组织开展学习实践科学发展观活动。联合市工商联对全市商会工作进行重点调研，协调解决商会发展面临的实际困难。进一步实施非公有制企业“品牌战略培育工程”，组织开展“兰州品牌进江苏”“兰州品牌进青海”主题活动。强化非公有制经济人士教育培训和团结引导，7名非公有制经济代表人士分

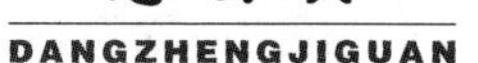

别荣获全国先进工作者、甘肃省劳动模范、中国时代十大新闻人物等称号。深入推进光彩事业，引导非公有制经济人士回报社会，全年募集善款共计2000余万元，其中为甘南舟曲、青海玉树等灾区捐款捐物1500多万元。

【台侨海外及社区统战工作】 成功承办全国省会城市及大中城市侨联工作经验交流会、首届兰州市华侨艺术节和侨商经济论坛，举办“大陆魅力城市——兰州入岛宣传推介活动”，有力提升兰州对外影响力。加强兰台交往交流，组织5批124名统战人士赴台开展经贸考察，缔结“兰州、台湾南亚教育文化合作计划”。召开兰州海外联谊会四届三次理事会，调整充实理事队伍，编印《兰州海联》特刊。引导台商台企积极开展帮扶困难台胞台属和捐资助学活动，筹措资金10万元慰问资助120户困难台胞台属，资助台属贫困大学生13名；为舟曲灾区捐款捐物250多万元，新立项明德小学2所。坚持探索推进社区统战工作，制定出台《兰州市关于进一步深化社区统战工作的意见》。编发《兰州社区统战专辑》，成功承办全省社区统战工作兰州现场经验交流会。全面推广民主党派“六进社区”、非公经济“绿色港湾”、民族“团结树”等特色活动，进一步扩大社区统战工作覆盖面，《中国统一战线》《团结报》等对兰州市社区统战工作情况进行报道。接待新疆、内蒙、平凉等省内外社区统战工作学习考察团6个80多人次。

【自身建设】 制定《市委统战部关于深入开展创先争优活动的实施方案》，创新开展“三争一促进”载体活动，有效推动创先争优活动取得实效。在部机关开展“读一批书、听一堂讲座、完成一篇调研文章、撰写一篇学习心得、开展一次研讨交流”的“五个一”活动，切实将学习型机关创建活动引向深入。制定完善机关管理制度25项。召开统战调研研讨会和信息宣传工作推进会，全年向上级部门报送各类信息360条，其中中央统战部采用46条，省委统战部采用78条；编发《统战简讯》《统战信息专报》74期，4篇调研报告荣获全省一、二、三等奖和优秀奖；集体荣获全省统战信息工作一等奖和统战调研工作优秀组织奖。改版升级《兰州统一战线》，全年编发4期。

（张吉彬）

·政法工作·

【概况】 2010年，兰州市政法工作紧紧围绕“1355”总体发展思路和“再造兰州”战略，深入推进社会矛盾化解、社会管理创新、公正廉洁执法三项重点工作，全力维护和谐稳定，为经济社会又好又快发展提供了强有力的服务保障。兰州市防范和处理邪教工作被评为全国先进；维护稳定、禁毒工作被评为全省先进，受到表彰。

【维护社会稳定】 深入开展“重大矛盾纠纷积案化解处置”活动。组织动员全市各级党政部门、企事业单位及基层组织力量，采取“拉网式”“过滤式”“滚动式”等排查方式，对遗留的矛盾纠纷积案进行彻底排查。在认真梳理分类基础上，采取“领导包案，挂牌交办，上报协管，联合督办，会商协办”等方式，对矛盾纠纷积案进行集中化解攻坚。共排查重大矛盾积案97起，化解87起。1月—11月，全市共排查重大矛盾纠纷9808起，化解9524起，其中重大矛盾纠纷245起，化解209起。积极推进社会稳定风险评估和社会矛盾化解机制建设，上半年，市委常委、政法委书记李森洙带队，赴合肥、南昌、长沙、贵阳等地，对建立社会风险评估和社会矛盾化解机制进行专题考察。加强行业性专业调解组织建设，形成“第三方”调解机制。全市在交通事故、医疗卫生、劳动争议等重点行业首先建立由专业人员与解决人员共同组成的专门调解组织，引入人民解决“第三方”调解机制，有效地解决了当事者互不信任，矛盾对立，难以化解的问题。至年底，全市共建立各类行业性调解组织23个。全力调处化解涉法涉诉信访积案，截至11月底，省上交办的31件重点案件息诉17件，终结14件；市上交办的44件，息诉20件，终结13件；各县区自排案件152件，息诉110件，终结34件。积极稳妥地预防和处置各类群体事件，按照预知预防、积极应对、稳妥处置要求，383起群体事件均得到妥善处置，没有引发大的事端和不稳定问题。

【维护国家政治安全】 严密防范和严厉打击境内外敌对势力的渗透破坏活动，广辟情报信息渠道，切实加强秘密力量和阵地建设，发展情报信息员1492名，搜集掌握各类重要情报信息2327条，其中敌情601条，社情1231条，政情356条，60%的情报信息发挥了预警、排险和辅助决策作用。加大专案侦控，查结危害国家安全案件5起。继续深化同“法轮功”等邪教组织的斗争，通过抓攻坚，转化“法轮功”顽固分子13名；通过抓打击，破获“法轮功”案件21起，摧毁地下窝点4处，教育和处理顽固分子13名，其中批准劳教6人，治安拘留7人。通过抓防范，强化了476名重点人员的稳控工作，有力防范了各种捣乱破坏活动。通过抓建设，全市85%以上的乡镇街道和社区、村达到“无邪教”创建标准。通过抓整治，开展对“门徒会”“实际神”“血水圣灵”等邪教的防范、控制、打击活动，破获其他邪教案件3起。不断强化网上巡查、网上预警、网上侦控措施，查处涉网案件103起，封堵、删除有害信息4284条，排查掌握本地QQ群132个、网络社区1311个。

【禁毒工作】 2010年，共破获毒品犯罪案件766起，缴获海洛因31.224公斤；连续破获“6·03”“9·01”“12·14”等公安部、省公安厅督办目标案件，摧毁一批向兰州市贩运毒品的贩毒集团和贩毒网络。针对兰州市禁毒工作实际，组织开展“打击零包贩毒”“打击新型毒品”活动，破获“零包”贩毒案件658起，新型毒品案件66起，缴获冰毒5635.6克，K粉205克。制定下发《关于进一步加强戒毒康复工作的意见》，进一步明确细化派出所分管所长、禁毒民警、社区民警和禁毒专干职责，规范戒毒人员出、入所衔接制度。1月—11月，依法强制隔离戒毒1361人，社区戒毒551人，社区康复2216人。安置就业879人，纳入最低生活保障1692人，帮助自谋职业7184人，廉租房补贴336人，技能培训2471人次。稳步推进美沙酮药物维持治疗工作，全市9个药物维持治疗门诊累计治疗戒毒人员7035人次，还在治疗2896人。探索建立与《禁毒法》紧密接轨的禁毒档案建设新模式，总结推广“四统一，三一致”档案建设新做法，全市排查入库的18779名吸毒人员信息实现了统一标准、统一格式、统一内容、统一管理，与吸毒人员现状相一致，与动态管控信息相一致，与《禁毒法》要求相一致，增强动态管控实效性。整治重点区域，5个千人以上吸毒人员区已有3个建成“无毒区”，38个吸毒人员200人以上乡镇、街道已有36个建成“无毒乡镇街道”。文化、工商、公安等部门对重点场所采取联合执法、明察暗访等方式，先后开展7次集中整治行动，清查娱乐场所2338家，暗访265家；部署开展打击易制毒化学品违法犯罪专项行动，对278家涉及易制毒化学品企业进行检查整治，防止易制毒化学品流入非法渠道。不断扩大禁毒宣传教育，组织千名领导、干部宣讲《禁毒法》，全市256名各级领导、干部到中小学校进行毒品预防教育讲座，受教育学生达21万人，中小学禁毒教育普及率达100%。宣传人员深入120个建筑工地、443个公共娱乐场所开展禁毒宣传教育活动，近10万名进城务工人员、场所业主、从业人员接受禁毒教育。“6·20”国际禁毒日期间，省、市禁毒委举办“6·20”国际禁毒日宣传周活动。全年举办集中宣传活动180余场次。

【社会治安综合治理】 组织开展“打黑除恶”“冬季严打”攻势、“打盗窃、反扒窃”“打击拐卖妇女儿童”“打击盗窃破坏三电设施”等十项严打专项行动，确保社会治安大局平稳有序。1月—11月，全市共摧毁黑社会性质组织4个，打掉犯罪集团162个，抓获刑事作案成员648人；破获各类刑事案件6144起，破案率同比上升10.38%；打击处理各类违法犯罪人员4506人，打击处理人数同比上升4.6%；检察机关共审查起诉刑事犯罪2626件3964人；审判机关共审结刑事案件5393件，判决罪犯3507人，审结率93.6%。抽调860名干部干警组成126个排查整治工作组，对排查确定的74个社会治安重点区域、路段、场所，由市、县区两级挂牌，做到责任领导、责任人、整治问题、整治措施、整治时限“六个明确”，逐一检查验收，解决了一批治安突出问题。同时，按照中央和省上部署要求，采取9项措施，对全市1336所中小学、幼儿园及周边治安进行“拉网式”“地毯式”检查，加强了中小学、幼儿园及周边安全稳定工作，受到中央和省上充分肯定。以构建街面防控网为龙头，有效整合交通视频监控、社会治安监控系统等资源，新购置100辆巡逻车辆，安装GPS定位系统，把警力最大限度地部署到案件高发、防范薄弱和群众需要的时段、路段，不断提高街面见警率、管事率、盘查率和捕现率，推进城市社会面巡逻制度化、常态化。加强一线警力，发挥社区综治员、楼洞长、志愿者等群防群治队伍作用，把防控触角进一步向社区、单位内部和“城中村”、城乡结合部、行政区域交界处延伸，着力构建点面线结合、人防物防技防结合、打防管控结合、网上网下社会治安动态防控网络。1月—11月，通过巡逻防控破获的刑事案件占破获刑事现案总数的20.5%，全市抢劫案件同比下降20.1%。稳步推进社会治安防控体系建设，组织实施全市社会面公共部位技防建设一期、二期工程，共安装社会面公共部位视频监控探头5000个。截至年底，全市已有6325家党政机关、企事业单位、宾馆饭店、学校、医院、集贸市场、金融网点、娱乐场所和物业小区建设安装了技防设施，共安装智能报警系统4096套，电视监控系统3518套，楼宇可视对讲系统23127套，红外线报警系统5843套，视频监控探头23022个，全市技防建设覆盖面达86.30%。强化综治基层基础建设，增强基层社会治安工作能力。

制定出台《关于进一步加强社会治安综合治理基层基础建设的实施意见》，全市113个乡镇、街道全部调整充实综治委（办）力量，建立规范综治维稳中心、矛盾纠纷调解中心、流动人口服务管理站、社区矫正和安置帮教工作站等政法综治工作机构。全市共配备乡镇（街道）综治委（办）领导791人，综治专干257人，综治兼职干部163人，调解员和信息员1.2万人，保安员、综治员、协管员等人数达到3万多人。全市已创建命名平安县区3个，平安乡镇（街道）65个，平安村587个，平安社区273个，平安单位6455个。

【创新社会管理服务】 探索推进社会管理，试点推行“居住证”制度，组织开展流动人口和出租屋调查登记“百日会战”专项行动，组织民警和协管员15210人次，逐门逐户逐人了解情况，摸底登记，共清查出租房屋14015户，新签订治安责任书6040户；破获刑事案件233起，抓获犯罪嫌疑人171人，查处治安案件2439起，处罚违法人员2013人。截至11月底，全市共登记流动人口562602人，同比增加177%，实发暂住证304197人，登记建档出租房屋40474户，同比提高30%。狠抓刑释解教人员安置帮教，建立过渡性安置基地11个，对回归的刑释解教人员，衔接率为90%，帮教率为100%，安置率为86%。积极预防青少年违法犯罪，充分发挥共青团维护青少年合法权益工作职能，通过举办“共青团与人大代表、政协委员面对面”座谈会、青年农民工安全生产培训班、“社区青少年爱心法制书屋”捐赠活动、“青春红绿灯——空中法制大课堂”广播和“12355”青少年服务台活动等，深入开展青少年法制宣传教育活动，搭建新的宣传教育服务平台。1月—11月，全市14岁以下青少年犯罪率同比下降36.5%。加强社会组织和虚拟社会管理，在全市3200多个非公企业中全部建立健全综治机构。按照“积极引导、依法管理、整体管控、确保安全”原则，建立健全网上动态管理机制，加强“虚拟警察”网上巡查，建立健全网络打防机制，不断加强网上巡查、网上预警、网上侦控措施。建立健全网上舆情引导处置机制，组建400多人网评员队伍，加强网上舆情监控，组织跟帖8000多条，网上舆情引导工作成效明显。

【执法监督】 大力推进“阳光执法”，加快推行信息化办案和执法公开，充分利用网络平台录入信息、办理案件、管理监督、考核评价。进一步加强和完善执法监督工作，评查各类案件9763件，提高了执法监督规范化水平。集中清理执行积案，全力调处化解涉法涉诉信访积案。省上交办的31件重点案件，息诉17件，终结14件。市上交办的44件，息诉20件，终结13件；各县区自排案件152件，息诉110件，终结34件。进一步加大对审务、检务、警务、司法服务等执法活动的内部监督力度，形成一套管用有效的制度和机制，实现了监督的经常化、规范化。

【队伍建设】 深入持久地开展中国特色社会主义理论体系教育、社会主义法治理念教育、职业道德教育、纪律作风教育，认真落实政治轮训制度，确保广大政法干警始终坚持“三个至上”，自觉抵制各种错误思潮的侵蚀。充分发挥政法综治培训中心的平台作用，培训政法干警2654名。进一步加强岗位练兵，培训政法干警8265人次，提高了一线干警把握运用法律政策能力、群众工作能力、信息化实战应用能力、突发事件处置能力、舆论引导能力。严格执行廉洁从政各项规定和各项禁令，坚决查处违法违纪行为，有力地促进了政法队伍的党风廉政建设。

（刘文玉）

·市直机关工委·

【概况】 2010年，市直机关工委紧紧围绕市委“1355”总体发展思路、“再造兰州”战略部署和“打好六大战役、实现六个突破”重点工作，抓管理促规范、抓基层打基础、抓作风提效能，深入开展创先争优活动，市直机关各级党组织的凝聚力、战斗力进一步提高，广大党员的先锋模范作用进一步充分发挥，为兰州经济率先跨越发展提供了坚强的政治和组织保证。

【思想建设】 以完善中心组学习为龙头，抓好党员干部学习教育。为了加强对市直各部门中心组学习指导，进一步健全中心组学习制度和党员干部学习教育制度，积极建立相应的考核、激励和督查机制，制定下发《关于进一步完善市直部门党组（党委）中心组学习制度的意见》。开展创建“学习型党组织、学习型领导班子、学习型党员队伍、学习型干部队伍”活动，推动党员干部特别是领导干部学习教育的经常化、制度化、规范化。举办贯彻落实国务院办公厅《关于进一步支持甘肃经济社会发展的若干意见》专题讲座。认真做好市直机关“世界读书日”图书捐赠活动，共收集、捐赠图书1万余册。

【组织建设】 认真贯彻落实《中国共产党党和国家机关基层组织工

作条例》，严格按照《条例》和市委《关于加强和改进机关党的建设的实施意见》，进一步规范市直机关党组织的设置、职责，党员的教育管理服务和发展，党内监督，思想政治工作，党务干部队伍建设。对到届党组织及时进行换届改选，对缺额党组织及时进行增补，共换届改选17个党组织、改建7个党组织、新建2个党组织。认真坚持和完善“三会一课”制度，督促党员特别是党员领导干部参加党组织生活。落实发展党员票决制和公示制，共发展党员240名，预备党员转正339名。至年底，市直机关共有党组织685个、党员11119名。认真做好“两前”培训，举办入党积极分子培训班和预备党员培训班各1期，培训入党积极分子、预备党员共862人。机关党建工作标准化质量管理体系正常运转，持续改进，党组织和党员信息库数据及时更新，党员管理工作进一步走向标准化、规范化、制度化。新《中国共产党党和国家机关基层组织工作条例》颁布后，结合兰州市机关党的工作实际，制定《兰州市贯彻〈中国共产党党和国家机关基层组织工作条例〉实施办法》（讨论稿）。

【创先争优活动】 市直机关工委认真履行市直机关创先争优活动牵头单位责任，制定下发《关于在市直机关党的基层组织和党员中深入开展创先争优活动的意见》《关于开展“四项主题实践活动”的实施意见》，对市直机关党组织开展“创先争优”活动进行安排部署。活动从5月正式启动，共有685个基层党组织、10000余名党员参与。市直各部门紧扣“建设学习型党组织、学习型领导班子、学习型党员干部队伍”，“争做创新型党员、争创学习型支部、争建效能型机关，提高服务能力和质量”，“百千万结对帮扶互联共建”和“讲党性、重品行、作表率”四项主题实践活动，按照“推动科学发展、促进社会和谐、服务人民群众、加强基层组织”总体要求和“五个好”“五带头”创争标准，加强领导、落实责任，突出重点、创新载体，取得初步成效。在“创先争优”活动中，各部门整改落实事项261件，党员参加义务劳动273人、提合理化意见建议489条、帮助本单位解决突出问题229件，领导干部帮助基层协调解决矛盾纠纷431件、解决发展难题176件。

西部城市第九次机关党建论坛

【互联共建活动】 2010年，市直机关工委认真总结互联共建活动成功经验，按照以城带乡、资源共享、优势互补、协调发展要求，以进一步整合城乡基层党建资源，巩固市直机关党组织与农村党组织互联共建工作成果，加快兰州市城乡一体化建设步伐为目标，在市直机关安排部署“百千万结对帮扶互联共建”活动。4月，对市直机关各部门开展“百千万结对帮扶互联共建”工作进行全面督导检查。6月底，召开市直机关庆祝建党89周年暨互联共建工作表彰大会，对互联共建工作中涌现出的22个先进党组织和87名优秀共产党员进行表彰。举办以“互联共建促发展、争先创优谱新篇”为主题的图片宣传展览活动，广泛收集、筛选资料图片200多张，制作展板21张，在市委大院展出3天。截至12月，共有76个党组织，与永登县、榆中县和七里河区116个扶贫村结对开展机关党组织与农村党组织互联共建活动，共确立互联共建项目94个，落实项目资金约1420万元，整理开发土地10处共8000多亩，建设乡村道路18条，兴修水利工程20个，捐赠图书约24万册，组织各种培训27次，参加人数约3000多人次，结对帮扶困难户1752户，共有8000余名机关党员和3400余名农村党员参与其中，受惠群众达到14万人。

【作风建设】 将“行政效能建设年”活动作为市直机关作风建设的抓手，坚持以服务发展、服务群众、转变作风为关键，以解决上级关心、群众关切、社会关注的热难点问题为重点，以建设“为民、务实、清廉、高效”的机关形象为目

标，进一步深化机关作风建设活动。市直机关工委充分发挥组织、协调、监督、检查的职能，对各单位“解决六个问题、抓好六个规范”的落实情况，定期不定期进行明查暗访，有效解决了机关作风方面存在的突出问题。进一步加强制度建设，市直54个部门和单位共废止制度220项、修订完善1222项、新增560项。实施流程再造，共取消审批事项41项、减少审批环节事项206项、实行网上审批办理事项29项、实现网上办公的单位8家。开展廉政文化进机关活动。开展了以制作一期廉政文化宣传栏、学好一本以廉政教育读本、观看一部反腐倡廉警示片或参观警示教育基地、开展一次学习党纪条规知识答题活动和单位主要负责人上一堂廉政党课为内容的“五个一”活动。建立了市检察院廉政文化进机关示范点，通过建立廉政文化进机关示范点，推动了市直机关廉政文化建设。开展讲党性、重品行、作表率活动，切实解决机关党员干部在党性、品德、作风、能力等方面存在的突出问题。继续抓好领导干部廉洁自律教育，安排部署学习贯彻《中国共产党党员领导干部廉洁从政若干准则》，把科以上领导干部和关键部门、重要岗位的党员干部作为教育的重点对象，深入学习廉洁自律各项规定。为各部门配发《中国共产党党员领导干部廉洁从政若干准则》3000册、《中国共产党党员领导干部廉洁从政若干准则学习读本》300册、廉政教育光盘100张,组织市直机关6000名党员参加了《廉政准则》知识测试活动。查处市直机关党员违纪案件1件，给予1人开除党籍处分。

【群团工作】 按照“党建带群建，群建促党建，党群共建”的要求，充分发挥机关工会和共青团的桥梁纽带作用，将机关工会工作和共青团工作纳入各级党组织年度工作目标考核。认真做好基层工会、共青团换届改选工作，2010年共换届改选机关工会组织5个，新转入工会组织1个。继续推行在职职工住院医疗互助合作保险计划。积极做好“推优”工作。依托市直机关青联组织，扩大共青团的工作领域。积极开展“青年文明号”“青年岗位能手”等富有青年特色的争创活动，组织召开了市直机关青联一届二次全委会议，指导21个市直机关成立了青联分会，召开了纪念“五四”运动暨表彰大会，表彰5个“五四红旗团组织”、12名优秀团员和12名优秀团干部。举办了“我为兰州做贡献”主题演讲比赛；组织市直机关56个单位160人参加了“倡学习、强素质”公文写作知识竞赛；加强市直机关党员干部公务礼仪知识教育，开展公务礼仪知识竞赛活动；举办了“兰州银行杯”扑克双升级大师赛，720人参加了比赛；举办了兰州市领导干部乒乓球比赛；举办了市直机关以“快乐工作、健康生活”为主题的球类运动会，来自64个部门的1400余名运动员参加了篮球、羽毛球、乒乓球、台球、保龄球比赛。认真落实市委关心干部身心健康的决定，积极做好关心干部身心健康《实施意见》部署的各项工作的组织协调和督促落实，邀请健康教育专家为机关干部做了心理健康讲座2次，在市属各医院成立了心理咨询科室，设立心理咨询热线1个，开设健康教育网站1个，面向社会开放了36所中小学的体育场地，建设全民健身路径120条，开展体质监测5200人次，培训二级社会体育指导员350人。

【西部城市第九次机关党建论坛】 8月，由中共兰州市直机关工委主办的西部城市第九次机关党建论坛在兰州召开，市委副书记刘为民到会致辞，市委常委、秘书长牟少军出席论坛。西部地区9个省、自治区的28个市、地、州、盟直属机关工委共103人应邀参加了此次论坛。论坛总结交流了各地在机关党建工作中的好经验、好做法，深入探讨提高机关党建工作科学化水平、促进机关党的建设“走前头”的途径和办法。

（白宗华）

·农业农村·

【概况】 2010年，全市坚持以发展为主线，以增收为核心，抓产业调结构，抓统筹促发展，抓项目夯基础，抓改革增活力，农业和农村经济保持了稳定发展的良好势头。农业增加值达到33.79亿元，同比增长10.64%；农民人均纯收入达到4587元，同比增长14.65%，比2009年净增560元，是有记载以来增幅最大的一年。制定出台《推进农村产权制度改革的意见》和相关配套政策，农村土地承包经营权、林权、集体建设用地使用权、房屋产权及宅基地使用权、集体财产股权、小水管理体制改革稳步推进。全市农村土地流转总面积达到16.2万亩，占承包耕地的6.1%；林权制度改革已完成确权面积521万亩，占林改总面积的91%；农村小水改革完成613项，累计完成975项，占改革任务的41.5%。新农村建设方面，2010年筹措各类资金近25亿元，实施了城乡一体化12个示范点、26个重点项目建设，建成农村新住宅1.4万户、面积130多万平方米。

【机构设置】 根据甘肃省机构

编制委员会《关于成立中共兰州市委农村工作办公室机构的通知》和兰机编发〔2010〕23号文件通知，2010年8月，设立中共兰州市委农村工作办公室，为市委工作机构。正县级建制，设主任1名，副主任2名。内设机构有综合处、调研处、新农村建设处（兰州市统筹城乡发展和新农村建设协调领导小组办公室）、督导处。人员编制24名。

【主要工作职责】 市委农村工作办公室是党委农村工作综合部门，主要负责研究贯彻中央和省委、省政府关于农业农村工作的政策措施，研究拟定全市农村改革发展有关政策，牵头协调全市农村改革与发展的重大问题，为市委、市政府和推动“三农”工作当好参谋助手。组织协调农口、涉农部门的相关工作；牵头组织全市农村工作的重要会议和重大活动，为全市农村改革发展提供政策、法规等方面的服务。研究提出深化农村改革、发展农村经济等发展战略，牵头制定相关规划和意见，为市委、市政府决策提供依据。协调农口部门抓好农业农村经济、城乡一体化和新农村建设等“三农”工作；督促落实市委、市政府关于“三农”工作的决策部署。

【农业和农村发展】 2010年，通过实施“稳粮扩经兴牧业、扶贫增收重输转”战略，现代农业步伐进一步加快。全市全膜双垄种植面积达到46万亩，粮食总产量达到40.36万吨；蔬菜种植面积达到73万亩，产量突破190万吨；突出抓了10个畜牧示范场（区）、100个示范户建设，集中实施了22个整村推进项目，肉、蛋、奶总产量达到11.37万吨；积极开展劳务输转，全年实现输转32.5万人次、创收27.38亿元，减少贫困人口1万多人。

大力实施农村水、电、路、林、田等基础设施建设，农村基础设施得到明显改善。投资1.49亿元，完成了三电、西电等6座泵站的更新改造，新修梯田5.26万亩，解决了11.39万人的农村人口安全饮水问题，新修建了215座引大灌

2010年农业农村工作数据统计

表一 城乡一体化和新农村建设资金投入情况统计表

单位：万元

单 位	2006年	2007年	2008年	2009年	2010年
省 级	520	520	572		1700
市 级	3000	2700	3000	4000	5000
县区配套	241.7	403.4	717	2819.5	17965
部门整合	228	1425.6	924.6	2428.1	8416.9
农民自筹	7726.3	9483	8223.75	14567.5	53578.5

表二 2010年全市农业农村基本情况统计表

年份 / 名称	2008年	2009年		2010年		
	实际完成	实际完成	增长%	计划完成	实际完成	增长%
农业总产值（亿元）	46.6	50.43	8.22	51.38	53.04	5.18
农业增加值（亿元）	28.1	30.54	8.68	31.5	33.79	10.64
农民人纯收入（元）	3503	4001.04	14.22	4500	4587	14.65
农作物播种面积（万亩）	309.66	319.89	3.30	300	320.03	0.44
粮食总产量（万吨）	38.75	38.79	0.1	40.00	40.38	4.1
粮食总产值（亿元）	6.59	6.98	5.92	8	8.07	15.61

区调蓄水塘和近1万座的沼气池建设，新修农村公路1000公里；完成了113.5万亩天然林、133.9万亩重点公益林、100万亩退耕还林和南北两山58万亩人工林保护；投资3400万元完成气象灾害防御工程开工建设，气象服务水平和灾害预警预测能力不断提高。

深入开展农村低保与扶贫开发“两项制度”衔接试点工作，全市5.6万户、18.7万人进入了“两项制度”衔接识别范围，有3.3万户、近10万人享受了“调、减、免”政策，保障面由5.8%提高到了8.1%；不断加大农村社会保障力度，农村养老参保人数达到34万人，新型农村合作医疗参保人数达到112万人，参保率达94%以上。高度重视被征地农民的社会保障问题，出台《兰州市被征地农民养老保险试行办法》，6734名被征地农民参加了养老保险，共收缴社保资金2.3亿元。按照“五个一体化”的总体要求，研究制定《兰州市统筹城乡综合配套改革试点工作方案》，启动了统筹城乡发展总体规划和土地利用、产业发展、生态环境保护等6个专项规划的编制工作，开展了财政、金融、户籍等7个方面的体制机制创新工作。编制完成200个新农村村庄建设规划，初步形成统筹城乡发展“中心带动、全域兰州”规划的新格局。

【全市农业农村工作会议】 1月19日，省委常委、市委书记陆武成出席全市农业农村工作会议并做重要讲话。4月13日，陆武成在听取全市城乡一体化和新农村建设工作汇报后，对全市推进城乡一体化和新农村建设工作提出抓规划制定、抓环境整治、抓产业发展、抓基础建设、抓落实工作、抓督查考核、抓工作创新等“七抓”的新要求。同日，市委副书记、市长袁占亭出席全市统筹城乡发展和建设社会主义新农村协调领导小组会议，研究确定年度建设项目，安排部署城乡一体化和新农村建设工作任务。8月19日，市委副书记刘为民，市政府副市长魏志乐出席由市直有关部门、各县区参加的全市统筹城乡发展和新农村建设现场观摩会。

·政策研究·

【概况】 2010年，市委政策研究室紧紧围绕市委“1355”总体发展思路、“再造兰州”战略和“打好六大战役、实现六个突破”重点工作部署，深入开展调查研究，积极主动地服务市委决策，充分发挥智囊团、参谋助手作用。全年共完成各类调研报告30余份，形成文字量100余万字。

【调查研究】 围绕实施省委区域发展战略、更好地发挥中心带动作用问题开展深入研究，结合国家区域和产业发展政策走向，对兰州区位和资源优势、产业基础、发展潜力及面临的机遇和挑战等多方面作了全面分析研究，不断深化市情和发展规律的认识，按照“跳出兰州思考兰州，跳出兰州谋划兰州，跳出兰州发展兰州”理念和思路，立足兰州现状，着眼加快发展，提出实施“再造兰州”战略建议，得到市委高度重视，并在市委十一届七次全委（扩大）会议上被确定为全市当前和今后一个时期重大战略。围绕“十二五”规划编制，认真谋划“十二五”发展，牵头协调确定事关兰州长远发展19个重大课题，从高校和科研院所聘请一批专家学者作为指导专家，组织高层次、强有力研究团队开展课题攻关，全面完成课题研究任务，研究成果以《实施再造兰州战略问题研究》结集印发，为市委市政府制定“十二五”规划提供决策依据。在此基础上，根据市委关于“十二五”规划编制工作总体部署和要求，对全市“十二五”经济社会发展的指导思想、目标任务、重点举措等做了深化研究，提出市委关于编制经济社会发展第十二个五年规划《建议》，并在市委十一届八次全委（扩大）会议审议通过，成为编制“十二五”规划重要指导性文件。根据国务院办公厅《关于进一步支持甘肃经济社会发展的若干意见》精神，牵头组织开展调查研究，赴外地学习考察，广泛吸收外地经验和做法，起草市委市政府贯彻落实《若干意见》的《实施意见》，向市委提出《关于建设兰州新区的建议》《关于兰州高新技术产业开发区和经济技术开发区增容扩区的建议》，起草《兰州新区规划建设方案》，对开发建设兰州新区的重大意义、区位选择、功能定位、产业布局、体制机制、支持政策等作了全面分析论证，提出意见建议。对高新区和经济区增容扩区提出“一区多园、组团发展、各有侧重、突出特色”、实行跨县区拓展具体意见。同时，作为实施“再造兰州”战略重要支撑和拉动全市经济社会率先跨越发展的重要经济增长极，提出建立以兰州新区为依托、以两个开发区为支撑、以八个县区园区资源为基础，构建三足鼎立、“3+8”板块经济发展新体系建议。全年共组织完成《兰白区域经济一体化发展研究》《统筹城乡一体化发展研究》《发挥中心带动作用研究》《整合城市管理资源提升城市管理水平研究》《建设兰州交通枢纽研究》《兰州市人才队伍建设研究》等一批课题研究任务，形成6个重点课题研究报告，为市委决策提供重要参考依据。邀请

20多位研究兰州历史文化的专家学者深入研究兰州历史文化，系统挖掘兰州历史文化资源，编辑出版《走近兰州》。为对外宣传兰州、展示兰州提供了一本宣传书，为各级领导干部提供了一本把握市情、科学决策参考书，并先后在“兰洽会”和上海世博会上向各地客商发送，受到广泛好评。围绕特色农业产业发展、建立海关特殊监管区及广大市民和社会各方面普遍反映强烈的行路难、就业难等热点问题开展调查研究，向市委提出决策建议。

【文稿服务】　完成市委领导各类讲话稿的起草，先后完成市委主要领导在市委十一届六次全委（扩大）会议暨全市经济工作会议、市委十一届七次全委（扩大）会议、全市主要领导干部研讨班暨市委十一届八次全委（扩大）会议、市纪委全会、全市农村工作会议、全市学习实践科学发展观活动总结大会、贯彻国务院《若干意见》动员大会、兰州地区冬季大气污染防治工作动员大会、全市党建工作会议等重要会议上的讲话和省市主要领导干部研讨班暨省委十一届十次全委扩大会议、市委常委民主生活会上的发言；市委分管领导在团市委十四届四次全委会、市妇联十五次执委会、全市国有资产监督管理工作会议、全市统计工作会议、全市商贸流通暨市场监管工作会议等20多个工作会议讲话稿的起草工作。组织起草《中共兰州市委2010年工作要点》《中共兰州市委政策研究咨询顾问制度》、市委向省委党风廉政建设考核检查组的汇报材料、兰州白银区域合作发展框架协议等重要文稿。牵头起草《中共兰州市委兰州市人民政府关于贯彻落实〈国务院办公厅关于进一步支持甘肃经济社会发展的若干意见〉加快推进兰州率先跨越式发展的实施意见》。组织人员对省委、省政府《落实国务院〈若干意见〉实施方案》、省委《关于制定全省“十二五”农业农村发展规划的建议》、省委、省政府《关于加快陇药产业发展的意见》、省政协《关于支持兰（州）白（银）核心经济区率先发展的调研报告》《兰州建设国家创新型试点城市工作实施方案》《兰州市农村产权制度改革意见、兰州集体林权制度改革方案》《兰州市推进调蓄用水制度改革意见》《“十二五”规划》《旅游产业发展》等30多个征求意见稿进行讨论研究，分别提出修改意见和建议。积极组织开展理论研究和学术探讨，撰写在《人民日报》《光明日报》《经济日报》发表的《解放思想目的是解放行动》《切实提高驾驭新媒体的能力》《抓住机遇加快实现兰州跨越式发展》署名文章，以及在《甘肃日报》《甘肃工作》等刊物上发表的署名文章10余篇。

【信息与政策研究】　积极做好政策信息服务，方便领导了解和掌握国家有关区域经济及产业发展政策，组织人员编印《国家有关区域经济及产业发展文件汇编》。给市委领导提供兰州新区规划建设方面的决策参考资料，通过多种渠道，广泛搜集其他城市新区建设有关资料，筛选编印《各地有关新区建设资料汇编》。组织人员对十七届五中全会主要精神进行收集整理，筛选编印《学习资料》，给参加全市主要领导干部研讨班暨市委十一届八次全委（扩大）会议的领导学习掌握十七届五中全会精神提供方便。做好决策信息服务，围绕事关兰州经济社会发展重大问题、群众关注的热点和难点问题，深入基层认真开展专题调研，同时把日常调研工作中掌握的基层工作信息，加工变成领导决策参考依据，并及时形成调研报告。组织人员对全市19个重点调研课题进行提炼加工整理，编印《实施“再造兰州”战略问题研究》，供四大班子领导决策及县区、部门工作中参考。加强同大专院校、科研机构和市委政策咨询顾问的联系沟通，就市委领导关心的重点、热点、难点问题及涉及全局性重大问题，组织有关专家学者进行研讨，创办《资政建言》，及时将专家建议和意见进行归纳整理，呈送市委领导参阅。积极做好动态信息服务，紧扣市委各个阶段中心工作，采取多种渠道和办法开展动态性问题研究，依托网络媒介及各种信息渠道，及时搜集、整理各地好的经验和做法，编印成《决策信息参考》，把外地“管用”的信息及时汇聚到领导案头。全年共编发《决策信息参考》50期。办好《兰州工作》，学习借鉴外地经验，不断创新办刊理念和形式，在文章编发上求精，在栏目设置上求特，在版面设计上求新，切实增强政策性、指导性、权威性和可读性。2010年，《兰州工作》先后在全国城市党委系统政研联席会第六届年会和全国城市党刊研究会第十九届年会上，分别被评为“全国城市优秀党刊”和“全国优秀党刊”。全年共编发《兰州工作》12期。

【工作创新】　积极建言，建立市委政策研究咨询顾问制度。从大专院校、科研院所选聘17名知名专家作为市委首批政策研究咨询顾问，颁发聘书，建立相关制度。构建大调研工作格局，协调健全和规范县区政研机构设置。针对多数县区没有建立政策研究机构，多次与市编办就县区委政研机构设置、人员编制等问题进行协调，健全和规范县区政研机构，为进一步推进“大调研”工作格局奠定良好基础。改进工作方式，适时举办政策研究论坛。深入贯彻省委区域发展战略，1月19日，举办兰白区域经济社会一体化发展研讨座谈会，邀请白银、定西、临夏等市（州）委政研室同仁共同就加快兰白区域经济社会一体化发展进行座谈研讨，相互交流和探讨推进兰白区域经济社会一体化发展对策和措施。认真贯彻落实《国务院办公厅关于进一步支持甘肃经济社会发展的若干意见》精神，5月20日，举办“兰白核心经济区发展论坛”，邀请白银、定西、临夏市（州）委政研室领导，市发改委、市政府研究室领导，市委政策咨询顾问等有关领导和专家参加，围绕需要省委省政府进一步支持兰白核心经济区加快发展的政策措施进行深入研究探讨，在产业发展、基础设施建设、体制机制等方面提出许多好的政策意见和建议。论坛结束后，组织人员对论坛成果进行整理和归纳，呈报市委领导参考。

【创先争优】 按照市委统一部署和要求，制定《深入开展创先争优活动工作方案》，要求把开展创先争优活动同全面完成全年各项目标任务结合起来，有效有序地开展各个阶段工作，积极开展以创建“五个好”机关先进党组织、争当“五带头”优秀共产党员为主要内容的“重承诺、做表率”和“三比三争”主题实践活动。切实加强全体人员的学习，将中心组学习扩大到全体人员，制定中心组学习计划，坚持每周一学习制度，建立学习考勤制度，规定学习书目。为配合“五个一”学习活动的开展，为全体人员购买《怎样写文章》《转变经济发展方式研究》《2010年理论热点面对面——七个怎么看》等图书，推荐阅读《走近兰州》《做官、做事、做学问、做人》《简单是一种人生智慧》等书籍和文章。组织开展主题实践活动，“七一”前夕，组织全体人员前往红色圣地——会宁县，参观红军会师楼、会师塔及红军长征胜利纪念馆，在会师塔前举行重温入党誓词宣誓活动；组织观看电影《兰州1949》。先后组织全体人员到秦王川综合开发区、吉利汽车厂、南山公路等重点项目建设现场，实地调研重大项目进展情况。积极开展与永登县炮台村的互联共建工作，春节前夕对贫困户进行走访慰问，继续资助两名贫困家庭学生完成学业，为村小学和村农家书屋捐赠图书100余本；请农业科技专家到田间地头为农民实地进行农业科技讲座，答疑解惑，实现由资金帮扶到科技帮扶、项目帮扶的转变，收到良好效果。2010年，政策研究室党支部被评为“互联共建”先进党组织，受到市直机关工委表彰。

【和谐机关建设】 紧紧围绕“五个好”和“五带头”要求，切实加强班子建设，认真落实《廉政准则》，严格按照《廉政准则》规范个人言行。提高机关干部队伍思想政治和业务素质，以创建“学习型干部、研究型团队、和谐型机关”为目标，内强素质，外树形象，着力打造开拓创新、锐意进取、勤学善思、和谐共事的干部队伍。从提高“正确判断形势、善于把握大局、能够破解难题”三种能力入手，进一步加强学习，拓宽知识面，努力提高工作水平。注重思想教育，加强沟通交流，通过组织开展集体活动、举办心理健康知识讲座等，及时化解矛盾、缓解心理压力，营造和谐相处、团结协作的良好氛围，较好促进和谐机关建设。

（程建立）

·保密工作·

【概况】 2010年，兰州市保密工作以强化信息化条件下的保密管理为重点，着力加强技术手段建设、法规制度落实、保密宣传教育、保密监督检查和保密队伍自身建设，进一步加强和规范国家秘密信息及载体的保密管理，紧紧围绕市委中心工作和全市工作大局开展保密服务，为维护国家安全和利益，促进全市经济社会各项事业又好又快发展作出积极努力。

【保密要害部门（部位）管理】 坚持把党政机关的保密管理作为重点，按照《甘肃省党政机关保密管理办法》要求，督促重要涉密部门和单位完善保密制度，改进管理措施，落实岗位责任，坚持人防、物防、技防并重。督促县区和市直部门根据保密工作任务和人员变动情况，及时调整本单位保密委员会（保密工作领导小组），明确专门处室和人员负责日常保密管理工作，做到领导有人管、工作有人抓、事情有人干。加强涉密计算机信息系统、移动存储介质、纸质文件的管理。中央保密委员会办公室、国家保密局《关于组织开展涉密载体清理情况检查的通知》下发后，组织各县区、市直各部门、各有关单位对涉密载体的持有、管理、销毁情况进行全面自查。5月上旬始，重点抽查市委、市人大、市政府、市政协四大家办公厅和市纪委、市委政法委、统战部、组织部等20多个部门涉密载体的清退、留存、销毁情况。协调公安、工商部门开展废旧市场整治活动，检查旧货市场、旧书市场和废品收购站点，重点检查和整治兰州城隍庙古玩市场出售旧书刊的摊点。各县区对所属重点部门、废品收购摊点也进行检查和清理。8月下旬，按照省国家保密局、省公安厅、省商务厅、省工商局、省通信管理局联合下发的《关于进一步做好清理取缔涉密文件资料非法交易工作的通知》精神，再次组织各县区开展清理工作，并会同市公安局、工商局、电信公司等单位对县区清理情况进行抽查，向省国家保密局做书面专题报告。加强涉密人员管理，进一步明确涉密人员保密责任，发出通知要求上年签订保密承诺书的所有人员重温保密承诺书，自觉兑现承诺，自觉维护国家秘密安全。完成全市国家秘密事项统计工作，为加强国家秘密事项的动态管理提供了基础数据。加强对国家秘密印刷复制、国家统一考试的监督管理，逐一审查4家具有涉密资质复制单位，积极参与高考、司法、卫生考试的保密监督。

【计算机信息系统保密管理】 进一步规范和加强信息系统设备保密管理，经审核全市共确定涉密网络4个，涉密计算机547台，3县5区涉密计算机364台。深入部分县区的乡（镇）、街道开展调查研究，进一步了解基层计算机信息系统管理情况，提出加强基层计算机和移动存储介质保密管理具体意见。充分发挥涉密计算机违规外联监控平台作用，对全市各县区和重点部门涉密计算机进行监控，进一步消除涉密计算机违规外联现象，保证了涉密计算机的信息安全。加大计算机信息系统保密检查力度，上半年，对市直重点部门计算机信息系统进行保密检查，共检查涉密计算机62台，非涉密计算机78台，涉密存储介质11个，门户网站12个。加强对保密要害部位安全保密环境的技术检查和市委常委办公环境安全检查。针对县区技术人员少、检查工具少、检查水平不高等实际情况，下半年，对县区保密局长和技术人员进行相关保密业务培训。加强保密技术装备配备，认真落实保密要害部门、部位、涉密计算机及移动存储介质等方面保密管理规定，督促有关部门加强保密设施，特别是保密技术装备配备工作，不断提高保密技术安全防护能力。积极落实资金，购置计算机和通讯设备专用检查工具，先后为县区配发必要检查工具，改进和提高市、县区保密部门检查手段和发现问题能力。

【保密法律法规宣传教育】 4月29日，新修订的《保密法》公布以后，组织局机关全体干部认真学习讨论，并把学习宣传《保密法》作为保密系统一项重点工作抓紧抓好，为《保密法》顺利实施奠定坚实基础。在涉密载体清理检查中，重点宣传定密责任人制度、计算机网络保密管理、涉密载体管理、责任追究等方面法规规定，并针对保密工作中存在的问题，提出依法加强管理的措施和办法。9月，集中开展新修订《保密法》宣传教育活动。制订《深入开展〈保密法〉学习宣传教育活动的实施方案》，编印《兰州保密工作》简报，为县区和市直部门征订分发新修订的《保密法》3942册，宣传挂图390册；为市委党校赠送《保密法》及宣传资料。结合宣传活动，要求各县区、各部门、各单位组织签订《保密承诺书》人员重温保密承诺，学习掌握保密知识，牢记保密责任。增强各级领导干部和基层涉密人员保密意识和防范技能，组织全市党政机关和涉密单位开展保密知识竞赛答题活动，共发放竞赛试卷4000多份。开展“五五”保密法制宣传检查验收工作。

（谭江哲）

·信访工作·

【概况】 2010年，兰州市信访工作紧紧围绕市委、市政府“1355”总体发展思路和“中心带动”“再造兰州”发展战略，积极研究新情况，探索新规律，解决新问题。一年来，市县两级信访部门共受理信访事项7547件次，同比上升1.3%。其中来信2388件，同比下降23%；来访5038批33934人次，同比批数上升15%、人数上升29%。市信访局受理信访事项3730件次，同比下降6.6%，其中来信1624件，同比下降23%，来访1984批10701人次，同比批数上升5%，人数上升21%。全市重信重访率为12%，劝返进京非正常上访101批154人次、赴省集体上访71批2565人次。

【领导与接访】 2010年，省委常委、市委书记陆武成，市长袁占亭多次对信访工作作出批示。市政府常务会议先后5次听取信访工作汇报，研究解决信访工作中存在的问题。积极发挥市信访联系会议作用，全年共召开联系会议9次，专题研究阶段性信访工作。领导干部定期接待群众来访、带案下访和包案处理重点信访问题“三项制度”得到较好落实。全年全市县以上领导干部共接待群众来访1200批3000多人次，包案处理信访问题1160件。4月，对上年遗留未结的33件重点案件，分别由市委、市人大、市政府、市政协四大家领导包案督办，一件件抓落实；7月，对2010年新发生的23件重点问题，分别由市委各常委、副市长和公检法主要负责人预约接待、带案下访、包案化解，集中解决了一批疑难复杂信访问题。

【集体上访】 2010年，在全市范围内组织开展以重复进京非正常上访、进京赴省来市集体上访为主的“两访治理化解年”活动。全年共排查梳理“两访”问题518件，

化解477件，化解率92%。其中省上交办“两访”案件122件，办结上报118件，办结率95%。同时，市信访联席会议工作小组积极开展农村土地征用、城镇房屋拆迁、企业改制、涉法涉诉、军转退役优抚安置等重点领域信访积案化解工作，共排查梳理5大类、500件信访积案，年终化解471件，化解率94%，息访414件，息访率83%。

【网上信访】 截至12月底，共收到网上来信250件，办结250件，其中意见建议类25件，申诉类34件，求决类100件，检举揭发类19件，其他72件。通过网上受理、网上回复，做到“件件有着落，事事有回音”，网上调查群众满意率达98%。

【督查督办】 2010年，市、县（区）两级信访联席会议办公室、信访局立案督办信访案件505件，年底到期办结率92%；兰州市承办上级交办信访案件122件，按期办结率95%；办结信访案件基本做到案结事了，息诉罢访率90%以上。2010年，市联席办、市信访局积极开展集中督查、召开信访协调会议30余次，协调解决疑难信访案件和跨县区、跨部门信访问题30多件。

【基层工作】 6月，组织全市信访系统干部及重点乡镇、街道负责同志到白银市景泰县正路乡学习。9月，在永登县河桥镇召开现场经验交流会，大力推广他们基层信访工作“四接待四联调”工作经验。各县区结合实际，进一步健全信访工作网络，整合信访工作资源，初步形成政府主导、社会参与、有利于解决问题的工作机制，提高了基层解决信访问题的能力。将“小事不出村、大事不出镇、矛盾不上交”责任落到实处。

【创新方法】 根据2009年全国信访工作经验交流会精神，部分县区建成“一站式接待、一条龙办理、一揽子解决”信访联合接待大厅，建立并开通信访信息系统，加强网上信访业务，初步建立“信、访、网、电”四位一体诉求表达格局，畅通和拓宽信访渠道。健全完善信访、保卫、公安、保安、责任单位“五位一体”处置赴市委、市政府违法上访行为快速反应和联动工作机制。通过加强信息预警、值班巡查和现场处置，积极预防妥善化解多起涉访群体性事件。建立非正常上访人员集中会商制度。对重复进京、赴省来市缠访闹访人员集中进行法制教育和心理疏导。对教育疏导无效，一味坚持无理诉求，涉嫌违法非正常上访人员，依法依规处理。积极争取中央解决特殊疑难信访问题专项资金123万元，解决无责任主体或责任难落实、长期积累久拖未决的“无头案”“钉子案”51件。建立健全信访通报谈话问责制度。对信访工作在原来“一季一通报”基础上，实行“一月一通报”；对造成重大恶劣影响的信访问题实行“一事一通报”。

（张轩宇）

·党史工作·

【概况】 2010年，全市党史工作以更好地服务科学发展大局、实现自身科学发展为努力方向，以建设学习型、研究型、服务型，更加开放、更具活力、更有影响的和谐团队为保证，解放思想，开拓创新，全面推进党史研究、党史资料征编、党史宣传教育、党史遗址保护利用和业务指导等项工作，较好发挥了党史工作资政育人、服务全市经济社会发展大局重要作用。市委党史办被评为“全省党史系统先进集体”。

【革命遗址普查和登记工作】 根据中央和省委党史部门关于全国革命遗址普查工作统一部署和要求，在市委、市政府关心和支持下，经各县（区）委党史办密切配合和努力工作，7月底基本完成革命遗址普查工作。全市8个县（区）共查明革命遗址87个，其中榆中县53处，城关区22处，七里河区7处，

市全市党史工作会议

永登县3处；重要党史事件和重要机构旧址48个；重要党史事件及人物活动纪念地12个；革命领导人故居12个；烈士墓8个；纪念设施7个。

【编辑出版《中国共产党兰州大事实录》2009年本】 调整充实《中国共产党兰州大事实录》2009年本内容、结构，增加领导决策调研活动、部门工作纪实、县区工作综述栏目。从编纂方案、资料审校、文字图片搭配等环节精心安排，严格把关，使之真实全面、重点突出，成为科学、详实、可信的历史记载。

【编辑、出版《兰州百年图志》】 开发利用党史研究中积累的丰富资料，加大兰州近百年(1909—2009)历史研究，完成编辑、出版《兰州百年图志》工作。这是一部集百年来兰州珍贵历代图片和文字记述的大型资料图书，对研究了解兰州的历史，特别是上世纪初以来兰州城市经济社会发展史，增厚历史文化意蕴，拓宽发展视野很有必要和帮助。全书图文并茂，收录了大量珍贵、经典的历史图片，形象地展现了一百多年来兰州历史上发生的重大事件、重要活动、人文自然、社会风貌和城市发展等重大变化，为了解兰州、认知兰州、深刻把握兰州的地域特色和文化特点提供了丰富的历史资料。

《兰州百年图志》原为市政府交由市地方志办公室编纂的志书之一，该办已完成图文资料征集。由于客观原因，久未能出。经与市志办反复协商，由市委党史办使用此书名，重点反映党史内容；市志办将出图志更名为《兰州图志》，反映全市内容。

【《兰州党史》编辑工作】 调整、改进《兰州党史》版面和内容，精心设置栏目，不断充实内容，增强政治性、业务指导性、可读性等。注重学习外地经验，为区县交流工作搭建平台。

【专题研究工作】 围绕《中国共产党兰州历史》二卷本编写开展补充专题研究工作。加强1949.10—1978.12中国共产党兰州历史研究编写工作，2010年重点开展社会主义革命和建设时期专题资料补充研究工作。全体征编人员深入档案馆、图书馆，广泛查阅资料，补充完善中共兰州历史二卷本修定工作。

【县区党史编纂工作】 认真组织开展县区党史正本编写工作，制定下发《关于做好县区党史正本编纂出版工作的指导意见》，对完成时限提出明确要求。采取集中和分散相结合方式，对撰稿人员进行业务培训，提高业务素养和写作水平，保证县区党史正本编写质量。

(刘庆玲)

·档案工作·

【概况】 2010年，兰州市档案工作紧紧围绕全市工作大局，紧扣“培育新亮点、寻求新突破”主题，以强基础、谋发展、求特色、促服务为主线，着力提高服务经济社会事业科学发展能力，提高档案工作自身科学发展水平，加快推进了全市档案事业又好又快发展。

【档案馆库建设】 积极推进档案馆库建设，永登县、皋兰县基本完成新馆主体建设。西固区委、区政府将建设档案馆大楼列为区政府兴办十件实事之一，初步确定新馆建址，区政府承诺无偿提供建设用地，提供储备配套资金200万元。逐步加大档案事业经费投入力度，兰州市和城关、七里河、西固、安宁4区均将档案事业发展经费列入本级财政预算。全市共落实档案管护费43.1万元。市财政每年拨付20万元至30万元支持市局档案信息化建设。城关区投入50万元、西固区投入20万元、榆中县自筹资金18万元，用于购置档案密集架、软件、服务器等信息化设备。

【档案工作服务】 加强新农村建设档案工作，深入开展“千村百乡示范工程”创建活动，树立3个乡镇机关和32个行政村档案管理典型。红古区对档案管理不善的村，采取村档乡管的路子，取得实效。会同市林业部门，对林权改革档案工作进行检查指导，建立档案资料收集和管理制度，期间举办全市业务培训班1期。加强重点建设项目档案工作，完成16个重点建设项目档案验收工作。加强企业档案工作，继续加强宣传引导，进一步完善管理机制，开展标准化、规范化建档工作。加强社保档案的规范化管理，配合社保部门完成摸底调查、制度建设、业务培训和指导检查等工作。进一步扩大城市社区档案收集范围，及时整理归档，并加强制度建设与标准化管理，努力提高社区档案工作规范化水平。大力开展家庭建档服务工作，完成225个家庭档案的建档工作，其中市档案局完成25个家庭档案和全国戏剧梅花奖得主周桦、省青年作家邹弋舟等3个名人档案建档工作。

【档案业务】 不断加强档案馆“五位一体”功能建设，充分发挥现行文件阅览中心服务功能。市档案馆已收集现行文件3000多份，编制《兰州市现行文件目录》，购置

管理软件，建立了数据库。七里河区利用现行文件数据库在区政务大厅设立触摸屏。做好档案查阅接待工作，全年共接待查阅利用者4万多人次、提供档案资料7000多卷件、复印档案资料5000多页，开放到期档案案卷级100卷、文件级1000条，并报送档案利用典型事例20个。市县区两级编写9种编研成果，其中市馆完成《历届兰洽会简介》《兰州市干部任免录》（1979—2001年）编纂工作。立足馆藏，举办档案展览。红古区档案局举办“红古区建区50周年成果展览”，城关区、七里河区举办特色档案陈列展览。加快推进信息化建设，完成全文录入170万幅、目录录入38.6万条，其中市档案局完成全文录入110万幅、目录录入7万条，在兰州档案信息网上开放档案信息4万多条、档案目录检索10万多条。不断加强档案资源建设，完成市县区两级机关到期档案的接收进馆，共接收档案近两万卷，有条件的县区还开展档案寄存等业务，西固区寄存法院诉讼档案4万卷，红古区寄存改制国有企业档案5.1万卷。及时抓好重大活动、重要事件的档案管理工作，市档案局对兰州市机构改革中撤并、新组建的11个单位的档案工作认真进行检查指导，并对这些单位保存的基建档案、声像档案、电子档案、荣誉档案及各种图书资料出版物进行规范化整理、指导，要求各单位编制检索工具及《全宗介绍》《组织机构沿革》等参考资料。加快推进声像档案建设，市局设立声像档案室，配备防磁柜、摄像机、刻录机等设施器材，制定相关工作制度，安排专人具体负责实施这项工作。在第十六届“兰洽会”开幕式中，采集制作声像资料照片60多张、录像带1盘和光盘2张。派人收集“引大入秦”工程和兰州新区建设中的声像资料。不断强化档案安全管理，建立健全各项规章制度，层层签订安全责任书。加强档案保管人员业务学习，严格执行各项制度。认真落实“八防”措施，做好档案库房安全管理。在档案的接收、利用中，保管人员全程监管，确保档案完整、安全。加强重点档案抢救工作，全市共争取到国家抢救和保护补助费7万元，对1000多卷重点档案进行抢救。

【档案行政管理】 着力抓好各级档案人员的法制培训工作，举办培训班2期，培训人员240人次。各县区也举办培训班，进一步提高档案工作者业务素质。利用各种媒体，积极宣传档案工作。全年在《中国档案报》等报刊杂志和国家及省市档案信息网站上发表稿件21篇，其中1篇被《全国档案会议论文集》收录。走向街区开展现场宣传活动，4月1日，市档案局与各县区档案部门同时在各自辖区开展法制宣传日活动，向社会散发《档案法》《甘肃省档案条例》等宣传资料1200多份。集中开展执法检查，市档案局对30多家市属单位进行执法检查，城关区、七里河区对区属单位进行执法检查，对工作成绩优异单位和个人进行表彰奖励；榆中县领导带领县委办、政府办和档案局相关负责人到各乡镇、各部门对档案工作进行检查指导，其他县区也联合法制局、督查室、保密局等对机关、乡镇、街道及社区档案工作进行执法检查。参加省档案局组织的全省档案行政执法检查活动。加强对全市教育系统档案工作业务指导，对10所学校档案工作进行督促检查，确定和指导3所学校开展档案规范试点。抓好新规定实施工作，完成30个市直机关《机关文件材料归档范围和文书档案保管期限表》审定工作。强化日常业务指导工作，对30多家单位档案工作进行指导。搞好机关档案工作制度化、规范化建设，并进行初步测评。做好市、县国家综合档案馆达标升级工作，严格对照《市、县级国家综合档案馆测评办法》进行自我测评。

（倪佳君）

·老干部工作·

【概况】 2010年，兰州市各级老干部工作部门紧紧围绕落实老干部政治生活待遇，扎实有效地做好工作，取得显著成绩。全市有离休干部1858人，其中行政事业单位894人，企业单位964人，红军时期8人，抗日战争时期264人，解放战争时期1586人。已故离休干部无固定收入遗属560人，退休干部32549人。

【离休干部的学习】 年初，对全市老干部学习做出安排部署，平时结合形势，组织老干部学习时事政策、理论热点。以创建“五好”党支部、争当“四好”党员为目标，在离退休干部党支部和党员中开展创先争优活动，涌现出一批先进组织和先进个人。举办离退休干部党支部书记（委员）学习班两期。邀请老同志参加重要会议和重大活动，重要情况及时向老同志通报，重大问题及时征求老同志意见。

【离休干部生活待遇】 修订完善《兰州市离休干部就诊、用药管理标准》等4个配套办法，为企业、未享受公费医疗事业单位及易地安置的1200名离休干部增加自选定点医院。老干部体检医院由6家增至8家，为上年未住院的800多名离休干部进行体检。为9名享受副省级医疗待遇的离休干部办理省级医疗保健证。对139名离休干部及遗属进行特困帮扶，发放帮扶金23.3万元。为56名离休干部办理护理费审批。为改制、破产企业623名离休干部及遗属核拨各类补助330万元。经多方争取，将抗战及解放战争时期参加工作的离休干部护理费分别提高200元。

【建立联系制度】 建立三个层面的联系机制，即市上领导联系老干部制度、县区部门领导联系老干部制度、市委老干局及全市老干部工作者联系老干部制度。市直部门166名领导干部已与350名离退休干部建立了联系。8个县区的领导干部也全部与离退休干部建立了联系。

【建立参观考察长效机制】 2010年，组织地级离退休老干部外出参观考察上海世博会。在组织老干部每年参观考察一个县区的基础上，是年开始，每年参观考察2个县区，从而使老干部能更多地了解掌握全市经济社会发展情况。组织老干部参观城关、红古区的工业项目、农业发展、市政建设、旧城改造、城市管理等项目。一些县区和部门也相继组织老干部到省内外参观考察。从而使老干部外出参观考察成为常态。

【慰问老干部】 2010年，组织人员分三批赴外地对易地安置的92名离休干部及遗孀进行走访慰问，征求他们的意见建议，了解通报他们的生活状况和身体情况。春节前夕，积极争取提高慰问标准，对离休干部、退休地级干部、无固定收入遗属普遍进行走访慰问，共慰问2012人次，发放慰问金99.58万元，比上年增加21.3万元。各县区、各部门也采取多种形式，对老干部开展走访慰问活动。

【离退休干部服务工作】 从2009年4月开始，利用3个月的时间和省委老干局一起，在城关区张家园社区、安宁区费家营、枣林路社区开展试点工作，取得明显成效。在此基础上，狠抓全市利用社区资源做好老干部工作，8个县区及部分街道、社区都成立相应的服务工作机构，建立工作制度，落实工作人员和有关经费，对各县区老干部普遍进行摸底调查，通报基本情况。年底，在全省老干部工作会议上，张家园社区、费家营社区、枣林路社区被授予全省首批利用社区资源做好离退休干部服务工作示范社区。

【老干部精神文化生活】 争取落实市关工委、市老年大学办公用房，对市老干部活动中心进行整体维修，维修改造县区老干部活动中心。全年市老干部活动中心接待老干部4.8万多人次。不断扩大市老年大学办学规模，在校学员达1770人次。举办千人“庆国庆、迎中秋、贺老人节”大型游艺活动。各县区、各部门也积极争取，改造或改善老干部活动阵地，丰富老干部文化生活。皋兰县老干部活动中心建设取得突破，被省上授予全省示范性活动中心。

【调研、信访、宣传工作】 对各县区、市直部门的老干部进行调研、督查，推动工作落实。全年共接待老干部来信、来访和来电400余次，办理上级转来信访件9件，答复、接待单位及个人来信、来访来电390件次。通过各种新闻媒体和各层级信息，加大对老干部工作的宣传力度。

（田　强）

·党校工作·

【概况】 2010年，中共兰州市委党校围绕推进兰州加快发展、率先发展、科学发展要求，按照“两个围绕，两个提高，两个服务”发展思路，解放思想、转变观念、深化改革、走出课堂和校园，实行开放式办学，改革培训内容，创新培训方式，切实增强教学的针对性和实效性，努力提高教学质量。全年共举办各类培训班79期，培训干部13510人，其中主体班21期、培训1340人，适应性班次58期、培训12170余人，学历班415人，举办“领导干部学习园地”6期，扩大培训覆盖面，有效发挥了党校轮训培训干部主渠道作用。

【教学工作】 2010年，出台《关于进一步提高教学质量的意见》(试行)《教研部考核管理暂行办法》和《专业技术人员年度考核暂行办法》，围绕全市中心工作，不断深化教学改革，强化社会调研，从不同层次、不同类别干部需求出发，推进教学内容创新，增强教学针对性和实效性。成立由分管校领导、教务处、科研处、各教研部负责人组成的教学专题开发工作小组，同组织部门、办学单位一起研究、开发、拟定教学专题，增强培训课程设置针对性。按照类别、层次需要，对各主体班学员进行政治理论、政策法规和党性修养等共性化必修课程培训。坚持开门办学，先后邀请省、市有关部门领导和专家学者三十余人从省区发展战略、兰州经济社会发展中的重点、热点问题、领导科学、党风廉政建设、保健知识等方面授课，并组织学员赴湖南、湖北、江西、云南、贵州、福建、上海、香港、澳门等地考察学习。各班还先后赴兰州新区、会宁会师旧址、绿博园、兰州监狱、永登炮旅、兰州职业技术学院和兰州歌舞剧院等地，开展革命传统教育、生态建设、兰州新区考察、警示教

育、国防教育及事业单位改革成就等系列现场教学。着力推行研讨式教学，围绕“再造兰州”战略和“兰白都市经济圈”建设问题，举办全校研讨大会交流观点，加深对兰州市中心工作的认识，更加明确了解决发展中疑难问题思路。进一步满足学员选学课程学习个性需求，向学员提供选学课程菜单，开设有关经济政治热点问题和投资技巧、应对媒体、情绪管理、书法欣赏等选学课程。把党校课堂搬上媒体，在《兰州日报》开辟“领导干部学习园地”，利用媒体促进干部学习。围绕“再造兰州”战略，开办《领导干部学习园地》6期，刊发稿件26篇，刊载领导干部和知名专家学者对推进经济社会发展的做法与思考、外地加快经济社会发展的先进经验、各级领导干部学习心得体会和有价值的调研报告等，为领导干部互相学习、交流经验和建言献策提供平台。

【培训工作】　制定《关于拓展培训渠道、扩大培训规模实施办法》，主动与各部门、企事业单位加强联系，拓宽办学渠道，进行合作办学。扩大社会培训规模，有效利用和发挥党校师资资源和物质资源，强化各部门干部培训工作，使党校在服务各部门工作方面走出一条新路子。全年共举办各类适应性班次58个，培训人员12170人，接待各类会议、比赛9次，大型考试3次，累计培训天数达180天。设立市民学校总校，完成全市市民学校兼职教师的培训任务。根据《兰州市干部教育培训学分制考核管理办法(试行)》有关规定，对在职干部自学学习自选菜单和研究课题上突出科学发展，紧密结合兰州经济社会发展实际，紧紧围绕市委市政府中心工作选择研究课题；改进和完善干部在职自学学习辅导制度，由专职教师按章节对学习书目章节应掌握的学习重点难点问题一一作辅导解答，并在市委组织部“母亲河”网站干部在职自学学习辅导网页上公布。

【科研工作】　坚持紧紧围绕市委“1355”总体发展思路和“再造兰州”重大战略决策，加强对全市经济社会发展和党的建设具有全局性、前瞻性和战略性问题的研究，加强对影响全市发展的重点难点热点问题的对策性研究，努力提高科研成果理论说服力、现实针对性、实践对策性和决策参考性。实施“精品战略”，加强协作，联合攻关，使科研成果上档次、出精品，整合党校系统研究力量，创建市县区科研协作平台，联合党校系统力量，引导科研工作从个体研究向团队协作攻关转变，形成联合作战的合力；创造条件，支持教研人员积极参与各类高层次学术活动。努力探索以科研促进教学、教学来源科研互动机制，根据干部教育实际需要，设定若干新的教学专题，作为教师教学和科研项目主攻方向。召开全市党校系统第十一次理论研讨会，邀请相关部门领导和专家参加研讨，收到论文67篇，入选47篇。召开以实施“再造兰州”战略为主题理论研讨会；与中共白银市委党校联合举办“学习贯彻十七届五中全会精神，加快兰白都市经济圈建设”主题理论研讨会。2010年，科研工作取得重要成果，共完成科研成果83项(论文79篇、教材2部)，其中省级以上成果有56项(论文48篇、教材2部)，国家级成果5项(论文5篇)，核心期刊3项(论文3篇)。

【和谐校园建设】　加快后勤设施建设，建电子阅览室，在数字化图书馆建设方面走在全省地市级党校前列；改善教职工办公环境，新建学员用网球场1个、建身房1个及可容纳12张球台的乒乓球室2个；修缮改造学员和教职工食堂，建成体育馆、学员学习活动室6个，为学员进行学习交流和体育健身活动提供了较好的环境场所。

(梁科伟)

中共兰州市纪律检查委员会

【市纪委常委会议】　2010年中共兰州市纪委共召开常委会议19次，印发纪要19期。研究事项主要有：传达学习贯彻中央、中央纪委和省委、省纪委以及市委的重大方针、政策，讨论贯彻措施意见；市纪委常委会工作报告，研究部署全市党风廉政建设和反腐败工作，研究召开市纪委第六次全体会议等事项；研究审查市委选拔任用干部、各部门评先选优征求纪委意见事项；研究对有关人员的立案及有关违纪案件审理事项；研究纪检监察机关干部队伍建设有关事项。

【中共兰州市纪委第六次全体会议】

3月19日召开，传达中央纪委五次全会和省纪委五次全会精神，认真学习贯彻胡锦涛总书记在中央纪委第五次全体会议上的重要讲话和省委书记陆浩在省纪委第五次全会上的重要讲话，回顾总结2009年全市反腐倡廉工作，研究部署2010年工作任务。省委常委、市委书记陆武成出席会议并作重要讲话，副书记刘为民和市委常委、市纪委书记徐伟分别代表市委、市政府同8个县区、25个市直牵头部门签订2010年党风廉政建设和反腐败重点工作目标责任书。审议通过市委常委、市纪委书记徐伟代表市纪委常委会所作的《坚持改革创新、服务科学发展，深入推进党风廉政建设和反腐败工作报告》和第五次全会《决议》。

【监督检查】 认真履行工作职责，加强对各项重大决策部署贯彻落实情况的监督检查。紧紧围绕国办《关于进一步支持甘肃经济社会发展的若干意见》、省委区域发展战略、市委“1355”发展思路和“再造兰州”战略的实施，围绕全市“打好六大战役，实现六个突破”和“抓发展、治污染、拓空间、畅交通、强管理、提效能、保民生、促和谐”工作重点，主动介入，全程跟踪，开展多种形式的监督检查，促进各项重大决策部署的贯彻落实。加强对扩内需保增长政策落实情况的监督检查。会同有关部门，先后检查扩大内需重点项目64个，查纠各类问题192个，对个别工程建设中发现的违规问题，严肃追究有关人员责任。加强对重点工程项目的督促检查。会同相关部门，组织专门督查组，对40多个社会关注度高的重点项目进行全面督促检查，针对发现的问题及时向有关部门和县区下发督办意见书58份。及时开展专项督查，先后组织力量对“兰洽会”前各县区环境综合整治情况、市区交通堵塞问题、解决房产证办理历史遗留问题、廉租房建设项目等进行专项督查。同时，加强对节能减排、固定资产投资、安全生产、专项资金监管等方面执法监察，及时纠正一些违纪违规问题。

【反腐倡廉宣传教育】 《廉政准则》新修订颁布后，各级党委和纪委采取专题报告会、讲座、知识竞赛等形式，深入进行廉政教育。组织2100名县级以上干部和1.3万名科级干部参加《廉政准则》知识测试。各级领导班子普遍召开以贯彻《廉政准则》和作风建设为主题的民主生活会，进行对照检查。在《兰州日报》开设专栏，兰州电视台开展“县区委书记谈准则”专题报道，刊播市、县区党政主要领导学习《准则》体会文章16篇。组织拍摄西北中学原校长违纪案件专题片，组织观看警示教育片500多场次，6500余名党员干部参观警示教育基地，近3000名干部旁听有关领导干部违纪违法案件法庭审理。深入开展廉政文化“六进”活动，已创建省级廉政文化建设示范点1个，市级示范点11个，县区级示范点54个。同时，通过廉政公益广告、廉政书画、廉政短信、文艺演唱等喜闻乐见的方式开展廉政教育，收到良好效果。

市纪委监察局机关开展“创先争优”活动动员大会

【建立惩治和预防腐败体系】 继续深化行政审批制度改革，在全面清理基础上，取消和调整行政审批事项63项，兰州市被确定为全国行政审批制度改革部级联系点之一。深入开展预防腐败试点工作，针对工程项目招投标领域薄弱环节和漏洞，制定出台一系列制度规范，有效预防工程建设领域违纪违法行为发生。配合组织部门认真落实干部选拔任用4项监督制度，严格执行民主推荐、考察预告、征求纪委意见、会议票决、任前公示和责任追究等制度，防止选人用人上的不正之风。党务公开、政务公开、厂务公开、村务公开工作取得新成效。配合财政部门对400家行政事业单位非税收入管理情况进行专项检查。落实国务院有关规定，压减行政事业单位公用经费20%、出国（境）经费15%、车辆购置及运行费、公务接待及会议费10%。各级纪委负责人同下级党政主要负责人谈话689人次，1835名党员领导干部接受任前廉政谈话，对168名科级以上领导干部进行诫勉谈话，1891名领导干部报告个人有关事项，对98名党政领导干部和国有及国有控股企业负责人进行经济责任审计。严格公务用车购置审批制度，清查违规借用车辆46辆。

【查办违纪违法案件】 全市各级纪检监察机关共受理信访举报991件次；初核案件线索137件，立案查处案件48件，其中县处级干部5件；结案44件，结案率

91.7%；给予党政纪处分 59 人。通过查办案件挽回经济损失 1650 余万元。特别是对市运管处有关人员制作假证、贪污挪用公款等案件的查处，在社会上引起较大反响。完善信访举报流程，规范信访约谈、评估、督办等制度，为查办案件提供有价值线索。加强案件审理和监督管理工作，确保案件质量。经过调查核实，为 73 名干部澄清是非。兰州市案件检查和案件审理工作受到省纪委表彰。

【纠风专项治理工作】 加大对强农惠农政策落实情况的监督检查，共检查项目 43 项，涉及资金 6697 万元。开展农资打假专项整治活动，对问题较多的农药经营网点进行清理整顿。对中小学春秋季入学收费和违规收取补课费情况进行专项检查，查纠违规金额 590 余万元。深入开展“小金库”专项治理，共清理出“小金库”违规金额 914 万元，对 8 人进行问责。认真查处医药购销和医疗服务中的不正之风，纠正违规问题 7 件，查处假劣药品案件 66 起。清理规范社团和中介组织收费行为，减轻企业和个人负担近 5 亿元。加强经常性督查，治理公路“三乱”取得明显成效。对 87 家市直部门、单位进行民主评议， 对 19 个部门的 54 个二级单位进行延伸评议。播出“行风阳光热线”节目 43 期，接听热线 1661 个，并开展现场大接访活动 2 次。市行政服务投诉中心共受理各类投诉 496 件，接访 183 人次，办结率 99.8%。

【开展“行政效能建设年”活动】 在全市政府系统深入开展“行政效能建设年”活动。各部门、各单位通过学习教育和自查自纠，共查找出单位和个人存在的突出问题 1127 条，有针对性地制定整改措施 824 条。在行政审批服务职能相对集中的重点部门开展制度规范和流程再造，普遍健全规范岗位责任制、服务承诺制、限时办结制、首问负责制等规章制度。全市共梳理原有制度 11738 项，废止 1025 项，新建 2082 项，修订完善 3921 项；共梳理审批服务事项 1473 项，压缩 394 项，优化再造审批服务流程 1688 个，压缩审批总时限 1558 个工作日。组织市人大代表、政协委员、特邀监察员和民主党派代表成立督查小组，对各部门、各单位进行 3 轮明察暗访和重点督查，对发现的问题，及时责成相关部门进行整改。活动期间共对 28 名机关工作人员进行不同形式的问责。认真受理社会投诉，涉及行政效能方面的 48 件投诉件全部办结。

（毛静贤）

兰州市人大常委会

【概况】 2010 年，是完成“十一五”规划的最后一年,也是兰州市深入实施“1355”总体发展思路和“再造兰州”战略，突出“打好六大战役、实现六个突破”工作重点，抢抓机遇，加快发展的一年。市人大常委会围绕中心，服务大局，认真履行宪法和法律赋予的职权，共举行常委会会议 8 次，审议 52 项议题，作出决议和决定 13 项，任免国家机关工作人员 78 名，组织开展执法检查和视察调研 23 次，为推动地方民主法制建设、促进兰州市经济社会平稳较快发展做出新贡献。

【市十四届人大常委会第二十一次会议】 1 月 12 日—13 日在市人大培训中心召开，会期两天。市人大常委会主任哈全玉，副主任王嵘、潘卫平、张宗奎、王韶珊、胡康生、张祖迁，秘书长朱宗礼及委员共 29 人出席会议。市委常委、副市长杨志武，市中级人民法院副院长贾忠南，市人民检察院副检察长蒋昱程，市人大常委会副秘书长，市人大常委会各工作部门负责人，市政府有关部门负责人及部分县区人大常委会负责人列席会议。市人大常委会主任哈全玉主持会议。会议听取和审议了市政府《关于 2009 年全市依法行政情况的报告》《关于市十四届人大四次会议代表建议办理情况的报告》《关于 2009 年全市财政收入预计完成情况和市本级财政支出调整安排意见的报告(草案)》，批准 2009 年市本级财政支出预算调整；听取市人大常委会《关于兰州市第十四届人民代表大会第五次会议筹备情况的报告》；审议通过《兰州市人大常委会关于召开兰州市第十四届人民代表大会第五次会议的决定》《兰州市人大常委会工作报告(草案)》《兰州市第十四届人民代表大会第五次会议各项名单草案》《兰州市第十四届人民代表大会第五次会议关于代表议案和建议、批评、意见的处理办法(草案)》《兰州市第十四届人民代表大会第五次会议选举办法(草案)》、人事任免事项和《兰州市人民代表大会常务委员会关于同意张津梁辞去兰州市人民政府市长职务的决定》《兰州市人民代表大会常务委员会关于兰州市人民政府代理市长的决定》；补选 3 名甘肃省第十一届人民代表大会代表。

【兰州市第十四届人民代表大会第五次会议】 2 月 2 日—6 日在省政府礼堂召开。会议应到代表 350 名，出席会议代表 335 名,市人民政府领导和工作部门负责人，市人大常委会各工作部门负责人及调研员，市委、市政府有关部门及机关团体负责人，市中级人民法院、市人民检察院负责人和县（区）法院、检察院负责人等97人列席会议。出席政协兰州市第十二届委员会第四次会议的全体委员和22名旁听人员列席大会开幕式。市人大常委会主任哈全玉、副主任王嵘、潘卫平分别主持会议。会议听取、审议和通过兰州市代理市长袁占亭所作的《兰州市人民政府工作报告》；审议通过《兰州市2009年国民经济和社会发展计划执行情况及2010年国民经济和社会发展计划草案的报告(书面)》，审查批准《兰州市2009年国民经济和社会发展计划执行情况的报告及2010年国民经济和社会发展计划》《兰州市2009年财政预算执行情况和2010年全市及市级财政预算草案的报告(书面)》《兰州市2009年财政预算执行情况的报告及2010年市级预算》；听取、审议和通过哈全玉主任作的《兰州市人大常委会工作报告》、闻长利院长作的《兰州市中级人民法院工作报告》、李保刚检察长作的《兰州市人民检察院工作报告》。会议提出议案203件，意见建议30件；补选袁占亭为兰州市人民政府市长，毛仁为兰州市人大常委会副主任，刘生荣、刘建伟和肖祥琪为兰州市人大常委会委员。

【市十四届人大常委会第二十二次会议】 2月6日下午在西北宾馆召开，会期半天。市人大常委会主任哈全玉，副主任王嵘、潘卫平、王韶珊、胡康生、张祖迁、毛仁，秘书长朱宗礼及委员共35人出席会议。市中级人民法院院长闻长利，市人民检察院检察长李保刚，市人大常委会副秘书长，市人大常委会各工作部门负责人，市政府副秘书长，部分县区人大常委会负责人列席会议。市人大常委会主任哈全玉主持会议。会议审议通过《兰州市人大常委会2010年工作要点》。

【市十四届人大常委会第二十三次会议】 4月28日—29日在市人大培训中心召开，会期一天半。市人大常委会主任哈全玉，副主任王嵘、潘卫平、王韶珊、胡康生、张祖迁、毛仁，秘书长朱宗礼及委员共29人出席会议。副市长俞敬东，市中级人民法院副院长贾忠南，市人民检察院副检察长李一陆，市人大常委会副秘书长，市人大法制委员会委员，市人大常委会各工作部门负责人，市政府有关部门负责人，部分县区人大常委会负责人列席会议。市人大常委会主任哈全玉主持会议。会议听取、审议市政府《关于贯彻实施〈中华人民共和国消费者权益保护法〉情况的报告》、市政府《关于我市污水管网改造工作情况的报告》；审议、通过兰州市人民代表大会常务委员会《关于修改兰州市人民代表大会及其常务委员会立法程序的规定的决定》及人事任免事项。

【市十四届人大常委会第二十四次会议】 6月29日—30日在市人大培训中心召开，会期一天半。市人大常委会主任哈全玉，副主任王嵘、王韶珊、胡康生、张祖迁、毛仁，秘书长朱宗礼及委员共30人出席会议。副市长魏志乐，市中级人民法院院长闻长利，市人民检察院检察长李保刚，市人大常委会副秘书长，市人大常委会各工作部门负责人，市政府有关部门负责人，部分县区人大常委会负责人列席会议。市人大常委会主任哈全玉主持会议。会议听取、审议市政府《关于贯彻实施国务院〈宗教事务条例情况〉的报告》《兰州市中级人民法院2010年上半年工作报告》《兰州市人民检察院2010年上半年工作报告》；审议《甘肃连城国家级自然保护区管理条例（草案）》；审议并通过市人大常委会代表资格审查委员会《关于补选代表的代表资格审查报告》及人事任免事项。

【市十四届人大常委会第二十五次会议】 8月9日—10日在市人大培训中心召开，会期两天。市人大常委会主任哈全玉，副主任王嵘、潘卫平、王韶珊、胡康生、张祖迁、毛仁，秘书长朱宗礼及委员共31人出席会议。市委常委、副市长杨志武，市中级人民法院院长闻长利，市人民检察院检察长李保刚，市人大法制委员会委员，市人大常委会副秘书长，市政府副秘书长，市人大常委会各工作部门负责人，市政府有关部门负责人，部分县区人大常委会负责人列席会议。市人大常委会主任哈全玉主持会议。会议听取、审议市政府《关于兰州市2010年上半年国民经济和社会发展计划执行情况的报告》《关于兰州市2010年上半年财政预算执行情况的报告》《关于2009年度市级财政预算执行和其他财政财务收支情况的审计工作报告》《关于省转贷我市2010年地方政府债券相应调整全市及市级财政预算的报告》《关于贯彻实施〈中华人民共和国禁毒法〉情况的报告》，审议市政府《关于兰州市2009年财政总决算草案的报告(书面)》，审查批准《2009年市级财政决算、调整全市及市级财政预算的报告》；听取《〈兰州市城市生活饮用水源保护和污染防治办法(修订草案)〉修改情况报告和修改意见报告》，审议并通过《兰州市城市生活饮用水水源保护和污染防治办法(修订草案修改稿)》及人事任免事项。

【市十四届人大常委会第二十六次会议】 10月11日—12日在市人大培训中心召开，会期一天半。市人大常委会主任哈全玉，副主任王嵘、潘卫平、王韶珊、胡康生、张

祖迁、毛仁，秘书长朱宗礼及委员共30人出席会议。副市长戈银生，市中级人民法院副院长王连生，市人民检察院检察长李保刚，市人大法制委员会委员，市人大常委会副秘书长，市政府有关副秘书长，市人大常委会各工作部门负责人，市政府有关部门负责人，部分县区人大常委会负责人列席会议。市人大常委会主任哈全玉主持会议。会议听取、审议市政府《关于贯彻实施〈中华人民共和国畜牧法〉情况报告》《关于贯彻实施〈中华人民共和国传染病防治法〉情况的报告》；审议市政府《关于兰州燃气化工集团有限公司国有股权转让收入拟安排意见的报告(书面)》；听取市第十四届人民代表大会法制委员会《关于连城国家级自然保护区条例(草案)修改情况报告》，市人大常委会《关于修改兰州市城市园林绿化管理办法》《兰州市保护城市重点公共绿地的规定》《兰州市城市节约用水管理办法》《兰州市全民义务植树办法》决定(草案)说明，市人大常委会《关于废止兰州市未成年人保护条例》《兰州市促进和保障非公有制经济发展办法》决定(草案)说明，审议并通过以上决定及人事任免事项。

【市十四届人大常委会第二十七次会议】 12月16日—17日在市人大培训中心召开，会期一天半。市人大常委会主任哈全玉，副主任王嵘、潘卫平、王韶珊、胡康生、张祖迁、毛仁，秘书长朱宗礼及委员共33人出席会议。市委常委、副市长杨志武，市中级人民法院代理院长任建国，市人民检察院副检察长李一陆，市人大常委会副秘书长，市政府有关副秘书长，市人大常委会各工作部门负责人，市政府有关部门负责人，部分县区人大常委会负责人列席会议。市人大常委会主任哈全玉主持会议。会议听取、审议市政府《关于2010年全市依法行政工作情况的报告》《关于2010年全市财政收入预计完成情况和市本级财政支出调整安排意见的报告(草案)》，批准2010年市本级财政支出预算调整；听取、审议并通过市政府《关于市十四届人大五次会议代表建议办理工作的报告》《兰州市人大常委会关于召开兰州市第十四届人民代表大会第六次会议的决定》；听取《关于兰州市人民代表大会常务委员会议事规则(修订草案)》说明，通过《兰州市人民代表大会常务委员会议事规则》；审议通过《关于给西固区增加1名市十四届人大代表名额决定》；补选甘肃省第十一届人民代表大会代表3名；审议并通过人事任免事项。

【市十四届人大常委会第二十八次会议】 12月28日在西北宾馆一号楼召开，会期半天。市人大常委会主任哈全玉，副主任王嵘、王韶珊、胡康生、张祖迁、毛仁，秘书长朱宗礼及委员共34人出席会议。市中级人民法院代理院长任建国，市人民检察院副检察长李一陆，市人大常委会副秘书长，市人大常委会各工作部门负责人，市政府有关副秘书长，部分县区人大常委会负责人列席会议。市人大常委会主任哈全玉主持会议。会议听取市十四届人大六次会议筹备情况报告；听取、审议市人大常委会代表资格审查委员会《关于代表变动情况和补选代表代表资格审查报告》《市十四届人大六次会议各项草案》；审议《兰州市人大常委会工作报告(草案)》《关于提请罢免王兆远省十一届人大代表职务议案》，并通过该项决议；审议并通过人事任免事项。

【立法工作】 完善立法专家咨询制度，不断提高立法规范性和科学性。加强协调指导，提前介入立法调研和论证工作，及时研究解决立法工作中的重点、难点问题，有效缩短法规审议时间跨度，加快立法进程。积极探索立法后效果评估工作，为兰州市地方性法规的立、改、废提供了科学依据。常委会全年审议通过地方性法规9件，其中制定1件，修订2件，废止2件，作出修改决定4件。开展3件地方性法规制定的调研论证工作。按照国家级自然保护区实行“一区一法”要求，常委会审议通过《连城国家级自然保护区条例》，依法明确了保护区的功能、管理运行机制以及保护、建设、监督等内容，进一步规范和促进了保护区的管理和发展。进一步加强兰州市城市生活饮用水水源地保护、提高饮用水质量、保障市民饮水安全，修订1997年开始施行的《兰州市城市生活饮用水水源保护和污染防治办法》，进一步明确兰州市城市生活饮用水水源地保护、污染防治、监督管理、法律责任等内容，该办法已经省人大常委会批准颁布实施。根据全国人大常委会和省人大常委会关于地方性法规清理工作的部署和要求，在对兰州市现行有效的28件地方性法规进行全面梳理基础上，制订清理工作计划，重点解决不适应、不一致、不科学的问题。对《兰州市未成年人保护条例》《兰州市促进和保障非公有制经济发展办法》予以废止，对《兰州市城市园林绿化管理办法》《兰州市保护城市重点公共绿地的规定》《兰州市城市节约用水管理办法》《兰州市全民义务植树办法》作出修改决定。废止和修改法规已经省人大常委会批准。依法规范兰州市航道管理、燃气管理、城镇中小学校及幼儿园规划建设和校园校产保护工作，对制定《兰州市航道管理办法》《兰州市城市燃气管理条例》《兰州市城镇中小学校幼儿园规划建设和校园校产保护条例》进行立法调研。同时，配合全国人大常委会和省人大常委会对《预备役军官法修正案》《人民调解法》《水土保持法》《非物质文化遗产保护法》等20余部法律法规草案征求意见，上报修改建议。进一步规范市人大及其常委会立法程序，根据《立法法》有关规定，在认真开展立法调研和论证基础上，对2001年颁布实施的《兰州市人民代表大会及其常务委员会立法程序的规定》进行修订，并报请省人大常委会批准实施。

【监督工作】　对《消费者权益保护法》《传染病防治法》《畜牧法》《禁毒法》贯彻实施情况进行执法检查，针对存在的问题，向市政府提出相关建议。对国务院《宗教事务条例》和省、市《宗教事务管理法规》贯彻落实情况进行执法检查。积极配合全国人大常委会和省人大常委会对《老年人权益保障法》《食品安全法》《节约能源法》《甘肃省奖励和保护见义勇为人员条例》等法律法规贯彻实施情况进行检查调研，提出意见和建议。监督重点项目建设和民生改善。对实施城区污水“全收集、全处理”工程进行视察调研，听取和审议了全市污水管网改造工作情况报告，针对存在的问题，向市政府提出建议。对农田水利设施建设管理工作、集体林权制度改革情况、保障性住房的建设情况、职业教育发展情况进行视察调研，向市政府提出可行性建议。同时，还组织力量对兰州市城镇化建设、春耕备耕、清真食品管理等工作进行视察调研。监督依法行政和公正司法。听取和审议了《兰州市依法行政工作情况报告》。针对执法过程中存在的问题，建议市政府继续深化行政管理体制改革，不断创新管理、服务方式，加快职能转变；加强行政执法队伍建设，努力提高行政执法人员的综合素质和执法水平；认真落实责任追究制，强化执法监督，推进依法行政。听取、审议市中级人民法院《上半年工作情况的报告》、市人民检察院《上半年工作情况的报告》。针对市中级法院个别案件审判质量和审判效率还不够高，部分判决执行难以落实等问题，建议进一步提高法官队伍的法律素养和职业道德水平，强化审判监督制约，积极探索解决“执行难”问题的新方法、新途径；针对市检察院存在的法律监督效率还不够高、法律监督职能发挥还不够充分、法律监督实效还不够明显等问题，建议加强检察官队伍建设，提高检察官法律素养，加大法律监督力度，强化法律监督职能。认真做好规范性文件备案审查工作，进一步明确规范性文件备案范围、审查标准、程序和时限要求。认真开展备案审查和报备工作，对县区人大开展规范性文件备案审查工作进行安排部署和检查指导。坚持把人大信访工作放在服务全局角度去考虑，放在维护改革发展稳定的大局中去谋划,认真处理每一件来信来访，深入有关单位调研、督办重点信访案件，督促解决了一批事关群众切身利益的信访问题。全年共受理群众来信来访1059件次，其中来信185件，来访874人次。监督经济社会平稳较快发展，并依法作出决议决定。听取、审议《2010年上半年全市国民经济和社会发展计划执行情况的报告及财政预算执行情况的报告》《全市2009年财政决算报告》《省转贷兰州市2010年地方政府债券相应调整全市及市级财政预算报告》《2010年全市财政收入预计完成情况和市本级财政支出调整安排意见的报告》，建议市政府在计划执行方面，加大结构调整力度，加快经济发展方式转变，全力推进重点项目建设，统筹城乡协调发展，努力改善民生；在预算执行及财政支出调整安排方面，科学编制预算，调整优化财政支出结构，加强财政资金监管，保证重点支出。听取、审议《2009年度市级财政审计结果报告》，建议市政府认真整改审计中查出的问题，并向市人大常委会书面报告整改情况。批准《省转贷兰州市2010年地方政府债券相应调整全市及市级财政预算报告》，批准《2010年市本级财政支出预算调整报告》，审查批准《2009年市级财政决算》。

【代表工作】　坚持常委会组成人员联系代表制度，不定期走访代表，认真处理代表来信来访，帮助代表解决履职过程中遇到的困难和问题。邀请代表列席常委会会议，认真听取代表意见建议。坚持为代表订阅人大工作资料，及时向代表通报常委会和“一府两院”工作情况，努力拓宽代表知情知政渠道。大力宣传代表工作，加大对代表履行职责先进事迹宣传报道力度，充分调动代表履职积极性，为代表履行职责创造良好的舆论氛围。加强代表培训工作，开展法律法规专题培训。采取“走出去”方式，在全国人大培训基地对部分代表进行培训，邀请专家、学者围绕人民代表大会制度基本理论和新修订的《选举法》进行专题授课，进一步充实代表依法行使职权的理论知识和法律知识；开展实地考察培训，围绕省委“区域发展”战略和市委“再造兰州”战略的实施，举办《国务院办公厅关于进一步支持甘肃经济社会发展的若干意见》专题讲座班，帮助代表了解和掌握国家支持甘肃和兰州加快发展的一系列政策措施；组织代表到省内参观学习，为代表充分认识省情、掌握市情、依法履职搭

建平台，创造条件；开展专业代表小组培训，围绕代表专业特长和工作领域，积极引导各代表小组采取集中授课与座谈讨论、专题学习与现场考察相结合等形式，开展学习培训，强化代表专业知识，增强学习培训的针对性。支持和保障代表依法履职，围绕常委会审议议题，组织代表参与立法工作、执法检查和视察调研，提出意见和建议。加强对代表小组活动的指导和协调，支持代表密切与原选举单位和选民的联系，听取和反映人民群众的意见和建议，使代表活动更贴近群众、贴近基层。组织省、市人大代表围绕兰州市经济社会发展和民生保障重点项目开展会前集中视察，为代表提出议案建议、审议决定重大事项提供服务。认真督办代表议案和建议。不断总结代表议案建议办理工作经验，形成重点督办与全面督办相结合工作机制，提高代表议案建议办理工作实效。市十四届人大五次会议期间，代表共提出议案和建议235件，及时进行分类，召开转办会议并进行跟踪督办。其中，主任会议对《关于强化城市交通行政执法力度，提高交通行政管理水平，优化城市交通秩序的议案》《关于加强中小学生心理健康教育的议案》等8件议案建议进行重点督办，其余227件议案建议由常委会工作部门进行全面督办。截至年底，235件代表议案和建议中，所提问题已经解决或基本解决83件，占35.32%；所提问题正在解决或列入解决计划132件，占56.17%；所提问题因受政策因素限制或受条件限制，暂时不能解决20件，占8.51%。

【自身建设】 坚持以素质和能力建设为重点，全面加强自身建设，努力提高工作水平。加强学习，坚持专题学习制度和法制讲座制度，认真学习党的路线方针政策，学习《宪法》、法律和地方性法规及人大业务知识。学习中始终注重理论联系实际，增强学习效果。完善制度，在认真总结实践经验的基础上，参照全国人大常委会和省人大常委会议事规则，依照《监督法》《地方组织法》《代表法》等法律法规，对常委会议事规则进行修订，完善了常委会议事程序，提高了议事效率和质量。进一步完善常委会各项工作制度，有力推进人大工作的程序化、规范化。改进作风，坚持民主集中制原则、集体行使职权、集体决定重大问题，自觉接受代表和人民群众监督。围绕常委会会议议题，深入开展调查研究，为常委会审议报告和作出决议决定提供可靠依据。重视和加强机关作风建设，以开展“创先争优”活动为契机，努力构建学习型、服务型、和谐型机关，不断提高机关服务能力和水平。强化宣传，大力宣传人民代表大会制度，宣传兰州市民主法制建设进程和代表履职先进事迹,宣传人代会、常委会和县区人大工作。不断改进宣传方式、丰富宣传内容，进一步提高《人大建设》《兰州人大》《人大工作参阅》质量。密切对外联系，加强工作交流，为常委会进一步开拓工作思路、创新工作方式提供有益借鉴。

（成　瑞）

兰州市人民政府

【常务会议】 2010年，市政府召开常务会议19次，研究讨论了全市经济社会发展中的重要事务，议题122项。主要有：部署开展行政效能建设年活动、发展培育多元支柱产业、“十二五”规划编制等工作；审议《甘肃连城国家级自然保护区管理条例》《兰州市城镇供热计量管理暂行规定》《兰州市流动人口服务和管理规定》等地方性法规；出台《兰州市生活饮用水卫生监督管理办法》《兰州市房屋登记办法》等政府规章和规范性文件。重点研究城区污水全收集全处理、地下通信管道建设、公交优先发展、移山造地、北滨河路维修改造、市属公园免费开放、公交车和出租车行业实行财政补贴等问题，同时还研究人事任免和表彰奖励等事宜。

【市政府第八次全体会议】 2月25日，市政府召开第八次全体会议暨廉政工作会议，贯彻落实省政府全会精神，安排部署2010年主要工作及廉政建设工作。市委常委、常务副市长吴继德主持会议，市委副书记、市长袁占亭作重要讲话，强调要按照“解放思想破难题，开拓创新促发展”要求，严防口号化、边缘化、一般化“三种倾向”，突出抓发展、治污染、拓空间、畅交通、强管理、提效能、保民生、促和谐“八项重点”，振奋精神，锐意进取，求真务实，埋头苦干，为完成全年和“十一五”规划各项目标任务扎实工作。

【市政府第九次全体会议】 7月29日，市政府召开第九次全体（扩大）会议，总结分析上半年全市经济社会发展形势和重点工作进展情况，安排部署下半年主要任务和重点工作。市委常委、常务副市长吴继德主持会议，市委副书记刘为民，市委常委、副市长杨志武，副市长周丽宁、姚国庆、魏志乐、戈银生、俞敬东等出席会议。市委副书记、市长袁占亭作重要讲话，强调要抓住机遇、用好政策，求真务实、强化措施，创新机制、提高效能，确保完成全年各项目标任务。

【中央及部委领导来兰考察】 3月24日，财政部党组成员、部长助理刘红薇在市委副书记、市长袁占亭，市委常委、副市长杨志武陪同下，前往皋兰县水阜乡，就执行中央财政政策、基层财会人员培训等情况进行调研。刘红薇指出，要发挥好基层组织和财税所、信用社等的作用，加强人员培训、确保政策到位，切实把中央支农、惠农政策资金落实到位。

9月27日，国家发改委副主任穆虹一行，在省委常委、市委书记陆武成陪同下，深入秦王川，实地视察调研兰州新区的规划和开发建设情况。穆虹对兰州市开发建设兰州新区的总体思路和具体部署给予充分肯定，指出这将是新一轮西部大开发中的一大亮点。

12月7日下午，国家气象局局长郑国光一行在省委常委、市委书记陆武成陪同下，深入榆中县清水驿乡防雹炮点、榆中国家基准气候站，就气象灾害防御工作及创先争优活动进行调研。调研中，郑国光对兰州市气象部门的工作及创先争优活动给予肯定，对今后工作提出具体要求，并亲切慰问气象干部职工。

【外地考察团来兰考察】 5月10日，市委副书记、市长袁占亭会见前来考察的重庆小天鹅投资控股（集团）有限公司董事局主席廖长光和总裁何永智，双方就在兰打造重庆洪崖洞商业业态进行深入交流。

5月10日下午，市委副书记、市长袁占亭在兰会见前来考察兰州农副产品采购中心项目选址的江苏雨润集团执行董事、副总裁葛玉琪一行，双方议定，将按照最新物流理念和模式，力争年内在兰投资建设高档次、高品位的兰州农副产品采购中心。

10月27日，中共抚顺市委书记刘强率领的党政考察团来兰州市考察。陆武成、袁占亭、左灿湘、刘为民、杨志武、张悌先等领导与考察团就城市建设、工业发展等方面进行深入交流。双方表示将进一步加强交流合作，共同促进两地经济发展，造福两市人民。考察团实地参观考察天庆嘉园社区建设及雁滩地区的城市开发建设情况，还兴致勃勃地考察了省博物馆、黄河母亲雕塑、中山铁桥、水车博览园、兰州非物质文化遗产陈列馆、秦腔博物馆等文化建设项目。

【省领导来兰考察调研】 1月4日，省委副书记、省长徐守盛检查考核落实兰州市党风廉政建设责任制、推进惩治和预防腐败体系建设情况。强调要进一步深化对反腐倡廉建设重要性的认识，深入推进反腐倡廉建设，促进全省经济社会平稳较快发展。充分肯定了兰州市落实党风廉政建设责任制和推进惩防体系建设情况。

1月5日，省委副书记、省长徐守盛在皋兰县调研第三批深入学习实践科学发展观活动进展情况。强调要在加强理论学习的同时，立足实际，注重实效，突出解决问题，以学习实践活动推动当前工作创新开展。

3月29日，省政协副主席邵克文带领部分省政协委员组成调研组，重点了解兰州市实施省委中心带动发展战略的基本情况及工作。

7月27日，省委书记、省人大常委会主任陆浩在兰州考察，指出要进一步拓宽思路，加快发展，不断提升中心辐射带动力。

9月9日，省委副书记、代省长刘伟平在兰州市调研廉租房、经济适用房、棚户区改造等保障性住房建设情况。强调各级政府要认真履行职责，千方百计加快保障性住房建设，让城市低收入家庭住有所居。要进一步强化责任，实行一把手负责制。刘伟平还来到兰州市雁儿湾污水处理厂，实地察看改扩建项目进展情况。指出要加快项目建设进度，使其尽早投产投用，为兰州市污染减排发挥更大作用，不断提升兰州生态环境质量。

10月27日，省委副书记鹿心社来兰调研城乡一体化建设情况。调研时他强调，要发挥省会城市的优势，坚持以工促农、以城带乡，以更加有力的举措，加快建设社会主义新农村，在推进城乡一体化中走在全省前列。

11月19日，省委副书记、代省长刘伟平来兰州市就兰州新区建设进行专题调研。强调要按照新区的战略定位，科学规划，合理布局，打牢基础，优化环境。

11月26日，省政协主席陈学亨来兰州市视察南北两山土地整治、生态建设等工作。

【重大活动】 1月15日，市政府与浙江吉利控股集团公司签订合作建设吉利兰州生产基地年产10万辆自由舰、全球鹰轿车扩能改造及新建年产2万辆帝豪轿车SKD生产线项目。

1月30日，兰州、白银两市共同签署《兰州白银区域合作发展框架协议》。

3月30日，全市“行政效能建设年”活动动员大会在市政府举行，市委副书记、市长袁占亭在会上指出，要切实把效能建设贯穿于各项工作的始终，促使各级行政机关面貌有大改观、行政效能有大提升、各项工作有大推进。刘为民、吴继德、杨志武、徐伟、曹丕玉、毛仁、姚国庆、魏志乐、戈银生、魏邦新、宋昌义等出席会议。

4月26日，“甘肃加快转变经济发展方式高层论坛”在兰州开坛。市委副书记、市长袁占亭应邀参加，并作“培育发展多元支柱产业、努力发挥中心带动作用”主题演讲。

4月28日，兰州万达商业广场项目成功签约。省市领导刘永富、袁占亭、哈全玉、左灿湘、吴继德、杨志武、牟少军、金祥明、潘卫平、俞敬东、魏邦新出席签约仪式。

4月29日，兰州“主食厨房”启动暨九州食品配送园项目举行奠基仪式。市领导袁占亭、金祥明、俞敬东、魏邦新出席。

5月5日—7日，袁占亭、杨志武、魏邦新带领市政府办公厅和市发改、建设、环保、文化、财政、国土、农委等部门负责同志，在京拜会国家环保部、国家发改委和国家文物局有关负责同志，并就城市环境综合治理、轨道交通建设等重大项目及高新技术产业发展事宜进行深入沟通。

5月11日，首届兰州市青少年科技创新市长奖暨第25届兰州市青少年科技创新大赛举行，市委副书记、市长袁占亭向兰州市中小学生群体当中的“小小科学家”们颁发亲笔签名的证书、奖杯及奖金。省科协党组书记、第一副主席史振业，副市长周丽宁等参加颁奖大会。

5月13日，广州恒大地产集团兰州置业公司与兰州市政府、城关区政府就兰州恒大九州生态园建设项目正式签约。陆武成、袁占亭、牟少军、金祥明、俞敬东等领导出席签约仪式。

5月16日，市委副书记、市长袁占亭应邀做客人民网、文明网，接受“中国城市面面观书记市长系列访谈”和“百位市长创建文明城市网上谈”节目专访，分别与中央文明办及两家网站负责人进行座谈，畅谈兰州市创建全国文明城市等工作。

5月18日，兰州市人民政府与中石油昆仑燃气有限公司合作签约仪式在宁卧庄宾馆隆重举行。陆武成、袁占亭等领导和黄维和、王永纯等中国石油天然气股份有限公司领导出席仪式。

5月22日，兰州市安宁区和宝鸡市扶风县缔结友好县区签约仪式举行。市委副书记、市长袁占亭，甘肃煤监局局长张家渔出席签约仪式。

5月24日—6月3日，应兰州市友好城市日本秋田市政府和泰国正大集团邀请，市委副书记、市长袁占亭率兰州市政府友好代表团对日本和泰国进行访问。

6月12日，市政府就集中解决房屋产权登记发证历史遗留问题召开新闻发布会。

8月24日，市委副书记、市长袁占亭在市政府会见由市长穗积志为团长的日本秋田市友好代表团一行。

9月16日，市政府召开在兰科研院所科技项目凝炼工作现场经验交流会，市长袁占亭出席会议并强调，要深化院地、院企科技合作，共同谋划“研政产”合作体系，促进重大科技成果在兰转化和产业化。

11月8日，市政府召开南山路工程建设推进会议，指出南山路工程凝聚了历任市委、市政府的努力，饱含了全市人民的热切期望，全市上下要攻坚克难、形成合力，超常规部署、精细化组织，举全市之力加快南山路工程建设，为老百姓交一份满意的答卷。

12月1日，市政府与国家行政学院在北京举行战略合作框架协议签署仪式，就院地共建培训基地和加强政务信息化等方面达成共识。国家行政学院副院长洪毅，市领导袁占亭、杨志武、李虎林等出席仪式。

12月30日，省交通运输厅与兰州市政府举行公路项目协议签字仪式。省市领导陆武成、袁占亭、杨咏中、赵彦龙、王繁己、刘为民、牟少军、姚国庆等参加签约仪式。

【为民兴办20件实事】 2010年，市委市政府为民兴办20件实事在相关部门协同配合下，年底前全面完成。

1. 新开工建设130万平方米棚户区(危旧房)改造。2010年列入棚户区改造项目22个。截至年底，兰州威立雅水务集团、兰州晟地汽修公司、万里厂、红古矿区街道、五一新村、原兰州齿轮厂、原甘肃轮胎厂胜利分厂、沙井驿建筑公司(二期)、兰驼集团、庙滩子共10个棚户区改造项目已开工建设，开施工规模达到185万平方米，占全年目标任务的142.3%。

2. 新建4300套21万平方米廉租住房。2010年中央下达兰州市廉租住房补助项目8项4316套，其中由市国资物业公司在棚户区改造项目中配套建设4012套，远郊三县一区承担建设304套。截至年底，所有廉租住房建设项目已全部开工建设，市国资物业公司四个项目都在进行基础建设；永登、榆中、皋兰三县廉租住房项目已封顶；红古区廉租住房项目已建二层。

3. 配售经济适用住房4000套、配租廉租住房3000套。市房产局制定配售实施方案，并于12月25日在媒体上公布《兰州市2010年经济适用住房配售公告》，12月31日进行摇号配售。对2007年以来全市建设的廉租住房进行竣工验收，达到入住条件的及时进行分配。至年底，已分配3001套。其中，城关区1151套，七里河区290套，安宁区405套，西固区606套，榆中县110套，永登县144套，皋兰县104套，红古区191套。

4. 实施劳务技能培训工程，培训各类劳动力3.5万人。年内共计培训劳动力40122人(其中创业培训3964人)；组织农村劳动力职业技能培训25351人。

5. 安置困难群体就业5000人。全年共安置就业困难群体就业9968人。

6. 全面解决未参保集体企业参加养老保险、关闭破产企业退休人员参加城镇职工基本医疗保险和“老工伤”纳入工伤保险统筹三大历史遗留问题。所有涉及关破企业退休人员已全部按照规定纳入兰州市城镇职工基本医疗保险范围；全市确认纳入“老工伤”企业228户；全市未参保集体企业中已参加养老保险单位达到70家，参保人员7334名，其中已办理退休的3623名，收缴养老保险金5278.67万元，个人实际补缴4576.2万元。

7. 整治小街巷100条，加强改造工作监管协调，督促四区政府抓紧工期，确保工程建设质量，年底全部完工。

8. 西热东输供热工程建成一级供热管网48公里，建成热力站24座，新增供热面积255万平方米。

9. 完成城区公厕50座建设任务，其中城关区20座，七里河区10座，西固区8座，安宁区12座。

10. 解决农村11.39万群众饮水安全问题。

11. 新建9000户农村生态家园沼气池，并通过省级项目验收。

12. 完成农村公路建设里程1042.96公里，超出计划目标242.96公里。

13. 启动实施1.5万户农村危旧房改造工程，完成1000户困难群体危旧房改造。完成省上下达的10368户农村危旧房改造任务(含市级1000户困难群众危房改造任务)。同时，市建设局完成对4632户农村危旧房改造摸底任务。

14. 建成62所农村寄宿制学校，已全面竣工。

15. 2010年立项建设73所标准化村卫生所全部竣工。

16. 建成全民健身路径120条，完成工程验收。

17. 完成新建和改造提升的20个城区便民副食蔬菜营销网点和110个新农村便利超市任务，其中新农村便利超市任务超额完成。

18. 创建100家规范化药房、100家食品药品放心消费示范门店。截至年底，全市已有106家食品药品放心消费企业(门店)和103家规范化药房示范单位通过验收。

19. 新增和改造城市公共绿地180公顷。

20. 建设市残疾人托养就业康复中心。12月24日，市残疾人托养就业康复中心主楼粉刷维修工程竣工。

(孙晓玲　伏来旺)

·市长专线与应急管理工作·

【概况】 2010年，市政府应急办紧紧围绕全市工作大局，以“一案三制”建设为核心，大力加强全市应急管理工作，以制度建设为根本，狠抓市长专线工作的推进落实，切实强化政务值班工作，较好地完成了各项工作任务。全年处置各类紧急情况和突发事件146起，向省政府应急办上报《应急值班信息》295期，编发《应急工作动态》12期，向市政府领导和相关人员发送应急短信5248条。全年接听受理市民来电59106件，办结57315件，办结率97%。受理群众来信582件，受理市民电子邮件1785件。接到群众表扬感谢信件、电话、锦旗82件次。

【应急管理工作】 大力加强应急管理体制、机制建设。8个县区政府成立了突发公共事件应急委员会、各专项应急工作指挥部。被列入应急工作范围的35个市直部门和单位成立了突发公共事件应急工作领导小组和工作机构。城关区、七里河区、西固区、红古区、榆中县和市卫生局成立了应急管理办公室，配备专人负责，做到机构、人员和职责三明确，使应急管理工作逐步走向正规。全面推进应急预案体系建设，全部完成制定修订市政府和8个县区政府总体应急预案和30项市级专项应急预案工作，并印发实施；96%的企事业单位和乡镇、街道、社区制定应急预案，应急预案体系基本形成。强化应急值守和信息报告工作，实行24小时值班制度，开通两部固定值班电话和两部12345专线电话受理各类情况报告。制定市政府总值班室工作制度，明确应急值守人员岗位职责，规范突发事件和紧急重要情况报告处理程序，确保突发事件得以及时妥善处理。加强应急救援队伍建设和预案演练，按照“平战结合、军地结合、专业对口、指挥灵便、反应迅速，社会参与”原则，不断加强应急救援队伍建设，初步形成专业化、多元化和网络化的应急队伍体系。全市共建立市级综合、专业救援队伍42支，共4540余人，县区应急救援队伍78支，共5732人。积极开展各种应对突发事件的培训和模拟演练，提高应对突发事件能力。全市组织相关培训班146期，培训人员3.8万余人，组织各类应急模拟演练72次。加大应急物资储备保障力度，市公安、民政、环保、商贸、消防、卫生防疫等部门和各县区按照省市政府要求，储备一定数量应急物资，建立应急物资管理启用机制，市粮食局完成2个月市级原粮储备和10天成品粮储备工作。市商务局按照

全市人口7天的消费量储备了相应数量的肉类，按3天消费量储备了两大类12个品种生活必需品。城关区政府根据应对地质灾害需要，投入300万元购置挖掘机、装载机等大型设备和应急物资。强化应急科普宣传教育工作，市政府组织有关部门开展持续不断、形式多样的应急知识宣教活动。先后深入厂矿、社区、学校、农村及利用节假日在街头路边开展宣讲活动326次，出动宣传车260余次，印制宣传挂图7.5万余张、宣传手册12万余册、科普宣传单208万余张，制作图版9300余块，录制电视宣传片28部，张挂宣传标语6.2万余条，组织宣传文艺演出68场次，并和电信部门合作，以群发短信方式向群众宣传地震、环保、消防知识。

【市长专线工作】 年初筹备召开市长专线电话工作会议，安排部署全年工作，交流经验体会，总结分析存在的问题和不足，提出工作目标和努力方向。邀请部分市人大代表、政协委员、市民代表和新闻媒体参会，广泛听取各方面意见建议，为有力推进全年市长专线工作奠定了扎实基础。严格落实每月通报讲评、群众来电回访以及深入基层检查调研、年终考核评议等制度，抓好市长专线电话的接听、办理和反馈工作的落实，切实解决市民的合理诉求。加强与110、120及环保、工商、供电、供水、供气、法律咨询等公众服务电话的信息沟通、协调联动，充分发挥新闻媒体的宣传监督作用，在媒体上开辟市长专线电话专栏，宣传报道市长专线电话工作情况。全年刊播反映市民呼声和市长专线工作情况的稿件165余篇条，在市政府网站发布市长专线工作通报和工作信息36条，让社会公众及时了解和监督专线工作，发挥了新闻舆论的监督作用，促进了重点难点问题的解决。做好市长专线电话工作年度考核评议，12个单位获得“优秀”，31个单位评为“良好”，调动了工作积极性，促进了工作的开展。坚持与其他兄弟城市进行资料信息交流，互通有无，优势互补，有力促进了兰州市市长专线电话工作的健康发展。

【第十七届全国市长公开电话年会】 8月30日—9月1日，成功举办第十七届全国市长公开电话年会。来自北京、上海、杭州、昆明、沈阳、省内城市共95个城市分管领导和市长公开电话办公室负责人及工作人员270余人参加会议。会议以“创新工作机制、促进和谐发展”为主题，就如何破解工作难题，推动市长公开电话科学发展问题进行深入探讨交流，形成共识。

(胡彦明)

·市政务大厅·

【概况】 2010年，市政务大厅以提升行政效能为重点，立足再造工作流程、规范工作行为、公开工作内容、提高工作效率，狠抓各项工作制度落实，不断提高服务水平。全年共有25个市直部门和5个省级垂直管理部门122名工作人员进驻大厅；共有469项行政许可和服务事项在大厅受理，其中即办件项目126项，即办件比率达到26.87%。全年累计受理各类办件74538件，累计办结73565件，其中，即日办结65664件，即日办结率达到89.26%；时限内办结73565件，时限内办结率达到100%。

【运行管理】 2010年，结合工作实际，提出“抓住一个关键，实现三个转变，达到一个目标”工作思路，即抓住创新这个关键，紧扣效能提升，以信息化为依托，构建虚拟政务大厅，实现实体服务平台向虚实互补、虚实结合服务平台的转变；以数字化为手段，提高电子政务在服务中的比重，实现“一站式”审批向“一键式”服务的转变；以网络化为支撑，在发挥市政务大厅聚集行政许可服务事项的同时，实现单一层面服务向互联互通、全面共享服务的转变。切实把市政务大厅打造成有效能、出效能、高效能的群众满意服务平台。在日常管理中，重点加强窗口审批服务质量和效率的提升，特别是针对有无违规操作的问题，采取每日抽访和随机回访方式，向办事企业和办事群众了解掌握窗口服务状况。对待办事群众的投诉，按照有则改之、无则加勉原则，认真查找窗口服务中的不足，督促窗口马上整改解决。

【项目审批】 2010年，大厅管理办协调将15个已进政务大厅部门72项事项、1个未进厅部门5项事项纳入大厅办理。同时，梳理出10个未进厅部门及38项事项可以进驻政务大厅。对于进驻的事项，根据哪些能在大厅完全办结、哪些只能在大厅办理部分环节，对部分复杂事项进行细化、拆分，使一个总事项衍生出部分子事项，为窗口按照即办件、承诺件、联办件、补办件、上报件、退办件实际受理和办理，以及计算机监管、压缩时限和降低收费创造条件。截至年底，对21项进驻事项压缩166个工作日；新增即办件11项，对7个部门36项事项降低收费2086.40元。

【流程再造】 以五年多来召开的86次涉及消防、环保、质监、供热、规划5个部门《新建锅炉房项目并联审批》为实例，在认真总结审查材料并联、勘查现场并联和现场召开联审会等经验基础上，对已编制实施的《兰州市外商投资企业设立登记审批流程》《兰州市内资企业设立登记审批流程》《兰州市互联网上网服务场所设立登记审批流程》《兰州市文化类企业设立登记审批流程》《兰州市卫生类企业设立登记审批流程》《兰州市建设工程项目审批流程》进行补充修订。同时，依据全市保留的行政许可事项和机构改革后的部门职责，经与各部门反复协商确定后，编制完成5册30余万字的《兰州市项目审批流程汇编》。《汇编》采取一事项一流程方式，从事项名称、适用范围、主办处室、法律依据、申报资料、办事程序、办理时限、收费依据及标准8个方面对事项办理进行细化，并具体规定每一事项办理步骤，有助于指导行政相对人办事，规范部门及窗口工作人员行为，实现全流程计算机监管工作程序。

【作风与队伍建设】 在全年工作和服务中，市政务大厅以打造“四廉”文化品牌为依托（即廉政教育经常化、廉政活动广泛化、廉政空间人性化、廉政制度体系化），不断提高管理人员和窗口服务人员的廉政素质，确保了事项办理高效有序、公平公正。与此同时，继续把保持良好服务和工作态度作为重点，教育和引导窗口工作人员注意工作方法的改进和服务质量的提高，培养形成干事创业、风正心齐、共同向上的良好为民服务风尚。

（曾　明）

·法制工作·

【概况】 2010年，兰州市政府法制办公室紧紧围绕改革、发展、稳定大局，不断推进政府法制工作改革，加强政府立法工作，扩宽法制监督领域，加大规范性文件监管力度，认真办理行政复议和涉法案件，全面推进依法行政，建设法治政府。全年共完成地方性法规（草案）1件；经市政府常务会议讨论通过，并颁发实施政府规章8件；组织起草、审查论证、修改，并经市政府常务会议讨论通过颁布施行规范性文件12件；受理行政复议案件17件；参加市政府行政诉讼案件4件；组织召开行政强制听证会4次；受理仲裁各类案件238件。

【政府立法】 2010年，政府立法工作紧紧围绕“再造兰州”发展战略，结合实际，突出重点，拓展立法渠道，创建立法机制，着力提高立法质量，相继出台并颁布实施城建、经济、文化和社会事务、管理服务等领域政府规章。制定政府立法工作基本行为规范，从立法计划的报送、制定、立法项目的起草、送审、立法初稿的审查修改，立法草案的审定，严格按照立法决策同改革发展相统一，立法进程与改革发展相适应的要求，突出重点，统筹兼顾。进一步完善立法项目公开征询和论证制度，对涉及民生、关乎百姓生活的立法项目，在广泛征求社会各界意见基础上，重点听取广大人民群众意见，努力做到出台的政府立法项目具有较强的实用性和可操作性。全年共完成地方性法规（草案）1件；经市政府常务会议讨论通过，并颁布实施政府规章8件；召开立法论证会25次，部门协调会16次；公开向社会征求意见8次；答复国务院法制办、省人大常委会、省政府、市人大常委会法律、法规、规章征求意见函16件。在注重立法的同时，施行立、改、废并举，对各县、区政府，市政府各部门报来的、涉及本部门行政权力、现行有效地111件政府规章，按国务院办公厅《关于开展政府规章规范性文件清理的通知》要求进行清理审查，经市政府常务会议审议通过，废止18件，修改42件，保留51件，并在《兰州日报》向社会公布。

【执法监督】 开展行政执法监督检查工作，重点以《行政许可法》《行政复议法》《行政处罚法》及市政府规章为主要内容，采取“条块结合，以块为主”方式，加大对人民群众反映的热点、难点问题的监督及重点案件的查处，进一步规范了执法行为和执法程序。加强全市第三轮行政执法人员培训换证年审摸底工作，拟定了切实可行的培训方案和工作计划，从授课时间、授课内容、授课老师等统筹安排，按学习培训、考试、考核、资格审查、证件发放五个阶段，强化学习意识、服务意识、责任意识、形象意识、效率意识。编辑印制《兰州市地方性法规规章选编（2003—2008）》，供市政府各部门领导干部和行政执法人员使用，规范行政执法行为。

【规范性文件备案】 2010年，组织专家学者对各部门报送的35件规范性文件进行了前期审查修改，2件规范性文件经政府常务会议审议通过公布实施。审查、修改、答复上级机关、县区政府、市政府各部门和市属相关部门报送的规范性文件征求意见34件，向省政府上报备案市政府发布规范性文件2件。完成了与兰州大学法学院签订的14件政府规章的外文文本的翻译工作。

【行政复议】 全年共受理行政复议案件8件，经审查不予受理1件，经调解撤回申请的2件，维持5件。共接待行政复议来访60多

人次。参加市政府行政诉讼案件1件。受市政府委托，组织召开行政强制听证会4次，保护了各方当事人的合法权益，取得了良好的社会效果。

【政府法律顾问】 全年审查修改政府各类合同协议20份。经认真审议研究，出具了法律建议书5份，为政府决策提供切实可行的法律建议。受政府委托，出庭应诉政府行政诉讼案件6件。

【人大、政协议案提案办理】 组织人员深入基层认真调研，高质量完成人大议案和政协提案答复工作。已答复41名人大代表提出的“关于完善我市价格听证会制度的议案”“关于加强商务行政执法工作的议案”等4件议案，答复市民革和11名政协委员提出的“关于加强市政府投资项目后期评审的提案”“关于出台地方性法规保护我市中小学用地的提案”“关于推行错时上下班制解决交通拥堵状况的提案”等6件议案；部分立法项目，相关部门已进行调研，条件成熟后将上报市政府常务会议讨论研究。

【仲裁工作】 加强宣传，召开仲裁工作会议、分支机构座谈会议、仲裁与新闻媒体座谈会议、仲裁与非公有制企业座谈会议。在《法制日报》《甘肃日报》《兰州日报》《兰州晚报》《甘肃工人日报》《西部商报》进行以案说法等专题报道，宣传仲裁法律制度和兰州仲裁；与“一把手上电视”和“今日聚焦”等电视栏目合作，向广大电视观众宣传仲裁。全年共受理各类案件92件，涉案标的额8000余万元，已结案121件（含上年未结61件），案件和解率、调解率达到85%，自动履行率达到90%，快速结案率达到96%；被人民法院裁定或不予执行仲裁裁决案件在5%以内；90%的案件在仲裁规则规定的期限内审结，案件仲裁时间平均为3个月。

（朱子俊）

·地方志·

【概况】 2010年，兰州市地方志工作围绕首轮市志扫尾、《兰州通志》编纂、《兰州年鉴》编辑出版三大主要任务，加大工作力度，编辑出版首轮市志4卷和《兰州年鉴》(2010卷)，启动《兰州通志》二次统稿、复审后修改等工作，举办编纂工作培训班。加强对市级部门和县区地方志工作的督促、检查和指导，努力拓展地情资料挖掘和服务渠道，为经济社会发展提供服务。

【二轮志书编纂】 二轮市志即《兰州通志》审定、修改工作进展顺利。3月起，先后组织初审后第二次统稿修改、图片征集、复审、复审后总纂统稿等工作，完成交付终审前的各项准备工作。

【首轮志书编纂】 首轮《兰州市志》扫尾工作完成年度工作任务。截至12月1日，已出版市志《工会志》；交付出版市志《地方文献志》；完成市志《民俗志》《人物志》终审后修改；终审市志《重工业志》，并解决《重工业志》审定、出版、印刷所需全部经费；市志《总目录卷》已完成部分初稿撰写。6卷市志总计360万字，图片200余幅。

【《兰州年鉴》出版发行】 12月，《兰州年鉴》(2010卷)由兰州大学出版社出版发行。《兰州年鉴》(2010卷)全面、系统、翔实地记述兰州市2009年国民经济和社会发展情况，反映了兰州市改革开放、经济建设和社会进步的新业绩和新成就。为国内外人士了解兰州提供全面、准确、权威的资料。全书80多万字，设类目28个，分目127个，条目1219个。11月15日《兰州年鉴(2009)》获中国地方志指导小组和中国地方志协会颁发的全国地方志系统第二届年鉴评奖一等奖。

【指导工作】 加强对县区二轮修志的指导检查。截至12月初，《皋兰县志》《西固区志》(二轮)已经出版发行；《永登县志》准备交付出版；《城关区志》已经完成初稿，进入初审阶段。其他县区二轮修志工作随着人员变动陆续重新启动。市高新技术产业开发区修志工作也已全面展开。年内，市志办对县区进行两次检查和调研，并接受省政府法制办、省地方史志办等部门的联合执法检查。市志办及西固、皋兰、城关等县区的修志工作得到省上联合执法检查组的一致好评和充分肯定。

【扶贫工作】 全面完成对口帮村扶贫工作任务。参加市政协魏邦新副主席主持的对口帮扶联席会议，并就下一步帮扶工作与榆中县新营乡桦岭村党支部和村委会进行衔接。筹集人民币3000元解决了村道修筑欠费问题。发动全办同志捐赠衣物被褥120件。捐赠村委会复印机一台，木质单人沙发一套，收集图书近700册，标价7000多元，帮助该村建立图书室。

【其他工作】 顺利完成国有资产清查工作，通过审验；启动《兰州大辞典》编纂工作，完成初稿90多万字；继续进行兰州历史文化宣传，截至12月1日，接受省内外电视台采访4次，专题访谈2次，省内报刊登载宣传文章和史志报道11篇。全年向省内外60余人次提供咨询服务；市志办参与编写的全省中学生教材《甘肃历史》如期出版，并获甘肃省优质图书奖、全国乡土教材一等奖。

【省政府联合执法检查组检查工作】 7月14日，省政府联合执法检查组第二组来兰州市检查贯彻落实国务院《地方志工作条例》和省政府《甘肃省地方志工作规定》情况。该组由省地方史志办副主任车安宁任组长，省志处处长李拾良、省政府法制办处长李兰生等一行6人组成。市政府办公厅纪检组长张延才代表市政府副市长周丽宁参加。联合检查组在市地方志办公室副主任金钰铭等陪同下，对兰州市和西固区贯彻《条例》与《规定》情况进行座谈。兰州市志办向联合检查组提交书面汇报。西固区政府副区长马东篙、西固区史志办主任丁祥麟及区史志办全体人员参加会议。西固区史志办主任丁祥麟代表西固区委、区政府就落实《条例》与《规定》情况向检查组做汇报。

【西固二轮区志出版发行】 9月，西固区二轮志书《西固区志》出版发行，共125万多字。全志以现代社会分工及西固区情为依据设置篇目，设有序、地图、照片、前志述略、概述、大事记、专业志、附录和编后记。突出改革开放、科学发展主题，补充了前志遗缺，增加了索引与随文照片，内容与形式均较前志有新的提高。

【皋兰二轮县志出版发行】 12月，皋兰二轮志书《皋兰县志(1991—2005)》出版发行，共80万字，以现代社会分工、事物特征为依据，横排门类，纵述史实。分篇、章、节、目4个层次，目下酌设小目、子目。首立概述、大事记、中设环境、经济、政治、文化、社会等，凡15篇65章275节，末置附录、索引、后记。该书客观、系统、真实地反映皋兰县1991年以来的自然、经济、政治、文化和社会的发展与现状。

【市政府副市长周丽宁来市志办调研】 3月30日，市政府副市长周丽宁来市志办调研。听取市志办副主任金钰铭工作汇报，对市志办工作表示肯定，并就做好2010年工作提出三点要求：一要增强主动为兰州发展服务好的意识；二要组织好政治理论和业务知识的再学习，努力提高素质；三要积极协调，争取尽快建设兰州方志馆。省地方史志办金庆礼、钱旭、贺红梅参加调研。

（李祥平）

·参事工作·

【概况】 2010年，市政府研究室紧紧围绕市委、市政府中心工作，以科学发展观为统领，以服务领导决策、促进经济社会发展为宗旨，团结求实，开拓创新，较好完成各项工作任务。全年共完成重点课题研究12篇，起草各类文稿百余篇，较好完成全年各项工作任务。

【文稿起草】 2010年，按时起草完成市政府主要领导在甘肃转变经济发展方式高层论坛上题为“培育多元支柱产业，转变经济发展方式”演讲稿等重要文稿；在充分调查研究基础上，完成市委、市政府《关于进一步夯实经济基础，培育发展多元支柱产业的意见》等政策性文件的起草工作；负责审核把关各副市长讲话稿等材料，从深化思想认识、明确责任主体、严格办文程序、落实审查任务、加强沟通配合、强化能力建设和加强组织领导等方面制定详细把关流程，并根据《国家公文条例》和市政府有关规定，对兰州的定位、提法和材料排版统一了标准。根据国家政策导向，抓住兰州经济社会发展迫切需要国家重点支持问题，在深入调研基础上，起草《关于请求国家在兰州设立“兰北新区”的建议》等4个提交全国人代会议案建议，引起国家相关部委重视，在制定出台国务院办公厅《关于进一步支持甘肃经济社会发展的若干意见》文件时，吸纳了部分建议。重点围绕市委“1355”总体发展思路如何落到实处，起草市政府主要领导在市政府第八次全体会议上的讲话文稿。从影响兰州发展关键领域入手，紧紧围绕产业结构调整、城市功能拓展、体制机制创新、行政效能提升等重点难点问题，着眼全局，精心谋划，突出各领域核心内容，提炼出咬住结构调整，突出一产抓特色，二产抓延伸，三产抓转型，城市抓更新，机制抓创新，作风抓效能“六个抓手”发展思路，为推动兰州加快发展、率先发展、科学发展，探索可持续发展的有效途径做了全面、科学、大胆的尝试。

【重大决策部署调研】 为了深入贯彻落实省委区域发展战略和市委“1355”总体发展思路，市政府决定由各副市长牵头组织，研究室负责总体协调，在全市开展“贯彻落实省市委重大决策部署”调研活动。重点围绕“中心带动”如何带动、“1355”总体发展思路怎样落实问题，特别是对石油化工、有色冶金、高新技术等重点产业和企业进行专题调研，通过全面深入的调研，掌握了系统、可靠、翔实的基础材料及基层好的经验和思路，起草了高质量调研报告，为推动全市各项工作发展提出切实可行对策措施。

【参与“十二五”规划编制】 2010年是实施“十一五”规划的最后一年，也是编制“十二五”规划的关键一年。编制和组织实施好“十二五”规划，对于加快推进兰州市新型工业化和城市化，实现全面建设小康社会宏伟目标具有重要意义。根据市委、市政府统一安排，由研究室承担《兰州体制机制创新研究》《兰州县域经济发展研究》两项规划前期重点课题，重点围绕影响兰州市经济社会长远发展的土地供应、结构调整、产业升级、环境保护等方面存在的问题进行深入细致研究，提出切实可行的对策措施。并抽调人员全程参与“十二五”总体规划和专项、区域规划编制工作。两项课题研究已结题，为“十二五”总体规划编制提供了强有力支撑。

【调查研究】 为了进一步明确和理顺全市城市管理体制，推进城市管理重心下移，根据市政府安排，由研究室牵头，市建设局、财政局等相关部门配合组成联合调研组，对兰州市城市四区城市规划建设和管理经营工作进行专题调研。在掌握基本情况基础上，又赴无锡、宁波、杭州等在城市建设管理方面取得突出成绩的城市进行学习考察。在借鉴发达城市经验做法基础上，结合兰州实际，起草《关于改进和加强城市规划建设和管理经营工作的意见》，将为理顺全市城市建设管理体制，提出指导性政策意见。

【其他工作】 定期刊发《兰州发展》，全年编发《发展研究报告》6期、《咨询通讯》11期，内容涉及经济、社会发展各个方面，充分发挥了政府参谋助手作用。配合完成政府机构改革工作。按照市政府统一安排，结合研究室工作性质，在广泛征求意见基础上，认真研究起草“三定”方案，按时提交给市上主管部门。

（孙国延）

·人事工作·

【概况】 2010年，兰州市人事人才工作认真贯彻落实全市人才工作会议精神，积极推进行政体制改革和人事制度改革，高层次人才队伍建设得到加强，公务员制度进一步完善，事业单位人事制度改革、职称制度改革有了新突破，引进国外智力工作成效显著，人才市场体系建设日益完善，军转安置工作任务圆满完成，为构建和谐兰州提供可靠的人事人才支持和保障。

【机构改革】 1月26日，兰州市人力资源和社会保障局挂牌成立，是2010年政府机构改革中新组建部门。新局组建后，根据机构改革基本原则、组织分工和各阶段主要任务，成立制度组、“三定”组、档案组、督查组、资产组、党建组等六个工作组，分别负责内务管理制度修订、“三定”方案上报、档案整理移交、局党组重大部署事项督查落实、资产清查和党建等工作。组织开展机关中层科以下干部调整配备工作，做到公开、公平、公正，有利调动各方面工作积极性。结合全市“行政效能建设年”活动和“创先争优”活动，在局系统内部全面开展行政审批事项清理工作，公开办事依据，简化办事程序，制作工作流程，把机构改革与作风建设相结合，切实做到队伍不散、思想不乱、工作不断，为落实全年各项责任目标，实现人力资源和社会保障事业发展奠定基础。

【公务员管理】 在全省率先完成2009年公务员招考公检法系统拟录用人员审批录用手续。指导、参与完成市委宣传部、市财政局、市粮食局、市总工会等17个市级机关118个职位竞争上岗工作。草拟《关于进一步加强公务员考核工作的意见》，对市直机关和参照管理事业单位工作人员2009年度考核情况进行严格审核备案。组织开展全市公务员更新知识培训和市公安局三千余名干警专业知识培训。大力弘扬公务员精神，会同有关部门组织开展全市“人民满意的公务员”和“人民满意的公务员集体”评选推荐工作。遴选上报的市检察院李兴国、榆中县和平镇人民政府分别获得全省“人民满意的公务员”和“人民满意的公务员集体”称号。

【人才资源开发】 印发《兰州市领军人才队伍建设实施办法》，会同市委人才办拟定《实施细则》；完成领军人才基层推荐、分组初审和专家评审工作。根据省人社厅《关于开展2010年度享受政府特殊津贴人员选拔工作的通知》精神，认真组织开展评选推荐工作，经基层推荐、严格审核、层层把关，确定苏孝林等4名同志为享受政府特殊津贴候选人。积极组织开展专家服务活动，先后组织农林、畜牧、卫生等方面专家赴各县区开展现场咨询服务活动，帮助群众解决生产生活中的具体问题。狠抓专业技术人员继续教育培训工作，全年共计培训各类专业技术人员1.5万余人。

【事业单位管理】 完成市属事业单位三类岗位各等级岗位等级认定，完成8个县区专业技术十一级以上岗位、三级以上工勤技能岗位等级认定工作，认定岗位总量

43297个。推进事业单位岗位聘用工作，指导完成233个市属事业单位18213人和8个县区所属事业单位29263人岗位聘用工作。做好《全市事业单位岗位设置方案》调研论证和初审工作，结合教育事业单位特点，在征得省人力资源和社会保障厅同意后，提出《兰州市教师岗位结构比例设置意见》，为教育事业单位规划设置岗位结构比例奠定基础。加强事业单位工作人员考核管理工作，完成2009年度市属事业单位年度考核核定、备案和2010年度市属事业单位年度考核核定工作。

【军转干部安置】 继续推进军转干部安置制度改革，协助省上组织进行2010年军转干部公务员资格考试，全年完成124名计划安置和76名自主择业军转干部安置任务。加强自主择业军转干部管理服务，完成2009年接收自主择业军转干部退役金银行卡、医保卡办理发放工作，为1361名自主择业军转干部及时申请2010年医疗保险费883万元。做好兰州地区企业军转干部解困维稳工作，依据2009年省、市社会平均工资和养老金水平，确定困难企业军转干部在职人员工资、退休人员养老金及医疗门诊费补助标准，完成3355人次审核确定工作，共计发放解困资金和缴纳医保费用1742.78万元。制定下发《兰州地区企业军转干部特殊困难补助暂行办法》，为解决企业军转干部因特殊原因造成生活极端困难问题提供政策依据。

【人才市场】 完善人才市场体系建设，以强化公益服务为主线，以突出职能作用、加强地区合作为突破口，充分发挥人才市场在经济社会发展中促进就业、引导就业的桥梁作用。截至年底，共举办各类招聘会74场，提供就业岗位71853个，16265人与招聘单位达成意向性就业协议。加强区域间人才市场合作，与白银市人才中心联合举办“兰白都市经济圈人才交流大会”。分别于7月10日在白银市白银饭店、10月16日在兰州工程技术人才市场举办第一、第二届“兰白都市经济圈人才交流大会”，吸引近300家两地用人单位与1万多名应聘者入场参加，近2000名应聘者与用人单位达成意向性协议。积极搭建互惠互利人力资源合作平台，与白银市签署《兰州白银人才开发交流合作协议》，为兰白两市共建人才流动绿色通道走出第一步。规范、清理、整顿人力资源市场秩序，对近郊四区兰州市人力资源服务机构进行拉网式集中检查，检查人力资源中介服务机构42家，查出并处理未经许可和登记擅自从事人力资源服务活动组织和个人13起，下达限期整改指令书9件。

（王　鹏）

·外事侨务·

【概况】 2010年，按照市委、市政府“1355”总体发展思路，充分利用外事资源优势，不断探索和拓展为经济建设和社会发展服务新路子，圆满完成各项工作任务，为推进全市经济社会率先跨越发展做出贡献。

【因公出访工作】 2010年，兰州市因公出访工作积极向项目合作等实体经济领域拓展。全年共办理因公出国(境)团组61团174人。3月，市政府派出24人组成的项目招商代表团赴香港、澳门访问，举办“兰州投资环境说明会暨经济合作项目签约仪式”，进行项目推介，签订了沙中工业园建设项目、清真明胶生产线项目等7个合作项目。4月，市政府代表团对兰州市友好城市巴西亚博阿唐市进行友好访问，双方就在经济、文化、教育等领域开展进一步交流合作进行商谈，签订了两市友好交流协议书。5月，市政府代表团对日本、泰国进行访问，与泰国正大集团董事长谢国民就该集团在兰后续投资项目进行商谈，达成继续投资意向；就碳五综合利用项目技术引进事宜与日本有关方面进行会谈，确定了碳五技术引进工作路线；与兰州市友好城市日本秋田市政府签订了两市2011年度—2013年度友好交流项目协议书。6月，派出重离子束治癌项目考察团，考察日本先进的重离子束治癌设备，就设备引进达成意向。该项目已开工建设。类似这样的团组全年共派出11团98人，签订项目合作协议、引进了技术、资金及世界先进设备，有力促进了兰州市经济社会发展。根据中办〔2009〕12号文件精神，严格控制党政干部因公出国境，出访人数在上年基础上压缩20%，制止任务不实团组3个18人，节约经费约52万元人民币。为64名县以上党政干部办理因私出国境备案手续。

【友城工作】 始终坚持“务实、互利、友谊”原则，取得较好成效。至2010年，与兰州市结好的友好城市有10个、友好交流城市15个，在西北地区省会城市中位居首位。其中，兰州市与友好城市塞尔维亚莱斯科瓦茨市的劳务合作项目尤为突出。9月，莱斯科瓦茨市在上海举行的2010中国国际友好城市大会上荣获中国人民对外友好协会和中国国际友好城市联合会颁发的“对华合作交流贡献奖”。在友城交往中，注重技术人员交流。从市第一人民医院、市第三人民医院和市妇幼保健院选派4名医生赴日研修；选派1名牛肉拉面师作为文化讲师赴日本秋田市为当地市民传授兰州牛肉拉面制作技术，受到热烈欢迎。根据兰州市人民政府与纳米比亚楚梅布市友好交流协议，10月17日，纳米比亚楚梅布市2名英语教师抵达兰州，在兰州市外国语高级中学进行为期5个月的教学交流，为兰州市中学生进行英语口语培训。加强青少年之间的交流。5月是兰州·八户两市友好交流27周年，八户市青少年代表团32人来兰州市进行青少年交流访问，入住兰州市外国语中学学生家中，并与兰州市中学生开展教育教学及课外活动交流；10月，兰州市派出29人青少年交流团对八户市进行回访，11月派出28人代表团访问秋田市，加深了了解，增进了友谊，为两国、两市世代友好打下良好基础。促进经贸领域合作。7月，八户市市长小林真率八户市工商界代表团一行12人，参加第十六届兰洽会，携带当地特色产品进行展示。这是兰州市举办兰洽会以来，外国代表团第一次参展。10月，瑞典北博腾省商会企业家23人代表团来兰访问，和省、市企业界代表近70人进行项目合作洽谈，在文化、旅游、建筑材料等方面已达成合作意向。瑞典企业家还与省科技厅、酒钢集团、金川公司、白银公司进行项目对接。友城合作项目不仅仅局限于兰州市，已辐射到省直部门和省属、部属大型企业。

【礼宾工作】 2010年，共接待外宾团组13个201人次。第十六届“兰洽会”吸引了全国各地和30多个国家的2万多名宾客汇聚兰州，接待了来自日本、纳米比亚、瑞典、塞尔维亚、巴西、马来西亚等8个外宾团组，是兰州市历届“兰洽会”参会外宾人数最多的一次。日本八户市政府代表团,携带当地海产品参展，就葡萄酒生产与兰州市达成合作意向；非洲纳米比亚楚梅布市代表团就两市教育交流达成协议。在礼宾接待中积极推介兰州。精心策划，充分准备，把礼宾接待作为推介兰州和捕捉发展商机良机，通过礼宾接待，多角度地推介兰州市在资源、新能源、装备制造、循环经济、特色农产品等方面优势，促进了国际间的交流与合作，提升了兰州对外开放的水平。促进兰州市对外交流向多领域发展。6月，瑞士索罗图恩州政府代表团来兰州市进行友好访问，就与兰州市建立友城关系进行商谈，达成结好意向；7月，日本积水住宅公司执行董事胜吕文康一行4人来兰访问，考察了中川镇土地项目、鸿运润园及其他在建项目，与兰州市相关房地产企业就住宅建筑及廉租房建设的设计理念、经济实用性、环保、节能、抗震等方面进行技术交流，达成与兰州市合作建设廉租房协议；8月，日本大学经济学部中国·亚洲研究中心《关于新丝绸之路区域经济发展的研究》项目组一行8人，调研兰州市经济技术开发区、物流设施，听取相关负责人员情况介绍，加深对兰州市的了解，促进了投资意愿；9月，美国波特兰州立大学马克·汉菲尔德政府学院代表团来访，与兰州市就如何提高行政效能进行交流，就兰州市行政管理人员在该学院的培训事宜进行商谈，达成协议；11月，日本秋田市立综合病院代表团来访，达成两市继续推进医务人员培训、医疗技术共享等方面合作协议；12月，美国通用汽车公司研发经理一行来访，就兰州市的地理位置、产业布局、研发支撑、市场前景等方面进行考察，对兰州市投资环境表示满意并期待双方合作。全年翻译及回复友城信函400多封，处理电子邮件信息4500多封。

【侨务工作】 争取到省侨办侨务扶贫贷款，扶持永登县及城关区的企业进行扩大经营，为下岗归侨侨眷再就业提供资金支持。开展送温暖活动。春节前，在省外侨办带领下，专程对特困归侨侨眷和做出过贡献的知名人士、学者进行慰问，发放救济金和赠送礼品共计1万余元。大力涵养侨务资源，促进侨务工作可持续发展。春节、中秋节等节日，寄往世界多个国家和地区社(侨)团和侨领的贺卡150多份，各地同行100多份，表达了兰州市对海外侨胞、港澳同胞们及国内同行寄予的良好祝愿。在侨务来信来访工作中，坚持依《侨法》办事，强化领导责任制，分级负责、归口办理。建立完善领导责任制、信访工作岗位责任制和涉侨投诉受理、登记、领导接待和服务承诺制度，从制度上建立每条来信来访有登记，办理过程有专人，办理结果有时限，办理结论有备案的信访绿色通道，有效地防止了躲避矛盾、矛盾上交问题。与相关部门联系对所反映的问题进行调解，解决了七里河区侨眷毛清君反映的医疗费报销问题，城关区侨眷鲍国鳞反映在政府用地房屋拆迁中的问题，兰州威立雅水厂退休职工、俄罗斯侨眷佟松珍女士单位分房问题。全年全市共有18名归侨侨眷子女享受到初、高中升学加分照顾。争取到国际扶轮社上海分社主席、上海华侨基金会主席叶守璋资助，为兰州市25名患儿做了先天性心脏病手术，为500余名学生进行免费体检。争取到中国乡村女学生教育基金会董事长田青青资金15.4万元人民币，资助恩玲中学2008届—2010届学生共44人。争取到香港善源基金会董事长朱恩余300万元人民币，援建榆中恩玲中学3号、4号学生公寓。

（彭雪峰）

·驻外联络·

兰州市人民政府驻上海联络处

【概况】 2010年，兰州市人民政府驻上海联络处努力发挥驻外办事机构职能作用，积极推进两地各方面交流，不断开展招商引资工作，在接待联络、招商引资等方面都有很大突破，特别在上海世博会期间的接待和其他工作协调中，发挥积极有效作用。全年编辑印发《上海简讯》12期，联络处被各省市区、中央各部委驻上海单位信息协会评为先进单位。

【招商引资与协调服务】 做好兰州市党政经济合作考察团赴南通、杭州和温州等地开展招商活动；配合市委宣传部参与协调组织安排“上海世博兰州文化宣传活动周”活动；配合省政府驻沪办参与“世博甘肃文化活动周”活动。与科技局一起，组织城关区、安宁区科技系统有关领导和人员到上海、苏州等地，学习建设生物医药专业公共服务平台方面成功经验、孵化器发展建设情况。积极与麦当劳（中国)中区总部联络商洽、联络、协调，在上年基础上，又到麦当劳（中国)中区总部所在地武汉、麦当劳（中国）西北片区所在地西安等地进行调研、公关，全力推进麦当劳早日落户兰州。全面、高质量完成市科技局委托的课题项目“长三角地区生物产业的发展对兰州的借鉴及启示”。对长三角地区的生物产业发展状况进行全面、系统调研，结合兰州实际，提出意见和建议。

【接待服务】 5月1日—10月30日上海世博会期间，联络处接待参观世博会团组90个，接待总人数达4000余人。做好出国团组接待安排工作，全年接待团组15批，并接待市政府主要领导外出考察团，组织安排兰州市与瑞典签订友好交流协议具体事项等；接待副省级以上学习考察团组8批次，接待副地级以上学习考察团组30批次，接待从上海出入境团组15批次，接待赴沪开展招商经济活动的团组10批次。

【积极参与当地组织的各项活动】 积极参加上海市国内合作交流办公室、甘肃省人民政府驻上海办事处、长宁区各地投资企业协会、卢湾区协作办等业务部门组织的各类活动，参加各省市区、中央各部委驻上海单位信息协会、国务院各省市自治区驻沪办事机构联合会第四小组组织的各项活动，加强与外地驻沪机构、社团单位的联系。参加国务院各省市自治区驻沪办事机构联合会第四小组组织的学习，参加长宁区各地投资企业协会组织的赴广西、福建龙岩考察学习。

（张安平）

兰州市人民政府驻厦门办事处

【概况】 2010年，市政府驻厦门办事处认真贯彻全市经济工作会议精神，按照“1355”总体发展思路和“再造兰州”战略，认真履行工作职能，较好完成全年各项工作任务。全年接待市级领导团组6个30多人，其他团组30个300多人。主动献爱心，为舟曲灾区捐款2040元。

【招商引资和经济合作工作】 3月9日—12日，由省委常委、市委书记陆武成和市委副书记、市长袁占亭率领的“兰州市党政经济合作考察团”赴福建厦门和福州两地进行招商考察。办事处主动走访厦门市政府、厦门台商投资协会、厦门内联企业协会和福州、泉州、漳州台商协会等单位，介绍兰州的投资环境和招商项目，及早做好各项准备工作。10日上午，考察团成员参观考察厦门市城市园林建设和厦门市地下管网信息化建设运营情况。下午举行兰州(厦门)台资企业座谈会，厦门台商协会、漳州市台商协会、厦信投资集团、台湾阿波罗旅行社、台湾丰盛生态农业有限公司、宝龙集团、福建利嘉集团等60余家台资企业和商会负责人参加座谈会，部分企业和商会代表与市领导进行交流。11日上午，考察团实地考察福建中德环保科技股份有限公司；下午参观考察福建财贸集团和福建东百集团。市政府与东百集团签署投资建设“兰州国际商贸中心”意向性合作协议。12日上午，考察团考察福建宝龙集团福州城市广场，并召开考察活动总结会。7月6日—9日第16届“兰洽会”在兰召开。厦门办代表市政府及早邀请厦门市方面参会，并做好厦门市代表团赴兰参会联络协调工作。厦门市政府组织近百人代表团赴兰参会，厦门市50多家企业在会展中心预订42个展位，会议期间产品销售成交额过千万元。“兰洽会”期间，省、市政府召开“第二届陇商大会”，厦门办组织10多名在厦门工作的“陇商”回兰参加会议。5月18日—22日，第12届“海交会”在福州海峡国际会展中心举办。由市政协副主席孙晓钢为团长、市经济合作局和厦门办组成的代表团参加本届“海交会”。代表团全体成员参加开幕式，参观展会现场，组织召开20多名台商参加的座谈会。采用分散与集中的方式，积极宣传兰州，有针对性的捕捉信息，发放兰州市重点项目宣传资料和产业投资导向资料，与多名台湾企业家进行交流。共发放兰州市情、重点投资项目资料60份，当面呈送第16届兰洽会邀请

函80份。9月8日—11日，由俞敬东副市长率领，市商务局、市发改委、兰州高新技术开发区、兰州经济开发区和县区及企业组成的兰州市代表团参加在厦门举办的“中国国际投资贸易洽谈会”。期间，俞敬东副市长参加“沃尔玛总裁对话明星城市市长高峰论坛”，和与会20多家城市领导共同探讨城市可持续发展相关议题，并盛邀沃尔玛尽早到兰州投资发展。还举行“中国必胜客20年走进西部—必胜客进驻兰州”签约仪式暨新闻发布会，省委常委、副省长刘永富和省商务厅领导出席会议。市商务局与百胜餐饮集团必胜客西北市场部签署合作协议。代表团还考察厦门新城区五缘湾片区的建设运营情况，与新区负责人进行沟通和交流。走访厦门市政府有关部门，深入考察重点项目建设与片区开发实施“指挥部模式”管理机制等，为兰州新区建设提供参考借鉴。

【协调联络】 通过参加会议、上门拜访等多种方式与厦门市各有关方面加强联系，扩大联络工作面，为兰州市各方面来厦参观学习考察提供便利服务。4月，先后两次协助市委宣传部和市广电总台，就厦门市在文化体制改革等方面情况进行考察，为兰州市文化体制改革提供经验。7月，配合市农业部门在厦门成功举办“兰州高原夏菜推广宣传会”，来自厦门市有关部门、同安闽南果蔬批发市场、兰州高原夏菜经销商等方面50多人参加会议。市农委农学专家介绍兰州富硒农产品高原夏菜的有关情况、现场播放兰州高原夏菜专题片、与销售商进行交流等，进一步提高兰州高原夏菜知名度，推动兰州高原夏菜生产商、经销商与当地经营户之间的合作与发展，提高了高原夏菜在闽南地区的销售量。10月中旬，协助市委统战部在厦门举办“兰州市统一战线培训班”1期，邀请厦门市政府办公厅和市委统战部领导为培训班学员讲授“厦门经济特区30年来的经验和做法”和“统战部门如何更好地为经济建设搞好服务”等课程，并协调安排厦门市委统战部与学员进行交流，加强双方的沟通和了解。中秋节期间，邀请在厦兰州(甘肃)同乡40多人，举办“兰州在厦同乡中秋博饼联谊会”，向在厦门工作和生活的兰州(甘肃)同乡介绍兰州经济和社会事业发展、“再造兰州”战略和兰州新区建设情况，鼓励在厦同乡关心家乡发展，为“再造兰州”战略和兰州新区建设加油出力。11月，协调安排市教育局和城关区教育局领导，对厦门职业教育进行考察，学习借鉴厦门特区职业教育办学经验。

【信息报送】 将调研工作作为一项重要工作来抓，全年共完成2篇调研报告，送市领导和有关部门参考。遵照市委、市政府主要领导指示，给兰州市重大项目建设和片区开发提供借鉴经验，办事处领导带领有关人员专门走访厦门市多个政府部门和重点工程建设指挥部，就厦门市在重大项目建设和片区开发中实施“指挥部模式”运行机制情况进行调研，形成《关于厦门市重大项目和片区开发建设运行体制和机制的调研报告》，及时上报市委、市政府。省委常委、市委书记陆武成和市委副书记、市长袁占亭对《调研报告》给予充分肯定和高度评价，并做出重要批示。随后，市发改委、市重点办负责人先后两次来厦门，就厦门市“指挥部模式”体制运行等情况进行实地考察调研，形成《关于在我市重大项目和片区开发中实施“指挥部模式”的指导意见》，经市委常委会和市政府常务会讨论后以两办名义下发执行。下半年，按照全省旅游发展大会精神和市领导指示，就厦门市在发展旅游工作方面先进做法和经验进行调研，形成《关于借鉴厦门市做法加快兰州旅游业发展的调研报告》，已上报市委、市政府领导参考。进一步拓宽信息采集渠道，增强信息时效性，全年共编发《闽台信息》12期，登载信息130多条，为市领导、市直部门和各县区决策提供参考。给市委和市政府办公厅信息处网上报送信息500多条。

(包正福)

兰州市人民政府驻乌鲁木齐办事处

【概况】 2010年，兰州市人民政府驻乌鲁木齐办事处按照“1355”总体发展思路和“再造兰州”战略，根据兰新两地经济和社会发展实际，在区域招商引资、两地交流合作、信息互通互惠、公务接待服务、劳务输转培训等方面开展工作，较好完成各项任务。全年完成31批次153人次来疆公务和市委、政府重要团队接待服务工作。

【招商引资】 结合新疆地域与经济发展实际，多渠道寻求、筛选、跟踪新疆风电装备、特变电工与煤电化工等3方面新疆优势产业项目与兰州合作的可能，分别与5家上市企业进行洽谈，争取有可能的合作项目在兰州落地。

根据省市提出的“兰白都市经济圈”建设预期目标，深入乌鲁木齐、昌吉地区等地，就新疆实施“乌昌一体化”建设进行考察和调研，将有关这些建设方面具体做法和发展状况等信息材料及时反馈。针对“再造兰州”重大决策，实地走访调研乌鲁木齐市3个近邻县级市区米泉市、东山区、阜康市，具体了解米东新区建设过程中土地整合、行政区域界定、招商引资状况及新区体制形成、运行机制建立等方面情况取得第一手资料和信息，及时向兰州方面反馈。上门拜访调研兰乌两地在土地置换、物流建设、旅游发展等领域合作可行性，及时将调研结果向兰乌有关部门通报。

兰乌两地旅游产业发展空间大，办事处利用两地便利条件，推介宣传兰州与乌鲁木齐两地及周边旅游资源，办事处牵线搭桥兰新两地省、市、县旅游主管部门和26家旅游经营企业开拓两地旅游市场，商谈合作发展事宜。

做好宾客邀请工作，在第十六届“兰洽会”和第十九届“乌洽会”中，发放邀请宣传资料300余份，并向新疆8个地州市政府、58家有实力有影响企业和上市公司及兰州15家大中企业和单位发出邀请，诚挚邀请分别参加两地洽谈会。

【劳务输转】 积极配合市劳务部门，开展“教育移民”“教育扶贫”异地输转，对新疆部分自主招生中等职业专科学校甘肃籍学生毕业后在疆就业状况进行调研和实地查访。与企业高管和甘肃籍在企业的职工进行面对面座谈讨论，深入生产工作场所、住宿生活环境，了解甘肃籍学生在企业的工作条件、文化生活、用工签约、薪酬待遇等方面情况。特邀新疆化工职业技术学校招生和安置部门负责人共赴榆中县、皋兰县、红古区等地进行异地培训安置就业情况宣讲，发放职业培训招生简章600余份、企业招工简章1500余份，为年内兰州市“两后生”异地培训安置就业向新疆转移，探索走出了一条异地培训安置就业的路子。

向兰州市劳务主管部门及县区提供长期用工岗位信息6048人次；先后与3家团场、8家农户和26家经营户洽谈，提供短期采摘工岗位1.2万人次。2010年零星组织5460人次赴疆参与农副产品采摘。在农民工返乡时机，协调衔接用工地区、团场与铁路部门为务工人员解决返程车票3684张。为兰州籍劳务输转人员协调解决劳务纠纷和工资拖欠事宜7起，维权挽回经济损失35.6万元。

【信息工作】 2010年，办事处报送电子政务信息共77条，被政府信息部门采用6条，积分18分。编辑、发送《新疆经贸信息》专刊12期，刊登政务摘报、中亚贸易、经济动态、劳务输转信息等分类信息169条。为便于劳务工作的开展，不定期向政府有关职能部门及县区专报劳务信息，及时传递和反馈新疆地区的用工状况。

（康　新）

政协兰州市委员会

【概况】 2010年，政协兰州市委员会深入贯彻省委“中心带动、两翼齐飞、组团发展、整体推进”区域发展战略和市委、市政府“再造兰州”发展战略，紧紧围绕“打好六大战役、实现六个突破”和突出“七个着力”，实现两位数增长总体部署，紧紧依靠各界委员，牢牢把握团结和民主主题，认真履行政治协商、民主监督、参政议政职能，为全市经济发展、民生改善、社会和谐献计出力，各项工作取得新的进展和成绩，为推进兰州率先跨越发展做出积极贡献。

【市政协十二届四次会议】 2月1日—5日在宁卧庄宾馆举行。左灿湘主席代表政协兰州市委员会常务委员会作《工作报告》、陈冬芝副主席代表政协兰州市第十二届委员会常务委员会作《关于十二届三次会议以来的提案工作情况报告》；委员们列席兰州市十四届人大五次会议，听取、讨论《市政府工作报告》《计划工作报告》《财政工作报告》及法院、检察院工作报告；审议通过政协兰州市委员会常务委员会十二届四次会议各项决议和提案审查情况报告。选举张淑菊、石春生为市政协副主席，同意陈冬芝、王建中辞去市政协副主席职务。市政协主席左灿湘，副主席陈冬芝、王建中、魏邦新、李继彬、孙晓钢、蒙自福、张荫林、苏广林、宋昌义、陈亲恭、魏职勤及秘书长段树嘉出席会议。省委常委、市委书记陆武成，省政协副主席、民盟甘肃省委员会主委张世珍，市委副书记、代市长袁占亭，市人大常委会主任哈全玉等到会祝贺。

【市政协十二届十七次常委会】 1月14日在友谊饭店召开，左灿湘主席主持会议并讲话，副主席陈冬芝、王建中、魏邦新、李继彬、孙晓钢、蒙自福、张荫林、苏广林、宋昌义、陈亲恭、魏职勤及秘书长段树嘉出席会议，办公厅、研究室、各专门委员会、机关党委、纪委负责人列席会议。会议审议、通过关于召开政协兰州市第十二届委员会第四次会议的决定、议程（草案）和日程、常委会工作报告和提案工作报告及报告人名单、委员分组和召集人名单、大会秘书长、副秘书长名单，协商通过委员增补事项；表决通过有关专委会主任、副主任调整任免事项。

【市政协十二届十八次常委会】 2月4日在宁卧庄宾馆召开，左灿湘主席主持会议，副主席陈冬芝、王建中、魏邦新、李继彬、孙晓钢、蒙自福、张荫林、苏广林、宋昌义、陈亲恭、魏职勤及秘书长段树嘉出席会议。会议审议通过市政

协十二届四次会议各项决议(草案)、选举办法(草案)、副主席候选人建议名单(草案)。

【市政协十二届十九次常委会】 7月27日在宁卧庄宾馆召开，会期1天。左灿湘主席、魏邦新副主席分别主持会议。副主席李继彬、孙晓钢、张荫林、苏广林、宋昌义、陈亲恭、魏职勤、张淑菊、石春生，党组成员王建中及秘书长段树嘉出席会议，办公厅、研究室、各专门委员会、机关党委、纪委负责人列席会议。会议听取市委常委、副市长杨志武代表市政府作《关于2010年上半年全市经济社会运行情况》通报，兰州商学院副院长、教授蔡文浩《关于学习贯彻〈国务院办公厅关于进一步支持甘肃经济社会发展的若干意见〉》专题讲座；审议通过《关于推进兰州市工业结构调整、促进战略性新兴产业发展的建议案》、有关人事任免事项。

【市政协十二届二十次常委会】 10月29日在友谊饭店召开，会期1天。左灿湘主席、魏邦新副主席分别主持会议。副主席李继彬、孙晓钢、张荫林、苏广林、宋昌义、陈亲恭、魏职勤、石春生及秘书长段树嘉出席会议，办公厅、研究室、各专门委员会、机关党委、纪委负责人列席会议。会议传达学习中共十七届五中全会精神；审议通过《关于推进大兰州文化圈建设的建议案》《关于推进兰州市城市交通与道路建设的建议案》、有关人事任免事项。

【市政协十二届二十一次常委会】 12月22日在宁卧庄宾馆召开，会期1天。左灿湘主席主持会议。副主席魏邦新、李继彬、孙晓钢、蒙自福、苏广林、宋昌义、陈亲恭、魏职勤、张淑菊、石春生及秘书长段树嘉出席会议，办公厅、研究室、各专门委员会、机关党委、纪委负责人列席会议。会议审议通过召开市政协十二届五次会议的决定、议程(草案)、日程、常委会工作报告和提案工作报告(草案)及报告人名单、大会秘书长、副秘书长名单等事项，有关人事任免事项；围绕常委会工作报告、提案工作报告(草案)进行协商讨论。

【政治协商和民主监督】 继续巩固全委会集中协商、常委会和主席会专题协商、专门委员会对口协商的协商议政格局。内容丰富，既重视发展规划、政府工作报告等重大问题，又关注其他事关改革发展稳定大局和群众利益的突出问题；既重视整体工作，又突出对重大建设项目、民生项目的协商监督。形式灵活，既有例会协商，又有随机讨论；既有背靠背的批评建议，又有面对面的对话沟通；全体会议既组织小组讨论，又举办大会发言和论坛，并与市委市政府领导和部门负责同志面对面直接交流、协商。认真落实领导成员重大项目联系督导制度，主要领导带头，分管领导积极组织，深入一线协调解决问题。参加全市大督察活动，认真督察市委市政府工作，及时提出意见和建议。充分发挥委员和特邀监督员作用，支持委员经常深入基层听取意见，提出建议，深入开展“两代表一委员下基层、进社区”和民主评议政风行风活动，组织委员参与各种形式的督导、检查和评比活动，先后有20多名委员督导15个局委办、32个单位民主评议工作。

【课题研究】 围绕“十二五”兰州科学发展要求，常委会从国家和省市战略出发，通过对兰州及周边地区文化传承和文化资源的研究，提出建设“大兰州文化圈”设想，并列为重点课题，组织工作班子深入各县区及白银、定西、临夏等市州进行调研，对国家的宏观政策、国内外实践经验和理论成果，进行多视角分析，编印《大兰州文化圈建设研究报告》，提交《关于推进大兰州文化圈建设的建议案》，充分论证建设大兰州文化圈的必要性和可能性，精心设计大兰州文化圈的空间结构和区域文化发展格局，提出文化圈近期、中期和远期发展目标，建设大兰州文化圈的基本思路和一系列对策建议。此《建议案》受到市委、市政府领导高度重视，省委常委、市委书记陆武成和市长袁占亭分别作出专门批示，认为这些建议对推进大兰州文化圈建设提出指导性、针对性和可操作性很强的对策建议，从文化发展角度深入实施“再造兰州”战略、发挥中心带动作用具有积极的参考借鉴价值。

【调研视察】 随着城市快速发展，交通拥堵已成为兰州市继大气污染之后又一严重的“城市病”，解决交通拥堵、缓解出行困难迫在眉睫。市政协通过大量实地调研，深入分析兰州交通现状和发展趋势，广泛探讨发展规划、路桥建设、地形限制、交通管理手段和市民交通素质等问题，系统提出统筹规划、加快建设、强化管理、公交优先、提高素质和提倡绿色出行等9条对策。陆武成书记、袁占亭市长充分肯定，要求各级有关部门认真研究和充分吸纳提出的对策建议，结合四版城市总体规划和全市“畅交通”措施的落实，进一步加大工作力度，加快道路、桥梁等基础设施建设，不断改善交通条件，提高城市道路的通行能力。着眼培育战略性新兴产业，组织委员深入市发改委、工信委、科技局、高新区、经济区和重点企业调研，形成《关于推进兰州工业结构调整促进战略性新兴产业发展》建议案和研究报告，对兰州市新型制造业、生物医药、节能环保、新材料等战略性新兴产业发展态势进行梳理和分析，研究面临的体制障碍、空间制约、结构矛盾等问题，提出调整结构、转型升级、科技支撑、园区集聚、拓展空间等8条建议，为转变发展方式、培育战略性新兴产业提供决策参考。为了促进兰州市农业现代化，开展关于提升农业规模化集约化水平调研，通过对永登、榆中、皋兰、七里河等县区实地调研，摸清兰州市农业发展基本情况，探讨制约发展主要根源，提出一系列具有操作性建议。针对兰州市城乡规划滞后、存在违规建设、规划经费短缺、规划管理队伍薄弱、规划执法难等问题，开展关于贯彻落实《城乡规划法》调研，为兰州市提高城乡规划和建设水平，提出有益意见建议。此外，还从经济社会发展不同角度选准切入点，开展调研、咨询论证、视察督查等工作，内容涉及区域经济规划论证、中小企业发展、民营经济发展、市场建设、扩大内需、加快城乡一体化、推进科技创新和科学普及、教育资源整合、人口结构和发展趋势、城市管理和社会治安建设、少数民族流动人口、农村公路建设管理情况等各个方面，共形成16个调研、视察报告和建议案。

【参政议政】 按照齐抓共管、形成合力要求，积极承担重要工作，主动参与大型活动。深入建设工地，现场查看工程进度、工程质量和施工安全，共同研究、协商解决拆迁、安置、土地储备、融资等问题，有效促进南山路建设。推进高新区增容扩区重点项目，组织委员几次专程前往彭家坪装备制造业生态园区进行督察，查看道路建设、征地拆迁、电力改造、项目入驻等情况，并听取高新区管委会、七里河区负责人专题汇报，共同分析征地拆迁、土地权属纠纷、电力改造等影响建设进程因素，要求各单位各部门切实加强领导，严密组织，化解矛盾，保证建设进度，尽快为企业入驻、开工做好准备。高度重视扶贫开发工作，在开展调研视察、献计献策的同时，各位主席、副主席多次深入各自联系点，积极协调帮扶单位加大投入力度，建设扶贫项目，发展农业生产，改善农民生活。积极参加全市城乡一体化发展和实施“中心带动”战略工作观摩督查活动，深入县区、部门认真听取汇报，仔细观摩督察，系统讲评，推进工作。积极参与“兰洽会”洽谈、签约和有关会务工作，参与创建全国文明城市检查评估工作的宣传、迎检、测评、协调工作，参与双拥工作、社会治安综合治理工作及重大项目开工建设、群众性文化活动、大型宣传咨询活动。还利用参加省内外各种活动和会议、接待来访、外出学习调研等机会，主动开展宣传兰州、介绍项目、牵线搭桥、招商引资等工作，为促进发展作贡献。

【关注民生】 高度重视住房、物价、医疗、教育、食品药品安全、社会保障等民生问题。城区污水“全收集、全处理”是兰州市民生建设“一号工程”，常委会多次听取汇报、检查调研、了解情况，赴施工一线开展专题视察，现场查看污水管网、污水处理厂建设等工程，现场听取汇报、查看进度，对施工中遇到的困难和问题，详细了解，共商解决对策，通过多种渠道呼吁和协调，促进工程顺利进展。推进廉租房建设，先后深入到城关区砂坪村、红山村、孙家台、九州及七里河区、安宁区住宅小区进行现场视察，详细了解廉租房建设进展情况，要求各县区和相关部门落实责任、加快进度，提出具体意见建议。积极关注新农村建设和农村民生改善，帮助解决农民看病难、看病贵问题，开展乡镇卫生院建设和发展情况调研，现场查看，同乡镇医务工作者座谈、交换意见，共同分析问题，探讨发展良策；开展农村公路建设管理情况视察调研，深入实地了解兰州市农村公路发展面临的困难和问题，提出有针对性建议；开展农村环境保护提案的督办视察，提出统筹农村经济发展与环境保护、切实加大农村环保投入、加大环境整治力度等建议。

【提案工作】 市政协十二届四次会议以来，各位委员和政协各参加单位积极运用提案形式履行职能，全年共提交提案774件，经审查立案763件，其中，委员个人或联名提案562件，民主党派、工商联、有关人民团体和市政协专委会集体提案201件。有关经济方面提案141件，占总数的18.35%；有关城市建设、城市管理和环境保护方面提案共301件，占总数的39.5%；有关科教文卫体方面提案169件，占总数的22.2%；有关社会保障、劳动人事和统战政协等方面提案153件，占总数的20.1%。经十二届四次会议审查立案的提案，于2010年2月9日送交市委、市政府、市政协所属有关部门和各县区人民政府及有关人民团体等承办单位办理。截至2010年10月底，所有交办提案均已办复。其中，所提问题已经解决或采纳的293件，占38.4%；列入计划拟解决的421件，占55.2%；留作参考的49件，占6.4%。为提高提案办理质量，加快重点及疑难问题的解决，2010年初协商建立市长批办重点提案制度。当年市政协确定的

12件重点提案分别由市长、副市长阅批，所提建议全部得到落实。先后组织召开提案办理协商会2次，开展提案办理情况专题调研1次，走访承办单位4次，向市政府报送重点提案12件、调研报告1份，组织14家承办单位进行座谈交流，共商提高办理质量的举措。

【政协宣传及文史资料】 积极开展政协宣传和文史资料工作。配合新闻媒体，及时报道政协活动、信息、动态，对重要会议和重要活动、重要提案建议进行专题报道。利用报刊、广播、电视和《政协通讯》《委员建言》、政协网站等载体，为委员反映社情民意、开展民主监督、研究工作对策提供阵地。办好《诤友》杂志，提高刊物质量，全年在《诤友》杂志刊登政协理论研究文章、重要调研成果、重要文史资料等100多篇。编印下发《学习参考资料》4期，为委员学习党和国家的大政方针、了解形势政策提供帮助。加强政协网站宣传传播功能，利用网站发布消息、上传公文、交流经验，全年上传各类材料、信息达420多条。高度重视文史资料征集工作。征集、整理30多篇重要文史资料，编辑出版《兰州文史资料选辑》第25辑，荟萃了一批亲历、亲见、亲闻的珍贵史料，发挥了文史资料“存史、资政、团结、育人”功效。

【反映社情民意】 践行履职为民理念，深入了解群众疾苦，多方反映社情民意。通过全委会、常委会等例会，以提案、委员建言、民情热线为载体，认真加强和改进社情民意工作。全年印发《兰州政协通讯》24期，《委员建言》专刊24期，及时反映民意信息。召开社情民意信息暨通讯工作会议，交流工作经验，对在社情民意工作中做出突出贡献的先进集体和个人进行表彰。

【促进大团结大联合】 进一步做好港澳台侨工作，常委会在加强日常工作的同时，对兰州市发挥台侨组织作用情况进行视察，详细了解台侨联工作，动员台侨联组织进一步为兰州市加快发展外向型经济提供更多更好服务。举办港澳台侨界委员及“三胞”亲属联谊会会员中秋节座谈会，开展各种联谊活动，港澳台侨界委员以极大的热情投身兰州经济文化发展中，积极参与“魅力兰州宣传推介活动”“华商经济论坛”“兰州首届华侨艺术节”等活动，为宣传兰州、扩大影响、招商引资、加强合作做出积极贡献。促进民族团结、宗教和顺，在尔德节等重要节日前往部分清真寺和拱北，看望慰问民族宗教界上层人士、政协委员和穆斯林群众。在“民族进步宣传月”活动中，市政协与市人大联合对兰州市清真食品管理情况进行视察，提出加强管理建议。组织开展兰州市少数民族流动人口现状调查，了解流动人口生产生活中的困难，提出加强服务、改善条件、促进发展对策建议。

【对外交流与合作】 积极争取省政协指导，认真完成省政协安排的工作，配合省政协的检查、调研、视察、座谈、研讨等工作。与省政协共同开展“进百家门、知百姓情、建惠民言”大型视察活动，联合开展南北两山绿化、中小企业发展、农业规模化集约化、农村空巢老人情况、全省“十二五”规划编制调研等多项大型调研视察。积极配合甘青两省政协跨省际交流协商，为两省政协开展“规划建设西兰银经济区”考察调研提供周到服务，并参与调研和交流协商。加强与其他省市政协的联系与交流合作，扩大人员交往、工作交流、资料交换、信息互通等工作，为全国各地政协来兰交流考察提供周到的服务，开展广泛的交流互动。邀请白银市政协共同举办“兰白都市经济圈”发展论坛，两市政协联合向省政协提交推进“兰白都市圈”建设建议案，拓展履职形式。积极参加省内外各类研讨会，组织调研组、考察组外出学习取经，还同高校、科研机构建立合作关系，与专家学者共同开展调研活动，开阔工

市政协社情民意信息暨通讯工作会议

作思路，提高履职水平。

【自身建设】 通过开展“创先争优”、“行政效能年”建设、“读书年”活动，创建学习型、务实型、创业型、团队型机关。积极开展各种学习教育活动，加强日常学习，组织机关工作人员积极参加党校、行政学院培训和其他短期脱产培训，组织政治理论学习学分考试和党风廉政建设专题考试，鼓励干部职工参加在职学历教育，进一步形成学习理论、钻研业务、提高素质良好风气。着力推进激励机制、专委会与党政部门对口联系机制、重点提案领办督办机制、社情民意信息报送机制的创新完善，各项工作制度化、规范化、程序化水平得到新的提高。弘扬勤政廉政、调查研究、团结和谐，进一步改进委员和机关干部作风，后勤保障、联络接待等各项工作取得新进展。

（汪国华）

民主党派·人民团体

中国国民党革命委员会兰州市委员会

【概况】 2010年，民革兰州市委员会坚持把思想建设作为政治交接和自身建设的核心，认真学习贯彻中国共产党十七届五中全会和中共兰州市十一届八次全体会议精神，将深入开展学习和践行社会主义核心价值体系活动与履行参政党职能紧密结合，认真履行参政议政、民主监督职能，动员和带领全体民革党员，积极为兰州经济发展、改善民生、社会和谐献策出力，各项工作都取得新的成绩。全年发展新党员36人，其中大学以上学历28人，中级以上职称和科级职务20人，平均年龄为38岁。至年底，市民革有5个总支、31个支部，党员683人。

【参政议政】 2010年，市民革向政协十二届四次会议提交提案143件，其中集体提案29件，委员及委员联名提案114件，内容涉及兰州经济发展和社会建设各个方面，重点就落实省委区域发展战略、发挥兰州中心带动作用、加快兰白都市经济圈建设、发展低碳经济、缓解市区交通拥堵、解决商品房房价上涨过快、加强城市建设与管理以及有效解决“三农”问题、率先实现城乡一体化建言献策。市民革作题为《把握国投利好政策机遇　借机推进我市水利事业向前发展》大会发言，在大会上交流《重视国防教育　培养国防意识》。在联组会上，民革界别委员分别作题为《建设兰白都市经济圈，优先实现社会事业一体化》《构建兰州都市经济圈　首推兰州白银一体化》《创新旅游服务模式　促进旅游产业升级》《民办公助　政策扶持　推动我市社会养老事业健康发展》发言。市民革集体提案《关于加快推进我市城乡一体化进程的提案》，委员提案《关于加强兰州经济圈形成与发展的提案》《关于促进我市农民工返乡创业的建议》《关于加快我市保障性安居工程建设的提案》被评为优秀提案。民革党员中的人大代表向人大会议提交意见建议11件，县区支部和委员向县区政协会议提交提案97件。在市政协社情民意信息暨通讯工作表彰大会上，市民革被评为先进单位。围绕促进发展和改善民生主题献良策，提案建议得到高度重视。市民革集体提案《关于实施中心带动战略　发展中心城市产业的提案》《关于对前期改制不彻底的市属国有企业强化续改力度的提案》和委员提案《关于加快我市调优经济结构　转变经济发展方式的提案》被市政协列为今年的重点提案，市民革《关于提请主管市长圈阅政协重点提案的提案》得到市政协和市政府高度重视；7月，市政协制定通过《政协兰州市委员会重点提案产生、办理和督办暂行办法》，建立市委书记阅批、市长领办、市政协主席督办、政协各专委会对口联系督办重点提案工作机制；市民革《关于改进我市定额刮奖发票的提案》，兰州市财政局和兰州市地税局采纳了建议内容。兰州市纪委接到市民革《关于强化民评在民主监督方面的机制性作用的提案》后，提出改进普遍评议方式、强化整改工作力度、细化民评代表产生办法、注重民主评议结果运用等四项改进措施。兰州市政府法制办接到《关于加强市政府投资项目后期评审的提案》后，表示要把相关项目后期评审建议内容补充到《兰州市政府投资项目评审暂行办法》中，全面规范兰州市投资项目的管理和运行，为今后政府项目投资的科学决策提供法律保障。针对兰州市区道路交通拥堵问题，市民革和民革界别政协委员提出5件提案，得到市政协和政府相关部门高度重视，市政协先后组织交警部门、道路建设管理部门与提案单位现场商讨解决办法和措施。积极参与省市重要活动，努力发挥参政党作用。在省政协举办的贯彻落实中共中央(2006)5号文件和省委34号文件精神研讨会上，市民革代表作“不断创新和改进工作机制　充分发挥协商与监督对科学决策和阳光行政的推动作用”发言。市委会领导和民革界别政协委员还参与市政协组织的“推进我市工业结构调整、促进战略性新兴产业发展”“市场建设情况”和“市政协提案办理情况”等调研视察活动。按照市委统战部和市民评办要求，向市民评办推荐10名民评代表，参与对政府部门及二级单位的民评活动。部分民革党员参与市纪委组织的机关效能建设检查、督察活动，推动了政府机关作风转变。加强对口联系，开展与政府部门合作交流。按照市政府关于加强政府部门与各民主党派、工商联对口联系的要求，与市城乡建设局召开对口联系座谈会，就如何进一步加强沟通联系，更好地发挥民主党派参政议政、民主监督作用，共同促进城市建设科学发展等方面进行交流沟通，形成对口联系会议纪要和工作制度。在市委统战部召开的政府有关部门与民主党派和工商联对口联系座谈会上作交流发言，提出增强对口联系工作实效性和长效性的四条建议。认真筛选调研课题，积极开展调查研究工作，相继开展乌昌一体化发展情况、贫困地区“整村推进”情况以及社会养老事业政策落实情况调研，形成调研报告3篇。

【自身建设】　按照民革中央《关于“学习和践行社会主义核心价值体系”活动的通知》要求，在兰州市基层组织和民革党员中广泛开展学习和践行社会主义核心价值体系活动。市民革成立活动领导小组，下发活动方案，发放辅导读本，引导支部学习理论，将践行活动贯穿到自身建设、参政议政、民主监督各项工作中。领导班子带头学习中共十七届五中全会和中共兰州市十一届八次全体会议精神，认真解读国办“若干意见”和“再造兰州”战略内容要义，将多党合作理论、科学发展观、社会主义荣辱观和参政议政知识有效运用于工作实践。组织党员参加省民革和市委统战部举办的学习和践行社会主义核心价值体系专题讲座和报告会，国庆期间举办社会主义核心价值体系学与行演讲大会。通过深入开展学习教育活动，进一步增强民革党员自觉接受中国共产党的领导、坚定不移地走中国特色社会主义政治发展道路的信念和信心。适应新形势，探索新方法，组织建设稳步推进。为进一步加强组织建设，巩固和提高政治交接成果，市顺利完成城关总支组建成立和机关支部改选工作，全面完成基层组织换届工作。及时召开基层组织建设工作会议，对换届后的基层支部班子成员进行培训，对组织建设工作进行安排部署，并就如何发挥支部带头人作用，推动基层组织建设工作上台阶、提水平进行交流探讨。改版《兰州民革简讯》为《兰州民革》杂志，强化支部学习，为各支部订阅《团结报》《诤友》杂志，发放学习资料和理论工作书籍，及时报道支部学习和活动开展情况。2010年全市统战部长会议上，市委会荣获“全市统战信息工作先进单位”二等奖。

【社会服务】　积极开展“送温暖、促和谐”活动，向七里河区黄峪乡20家贫困户赠送面粉20袋，菜籽油20桶，入冬棉衣50件，慰问金4500元。捐赠现金及物资总价值9600元。青海玉树地震、甘肃舟曲特大泥石流灾害发生后，全体市民革党员向灾区捐款，向玉树捐赠现金184730元，向舟曲捐赠现金176380元。其中，民革企业家袁辉向玉树捐款10万元、向舟曲捐款122900元，张国良向舟曲捐赠价值25000元消毒液，阎学辉向舟曲捐款6000元。

【祖国统一活动】　按照民革中央祖国统一工作“四个转变”要求，积极探索新形势下民革开展对台工作新途径、新方法，创新工作思路，祖统理论研究和涉台参政议政工作取得较好成绩。理论研究文章《从美台军售看未来几年美国在台问题上的政策走势及启示》被民革中央《台湾研究》和《甘肃统战理论研究》刊载。4月，市民革领导班子会见来兰投资考察的台湾黑极能源科技股份有限公司总经理简国闵一行。5月，市委会领导率领兰州市代表团，参加第十二届海峡两岸经贸交易会。6月，市委会领导会见台湾国民党中央候补委员邓治平。通过祖统宣传、接待台湾客人和两岸同胞交流，进一步增进和平发展、实现共赢共识，扩大民革的社会影响。

（胡　骏）

中国民主同盟兰州市委员会

【概况】　2010年，民盟兰州市委员会积极围绕兰州市经济建设、社会发展等重大问题和人民群众关心的热点难点问题建言献策，为促

进兰州经济发展和社会和谐做出积极努力。至年底，全市共有盟员1103人，基层组织70个。多名盟员被评为省、市、县区级优秀工作者或先进个人。其中，1名盟员被国家体育总局授予2005—2008年度“全国群众体育工作先进个人”荣誉称号；1名盟员被授予“全省侨联系统先进个人”荣誉称号；1名盟员在2010年全省围棋竞标赛中获得冠军；1名盟员荣获市政府“全市食品药品安全工作”先进个人。2名盟员入选兰州市首届道德模范候选人，1名盟员入选《兰州零距离》栏目。

【参政议政】 2010年，在兰州市人大第十四届五次代表大会上，盟员中的人大代表提交并立案议案7件。2010年，在市政协十二届四次会议上提交《关于挖掘和保护我市非物质文化遗产》等提案26件，委员联名和个人提交提案42件。其中以“关于兰州市城市交通问题的思考与对策”为题作大会发言；盟员中4位政协委员以“实施小城镇带动战略，推进城乡一体化建设”等在政协联组论坛上做发言。有4件提案被市政协确定为主席督办提案。在甘肃省政协召开的十届二次、三次会议上，盟市委先后向大会提交《关于大力发展我省职业教育》《关于妥善解决代课教师问题》《关于做好义务教育阶段教师绩效工资若干问题》等多件提案。其中《关于大力发展我省职业教育》被省政协评为优秀提案。2010年被确定为“参政议政建设年”，举办参政议政骨干培训班，邀请全国政协委员、省政协党组成员、省政协原秘书长薛映承作辅导报告，并将《辅导报告》印发给基层组织，供大家学习参考。为增强学习效果，先后邀请副市长俞敬东就兰州市“十一五”期间经济社会发展成果和“十二五”规划构想及“再造兰州”、兰州新区建设等有关情况做政情通报，为人大代表、政协委员、各基层组织负责人更好地了解市情、政情，建言献策提供帮助。结合参政议政工作效果，先后推荐10名盟员担任兰州市民主评议政风行风代表。进一步了解兰州市民情、民意，组织盟员中的人大代表、政协委员深入到榆中县、皋兰县、红古区等地就兰州市农村沼气建设等问题进行调研，完成《关于我市农村沼气建设及后续服务情况的调查报告》，向盟省委提交《关于我市城镇居民养老保险的调查报告》等3篇调查报告。全年共完成调查报告23篇，内容涉及义务教育资源整合、学前教育、无公害蔬菜质量安全、农村水利基础设施建设、城镇居民养老保险、保障性住房建设、国企改革职工权益维护等方面。11月，市委统战部召开全市统战系统调研工作研讨会，盟市委以“发挥专兼职两个积极性是搞好党派调研的重要保证”为题做交流发言，介绍了盟市委近年来开展专题或单项调研工作的做法和经验。在市政协召开的社情民意信息暨通讯工作会议上，盟市委以“新时期民主党派社情民意信息工作的实践与思考”为题作交流发言，被市政协评为“2009—2010年度市政协社情民意信息和通讯工作”先进集体，3位盟员被评为“2009—2010年度市政协社情民意信息和通讯工作”先进个人。盟市委召开参政议政工作表彰会，对2009—2010年度在参政议政工作中表现突出的基层组织和个人进行表彰奖励。榆中县总支、青委会等6个总支、专委会被评为先进集体；红古区支部等10个基层组织被评为先进支部；罗钟伟、周迎平等43名盟员被评为先进个人。

【社会服务】 响应市委统战部开展的“帮助困难群众献爱心”月活动，以捐款捐物、提供服务等形式，积极开展帮扶慰问活动。共捐现金17000元，物资价值近44000元。坚持到扶贫点永登县红城镇开展帮扶活动，2010年为该镇18户困难群众送去慰问金和慰问品。向徐家磨、玉山、华山等3所小学捐赠电脑56台。青海省玉树县发生强烈地震后，倡议广大盟员和机关工作人员积极奉献爱心，共捐款46400元。舟曲特大山洪泥石流灾难发生后，积极号召全市盟员发扬“一方有难，八方支援”的社会主义互助友爱精神，通过各种途径共捐款55720元。各总支也根据实际情况，踊跃开展为患病群众捐款、慰问生活困难盟员、定点科技扶贫等活动。其中盟员呼延真为夏河县热果村小学捐资33000元；盟员魏君科向兰州市七十中学捐款20000元，帮助改善办学条件。积极发挥自身特色优势，开展助学帮教活动，组织盟内骨干教师分别到榆中一中、兰州市十八中学进行教学交流活动。邀请盟内专家对天祝县参加高中新课改的教师进行为期两天的培训。常委会也积极响应盟中央“烛光行动”，动员广大盟员热情支持和参与。特邀心理学教授对红古区近200位中小学心理辅导教师进行专业培训。组织盟员为七里河区300余名中小学校长、班主任代表进行心理健康讲座。在开展社会服务活动中，盟省委和盟市委联合在兰州市劳教所举行戒毒学员“戒断毒瘾、重铸人生”演讲比赛暨省市民盟送温暖活动，400余名学员及全体干警参加活动。活动期间向戒毒学员们赠送毛巾、牙膏等生活日用品。面对新形势、新任务，坚持创新活动形式，组织开展多方面社会服务活动。参加在银川市召开的民盟西部省（市、区）首府城市盟务工作研讨会。在会上以“新时期民主党派社情民意信息工作的实践与思考”为题作大会发言。2011年是民盟成立70周年，为做好这一纪念活动，积极协助盟省委完成甘肃民盟成立70年纪念画册中兰州市情况的文字、图片搜集整理工作，并组织盟员参加甘肃民盟组织建立70周年庆祝大会。重视与兄弟市盟员的交流合作，组织部分盟员专程赴白银市就“兰白都市经济圈”建设问题与民盟白银市委进行座谈交流，就区域经济发展、城乡一体化、工业布局、生态安全屏障等方面问题进行研讨。各基层支部也根据自身实际，积极开展社会服务，城关区总支在拱星墩西社区举行“民主党派活动之家”揭牌仪式，加强民盟基层组织与社区的联系，为盟员知情出力提供平台。各专委会结合各自实际开展丰富多彩的活动，举行庆祝“三八”妇女节座谈会、第26个“教师节”座谈会、“九九重阳节”茶话会；组织盟员参加盟省委举行的欢度重阳节离退休盟员趣味运动会，荣获集体二等奖。

【培训与信息】 举办树立和践行社会主义核心价值观体系专题讲座，邀请市委党校教授就民主党派及其成员如何在社会主义核心价值体系建设中发挥作用进行辅导。为总支和机关各部室发放辅导书《社会主义核心价值体系学与行宣讲报告集》《七个怎么看》《划清“四个重大界限”》等学习读本。组织盟员参加市委统战部举办的树立和践行社会主义核心价值体系辅导报告会，组织全市盟员观看《民主之澜》等多党合作历史题材优秀影视作品，并为70个基层组织购买光碟。青委会举行纪念中国民主同盟创始人张澜诞辰138周年座谈会。学习传达全国“两会”精神，学习《中共中央、国务院关于加大统筹城乡发展力度进一步夯实农业农村发展基础的若干意见》《关于进一步支持甘肃经济社会发展的若干意见》等文件精神。积极参加市委统战部召开的双月联系会、政府有关部门与民主党派和工商联对口联系工作座谈会等重要会议及由市委统战部组织的兰白经济圈建设对接活动。领导班子成员还多次走访兰州市各县区及有关单位党委统战部，密切与基层组织联系，沟通情况，听取意见，帮助基层解决实际困难。根据走访情况，适时对盟员开展各类培训教育，不断提高综合素质。组织盟员及机关干部参加省委统战部举办的“统一战线学习报告会”、盟省委与甘肃社会主义学院联合举办的统一战线理论专题讲座活动。选派2名盟员参加盟省委举办的全省基层组织骨干盟员培训班，10名盟员参加兰州市第23期党外干部培训班。举办第15期新盟员培训班，使近两年入盟的30余位盟员系统学习盟组织相关知识。《兰州盟讯》开辟专栏，转载理论文章，及时报道民盟各项工作，宣传盟员先进事迹。先后向盟省委、市政协、市委统战部及《兰州日报》《兰州晚报》等新闻媒体报送各类信息88条（篇），刊出65篇。

【组织建设】 2010年，发展盟员46人,其中女23人，平均年龄36.5岁，主要分布在教育、医疗、政府部门、科研、公有制经济、非公有制经济等界别。年初召开基层工作会议，荣获2009年民盟甘肃省十二届四次会议表彰的6个先进基层组织进行交流发言。全年完成3个支部的换届改选工作，将兰州八中、兰州园艺学校小组改为兰州八中支部、兰州园艺学校支部。

（高树森）

中国民主建国会兰州市委员会

【概况】 2010年，民建兰州市委员会紧紧围绕市委、市政府中心工作，以民建成立65周年为契机，强化思想宣传工作，以总支和专委会工作为抓手，加强组织建设，以服务中心、突出特色为着力点，认真履行参政议政职能。至年底，民建兰州市委员会有总支、支部53个，会员846名，平均年龄47.5岁。

【思想宣传】 按照民建中央和民建甘肃省委部署安排，制定下发《关于开展“弘扬民建优良传统，努力践行社会主义核心价值体系”系列活动的方案》，在全市民建组织中深入开展社会主义核心价值体系践行活动。全市民建组织和会员通过召开专题座谈会、报告会和组织生活会等不同方式，认真学习研读社会主义核心价值体系相关理论文章和本会会章会史，组织收看电视连续剧《黄炎培》。深入开展党建理论研究工作，探索创新民主党派工作新形式新方法。坚持不懈地抓好市委会、基层总支、支部和专委会政策理论学习，先后组织全市各基层组织和成员，认真学习中共十七届五中全会精神、中央经济工作会议精神及《国务院办公厅关于进一步支持甘肃经济社会发展的若干意见》等重要文件。围绕中国民主建国会成立65周年，开展学习会章会史和统战理论知识问答活动，同时举办辅导讲座，加强对会员的政策理论宣传和教育。利用各种形式，追思民建卓越的领导人孙起孟。及时下发通知，在全市组织中开展25集电视连续剧《黄炎培》观后感征文活动。12月4日，组织

市委会委员及有关总支、支部负责人召开纪念民建成立65周年座谈会。选派20名基层骨干会员参加由市委组织部和市委统战部联合举办的兰州市第22期党外干部培训班，组织机关全体干部和部分基层组织负责人参加省委统战部举办的统一战线学习报告会。加强新会员培训，对59名新会员进行第一课教育。高度重视信息编报工作，进一步加强与市政协、市委统战部等单位和《兰州日报》《鑫报》《民讯》《甘肃民建》等媒体和会内刊物的联系。全年共报送各类信息累计100条，近60条被采用；编印《兰州民讯》5期。

【组织建设】 高度重视基层组织和专委会工作，进一步完善考核制度，规范总支和专委会工作，推动基层组织和专委会工作制度化、规范化、程序化。完善总支工作制度，总支工作进一步规范。转变工作作风，深入基层调研考核总支工作。在此基础上，召开总支工作考核会议，评选出一个优秀总支、两个先进总支，在民建兰州市十一届八次全委会议上给予表彰奖励。圆满完成永登中堡支部、石化职业技术学院支部和机关支部换届工作。民主选举一些“能做事”“愿做事”“会做事”的骨干会员进入支部班子，为进一步增强基层组织凝聚力和活力打下良好组织基础。全年共新批准入会37人。在纪念中国民主建国会成立65周年大会上，永登县总支被评为“民建全国先进基层组织”，副主委蔡根泉被评为“民建全国优秀会员”。

【参政议政】 紧紧围绕党和国家大政方针并结合市委、市政府中心工作，科学选定调研课题，积极开展调查研究。组织专家学者和会员企业家组成考察团，就贯彻落实省委“中心带动、两翼齐飞、组团发展、整体推进”区域发展战略和建设“兰白都市经济圈”重大举措，专程前往白银市实地考察。与民建白银市支部就为“兰白都市经济圈”建设共同献计出力进行对接，并两次召开专题会议研究，双方签立合作课题协议。撰写《兰州白银两地特色产业优劣势分析》调研报告，提交有关部门。拓宽知情面，先后邀请市科技局、市林业局、市工信委领导和专家，为会员作“兰州市科技发展情况”等专题讲座。12月1日，召开全市基层组织和专委会负责人会议，传达学习中共兰州市十一届八次全委扩大会议精神。学习、讨论省委常委、市委书记陆武成重要讲话精神和市委提出的《关于制定兰州市“十二五”规划的建议》。加大市委会经济工作委员会工作力度，发挥参政议政骨干作用。先后组织6个调研组，深入永登、榆中、皋兰3县、红古区和市直有关部门，围绕农村环保、社会保障等社会普遍关注问题开展调研，完成《兰州市农村环境保护问题研究》《兰州市保障性住房建设问题研究》等6篇调研报告，会员个人完成课题调研报告24篇。在2010年的省市县各级人大、政协会议上，市委会集体和会员个人共提交提议案248件，比2009年增加38件。市委会向市政协十二届四次会议提交《关于促进兰州市物流业发展的建议》等18件提案，并作《关于加强兰州市地质灾害防治工作的建议》大会发言。会员向市政协十二届四次会议提交提案108件。其中提交的《关于改善兰州市低收入家庭生活状况的建议》被市政协列为主席、副主席督促检查重点办理提案；《关于加强兰州市地质灾害防治工作的建议》《关于在我市建立社情民意民调机制的建议》《关于加强兰州市食品药品监督管理的建议》被评为优秀提案。担任各级人大代表的会员向各级人大会议提交议（建议）案46件。24名会员分别被任命或聘请为省高级法院人民陪审员、省工商局党风廉政建设特邀监督员、全市组织工作监督员、市中级法院廉政监督员、市民评代表等。

【社会服务】 2010年，积极参加全市统战系统“帮助困难群众献爱心月”活动，共募集到新棉衣、粮油等价值20250元的物资，于春节前送到榆中县清水驿乡杨河村困难群众手中。捐赠现场，市委会领导还向22户困难群众每户发放200元春节慰问金。随行的医疗界会员现场为100多名杨河村群众作义诊，书画界会员现场为当地群众书写1000多幅春联。青海玉树大地震和甘肃舟曲特大山洪泥石流灾害发生后，会员为向玉树地震受灾群众累计捐款85万元，向舟曲泥石流灾害受灾群众累计捐款13万余元。2010年全市各级民建组织和会员共为各种社会公益活动捐款捐物达1000余万元。

【联络工作】 积极参加市政协、市委统战部召集的各种会议及调研、视察等活动，加强相互联系。有计划地走访县区党委统战部及兰州石化公司党委统战部等。召开统战部长联谊会，邀请市委统战部、县区统战部和兰州石化公司等有关单位统战部领导，就市委会今后工作广泛征求意见、建议，加强协商和交流，增进共识。进一步加强与非公有制会员企业的沟通联系，积极为会员牵线搭桥、提供服务。市委会领导有计划走访20余家会员企业，了解会员企业经营情况，帮助协调解决有关问题。充分发挥市委会企业工作委员会作用，为会员企业互惠互助、互利共赢搭建良好平台，推动会员企业之间的联系。积极参加民建中央和民建兄弟组织召开的会议及举办的各种重大活动，学习先进经验。先后参加民建乌鲁木齐市委主办的2010年民建地方城市交流协作年会和民建中央、工信部和陕西省政府共同举办的“2010中国（陕西）非公有制经济发展论坛”。2010年，民建杭州市委会领导还前来市委会走访，就新形势下民建市级组织如何更好地发挥职能进行深入交流。

（孙　杰）

中国农工民主党兰州市委员会

【概况】　2010年，农工党兰州市委会加强自身建设，提高履职水平。至年底，共有党员535名，有基层组织55个，其中基层委员会1个、总支部委员会12个、支部委员会25个、支部16个、小组1个；各专门工作委员会6个（医药卫生、经济法律、妇女工作、科技农业、文化教育、联络工作）。全年编辑出版《兰州农工》4期，向省委会、市政协、市委统战部等有关部门及《兰州日报》《兰州晚报》等新闻媒体提供信息报道40余条。

【思想建设】　始终把思想建设放在突出位置，把开展学习和树立社会主义核心价值体系与学习邓小平理论、“三个代表”重要思想相结合，与学习实践科学发展观活动相结合，与学习中共十七大、十七届四中、五中全会和农工党中央十四届四中全会精神相结合，努力做到学习成效有新收获，思想水平有新提高，实际工作有新突破。先后组织市委会领导班子成员和部分党员聆听全国统战系统“社会主义核心价值体系‘学与行’电视电话报告会”和市委统战部举办的“树立社会主义核心价值体系”主题辅导报告会。积极组织基层负责人和党员参加各级各类报告会和培训班。3月底、4月初，分别组织部分党员及机关全体成员参加省委统战部统一战线报告会和农工党甘肃省委举办的统战理论讲座。6月底，选派8名党员参加兰州市第23期党外干部培训班。11月，在友谊宾馆举办50余名党员参加的2010年党员培训班。举行老党员茶话会，在“5·12”护士节来临之际，在西湖公园举办游园活动。电视剧《民主之澜》、电影《铁血丹心》播映期间，积极组织党员收看，撰写并提交心得。

中国农工民主党兰州市委会召开四届四次全委（扩大）会

【参政议政】　积极参政议政，进一步提高班子成员履职水平。市委会主要领导多次参加市委、市政府、市政协举办的各种形式的通报会、议政会、社情民意座谈会，参与重大问题的讨论和协商。4月中旬，市委常委、统战部部长段英茹带领市级各党派负责人赴白银，就两市统一战线系统开展兰白经济圈建设合作对接进行座谈和交流。市委会班子成员和部分党员还参加市政协组织的全市义务教育资源整合、农村公路建设管理、五五普法检查验收、小城镇建设、食品药品安全管理等多项调研活动。同时，利用农工党甘肃省委参政议政工作会和市委统战部双月联席会两个平台，不断拓宽参政议政领域，加强与对口单位和部门的联系，参加农工党甘肃省委全膜双垄沟播项目调研和省委会2010年度调研工作会议，确定市委会2010年调研课题。参加市委统战部在红古区召开的双月联席会，参观千亩设施农业示范基地，就推进红古区城乡一体化建设积极展开调研。将《兰州国家级经济开发区增容扩区调研报告》《新城区建设与人口发展战略调研报告》作为2010年调研成果上报市委统战部。12月初，召开2010年参政议政工作座谈会。积极提交议案提案，2月初，兰州市十四届人代会第五次会议召开。市人大代表张祖迁、潘建西等5位代表参加会议；推荐刘树明、李其格2位党员旁听大会。向市政协十二届四次会议提交28篇集体提案，54篇个人提案和联名提案。市政协常委、市委会副主委王波代表市委会作《实施兰州新城区商贸扩张战略　加快兰州现代都市核心区建设进程》大

会发言。市政协常委、市委会副主委魏丽红撰写的《完善机制　强化基础　构建城乡经济社会一体化发展新格局》提案被列为大会交流材料。市政协委员、市卫生学校总支副主委王学纯撰写的《以生态文明建设为主线促进兰州大发展》提案，在市政协联组座谈会上作发言。集体提案《关于完善兰州市食品安全监督管理体系的提案》被评为优秀集体提案。市政协委员、红十字康乐医院支部主委范金凤撰写的《关于呼吁全社会都要关注社会养老问题的提案》被评为优秀个人提案。立足工作实际，进一步加强民主监督工作。2010年，特邀监督员、行风评议员、民评代表，分别参加有关单位的民主监督、评议工作。6月上旬，向市民评办推荐上报常健、李云、刘英、韩国军、张晓霞、张成阁、车宽余、李明杨、甄文君10名党员为2010年兰州市民评代表。市委会主要领导还分别参加对市政协、市纪委领导班子年终考核考评，对市委统战部、市公安局行政效能建设年活动作征求意见建议反馈。2010年，各县区基层组织人大代表、政协委员，紧密结合本地区经济发展和社会实际，在县区人代会、政协会上积极提交议案提案，履行参政议政职能。城关区基层委在区两会上提交议案提案7篇。其中主委赵彬《关于加强城关区区属三级医疗网络建设的建议》作大会发言；集体提案《关于尽快解决民主党派活动场所及活动经费的提案》和个人提案《关于增强政协委员视察效果建议的提案》被区政协评为优秀提案，赵彬、李俊宜、刘锡祥被区政协评为优秀政协委员。七里河总支在区政协会议提交提案9篇。其中集体提案《关于挖掘历史文化资源　发展七里河区旅游业的建议》被区政协评为优秀集体提案。永登县总支在县两会期间提交议案提案11篇。总支主委杨全德、党员成作盛在县政协“双比双争”活动中成绩突出，被县政协评为优秀政协委员。安宁区总支在区政协会议上提交提案5篇。总支主委金永强，副主委沈彤、金占荣参加区政协组织的参观安宁区检察院机关效能建设和市地震博物馆“委员活动日”调研活动。榆中县总支在县政协会议上提交提案8篇。其中《投资2000万元兴建青城黄河大桥的提案》被县政协评为优秀提案，总支被县政协评为参政议政先进集体。红古区总支在区政协会期间提交提案7篇。其中《关于在红古区医院引进学科带头人的提案》获区政协优秀提案奖，总支主委安永学在大会上作《立足城郊农业特色　发展现代农业　推进城乡一体化进程》主题发言。皋兰县支部在县政协会议提交提案7篇。其中《关于免费开放少儿活动中心的建议》《关于解决健康路生命线交通堵塞的建议》被县政府有关部门积极采纳并付诸实施。西固区总支在区政协会议提交提案12篇。论文《关于坚持以人为本理念统筹西固城乡医疗卫生事业一体化发展的建议》《关于统筹西固城乡教育事业一体化发展的建议》在区政协论坛上被评为优秀论文，《年末严厉打击两抢一盗违法犯罪活动的建议》被评为优秀社情民意信息。

【社会服务】　积极做好对口帮扶工作。1月21日，在全市统战系统2010年“帮助困难群众献爱心月”活动开展之际，前往帮扶单位榆中县新营乡祁家河村开展以“扶贫助学献爱心”为主题的捐赠活动，兰州市人大常委会副主任、农工党兰州市委会主委张祖迁参加仪式并讲话，捐助价值达25000余元课外读物的农工党员、省青联委员、城关区政协委员、兰州志摩建材科技有限公司董事长李明杨出席捐赠活动。为祁家河村困难群众捐赠10000元面粉、清油等生活物资。努力做好抗灾救灾社会服务工作。4月下旬，青海玉树发生地震灾害，全市各基层组织和广大党员及市委会机关积极开展捐款捐物活动，共捐助价值达20余万元的款物。8月8日，舟曲县发生特大泥石流灾害。市委会开展向舟曲灾区献爱心捐款活动，全体党员共向舟曲灾区捐款捐物价值达284130元。其中，市直属总支主委、甘肃海天房地产开发公司董事长齐思钺捐款10万元；市直属总支一支部党员、甘肃天宇电力工程有限公司董事长王金飞捐款7.2万元；市直属总支三支部党员、甘肃中和远矿业投资有限公司总裁洪宏捐款2万元。市委会老同志郭宪章夫妇捐款1万元，艾泮梓捐款500元，市农牧支部党员、兰州赛和农产品连销经营有限公司董事长范译文在市委会现场捐款500元。慰问老党员送去组织温暖。2月底，市委会班子成员走访慰问老同志，向他们送去组织关怀。农工党建党80周年前夕，市委会主委张祖迁带领班子成员看望慰问患病的市二院支部副主任师鸿灵、老党员何凤梅，各送上慰问金500元。8月，在全国社会服务工作会议上，市委会被农工党中央表彰为2007—2009年度社会服务工作先进集体。基层组织社会服务工作有序开展。8月12日，永登县总支在河桥镇卫生院开展为期2天的下乡义诊活动，先后诊治病人386人次，发放健康教育资料500余份。9月18日，城关区基层委深入到草场街社区，开展为期1天的六进社区义诊活动。活动现场，专家们先后为社区儿童和老人进行儿童多动症、脑血管疾病的免费筛查，安全用药咨询，现场发放保健健康手册。在国庆、中秋两节来临之际，安宁区总支在兰州曙光中医医院、安宁区人民医院、安宁汇通诊所支持和协助下，联合培黎街道，在培黎广场开展医疗咨询便民服务宣传活动，共接待社区群众100余人次，向过往群众发放医药卫生及日常疾病预防宣传单1000余份。红古区总支积极争取中国初级卫生保健基金会健康扶贫工程组委会妇科病查治项目，该项目资助红古区政府在区妇幼保健所建立妇科病宫颈癌筛查工作站，获得项目捐赠的价值128万元DNA倍体检测仪一台。农工党员、中国联通兰州分公司员工赵晓琨坚持4年每月捐款100元的事迹经《兰州晨报》专题报道后，在社会各界广泛流传并引起强烈反响，《解放日报》《每日甘肃》、新浪网、网易网、东北网、中国江苏网、扬州新闻网等媒体纷纷转载。

【爱岗敬业】 2010年，市委会副主委、安宁区政府副区长王波获得“中国健康扶贫工程先进个人”“全省群众体育先进个人”荣誉。城关区直属支部党员傅连鸿荣获“全国残疾人创业明星”称号。市委会副主委、城关区中医骨伤科医院副院长潘建西，中医骨伤科医院总支部委员、骨科主任应树华获得“兰州市名中医”殊荣。兰州骨伤科医院总支副主委甄文君参与研发的课题《生映灵对人体皮肤缺损的临床研究》获得甘肃省皇甫谧科技奖三等奖。市直属总支副主委、省作协会员刘锡祥个人文集《岁月命题》正式出版。榆中县总支主委张春玲被县政府评为“巾帼功勋先进个人”。安宁区总支一支部副主任魏星参加兰州市艺术节群众文艺调演并获声乐演出二等奖。党员张晖被评为兰州市第四届“人民满意的公务员”；兰州交通大学教授黎白钰等共同研制的“新型兰州拉面剂”正式通过甘肃省专家鉴定委员会鉴定。

【庆祝农工党建党80周年】 2010年是中国农工民主党建党80周年暨兰州市委会成立20周年，本着“隆重、活泼、有序、节俭”原则，组织农工党建党80周年暨市委会成立20周年的各项庆祝纪念活动。在竞赛答题活动中，向省委会上报答题卡300余份。7月22日，庆祝大会在友谊饭店召开，来自全市各条战线的300余名党员参加大会。农工党甘肃省委副主委李晓霞，市委统战部常务副部长郑钢，市政协副主席、民革兰州市委会主委孙晓钢应邀莅临大会并讲话。市卫生局、市计生委、市级各民主党派、工商联、侨联、台联、共青团、妇联及各县区统战部领导应邀出席会议。农工党甘肃省委副主委李晓霞，市委统战部常务副部长郑钢在会上分别讲话，对市委会成立20年来所取得的各项成绩给予充分肯定，对今后工作提出新要求、寄予殷切希望。7月29日，农工党甘肃省委庆祝中国农工民主党成立80周年大会在宁卧庄大礼堂举行。表彰了近年来在工作中表现突出、成绩显著的先进集体和优秀党员。市委会、城关区基层委2个基层组织被农工党甘肃省委评为先进集体；张春玲等27名党员被农工党甘肃省委评为优秀党员。

（王汝勃）

九三学社兰州市委员会

【概况】 2010年，九三学社兰州市委员会围绕中心，服务大局，实施五大战略，坚定三大信念，推进四项工作，取得突出成绩，为兰州市政治、经济、社会的全面发展及构建和谐社会做出不懈努力，成绩显著。2010年新发展社员36人。至年底，全市社员总数为538人，中、高级职称占总数的78%，全社老龄化现象得到转变。

【参政议政】 强化机制建设，围绕市委、市政府中心工作，充分发挥智力密集、人才荟萃、社会联系广泛的优势，充分利用“1458”（即“一个中心、四个渠道、五个层级、八个畅通”）提案撰写机制。开展“一人一提案”活动，注重发挥好广大社员的积极性和理论研究专家的突出作用，使参政议政工作既有群众基础的广度，又有理论研究的深度。围绕兰州市经济发展问题、食品安全、轨道交通、畅通工程、新区建设等群众关心的热点问题组织多个专题调研组，并号召广大社员深入调查，了解实情，认真分析问题，提出既有可操作性，又有较强前瞻性的意见和建议。2010年，向市人大、市政协提交提案、议案共45多件，获市人大督办议案2件，市政协优秀提案1件，督办提案1件，县、区政协优秀提案6件，受表彰12人。多数提案受到承办单位重视和采纳，答复率均在95%以上。

【组织建设】 紧紧抓住人才强社战略，认真贯彻落实《九三学社中央关于加强组织建设的若干意见》及市委统战部有关精神，完善组织结构，新成立基层委员会6个，同时把培养和选拔后备干部工作作为一项十分重要工作来抓，后备干部队伍的建立、管理、培养、选拔和任用机制逐步得到完善。建立健全后备干部档案，制定计划，重点培养，进行动态管理，做到培养对象、目标、任务三落实。在新社员发展上，突出科技界界别特色

外，十分注重从法律、文化、艺术、非公经济及金融系统发展成员，社员的专业结构、阶层结构有了较明显变化，注重吸收对象的发展趋势和发展潜力，积极从年轻知识分子中发展成员。全年全社基层支社换届工作中选任一批政治坚定、工作突出、作风正派、热心社务工作的优秀人才担任基层领导，同时配备具有一定领导水平和影响力的老社员进入领导班子，以老带新，强化了基层领导班子。充实调整参政议政、理论研究、妇女工作、青年工作和离退休专家五个专门委员会，为各项工作的开展奠定坚实的组织基础。9月17日，九三学社兰州市第六次代表大会在兰州闭幕。全会组织学习胡锦涛“七一”讲话和九三学社甘肃省第六届常务委员会2010年工作报告精神，审议通过第五届工作报告，选举产生新一届领导班子。九三学社兰州市第五届委员会主委戈银生向大会作工作报告。会议选举戈银生为九三学社兰州市第六届委员会主任委员，谢伟、牛铮超、梁剑平、李永军为副主任委员，任命赵俊良为秘书长。

【社会服务】 积极开展送医、送药、送科技，智力扶贫，送温暖、献爱心等活动。创新对口联系方式，促进服务能力提高，对口联系作用进一步扩大。就对口联系工作与市农委、市科技局达成共识，坚持实践，积极探索，开拓创新，共同推动对口联系工作不断向前发展。2010年社市委的经济学专家主动加入全国 “科技创新型试点城市”申报方案编制团队，义务承担并高质量完成《实施方案》中重点章节的撰写工作。立足“三必访、两必帮”原则，面向社员、服务社员，做了大量工作。每年春节前慰问困难社员和社内老专家、老社员，为90岁以上的社员组织祝寿活动，及时看望生病、住院社员，帮助解决社员反映的各种困难。各基层支社也在社员家中遇到病、丧等家事时，进行及时慰问。

（赵俊良）

共青团兰州市委员会

【概况】 2010年，共青团兰州市委履行服务青年、服务全市经济社会发展大局，在关注民生、教育维权、扶贫助困、精神文明建设和社会事业、经济建设、社会稳定及基层组织建设等方面积极开展工作。至年底，全市有直属团委87个，“两新”团组织214家，28周岁以下青年近28.5万人，团员总数10万余人，其中农村团员近3万人。全市共有团干部6594人，其中专职团干部217人。

【青少年思想道德建设】 开展“迎世博、迎亚运”“倡导绿色生活，培育低碳一族”、纪念“五四”运动91周年等活动。坚持在重要时刻强化思想引领，动员全市团员青年向“西南大旱”“玉树地震”“舟曲泥石流”灾区捐款捐物累计90余万元。开展争当“四个好少年”活动、心理健康教育报告巡回讲座和“走近科学、畅想未来”奇奇欢乐流动课堂活动。组织开展全市庆“六一”系列活动，对皋兰县忠和镇涝池小学进行慰问，赠送一万多元的学习用品。开展庆祝少先队建队61周年观摩示范活动，举办兰州市首届少先队辅导员技能展示大赛和全市少先队辅导员培训班。围绕“新生代农民工的社会融入问题”，开展“共青团与人大代表、政协委员面对面”活动。成立全市青少年法制教育宣讲团并连续开展法制宣讲进校园活动，制作“青春红绿灯——青少年空中法制大课堂”专题节目和“心灵港湾——青少年心理健康专题访谈”等节目，加强未成年人心理健康教育。

【青年志愿者工作】 继续成立和完善相应的专业志愿者服务队，建立健全志愿者招募、培训、管理、激励机制建设，力争志愿者活动经常化，志愿者队伍专业化，志愿服务方式长期化，确保全市青年志愿者行动更加规范和可持续发展。积极整合资源，加强与一些社会性质的专业志愿者队伍联系，搞好这些专业队伍与基层青年志愿者组织的对接，更好地推动青年志愿者行动。开展以“春风和煦送温暖”为主题的“三下乡”活动，举办“迎世博、迎亚运，讲文明、树新风——青年志愿者在行动”主题活动月活动。集中开展共青团关爱农民工子女志愿服务行动，在农民工相对集中的学校结对48所，受助农民工子女9411人。选拔10名青年赴广州为亚运会提供志愿服务。11月，兰州青年志愿者总站获第八届中国青年志愿者优秀组织奖，受到团中央、中国青年志愿者协会表彰。

【保护母亲河行动】 以“绿色生活、有你有我”为主题，全面推进“保护母亲河活动”，进一步增强全市青少年的可持续发展意识和绿色文明意识。联合市文明办、市环保局和广东美涂士建材公司，组织800余人开展“保护母亲河绿色环保宣传实践活动”，宣传、普及生态环保理念和绿色健康生活方式，营造人人参与生态建设和环境保护的良好氛围。打造兰山青年林绿化精品工程。组织全市青年在青年林开展义务植树造林活动，发挥示范带头作用。

【扶贫献爱心活动】 1月19日，在榆中县银山乡孙家湾村开展“三下乡”春节慰问活动，开展义诊、送医、送药，捐赠图书、现场书写、赠送春联等活动，并为农民朋友们带去一台精彩丰富的文艺演出。2月5日，在皋兰县石洞镇，走访慰问部分返乡青年农民和即将外出打工的青年农民工家庭，为他们送去新春问候与祝福，赠送《农村青年外出务工100问》《兰州青年》等图书杂志。3月3日，在兰州市儿童福利院开展“争做志愿者、创造新生活——志愿服务我行动”慰问活动，赠送价值约7600元的慰问品，并同孩子们玩耍交流。3月5日，和兰州城市建设学校部分学生50多人慰问兰州童鹤养老院，送去大米、豆油、蔬菜、水果等价值2000余元的生活物品。3月，团市委、兰州市青年志愿者总站在全市范围内集中开展“争做志愿者 创造新生活”主题活动月活动。“五四”前夕，团市委、市少管所联合开展“关爱特殊青少年”爱心帮教活动。“八一”前夕，开展“军民鱼水情深、共建和谐兰州”慰问演出活动，与武警兰州支队建立“警团共建青年联谊基地”。广泛动员社会各界奉献爱心，帮助家庭经济困难学生撑克服困难，顺利入学，健康成长。联合市民政局开展“福彩系爱心 携手助学子”——兰州市2010年希望工程助学行动，募集救助金额20万元，救助大学生50名，中考学生100名，农民工子女250人；联合甘肃省青少年基金会开展雪花啤酒“爱心圆梦行动”，资助榆中县20名高考贫困学子每人助学金2千元。开展“情系舟曲、奉献爱心”捐资助学活动，为舟曲来兰就读的121名特困学生发放助学金36300元。开展团市委机关干部关爱农民工子女活动，在城区和农村分别选取一所农民工子女较集中的学校，作为团市委的志愿服务结对帮扶点，为结对学校添置体育和学习用品。

【青年就业创业】 依托兰州市青年就业创业服务中心，为全市青年提供就业创业政策、小额贷款和就业见习等方面咨询服务。积极争取在各类企事业单位中建立青年创业就业见习基地，建立和完善青年就业创业见习基地工作机制。促进青年与见习基地岗位的有效对接，7月，举办兰州市青年就业创业见习基地公益招聘会，邀请40多家企业提供见习岗位1000多个，参加青年近2000人次，现场签约261人。2010年，全市共建成青年就业创业见习基地112家，先后有1166名青年在各见习基地参加见习，分别完成团省委下达任务的102%和106%，为青年就业创业搭建平台。积极整合社会资源，针对不同青年群体需求，依托各级各类培训机构，开展青年就业创业技能培训。全年全市完成青年技能培训739人，其中进城青年农民工“订单式”培训154人，完成团省委下达任务的154%。分别与兰州市邮政储蓄银行和省农行营业部启动实施兰州市青年创业小额贷款项目，帮助城乡青年解决在创业过程中面临的资金瓶颈问题。组织市、县（区）及基层团干部参加青年创业小额贷款知识培训，增加团干部和城乡青年的金融知识。至年底，全市各级团组织联合金融机构共为136名城市青年发放创业小额贷款686万元，为558名农村青年发放创业小额贷款1546万元，分别完成团省委下达任务的113%和103%，为青年创业提供资金支持。

（汪芝红）

兰州市妇女联合会

【概况】 2010年，兰州市妇联以建设“坚强阵地”和“温暖之家”为己任，团结带领全市广大妇女，突出抓好“两规划”达标、“三八”百年庆典、妇女儿童活动阵地建设三项重点工作，以促进妇女创业就业、共建和谐社会为抓手，全面实施创业建功、文明行动、权益维护、关爱行动和素质提升“五项行动”，为实现兰州市加快发展、率先发展、跨越发展、科学发展做出积极贡献。

【“三八”百年庆祝活动】 2010年是“三八”国际劳动妇女节100周年和兰州市妇联建会60周年。为充分展示兰州市广大妇女在促进科学发展、建设和谐社会中的风采和成就，展示妇女事业取得的丰硕成果，在全市掀起庆祝“三八”国际劳动妇女节100周年和关心妇女发展、促进男女平等热潮，全市组织开展一系列纪念庆祝活动。3月4日，召开兰州市庆祝“三八”国际劳动妇女节100周年暨表彰大会，配合省上举办全国“三八红旗手”先进事迹报告会；市妇联邀请活跃在全市各行各业的100多名优秀女性代表参加兰州市各族各界优秀女性庆祝“三八”妇女节100周年联谊会；与兰州电视台共同制作“巾帼风采”优秀女性电视人物专访节目，对全国“三八红旗手”王菊花等7名优秀女性做专题采访和系列报道；深入开展“春风送岗位”“三八维权周”等活动，慰问了一批妇女先进典型和单亲特困母亲；市妇联与市总工会、兰州军区总医院安宁分院联合开展妇女健康宣传、免费体检及优惠诊疗等关爱女性健康大型公益活动，向全市妇女发放总价值1000万元的健康补贴卡。开展关爱母亲系列活动，积极倡导敬重母亲、关爱母亲、感恩母亲的良好社会风尚，“母亲节”期间，市妇联与兰州电视台“民情民生大家谈”共同举办“美丽妈妈”特别节目，并积极争取《中国妇女》杂志社支持，为兰州市100名贫困下岗失业母亲免费赠阅2010年全年《中国妇女》杂志。按照全国妇联和省妇联要求，积极参与第三期中国妇女社会地位调查样本资料收集工作，对全市5个县区所有乡镇（街道）、社区(村)人口基本信息做了全面翔实的统计。参加全省妇女艺术作品展，在纪念省妇联建会60年期间，广泛动员广大妇女积极参加全省妇女艺术作品展，向省妇联提交刺绣、书画、摄影、手工编织、陶瓷工艺等各类艺术作品108件，展示了兰州市广大妇女的艺术素养和创业风采。大力开展志愿者行动，把加强巾帼志愿者队伍建设作为深化巾帼志愿服务活动、推动全国文明城市建设的有效抓手，建立巾帼志愿者队伍数据库，下发《关于进一步加强巾帼志愿者队伍建设的意见》，帮助、指导县区、市属单位组建法律维权、卫生保健、就业援助、心理疏导、养老服务、节能环保等巾帼文明志愿者服务队近百个，招募巾帼志愿者近2000名，在全市范围内广泛深入地开展“家庭心理援助”“蓝天助学”“夕阳乐”助老送餐等特色志愿服务活动，努力打造巾帼志愿者服务品牌。开展女性大讲堂活动，在全国妇联宣传部指导下，广泛开展兰州市2010现代女性大讲堂活动，面向女干部、女职工、女大学生、社区居民、农村群众等不同群体，举办各类文明礼仪知识、妇女就业创业指导、婚姻家庭、健康保健、心理疏导、家庭教育、低碳环保等讲座论坛20多场，在引领广大妇女增强终身学习意识、积极投身经济建设、传承社会文明、引领社会新风、促进社会和谐中发挥了积极作用。

【打造妇联工作品牌】 2010年，全市各级妇联紧紧围绕党政所急、妇联所能、妇女所需出思路、定措施、抓落实，不断深化“巾帼建功”“双学双比”等传统工作品牌。进一步深化“巾帼建功”和“双学双比”活动。各县区妇联和市属单位妇委会结合本县区实际和行业特点，积极开展富有特色的岗位成才和岗位建功活动，评选表彰20个“三八红旗集体”，8个“双学双比”先进集体，40个“三八红旗手”，40个“巾帼建功”先进个人，17个“双学双比”先进个人和40个“双学双比”女能手。引导农村妇女积极投身新农村建设。全市各级妇联组织围绕“生产发展、生活富裕、乡风文明、村容整洁、管理民主”新农村建设目标，不断加大对农村妇女帮扶力度。全年全市共培训农村妇女15738人次。其中，市妇联开办农科技术知识妇女培训班4期，共培训农村妇女400人；各县区妇联依托当地农技部门、农业科学专家，对当地农村妇女开展农业科技知识培训，培训农村妇女15738人，完成劳务输出60662人次；全市共创建“双学双比”妇字号科技示范基地13个、巾帼示范村12个，培树“双学双比”女能手、致富带头人309名。动员城镇妇女立足本职建功立业。全市各级妇联组织不断创新活动载体和机制，以岗位成才、创新创优、岗位建功为内容，拓展活动领域，加大“巾帼文明岗”创建力度，进一步推动城镇妇女建功立业。为进一步加强“巾帼文明岗”创建工作的规范化运行，提出以县区妇联为主进行指导培养、实行属地申报的新的市级“巾帼文明岗”申报办法，全年在全市申报的63个巾帼文明岗创建单位中，经过层层推荐、培养、考核，培树市级巾帼文明岗40个，培养巾帼创业带头人、巾帼创业明星210名。

【提高妇女创业就业能力】 全面实施妇女小额担保贷款工作。全市各级妇联为全面推动妇女小额担保贷款财政贴息政策贯彻执行，先期对全市城乡妇女的创业资金需求进行摸底，协调财政、人社、银行等部门和单位，成立由分管副市长为组长的兰州市妇女小额担保贷款工作领导小组，制定《兰州市妇女小额担保贷款工作实施方案》，召开全市妇女小额担保贷款工作会议，对全市实施妇女小额担保贷款工作做了安排部署，并积极争取将榆中县列入全省12个试点县之中。2010年，全市共为917名妇女贷款4345.5万元。其中城镇妇女745人，贷款3485万元；农村妇女172人发放贷款850.5万元。拓宽妇女创业就业扶持渠道，利用世行项目，组织80名成功创业的女性小企业主和有创业意愿的失业妇女参加GYB妇女创业培训班；对6名创业女性的优秀创业方案给予共计11.9万元的世行奖励扶持资金；举办“阳光女生”文化节开幕式暨兰州市女大学生就业创业导师团成立大会，聘请33名在兰成功女性为兰州市首批女大学生创业就业导师，为400多名女大学生做就业创业指导报告；组织100多个用人单位和2000多名求职妇女参加妇女创业就业项目推介暨用工洽谈会，为广大妇女提供就业创业咨询、服务。组织联合各类社会培训机构对9387名城镇妇女进行创业就业培训，有效促进广大妇女就业观念的转变，提高就业能力。创建“妇字号”新兴服务品牌，充分发挥妇女服务中心和再就业指导站辐射带动作用，以推动家庭服务业为突破口，多渠道筹措资金，建设家政服务体系，重点打造“金城大姐”等“妇字号”创业就业品牌，引导并促进全市家政服务向职业化、规模化方向发展。积极参与就业政策制定，在市政府制定出台2010年《关于加强兰州市劳务技能培训工作的意见》时，积极争取，提交建议，将市妇联开展以家庭服务业为重点的妇女就业技能培训和女大学生创业就业指导培训工作列入市政府《意见》中，为全市妇联系统大范围开展妇女创业就业培训工作奠定了良好基础。加强对妇女创业就业问题的调查研究，与市社科院专家联合，以跟踪研究实施妇女小额担保贷款财政贴息政策为基础，对兰州市妇女创业就业面临的问题进行梳理，并申报研究课题《兰州妇女创业就业问题研究》，为省、市政府制定相关优待、扶持政策，帮助女性创业就业提供依据。

【妇女儿童事业发展】 2010年是实施《妇女儿童发展规划(2001—2010年)》收关之年，兰州市各级妇联高度重视“两规划”终期达标。充分发挥妇儿工委办综合协调作用，进一步完善党委领导、政府负责、多方参与、全社会关注的社会化工作格局，逐步完善监督检查、目标考核、督办反馈等工作制度。及时了解掌握各成员单位两规划指标完成情况，市政府妇儿工委抽调市卫生局、市教育局、市人口委、市统计局、市爱卫办等成员单位领导与妇儿工委办工作人员组成督查组，深入8个县区对实施妇女儿童发展规划情况进行督查，对重难点指标提出具体工作要求。4月8日召开市政府妇女儿童工作委员会全体（扩大）会议。会议全面总结2009年全市两规划工作取得的成效，明确提出当前和今后一个时期妇女儿童工作的目标任务和工作措施。会上对2009年度实施妇女儿童发展规划目标考核中成绩显著的城关区政府妇儿工委等3个先进集体和市统计局等8个先进单位进行表彰奖励。8月23日至25日，省政府妇儿工委“两规划”预评估验收第四工作组对西固区、红古区和兰州市实施“两规划”情况进行预评估验收。听取妇儿工委、教育、卫生、组织、人事和环保等部门2001年—2009年实施“两规划”总体情况和2009年达标进展工作汇报。市妇儿工委办积极督促各县区及成员单位按时上报统计数据，协调配合统计部门完成年度统计监测分析报告，与市统计局共同制定2009年度“两规划”年度统计监测统计体系和分单位制表，以文件形式分别下发到成员单位和县区妇儿工委办。市妇儿工委办与市统计局联合举办兰州市“两规划”统计监测数据库培训班，各县区妇儿工委办主任、统计局业务人员、妇联干部等30余人参加培训。及时掌握全市妇女参与决策和管理状况，市妇儿工委办对《兰州市妇女发展规划(2001—2010年)》规定的“妇女参与决策和管理”13项指标数据进行调查收集。加快省市妇女儿童活动中心建设进度，多次向市委、市政府主要领导专题汇报，成立以戈银生副市长为组长的项目建设工作领导小组，并将该项目列为2010年全市重大项目之一，在财政、规划、土地、银行等多部门的支持和配合下，省市妇女儿童活动中心建设项目已完成选址、立项、可研、初设以及部分土地的拆迁安置工作，预计下年可开工建设。为了保证兰州市新一轮“两规划”编制工作顺利进行，经市政府批准，成立以市委常委、副市长周丽宁为组长的兰州市妇女儿童发展规划编制工作领导小组，由市政府办公厅向各相关部门和单位下发通知。同时，就编制新一轮“两规划”相关事宜，与市社科所进行联系沟通，保证了新一轮“两规划”编制的科学性、全面性和客观性。

【履行职能】 2010年，继续将《妇女权益保障法》《婚姻法》等法律法规知识和禁毒、防艾知识训纳入妇联干部、农村妇女、大龄女童培训内容之中，先后参加“3·8维权周十周年”“5·16全国助残日”“6·1全省关爱儿童、反对拐卖”“6·26国际禁毒日”“7·30反邪教”、安全生产月等多项宣传活动，接待来访群众500余人次，向群众发放《妇女权益保障法》《婚姻法》《防艾知识》等宣传手册和读本共计20000余册，覆盖面达80%以上。加大信访力度，开通“12338”妇女维权热线，进一步畅通妇联工作信访渠道，引导妇女群众依法合理地表达利益诉求，帮助妇女群众疏导情绪、解疑释惑，维护合法权益，在8个县区开通“12338”妇女维权热线，为广大妇女群众提供法律、政策咨询和心理疏导服务。2010年前三季度，全市妇联系统共接待来信来访308件次，其中婚姻家庭类220件次，劳动和社会保障类36件次，人身权益类13件次，财产权益类16件次，综合类12件次，并做到按时上报信访数据、分析、典型案例，批转案件结案率达到100%。开展以优生优育、避孕节育、政策法规为内容的培训班24期，培训人数8803人。免费接送孕产妇16人，救助其他危重病人38人。

【扶贫帮困送温暖活动】 争取“大地之爱·母亲水窖”项目资金65.9万元，分别为永登县龙泉寺长涝池村修建水窖219眼、碱柴井村

修建机井1眼、皋兰县中心乡朱家井村修建小水利工程一处；为保障农村母亲用水安全，争取为榆中县水窖配发净水器298个；全年共慰问走访单亲特困母亲962户1106人，发放慰问帮扶资金51.21万元，关爱行动覆盖面达56.6%；至年底，“母亲健康快车”深入基层开展义诊咨询活动14次，向16723人进行妇科病和生殖健康普查，发放价值30300元的药品。下乡宣传14次，发放宣传资料35740余份。积极向省妇儿工委争取“母亲健康快车”项目资金，为七里河区妇幼保健站配备价值1.3万元的治疗妇科病的药品和价值1万元的医疗设备。

【维权工作】 不断加大工作力度，加强维权站点建设，至年底，兰州市乡镇、街道、社区、村维权站点建设符合“五个一”标准的达到89%。开展农村大龄女童的培训工作，多次与市劳务办协商，制定2010年兰州市大龄女童培训实施计划，与市劳务办联合下发《关于开展2010年农村大龄女童培训工作的通知》，在全市培训农村大龄女童1600名，帮助她们开展实用技能和行业服务技能的培训。

【和谐家庭创建活动】 把“平安家庭”创建活动作为社会稳定和精神文明建设一项重要工作列入妇联重点，通过法律进社区宣传等多种形式，劝阻各种不文明现象，引导家庭成员从自身做起，从家庭做起，将家庭美德落到实处，不断增强“平安家庭”创建活动的生机与活力，形成良好的社会风气，促进家庭的和睦与稳定。2010年，全市共树立“平安家庭”示范户112户。深入开展“低碳家庭”主题活动，与市文明办、市发改委、市工信委共同开展“低碳家庭·时尚生活·绿色金城”主题活动。从5月起，与市委宣传部、市文明办、市广电总台联合举办以“低碳·阳光·和谐”为主题的全市第二届“家庭才艺”大赛，历时3个多月，举办6场比赛，共有56个家庭参赛。比赛中，广大参赛家庭采用歌舞、器乐、书画、厨艺、瑜珈等艺术表现形式展示才艺，在全市广大家庭中掀起争做“低碳生活”的倡导者、实践者和志愿者热潮。开通家庭心理援助热线。为帮助广大家庭解决婚姻关系、两性和谐、亲子教育、家庭成员成长等心理和情感问题，推动“和谐家庭”建设，依托方舟心理咨询公司，面向全市家庭开通“春雨家庭心理援助热线”，并招募30多名取得国家执业资格的专业心理咨询师作为志愿者，通过接听心理咨询电话，为广大市民特别是女性朋友答疑释惑，疏导心情。围绕“争做合格父母，培养合格人才”目标，依托示范家长学校、网络家长学校等基层家庭教育工作阵地，不断完善家庭教育指导服务体系。

【留守儿童关爱行动】 突出农村留守儿童关爱行动，为段家滩小学等10所留守流动儿童示范家长学校挂牌。结合2010年全省流动儿童关爱工程的启动，在城关区五一山社区开辟社区关爱流动儿童公益性场所，为全省首家流动儿童之家挂牌。通过为留守儿童家长及监护人开展家庭教育讲座、为留守儿童之家心理辅导老师举办培训班、组建关爱留守儿童志愿者队伍、开展丰富多彩的亲子互动活动等方式，充分发挥留守儿童之家作用，为留守儿童及家长营造温馨和谐的家庭氛围。至年底，为皋兰县明德小学和榆中县二中的500余名家长举办2期家庭教育讲座、为全市49所留守儿童之家的99名心理辅导老师举办1期专题心理辅导讲座。庆祝“六一”国际儿童节期间，慰问全市45家留守流动儿童之家的少年儿童，为他们购置35000余元的文体、学习用品。

【自身建设】 组织紧紧围绕“党群共建创先争优”，坚持“党建带妇建、妇建服务党建”原则，扎实推进“强基固本”工程。与市创先办联合召开全市党群共建创先争优推动妇联基层组织建设工作会议，传达贯彻全国、全省、全市党群共建创先争优系列会议主要精神，制定并印发《在全市各级妇联组织和广大妇女中开展创先争优建设“坚强阵地”和“温暖之家”活动实施方案》《关于确定市妇联“党群共建创先争优活动”联系点的通知》。各县区妇联不断完善和规范工作制度，普遍建立了基层妇女工作的评估机制和表彰激励机制，使妇联基层组织建设水平得到进一步提升。全市社区、村妇代会组建率达100%，全市党政机关、事业单位妇委会组建率达95%以上，40%的“两新”组织中建立妇女组织。与市委组织部联合召开全市妇联基层组织建设工作会议，在全市树立4个基层组织建设示范县区、16个示范乡镇(街道)、25个示范村(社区)，其中有2个乡镇(街道)荣获国家级示范乡镇(街道)，16个村(社区)荣获国家级示范村(社区)。对全市村妇代会主任进两委进行调研统计，全市女性进“两委”比例达到100%。各级妇联组织紧紧抓住全市村级党组织和第七次村民委员会换届选举有利时机，主动参与、积极配合，加强与组织、民政部门沟通协调，积极做好组织动员、宣传培训、推荐人选、监督政策落实等各项工作，根据村情推行村民委员会妇女成员专职专选，确保村“两委”中至少有一名女性成员。全力做好“妇女之家”建设，为全市1254个乡镇(街道)、村(社区)统一配发“妇女之家”标牌，努力把“妇女之家”建设成有固定活动场所、有开展工作必要设备、有健全管理制度、有丰富多彩活动内容的“四有”标准化妇女阵地。在全市建立女村干部、女党员、女能手、女企业经营者、女大学生村官及组织协调能力强、热心社会事务管理的妇女人才库，配齐、配强基层妇联干部。至年底，全市各级妇联组织先后与市委组织部、上海复旦大学联合组织2期妇女干部培训班，共培训89人。

兰州市工商业联合会

【概况】 2010年，兰州市工商业联合会投资领域不断拓宽、增长速度进一步加快、规模实力不断壮大、市场竞争力明显增强。在推动全市改革开放、拉动全市经济增长、培植地方财源、繁荣城乡市场、扩大社会就业、维护社会稳定等方面发挥了重要作用。至年底，基层组织数量累计达到135个(其中市直商会32个)，会员总数为11402名；会员企业中共党组织32个（党委1个，总支6个，支部25个)，中共党员494名，入党积极分子78名。全市各类非公经济组织达9.74万户（其中私营企业1.24万户）；非公经济实现增加值达430亿元；非公经济从业人员达到56.6万人，接纳转移农村富余劳动力达到35万人；2010年缴纳税金预计达70亿元，占全市地区性财政收入的20%以上；非公经济占全市生产总值的比重达40.2%。

【参政议政】 向市政协十二届四次会议提交《关于加快兰州市城中村改造》等团体提案19件，大会发言2篇，其中《积极创新金融服务体系　有效解决中小企业融资难问题的建议》被市政协评为优秀提案。根据全国工商联第九次全国私营企业调研要求，跟踪调研私营企业6家。为贯彻落实中发〔2010〕16号文件精神，向省工商联全面汇报工商联及各县区工商联人员编制、办公经费等基本情况，提出意见和建议。围绕转变经济增长方式及工商联政府助手作用等方面开展调查研究工作，撰写《发挥商会作用　鼓励和引导非公有制经济组织参与“兰白都市经济圈”建设的建议》等3篇调研报告。积极参与全国工商联上规模民营企业调研活动，调研非公企业54家；对63家会员企业参与光彩事业的情况上报全国工商联。

【培训与宣传工作】 与省、市委统战部联合在中国人民大学举办“兰州第四期非公有制经济代表人士高级培训班”，40余名非公经济代表人士参加培训；与市工信委联合举办《国务院关于鼓励和引导民间投资健康发展的若干意见》精神座谈会。组织23家基层党组织、374名党员参加第三批学习实践科学发展观活动。在会员企业和直属商会基层党组织中开展创先争优活动。举办党的十七届五中全会精神暨“十二五”规划纲要学习班，对会员企业党组织负责人进行培训。组织基层党组织参加市委组织部建党89周年知识竞赛活动。举办1期“全市非公经济党组织预备党员、入党积极分子培训班”，培训预备党员24名、入党积极分子43名。召开非公经济庆祝建党89周年大会，发展新党员27名，按期转正预备党员24名。批准成立6个基层党组织，10家基层党组织完成换届。编发《兰州工商》14期，创办《兰州工商联信息》，实行一事一报制。向中央级媒体报道信息7篇次，省级媒体68篇次，市级媒体127篇次。本会网站制作“全市非公经济十大事件评选”及“大爱无疆　情系舟曲”专题网页。先后五次走进兰州电台《行风阳光热线》节目。与市工信委联合开展“地天泰”杯2009全市非公有制经济十大事件评选活动。继续开展兰州市非公有制企业“品牌战略培育工程”主题系列宣传活动，制播《品牌战略》电视系列宣传片22集。

【组织建设】 组织召开全市工商联系统学习中央16号文件暨基层组织建设工作观摩经验交流会。大力加强县区工商联组织建设，制定下发《兰州市工商联关于加强县区工商联组织建设实施意见》。举办直属商会工作研讨会，修订完善《兰州市工商联(总商会)商会组织管理办法》。完成3家商会民政局注册更名工作。指导2家商会进行换届。批准成立4个商会，发展新会员787名。向市非公企业党工委上报非公有制企业党建工作示范企业3家；优秀党员带头人3名。向市委组织部推荐非公党建工作示范企业3家，先进基层党组织4个。推荐增补本会执委16名、常委10名。推荐替补省工商联执委2名。推荐省联女企业家商会候选人3名。推荐先进工会组织，双爱双评工作先进企业6家，优秀企业家5名，优秀员工4名。推荐兰州市学习型组织先进单位3家。推荐全省统战系统先进典型单位1家，先进个人5名。市工商联领导带领有关处室负责人深入到各县区工商联和市直各商会，就本年度目标任务、基层商会建设等工作进行调研，协调解决其存在的困难和问题。签订《全市工商联系统2010年目标责任

(工作任务)书》，将15项工作主要指标责任到各县区工商联、市直各商会及机关各处室。召开党员领导干部专题民主生活会，进一步贯彻落实《党员领导干部廉洁从政若干准则》。对全市工商联系统2010年目标责任(工作任务)完成情况，本届期间各县区工商联、市直各商会招商引资及会员投资等工作开展集中督查。

【履行职能】 与《兰州晚报》联合启动兰州市非公有制经济“新闻监督点”，制定《新闻监督点工作制度》，进一步完善市工商联维权服务平台，充分发挥新闻舆论监督作用，为非公经济发展营造良好舆论氛围，此项工作受到国务院新闻办公室网站等门户网站广泛关注。积极参与“2010年民营企业招聘周”活动，组织40余家会员企业参加，提供用工岗位2000多个，签订用工合同1800余份。邀请市政府副市长俞敬东为兰州市民营企业家作非公经济服务城乡一体化建设及“再造兰州”战略报告会2场。进一步完善法律维权服务，在各县区工商联、市直各商会建立仲裁服务联络处，为会员企业建立解决民商事纠纷的仲裁法律服务体系。积极参与兰洽会，向38个兄弟城市工商联发出邀请函188份。组织会员企业签约项目5个，合同投资额达94.6亿元。审核会计职称证办理材料116份，为32名会员企业员工办理初级职称证。组织召开老会员春节、中秋联谊会，对175名老会员及遗孀发放补助费7.2万余元，定期补助特困老会员4人次。

【光彩事业】 2010年，在全市统战系统第七次“帮助困难群众献爱心月”活动中，39家会员企业参加活动，收到价值102万余元的各类捐助(其中现金57万余元)。帮助全市困难群众安度春节，并在《兰州日报》上刊登捐助单位和个人光荣榜。春节前，市委常委、统战部部长段英茹深入永登县，为秦川镇振兴村送去帮扶资金41万元。2月2日，市领导段英茹率会领导前往兰州社会福利院和兰州儿童福利院慰问孤寡老人及残疾儿童，带去价值11000余元的过节礼物。各县区工商联和市直各商会、各会员企业开展形式多样的献爱心活动。青海玉树强烈地震、甘南舟曲特大山洪泥石流地质灾害及榆中金崖洪涝灾害发生后，市工商联和广大非公经济人士踊跃向灾区人民奉献爱心，向灾区捐款捐物共计649.1万元(其中现金436.9万元)。市委常委、统战部部长段英茹带队将兰州市非公经济人士的爱心救助款275万元、价值70万元的物资送往舟曲灾区；会领导将会员企业捐助的35万元善款通过西宁市工商联转送到玉树灾区。举行全市“一企帮一村，共建新农村”活动现场经验交流会暨“百企帮百村”帮扶结对签约仪式，自2007年活动开展以来，40家帮扶企业已累计投入资金和实物价值达311.6万元，2010年又有28家非公企业与全市30个贫困村现场签订帮扶协议，各帮扶企业深入帮扶村进行项目对接，到位资金60.9万元。在“六一”及金秋助学活动中，本会会员共捐资160余万元开展贫困生救助工作。组织会员企业捐资25万余元开展拥军活动。

【对外交流与合作】 接待浙江省温岭市工商联“百年商会”摄制组，配合拍摄温岭总商会“百年庆典”活动及“感动温岭十大人物”先进事迹。接待上海宝山区等7地工商联莅兰学习考察团，并与定西市工商联签订友好商会协议书，至此已与全国30个城市工商联组织缔结为友好商会。与白银市工商联签订《服务“兰白都市经济圈”建设合作协议》，探讨协作推进及定期互访交流机制。

(胡爱红)

兰州市科学技术协会

【概况】 2010年，兰州市科协深入开展创先争优活动，认真按照“三服务一加强”工作定位，以贯彻落实《全民科学素质行动计划纲要》为目标，着力提升科协工作整体水平，打造科协品牌化活动项目，积极为广大科技工作者服务，为经济社会可持续发展服务，为提高公民科学素质服务，各项工作成效显著。市属各学会举办各具特色的学术交流活动15次，参加人数达1468人次，各学会会员在学术期刊发表、论文集录入或会议交流论文达456篇。全年印出反映兰州市全民科学素质行动工作《简报》24期。

【科普惠农兴村计划】 2008年开始，兰州市科协在全省率先组织实施市级“科普惠农兴村计划”项目，并积极向中国科协、财政部申报实施“科普惠农兴村计划”项目。2010年，兰州市1个农村科普示范基地、1个农技协受到中国科协和财政部表彰，累计有5个农村科普示范基地、6个农技协、2名科技带头人受到中国科协和财政部的表彰奖励，共计荣获国家奖励资金245万元。与扶贫点永登县武胜驿镇金嘴村党支部积极开展“互联共建”活动，开展组织生活会和工作交流会2次，“六一”儿童节前夕，给金嘴村中小学生免费赠送1000册图书，市科协流动科技馆进行科技展品展演和智能人型机器人表演活动。提出金嘴村今后发展帮扶建议，将该村列入市科协2010年市级科普惠农兴村项目扶持村，帮助组建该村农技协开展工作，并给予资金支持。

【主题科普宣传活动】 结合“三下乡、科技活动周、科普日、我的低碳生活”等开展主题宣传活动9次。2月，在兰州市“三下乡”活动中，以“科普大篷车”为载体的“市科协流动科技馆”在皋兰县西岔镇文化广场进行科技展示，捐赠价值3万元的“科普书屋”。5月，与市科技局、城关区共同在市民广场举办“科技活动周”启动仪式，由流动科技馆和人型机器人进行展演，向市民赠送科普图书1200多本，医务工作者现场为群众义务诊病。在东方红广场举办“我的低碳生活”启动仪式、“奔向新时代、争当好少年”六一儿童节主题活动。9月18日，在市民广场举办以“坚持科学发展、走进低碳生活”为主题的“全国科普日”大型宣传活动，市科协“流动科技馆”丰富的展教具受到市民的欢迎，6名医疗卫生专家现场为市民进行公共卫生和健康咨询，并进行义诊活动，市科协工作人员现场发放科普图书2000份，科普教育光盘200张。为充分体现低碳生活这一主题，中国科协配发给兰州市科协的10个“我的低碳生活”试验箱首次在活动中亮相，通过科普志愿者的演示，帮助市民掌握日常生活中的的低碳生活知识。同时，市科协启动了“兰州市民科普知识有奖竞答”等6项科普系列活动，参加“科普知识竞赛参赛”人员达1962人。2010年，以中国科协赠送的“科普大篷车”为主体，购置价值20多万元的车载科技展示设备和脑思维展品及先前购买的价值30多万元的人型机器人组成“兰州市科协流动科技馆”，深入县区、乡镇、村、学校、军营和社区开展科技传播巡回展120场次，观看人员7万多人次。

【青少年科技创新大赛和科技创新市长奖】 2010年，第25届兰州市青少年科技创新大赛表彰科学竞赛项目一等奖13项，二等奖23项，三等奖40项，优秀辅导教师64名、优秀科技教师方案6个、优秀实践活动3项、科技创新学校10所、优秀组织奖4个、优秀科学幻想绘画一等奖30幅、二等奖60幅、三等奖90幅。在第25届甘肃省青少年科技创新大赛中，市科协组织的兰州市参赛队共获得一等奖35项，占全省52个一等奖的67.3%，二等奖25项、三等奖15项，市科协连续4年被评为全省青少年科技创新大赛优秀组织奖；兰州市获科学竞赛项目二等奖3个、三等奖4个，科学幻想绘画二等奖2幅、三等奖3幅，优秀科技实践活动一、二、三等奖各1项，兰州市科协第4次被评为全国青少年科技创新大赛基层赛事优秀组织单位。1月，以市政府名义在西北五省区第一个设立兰州市青少年科技创新市长奖。5月11日，市长袁占亭和副市长周丽宁亲自为获奖学生颁奖，共授予6名同学首届兰州市青少年科技创新市长奖，每个项目奖励人民币2000元；授予8名同学提名奖，每个项目奖励人民币500元。

【企业科协】 积极搭建服务平台，充分发挥企业科协和学会团体智力优势，引导和鼓励科技工作者为经济建设服务。全年共实施“千厂千会协作”项目28项，经验收评审，评出获奖项目15项。第十届“金桥工程”项目共立项68项，组织动员市属企业（高校）科协、学会为各企业、科研院所“牵线搭桥”，主动参与科技咨询、科技成果转化、高新技术推广应用和重点技术的培训等工作。以技术创新为中心，继续在18家企业工程技术人员中开展“讲理想、比贡献”竞赛活动，参加活动的科技人员12530人，提出合理化建议5561条，采用3498条，立项实施367项。市科协副主席刘兵被中国科协评为全国“讲、比”竞赛活动优秀组织者,北车兰州机车有限公司科协、兰州兰石集团有限公司科协荣获甘肃省“讲、比”竞赛活动先进集体称号，中石油兰州石化公司科协黄丽霞、兰州市科协闫承杰被评为甘肃省“讲、比”竞赛活动优秀组织者，兰州南特数码科技股份有限公司总经理南振岐、兰州交通大学讲师邬开俊被评为甘肃省“讲、比”竞赛活动科技标兵。

【科普宣传阵地】 对全市380个科普画廊和科普宣传栏及时更换科普内容，有效发挥科普主阵地作用。每年投资35万元，在兰州电视台和甘肃电视台移动电视频道开设“科普大篷车”专题节目、《兰州日报》开设“科普专栏”、兰州广播电台和东方红广场的电子显示屏上开设“科普之窗”栏目。编印《兰州科技》内部月刊12期，印发14400份，共刊发市科协工作动态稿件102篇，基层科协工作动态稿件20篇。对青少年科技创新市长奖等重点工作加强宣传，编印《首届兰州市青少年科技创新市长奖》荣誉册，及时与市教育局共同召开设立市长奖新闻发布会，颁奖大会后又在《兰州日报》刊登市长奖评选工作专版，由兰州电视台制作青少年科技创新电视专题片，有效扩大科协工作的社会影响力。

【学术交流】 组织各市属学会紧紧围绕兰州市社会、经济、科技

发展的热点与难点问题，组织开展第十四届自然科学学术论文评选活动，共有17个学会提交308篇参评论文。与市委宣传部、兰州日报社、市广电总台联合举办以“现代传媒与科技传播”为主题的科技论坛，共征集论文31篇，中国工程院院士、中科院兰州化物所学术委员会主任薛群基到会做专题报告。按照《市科协资助科学技术学术活动管理办法》《市科协所属学会科普活动重点资助项目管理办法》，对16个学会开展的35项重点学术活动和科普项目资助资金12万元。组织科技工作者参加以“陇东革命老区绿色能源化工基地开发与建设”为主题的甘肃省2010年学术年会。

（焦明杰　杨勤文）

兰州市文学艺术界联合会

【概况】　2010年，兰州市文联及所属各协会进一步加强思想建设和组织建设，持续开展各种文学艺术创作活动。配合政府文化艺术主管部门和其他有关部门开展文学艺术领域各项活动；支持和帮助各文艺家协会及广大会员开展文艺创作，出作品、出人才；组织、协调各文艺家协会开展省内外及国际间的文化交流活动，积极组织文化下乡活动，全年出版《都市生活》6期。

【市作协活动】　出版长篇小说、散文、纪实文学、儿童文学等各种体裁文学作品多部，在全国重要期刊《人民文学》《十月》《上海文学》《作家》《山花》《散文》《诗刊》等发表小说、散文、诗歌上千篇，近百万字之多，并获冰心散文奖、敦煌文艺奖、金城文艺奖等诸多奖项。积极参加省内外各项文学创作活动，与来自全国各地的作家们开展多种形式的文学研讨与交流。

【市剧舞协活动】　积极配合文化主管部门和艺术团体，主动参与各项主题文艺活动。8月，举办首届兰州锅庄舞大赛。共30个团队900余人参加大赛；8月至10月，与甘肃广播电视总台经济频道、榆中县戏剧家协会联合主办“沿川湖”杯秦腔清唱大奖赛。来自3县3区、定西等地的100多名秦腔爱好者参加比赛，选手有公务员、教师、农民、学生、职工、退休工人等，参赛者年龄最大50多岁，最小的只有7岁。这次大赛是兰州业余秦腔大赛奖金最高、获奖人数最多的一次大赛。

【市音协活动】　以纪念肖邦诞辰200周年为主题，和兰州交响乐团举办3场专业性较强、艺术水平较高的专题音乐会，深受兰州广大音乐爱好者的喜爱。4月，举办“春天随想”专场音乐会；7月，举办“夏季音乐会”；8月，举办了纪念肖邦诞辰200周年专场音乐会。音乐会邀请到俄罗斯著名钢琴演奏家、教育家阿尔萨斯·谢维托夫、俄罗斯艺术家、圆号演奏家、教育家希什·弗拉基米尔、中国青年钢琴演奏家潭小棠、中国青年钢琴演奏家姚锟、中国青年指挥家张艺、焦阳与兰州交响乐团共同合作演出。音协会员、本土成长起来的一批独奏演奏员演奏技艺娴熟，博得观众好评。

【市书协活动】　举办《兰州·西宁扇面书法艺术交流展》和《兰州市第二届临帖展》，受到社会各界广泛关注和好评。展览共收到稿件600余件，经认真评审，各选出100件参展作品，7月23日在青海省博物馆展出。12月10日，又与临帖展一起在兰州市博物馆展出，并结集出版《兰州赴西宁扇面书法汇报展·兰州市第二届临帖展作品集》。《兰州·白银书法美术摄影作品交流展》是两市挖掘两地文化资源，促进兰州市、白银市文艺交流，建立兰白都市文化圈而举办的一项有益尝试。书协、美协和摄协积极组织参展稿件，分别于9月18日和11月10日在两市顺利举办。

【市美协活动】　美协会员在《美术》《国画家》等全国性刊物发表作品100余件，一批作品参展和获奖。12月，《观象写心——当代甘肃中国画·油画学术展》在甘肃美术馆隆重展出。省市领导及甘肃省书画届人士出席开幕式。展览展示了代表甘肃画坛中坚力量的20位画家的作品，是画家们近年来创作的一批反映甘肃历史文化和现代文化成果的精品力作。

【市摄协活动】　把工作重点放到宣传兰州、宣传甘肃上。在永登苦水镇等地建立“兰州摄影家摄影创作基地”，鼓励更多的摄影家前往拍摄当地二月二民俗和玫瑰之乡风采。9月，与兰州市旅游局等单位共同主办2010首届兰州旅游摄影大赛活动，以“兰州旅游”为主题，以“魅力兰州，最美瞬间”为宗旨，展示兰州旅游资源和人文风情。

【“文明使者”文艺家志愿者服务团】　成立“文明使者”文艺家志愿服务团，积极组织实施“三下乡”系列活动。春节来临之际，组织会员书写春联300余幅；组织知名艺术家深入红古区窑街镇开展文化下基层活动，义务为居民挥毫献艺、辅导交流，创作书法美术作品

70余幅。3月，在安宁刘家堡街道马家庄社区组织送文化下基层活动，共赠送书画作品近百幅，受到社区居民一致好评。

（王　琰）

兰州市残疾人联合会

【概况】　2010年，兰州市残疾人联合会以残疾人“两个体系”建设为突破，以缩小残健差距、改善残疾人生存状况为主线，突出“就业、扶贫、托养、康复、组建、助残、助学、保障”等重点工作，全年共争取落实各类扶贫资金，实施“百户危改”等系列助残项目。深入推进“创先争优”和“行政效能建设年”活动。结合工作实际，严格落实责任，创新体制机制，解决2467件涉及残疾人基本生活、维权保障等方面突出问题。

【政策法规体系建设】　调研、草拟、完善并呈市委、市政府印发《关于进一步促进残疾人事业发展的实施意见》，举行《兰州市扶助残疾人办法》专家论证会，草拟《兰州市残疾人事业“十二五”发展规划》《兰州市无障碍建设管理办法》《兰州市盲人按摩管理办法》《加强残疾人社会保障和服务体系建设的指导意见》《加强残疾人基层组织建设的意见》等文稿，有力完善充实事业发展的政策体系。

【两个体系建设】　将残疾人托养就业康复服务中心建设列入政府为民办实事项目，9月14日，举行兰州机车厂医院移交市政府管理签字仪式。市委、市政府主要领导、分管领导多次听取残疾人专题汇报、参与“两个体系”建设调研、参加有关会议和活动；残工委各成员单位和相关部门履行职能，将残疾人事业宣传、无障碍设施建设、组织建设、法制建设、教育、康复、就业、扶贫、社会保障、服务等工作纳入各自业务范围，有力地推动残疾人工作融入全市经济社会发展大局。市政府残工委召开七次全体和主要成员会议，成立由政府分管领导任组长的“两个体系”建设领导小组，制定工作方案,明确职责，以建设市残疾人托养中心为年度工作重点，针对残疾人特殊性、多样性、类别化服务需求，按照“重点保障和特别扶助、一般性制度安排和专项制度安排、普惠和特惠相结合”原则，加大力度，强化措施，有力推进残疾人社会保障和服务体系建设。

【康复服务】　利用“助残日”“爱耳日”等节日，采取多种形式，广泛宣传残疾预防知识，重点实施“白内障复明”“千人康复”“轮椅捐赠”等惠民工程。实施白内障复明手术1410例（免费673例），脱盲率100%，脱残率93%；低视力康复65名，盲人定向行走训练20人。坚持以机构训练与家庭训练相结合，以基层医疗卫生机构为平台，以社区为基础，以家庭为依托，积极推进社区康复服务，为残疾人提供就近就便康复服务，巩固城关、创建安宁“全国残疾人社区康复示范区”，开展智力残疾儿童康复、家长培训、矫形器装配、轮椅捐赠、假肢安装、用品用具供应1800人件。

【扶贫工作】　落实各类扶贫资金658万元，认真实施“百户危改”等系列助残项目，为1万户贫困残疾人家庭提供帮助服务，其中领导帮扶960户，社会帮扶8540户，残联480户；辐射、带动、扶持12500名贫困残疾人脱贫。落实“四定”“两带头”制度，深入开展社会帮扶和“两节”慰问送温暖活动。全市各级党政领导和部门对口帮扶44个乡镇276个村的3283户贫困残疾人家庭；争取资金299.92万元，慰问贫困家庭4986户。

【就业工作】　认真实施长江高科技助残就业等项目，积极推进残疾人按比例就业、分散就业和创业带动就业工作，全面开展就业援助活动，组织2场残疾人专场就业招聘会，安置就业1915人，征收残保金2355万元；为3656名残疾人免费提供职业技能和农业实用技术培训。组队参加全省第四届残疾人职业技能大赛，获金牌总数、奖牌总数和团体总分第一名，并获优秀组织奖。

【助学工程】　开展贫困残疾学生及残困家庭子女助学工程，资助806名贫困残疾学生入学，其中彩票公益金项目助学210人、“交通银行”助学9人、甘肃电大残疾人教育学院助学52人，非义务教育阶段助学587人；残疾儿童少年随班就读1710名，入学率95%。

【组织建设】　2010年，兰州市各项残疾人工作都跨入全省先进行列，在年度任务、就业、宣传和“携手同行”系列助残和两个体系建设等方面有了长足进步和实质性突破，被省残联授予“全省先进残联组织”称号。巩固和完善残疾人基层组织“三级网络”，以推进“全国残疾人工作示范城”“无障碍建设示范城”为契机，强化队伍建设，加强协会工作，建立健全协会章程，定期举办协会主席、副主席和委员培训班。将社区、村专职委员全部纳入政府公益性岗位，并落实津、补贴。

【扶残助残工作】 全国“助残日”期间，邀请省、市领导走访慰问城关区皋兰山民族村4户贫困残疾人家庭；全市共慰问残疾人373户，赠送慰问资金16.24万元、多功能拐杖80个、盲杖30付、双拐60付，助听器50个，坐便器10个。“助残日”当天，组织残疾人、残疾人工作者、助残志愿者及市委宣传部、教育、民政等14个部门和普瑞眼科医院、顺兴脑病康复医院等29个社会单位工作人员开展宣传、咨询、义诊、服务和才艺展示活动。省、市领导为420户“新农村危房改造”、180名接受轮椅捐赠、164名抢救性康复、210名彩票公益金助学、600户居家托养的残疾人代表颁发517.4万元捐赠牌证。

【宣传文体工作】 举办2010年全市残疾人及残疾人工作者迎新春联谊会；组团参加全省第八届残运会、第三届残疾人声乐器乐大赛和第二届特奥运动会，均获金牌、奖牌总数和团体总分第一，并打破二十七项全省纪录。七里河区成立全省首个残疾人揉力球集训基地。

【维权工作】 积极开展法规政策调研，加强残疾人信访维权工作，全年共接待来信来访106件228人次，承接市长专线3件，市政府督查件1件，市信访部门批件2件，省残联批件1件，受理群众来信2件，书面函复信件2件，办结率96%以上，集体访比上年同期减少60%以上。积极推进无障碍建设城创建工作，累计铺设盲道2000公里，修筑缘石坡道2285处。

（高拯山）

政法

公安

【概况】 2010年，兰州市公安工作以全面完成“规范建设年”各项目标任务为主线，维护稳定、打击犯罪、治安管理等各项工作顺利推进。公安信息化、执法规范化、和谐警民关系、队伍正规化、保障标准化建设取得长足进步。圆满完成玉树、舟曲抢险救灾，重大节会、重点单位、要害部位安全保卫，缉毒破案，打击假发票和传销犯罪，整治街面扒窃犯罪，“一号工程”交通保障等各项任务。突出治安问题整治成效明显；流动人口常住化管理服务效能提升；网络化、层级化、信息化巡逻防控体系逐步形成；初步实现“优势工作保持领先，重点工作明显进步，整体工作迈上台阶”的工作目标，维护了全市经济社会平稳较快发展的治安环境。

【维稳工作】 强化情报信息研判，坚决打击敌对势力和敌对分子破坏活动。加强专案侦控，成功侦破“5·11”涉密笔记本电脑被盗案。调处化解宗教内部矛盾，维护民族宗教领域和谐稳定。加大对“法轮功”等邪教组织的打击力度，侦破各类邪教组织非法活动案件26起。妥善处置涉日游行事件，确保城区道路交通畅通，社会治安稳定。策应上海世博会、广州亚运会安全保卫工作，加强对入沪、入穗人员的背景审查。深入开展矛盾纠纷排查化解工作，有效化解各类矛盾纠纷1400余件，妥善处置一批集体上访群体性事件。推进反恐工作实战化，加强反恐基础调查、重点防范、实战演练和应急处置工作。

【侦查工作】 年内共立各类刑事现案19159起，破获刑事案件9157起（其中现案6509起，积案2648起），同比分别上升32.15%和24.8%。立8类主要案件2410起，占刑事全案的12.6%，比去年同期降低5.9个百分点。立命案96起，破获91起，命案现案破案率94.8%，比去年提高2.2个百分点，创历史新高。抓获各类逃犯2752名。打击处理各类违法犯罪嫌疑人20889人，同比上升46.5%。成功侦破一批大要案件，维护了社会治安稳定。

【打击经济犯罪和禁毒工作】 立经济类案件594起，破获495起，同比分别上升67.8%和63.4%。破获假发票案件40起，缴获各类假发票856万余份，同比增加近700%。破获毒品案件776起，缴获毒品海洛因37.976千克，强制戒毒2968人，连续4年超额完成禁毒任务指标。

【巡逻防控】 整合社会治安监控、交通视频监控等系统资源，并在各级党委、政府支持下，一次性投入100辆GPS定位巡逻车，各公安分局、县局也相继投入一批巡逻车辆，实现对社会面的严密防控，提高社会面巡逻管控能力。全年通过巡逻防控破获刑事案件1220起，占破获刑事现案总数的18.7%。

【治安行政管理】 全年发现受理治安案件31125起，查处27518起，治安处罚26832人次，同比分别上升60%、66.2%、61.6%。发现受理行政案件285036起，查处281425起，处罚280112人次，同比分别上升6.6%、6.4%和6.1%。查处“黄赌毒”案件3980起，同比上升21%。加强危爆物品安全监

兰州市公安局指挥中心110接处警大厅

管，坚持专项整治与常态管理相结合，收缴枪支100支、子弹10972发、炸药55公斤、雷管3508枚、管制刀具498件，消除了一批社会治安隐患。

【人口管理】　围绕实有人口、实有房屋，加强人口管理。依托全国第六次人口普查工作，大力开展户口整顿专项工作。组织开展流动暂住人口和出租房屋调查登记"百日会战"，全市累计登记流动人口从"百日会战"开始前的29.9万余人增长至58.7万余人。办理第二代身份证178012人；登记各类出入境人员51581人。

【消防管理】　加快消防工作社会化进程，推进社会单位消防安全"四个能力"建设，深入开展消防安全专项整治、火险隐患排查整治和实战演练，有效预防和减少了重特大火灾事故的发生，消防安全"四项指标"基本持平。年内，接警出动731次，出动车辆1381辆次，出动官兵10141人次，抢救被困人员322人，疏散人员696人，抢救财产价值1.5亿元。

【交通管理】　优化道路交通组织，渠化改造城区主干道，探索实行按车牌尾号限行措施。加大路面执法力度，提高道路通行能力，缓解中心城区道路交通拥堵，全力保障"1号工程"（污水全收集、全处理工程）和南山路建设等重点工程顺利实施。交通事故万车死亡率由上年的8.47下降到6.53，实现连续9年下降。新装信号灯7处，新装触摸式人行信号灯4处，改造十字信号灯8处，新装灯杆38根，新装中心护栏7000米，施划道路标线780266米，其中热熔标线1万平方米，冷喷标线713599米，新装龙门架1处，新装标志牌194块，新装标志杆115套。是年，全市共有信号灯336处，中心护栏26196.36米，标志牌3683块，标志杆2987根。

【警卫工作】　加强安全警卫和大型活动安保工作，圆满完成全国防汛抗旱暨舟曲抢险救灾总结表彰大会和第十六届"兰洽会"等重要警卫任务，实现安全顺利、万无一失目标。全年完成各类警卫任务256批次，大型活动安保任务864场次。其中：二级警卫任务10批，重要会议9次，重大活动11次，临时性勤务227次。

【抗震救灾】　2010年，青海玉树发生地震，甘南舟曲县发生特大山洪泥石流灾害，按照公安部、市委、市政府和省公安厅紧急指令，紧急调集特警和机关民警赶赴灾区进行抗震、抗洪救灾。在青海玉树抗震救灾50多天，全体队员克服高原缺氧、高寒风沙、余震不断等困难，圆满完成中央首长安全保卫、抗震救灾、交通疏导和维护社会稳定等工作任务。期间，共出动警力10880余人次，完成一、二级警卫安保任务11次，排查调解纠纷110余次，救助服务群众1800余次。在舟曲抗洪救灾37天，共完成一、二级重要警卫任务5次，出动警力9576人次，车辆1046台次，盘查可疑人员2700余人次，调解纠纷50余起，协助转押犯人18名，转移银行现金3300余万元，协助转移发放救灾物资180余吨，搭建帐篷35顶，紧急疏散群众1200余人，为灾区捐款25000多元。公安部领导专门批示：兰州公安队伍特别过硬，完成任务十分出色。

【执法规范化建设】　紧扣容易发生问题的执法活动、执法环节、执法岗位，严格执行《公安机关执法细则》，从源头防止民警发生随意罚款、收费问题，收到良好效果。在窗口单位深入开展文明规范执法教育活动，着力解决"冷、硬、横、推"问题。彻底整改候问室、审讯室、看守所以及执法办案方面的安全隐患，防止执法过程中被审查、被羁押人员非正常死亡事故的发生。制定民警日常执法活动考评办法，将执法办案工作分解细化为69个考评项目，做到一案一评、一卷一评。执法案卷达标率

100%，优秀率 60%。

【信息化建设】 不断强化网上维稳工作，及时发现、封堵、删除网上有害信息 8030 条，查处各类涉网案件 139 起。完善警综平台建设，采集各类警务信息 1300 余万条，1043 家旅店与警综平台实行对接，实战功能进一步增强。有序推进警用电子地理信息系统建设，采集门牌地址坐标 93200 条，实现人员、案件、单位信息集成整合。推进“大情报”系统建设，利用“大情报”系统抓获逃犯 280 余名。继续完善 DNA 室建设，利用 DNA 技术认定重特大案件 134 起。指纹库采集容量进一步拓展，指纹采集数量达到 12.83 万份。网上作战新机制稳步推进，利用跨区域办案协作平台破获外辖区刑事案件 911 起。各公安分局、县公安局新聘用 315 名文职视频监控人员，派出所辖区监控工作得到加强，实现视频监控系统与街面巡逻工作有效衔接。基本形成全警采集、全警应用、全警共享的公安信息化应用工作格局。

【警民关系建设】 共建立警民联系点 392 个，接待信访 623 件、来访 606 件。深入开展校园及周边治安清理整顿，查禁黄赌毒等社会丑恶现象，集中整治治安乱点地区，持续开展打击街面扒窃、“两抢”等违法犯罪活动。通过接待来访群众、与网民在线交流、值守警务阳光热线、开展“一把手”上电视活动，现场解决群众的问题，积极回应群众需求。大力实施“阳光警务工程”，组织 110 报警服务台、交警、消防、特警等部门开展警营开放日活动。全市公安机关聘任特邀监督员 338 名，拓宽外部监督渠道，广泛接受社会各界监督。

【队伍管理】 开展创先争优和“行政效能建设年”活动，促进队伍观念、能力、素质、作风的转变。年内，有 29 个集体、361 名同志分别受到市级以上表彰奖励。加强各级领导班子建设，圆满完成 24 名处级干部选拔、329 名科级干部选拔调整和交流轮岗工作，优化科级领导干部结构。争取解决监管支队 54 名民警、交警支队 74 名民警副科级待遇，调动了工作热情。大力开展岗位练兵活动，共有 4776 余人参加各类岗位技能和公共课程的培训，知识结构得到优化更新。加强队伍教育管理，认真查处民警违法违纪问题。加大对警车和涉案车辆违规问题的专项治理，取得明显成效。积极落实民警年体检、休假制度和大病特困补助、因公负伤民警探望等各项从优待警措施，进一步激发民警工作积极性、主动性和创造性。

【保障标准化建设】 认真落实县级公安机关公用经费最低保障标准，保证全额纳入同级财政预算。推进基础设施建设，落实警用装备保障。进一步完善从优待警措施，及时帮助解决部分民警生活、工作等方面的实际困难。年内，一次性投入警务巡逻车 100 辆，购置警用车辆 34 辆，各分、县局争取购置警用车辆 530 辆，经费保障水平显著提升。及时申报一批基础建设项目，特警支队营房和市警校联建项目、市公安局机关后院技术业务用房及地下停车场建设、兰州市第三看守所建设和民警住房等基础设施建设项目经市政府专题研究得以解决。

（郑法先　田　莉）

检　察

【概况】 2010 年，全市检察机关积极推进“三项重点工作”，依法履行检察职责，在全省检察机关年度绩效考核中，兰州检察工作连续第三年整体排名第一，16 个条线工作中有 8 个条线排名第一，5 个条线排名第二。全年受理审查起诉刑事案件 3176 件；提起公诉职务犯罪嫌疑人 186 人；强化法律监督，抗诉 122 件；依法处理群众信访 701 件。全市检察机关 2010 年所办各类案件无错案、无明显瑕疵案件、无超期办案、无办案安全事故。

【审查批捕和审查起诉】 2010 年，受理公安机关提请审查批准逮捕各类刑事犯罪嫌疑人 3537 人，经审查批准逮捕 3355 人；受理审查起诉刑事案件 3176 件 4996 人，经审查提起公诉 2798 件 4280 人。办案中，始终保持对严重刑事犯罪的高压态势，审查批捕黑恶势力犯罪、严重暴力犯罪、毒品犯罪和“两抢一盗”等多发性犯罪嫌疑人 1769 人，提起公诉 2133 人。审查批捕破坏市场经济秩序犯罪案件 72 件 99 人，提起公诉 96 件 158 人。完善办案流程，改进办案方式，推进社会矛盾化解，积极探索宽严相济刑事司法政策在侦查、批捕、起诉、刑罚执行监督等办案环节的具体要求和实现方式，全面推行刑事和解、量刑建议、附条件不捕不诉。

【查办与预防职务犯罪】 全年立案侦查职务犯罪案件 142 件 178 人，其中立案侦查贪污贿赂案件 123 件 149 人；立案侦查渎职侵权案件 19 件 29 人，为国家挽回经济损失1950余万元。所立案件中，贪污贿赂大案118件，县处级领导干部要案30人，商业贿赂案件83件，涉农职务犯罪案件4件。提起公诉职务犯罪嫌疑人186人。开展职务犯罪预防，向有关单位发出预防检察建议168件，开展警示教育2576场次，提供行贿档案查询3334次，对甘肃会展中心等8个重大工程项目开展专项预防。围绕市委、市政府"再造兰州"战略，充分发挥检察职能，积极推进项目建设，出台实施《兰州市检察机关服务兰州经济，促进项目建设的若干意见》，与白银市检察院签订《加强交流协作，服务"兰白都市经济圈"》框架协议，为兰州经济社会发展保驾护航。

【法律监督】 全年向公安机关发出要求说明不立案理由通知书90份，公安机关主动立案68件93人，通知公安机关立案10件11人。对不符合逮捕条件的168人作出不捕决定；对不符合起诉条件的24人作出不起诉决定；追加逮捕255人，追加起诉44人。受理民事行政申诉案件431件，立案审查460件，抗诉122件，提请抗诉167件，向法院发出再审检察建议22件。

【监所检察监督】 强化监所检察监督，在刑罚执行监督中，对呈报不当的632名罪犯取消了减刑、假释资格。在监管场所开展专项检查，对全市12个监管场所的监控设施运行、非正常死亡事故处理、日常检查记录等进行排查，及时督促解决超期羁押、卫生状态不良等问题，维护监管秩序，保护被监管人员的合法权益。

【化解信访积案】 全年依法处理群众来信来访701件，成功办结一批"骨头案"，一些多年累诉缠诉案件得到息诉罢访。建立健全涉检信访预警机制、社会矛盾排查化解机制及执法办案风险评估机制，及时化解涉检信访、矛盾纠纷和办案安全风险。全面实行检察环节诉讼文书说理制度，推行量刑建议、轻微刑事案件快速办理，对初犯、偶犯、未成年人犯罪、老年人犯罪以及因邻里、亲友纠纷引发的轻伤害等案件依法从轻、从宽处理，促进了社会和谐。

【参与特殊人群帮教】 全市两级检察院协同法院、公安、司法等部门对"五种人"建立监督执行档案。参与对特殊人群的帮教管理，配合有关部门落实刑释解教人员安置政策，导引矫正对象融入社会。开展"青少年维权岗"活动，参与对全市中小学校周边环境治安防控。

【干部队伍建设】 深入开展"创先争优""恪守检察职业道德、促进公正廉洁执法""反特权思想、反霸道作风"等主题实践活动，及时解决检察人员中出现的苗头性、倾向性问题，着力培养检察人员忠诚、公正、清廉、文明的检察职业素养。推进领导班子建设，强化内部监督制约，重要工作决策、人事任免、大额经费开支等重大问题广泛征求意见，深入调研论证，集体讨论决定。坚持民主集中制原则，落实民主生活会制度、中心组学习制度、领导干部诫勉谈话制度、述职述廉和党风廉政建设责任制。修订完善办案流程、案件考评和错案责任追究制度，形成对领导干部、领导班子履行职责、执法办案专项检查、全程跟踪、逐级把关的内部监督体系。

【检察业务建设】 在全市检察机关集中时间、集中人员、统一内容，开展学习工作规程、规范办案办公、提高工作效能专题活动，进一步规范执法行为，提高了工作效率。积极开展岗位练兵和业务竞赛，先后举办全市公诉人论辩赛，侦监干警业务竞赛，重案组长、网络管理人员、财务人员业务培训班，提高干警业务素能。是年，有两名干警成为全省十佳侦监干警，一名干警成为全国优秀公诉人。

【检察长办公会和院务月例会制度】

通过周一检察长办公会协调落实重点工作，院务月例会督导落实当月工作，将创建一流检察院的工作要求转化为具体措施和常态工作。全年市检察院机关召开院务月例会12次，检察长碰头会48次，安排部署具体工作1472项，对推进全市检察工作起到重要作用。建立检察长联系基层院及机关各部门督导条线工作制度，对县区检察院工作逐月督导，对办案工作统筹协调，统一指挥，促进了全市检察工作的协调均衡发展。

【成立重案组查办大要案】 2010年，两级检察院在反贪、反渎、侦监、公诉等7个业务部门成立以查办重大案件、重要案件和重点案件为主要任务的40个重案组。筹措资金400余万元，为重案组配备交通工具和办案装备，提升查办大要案硬实力。全市重案组年内查办职务犯罪案件138件，占全市办案总数的97.2%。在医疗系统、国有大中型企业购销领域、工程建设、房地产管理等领域查办商业贿赂案件和滥用职权、玩忽职守案件67件77人。

【精神文明建设】 至2010年，全市两级检察院全部成为市级文明单位。市检察院、七里河、安宁区检察院已成为省级文明单位。城关区、西固区、永登县、榆中县四个检察院成为全省精神文明建设先进单位。全市检察机关2010年所办各类案件无错案、无明显瑕疵案件、无超期办案、无办案安全事故。普通刑事案件相对不诉率、职务犯罪案件不诉率、无罪判决率、民事行政抗诉案件法院改变率、不捕率、捕后不诉率、立案监督案件有罪判决率、反贪反渎人均立案数等重要业务指数达到或超过全国检察机关和西部省会城市检察工作平均水平，全面完成年初设定的各项工作目标任务。

（李彩君）

审　判

【概况】　2010年，全市法院以党的十七大精神为指针，深入贯彻落实科学发展观，坚持“党的事业至上、人民利益至上、宪法法律至上”的指导思想，积极践行“为大局服务，为人民司法”工作主题，认真履行宪法和法律赋予的职责，大力加强审判执行、队伍建设、法院改革和基层基础建设。积极服务“保增长、保民生、保稳定”的工作大局，围绕市委“1355”总体发展思路和“再造兰州”战略部署，狠抓执法办案第一要务，全力维护社会稳定，促进经济社会平稳较快发展。全年受理各类案件26483件，同比下降6.4%；审(执)结24794件，结案率93.6%，同比提高2.4%；其中市中院受理各类案件5824件，审结5692件，结案率97.7%。

【刑事审判】　加强刑事审判，维护社会稳定。受理各类刑事案件3454件，审结3425件，结案率99.2%。其中市中院受理444件，审结436件，结案率98.2%。正确执行宽严相济刑事政策，坚持该严则严，当宽则宽，宽严相济，罚当其罪。始终保持对严重刑事犯罪的高压态势，依法惩处了杨寿春等20名组织领导、参加黑社会性质组织，崔健等17名恶势力团伙的犯罪分子。严厉打击严重危害人民群众生命安全的暴力犯罪和多发性侵财犯罪，审结杀人、抢劫、强奸、故意伤害、盗窃等案件1507件2749人。严惩毒品犯罪，审结案件698件818人。积极参与整顿和规范市场经济秩序，审结生产销售伪劣产品、侵占国有资产等犯罪案件167件242人。切实推进反腐败斗争，审结贪污、贿赂、渎职、玩忽职守等职务犯罪案件207件263人，其中县处级以上干部6人。全年判处五年以上有期徒刑805人(含死缓)，重刑面20%。对犯罪情节轻微、不致于再危害社会的755名被告人依法适用缓刑；对未成年人犯罪，按照“教育、感化、挽救”的方针，判处缓刑、免刑131人；对认罪服法，积极改造的2171名罪犯依法裁定减刑或假释。

日本学术交流访问团来市中院参观交流

【民事审判】　加强民事审判，促进经济发展。受理各类民商事案件14704件，审结14193件，结案率96.5%；其中市中院受理2452件，审结2398件，结案率97.8%。依法保护金融债权，审理借款合同、财产保险、证券交易等金融纠纷案件959件。高度重视涉及群众利益的案件，审理婚姻家庭、继承、相邻关系、人身损害赔偿等案件5244件。依法保护劳动者合法权益，审理劳动争议案件761件。维护国家对房地产产业的政策性调整，妥善审理房地产纠纷案件211件。发挥司法保护知识产权的主导作用，审理知识产权纠纷案件159件。依法支持国有企业改革，注重保护职工合法权益，保证改制顺利进行，审理破产案件9件。加强“三农”案件审理，促进新农村建设健康发展，审结农村土地承包、转包、租赁等案件30件。

【行政审判与国家赔偿】　加强行政审判，有效解决行政争议。注重保护公民、法人和其他组织合法权益与支持、监督行政机关依法行使职权的有机统一，创新行政协调工作思路，努力构建立案协调、庭审协调、审后协调为一体的协调模式，进一步增强官民互信，社会和谐。受理行政案件254件，审结249件，结案率98%；其中市中院受理87件，审结87件，结案率100%。受理国家赔偿案件11件，办结11件。

【执行工作】 加大执行力度，维护法律权威。树立执行工作“一盘棋”思想，完善法院执行工作联动机制。继续巩固党委领导、人大监督、政府支持、法院主办、相关部门配合的执行大格局。坚持定承办人、定督办领导、定执行措施、定执行期限、定目标责任、重点案件领导包案的“五定一包”责任制。受理执行案件5570件，执结4432件，结案率79.6%，执行标的额10.05亿元。对重点案件实行责任到人，逐案督办，跟踪问责，完善执行威慑机制，促使被执行人自动履行债务。重视对执行工作的动态考核，严格实行执行分权运行机制，科学规范执行权配置，加强对评估委托、拍卖工作的管理监督，不断完善执行工作长效机制。

【调解工作】 加强调解工作，推动司法和谐。倡导“调解优先”原则，把调解工作贯穿于立案、审判、执行、信访等全过程。调处各类民事纠纷7242件，占民事案件总数的61.9%，比上年提高94个百分点。组织法官携带案件走进社区、深入企业，就地审理、就地调解、就地结案。成功调处天水农民李建平诉省市县三级疾病预防控制中心名誉权纠纷案；及时调处赵本山、小沈阳诉万顺公司、兰州华夏医院、兰州广播电视总台肖像权案；有效调处李小勇与建行城关支行长达八年的劳动争议纠纷案。完善执行和解机制，慎用查封、扣押等强制措施，采取债权入股、债务重组、分期付款和“放水养鱼”等灵活多样形式，使中国对外建筑公司兰州分公司与甘肃天昱置业公司等6起巨额债务案达成执行和解，帮助企业渡过了难关。

【信访工作】 高度重视涉诉信访，促进矛盾纠纷化解。全年收到群众来信947件，同比下降18.1%；接待群众来访1521人次，同比下降11.4%；化解群体上访10余起。规范完善全市法院涉诉信访案件受理、审查、甄别、交办、答复、通报制度，将最高法院、省法院、省市政法委交办的42件涉诉信访案件，逐人逐案登记造册，实行领导包案，专人办理，限时办结的办法，着力化解纠纷。对一些影响社会稳定的疑难案件，紧紧依靠党委、人大、政府和社会组织的力量，共同“会诊”，集体商讨“处方”，尽最大努力疏导、化解。对于实体正确，已穷尽一切司法救济手段的案件，按照最高法院下发的《涉诉信访案件终结暂行办法》，及时上报省高院终结，缓解涉诉信访压力。年内，上级部门交办的38件重点案件全部办结。

【机关作风建设】 以开展“人民法官为人民”主题实践活动为重点，不断创新活动载体，切实解决审判作风中存在的突出问题，增强对人民群众的感情，使亲民、爱民、为民成为法官的自觉行动。完善立案信访窗口服务功能，加强立案窗口诉讼指导，对诉讼风险主动提示，强化导诉、答疑、释明等职能，并备有各种资料，介绍各类案件受理标准和办理程序、办理期限，努力把立案信访窗口建设成“为民司法之窗、文明司法之窗、和谐司法之窗”。强化作风建设，狠抓干警上下班考勤、着装仪表、值班接待、开庭审判等日常管理。健全和完善各项管理制度，实现管人、管事的规范化、制度化。

【党风廉政建设】 认真学习贯彻中央纪委、省纪委五次、市纪委六次全会和全国、全省法院反腐倡廉工作会议精神，增强做好反腐倡廉工作的责任感和紧迫感。积极开展党性、党风党纪和警示教育，筑牢拒腐防变的思想道德防线。强化内外监督，在中院庭室和重点部门任命了11名思想素质好、业务能力强的同志担任廉政监察员，把监督的触角延伸到审判执行工作的第一线。在人大代表、政协委员、律师、企业家及新闻工作者中，聘任了18人担任廉政监督员，对全市法院审判执行工作进行全方位监督。抓好“五个严禁”规定的落实，对干警违纪违法行为早发现、早纠正、早处理。认真办理人大代表建议和政协委员提案，共办理人大代表建议8件，政协委员提案3件，全部在规定期限内办复。

【基层基础建设】 以开展“队伍建设暨基层基础建设年”活动为载体，由党组成员带队，重点调研解决基层法院“同案不同判”问题。对不同法院，不同合议庭审理的同类型案件，组织审判人员研究讨论，统一执法尺度。加强审级监督，从二审、再审、申诉、申请再审案件入手，召开重点疑难问题专项讨论会，举办典型案例座谈会，与基层法院加强沟通交流，面对面指导，促进基层执法水平的提高。争取国债项目支持，加快“两庭”建设步伐。全市8个基层法院，4个法院已完成新建扩建任务，规模和标准符合最高人民法院的要求。14个农村人民法庭标准化建设已经完成，直接立案，方便群众诉讼的要求落实到位。根据辖区面积、人口分布、便捷诉讼的要求，积极争取政府支持和利用国家专项经费，加快城区人民法庭的改造，城关区人民法院拱星墩法庭、渭源路法庭、鼓楼巷法庭已建成使用。加强基层法院在信息化建设方面的技术指导，推动硬件和软件升级改造，努力使基层法院在信息化建设上实现从“打基础、建平台”向“抓应用，上台阶”迈进。对新增选的162名人民陪审员进行了业务培训，进一步发挥人民陪审员来自群众，贴进群众，服务群众的优势。全市267名人民陪审员共陪审案件3257件，比上年提高19.9%。

（权　卉）

司法行政

【概况】　2010年，司法行政工作充分发挥职能作用，全力抓好基层基础建设、普法依法治理、法律服务、劳教强制戒毒和队伍建设五项重点工作，为全市经济社会发展提供了坚强的法律保障，在全省司法行政系统综合目标考核中连续两年获得一等奖；年内有100多名个人和集体受到中央、省市表彰，司法队伍整体素质有了新提高。是年，全面完成了“五五”普法规划的目标任务。法律进机关、进单位、进企业、进学校、进乡村、进社区、进宗教场所活动向深入发展。集中开展了“人民调解化解矛盾纠纷专项攻坚活动”和“重大纠纷积案化解年活动”。全市建成11个刑释解教人员过渡性安置基地；印发了《兰州市试行社区矫正工作意见》，召开了全市试行社区矫正工作会议。全市律师办理各类诉讼案件3625件，避免和挽回经济损失9.1亿元。全年办理公证25100件，同比增长11%。至是年，已在全市乡镇(街道)、村(社区)、律师事务所、公证处、司法鉴定机构及大专院校、市中级人民法院设立法律援助工作站点200余个。劳教工作开展了“专项排查整治”、“百日安全整顿”和“集中整治劳教场所非正常死亡问题”等活动，全年实现“六无”目标。成立了兰州市司法鉴定协会和专业委员会，新增司法会计、建筑工程质量、资产评估、机电产品质量鉴定等内容，鉴定项目已涉及四大类13种，司法鉴定机构由19家增加为30家。

【普法工作】　全面完成“五五”普法规划的目标任务。2010年是“五五”普法全面总结验收的一年，按照“五五”普法规划确定的目标任务和要求，市委、市人大、市政府、市政协四大家分管领导带领四个验收组，对全市8个县区和76个市直部门以及部分乡镇（街道)、村(居)、企业、学校的“五五”普法依法治理工作进行了考核验收。省委常委、省委政法委书记罗笑虎带领的考核验收组在省委常委、市委书记陆武成、市长袁占亭等市领导陪同下，对兰州市普法依法治理工作进行了全面考核验收，并给予了充分肯定和高度评价。全年推荐全国、全省普法先进集体14个，先进个人25名。积极开展“五五”普法陇原行活动，大力宣传普法依法治理工作。通过网络、电视、报刊等各类媒体宣传报道171篇。

【法律“七进”活动】　继续开展法律进机关、进单位、进企业、进学校、进乡村、进社区、进宗教场所活动。贯彻落实省司法厅下发的《进一步加强全省农村法制宣传教育工作的意见》《关于加强农民工法制宣传教育工作的意见》。组织“提高农民法律素质、促进农村改革发展”的主题宣传活动。开展“法律服务进农家”活动，向农民发放“学法资料袋”，为农村培养了一大批“法律明白人”。先后组织14次“送法下乡”活动，发放《农牧民法律知识读本》3万多册；连续3年为100个新农村建设试点村赠订《法制日报》及其他法制报刊。依托“农家书屋”建立了乡镇法制辅导站和乡村法律图书角，丰富了农村法制宣传教育的内容和形式，效果良好。

全面贯彻落实《中小学法制教育指导纲要》，发挥学校主阵地和课堂教学的主渠道作用。加强基地建设，深入开展青少年法制教育，大力促进依法治校活动。组织开展了“学法守法用法、建设美好祖国”青少年法律知识网络竞赛和电视大赛活动，全省共有3万多名大中小学生踊跃参加网上答题，8支青少年代表队参加了全省电视法律知识大赛。举办了“爱祖国、学法律、创和谐”青少年大型普法系列活动，进一步强化青少年法制教育，省司法厅对全省各市州此项工作进行了全面督促检查，保证了青少年法制教育工作任务落实。

城关区的雁滩公园，是甘肃省建成的第一个法制公园，园内经常更换内容的24个永久性法制宣传栏成为广大市民注目的焦点。兰州市已建成雁滩、小西湖、安宁生态园3个法制公园，全年开展各类较大规模的法制宣传教育活动1560场次，接受群众现场咨询50万余人次。健全完善“法律进社区”组织网络和工作制度，紧扣社区居民的法律需求，加强法制宣传橱窗、法律图书角、普法长廊、法制公园、普法广场等阵地建设。同时，组织律师、公证员、基层法律服务工作者和法制宣传志愿者定期开展“法律进社区”活动，有针对性地宣传与社区居民生产生活密切相关的法律法规，促进了社区基层民主管理的法治化、规范化。

5月，为充分展示“诚信守法企业”创建活动实绩，发挥典型示范作用，推进创建活动深入开展，甘肃省委宣传部、省依法治省办公室、省司法厅等六部门下发通知，决定命名表彰100家“诚信守法企业”。此项活动的开展，引导企业加强诚信守法教育，进一步提高了企业经营管理人员和职工诚信守法、依法经营的意识。

“法律进单位”活动进入经常化，全市各单位都加强学法用法和内部管理制度建设，多形式开展经常性的普法宣传活动，发挥会议室、图书室、公开办事窗口等作用，通过公示牌、宣传栏、指南册、触摸屏等方式，积极宣传行业法律法规知识。公园、车站、机场、影剧院等公共场所也都结合实际开展了公益性法制宣传，有效提升了法制宣传教育工作的影响力。

根据本市宗教场所较多、人员相对集中的特点，以维护社会和谐稳定、促进民族团结进步为宗旨，积极开展对宗教教职人员的法制宣传教育和民族宗教系统干部的法律知识培训，促进宗教场所的依法治理和规范管理，有力维护了社会和谐稳定。

【法制宣传】 优化法制宣传方式，以“法律七进”活动为载体，着力抓好领导干部、公务员、青少年学生、农民、企事业单位职工等重点普法对象的宣传教育。健全完善党委中心组集体学法、公务员学法、法律知识考试等制度。为推进全市法治文化建设进程，打造“四大普法平台”(新闻媒体、网络、法制宣传栏、手机短信)，坚持完善兰州司法行政网(兰州普法网)建设，在《兰州日报》上开辟专版，对各项工作进行专题报道，基本形成“广播有声音、电视有节目、报纸有文章、网络有内容、场所有活动”的普法宣传模式。全市开展各类普法宣传活动1600余次，发放法制宣传单300万余份，法律法规资料4万余本，普法用书2万余册，送法下乡50余次，接受群众现场咨询10万余人次，受教育群众达200万余人次。

【人民调解工作】 人民调解工作逐步完善“三调联动”机制，大力发展专业性、行业性调解组织建设，落实人民调解三项经费近60万元并进行了个案补助。集中开展“人民调解化解矛盾纠纷专项攻坚活动”和“重大纠纷积案化解年活动”，重点调处因劳动争议、征地拆迁、医疗事故、道路交通事故引发的矛盾纠纷，化解了一批多年积累、长期未得到有效解决的矛盾纠纷。全市各级人民调解组织共调解各类矛盾纠纷9736件，较上年增长63.2%，调解成功9514件，成功率达97.7%。

【安置帮教与社区矫正】 深化安置帮教工作，完善帮教组织网络，发展巩固帮教队伍，不断强化过渡性安置基地的创建认定和规范管理工作。全市建成11个过渡性安置基地，共安置刑释解教人员400余人次。加大对“三假人员、三无人员”和重点释解人员的排查管控力度。协调有关单位落实社会保障政策，多渠道、多形式地做好安置工作。全年接受刑释解教人员1234名，衔接1110名，安置955人。

2010年，认真贯彻落实全国、全省试行社区矫正工作会议精神。市委、市政府办公厅印发了《兰州市试行社区矫正工作意见》，召开了全市试行社区矫正工作会议，对全市试行社区矫正工作进行了动员部署，各项工作进展顺利。

【律师工作】 围绕党委、政府确定的发展战略，不断深化律师法律服务工作，主动介入项目建设、节能减排、城乡基础设施建设等重点项目、重要领域。组织开展“联企业、办实事、解难题”、“千名律师进千家企业”及“百家律师事务所服务百家新农村”活动。举办法律辅导讲座21场次，发放“法律服务联系卡”和“法律服务咨询函”2000余份，走访各类企业420家，为企业法律风险评估、经营管理决策等提供全方位的法律服务。全市律师办理各类诉讼案件3625件，较去年同期增长11%，避免和挽回经济损失9.1亿元。组织律师参与政府、人大信访值班205天，接待上访群众865人，接待集体上访7批67人，对上访请求不合法者劝其息诉200余人。

【公证工作】 不断提升公证法律服务水平，积极介入省市综合配套改革、产业结构调整和基础设施建设。为宝天等高速公路、县乡公路改造工程等省市重大建设项目办理招投标公证50余件。推出便民、利民“十项措施”，开通公证“绿色通道”。依托基层司法所开展公证信息员队伍建设试点工作。全年办理公证25100件，同比增长11%；办理各类涉外公证5823件，公证文书发往50多个国家和地区，公证类型达百余种。

【法律援助】 充分发挥法律援助服务民生职能优势，深化“法律援助便民服务”和“法律援助进万家”主题活动，努力做到“应援尽援”。至2010年，已在全市乡镇(街道)、村（社区)、律师事务所、公证处、司法鉴定机构及大专院校、市中级人民法院设立法律援助工作站点200余个，健全基层法律援助工作网络，开展法律援助工作，接待群众咨询、受理援助申请，进一步方便了群众。全年办理各类案件1377件，同比增长24.2%；全年累计投入办案经费150万元，较去年翻了一番。

【劳教工作】 坚持以教育挽救为中心，综合课堂教育、心理咨询、联合帮教、习艺矫治等教育矫治手段，使强戒人员在法制观念、道德水平、心理健康、文化素质、就业能力等方面得到综合发展，提高了教育矫治质量。树立首位意识，严格安全防控、安全排查、应急处理、领导责任四项机制，加强对重点人员、重点部位、重点时段、重点物品的管理。开展“专项排查整治”“百日安全整顿”和“集中整治劳教场所非正常死亡问题”等活动。争取省、市投资600多万元，进行了电子监控、电子门禁系统、围墙架高、山体加固、视频会议等技防、物防建设，全年实现“六无”目标。开展为期一年的“执法大培训，岗位大练兵”活动，干警执法水平、执法公信力进一步提升。法制学校教育转化任务全面完成。在完成“邪教犯罪对策研究”课题的基础上，开展了其他邪教的理论研究，为党委、政府防范处理邪教问题提供了科学依据。

【司法鉴定】 积极促进司法鉴定工作健康发展，成立兰州市司法鉴定协会和专业委员会，新增司法会计、建筑工程质量、资产评估、机电产品质量鉴定等内容，鉴定项目已涉及四大类13种。司法鉴定机构由19家增加为30家，增长58%；司法鉴定人由274人增加为306人，增长12%；全年办理各类案件2956件，同比增长28%。加强对司法鉴定机构的检查和监督管理，对全市司法鉴定机构进行调研和案卷评查工作，为司法鉴定工作提供基础性资料。组织全市司法鉴定机构选派司法鉴定人参加司法部、省司法厅举办的多期业务培训班。对司法鉴定行业进行清理整顿，整改群众投诉反映的违反鉴定程序等不规范问题，重点查处未经行政许可的鉴定机构与鉴定人执业，维护了司法鉴定的秩序。

【队伍建设】 2010年，队伍整体素质有了新提高。通过落实中心组理论学习制度，领导班子成员的政治理论水平和驾御全局的能力得到提高；通过执行党委（党组）民主议事规则，重大事项决策更加民主；通过经常性的党风廉政教育和制度约束，班子成员廉政形象得到提升；通过适时调整配备领导班子，使各级班子成员结构更加合理，班子整体活力不断增强。认真落实党风廉政建设责任制，对党风廉政建设和反腐败工作进行目标责任分解，着力解决公务员队伍、人民警察队伍和法律服务工作者队伍的表率意识、廉洁意识、自律意识、服务意识和纪律意识方面存在的问题。通过述职述廉、责任制考核等形式加强队伍管理，加大行风效能督查工作力度。对人财物等重点部位、法律服务市场收费、服务等重要环节进行经常性检查监督，预防了违法违纪案件的发生。坚持不懈地用特色社会主义理论体系武装司法行政队伍，加强三支队伍社会主义法治理念教育、职业道德教育、纪律作风教育，确保广大干警和法律服务工作者始终坚持“三个至上”（党的事业至上、人民利益至上、宪法法律至上），切实做到“四个在心中”（党在心中、人民在心中、法在心中、正义在心中）。以深入开展行政效能建设年、创先争优活动为契机，全面清理评估内部各类规章制度，对原有制度进行了修订完善，废除31项、修改62项、新建56项，再造了工作流程，初步形成内容科学、程序严密的制度体系。大力培育司法行政队伍先进典型，全年有100多名个人和集体受到中央、省市表彰，激发了全系统广大干部职工的爱岗敬业和无私奉献精神。

（郭丽娟）

兰州警备区

【概况】 2010年，警备区紧紧围绕“建设示范、标杆、全面过硬警备区”目标，按照“站到位、尽职责、有作为”总体工作思路，团结带领广大官兵和民兵预备役人员扎实打基础、注重搞建设、全面抓落实，圆满完成年度各项任务。

【思想政治工作】 着眼把握重点、提高政治素养，年初召开政工会，制定下发指导性工作意见7份，加强对思想政治工作的指导。深入学习贯彻新颁发的《政工条例》，集中组织政工干部培训，着力提高组织开展政治工作能力。积极推进学习型党组织建设，统筹落实年度各项政治教育，采取统一计划、统分结合、大会交流等方法，扎实抓好中心组理论学习、主题教育、“每月一课”党课和经常性思想教育，组织开展在烈士陵园宣誓、兰州战役纪念馆参观见学等活动，深化教育实效。两份党课教案分别被兰州军区、省军区评为优质党课。

【民兵应急训练中心试点】 7月，总参动员部、两级军区赋予警备区省级民兵应急训练中心试点任务。警备区首长高度重视，专门召开会议，研究落实措施，提出具体要求，及时制定方案，组织相关力量，结合民兵基地化训练，认真梳理训练基地化集中训练的各项成果,起草、撰写省级民兵应急训练中心建设发展规划、省级民兵应急训练中心研究论证报告、市(州)级民兵综合训练基地教器材配备基本标准和民兵训练基地各项制度规定四个核心文本成果，并对总部下发的省级民兵应急训练中心教器材配备基本标准(稿)提出修改建议，10月底上报试点成果，受到两级军区和总参动员部充分肯定和好评。

【新条令试点】 在学习贯彻新《条令》活动中，省军区赋予兰州警备区试点先行任务，警备区党委首长高度重视，以学习贯彻新《条令》试点为契机，开展学条令、用条令、整秩序活动。依据新《条令》修订完善本级管理规定和措施23份；更换各类标志牌、制度牌46块；组织规范秩序、着装和军容风纪检查11次；统一办公室和宿舍设置；维修营区基础设施32处；纠正办公、内务、值班、举止、称谓等42处不按条令规范问题。制作《学习贯彻新条令演示课件》，受到上级好评，并在全区推广。

【省军区军事斗争准备检验评估】 11月3日至5日，警备区接受省军区军事斗争准备检验评估组考核评估，考评组主要采取听取汇报、理论测试、技能考核、体能考核、查阅资料、战备拉动等方法，对评估方案计划、作战力量、作战指挥、作战保障、战场设施、军事训练、政治工作、后勤保障、装备保障和国防动员准备等10项内容进行考评。通过考评，进一步推进了警备区军事斗争准备工作的巩固和提高，被省军区评为“军事训练先进单位”。

【军事训练现场观摩会】 7月19日，甘肃省军区在皋兰山民兵训练基地举行军事训练工作现场观摩会。会议由省军区副参谋长王琦主持，警备区司令员陈绍晏、政委李军等领导参加会议，来自全省各师(旅)级单位70多名会议代表实地参观训练基地建设情况，观摩了兰州警备区民兵分队军事训练课目演示，与会代表对兰州警备区按纲组织民兵基地化训练的做法及训练基地各项建设、民兵分队教学法演示等情况，给予高度评价。

【报废弹药销毁任务】 根据省军区统一部署，9月—10月间，顺利完成122.3吨报废迫击炮弹和80.3吨报废37高炮弹销毁和调运任务。实施中，制定报废弹药销毁调运、弹药装载、车辆行进、学习培训、风险评估暨应急处置5类方案。明确细化组织领导、责任区分、调运任务、方法步骤和主要措施。警备区2名常委现场全程组织作业，圆满完成销毁处理任务。

【协调保障成都军区勘察组在兰活动】 6月27日，成都军区黄艺副参谋长带勘察组一行20余人赴青铜峡训练基地进行演习场地勘察途经兰州市。省军区通知要求完成勘察组途经兰州市的协调保障任务，警备区司令部带领城关区、七里河区人武部周密计划，热情周到，全力搞好协调保障，充分展示了民兵的良好作风，圆满完成勘察组在兰州市各项活动，受到省军区首长机关充分肯定。

【勇夺比武竞赛团体冠军】 6月7日至11日，兰州警备区民兵军事“三项”队5名队员参加甘肃省军区组织的民兵5公里越野、射击、投弹军事技能比武竞赛中，积极发扬顽强拼搏精神，经过激烈角逐，取得三金、一银、一铜和团体总分第一的好成绩，受到各级首长机关的高度赞扬。赛后，警备区拿出经费7万元重奖参赛队员。

【矿难抢险救援工作】 5月11日8时30分，红古区金河煤矿发生瓦斯爆炸，造成矿工15人伤亡。警备区依据《应急抢险救援预案》，组织民兵救援分队配合红古区人民政府和窑街煤电公司展开救援工作。红古区民兵救援分队反应迅速，第一时间赶赴现场参与救援工作，不惧危险、克服困难，圆满完成灾情探查、伤员救助、现场清理等任务，表现出应对突发事件的能力和良好的军政素质，受到军地领导的一致好评。

【抗洪救援工作】 8月8日19时30分至20时30分，榆中县金崖镇遭遇特大暴雨袭击，引发洪水泥石流，金崖镇内宛川河沿线6个村受灾。灾情发生后，榆中县人武部依据警备区指令，迅速启动抢险救灾预案，在县委、县政府领导下，紧急动员民兵应急分队120人，协调出动驻军500余人；迅速投入到抢险救灾行动中，先后完成堤坝加固50米、道路平整1公里、清理淤泥1000余方，开挖泄洪渠500余米，转移安置群众1200余人。运送米面300公斤、矿泉水200余箱，被褥、服装400余件，装填沙袋500余条。由于反应迅速，处置得当，取得抢险救灾的胜利，赢得当地政府和人民群众高度赞誉。

【抗旱救灾】 为积极响应胡锦涛主席号召和两级军区抗旱救灾工作有关指示及地方党委政府要求，4月1日—2日，警备区集中两天时间组织民兵应急、供水、消防3支分队325人和运水车30辆，在永登县两个重灾乡遂行抗旱救灾任务。救灾车队累计行驶2.5万公里，为重灾19个村5233户、26所中小学送水1500余吨，180个水窖蓄满饮用水，18280村民、1万余头牲畜饮水问题得到有效解决，解决了重灾区近万人的饮水问题，缓解了灾情，受到地方党委政府的充分肯定和灾区群众的高度赞扬。

【兰州市党政军领导庆“八一”军事日活动】 7月23日，兰州市党政军庆“八一”军事日活动在皋兰山民兵训练基地举行。甘肃省委常委、市委书记、兰州警备区党委第一书记陆武成，市人大常委会主任哈全玉，市委副书记、市长袁占亭，市政协主席左灿湘，警备区司令员陈绍晏、政委李军等军地领导80余人参加活动。与会领导参观皋兰山民兵训练基地基础设施，观摩军事课目汇报表演，兰州警备区民兵应急分队警棍盾牌术、甘预师高炮分队枪代炮对空射击、兰州市公安消防支队消防技术破拆救助灭火综合操，赢得在场党政军领导掌声。汇报表演结束时，陈绍晏司令员代表警备区、甘预师和消防支队，向百忙之中前来参加军事日活动的市领导表示热烈欢迎和崇高敬意，向参演分队全体官兵和民兵预备役人员致以诚挚慰问和衷心感谢，并表示一定要继承和发扬兰州双拥共建优良传统，站到位、尽职责、有作为，为兰州经济发展和社会稳定做出新的更大的贡献。陆武成代表市委、市人大、市政府、市政协和全市人民，向警备区、甘预师、消防支队以及驻兰部队全体官兵、广大民兵预备役人员表示节日问候，对参演民兵和消防官兵的精彩表演给予高度评价，同时希望驻军继续支持和参与地方经济社会建设，在维护稳定、扶贫帮困等方面发挥积极作用。

【基层建设】 着眼发挥警备区桥梁纽带作用，健全完善保障机制，联合市委、市政府共同下发《关于推动建立军地融合发展机制的实施意见》，进一步规范市、县、乡三级工作经费保障及落实军地归口管理事项，促进军民融合发展。“八一”前夕，会同地方党政机关开展“军事日”活动，并组织召开

市委议军会，有效增强地方各级领导国防观念，促进党管武装制度有效落实，陆武成被甘肃省评为“党管武装好书记”。加强对人武部和基层建设具体指导，普遍建立警备区党委常委、人武部党委委员挂钩帮建联系制度，人武部全面建设水平有了新提高。西固区、红古区、城关区和永登县人武部装修改造及配套设施完善工作进展顺利，城关区、七里河区人武部被省军区表彰为全面建设先进单位。

【党委班子建设和干部队伍建设】 进一步修订完善《警备区党委议事规则》，按照省军区党委书记座谈会精神，加强民主集中制原则学习贯彻，各级党委议大事、作决策能力水平明显提高。深入开展创先争优活动，结合建党 89 周年，表彰 17 名优秀党员和 6 个先进党组织，参加省军区读书演讲比赛并获得二等奖，城关区人武部部长刘连昌被兰州军区表彰为优秀共产党员，皋兰县人武部党委连续三年被省军区表彰为先进团级党委。扎实推行党员领导干部廉政承诺制，在团以上干部和人武部党委委员中层层签订廉政承诺书，公开承诺内容，接受群众监督。狠抓干部队伍教育管理，基本配齐远县(区)人武部干部。依据总政军官考核评价体系，严格考核，公正使用，推荐 11 名营团职干部交流任职，选送 10 名干部到院校培训，对 29 名干部进行调整配备。

【双拥工作】 按照“群众所盼、地方所需、部队所能”原则，组织部队、民兵预备役人员积极投身经济社会建设。认真履行牵头部门职责，先后两次召开驻兰部队协调会，对部队参与争创全国双拥模范城“七连冠”活动、“十项工程”和两个援建示范点建设任务进行区分，带动兰州市双拥共建工作深层次发展。协调兰州市七里河区西湖街道残疾人艺术团在驻兰部队演出 7 个场次，配合驻兰部队深化主题教育效果。累计向青海玉树、甘南舟曲灾区捐款 13 余万元。协调市委、市政府出台《关于做好驻兰部队随军家属安置工作的通知》，争取到 110 个随军家属就业指标，解决了驻兰官兵后顾之忧。深入贯彻落实“庆阳会议”精神，协调市委、市政府下发《关于开展培养民兵预备役创业致富带头人活动的通知》，充实组织机构，明确培养对象，细化帮扶措施，树立张宁、吴承勇等 26 个带头创业致富先进典型。大力抓好榆中县来紫堡乡冯湾村“八个一”项目和七里河区西湖街道梁家庄社区“五好一交流”活动，提升援建示范点的建设层次。先后协调和组织驻兰部队、民兵队伍完成抗旱送水、南河道治理、兰州新区基础设施建设、市区环境整治和兰洽会安保工作，受到省、市领导肯定。榆中县人武部政委刘会郎被兰州军区表彰为支援地方经济社会建设先进个人。永登县人武部政委肖志平被兰州军区表彰为执行多样化军事任务政治工作先进个人。

领导名录

司令员	林建波(5 月退休)
司令员	陈绍晏
政治委员	李军
副司令员	李洪涛
副政治委员	李长生
参谋长	吴全忠
政治部主任	王正
后勤部部长	朱剑

(张要江)

武警兰州市支队

【概况】 2010 年，中国人民武装警察部队兰州市支队(简称武警兰州市支队)紧紧围绕“强班子、抓基层、谋发展、保稳定”总体工作思路和“建设一流班子、带出一流部队、实现‘两个确保’、锻造金城劲旅”目标，振奋精神，开拓创新，团结进取，狠抓落实，圆满完成以执勤处突反恐为中心的各项工作任务，部队建设呈现出稳步发展、整体提高的良好态势。是年，支队下辖 5 个大队、25 个中队，机关司、政、后共设 15 个科、1 个卫生队。

【思想政治建设】 坚持大事大抓，扎实推进两个批次的学习实践科学发展观活动，突出实践特色，抓好成果转化,取得明显成效。扎实开展培育当代革命军人核心价值观主题教育活动，广泛开展“主题演讲”“四会”政治课教员评比和优质课件评比活动，城关中队政治指导员郑学冲被总队评为优秀“四会”政治课教员。大力宣传学习舟曲抢险救援一线曹恒昌、王伟等先进事迹，广大官兵听党指挥、履行使命的思想政治根基进一步牢固。深化“五个过一遍”“深知兵、真爱兵”活动《实施意见》，在干部队伍中开展“感恩组织、关爱部属”主题实践活动，签订《爱兵教子公约》，内部关系进一步和谐融洽。积极开展送法、送医、送心理到基层活动，重视做好“六类重点人员”帮教转化工作，举办心理骨干培训班，骨干作用发挥明显。有效发挥篮球队、腰鼓队、电影放映队、文艺宣传小分队“四队”作用，在总队卫士杯篮球比赛中勇夺冠军。广泛开展评选表彰“六个十佳”活动，不断激发各级争先创优的工作热情。大力推进“四位一体”警营文化建设，注重抓好新闻报道工作，支队被总队评为网络新闻先进单位。

【中心任务】　坚持党委议勤抓勤，狠抓总部《武警法》暨中心工作网上集训成果转化，大力推进执勤目标“四防一体化”建设，机关和17个执勤中队均被总队评为一级执勤单位。狠抓针对性训练、方案演练和教练员队伍建设，华林坪中队中队长刘晓丹被总队评为优秀“四会”教练员。严密组织勤训轮换和一大队离营驻训，举行“七一”军事课目比武，参加总队“卫士—10”演习，提高了部队遂行任务能力。全年支队共出动兵力20000余人次，圆满完成武装押解押运、武装巡逻和“两规”等各类临时勤务559批次。协助公安机关，出色完成“3·09”持枪袭警案犯捕歼、南航客机疑似爆炸物排除等重大任务；担负舟曲特大泥石流灾害抢险救援任务，2名战士火线入党、120余名官兵受到各级记功嘉奖。

【部队内部安全稳定】　认真贯彻总部从严治警集训精神和新共同条令，指导各单位落实支队下发的《解决当前部队若干管理问题的通知》《单独执勤点管理细则》，深刻汲取青海总队“2·23”案件教训，开展“治三松、严纪律、保安全”、“学条令、强素质、查隐患”和“刹酗酒、严纪律、树形象”教育整顿活动，部队“四个秩序”进一步正规。严格落实安全教育、分析和检查制度，加强小散远直单位和在外人员管理，及时排查各类隐患，确保部队安全稳定，支队连续18年实现“三无”目标。

【基层建设】　认真学习贯彻新《纲要》《三十条》和《政治工作条例》，在全支队转发二大队七中队按纲建队目标措施，指导各单位科学制定年度按纲建队计划。组织58名基层正副书记参加总队纲要网上培训，提高了各级主官按纲抓建能力。按照“三治”“三个一遍”要求，全年对所有支部帮建一遍，对上年被列为帮建对象的二中队进行重点帮建，二中队在2010年两次季度考评中均进入先进中队行列。深入开展创先争优活动，及时制定下发活动实施方案，组织基层正副书记进行培训交流。注重发挥大队前沿指挥所作用，在推荐入党考学、骨干配备、立功受奖等方面，充分尊重大、中队意见，在基层建立“三栏一箱一牌”，召开军人代表会议，发动官兵代表建言献策，畅通了民主渠道。三大队和7个中队分别被总队评为基层建设先进大(中)队。

武警兰州市支队参与第二十次“全国助残日”

【信息化建设】　组织官兵认真学习《建设现代化武警纲要》和信息化知识，邀请地方专家教授专题辅导授课，及时统一官兵思想认识。积极推进信息化建设步伐，先后投入100余万元，完成八、十、九州中队技防设施升级改造和榆中、红古新建中队设施建设，进一步完善了涵盖查勤监控、周界报警、自动报警喊话、哨位对讲、值班信息显示和勤务管控的执勤信息系统，建成并完善了覆盖基层中队和单独执勤点营区云台系统，进一步提升了执勤管控智能化水平。着眼任务需要，狠抓信息化人才队伍建设，自主研发自动报警喊话系统，在5个中队进行推广普及。先后投入7.8万元，完善并拓展政工信息网络平台，部队信息化建设迈出实质性步伐。

【党委核心领导】　认真学习贯彻全军党建座谈会精神，着力加强党委班子能力建设和先进性建设。结合开展“建设学习型党委机关、争做学习型领导干部”学习教育活动，更新班子成员思想观念，提高领导部队科学发展能力。重视抓好民主集中制建设，严格落实《党委工作条例》，在干部选拔任用、士官定岗定位、战士保送入学、立功受奖等重大敏感问题上，严格按规定和程序办事。深入开展党委机关风气教育整顿，重点纠治解决党委

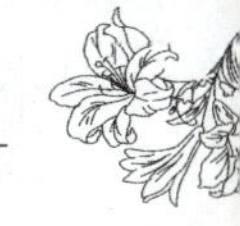

机关存在的“十个方面问题”，进一步纯正了部队风气。全年，支队常委在基层蹲点时间均达到90天以上，始终与官兵实行“五同”，积极帮助基层理思路、解难题，树立了党委机关的良好形象。

【后勤保障】 严格落实后勤管理规定，加大“四类经费”管控，实现现金零支付。坚持把经费投向基层，累计投入3270余万元，积极推进新建指挥中心征地工作，维修改造15个中队营房，补充完善各类配套设施。加强农副业生产，按照季节特点科学调剂伙食，提高官兵伙食质量。严格落实枪弹动用审批、管理和检查等制度，确保动态和静态枪弹绝对安全。开展“红旗车驾驶员”评比竞赛活动，提高驾驶员业务技能。全年共出动车辆4700余台次，行程100余万公里安全无事故。扎实做好卫生防病工作，定期下基层巡诊，受到官兵普遍欢迎。依据后勤训练大纲开展岗位练兵，在参加总队后勤业务比武中有5名官兵名列前茅。

领导名录

支 队 长	肖祥琪
政治委员	张宏新
副支队长	陈兰宝
	荣宏伟
副政治委员	葛天斌
参 谋 长	张新民
政治部主任	杨战武
后勤部部长	马银山

（赵 晨）

甘肃陆军预备役高射炮兵师

【概况】 2010年，甘肃预备役高射炮师认真落实两级军区指示精神，紧紧围绕加强思想作风建设、强化党委班子和干部队伍建设、提高军事训练质量、积极遂行多样化任务等主要工作，科学统筹，开拓创新，部队建设和各项工作取得新成绩。坚持军事训练中心地位不动摇，组织师团机关进行参谋业务和军事理论学习训练；组织完成建制高炮连队专业训练；组织300名官兵赴陇南成县执行抗洪抢险任务，圆满完成抢修道路、疏通河道、清理淤泥等任务，受到省军区表彰。大力推进学习型党组织建设，制定学习型党组织建设实施《意见》；扎实开展思想作风建设学习教育，突出解决党员干部在党性原则、履职尽责、真抓实干等方面存在的问题；广泛开展“学党纪法规、明行为准则、做律己模范”活动，师党委连续四年被省军区评为先进党委，三团党委被省军区评为先进团级党委。重视做好重大任务、敏感时期、节假日、世博会、兰洽会和“两会”期间安全防范工作，有效消除各种不安全因素。全年全师共在各类媒体刊稿624篇，被《人民军队报》评为最佳组织奖，被省军区评为新闻报道工作先进单位；四团被省军区评为新闻报道工作先进团级单位。

【思想政治建设】 组织参加省军区两期师团干部读书班，有力推动党的创新理论学习运用。按照省军区确定的六个专题，区分师团领导干部、机关干部、基层现役官兵和预任官兵四个层次，每个专题集中3天—4天时间，有侧重的抓主题教育落实。注重利用动员集结、军事训练、完成大项任务等时机，积极开展主题实践活动，在陇南成县执行抗洪抢险任务期间，组织官兵学习救灾先进典型，为灾区人民送温暖献爱心，梳理总结“解读抗洪救灾生动实践，激发履职尽责内在动力”经验被省军区转发。围绕“增强党性干事业，提高标准抓落实”主题，认真开展学习实践“回头看”“每月一课”党课教育和“讲党性、重品行、作表率”专题教育，紧贴形势任务和官兵现实思想反映，有针对性地抓经常性教育。采取原文导读、专题辅导、体会交流、难题探讨等方法，深入抓好新《政治工作条例》学习贯彻，提高各级依据条例开展工作的能力。大力加强形势政策教育，有针对性地搞好心理咨询服务，确保官兵政治坚定，思想稳定。

【军事训练】 依据新颁发的《军事训练大纲》，着眼打牢基础、训好骨干、提升层次，大抓军事训练落实。通过组织“四会”教练员和参谋尖子比武竞赛、高炮专业集训、专业兵轮训战斗分队、后勤和装备分队训练和新《大纲》集训，培养了一批按纲施训骨干，部队军事素质有了很大提高。

【党委班子和干部队伍建设】 深入学习贯彻全军党的建设座谈会及两级军区党委书记座谈会精神，大力推进学习型党组织建设，制定师学习型党组织建设实施《意见》，广泛开展“争创学习型党委机关，争当学习型党员干部”活动。预备役师总结的《深学力行抓创建，拓展途径求深入》经验，被军区《政治工作简报》刊发。在师团党委班子中深入开展民主集中制学习教育，组织党员干部重点学习《党章》《政治工作条例》《党委工作条例》相关内容，强化按民主集中制原则办事意识。围绕“当兵为什么、成长靠什么、当官干什么”主题，在师团党委机关扎实开展思想作风建设学习教育，突出解决党员干部在党性原则、履职尽责、真抓实干等方面存在的问题。广泛开展“学党纪法规、明行为准则、做律己模范”活动，认真抓好党员领导干部廉政承诺制试点，积极推进党风廉政建设制度机制建设，完善干部队伍建设制度规定，严格落实干部选拔任用程序。师团党委班子和干部队伍建设不断加强，师党委连续四年被评为省军区为先进党委。

【抗洪抢险和灾后重建工作】 “8·8”舟曲泥石流灾害发生后，根据省军区指示要求，迅速派遣抢险救灾分队携带穿墙探测雷达赶赴舟曲灾区。迅速展开搜救工作，累计作业70余小时，对18个区域进行探测搜救，为舟曲抢险救灾行动提供科学依据。

“8·12”陇南成县发生特大暴洪灾害。根据省军区命令，8月18日至8月28日，预备役师抢险救灾分队共300人、20台车辆、9台工程机械赴成县黄渚镇执行抗洪救灾任务。在省军区舟曲抢险救灾指挥部领导下，全体官兵努力奋战，累计疏通、开挖河道2600米、土石方17600方,清理淤泥1595方,抢修道路60米,挖出各类物品820件套，平整场地3亩，为灾民搭建帐篷41顶，转运救灾物资200吨,圆满完成各项任务，受到上级充分肯定和地方党委、政府、人民群众赞誉，部队也在完成急、难、险、重任务中得到全面锤炼，有力提升了遂行非战争军事行动整体能力。

【基层组织建设】 认真贯彻落实“定西会议”精神，以“三个一线”“四个基本”为重点，加强对基层建设的分类指导和具体帮带。结合年度整组，调整部分效益不好、支持力度不大、人员抽调困难的编兵单位，进一步优化兵员结构。积极与预编单位协调，调换基层营连部，完善基本设施。为基层营连部争取办公电脑，开发应用软件，建立《综合电子信息系统》《兵员管理系统》，大大提高营连信息化管理水平。坚持把创先争优活动贯穿于主题教育、部队训练演练、遂行多样化任务等大项活动中，切实增强活动实效，围绕争创“预备役车间”“预备役班组”“预备役学生社团”和争当劳动模范、技术骨干、岗位标兵在编兵单位广泛开展主题实践活动，引导基层党组织和广大党员在提升战斗力、促进生产力上发挥战斗堡垒和先锋模范作用。

【后装保障工作】 坚持把后勤装备建设作为部队全面建设的重要方面，努力提高遂行多样化军事任务后装保障能力。重点抓基础设施建设，至年底预备役师作战指挥中心已封项，一团、三团营区新建主体工程已完工，二团新营区建设已奠基开工，四团综合楼建设起步顺利。结合担负的后勤应急保障任务，在三运汽车运输公司组建运输应急保障分队，着力提高保障能力。装备工作以“两成两力”建设为统揽，狠抓了装备保障工作。按照装备预征整组计划，组织对辖区军民通用装备数质量情况进行调查摸底，进一步完善装备征用预案，健全管理使用制度。采取请领、自购、调拨等方式，为应急救援分队调配推土机、挖掘机、生命探测仪等装备和救援器材，为遂行多样化任务装备保障打下基础。注重结合工作搞科研，紧贴任务求创新，三个科研项目申报全军科技进步奖，其中一项被评为全军科技进步三等奖。

【安全管理】 深入开展“学条令、训队列、整秩序”教育整顿、安全隐患排查治理、车辆管理专项治理、保密秩序清查清理等活动。结合学习新条令，进一步修订完善《干部留营住宿管理规定》，组织观摩规范化建设，严格办公、留营住宿、早操等制度，部队“四个秩序”进一步正规。加强经常性教育引导，不间断地实施督导检查，及时消堵安全隐患和漏洞。重视做好重大任务、敏感时期、节假日、世博会、兰洽会和“两会”期间的安全防范工作，有效消除各种不安全因素。

【支援地方经济社会建设】 坚持把支援地方经济社会建设作为一项重要职责，重点抓了东门村社会主义新农村建设和段家滩小学助学兴教两个“示范点”援建工作。四团帮助东门村健全完善村党支部，开展古树、生态环境和民俗风情保护，帮助发展乡村旅游经济，扶持特色产业，提升发展层次。三团与段家滩小学开展“一对一”帮扶活动，设立10万元奖学基金，保证贫困家庭子女平等接受教育。一团与西固区柳泉乡东坪村结成帮扶对子，投入2万余元，建起“文化长廊”，被市委宣传部定为新农村建设文化建设示范点。二团积极推动七里河区整村推进工程，协调资金150万元，分批投入魏岭乡龙池村人畜饮水、种牛养殖，农业科技人才培养等工程。

积极开展抗旱减灾工作，聘请农业大学专家教授，深入受灾乡镇，宣讲抗旱知识，及时协调消防车、储水罐和运水车，为旱情严重的乡镇、学校送水330多吨，修理水利设施350余处，灌溉农田400多亩。积极开展“献爱心、送温暖”活动，全年向新疆、玉树、舟曲等灾区捐款24万元。先后投入兵力1600余人次，参与市政府规划的整村推进工程、崔家滩河道综合治理、雷坛河道疏通等工程建设。组织官兵2500余人次，在秦王川新城区、安宁区东门村八卦园、皋兰山、寺儿沟等地植树造林1000余亩。依托农业科普知识下

乡活动，积极开展创业致富培训，秘群科长阎卫平被军区表彰为支援地方经济社会建设先进个人。

领导名录

师　　长　　凌　坚
政治委员　　金志方
副 师 长　　季　勇
副 政 委　　蔺振安
参 谋 长　　郝榜才
政治部主任　蒋为民
后勤部部长　闵养胜
装备部部长　邓静波
副参谋长　　赵　斌
　　　　　　苏少华

（洪　波）

人民防空

【概况】　2010年，紧紧围绕与省人防办、市政府签订的目标责任书，突出工作重点，着力加强人防工程项目建设和“结建”审批管理，加快组织指挥建设和通信警报建设，推进人防行政执法和机关“准军事化”建设，完善体制机制和增强发展活力，各项工作取得较好成效。2010年，兰州市人防办被国家人防办评为人防工作和人防宣传报道工作先进单位。

【组织指挥建设】　加快推进市级人防基本指挥所改扩建和市政府机动指挥所建设前期工作，完成项目评审、立项报批等工作。举办全市防空袭方案修订工作培训班，指导3县5区全面开展防空袭预案修订工作。11月，召开兰州市本级城市防空袭方案审定会并完成修订、审核和上报。完成人防专业队伍整组和一个街道对乡镇早期人口疏散方案制定。

【通信警报建设】　制定2010年“9·18”警报试鸣方案。完成近郊四区5台电声警报器和远郊三县5台电动警报器安装测试。指导3县5区进行警报设备设施检查和维护工作。9月18日，组织实施全市防空警报试鸣，警报鸣响率达到100%。完成无线电台年度训练考核工作。加强通信站(台)管理，严格执行通规通纪及战备值班制度，完成电台联络500余次。

【人防工程建设与管理】　加快推进皋兰路地下人防工程项目建设，协调完成该项目可行性研究和方案设计等工作。为加快人防工程及城市地下空间开发利用工作，报请市政府成立兰州市城市地下空间开发建设利用领导小组，负责地下空间开发利用规划、建设和管理工作。委托上海同济大学、上海同济地下空间规划设计研究院编制《兰州市中心城区地下空间开发利用与人防工程规划》。牵头制定《兰州市地下空间开发利用暂行管理办法(草案)》，已列入政府立法计划。积极与市规划局进行协调联系，将人防建设与城市建设相结合规划纳入新版城市规划之中。全年受理新报建“结建”项目71项257万平方米，办结78项232.8万平方米。完成早期人防工程安全隐患调查摸底，向市政府上报《关于早期人防公共工程综合治理的请示》，确定2010年早期人防重点隐患工程维修项目，积极申请早期人防工程维修经费100万元，对1万平方米早期人防工程有重点的进行维修和维护，并对东岗干道出现的塌方及时进行处置。认真落实《全省平战结合工程管理规定》，积极开发利用人防工程，充分发挥已建工程的“三个效益”。完成新增开发利用人防工事面积1.7万平方米，占年计划任务的100%；认真落实平战结合工程消防、防汛、治安等责任制，全年安全无事故。

【人防法制建设】　组织全市人防系统深入学习宣传贯彻新修订的《甘肃省实施〈人民防空法〉办法》，完成《人民防空法》修订意见上报，接受全市“五五”普法验收和市法制办法规立法调研工作，修改完善人防行政执法办法、人防“结建”管理审批和人防执法办案规程等制度。8月上旬，邀请市人大法工委、市法制办组成联合检查组，对各县区2008年1月1日至2010年7月31日审批过的防空地下室建设项目、防空地下室受理审批和“结建”费收缴、“结建”项目审批程序设置、违法案件查处及防空地下室平时管理使用情况进行执法检查，对执法检查情况及时向市人大、市政府分管领导进行专题汇报。

【人防宣传教育】　制定全市人防宣传工作和新中国人防60周年宣传活动实施方案，重点围绕拍摄人防专题宣传片、纪念新中国人防创立60周年、举行“9·18”防空警报试鸣人防宣传周及人防法规宣传日活动、组织撰写人防60周年纪念或回忆文章、开展人防宣传“进机关、进学校、进党校、进企业、进社区、进网络”活动、利用新闻媒体宣传人防建设成就等活动深入开展人防宣传教育，取得良好成效。7月30日，举办全市国防(人防)建设暨城市地下空间开发利用专题讲座，邀请长期从事防护工程、地下工程和岩土工程研究的中国工程院钱七虎院士担任主讲。市、县区四大家分管领导、市委市政府各部门分管领导等200多人听取讲座。在90所初级中学开展人防知识教育，受教育人数2.5万人。安宁区举办“人防杯”健身趣味运动会，展出人防知识展板100

多块，扩大人防影响。全面加强人防信息报道工作，全年编辑《兰州人防信息》简报15期，刊登信息42篇，在其他各级各类刊物刊登人防工作信息45篇。

【人防企事业改革】 兰州市人防通信站深入开展业务技能训练，强化队伍素质提高，完成警报安装和警报检查、维修保养、设备测试、电台联络及警报鸣放等工作。兰州市人防工程开发管理处制定岗位设置方案和岗位说明书，完成平战结合使用费收取任务，保持收支平衡。市人防工程实业公司加强经营管理，健全完善管理制度，继续挖掘潜力，巩固和扩大客户出租率，完成年初下达的租赁收入任务。

【机关建设】 认真贯彻落实国家、兰州军区和省上关于人防机关“准军事化”建设的部署和要求，采取有力措施，全面落实各项建设目标。加强人防机构建设，完成机构改革任务，各级人防机构基本保持健全稳定。制定党组中心组、干部理论学习和业务训练计划，认真落实机关干部在职训练，有30人次参加国家、省人防办、市委党校、市直有关部门和市办组织的各类培训。结合机关作风和行政效能建设年活动，健全完善各项规章制度，完善、创新岗位责任制、服务承诺制、限时办结制、公开公示制、首问责任制、效能考评制、综合监察制和问责制等制度，进一步规范工作制度、工作流程、工作行为、办公秩序、协调机制、内部监督程序，推进管理创新和流程再造，有效推动机关工作提速、提质、提效。深入开展创先争优活动，充分发挥各级党组织的战斗堡垒作用和党员的先锋模范作用。认真贯彻落实国家预算管理规定和人防会计制度，完成年度预算编制。坚持增收、节支和管理的财务工作，对人防经费严格计划、使用、管理和追踪检查，提高资金使用效益。

（达正家）

双拥工作

【概况】 2010年，兰州市双拥工作依照市委、市政府、兰州警备区“围绕发展抓双拥，抓好双拥促发展”指导思想，组织召开兰州市双拥工作领导小组（扩大）会议，制定下发《兰州市争创全国双拥模范城“七连冠”实施方案》，并与各县区和相关部门签订目标责任书。狠抓军地“援建双十工程”组织实施。协调落实110个专项指标解决驻兰部队随军家属就业问题，组织实施2010年度兰州市科技图书送军营项目，组织开展多层次双拥宣传活动，营造浓厚的双拥创建氛围。协调组织市委、市政府、兰州警备区领导参加“兰州舰”赴亚丁湾索马里海域执行第六次护航任务欢送和慰问活动，赠送慰问金、慰问品140万元。培养民兵预备役创业致富带头人活动和双拥工作“进机关、进企业、进社区、进乡村、进学校、进连队”活动，加强对军民共建社会主义新农村示范典型的培养。

【国防宣传教育】 加强国防宣传教育，年内组织各类宣传活动600多场次，张贴标语1200多幅，办板报、墙报150多期，印发双拥宣传手册8000多册、宣传单2万多份，设立大型固定宣传标语100多个。《兰州日报》、兰州电视台开设“双拥模范城”专栏、“双拥宣传月、国防教育周”专刊，开展“富国强军，共筑长城”“红旗颂”等大型主题宣传教育活动。各县区制作双拥创建电视宣传片、双拥图片展板，24万多人参观展板，1万多人参加双拥和国防知识竞赛。春节、“八一”建军节等时机，各级党委、政府走访慰问驻兰部队和革命功臣，举办座谈会、报告会邀请老革命讲传统、作报告，组织领导干部开展“军事日”，组织各界群众和学生参观爱国主义教育基地，激发爱国拥军热情。全市10万多名大中专院校学生参加军训。

【支持部队建设】 兰州市、县区党委、政府以“地方支持部队十项重点工程”为龙头，将调防和新组建部队营房建设、人武系统搬迁和基础设施改造、训练基地和预备役建设等重大建设项目列入基础设施建设规划，纳入财政预算，及时划拨土地和建设资金，全力支持部队全面建设。支持部队10万元以上建设项目18个，落实资金4300多万元。其中，兰州市财政投入1000万元，用于武警兰州市支队搬迁；城关区投入1020万元，用于预备役三团新营区和民兵预备役训练基地建设；西固区投入1499万元，用于区人武部办公楼建设和预备役一团基础设施建设；七里河区投入50万元，购置区人武部办公设备，投入450万元用于预备役二团搬迁；安宁区投入100万元，用于人武部训练场地建设和驻军营区周边道路修建；榆中县投入150万元，支持县武警中队办公楼和基础设施建设；永登县投入120万元，完成县武警中队训练场地和营区道路硬化、办公设备购置；皋兰县投资6万元，援建兰空防化队、雷达站自来水上水工程。兰州市双拥办投入50万元，援建25家军营图书室；调剂110个事业单位名额安排驻兰部队随军家属。

【优待抚恤】 在落实各项抚恤

优待政策基础上，重点指导县区提高在乡老复员军人定补标准，三县由每人每月345元提高到385元，五区由每人每月430元提高到470元。共办理伤残军人评残、换证审批手续164件，下拨优抚补助资金1990万元。各县区制定出台优抚对象医疗保障实施细则，全年累计支付医疗补助金374.59万元，其中代缴参保(合)费135.58万元，支付门诊和住院补助286.01万元。在安宁区组织开展优抚对象医疗补助“一站式”结算试点工作，试点工作达到预期目的。

优抚安置政策全面落实。全市共接收符合安置条件城镇退役士兵1260人，当年安置率92%。市民政、人社、财政三部门联合制定下发《兰州市退役士兵职业技能培训指导意见》，采取属地培训、一次性培训、委托培训机构培训等方式，培训退役士兵568名。10月1日起，全市调整各类优抚对象抚恤补助标准，在2009年基础上提高10%,在乡老复员军人定补金标准统一提高到每人每月480元。农村义务兵家属优待金县区统筹，优待面100%。各类优待抚恤款实行社会化发放，及时足额到位。认真贯彻《兰州市优抚对象医疗保障实施细则》，落实重点优抚对象的医疗保险、医疗救助、医疗补助等待遇；住房困难的优先纳入经济适用房、廉租房保障和农村危房改造范围，100多户重点优抚对象住房问题得到解决；生活困难的纳入城乡低保和特困群众救助。城关区将60岁以上重点优抚对象全部优先纳入“虚拟养老院”服务范围，政府每人每月补贴50元服务费，免费提供多项养老服务。七里河区通过街道社区“夕阳乐”餐桌，安排专人照料年老体弱的优抚对象。各县区扶持培养民兵预备役人员创业致富带头人87名。积极解决部分军队退役人员再就业和社会保障问题。

【退役士兵安置】 完成2009年冬季退役士兵和2010年春季转业士官档案接收报到和安置工作，计划安置1941人，已安置1421人。落实部分军队退役人员解困政策，加强协调督促，落实稳控措施，及时掌握信息，最大限度地减少赴省进京上访发生。

【爱国拥军活动】 各级政府职能部门认真落实拥军政策，解决驻兰部队建设和官兵关注的实际问题。规划部门对部队建设、军地共建和部队援建项目实行“绿色通道”审批，优先受理、即受即办，特事特办。教育系统制定政策，妥善解决驻军子女升学问题，重点优抚对象子女就学享受减免优惠，烈士子女及重点优抚对象家庭子女享受高中阶段助学金。农牧系统帮助军区屠宰场建立肉食品检测实验室，帮助培训业技术人员。社会各界广泛开展爱国拥军活动，共为驻地部队赠送微机及各类电器120多件、图书35000多册，培养军地两用人才1190多人。市属各医院门诊免收军人挂号费，军人优先及“三免”标示设置100%，免费为重点优抚对象体检，建立理疗保健档案，定期巡诊家访。市图书馆开展“流动图书站进军营”，为部队官兵提供现场办证、借阅、查询服务。兰州大学、兰州理工大学、兰州交通大学新增国防生186名，西北民族大学适应部队建设需求培养专业人才58名。

【军民共建】 军民共建活动积极适应时代发展要求，紧贴基层群众和官兵需求，共建内容、共建形式不断丰富。市人口委、兰州警备区、武警兰州市支队在全市联合开展以“关爱独生子女、关爱计划生育困难家庭、关爱官兵生殖健康”为主体的军民共建人口和计划生育活动，倡导科学进步婚育观念，帮扶救助计划生育困难家庭，开展生殖健康咨询及相应技术服务。兰州军区总医院共建“夕阳乐餐厅”，以助老扶优为重点，为老年人和重点优抚对象提供集中就餐、家政、医疗和精神慰籍服务。七里河区人武部与西湖街道梁家庄社区共建的“四点半工程”、西湖街道与兰州警备区共建的残疾人艺术团、兰州军区总医院安宁分院与安宁区沙井驿街道共建的“健康服务站”等，各具特色，深受群众欢迎。不断深化双拥文明线创建工作，跨区域联片创建的“天兰双拥文明线”“兰郎双拥文明线”新增绿化面积1000亩以上，城关区大洼山“双拥林”面积达102亩，植树15000棵。

【拥政爱民活动】 驻兰部队广大官兵积极参与“百团示范”工程“生态环境建设和治理”“扶贫帮困”“引大入秦灌区综合开发及砂坑治理”“兴学助教”等重点援建活动，累计投入义务劳动日2.36万个，出动车辆机械1400多台次，新承包荒山91亩，种树11万多棵，援建希望小学11所。驻兰部队医院共派出医疗队25支，在贫困地区开展卫生知识普及宣传，治疗患病群众5000多人次。驻兰部队共结对帮扶贫困户600多户，捐助款物350多万元。积极开展结对共建社会主义新农村活动，建成安宁区安宁堡街道东门村、榆中县来紫堡乡冯湾村、城关区东岗街道大洼山村、永登县中川镇西槽村等一批军民共建社会主义新农村示范村。

4月至5月，在同期降水量比上年减少57%的情况下，兰州警备区继续组织驻兰部队官兵210多名、民兵360多名，出动车辆680

多台次，向受灾严重的12个乡、56个村、57所学校送水5280吨，缓解了2.6万名群众、5000多头大牲畜的饮用水困难。6月，榆中县突降暴雨，县金崖镇马连沟防洪坝发生险情，驻地2000多名官兵迅速赶往现场，40多个小时连续抽排积水解除险情，保护了人民群众生命财产安全。8月8日，甘肃省舟曲县发生特大泥石流灾害，甘肃省军区、武警甘肃省总队领导亲临一线指挥抢险救灾，兰州军区司令员王国生亲自坐阵军区作战值班室，根据灾情迅速调遣部队参与救灾活动。政委李长才8日凌晨率领军区机关工作人员赶赴灾区勘查灾情，指导救援工作。兰州军区总医院、解放军第一医院第一时间派出医疗队赶赴灾区开展医疗救治、抢运伤员工作。武警兰州市支队抽调专业救援人员赶赴灾区开展救援，驻兰部队官兵踊跃捐款，为抢险救灾和灾后重建做出突出贡献。

（张　鸣）

新区·开发区

兰州新区

【概况】 兰州新区位于兰州、白银两市的接合部，地处兰州、西宁、银川三个省会城市共生带的中间位置，是甘肃省对外开放的重要窗口和门户，距离兰州市区38.5千米，距西宁198千米，距银川420千米。规划面积806平方千米。2010年，辖五镇一乡，有总人口10万人。年平均气温6.9度，年降水量220毫米，年均蒸发量达到2000多毫米，无霜期在150天左右，核心区平均海拔2000米。建设兰州新区是落实《国务院办公厅关于进一步支持甘肃经济社会发展的若干意见》和省委区域发展战略的迫切需要，是落实党中央、国务院深入实施西部大开发战略的重大举措。经过初步开发建设，已落地建设一批产业项目，开始形成产业基础。以经营为发展的内动力，积极运用经营城市理念，对新区的优势、资源进行整合、提升、放大，搭建宣传推介平台、土地开发平台、融资经营平台，为新区建设聚集资金，通过大额度投入，大强度建设，加速区域开发建设步伐。

兰州新区首个基础设施建设项目纬一路开工仪式

【新区规划】 以规划为新区建设的先导，按照“打造全国一流新区”目标定位，坚持高起点、大手笔编制新区总体规划，采取邀标形式，筛选了中规院、同济规划院、深圳蕾奥规划公司、阿特金斯北京分公司、英国安诚顾问集团等5家国内外知名规划设计单位，重点围绕新区区位、空间、资源、交通、环境、生态、水利等因素，对新区的空间结构、功能布局、产业方向、社会结构以及道路网络、生态系统、水利系统等进行规划设计，用科学的规划指导新区建设。聘请国内规划、建设、环保、生态、水利等方面专家，对新区规划进行评审，确保规划兼顾可持续发展和可实施性，确保新区建设的层次、品位和品质，初步规划设计工作已完成，2010年11月底，完成方案的修改完善，随后将进行深度规划设计。

【宣传推介】 充分运用网络、报纸、电视、广播等新闻媒体，策划、开展有主题、系列性的宣传推介活动。协调相关部门在市区重要节点、高速路出口和机场周边等显要位置，设置20余块公益广告牌，宣传“再造兰州”战略和兰州新区建设。同时，会同相关部门编制新区形象包装方案、文化建设方案，对新区的定位、优势、资源、规划、产业等，进行全方位宣传推介，吸引更多的企业、客商和专家学者关注、支持新区建设，营造良好的发展氛围。

【土地开发】 积极筹建土地储备中心，先期开展土地衔接、报批、征用工作，为下一步土地开发、项目建设、产业发展和融资经营奠定基础。积极与省直相关部门沟通，对原土地利用总体规划大纲进行调整，保证新区3年—5年的建设用地指标。开展新区未利用地开发（建设用地）示范区规划编制、进行新区土地定级及基准地价、新区征地区片综合价和统一年产值标准调整等前期工作，并积极争取国家和省上将新区列为土地“征转分离”试点区域。

【融资经营】 积极探索新区投融资体制，采取市场化、公司化运作方式，搭建投融资平台，多渠道破解资金不足的“瓶颈”。10月中旬，举办“新区投融资高峰论坛”，与11家金融机构签订授信额度1700亿元的合作协议，并邀请国内专家学者和金融界高管为新区发展建言献策，进一步建立、完善新区投融资体系。组建兰州新区建设投资有限公司，培育投融资主体，破解新区建设资金不足的难题，进一步加快新区开发建设步伐。同时，加强与各银行、上市公司、风险投资公司的战略合作，采取市场化、公司化的运作方式，通过BT项目、土地整理开发、公共事业特许经营等模式，加大合作力度，不断拓宽投融资渠道。

【招商引资与引进项目】 以发展为新区的第一要务，按照“迅速推进，有效突破，快见成效”的要求，实施“项目引爆”战略，坚持招强引税，紧盯国际国内知名企业和“国字号”的企业，通过产业链招商、以商招商、商会招商等形式，招大商，招强商，在项目建设上实现新突破，共引进项目33个，总投资800亿元以上。其中：已开工建设项目17个，总投资360.4亿元；已签约并准备开工项目16个，总投资444亿元。准备签约项目33个，计划投资1000亿元；正在洽谈项目13个，计划投资500亿元。这些重点项目的引进开工、建成运营，使新区形成大建设、大发展的新局面，进一步提升区域聚集力。策划谋划一批项目，依托核心区开发建设，谋划投资50亿元、占地1平方公里行政服务中心项目，在邀请国内知名设计单位进行规划设计的同时，积极引进战略投资，与中建八局西北分公司合作建设，前期工作已全面展开，近期将开工建设，力争18个月建成；谋划投资4亿元、占地113亩的投资服务中心项目，采取市场化运作方式，引进宏建集团进行合作，建设集综合服务功能为一体的服务中心，项目正在加快建设；策划、谋划了玫瑰小镇、金融小镇、秦川古镇“三个小镇”项目，整体推进区域荒山综合治理、生态再造和城镇化建设步伐，“三个小镇”项目均已签约，引进有实力的企业进行开发建设；同时，加快筹建新区“千塘百湖”工程，对区域生态环境进行改造、提升，建设“环境宜人，宜居宜业”的良好生态环境。

对接洽谈一批项目。加大项目引进力度，对接、洽谈投资110亿元的奥特莱斯国际品牌折扣城项目，投资100亿元的新能源产业园项目，投资60亿元的兰石集团装备制造项目，投资20亿元的兰州电机有限公司出城入园项目，投资15亿元的太阳能玻璃新材料产业园项目及新区供水项目，全力抓好衔接、落实工作，力争尽快签约。引进签约一批项目。9月下旬，举办“新区项目集中签约·对话”活动，集中签约9个大项目，投资总额515.6亿元，并邀请一批省内外知名企业家进行研讨、座谈；与太平洋建设集团签订投资200亿的基础设施建设框架协议，采用BT模式建设新区规划道路，其中：一期合作项目—投资6.39亿元的纬一路道路工程已于9月28日开工建设，纬三路道路工程近期将开工建设；与三一重工集团签订合作协议，投资6.3亿元、占地300亩，建设混凝土搅拌站设备和三一机械项目，正在进行场地平整；同时，签约投资46.2亿元的西部工程机械产业基地项目，投资45亿元的中电投资西北分公司热电联产项目，投资40亿元的金城国际贸易城建设项目，投资30亿元的西部星光达国际珠宝名表城项目，将实施跟踪服务，加大推进力度，促进项目尽快开工建设。

【开工建设项目】 按照“强化举措，加大力度，大干快上，奋战100天”要求，不等不靠，灵活变通，建立“倒逼机制”，集中落实项目。投资60亿元、占地3000亩的国际空港汽车城项目，投资20亿元的100万平方米经济适用房开发建设项目，投资4.5亿元、占地300亩的智能购物车生产基地项目，投资3.7亿元、占地200亩的玫瑰油提炼加工项目，投资2亿元、占地150亩的新区经营公司物流园项目，投资1.6亿元、占地100亩的高原蔬菜冷包装出口加工项目，投资1.6元、占地100亩的金穗满加工制造项目，投资1.5亿元、占地 40.3 亩的陇商园总部等 17 个项目已开工建设。即将开工建设一批项目，积极做好前期准备、跟踪落实工作，分批分期开工建设投资 10 亿元、占地 1000 亩的北京苍穹地理信息软件园项目，投资 3.6 亿元、占地 587 亩的宏建集团节能环保建材项目，投资 3 亿元、占地 200 亩的空港园林园五星级酒店项目，投资 1.2 亿元、占地 100 亩的立祥彩印包装项目，占地 6000 亩的医学园区项目，形成加快开发步伐、全力推动发展的良好态势。重点跟踪一批项目，对有投资意向的大项目指定专人进行衔接洽谈、重点跟踪，重点跟踪雨润集团城市综合体项目，三一重工集团风力发电设备制造项目，两兰石化产业下游延伸项目，兰石国民油井公司出城入园项目，海航空港物流园项目。抓紧做好对接、洽谈工作，力争引进、入驻新区，为 2011 年新区发展储备一批项目。

兰州高新技术产业开发区

【概况】 兰州高新区是 1991 年 3 月国务院批准的全省第一家国家级高新技术产业开发区。规划控制面积为 14.96 平方公里（其中：政策区 4.7 平方公里，雁滩新建区 7.56 平方公里，马滩新建区 2.7 平方公里）。2005 年 10 月，市委、市政府将七里河区彭家坪和西固区范家坪约 18.82 平方公里的城市建设规划用地，调整给高新区，作为产业新区进行重点建设；将榆中县 4 个乡镇区域规划定点给高新区作为中期战略用地，纳入高新区“十二五”发展规划进行储备和建设。并将兰州市七里河区的彭家坪作为兰州高新区“十一五”的开发用地重点开发；2010 年 5 月 2 日，国务院办公厅颁布《关于进一步支持甘肃经济社会发展的若干意见》，同意兰州高新区增容扩区。兰州高新区在七里河彭家坪，榆中县和平、定远、连搭、金崖等乡镇进行增容扩区，现规划控制面积 33.78 平方公里，目前入区企业已发展到 2000 多户，其中高新技术企业 138 户(占全省高新技术企业总数的 70.4%)。营业收入超过亿元的企业 57 户，超过千万元的企业 207 户，已形成新材料、生物工程与新医药、电子信息、先进制造技术、节能环保和农业高新技术六大支柱产业。区内人才总数已达 75805 人，包括各类专业人才 21779 人。2010 年全区营业总收入达到了 860 亿元。

【园区简介】 **雁滩园区** 高新区核心区，规划为总部经济区和创新创业孵化基地，将雁滩、马滩建设成高新区行政中心、研发中心、高档商务中心和高层次人才聚集中心。

七里河园区 位于兰州市七里河区西南部彭家坪，规划建成以装备制造业为主体的生态化新型工业园区。进驻项目以机械加工、装备制造、风力发电、光伏光热、节能环保成套设备和零部件等制造产业和相关产业。

榆中园区 毗邻市区，规划建设 10 大产业园区，包括新能源、新材料、装备制造、现代物流、生物医药、文化创意、信息产业、兰大科技产业园以及与北京中关村、上海张江高新区共建兰州中关村产业园、兰州张江高科产业园等，进驻项目范围新能源、新材料、生物医药、先进制造技术、现代服务、文化创意等相关产业。

【征地拆迁和土地清理】 2010 年，完成征地 573 亩，其中雁滩地区 406 亩，彭家坪新区 167 亩；完成拆迁 62130 平方米，其中雁滩地区 34041 平方米，彭家坪新区 28089 平方米。

雁滩区征地 406 亩，其中南面滩征地 136 亩（市检察院用地 23 亩，城中村改造用地 113 亩）；603 路拓建用地约 14 亩；603 路以南骆驼滩征地 256亩(含省警卫局、骆驼滩城中村改造、储备用地等)。完成拆迁约 34041 平方米，其中：市检察院用地拆迁 9600 平方米，省检察院用地拆迁约 3800 平方米，均家滩城中村改造项目用地拆迁 16341 平方米，603 路拓建用地拆迁 3500 平方米，骆驼滩金属市场拆迁 800 平方米。

彭家坪新区新征用土地 167 亩。完成拆迁建筑物 15780 平方米、构筑物 12309 平方米。在基础设施建设上，保证了道路建设中的上水、中水、电力、通讯、热力、天然气等各配套管网的及时进场并施工，同时协调电力电讯等部门，迁移了 56 根电杆，通过改线解决了影响 T219 号、S218 号道路建设的电力、通讯等设施。在道路施工中，充分考虑彭家坪农业生产实际情况，增加四条倒虹吸过路灌溉设施。截至 12 月底，彭家坪道路建设 T219 号路完成工程总量的 70%，S218 号完成工程总量的 80%，B204 号路开工建设，积极协调和论证受铁路建设影响而停工的 S229 号路的规划修改方案。

【招商引资】 截至 2010 年 9 月底，经高新区管委会批准在彭家坪新区落地建设的产业项目 25 个，总占地亩数 2135.73 亩(净用地)，总投资额 57.2589 亿元，每个项目平均占地 85.4292 亩，平均投资额 2.29 亿元。项目合计数为 28 个，总占地亩数 2805.73 亩，总投资 88.1689 亿元；28 个项目中，截至 11 月底，已开工建设项目 15 项，地质处理及拆迁项目3项，等待新批次土地征用工作项目7项，进入招商谈判后期阶段项目3项。

高新区总部经济项目招商。为了加快兰州高新区雁滩新建区的快速发展，调研、接洽、筛选22个总部经济和研发中心项目，有5个项目包括大成国家绿色镀膜中心、国家火箭院煤化工技术研发中心、华羚实业酶制剂研发中心、现代文化创意产业园、温州总部经济园等5个特色鲜明的项目已完成预选址工作，现进入征地、拆迁工作阶段。

【孵化体系建设】 兰州高新技术产业开发区创业服务中心(以下简称创业中心)拥有孵化面积约15万平方米。建立四个专业园区：兰州软件园、中国兰州留学人员创业园、兰州高新区大学科技园和兰州高新技术创新园。14年来，创业中心共孵化企业315家，毕业企业94家，在孵企业206家。孵化企业涉及新材料、生物技术与新医药、电子信息等诸多领域。孵化培育出一批如科庆仪表、远望信息、三磊电子、南特数码、民海生物、凯博生物、华宇创新等高科技企业。2010年中心四园区企业实现技工贸收入25亿元。

正在筹建的中国兰州留学人员创业园基地，占地60亩，建筑面积12万平方米。解决孵化企业资金，为企业提供融资担保；通过协助企业申报各类科技计划等形式帮助企业争取政府资金扶持。截至年底，在孵企业获国家火炬计划项目立项52项，国家重点新产品立项46项。协助企业开展国家科技型中小企业创新基金项目的申报工作，共立项117项，获无偿资助达6292万元。设立创业投资引导基金，弥补一般创业投资企业主要投资于成长期、成熟期和重建企业的资金不足问题。

创业中心致力于公共技术服务平台建设,积极与西北民族大学建立兰州高新区生物医药技术平台，为创业者提供实验、研发和测试支持。借助甘肃同元信息系统技术有限公司开发的同元藏文输入软件，建立兰州软件园民族软件实验室，搭建研究和开发民族软件实验平台。建立专家人才库，为在孵企业提供项目论证、技术咨询和专业指导。

搭建中介咨询服务平台。截至年底，已有38家科技中介机构入住创新园创新大厦，涉及服务领域的有投融资、法律咨询、营销策划、人力资源培训、技术支持等，为高新技术企业在财会、法律、项目评估、管理咨询、融资、产权转让、人才培训等方面提供优质的服务。

2010年创业中心积极筹备，在过去开展大学生科技创业活动基础上，组织申报评审工作。经过系列评审、复核，创业服务中心顺利通过评审，成为首批国家大学生科技创业见习基地试点单位。

【专业园区建设】 **中国兰州留学人员创业园** 由国家人力资源和社会保障部与甘肃省人民政府共建，在甘肃省兰州留学人员创业园区基础上建立。园区现有孵化场地2.5万平米，吸纳留学人员创办的企业55户，引进留学人员77名，其中，博士25人，硕士38人，分别来自美、英、法、德、日、瑞士等国家，产业涉及新医药及生物工程、微电子及信息、节能环保、新材料、高科技农林业等技术领域。2010年，留学园区企业继续保持快速发展势头，实现技工贸总收入2.94亿元。在彭家坪产业研发基地建设，该项目规划总面积约为60亩，建筑面积12万平方米，建设投资3亿元人民币。

兰州软件园 1999年成立，聚集了一批综合优势较强且具有发展前景的软件企业。2010年，入园企业总数达到92户，其中经认定的软件企业55家；从业人员总数超过200人的企业有3家。年末基地从业人员总数达3656人，其中近63%的从业人员具有本科以上学历，而硕士及博士从业人员超过从业总数的7%。园区企业共承担国家及地方重大科技项目33项，其中国家级火炬计划重点项目29项。国家科技型中小企业技术创新基金项目37项，79个项目入选国家级科技和产业化项目，130个项目被列为地方重点建设项目，其中：兰州市重大科技项目7项，兰州市火炬计划重大项目8项。园内企业完成技工贸总收入11.73亿元，同比增长26.3%；其中软件收入7.3亿元，同比增长26.4%；增加值1.96亿元，同比增长8%；上交税金6172万元。

兰州高新技术创新园 是甘肃省科技厅、兰州高新区管委会为加快科技成果转化，培育科技型中、小企业，培育新的经济增长点而确立的重点工程。项目总建筑面积约11万平方米，可同时容纳200家以上科技型企业入驻，已入驻企业182家，其中光机电一体化企业24家，装备制造业企业12家，生物医药业企业14家，软件开发IT业15家，商贸类21家，化工类企业8家，支撑服务类32家，其他企业42家,园区企业现有就业人员3400多人，2010年年技工贸总收入约8亿元，利税约3200万元。

【重点主导产业】 兰州高新区作为高新技术企业的主要积聚区，纳入高新区统计的480户企业，主要分属于以下几类：

新材料类企业71户，占企业

总户数的14.79%；新能源与低碳环保类26户，占企业总户数的5.42%；电子信息类企业96户，占企业总户数的20%；先进制造类企业69户，占企业总户数的14.38%；农业高新技术类企业15户，占企业总户数的3.13%；生物技术与新医药类企业31户，占企业总户数的6.46%；其他类别企业172户，占企业总户数的35.83%。

兰州经济技术开发区

【概况】 2010年，兰州经济技术开发区立足“全域统筹，率先发展，打造兰州现代都市核心区、新兴产业聚集区和生态人文宜居区”发展目标，用项目增强后劲，区域经济社会呈现出持续、快速、健康发展态势。实现地区生产总值70.8亿元，同比增长16%；规模以上工业增加值完成29.1亿元，同比增长20%；固定资产投资完成89.5亿元，同比增长32.28%；地区性财政收入完成12.1亿元，同口径比上年增长44.08%；一般预算收入完成4.53亿元，同口径比上年增长43.34%。

【产业发展】 重点发展以总部经济、高新技术、科教文化、现代商贸服务、生态旅游、航空航天为主的六大产业，规划建设中央商务区。以高新技术产业园为主，引进投资强度大、零污染、低能耗的高新技术、光电、服务外包等产业。依托大专院校、科研院所和驻区企业，发展科教文化产业。沿北滨河路由东向西，发展以总部经济、商业摩尔、大型酒店、物流配送等现代商贸服务业。以一批精品生态园林、亮化绿化、城市雕塑工程和万亩桃园为支撑，打造黄河文化旅游和生态旅游业。依托万里、长风、兰飞三厂在航空科技方面良好的产业基础和发展优势，打造航空科技及配套产业基地。

【招商引资与项目建设】 引进建设一批科技含量高的强势项目。签约引进兰州新纪元汽车城、甘肃凤凰山钢材物流园、兰州国际建材家居博览城、兰州立达国际广场等21项重大项目，合同总投资124.8亿元，实际到位资金48.49亿元，同比增长15.5%，已开工建设8项，完成投资14.78亿元，同比增长41.4%。

按照“一个项目、一个班子、一套方案、一抓到底”的项目建设思路，积极做好已签约项目入驻落地、开工建设等工作。2010年7个中央扩大内需项目、11个市列重大项目和48个区列重大项目建设进展顺利。全区有各类在建项目167个，累计完成投资68亿元，同比增长20.7%。同时，全力保障项目建设用地供给，特别是全力配合省、市有关部门和铁路建设单位，扎实推进兰渝铁路编组站5000亩土地征收和拆迁安置工作。

【基础设施建设】 以基础设施建设为牵引，积极推进经济区从形态开发向功能配套转变。全面启动1.5亿美元亚行贷款兰州城市交通项目，甘肃省农发行2.57亿元贷款项目一期到位1亿元，城市建设资金瓶颈得到有效解决。开工建设总里程达36公里、总面积达110多万平方米的亚行贷款城市交通项目和区列26条规划路等基础设施建设，加快构建系统化、网络化、立体化的路网框架。加快城中村改造步伐，全年新开工建设安置住宅工程30万平方米，基本建成30万平方米，进一步完善全区水、电、热、气等基础设施的配套建设。

【土地规划管理】 严格按照国家和省上政策实施项目供地，进一步规范经营性用地和工业用地出让行为，所有供地项目均经过农用地转用报批，征用土地报批后实施供地，供地过程公开透明、公告社会。土地出让合同和划拨批准书均通过申请采用标准文本。全年招拍挂出让土地19宗、协议出让10宗、行政划拨用地1宗，无违规供地行为发生。同时，对9.53平方公里的用地范围进行了土地集约利用评价工作，更新成果于11月通过省级验收并上报国土资源部。

【园区建设】 以发展园区经济为依托，积极构建食品饮品、生物医药、新型石化、家居建材、现代装备制造等产业集群。高新技术产业园区全年完成工业产值42亿元，同比增长23%，新建项目12个，续建项目16个，宏宇变压器、莫高国际酒庄、蓝科石化等13个项目已基本建成或投产运营。沙井驿工业园区以兰渝铁路编组站建设为契机，打造兰州西部生产资料物流基地，总投资32亿元的兰州新纪元汽车城和总投资5亿元的甘肃图书物流中心已开工建设。兰州经济区被省政府评为2010年度全省先进园区。

【科技创新】 2010年，经济区研发经费支出1.6亿元。科技三项费财政预算支出630万元，实际支出668万元。通过高新技术企业认证的高新技术企业10家，科技创新和科技中介服务机构9家，其中：科技孵化器6家，中介服务机构3家。随着新城区科技孵化大厦的建成，国家级交大科技产业园等五大科技孵化园孵化面积达16.5

万平方米，入孵企业71家，实现产值及销售收入3亿多元，创利税6000多万元。同时，院企院地合作迈上新台阶，在全省率先实施企业科技特派员行动计划，推进科技创新。

【生态环境建设】 立足建设生态人文宜居区目标，实施兰州西北出口综合整治、北滨河路生态建设和北山万亩生态景观等一批重点工程，全区绿化覆盖率达34.91%，人均公共绿地面积达10.87平方米。切实加强节能减排和环境保护工作，对入驻园区项目进行严格环境评价审查，认真贯彻国家、省、市节能减排政策法规，全区建设项目环评执行率、“三同时”执行率均达到100%。2010年1月1日，《兰州经济技术开发区条例》颁布实施，为经济区生态环境建设和发展提供了政策和法律保障。

城市建设与管理

城市规划

【概况】 2010年，兰州市城乡规划工作按照“六个一”的目标，瞄准国内一流水平，全面开展“行政效能建设年”和“创先争优”活动，有效实现了城乡规划工作由项目管理向科学编制规划的转变，由中心城区管理向全域兰州管理的转变，由传统管理方式向数字规划管理的转变。全年共组织开展重大规划课题研究和规划编制任务22项，受理建设项目707项，审批683项，拉动投资约300多亿元，全面完成了规划工作目标任务。

【机构变动】 2010年，兰州市规划局变更为兰州市城乡规划局，为市政府工作部门，负责全市城乡规划、勘察测绘行政管理工作。机关行政编制62名，机关工勤人员编制7名；内设10个职能处室及1个代管机构，即：办公室、法规监察处、规划编制管理处、用地规划管理处、乡镇规划管理处、市政规划管理处、建筑管理处(景观与雕塑管理处)、勘察测绘信息处、兰州市规划建筑审查专家办公室、人事处及兰州市总体规划修编办公室。

【第四版《城市总体规划》修编工作】 2010年，继续兰州市第四版《城市总体规划》修编工作。完成区域研究、空间研究、资源环境研究、交通研究、气象研究、产业研究等六大课题研究和兰州城市空间发展战略研究、兰州市城市综合交通规划研究，并分别向省建设厅及市上四大家领导作了汇报。完成各县(区)发展规划或计划、环境保护、给水、排水、消防、人防、电力、电信等工程规划的现状调研。在完成各项战略规划研究和现场调研的基础上，结合“再造兰州”战略和省、市领导讨论研究成果，完成了总规大纲的编制任务。

【兰州市第一版《城乡统筹总体规划》编制完成】 2010年，在榆中县城乡一体化规划研究试点的基础上，按照《兰州市城乡统筹总体规划工作实施方案》以及“中心带动、全域兰州、城乡一体、协调发展”的城乡统筹规划理念，明确了编制原则、进度要求，完成了全市各县(区)、各乡镇现状调研和全市城乡统筹规划大纲(征求意见稿)，召开了各县区、市直相关部门座谈会，经过进一步修改完善，11月11日组织召开了规划方案评审会，通过了专家和有关部门的审查，完成了兰州市第一版《城乡统筹总体规划》编制工作。

【专项规划】 2010年，在兰州铁路枢纽总体布局及用地控制规划研究的基础上，进一步修改完善了城关、七里河旧城区控详规划。在保障国家重大项目建设的前提下，积极统筹老城优化和高新区、经济区布局和衔接问题，充分发挥规划的先导、引导和保障作用。进一步完善了和平地区控制性规划修编工作，进行了专题汇报和专家审查，近期将上报市政府审批。邀请清华、同济、重庆市等规划设计研究院对黄河风情线上的重要景观节点进行详细规划设计，完成了规划初步方案。7月5日，组织专家评标会，确定清华规划设计院方案为中标方案，并根据专家意见修改完善，完成了黄河风情线优化提升与规划编制工作。开展了组团地标景观规划的修改完善工作。完成银滩黄河文化岛规划初步成果，提出了文化岛概念，完成了现场调研、规划方案的制定，形成了初步成果。

5月20日，市上四大家联系会议对该规划方案进行了审议，完成规划编制。

【城市设计】　完成东方红广场城市设计综合修编工作，并上报市政府审定，为下一步国际招标奠定了良好的基础；开展南山路、东岗东路深化研究及道路两侧用地规划研究，进一步完善了城市五大出入口城市设计；完成停车场专项规划。

【城中村改造规划】　2006年至2009年，先后编制了《兰州市城中村改造总体规划》《兰州市城中村改造安置用地调整规划》和《兰州市城中村改造项目用地规划》。《兰州市城中村改造总体规划》为兰州市历史上首次编制，该规划借鉴沿海发达城市城中村改造的经验并结合本市实际情况，将全市城中村分为全面改造、局部改造+环境整治、综合整治三类，根据“就近就地，适度集中”的原则安排村民，集中安置用地，本着失地不失经济来源的原则，合理引导集体经济可持续发展。通过改造，使市区范围内61个城中村在居住环境、管理秩序、经济发展和文化等方面与城市全面融合，达到实现城市一体化管理目的，同时为兰州市创建西部山水名城、建设西部区域中心城市打下坚实基础。2010年，积极推进全市城中村改造进程，按照特事特办的原则，加速办理城中村改造项目。至年底，已经办理完毕或正在办理的城中村改造安置项目共计8个，总用地面积约68.3592公顷。

【重点项目规划】　全力支持污水“全收集”管网建设，完成皋兰路、平凉路等57条道路，107公里污水管线的规划审批工作。完成兰州市天然气LNG项目、范家坪热电厂配套灰场项目、雁儿湾污水处理厂、重离子治癌项目、亚行贷款BRT快速公交项目、低温核供热项目、庙滩子整体改造、九州生态体育公园等重大建设项目的规划审批和服务。全力支持生态环境保护和南北两山绿化管理，加快城区大型市场外迁、物流基地建设、九州儿童公园建设、黄河湿地生态环境整治项目。关注民生工程，解决了庙滩子危旧房改造工程、兰钢苹果园棚户区改造项目、市国资物业公司秀川小区等19项廉租房、棚户区改造项目建设困难。审核规划建设用地约1342亩，确保了兰州军区住宅小区、兰州铁路局西固花园等13项经济适用房项目建设。支持高等院校发展和中小学危房改造，完成兰州大学总体规划及生物科研楼、兰州中医学校综合楼等17项学校建设的规划保障。积极配合基层卫生基础设施建设、便民副食蔬菜营销网点、新农村便利超市、城区公厕等民生项目。完成土地收益工作。先后为兰州市土地储备中心办理了土地储备项目22项，总占地面积1502.251亩。其中：工业储备用地2项，占地面积173.2亩；商住储备用地13项，占地面积483.431亩；城关城中村改造储备项目4项，占地面积572.82亩；综合储备用地2项，占地约194.8亩；南山路综合开发用地1项，占地78亩。

兰州市城市总体规划（2010—2020年）纲要成果专家论证会

【基础设施规划】　2010年，为兰州铁路枢纽、兰渝铁路、宝兰客专等重大项目出函8件，全力做好兰州铁路枢纽、兰渝铁路等国家重大铁路建设项目。完成深安大桥，元森大桥，中立桥，九州东南出口改造，九州经济开发区910号、915号、B476号道路，彭家坪高新区T210道路等24项路桥项目建设的规划审批服务工作。积极开展城市快捷通廊、城际铁路及轨道交通的规划研究，加速推进中川机场改扩建、亚行贷款BRT快速公交项目、南山路、北环路建设等交通重大项目的规划保障。全面开展地下管网普查，进行资料数据库建设工作。整理了近年的市政工程管线许可档案资料，着重进行电力、供热、燃气、给排水等功能性基础设施的资料收集和现场踏勘，进行数据建库、数据分析的效能评估，年内已完成实施方案编制等前期准备工作，完成总任务量的95%。

【规划审批】 2010年，共受理建设项目707项，审批683项。核发《建设项目选址意见书》37份、《建设用地规划许可证》130件，总用地面积约合9265亩。核发《建设工程规划许可证》327个（市政工程108个），其中路桥项目24件（34公里），管线类84件(132公里)，建筑431栋,建筑面积586.9万平方米。审查了红楼集团时代广场、铁路局兰西天和苑住宅小区等49项重大规划建筑方案和18项建筑外立面装饰设计方案，核放城市红、蓝、绿线1180件，出图1.2万张，有力保障了全市经济建设较快发展。

【规划监察】 坚持推行《规划导则》，不断深化对建筑密度、容积率、退距退界、绿地率、套型面积、日照标准等建筑审批热点、难点问题的深入探讨。继续开展“两领域两专治”专项治理活动，配合住建部驻兰州城乡规划督察员，开展了兰州市利用卫星遥感技术辅助城乡规划督察工作，进一步健全规划执法监察制度和批后监管跟踪检查机制，规范违法建设行政处罚程序。强化批后监管，对全市近郊四区2002年以后未竣工建设项目1537家(2421项)、建筑面积2010.1万平方米进行了跟踪检查，对当年已发证的104家(285项)和报件的82家(82项)、484.4万平方米进行了巡回检查，发现并查处当年违法建设3起、面积6.5万平方米。

【城市基础测绘】 全面完成2010年度基础测绘任务，更新了安宁区、盐场地区1：500地形图61平方公里。完成兰州新区总体规划、控详规划1：1万地形图806平方公里、和平地区控详规划1：2千地形图80平方公里；安宁到秦王川快速路1：2千地形图275平方公里、北龙口到秦王川道路设计用1：1千地形图25平方公里。完成皋兰县2500平方公里农村土地调查及8平方公里城镇地籍测量的野外测绘和数据建库，安宁区36平方公里、城关区50平方公里1：500地籍测绘和数据建库工作，并通过了省国土资源厅的验收。完成“十一五”基础测绘规划评估和《兰州市基础测绘“十二五”规划》蓝本。“数字兰州”地理空间框架——“卫星定位连续运行参考站系统与似大地水准面精化研究”项目通过省科技厅的鉴定。《兰州市公安局GPS定位服务系统研制》项目获甘肃省测绘科学技术奖(科技进步)一等奖。

【提升规划管理效能】 再造流程，工作提速，提高办事效率。将重大项目“一书三证”的审批由三个阶段压缩为一个阶段，总时限由85个工作日压缩至20至60个工作日。简化申报手续：一般项目办理选址意见书申报材料由10项减为5项；用地许可证申报材料由10项减为5至7项；工程许可证申报材料由19项减为7项；重大项目“一书两证”必备申报材料由39项简为19项。转变作风，服务提质，开辟绿色通道。探索开辟了“函对函、文对文、证对证”的“三对”弹性办件法，推进“两集中两到位”改革，建立了统一看现场制度，提高了审批效率。创新方式，改进手段，提高行政能力。在网上申报、网上查询、网上公示“小三步”基础上，推进空间基础数据、三维信息系统建设，加快网上审批、网上决策、网上监督“大三步”建设。政务公开，行政提效，坚持阳光规划。修改完善了《兰州市城乡规划管理暂行规定》、《兰州市城乡规划管理技术导则》和《依法行政手册》等40项规章制度，切实为城乡规划的管理和审批提供科学依据与有效指导。推行依据法规导则的自我监督，执法监督、纪检监督、督察监督、上级监督和公众监督，鼓励公众参与，听取公众意见，扩大公众参与规划、监督规划的渠道和途径，通过门户网站向社会及时公示、公告、公布规划及审批结果，增强规划管理的公开和透明度。

（陈玉虎　崔延锦）

城市建设与投资经营

【概况】 2010年，市政府安排的全市城建项目122项，计划总投资66亿元，市城投公司承担了其中25项公益性项目和34项经营性项目的投资建设任务，计划投资额42亿元；公益性项目与经营性项目全部开工或启动实施。是年，市城投公司共筹措资金62.84亿元，归还各类到期借款本息56.28亿元；累计完成工作量总投资42.3亿元，占年计划的100.7%；与市国土局、市规划局合作，完成土地出让收入40.7亿元，为年计划的203.5%；完成城市设施、资产经营(含收取贷款建设路桥车辆通行费)收入8亿多元，为年计划的266.7%。市城投公司完成市政府年初下达的9项目标任务，获“兰州市住房保障工作先进单位”“全国城投先进单位”称号。2010年，招投标管理工作认真实施《政府投资项目招标投标管理办法》，继续做好《完善建设项目招标投标制度试点工作方案》确定的各项任务。坚持规范与效率并重，认真履行招投标监管职能，全力做好进场交易建设项目服务工作，保证各类工程建设项目招投标活动顺利进行。至年底，兰州建设工程交易中心完成工程建设项目交易446项，交易额52.08亿元，节约资金 1.53 亿元。

·城市建设·

【续建项目】 2009 年续建项目中，欣月湖路、华林路 2 项工程已基本完工；南山路经济适用房项目中红山绿茵小区一期工程已开工；欣悦家园小区正在进行拆迁谈判；欣欣茗园小区部分楼体已经封顶，部分正在施工；南山路工程配套的工林路、汽车工业公司、西固广家坪、七里河小西坪和城关区桃树坪 5 项土地储备项目正在开展；烧盐沟道路工程已基本完成拆迁；河口南地区道路已完成新维路桥梁吊装及 700 米道路施工；邓家花园综合整治工程前期手续与招标均已完成，正在协调剩余部分拆迁；金城山庄 1、2、3 号楼已交付使用；叶家台改扩建工程基本完成；中心滩基础配套工程中河堤与游览道已基本完工；T603 号路、605 号路、606 号路因拆迁及资金影响，施工进展缓慢；金雁大桥、深安大桥已开工；中心滩会展中心设施配套项目正在办理前期手续；雁滩南河道三期工程已委托市园林局实施；九州东南出口道路工程已交由恒大集团建设；中川空港园区道路已由秦王川新城区建设投资公司实施。

【新建项目】 2010 年 11 项新建项目中，S392-3 号路已完工，B655 号路已开工，S070 号路已动迁，T605 号路东段、焦家湾粮库西出口道路、B033 号路、B091 号路、新建过街通道以及计划外新增的雁滩大连万达商务广场周边道路等项目正在办理前期手续，新增 55 号路已开工。市区至秦王川快速路由市交通局办理前期手续，北环线已由市建设局以 BT 方式实施。

【中央扩大内需项目】 五一新村经济适用房（廉租房）、红山根四村廉租房、晏家坪廉租房、砂坪村经济适用房（廉租房）和西固生活污水处理工程 5 个项目为中央扩大内需建设项目，总建筑面积 111.8 万平方米，计划总投资 30.7 亿元，其中计划建设廉租住房 4989 套，总建筑面积 25.4 万平方米，计划总投资 7.5 亿元。至年底，累计完成投资 59240 万元，其中红山根四村廉租房项目基本完工，西固生活污水处理工程已达到进水条件。

【市列重大项目】 2010 年，市城投公司负责的 13 项重大项目当年累计完成投资近 23 亿元。其中，南山路全线 35.74 公里分为 15 个施工标段，已累计拆除建筑物面积约 24 万多平方米，安置住户 2300 户、非住宅 108 家，当年完成工作量投资 16 亿元。该工程正在全面推进，其中东段控制性工程东岗立交桥完成工程量的 80%，伏龙坪隧道基本建成，雷坛河桥主体工程完工；绿色市场以东路段基本贯通，其中三角花园通道及红四村通道主体完成，华林坪隧道左线掘进 30 米，民大隧道、西段 7 个道路工程标段、西柳沟立交桥均已动工。沿线雨水、污水、供水、供热、供电、通信、燃气共 7 类 14 道 23 条管线已按计划进行改迁。T605 号路完成 1400 米道路沥青面层施工，正在进行剩余征地拆迁；606 号路完成 500 米道路沥青铺设及已交地部分路基铺筑工作；邓家花园综合整治项目正在积极协调剩余部分拆迁；金雁大桥项目已动工，正在抓紧与“黄委会”协调施工问题；晏家坪廉租房项目中 5 号、6 号楼基本完成外墙保温工程，7 号、8 号楼基本完成井桩浇筑；雷坛河综合治理工程道路恢复完成 80%，天然气完成，热力管网完成 83%；603 号道路工程 608 号路以西 1000 米道路完成实测实量，608 号路以东已拆迁路段雨污水管道敷设及路基整形完工。

【保障性住房项目】 2010 年，市城投公司承担的市政府为民办实事项目有三件：即七里河晏家坪新建廉租住房 10 万平方米、1926 套，孙家台、砂坪村与南出口建设配售经济适用性住房 800 套，红山根四村、孙家台和砂坪村三个小区合计建设配租廉租住房 617 套。至年底，晏家坪廉租房项目全面开工，累计完成投资 9300 万元。800 套经济适用房中孙家台 207 套、砂坪村 389 套、南出口 204 套已提供市房管局进行配售。617 套廉租房已在 7 月份将其中 30 套移交市房管局，剩余 70 套即将移交；砂坪村 300 套和红山根四村 217 套已经基本完工。另有 100 套公共租赁房已在范家湾选址，计划于 2011 年开工建设。静宁路山字石商住综合楼和邓家花园高层综合楼项目正在积极协调剩余部分拆迁；南河花园（雁儿湾）项目正在办理前期手续。

【节能减排项目】 西固污水处理厂累计完成投资 2.06 亿元，占年度计划投资的 121.2%。雁儿湾污水处理厂改扩建工程完成投资 2.95 亿元，为年计划投资的 377%。七里河安宁污水处理厂进水 100% 处理，出水水质达到设计标准，设备完好率 95%，已由兰州兴蓉投资发展有限责任公司负责管理运营。雁儿湾污水处理厂进水 100% 处理，出水水质达到设计标准，设备完好率 95%。中铺子生活垃圾综合处理厂项目，于 8 月 19 日成立了“兰州市中铺子垃圾综合处理 BOT 领导小组”负责实施。泉子沟建筑垃圾场开始接纳建筑垃圾。安宁帽帽嘴沟建筑与生活垃圾场正在抓紧实施。

（展宗丽）

·投资经营·

【创新思路多方融资】 2010年，国务院发布了《关于加强地方政府融资平台公司管理有关问题的通知》，要求对地方融资平台公司债务进行全面清理。财政部、国家发改委、人民银行、银监会联合发出通知，清理核实地方融资平台公司债务，规范融资行为。各金融机构及信托公司停止了对市城投公司新增贷款的投放，因此，项目建设资金困难，"资金链"面临断裂。市城投公司创新思路，全年筹措资金62.84亿元，其中争取项目贷款33.49亿元，土地出让收入返还12.63亿元，七里河安宁污水处理厂TOT收入2.826亿元，财政拨付1.274亿元、借款1.66亿元，企业拆借10.95亿元，保证了南山路、污水处理厂、廉租房及儿童福利院等重大项目建设资金需求。全年累计归还银行到期贷款本息56.28亿元，其中归还本金24.53亿元，归还利息7亿元，办理贷款置换17.8亿元，办理展期4亿元，归还重离子项目借款2.48亿元，归还财政借款0.449亿元，维护了公司的信用。开展发行15亿元城投二期企业债券、向建行申请发行"利得盈"理财产品和设立首期20亿元兰州开元城市发展基金的前期准备工作，为下一步筹措项目建设资金奠定了基础。

【经营性项目开发建设】 2010年，不含土地收益，市城投公司全年经营收入8亿多元，是年计划3亿元的267%，比上年明显增长。强化了土地"龙头"作用，通过土地征用、货币收购、协议收购、合同收购、资产划转等方式，加强土地储备，同时根据市场变化，控制供地节奏，推进净地出让，全年实现土地出让收入40.7亿元。严格执法、科学管理、按章收费、礼貌服务，全年收取路桥通行费约1亿元。在加快经济适用房和廉租房项目投资建设的同时，完成洪门子公交枢纽站项目A区、B区主体工程，正在办理预售并组织配套工程施工，同时以东岗家具购物城、邓家花园高层综合楼、静宁路山字石商住综合楼和拉萨飞天国际酒店等项目为重点，扩大了房地产项目市场化运作规模，当年实现房地产经营收入6.92亿元。年内完成七里河安宁污水处理厂TOT经营，实现转让收入4.9亿元。加大金城关商用面积出租，提高金城山庄经营管理水平，实现经营收入1271万元，为上年收入的2.5倍。在国家宏观调控力度不断加大的环境下，实现住房置业担保收入794万元，净利润210万元。充分利用有限的可经营资产，实现临时性资产经营收入420万元，实现广告经营收入178万元；利用举办各种文化旅游活动的契机，提高水车博览园品牌影响力，实现营业收入181万元。崔家大滩城乡一体化综合整治开发项目累计完成投资201.5万元，已与国开金融公司签订了合作投资意向书，确定了基金投资项目，完成约4725亩土地及加报的120亩土地勘测定界技术报告；启动了加气站、机动车尾气检测和垃圾资源化利用等有较大社会与经济效益的项目。

【县区二级融资平台公司经营成效明显】 2010年，红古城投完成海石湾红古西路、窑街滨河路投资1000万元；旧城改造项目、经济适用住房及廉租住房建设正在稳步进行。榆中城投完成夏官营污水处理工程投资2312万元；完成和定路改扩建工程和215亩土地储备。皋兰城投全年储备土地466亩，出让68亩，保证了县城基础设施建设和小城镇建设的资金需求。永登城投全年储备土地372亩，出让120亩，实现土地经营收入2.9亿元；完成玫乡路及团结街、胜利街延伸工程的建设任务。

（展宗丽）

·招投标管理·

【完善制度体系建设】 2010年，制定出台新的《工程建设项目施工招标评标办法》。新《办法》改进了投标报价评标指标计算方法，增加了业绩信誉评审内容，加大了围标中标的难度。制定了《园林绿化工程施工综合评估法》，力求不同类别工程项目的评标办法科学严谨，实用可行。制定出台《评标专家管理暂行办法》，进一步完善评标专家库建设，建设工程类专家与省库实现资源共享，细化了评标专家专业分类，组建了资深评标专家库。加强招标代理备案管理，进一步规范招标代理机构代理行为。实行中标项目建造师IC卡管理办法，进一步规范投标人行为。加强招投标诚信体系建设，制定出台《工程建设项目招标投标失信行为处理办法》和《政府投资项目履约评价管理办法》。进一步规范了权力运行，制定了《违章项目处理程序》和政府投资急建项目招投标备案程序，坚持重大事项集体研究决定，妥善解决招投标活动中出现的矛盾和纠纷。认真做好《兰州市政府投资项目招标投标管理办法》的实施工作。《管理办法》公布实施之后，按照市纪委的要求，及时就交通、水利等专业工程建设项目实行集中交易、统一监管事宜并与相关部门进行衔接，对新的监管模式下可能会出现的问题进行认真研究沟通，实现了监管职能的平稳过渡和相关项目招投标工作的顺利进行，全市政府投资项目招投标工作得到了有效规范。

【重大项目服务工作】 认真贯彻落实市委、市政府服务项目建设、促进经济发展的工作要求，坚持把效率放在与公平同等重要的位置，解放思想，大胆创新，积极探索服务发展的有效途径，注重加强具体项目工作衔接和咨询服务，简化程序，提高效率。对于重大基础设施项目、公益事业项目、民生工程和环境保护等项目，通过做好咨询服务、再造工作流程、合理提前截标等方式，最大限度地为建设项目早日开工节省时间，保证重大项目建设顺利进行。同时，高度重视领导批示件办理工作，随到随办，件件落实。年内，七里河黄河大桥维修加固、白塔山与五泉山公园整治改造、廉租房建设、城区污水“全收集、全处理”管网工程等重大基础设施项目、公益事业项目、民生工程和环境保护项目的批示件全部及时办结。

【提升招投标管理和服务工作效能】 全市行政效能建设年活动开展以来，招投标管理工作结合工作实际，强化服务意识，认真研究解决招投标管理工作中遇到的问题和矛盾，教育干部职工树立发展意识、大局意识、服务意识和责任意识，树立招投标管理工作服从、服务于全市经济社会发展大局的工作理念，尽职尽责做好招投标管理和服务工作。规范工作制度，建立岗位责任制。根据工作职责，将每个岗位的职责进一步细化，做到职责清晰、责任明确。提升工作效率，落实限时办结制度，招标公告、招标文件等资料的备案审核全部实行即时办理。进行流程再造，将原来要求事先一次性提供招标备案资料的备案方式改进为分阶段提供、分批备案，做到建设项目在招投标环节不受延误。1月至11月，在已开标的241项（标段）政府投资项目中，有144项通过部分备案资料后置的方式开标，139项合理压缩投标人编制投标文件时间提前截标。

（阮翱翔）

公用事业

·城市公共交通·

【概况】 2010年，兰州公交集团公司有运营车辆2149辆，运营线路93条，线路总长度1076公里，日客运量160万人次，年客运里程17559万公里。2010年职工年人均工资2.6万元。是年，公交集团公司各单位克服道路拥堵、开挖以及部分车辆老化等不利因素，全面保证了各项经营管理指标的完成，保证了整个城市公共交通的正常运转。集团总收入5.84亿元，为计划的104%，比2009年增收3159万元。其中：运营收入5.24亿元，为计划的101%，比2009年增收2357万元；多种经营收入6025万元。总成本控制在5.46亿元；偿还购车款和职工借款3471万元。车厢服务合格率98.51%；车辆整洁合格率97.77%；行车责任事故间隔里程197万公里/次；行车安全保障率94.2%；负伤频率3‰以内；乘客满意度测评指数为96.88分。年客运人次60749万人次；千公里收入3639元；千公里成本3542元。是年，公交集团公司连续两年被交通部中国交通企业管理协会授予“全国交通运输企业文化建设优秀单位”称号；被市委宣传部、市建委、市国资委、市企业文化发展研究会等九个单位联合授予“企业文化建设先进单位”荣誉称号。

【落实公交优先政策】 自2005年国务院下发实施了公交优先发展战略之后，从中央到省市政府，陆续出台了公交优先发展的相关优惠扶持政策。2010年4月，市政府经过深入调研制定公交优惠扶持政策：一是对公交票价优惠造成的政策性亏损纳入财政预算，每年给予不低于3000万元的定额补贴；并对2009年的政策性亏损1000万进行了补贴。二是对公交车辆更新购置给予优惠政策，新购高档车（每辆不低于40万元）每辆给予10万元定额补贴；普通公交车辆企业自筹资金解决，发生的银行贷款由财政给予3年的贴息；三是将城市公共交通基础设施建设纳入政府城市基础设施建设计划通盘考虑；四是继续减免公交企业城市基础设施配套费、公交车辆路权使用费等行政性收费；五是对公交的成本进行规制，合理界定公交经营成本。2010年，公交车辆更新中，市政府补贴并贴息550万元，公交集团自筹1500万元，银行贷款7000万元购置新车317辆，其中50辆12米豪华空调车，已投入1路公交线运营。1月1日，市委市政府组织举行了1路车全线车辆更新启动仪式，市委、市政府主要领导及市政府分管领导等参加启动仪式。

【公交行业综合整治】 针对公交线路运营长期存在的压车压点、强超抢会、斑马线不礼让行人等违法违章行为，市政府在兰州公交召开了兰州市公交行业综合整治暨创建全国文明城市动员大会，市政府主要领导在会上进行了动员，对公交行业综合整治工作提出了要求。兰州公交对综合整治和文明创建工作多次召开专题会议安排部署，全司上下积极行动。综合整治过程中，公交安排检查人员6000多人次，设置检查岗点160余处，成立8个巡回检查组，对集团公司运营线路进行全方位动态监管。加大运营车辆技术设施检查力度，投入资金54.5万元，对112辆公交车全部更换了新座椅。共计安装新座椅4108个，椅座支架700个，新扶手288个，垃圾筒1340个，确保公交车辆技术状况良好。投入资金300多万元，对部分站点、场区、家属区进行了整修改造，使环境面貌大为改观。经过综合整治，基本达到"线网布局趋于合理，广大市民较为满意，公交运转均衡有序，道路拥堵逐步缓解，行车秩序大为改善"的目标。

【调整制度稳定队伍】 按照市委、市政府的指示，从维护社会稳定，维护企业大局出发，针对基层单位考核标准不统一等问题，制定规范职工岗绩工资"五条办法"，对职工实施减负让利政策，得到了广大职工的肯定。在做好减负让利工作的同时，集团公司经过上下反复讨论征求职工意见，制定出台了新的工资实施方案，并于5月份起试行。新的《职工岗位工资分配方案》试行以后，较好的维护了职工的合法权益，稳定了职工队伍，保证了公共交通的正常运转。同时，解决职工子女就业问题，有80名职工子女参加了集团公司大客车培训。

【加强企业管理】 继续按照ISO 9000质量管理体系，结合企业实际，实行7S管理、精细化管理和预算统筹管理，使集团公司各项管理工作不断适应变化的形势。在交通安全工作方面，进一步细化安全教育，强化监督检查，落实安全责任，完善规章制度，修订了《行车违法、肇事责任者处理及经济赔偿考核办法》。在服务质量管理方面，创新工作方式方法，狠抓职工培训教育的深度和广度，加强服务质量专项管理，开展"共铸诚信"系列活动。全年接到乘客表扬信件116起，乘客投诉电话46起，查处各类违章1154起，收缴各类违章乘车卡1014张。"乘客满意度测评指数"为96.88分，较上年提高0.76分。在运营调度管理方面，克服道路开挖、拥堵造成的不利，根据广大市民的需求和企业实际，认真分析线路、站点布局，积极优化调整，缓解道路拥堵。解决了105路终点站停车及站房问题，赢得周边学校的赞誉。同时，清洗公交候车棚、站牌，较好改善了公交外部环境。在技术管理方面，加强天然气加气站安全管理、设备维护和人员培训，全部人员具备相应资质，确保加气站正常运转。对五座天然气加气站水、电、天然气等地下隐患管线重新测绘，完善了天然气加气站技术资料。

【便民服务】 为保证广大市民对IC卡充值的需求，新设置57路西固公园充值点。在7个客服部安装网络视频监控探头，完善乘客多刷卡退款工作流程，扩大服务范围，改善充值点条件，确保资金安全。全年上门充值服务20多次，充值金额67万余元；接待乘客多刷卡70多人次，乘客遗失卡招领243张，有效维护了乘客利益。2010年发卡19.8万张，卡年检2.9万张。

【科技新成果】 2010年，GPS智能调度系统在全公交推广和使用，彻底打破了公交传统的运营管理模式。全公司16条线路505台车上安装了GPS智能调度系统，有效地提高了公交运营能力和水平。同时，本着"以人为本、服务乘客"的目标，实施"温暖公交"行动，筹措资金600万，对1150辆公交车逐步安装尾气暖风装置，车辆取暖效果十分明显。在当年车辆更新中，引入了车辆集中润滑系统，统一了路腰牌、报站器、监视器等设施，提升了车辆品质，方便了维护管理，受到了广大乘客和服务人员好评。

（颉永军）

·城市供水·

【概况】 2010年，兰州威立雅水务集团有限责任公司（以下简称兰威水务集团），有员工2575名，下设四个制水水厂，两个供水管线所和一个营业所。2010年，企业供水生产能力138万立方米，全市DN75毫米以上的供水管道总长706.98公里，附带9座加压站和18座清水库，日调蓄水能力4.4万立方米。供水用户(结算水表)9202户，供水人口230.01万，全年售水量20439.42万立方米，供水普及率(城市规划区内)为93%(不含单位自备水源)。水质综合合格率、管网水质综合合格率、出厂水质综合合格率、管网水压力合格率、出厂水压力合格率等服务和质量指标均达到并超过《兰州市城市供水特许经营协议》约定指标。是年，兰威水务集团获全市"国有先进企业"称号；集团公司舟曲抗洪救灾突击队和二水厂运转二组获"工人先锋号"称号；集团公司生产调度中心二水厂分调长时俊成获"甘肃省劳动模范"称号。

【销售水量】 2010年售水量20439.42万立方米，年内日均售水量56万立方米；其中：工业一次水 2897.39 万立方米，工业二次水 1966.45 万立方米，工业用水 4265.46 万立方米，居民生活用水 8699.64 万立方米，经营服务用水 1631.00 万立方米，行政事业用水 927.43 万立方米，特种行业用水 52.55 万立方米。全年分区用水情况：西固区 8735.70 万立方米，七里河区 2071.16 万立方米，安宁区 1421.19 万立方米，城关区 7928.57 万立方米，榆中县(夏官营及和平镇)282.79 万立方米。

【安全供水】 年初，针对水厂和管网的维护管理，新成立设备维修公司，承担兰威水务集团内部供电系统、机电设备、自控、仪表设备、厂区工艺管道的日常维护管理和检修任务。加大推行技术性设备的维护管理体系。加强以预防为主的维护管理方式，注重平时机械设备定期维护保养，最大程度降低设备故障。完成二水厂加氯加氨间改造。是年，因市政基础设施(热力、污水收集、南山战备路建设等)市区主干道马路开挖频繁，施工单位野蛮施工和大型载重货车随时碾压，造成供水管道破裂爆管，导致东市区降压供水，高坪边远地区停水。兰威水务集团立即启动“供水突发故障快速抢修应急预案”，各区管线所迅速调集抢修设备和人员赶到现场展开抢修，提前恢复供水，抢修时间低于《兰州市城市供水特许经营协议》48 小时时限的要求。年内，各种口径城市供水管道故障发生 159 次(其中 DN300 以上抢修 71 次，DN300 以下抢修 88 次)，每次故障都能得到及时抢修按时或提前恢复供水，抢修及时率达 100%，供水压力合格率为 99.62%。是年夏季持续高温，采取多种挖潜措施，最大限度满足市民用水，7 月 19 日全市生活用水日供水量高达 80 万立方米。为解决安宁区缺水，对营门滩水源地所有泵组进行出水量测试，修复 2 台深井泵组，并对耗能较大的泵组进行更换，使安宁区缺水得到缓解。针对桃树坪和夏官营大学城缺水，引进稳压恒流新设备、新技术，按时完成东岗加压站安装，保证了桃树坪及大学城夏季高峰用水。3 月，市政府决定敦煌桥和中山桥进行维修，两桥直径 150~300 毫米过黄河供水管道将停运，影响黄河北供水，兰威水务集团研究制订了黄河以北供水紧张六大对应措施，对四水厂和银滩大桥过河供水工艺进行挖潜改造，确保两桥维修期间黄河北岸地区安全供水。

【供水客户服务】 全年受理接水登记 385 户，现场勘查 385 户，新增用户 237 户，改装用户 42 户。全市五个接待站接待受理来电、来访用户 630 户，其中来访 500 户，来电 130 户。供水客户服务热线“96766”全天 24 小时开通，为客户提供新用户申请接水、老用户增容管道改造、工程设计、用水咨询、投诉、来信、来访等全方位服务。全年用户申请用水量 135 万立方米 / 月。全年供水服务热线接听用户来电 11624 次，回访用户 1160 户；受理市长专线电话转办事项 73 件；答复人大议案、政协提案 6 件；处理市建设局转来的群众来信 7 件。办理用户内部二次供水系统清洗消毒合同 44 份，总容积 3745 立方米。联系校验用户内部水表 18701 块。12 月 21 日，举行用户座谈会，水务集团公司领导与来自全市重点企、事业单位、街道社区的用户代表及市政府有关部门领导、新闻媒体的记者 60 余人交流座谈，对提出的意见和疑问一一答复和解释。兰威水务集团总经理表示，公司坚持社会效益的宗旨不会改变，企业将一如既往地做好供水优质服务各项工作，让广大市民感受到企业中外合资带来的积极变化和城市供水事业的长足进步。年底，客户服务中心被市政府授予“市长专线电话先进单位”，员工刘红军被授予“市长专线电话先进个人”，客服中心热线部被中国海员建设工会授予“全国交通建设系统工人先锋号”。

【水质检测】 兰州供水水质名列全国前茅，106 项国家指标完全具备检测能力。为了让市民及时了解兰州自来水水质状况，兰威水务集团根据中华人民共和国《生活饮用水卫生标准》色度、臭和味、浑浊度、余氯、菌落总数、总大肠菌群、耗氧量等国家标准限值和城区管网检测月平均值，每月上旬定期在《兰州日报》《兰州晨报》《鑫报》公示上月兰州城市供水水质合格率，接受社会监督。2010 年，出厂水水质合格率 99.94%，管网水水质合格率 99.99%，供水水质综合合格率 99.97%，根据国标而做的管网水质分析项目达标率 99.99%，达到和超过《兰州市城市供水特许经营权协议》第 15 条市政府对兰威水务集团水质考核要求。年内，为制水公司办理了“卫生许可证”，为 632 名制水员工办理了“健康证”。水质中心参加国家建设部组织的全国水质分析测评质控考核，均取得全优成绩。

【西水东调第三条输水干管建设】 4 月 7 日、5 月 19 日、6 月 10 日，兰威水务集团分别邀请有关领导和专家对兰州市西水东调三期工程（即第三条输水干管）设计论证、项目可行性研究报告、项目初步设计进行评审。该工程总投资 5591.31 万元。工程建设内容为：建设二水厂 2 号泵房至北滨河路直径 1400 毫米输水干管 2640 米；建

设穿越黄河供水管道，在河底顶管直径1800毫米钢筋混泥土管，内穿直径1400毫米钢管380米；在黄河南岸绿化带布设顶管操作井，在黄河北岸绿化带布设顶管接收井，均采用钢筋混泥土结构，沉井施工。工程建成后，每日可向黄河以北调水10万立方米，从源头上彻底解决安宁区供水不足问题，并大幅度提高兰州东市区供水保障能力。工程5月28日正式开工。

【支援舟曲抗洪救灾】 8月8日，舟曲发生特大洪水泥石流地质灾害。9日，兰威水务集团派遣两辆大型货车，参加省交通厅组织的赴舟曲运输救灾物资车队。10日，抽调技术骨干组成援助小组，携带消毒混凝药剂和水质检测设备连夜赶赴灾区，支援先期到达的国家建设部应急供水车正常运行。11日，全体员工响应省、市委号召向灾区捐款79590元。12日，根据灾区现场情况，紧急制作白龙江高浊度水前端应急水处理设备，动用装备、制水、物资、水质、设计等专业人员，边设计边购置材料。经过夜以继日的工作，15日下午，两套高浊水前端应急处理设备调试成功，每小时可处理20立方米左右白龙江高浊度原水，及时为灾区应急供水车提供了稳定、可靠、持续的水源。18日，制作供水后端过滤消毒设备，与前期制作设备形成整套小型水厂供水系统，实现每日向灾区供水500立方米，受到国家建设部和省建设厅好评。该套援建的临时过渡性供水设施，此后根据灾区供水管网综合因素，调整工艺运行，提高供水能力，达到日供水能力1000立方米。9月9日，该供水系统进入舟曲县城地下供水管网，与该县恢复后的供水能力混合，成为白龙江边沿街矗立的小型水厂。12月，甘肃省建设厅授予兰威水务集团全省建设系统舟曲抗洪救灾先进集体称号；集团党委书记、董事长孙晓霞获全省建设系统舟曲抗洪救灾先进个人称号。

【威立雅水务技术培训与管理活动】

5月，法国威立雅水务北方区在兰威水务集团举办城市供水管道沟槽挖掘安全技术培训。威立雅亚太区技术总监安全经理、健康安全专家况玉和等一行13人到兰全程讲授，现场演示指导，组织“挖沟挖掘培训”“漏氯安全”“受限空间进入”等演练。呼和浩特、乌鲁木齐市等威立雅项目单位亦派人来兰参加培训学习。9月，威立雅亚太区、北方区采购交流会在兰威水务集团召开。威立雅亚太区采购总监何非立及兰威水务集团高管和采购部全体员工参加会议，对采购架构，采购流程进行交流，并对萨班斯法案进行简述。

【关闭自备水源】 2010年，兰威水务集团关闭自备水源办公室在市城建局等有关部门的支持下，关闭了安宁区中兴科技实业发展有限公司、甘肃农业科学院、七里河区小西坪国家粮食储备库三家单位(包括兰石外供的兰州66中学、兰石研究所）自备水源井3口。投资98.41万元，敷设直径100~200毫米供水管道790米，为关闭了自备水源的单位供水，预计月增加供水量1.71万立方米。此举结束了这些单位长期饮用不合格水的局面。

【水资源费征收及水源保护法规】

5月26日，省人民政府公布《甘肃省取水许可和水资源征收管理办法》，7月1日实施。该《办法》规定兰州市城关、七里河、安宁、西固4个区的城镇生活用水取地表水，每立方米收取0.20元，取地下水每立方米收取0.30元。11月26日，省人大常委会批准《兰州市城市生活饮用水水源保护和污染防治办法》，11月30日，兰州市人大常委会公布实施。其主要内容有总则、监督管理、保护和污染防治、法律责任、附则等。

【科技创新】 3月24日，兰威水务集团召开省级企业技术中心报告暨科技创新表彰大会，对企业在科技创新方面做出突出贡献的23个先进集体和74名先进个人进行表彰奖励。省科技协会和工业信息化委员会、省人事厅、市级有关部门领导及兰州理工大学专家参加大会。6月7日，“大口径管水管道漏水不停水修漏技术研究”获兰州市科技进步二等奖。

【水厂工业遗产迎接“国保”验收】

3月30日，省市文化部门组成的第三次全国文物普查验收小组，到兰威水务集团一水厂取水口考查近现代工业遗产。10月26日，由国家文物局普查办领导、验收专家及观摩代表组成的“第三次全国文物普查实地调查阶段甘肃整体验收组”在省、市、区各级文物局领导及政府部门相关领导陪同下，对一水厂近代工业遗产现场复核考察验收。水务集团公司副总经理姚昕向验收组专家介绍了“一五”时期，原苏联援建兰州城市供水设施的情况。验收组参观了列入第七批全国重点保护文物的近代工业遗产的第一水厂上游取水口斗槽式预沉池、上游一级泵房、上游操纵室、辐流式沉淀池群及其附属取水设备，严格对照申报文本察看实物建筑，经过现场严格细致地复核考察，申报点的现状及保护措施得到专家组的肯定。第七批全国重点保护文物近代工业遗产名单，将由国家文物局在汇总专家投票后正式公布。

（胡国强）

·城市供气·

【概况】 兰州中石油昆仑燃气有限公司（以下简称兰州昆仑燃气）是由兰州市政府国资委与中石油昆仑燃气有限公司对兰州燃气化工集团有限公司进行战略重组后新组建的国有大型公用企业。兰州昆仑燃气以天然气经营为主导，集燃气销售、天然气管网及设施建设、天然气利用与技术开发、物业管理、自有设备租赁业务、压缩天然气销售、CNG加气站建设与经营、燃气工程设计与安装、调压计量设备生产与销售、新型环保建材生产与销售以及燃气具、仪器仪表、金属材料营销为一体。兰州昆仑燃气下设6个分公司、7个全资子公司、2个控股公司、1个参股公司共16个基层单位；内设9部、2室、5个中心共16个职能部门和生产运行单位。至2010年底，累计建成燃气管网干线460千米,庭院管线1660千米，门站7座，阀室2座，调压站65座，调压箱（柜）3339台（座），形成总资产18亿元。拥有居民用户55.24万户，餐饮用户2311家3476户，锅炉用户1451家2439户，茶浴炉用户374家510户，工业用户54家107户，CNG加气站用户14家，公福壁挂炉用户13家79户。全年销售天然气6.64亿立方米；完成各项销售收入10.46亿元；实现税前利润6588.22万元。2010年，兰州昆仑燃气公司获市国资委授予的“国有先进企业”，市安委会授予的“安全生产工作先进单位”，市行业办授予的“城市燃气行业经营管理先进单位”，市企联市企协授予的“最佳诚信企业”“优秀企业管理特别明星奖”，市总工会授予的“劳动关系和谐企业”，中国质量协会全国用户委员会授予的“全国用户满意企业”“中国用户满意鼎”等荣誉。获昆仑燃气“管理先进企业”荣誉；敦煌路服务站评为全国用户满意服务明星班组；兰州昆仑燃气总经理、党委书记杨红心获“甘肃省劳动模范”称号；沈小斌评为全国用户满意服务明星。

【企业重组】 兰州昆仑燃气的战略重组工作，自2008年10月开始实施以来，在顺利完成整理准备、尽职调查、审计评估、商务谈判等工作后，2010年5月18日，兰州市政府国资委与中石油昆仑燃气有限公司签订了《股权转让协议》和《合资经营合同》；7月28日，兰州昆仑燃气召开了首届股东会、董事会和监事会，搭建了法人治理结构；8月6日，兰州昆仑燃气挂牌成立。

【安全生产】 坚持“安全第一、预防为主、综合治理”的方针，加大安全基础工作力度，不断加强安全生产文化建设，强化安全管理，使兰州昆仑燃气安全生产工作走上了“标准化、规范化、现代化”的管理轨道。2010年，先后培训企业负责人、安全管理人员86人；培训特种作业人员54人；组织260人全脱产分四批进行安全技能培训；全年组织安全培训397次3325人次。在安宁区政府配合下，为安宁区7个街道、58个社区的120家物业单位进行燃气安全管理培训520人次；组织各类上门用户安全宣传服务455次，发放宣传材料20余万份；两次组织流动宣传车辆上街宣传天然气常识30多天；在兰州广电新闻综合频道开展了为期一年的黄金时段安全用气宣传，根据不同季节在《兰州日报》等5个报刊媒体组织专版宣传燃气安全用气；组织开展“安全生产月”、“安全生产年”“安康杯”竞赛等安全宣传活动。全年组织日常安全检查49次，专项安全检查4次，节日安全检查5次，上门入户安全检查16万户。完成300公里埋地钢制管线防腐层破损点检测和528处防腐层破损点修补，600公里防腐层破损点检测及开挖验证修复；新配备的100台各类安全监测设施和安全检测车提高了安全检测的准确性和及时性。加大安全隐患治理力

兰州中石油昆仑燃气有限公司揭牌

度，对各类安全隐患进行梳理并建立了动态管理机制；积极与市燃气执法机构协作，依据《兰州市城市燃气管理办法》，整治了各类非户内安全隐患477处。投入资金1300多万元，用于优化供气工艺、进行安全技术改造、购置管网检测和安全管理设施等。完成北滨河东路与九州次高压管线的连通及九州调压站建设，缓解了九州片区供气压力；完成甘肃农大调压站、西北师大新校区调压站及配套管网环网工程建设，为安宁片区安全供气提供了可靠保证。通过对部分调压箱柜升级改造和管网系统压力、流量的科学调整，稳定了供气，满足了各类用户用气需求。

【重点项目建设】 2010年，重点项目建设全面实施进展顺利。液化天然气(LNG)项目基本建成。该项目经过七年前期准备、一年又七个月的大规模建设，11月12日一次性投料试车成功。该项目的建成投产对有效解决兰州地区冬、夏天然气用气不均衡矛盾、改善兰州空气环境、优化能源结构具有十分重要的意义。临洮县、皋兰县、榆中县、永登县、定西市“四县一市”天然气工程建设，是兰州昆仑燃气实施“立足兰州，辐射周边”发展战略的重要举措。经过一年的努力，临洮项目在1月份部分建成并实现供气，年内已发展居民用户3000多户，其中已安装1800多户，点火投运1500多户。皋兰项目已完成站场征地和2公里天然气主干线铺设，完成274户居民用户的户内及庭院管线安装和700多户居民用户设计，天然气减压站场正在委托设计。榆中项目已完成和平镇1.55公里天然气主管线铺设，签订55项大中型单位供气意向协议，正在进行牡丹园路及薇乐路南端天然气管线现场勘查和用户摸底调查。永登项目正在进行县城天然气站场征地，与兰州新区签订了《新区天然气利用项目合同》，与7家4800多户居民用户签订供气合同，与永登晟冒碳素公司签订“点对点”供气合同。定西项目已与定西市政府签订合作建设天然气工程协议书，编制完成城市管网和加气站可行性研究报告，正在上报立项当中。大滩加气站2月建成投运，运行正常；九州加气站10月底完成工程建设，待其他准备工作就绪，即可投入运行。至年底，兰州昆仑燃气通过参加市政府组织的竞拍而得的三座天然气加气站全部建设完成。

【企业经营】 2010年，一是通过调整用气结构、狠抓内部管理、加强对外协调等一系列措施，为企业优化经营环境、实现可持续发展创造了条件，经营能力明显提升。适时调整发展战略，把发展用户的重点转移到优质用户的发展和用气结构的优化调整上，促进了用气市场的持续发展。全年新发展公福用户1170户、锅炉用户717户，分别比2009年同期增加了184%和214%。狠抓内部计量、抄收等管理，消除跑冒滴漏，确保颗粒归仓。加强了非民用计量表强制检定和周期性检定，对检定不合格的计量表予以整表更换。强化了对各类用户的用气稽查，共稽查各类IC卡表34万多块，稽查率达87%，查出IC卡故障表1900多块，全部予以更换和维修，补收气量3万多立方米，查出并补收偷盗气费1万多元，对重点稽查用户气表加装了防盗卡扣。通过与用户单位积极协商并得到用户单位支持，对4000多块民用到期表进行了更换。二是开辟多元化经营方式，增加了新的经济增长点。小坪山加气站和大滩加气站利用IC卡加气方式和开展加气送气促销活动，在树立加气站品牌的同时，促进了销气量增加，全年销售压缩天然气493万立方米，完成销售收入867.8万元。液化天然气(LNG)项目于11月12日一次性投料试车成功后，当年生产液化天然气3761吨，销售液化天然气2861吨，实现销售收入1057万元。设计监理有限公司在取得市政行业(燃气工程)乙级设计资质的基础上，开始进行高、中压管线设计和天然气锅炉设计，共完成18.5公里高、中压管线设计和89家209台835吨锅炉设计，同时开拓酒泉、红古、石嘴山等地天然气设计市场，新增设计收入128万元。三是天然气调价工作顺利完成。6月1日，国家发改委将天然气出厂价格上调以后，省、市物价部门于9月25日对兰州市集中供暖、工业、商业及汽车加气站供气价格进行了调整，于11月15日对兰州市居民用天然气价格进行了调整；同时明确了今后遇上游气价调整居民用气价格随之调整不再听证。四是筹备组建了气源适配性检测中心，为兰州天然气器具的安全使用创造了先决条件。在与兰州银行建立联网收费合作关系以来，银行代收费业务运行基本稳定，方便了用户，也减少了燃气内部管理成本。

【优质服务】 2010年，优质服务工作向标准化、规范化迈进。以优质服务月为契机，扎实开展各项服务活动。参加广场集中宣传，进小区提供咨询，组织服务队上门服务，建立与用户的服务联动机制、平安联防机制以及建设“无障碍”服务站点，建设标准化建安现场，开展“三无一共建”物业服务活动，开展“四个一”加气特色服务等活动，使优质服务更有针对性与实效性。继续参加相关部门组织的“政风行风热线”“阳光行风热线”

等活动，认真及时受理通过市长专线、政府网络信箱等渠道反映的有关问题，在解决用户和市民实际问题的同时，员工服务意识进一步增强，尤其是在经常性接触用户的服务窗口、建安现场等。是年，兰州昆仑燃气被中国质量协会授予“全国用户满意鼎”，敦煌路服务站被评为全国用户满意服务明星班组，沈小斌被评为全国用户满意服务明星。有13个基层单位和38名员工在优质服务活动中受到了兰州昆仑燃气的表彰奖励。起草编制了《兰州燃气服务质量规范》，并由省质量技术监督局发布，自2010年6月20日起实施，在指导、规范全省燃气行业服务质量的同时，为兰州昆仑燃气进一步规范服务提供了标准。

【精神文明建设】 积极探索“融入生产经营、构筑政治优势、发挥核心作用、推进企业发展”的党建新路子，致力于创建和谐企业，打造特色文化，有力促进了企业健康快速可持续发展。以各种形式开展的创建和谐单位、和谐班子活动，得到了全体员工的积极参与和广泛认可。通过开展“两创”活动，优化了企业内部关系，企业内部单位与单位之间、部门与部门之间相互配合协作，上游为下游服务、机关为基层服务的意识进一步增强。继续推行《党支部目标责任制》，坚持党委中心组学习制度、“三会一课”学习制度、干部联系点制度等“三项制度”。严格执行《党员教育培训制度》，开展经常性的党员教育，努力提高党员队伍整体素质。按照“坚持标准、保证质量、改善结构、慎重发展”的方针，新发展党员19名，预备党员转正9名。开展工程建设领域、“小金库”专项治理活动，贯彻落实国有企业领导人员廉洁自律的规定和要求，狠抓预防职务犯罪教育。通过贯彻实施《党风廉政建设责任书》《党风廉政保证金制度实施办法》《廉政合同制度》《“三重一大”集体决策暂行规定》，规范和加强了企业廉政建设。是年8月8日，甘南藏族自治州舟曲县发生特大山洪泥石流灾害，兰州昆仑燃气迅速开展“情系舟曲”，为舟曲紧急捐款活动，1095名员工为灾区捐款72550元；兰州昆仑燃气公司为舟曲捐款10万元。

【员工生活】 2010年，兰州昆仑燃气公司在全市率先实行了员工企业年金制度，为员工退休建立了补充养老保险制度。在资产重组过程中，积极争取市国资委和中石油昆仑燃气的充分支持，最终按照高出国有股出让价的标准为员工兑现了职工股出让金，兑现比例达1∶2.1723。根据企业经营实际，按照“小步走，不停顿”的原则，在年内分两次调增员工工资，员工收入涨幅较去年超过15%。节假日慰问困难员工共计89人次，发放慰问金8.47万元。按计划组织员工全员体检，为500多名员工免费接种了乙肝疫苗。组织120名员工参观上海世博会，接受疗养、休养。建立了河口、临洮职工之家，组织各种各类文化娱乐活动，丰富和改善了员工文化娱乐生活。

（路有为）

·城市供热·

【概况】 2010年，兰州市共有城市热源1107座。其中：大型热电联产热源2座，大型集中联片供热锅炉房130多座，其余为小型燃煤、燃气锅炉房。全市总供热面积6592万平方米。其中：热电联产供热面积1045万平方米，集中联片供热面积2392万平方米，天然气供热面积1633万平方米，城市集中供热普及率为37.9%。

【落实应急措施】 根据《兰州市供热突发事故应急预案》，市热管办以综合实力较强的供热企业为依托，组建了兰州市热力总公司应急抢修队、兰州联泰柏道路供热站应急抢修队和兰石供热公司应急抢修队3支应急抢修队伍，为有效处置全市可能发生的重大供热突发事故做好了充分的准备。注重实效，限时处理突发事故。是年，及时处理中街子等供热站应急抢修5起；配合市维稳办处理群众上访事件4起；由于管网老化失修，先后发生供热爆管事故23起；协调解决了省石化协会等5家供热企业因经营亏损而无法正常供热的问题；对建行邓家巷供热站、省百货公司供热站实行托管；化解了兰铝小区、牟家庄七建居民楼、景阳楼、张家巷、省残联的供热矛盾纠纷，保障了冬季正常供暖。

【节能供热】 积极响应节约资源和保护环境的基本国策，大力推进供热计量改革，先后成立“兰州市民用建筑供热分户计量协调领导小组”和“兰州市既有建筑节能改造工作领导小组”，出台了《兰州市供热计量产品（技术）管理暂行规定（试行）》《兰州市城镇供热计量管理暂行规定》等相关政策，对热计量产品（技术）实行市场备案制度，规范热计量产品市场。充分发挥示范引路作用，榆中县成功建成全国试点单位。“十一五”期间，全市共完成既有建筑供热计量及节能改造130万平方米，热计量收费面积达到130万平方米。5月底，市热管办完成了兰州市大型公共建筑摸底调查，现有供热面积在2万平方米以上的公共建筑有140栋，总供热面积近440万平方米。完成了榆中

县和永登县48.58万平方米分户计量改造竣工验收工作。兰州市热力总公司30万平方米、红古供热所10万平方米、兰州市百合园供热站4.01万平方米实现供热计量收费。榆中、永登两县分户热计量综合节能达25%以上，用户平均热费支出减少18.3%，节能效益明显。

【重点供热设施建设】 2010年，西热东输供热项目建设进展顺利，完成投资额19000万元，建成一次管网2×28公里(管网铺设至七里河区敦煌路)，建成热力站24座，新增供热能力260万平方米，关停燃煤锅炉27台(约合86吨)，基本完成西固石化城供热工程建设任务。至是年，已累计完成投资额35600万元,供热管网2×52公里，热力站42座，形成供热能力500万平方米。同时，完成6条路段建设工程规划许可证的办理和3处热力管道穿越铁路涵洞工程。马滩中继泵站建设25亩征地工作基本完成。东城区项目建设完成投资额215万元。配合南山路拓建绿色市场，已敷设一次管网2×0.3公里。完成安定门铁路兰新线“平改交”涵洞管位规划审批和供热管道穿越护涵设计工作、彭家坪一次管网2×3.2公里、北编组站一次管网2×2.5公里，基本完成机务段2台4吨锅炉和车辆段2台6吨锅炉的主要设备安装工作。至是年，兰州市热力总公司共建成热力站140座，大型锅炉房8座，一次管网2×100公里，形成1400万平方米供热能力，实际供热面积达到1100万平方米。

【制定供热规划】 2010年，按照环保供热、低碳供热、节能供热的标准，完成了兰州市“十二五”期间供热规划(草案)的制定工作。为进一步提高热能利用效率，不断改善城市大气环境质量，提高城市供热安全保障水平，指导城市供热工作科学、有序、健康发展，健全供热保障机制，成立了《兰州市城市供热专项规划》编制领导小组，聘请相关专家，经过大量基础调查、论证分析，7月，《兰州市城市供热专项规划(2016—2020)》修编完成。该专项规划已通过省建设厅的审查并经市政府批准。

【建立全市供热企业基本信息数据库】 2010年3月供热期结束后，市热管办组织人员开展了供热普查，切实摸清全市天然气供热锅炉和自供锅炉数量、供热面积、运行情况等准确数据，建立了全市供热企业基本信息数据库，年内已完成城关区、七里河区供热站基本信息的录入工作。下一步，将继续对安宁区、西固区的供热企业进行普查，并对已录入的上千座锅炉房的基本信息进行核查后，补充完善数据库。

【规范行业管理】 为进一步规范行业管理，在征求多方意见后，重新设计印制了供热许可证和兰州市供热资质审核登记卡。至年底，完成176个供热许可证更换工作。在规范、减化新建、改建、扩容和更新供热锅炉、热网及其他城市供、用热设施审批程序的基础上，将《新建、改建、扩容和更新供热锅炉、热网及其他城市供、用热设施审批》《需采暖建设项目供热方案核准》和《供用热入网核准》三项流程列入兰州市行政审批项目程序。对于报批的所有项目，都派专人现场核查，并依据供热专项规划，出具审批意见。2010年，受理新建、改建、扩建和更新锅炉项目和供用热入网核准23件，办结19件，停办1件，退办3件，供用热入网1件；批建供热锅炉18座，总容量214兆瓦。全年查处未经批准建设锅炉房4座。在执法过程中，坚持以批评教育为主，行政处罚为辅的原则，注重民生，不影响群众生活，既纠正了供热企业的违规建设行为，又避免了群体性事件的发生，规范了供热市场。

【供热服务】 市供热管理办公室通过多渠道受理供热投诉，协调供用热矛盾。供暖期间，实行全体干部职工轮流值班制度，保证一部值班投诉电话24小时畅通，向社会公布供热企业服务电话135个。成立冬季供热保障领导小组，下设现场协调、室温监测、信息简报三个工作组。现场协调组及时协调处理供热投诉问题；室温监测组不定期抽查热用户室内温度并监督供热站按质供热；信息简报组负责编写供热动态简报，下发各供热企业，及时掌握、交流、反馈供热信息。2010年，书面处理供热投诉电话8466676投诉件580份左右，接待市民来访咨询70余起，8466676投诉电话当面答复5000多次。多形式加大供热政策法规宣传活动，建立落实新闻协调机制，加大正面宣传。利用兰州电台“阳光行风热线节目”现场解答听众提出的各种供热问题99个；处理《兰州晚报》舆情咨询问题119个；处理人民网留言供热问题24个；利用市电视台“民情民生访谈录”节目和市民直接对话，宣传有关供热政策、法规和供热常识，取得社会各界的理解和支持。认真办理人大代表议案和政协委员提案，年内承办的6件议案提案均按期办理完毕。根据政协委员提案建议，及时恢复了5个月的供暖期，扭转了突发严寒天气情况下临时启动应急供暖的被动局面。确定专门人员跟踪办理供热投诉问题，能当即解决的问题当即解决,一时解决不了的限期解决，基本做到件件有回复，事事有结果。是年，采暖期供热情况整体好于往年,供热开炉率超过98%,绝大多数用户室温达到18℃标准,基本完成“提前或按时供热,用户室温合格”的目标任务。

（魏菊芳）

城市管理与执法

【概况】 2010年，全市城市管理工作强化城市管理综合整治，组织实施“牛皮癣”“野广告”整治行动，开展噪音扰民专项整治，加强建筑垃圾排放规范管理，完成公厕新建、免费开放和垃圾场建设任务，推进城市生活垃圾处理费征收工作，提高城市精细化管理，违法建设蔓延势头得到遏制，主城区乱摆乱占问题得到有效治理，户外广告管理进一步规范。是年，累积拆除违法建设11.66万平方米，拆除各类户外违法广告7.1万平方米，设置公益广告124块，铲除“小广告”10万多处，查处各类占道摊点10.2万个次、店外店5.1万个次、“六乱”行为8.6万多例、噪声污染1877次，清退马路市场237条次，整治洗车场点1946处次，城市形象明显改善。

【机构调整】 按照《兰州市城市管理综合行政执法局主要职责内设机构和人员编制规定》，兰州市城市管理行政执法局改名为兰州市城市管理综合行政执法局。单位确定为市政府工作部门，与市城市管理综合行政执法支队实行“局队合一”“一套机构、两块牌子”体制。市城管执法局在原有15项职责上增加4项：一是履行对全市城市垃圾处理费征收工作的管理、指导、协调和监督职责；二是履行对全市建筑垃圾的倾倒、运输、中转、回填、消纳、利用等方面的监督管理职责；三是履行对市区临时建设的审查职责；四是履行对全市数字化城市管理系统的运行和监督管理职责。内设机构新增人事处、城市垃圾收费管理处。城市垃圾收费管理处的职能为宣传、贯彻省、市人民政府垃圾收费相关法规规章；对全市城市垃圾处理费征收管理工作进行指导、协调和监督；协调相关部门、基层组织和代收机构做好垃圾处理费征收工作；负责垃圾收费人员的培训管理。

【城管制度建设】 制定出台《公厕免费开放管理办法》，全市275座公厕免费向社会开放。制定《城市精细化管理标准》，明确了日常管理责任化、执法程序规范化、查处问题精细化、执法方式人性化的内容。结合机关工作职能和具体业务事项，从规范办事行为、提高行政效能入手，科学、合理划分机关各个岗位和各个环节的事权，明确职能部门的定位和职责，规范了每个处室主要工作流程，并实行制度上墙。建立督办反馈制度，对省市重要工作部署、重大会议决定事项的落实情况和违法建设、户外广告等突出问题的查处情况重点督查；对相关单位履行职责、行使职权、廉洁自律等情况加强日常督导。清理修订了现行的规范性文件及相关制度，建立健全了岗位责任制、服务承诺制、限时办结制、首问责任制、政务公开制、责任追究制、效能考评制等8项制度。科学设计城市管理审批程序，简化了广告设置、渣土排放审批手续，缩短了办理时间。提高常规办案效能，规范了立案、查处、审批、处罚、送达、归档、问责等制度和执法的内部流程衔接。

【监督机制建设】 严格实行城市管理层级绩效考评，对近郊四区每季度、远郊县区每半年、直属大队每月的城市管理情况进行定期考评；制定了行政效能考核办法，并与城市管理层级管理绩效考评结合起来一并实施。严格执行国家公务员行为规范、机关办事制度、城管执法行为规范和“八禁止、八不准”规定，加强对制度执行情况的监督检查，对城管执法局机关、直属大队工作秩序、在岗情况、着装情况等进行专项督察；规范工作人员工作用语、言谈举止、礼仪行为，加强执法队伍日常文明行为的养成。对近郊四区存在的假冒城管执法车辆及查处行政违法行为不讲程序、暂扣物品不开凭证、执法车辆不按规定悬挂牌照等问题开展专项整治。坚持周五市容环境卫生检查制度，对近郊四区实施例行检查37次。严格落实公开公示制，将城市管理行政审批事项的标准、程序、时限、收费依据全面公开，统一在政务大厅办理。

【文明执法】 坚持内强素质、外树形象，以“行政效能建设年”活动为契机，以规范工作制度、工作流程、工作行为、办公秩序、协调机制、内部监督程序为重点，推进城市管理工作与流程的改进与创新。对全市城管执法队伍进行“封闭式”集中轮训，及时解决了执法管理中的一些共性问题；组织了《行政处罚法》《行政许可法》《兰州市城市管理综合执法暂行规定》等法律法规的学习培训，采取学习考察、岗位竞赛、领导“传帮带”、结合问题搞研究等方式，增强执法队伍依法管理城市的能力。狠抓队容风纪、文明执法、执法责任制和执法过错追究制等制度的落实，及时处理违规执法行为的投诉，严格执行城管执法行为规范和“八禁止、八不准”规定，通过量化服务

标准、改善服务态度、精简办事程序、提高办事效率等方面措施，切实做到日常管理责任化，执法程序规范化，查处问题精细化，执法方式人性化，有效促进了文明执法。

【正规化建设】 按照属地管理，分级负责的原则，建立起“两级政府、三级管理、四级网络”的管理体制。市级主要履行规划、决策、督查、调控职责；区级主要履行监督、协调、具体管理职责；街道主要履行执行、实施、检查落实职责，实施“条块结合、市区联动”、“块块负责、条条保障”，初步形成市政府统一领导、区政府全面负责、街道(乡镇)具体实施、社区居民共同参与的城市管理格局。推进环卫事业社会化、市场化、产业化进程，实行因事定编、按编定岗、竞争上岗、择优聘用；开放环卫作业市场，道路清扫保洁、公厕经营实行对内对外承包；推行户外广告拍卖，对可供市场化运作的公共产权户外广告资源实行有偿出让。全面推行层级管理绩效考核，落实《兰州市城市管理行政执法及市容环境卫生层级管理绩效考评办法》，有效促进了“规划在市、管理在区、落实在街道社区”的层级管理责任制的落实。推进数字化城市管理信息平台建设，建立数字化城管的实时监管机制，城市管理实时监控、快速反应、灵活处置、科学管理能力显著提升。正确处理和把握“堵与疏”“宽与严”“专业队伍与社会力量”“现代手段与传统方式”“集中整治与常态管理”“管理与服务”六大关系，变“粗放式”管理为“精细化”管理、突击管理为长效管理、被动管理为主动管理、单项管理为综合管理。

【城市管理数字化建设】 启动了兰州市城市管理数字化监督指挥中心建设项目，完成项目场地建设和硬件部署等工作，预计2011年6月可启动运行。该项目建成后，将大幅提升兰州市城市管理的信息化、标准化、动态化、精细化水平，逐步建立沟通快捷、分工明确、责任到位、反应快速、处置及时、运转高效的城市管理和监督长效机制，形成全市联动、资源共享的信息化工作格局，城市管理将实现由被动管理型向主动服务型转变、由粗放定性型向集约定量型转变、由单一封闭管理向多元开放互动管理转变。

【遏制违法建设】 以有效防范和查处违法建设为重点，对城市主次干道、车站、广场、城市风景园区、城中村改造区域、城市出入口、省市重点工程周边等重点区域的违法建设发现一处，查处一处，违法建设发现率达到98%以上、查处率达到100%。落实违法建设监控责任，围绕污水厂建设、南山路工程、兰渝铁路等重点工程周边乱搭乱建和城市中心区各类彩钢房，加大巡查力度，开展违法彩钢房专项整治行动，及时交办查处、限期督办落实，共拆除违法建设15.7万平方米，保证了国家、省市重点工程建设顺利进行。同时，进一步完善对违法建设的发现机制、查处机制、协作机制，有效遏制了违法建设和彩钢房蔓延的势头。

【治理占道经营】 以城市主次干道、中心广场、过街天桥、地下人行通道和车站、景观点、集贸市场、校园周边等区域为重点，对占道经营进行反复整治，实行常态化管理。全年查处占道摊点15.3万个次、“六乱”行为8.6万多例，清退马路市场240多处次，规范整治洗车场点1950多处次，查处违法占用绿地16起、违法开挖市政道路设施128起，有效维护了道路交通和城市环境。

【规范户外广告经营】 对户外广告实行信息化管理，开发了户外广告管理数据库，户外广告管理实现了查找快捷、方便，分类清楚、明确，审批到期提示告警等功能，提高了户外广告管理的科学规范。推行户外广告设置技术规范安全检测，对全市户外广告运营商下发了安全监测通知，要求对存在安全隐患的广告牌进行整改加固；对办理审批手续的广告牌实行安全承诺制，确保每块审批广告牌均有安全承诺书，明确安全责任。以天水路门头招牌和户外广告整治为切入点，在全市打造6条示范街，采取规范、修缮、拆除等措施，对各类户外广告开展集中整治，拆除各类非法设置和存在安全隐患的大型户外广告、门头招牌10.7万平方米。

【环卫精细化作业】 针对道路清扫保洁、垃圾清运、乱泼、乱倒，城乡结合部脏、乱、差和卫生死角等问题，组织开展了“大整治、大清理、大扫除”活动。实施道路清扫科学化管理，合理调配各路段清扫作业人员，严格落实“六净五无”作业标准，严格落实环卫清扫保洁作业时间，实行每天两大扫和全天候保洁；主干道在7：00前清扫完毕，繁华路段保洁时间延长到晚9：00。对城区繁华、人流量较多的路段，做到定人、定岗、定时、定任务，对乱倒乱扔的垃圾及时清理，道路清扫保洁合格率保持在95%以上。加大垃圾清运工作，扩大生活垃圾不落地收集范围，将生活垃圾巡回收集由主干道向其他道路沿伸。推行垃圾袋装化、分类收集、压缩式转运、生活垃圾不出院等收集方式，减少生活垃圾露天堆放的时间和区域，实现全密闭收运。生活垃圾实行定时定点巡回收集，确保不留死角，做到日产日清。共清理卫生死角、脏源点400多处，突击清运垃圾700余吨。每天两次对道路实施洒水压尘，对部分油污路面、污水井口进行高压冲洗，同时，加大对餐饮门店乱泼、乱倒的查处力度。共冲洗垃圾收集点80多次，清洗油污路面300多条、552万平方米，冲洗污水井口6000多处。加强环卫设施的维修保养，做到随坏随修。全年维修果皮箱450个，更换、新安装果皮箱900多个。制定出台道路清扫保洁示范街评选方案和标准，全市评选出道路清扫保洁示范街15条。

【直管公厕免费开放】 为切实体现"以人为本"的宗旨，缓解市民"如厕难"问题，根据市政府要求，结合兰州实际情况，制定了环卫直管公厕免费开放实施方案，对近郊四区环卫直管公厕进行了摸底，对水电费、维修、管理等费用进行了核算。为加强免费公厕管理，制定出台《兰州市免费公厕管理办法》，进一步落实管理人员责任，提升管理人员素质，树立良好服务形象，保持清洁舒适的如厕环境。5月1日开始，全市环卫系统直属291座公厕向社会免费开放。

【黄河风情线管理】 2010年，黄河风情线管理工作以创建全国文明城市和十六届"兰洽会"为契机，按照属地管理原则，将保安、物业公司和执法队员的监督、管理、考核权全部下放到中队一级，将中队考核结果作为兑现奖惩的重要依据，形成层级管理模式，理顺了管理机制，提高了工作效率。采取市场化运作方式，按照公开、公平、公正原则，对风情线南北滨河路72个冷饮摊点面向社会公开招标，对全线经营摊点按照"三张桌子、十二把椅子、四把遮阳伞、一个垃圾桶、一套经营服装"的标准统一配备，经营摊点管理进一步规范。深化"门前三包"，与辖区每个沿街单位和商铺签订了"门前三包"责任书，并统一配发保洁工具。在各中队有效监督下，"门前三包"签订率和落实率均达到95%以上。是年，黄河风情线拆除违法建设11018平方米、违章棚亭378平方米，发现和制止违法建设及时率达到95%以上。严格规范户外广告经营，全年清理、拆除各类违法户外广告9974平方米，清理"牛皮癣"广告约2万处。整治占道经营，对北滨河路形成已久的"狗市"和"鸟市"予以强行清退和规范；对"近水广场"设置的啤酒广场予以取缔。清理取缔店外店220处、早餐摊点207个、流动摊点3745个，规范超范围经营冷饮摊点5处。开展洗车场点、施工工地等专项整治，规范治理洗车场点563处，查处施工工地二次扬尘14起，查扣违法倾倒垃圾车辆34台。

【整治城市"牛皮癣"】 5月始，全市各相关部门按照市政府统一部署，组织开展为期3个月的"牛皮癣"小广告专项整治行动。此次行动城管、公安、通讯部门密切配合，清除广告、停机查处、打击犯罪三管齐下。各县区环卫局、执法局负责"牛皮癣"小广告的清除，对发布小广告的电话号码进行抄录取证汇总上报市执法局和公安部门，经筛选、分类、甄别、核实，由通讯部门对此电话号码实施强制停机。同时，公安部门查找源头，打击窝点，对违法发布者，依法进行责令书面检查、自行清理小广告、罚款等处罚。整治期间，举行了"万人动员参与整治，千名执法环卫职工专职清理铲除，奋战一百天"的启动仪式，动员基层单位志愿者和广大市民积极参与清理整治行动。同时，在新闻媒体进行专题系列报道，对停机号码进行公开曝光。整治中，县区执法局、环卫局清除各类非法小广告92600余条处，电信、移动、联通等部门强制停机发布违法小广告电话号码392个，公安部门捣毁制贩假证窝点4个，破获制贩假证案件8起，抓获犯罪嫌疑人13人，查获各类假印章5500余枚，假借书证61本张，各类制假空白证书15000余本，制假设备25台。此次整治效果明显，扭转了城市"牛皮癣"广告屡禁不绝的现状。

（张　鹏）

建筑业

【概况】 2010年，建筑业管理工作严格落实"两法四条例一条文"，认真抓好建筑市场的整顿，规范建设工程参建各方的市场行为，将提高建设工程的质量、保证施工安全做为全年工作的重点。年内先后开展了建筑市场专项整治、建设工程安全质量执法检查、打击安全生产领域非法违法生产经营建设行为专项行动、建筑行业2010年"安全生产月"活动，贯彻落实市政府《关于进一步加快全市中小学校舍安全工程建设工作的实施意见》，突出落实各方的质量安全责任，保障了全市工程建设的正常进行。年内先后制定出台《兰州市建设工程监理与相关服务费专户储存管理办法(试行)》《兰州市建筑施工继续深入开展"安全生产年"活动实施方案》《2010年兰州市建筑安全专项治理工作方案》《兰州市集中开展严厉打击建筑施工领域非法违法生产经营建设行为专项行动实施方案》。为了加强政府投资项目监督

管理，督促工程施工和监理中标人认真履行投标承诺和工程合同，保证工程质量，市建设局与市招投标局联合出台了《关于印发〈政府投资项目履约评价管理办法（试行）〉的通知》。

【建筑市场检查】 落实省住建厅《关于开展2010年建筑市场专项整治工作的通知》，开展了全市建筑市场巡查工作。共巡查全市(不含安宁区)在建工程项目651项，工程总造价153.2亿元，总建筑面积891.8万平方米，涉及建设单位129家，施工企业90家（其中外省企业27家，省内进兰企业14家）。共下发《兰州市建筑市场执法检查通知书》28份，《兰州市建筑市场违法违规告知书》37份，立案处罚违法违规企业19家。对巡查中发现的问题，根据《兰州市建筑市场巡查制度》统计汇总，为全年工作的开展提供了依据。

【建设工程安全质量执法检查】 根据《关于开展兰州市2010年建设工程安全质量执法检查的通知》，市建设局抽调机关有关处室、局属有关站办人员组成检查组，从8月10日至8月31日，对全市在建房屋建筑工程和市政工程的工程质量、施工安全开展执法检查。共抽查各类工程70项，其中房屋建筑工程40项，建筑面积约74万平方米，市政公用工程30项。

【建筑业企业资质与建造师执业资格管理】 做好建筑业企业资质评审工作，把好市场准入关。全年接待新办、增项、升级企业申请74家，经审查符合资质条件的54家(其中：新办企业资质13家，资质增项29家，资质升级12家)，已通过局长办公会议评审。接待变更建筑企业资质62家，对其中符合条件的52家办理了资质变更。根据省住建厅《关于项目经理(建造师)IC审验的通知》，对市属建筑业企业建造师IC卡进行审验初审。经初审通过627人(其中：一级建造师96人，二级建造师332人，三级建造师199人)。审查市属建筑业企业二级建造师初始注册、增项和变更资料，对符合注册条件的128人上报省注册中心；核验市属建筑企业三级建造师的申请资料，对符合条件的132人上报省建管办。与市招投标局联合下发《兰州市建造师IC卡管理办法》，并按照此《办法》的规定，对发现的项目负责人违规变更，督促其整改。全年共配合市招投标局对102个项目负责人的IC卡施行屏蔽，对34个项目负责人IC卡进行解屏。

【建设工程质量监管】 积极推进“质量兴市”工作，加大工程建设、勘察、设计、施工、监理、检测各方及有关机构质量行为的监督力度。根据实际情况，积极实施监督方式和监督内容的转变，重点加强对大型公共建筑、市政桥梁、学校校舍等涉及城市公共安全工程质量的监管。按照住房和城乡建设部《关于做好住宅工程质量分户验收工作的通知》，加强住宅工程质量分户验收，在住宅工程整体质量验收的同时，加大对房屋室内装饰装修、电气设备安装等质量单独分户验收力度。是年，市质监站监督范围的住宅工程质量分户验收覆盖率达100%。6月，对全市预拌混凝土生产企业进行了质量专项检查，共检查预拌混凝土企业23家。根据检查反映出的问题，向各县（区）建设局，在兰各建设、施工、监理单位，预拌混凝土生产企业及市质监站、市市政质监站转发了省住建厅《关于加强预拌商品混凝土管理工作的通知》，要求各有关单位采取切实有效的措施，规范预拌商品混凝土市场，加强预拌商品混凝土产品质量监管。为加强建筑工地使用钢筋的管理，在借鉴外地经验的基础上，结合本市实际，制定出台了《关于禁止在我市建筑工程施工中使用超标准冷拉钢筋的通知》，要求全市各施工现场严格钢筋加工程序管理，杜绝非法加工钢筋，把好钢筋进场关，确保建筑工程质量。是年，市质监站接受监督注册项目220项，建筑面积303.88万平方米。至是年，共监督在建工程658项，建筑面积809.0万平方米。办理建筑节能专项备案77项。竣工验收工程146项，建筑面积174.1万平方米，验收合格率100%。发出工程质量问题通知书15份，已整改完毕；发出停工通知书3份，已整改完毕。市质监站站内受理工程质量投诉20起(含市长专线3起)，全部处理完毕；受理省交通广播电台政风行风热线、市广播电台行风阳光热线转来质量投诉共计20起，全部处理完毕。处罚违规工程项目5项，处罚金额37万元。市市政质监站共办理监督注册手续49件，监督实体工程102项，造价21.6亿元，验收工程10项，合格率100%。发出质量问题整改通知书17份，全部整改完毕；发出局部暂停施工通知书1份，正在整改中。全年全市有32项工程被评为质量优质工程“白塔奖”，其中5项工程被评为“白塔金奖”。

【建筑施工安全监管】 按照与市政府签订的目标责任书，每季度及时筹备召开安全生产领导小组会议，及时对安全生产工作进行安排部署，全年共召开三次安全生产领导小组会。制定出台《关于开展全市建筑行业2010年“安全生产月”活动的通知》《关于加强全市建筑施工脚手架管理的通知》《关于立即开展全市建筑工地集体食堂食品卫生安全检查的通知》。组织开展了“两会”“两节”期间及春季安全检查、“五一”“十一”节前安全检查。将施工安全备案作为办理前期手续的必备条件之一，凡不具备安全条件的项目一律不予办理工程前期手续。全年受理建设工程项目开工前安全条件备案173项。做好建筑施工企业的《安全生产许可证》和“三类人员”《安全培训合格证》审核发放工作，共审核通过51家施工企业和406名个人申请安全证的资料，上报省建设厅审批。抓好安全培训教育。强化一线作业人员的技能培训和安全教育工作。注重企业主要负责人、项目负责人、专职安全管理人员、特种作业人员、关键岗位作业人员的岗前安全考核和年度培训教育工作。举办农民工安全夜校62期，免费培训农民工8090人，发放教材24270本，发放农民工安全培训证8090本。开展安全监督管理部门工作人员的业务学习和新政策、新法规、新技术的系统培训工作，提高安全监管人员业务素质。是年，在各类安全检查中，共检查在建工程384项，建筑面积468.7万平方米，工程造价107亿元，涉及建设单位42家，施工企业88家，监理单位42家。对存在严重安全隐患的项目发隐患整改通知书92份，已整改85项；发停工通知书12份，已整改10项。进行安全隐患治理排查230项；办理起重机械备案登记398台；办理机械设备使用登记438台；检查施工现场塔吊232台，施工电梯31台，施工爬梯9部。对2项存在安全隐患整改不到位的项目实施了行政处罚；对存在较多安全管理问题、现场安全隐患突出的1家建设单位、2家施工企业、4家监理单位的安全负责人进行了约谈、警告。全年接待各类安全投诉17起，全部处理完毕。

【严厉打击建筑施工领域非法违法生产经营建设行为专项行动】 按照市安委会《关于集中开展打击安全生产领域非法违法生产经营建设行为专项行动的通知》，制定了《兰州市集中开展严厉打击建筑施工领域非法违法生产经营建设行为专项行动实施方案》。8月11日开始，按照《实施方案》的部署，对事故频发、隐患突出、非法违法行为突出的单位和现场，实施重点打击；对非法生产经营建设和经整顿仍未达到要求的，责令停工整改，并严格落实监管措施。严格做到思想认识不提高，不过放；整改措施不落实，不放过；问题隐患不整改，不放过；责任追究不到位，不放过；确保“打非专项行动”取得预期效果。在“打非”专项行动中，共检查建筑业企业186家，查处有非法违法行为企业17家，其中：责令停产整顿7家，关闭取缔1家，下发违法行为告知书17家，经济处罚22.47万元。

【工程造价与施工合同管理】 按照《兰州市建设工程施工合同管理办法》的规定，开展施工合同备案，共办理施工合同备案288项，建筑面积260.42万平方米，合同价款48.60亿元。按照《兰州建设工程竣工结算管理办法》的规定，开展工程竣工结算备案，共办理竣工结算备案38项，造价3.57亿元，建筑面积36.18万平方米。积极做好《兰州建设工程造价指南》和《兰州工程造价信息》的编辑、出版、发行工作。造价站全年出版发行《兰州建设工程造价指南》和《兰州工程造价信息》各6期。

【施工许可与竣工验收管理】 认真落实施工许可制度，按照《建筑工程施工许可管理办法》的要求，对不符合开工条件的决不颁发施工许可证，并对违规提前开工的项目进行处罚，把好开工许可关。认真落实竣工验收备案制度，对违反国家法律法规和工程建设强制性标准的工程不予备案，并责令整改，重新组织验收，有效防止了不合格工程流向社会，把好交付使用关。年内，共办理施工许可证140项，总投资34.64亿元。其中：房建工程72项，工程造价24.6亿元，建筑面积131.55万平方米；市政工程68项，工程造价10.04亿元。办理竣工验收备案，房建工程项目145项，建筑面积185.34万平方米；市政工程项目8项。

【重大建设项目督查】 污水“全收集全处理”工程、南山路工程、西固、盐场、雁儿湾3个污水处理厂、西热东输、七里河黄河大桥改造工程是2010年全市的重大建设项目。市建设局分阶段专门制定了专项督查方案，抽调有关人员组成督查组，按照每周不少于三次的频率，分别在凌晨、白天、晚上三个时间段，对重大建设项目的质量、安全、文明施工、施工进度等方面进行督促检查，对存在质量安全问题的工程要求限期整改，对在限定期限内未整改合格的施工企业进行警告，对不履行中标承诺，工期严重滞后，质量安全不符合要求的施工企业，给予禁止其参加下一期项目投标的行政处罚。通过督查，及时发现和纠正了重大建设项目施工中的质量安全隐患，协调解决了重大建设项目施工中遇到的难题，保证了重大建设项目的施工质量，促进了重大建设项目的文明施工，加快了重大建设项目的施工进度。至年底，污水“全收集全处理”工程第一、二阶段项目基本完工；西热东输工程主管网大部完工；南山路工程，西固、盐场、雁儿湾3个污水处理厂，七里河黄河大桥改造工

程正在施工。

【落实中央扩大内需检查组整改意见】 按照中央扩大内需促进经济增长政策落实检查组的《整改意见》及省住建厅《执法建议书》的要求，市建设局对甘肃红旗建筑安装工程有限责任公司在承包榆中县城区供水扩建工程中非法转包的违规事实，进行了认真审核，要求榆中县建设局补充和完善处罚的依据、证据，同时向红旗公司法人进行了当面调查，在认真细致调查，充分听取各方意见的基础上，向省住建厅上报了《关于落实省建设厅〈甘肃省建设行政执法建议书〉的报告》，同意榆中县建设局对甘肃红旗建筑安装工程有限责任公司降低资质等级的处理，落实了中央检查组的整改意见。

【开展监理费用专户储存工作】 2010年，根据省住建厅的批复要求，市建设局起草了《兰州市建设工程监理与相关服务费专户储存管理办法(试行)》，从2010年2月1日起在全市范围内新建工程项目开始实施。开展此项工作，是为了保证合理的监理成本支出，维护监理企业的正当权益，确保监理行业的正常运营，同时提高监理行业吸引力，引导监理企业树立良好信誉，形成一个合理取费与提高监理工作质量的良性循环，以利于监理单位充分发挥监理作用，提高监理行业管理水平。年内，共办理监理费专户存储工程54项，存储监理费3571.42万元。

【建设领域农民工工资清欠工作】 按照《兰州市贯彻执行甘肃省建设领域农民工工资保证金管理办法的实施意见》的要求，将农民工工资保证金的缴纳作为办理施工许可证必要条件。是年，凡在市建设局办理的施工许可证，除政府重点建设项目外，都缴纳了农民工工资保证金，有效解决了拖欠农民工工资的现象。年底，根据省人力资源和社会保障厅《关于开展农民工工资支付情况专项检查的通知》，开展了对农民工工资支付情况的专项检查，下大力气做好拖欠农民工工资的清欠工作，切实维护农民工合法权益，维护社会稳定。共受理因拖欠农民工工资引发的投诉4起，涉及金额19万元，全部清欠完毕。

【外地进兰建筑企业登记】 加强外地进兰建筑施工企业登记，配合市、区、街道计划生育部门抓好外地进兰建筑企业流动人口计划生育管理工作。在各类执法检查中，把此项工作纳入检查内容，对发现的外地企业，督促其及时办理进兰登记手续和签订《外地进兰施工企业计划生育协议》。在外地企业办理《进兰投标通知书》时，把好企业登记关，对不办理进兰施工登记、不签订《外地进兰施工企业计划生育协议》的企业，不予办理《进兰投标通知书》，限制其参加投标。通过以上措施，基本杜绝了外地企业管理放任的情况。至年底，共发放进兰投标通知书420件，办理进兰施工登记121项，签订《外地进兰施工企业计划生育协议》73份。

【推进校舍安全工程建设】 2010年，市政府下发了《关于进一步加快全市中小学校舍安全工程建设工作的实施意见》，本着对广大师生生命安全负责的态度，全力以赴推进中小学校舍安全工程建设，把中小学校舍建成最安全、最牢固、群众最放心的建筑。市建设局将校舍安全工程作为一项政治任务，认真配合市教育局开展校舍安全工作检查。同时，将校舍安全工程项目的审批手续办理做为落实行政效能建设的具体体现，简化办事程序，对校舍安全工程项目的手续开辟“绿色通道”办理，保证校舍安全工程按期开工，早日投入使用。另外，在各项检查中，将校舍安全工程项目作为重点项目，严格检查各个项目的质量、安全、文明施工等情况，对发现的问题，严格按照有关规定进行处理，并认真检查整改落实情况，确保校舍安全工程的质量安全。

【建筑业协会三届四次理事会召开】 1月29日，市建筑业协会三届四次理事会在市政集团召开。省建筑业联合会会长，副秘书长，兰州市民间组织管理局局长，市建设局局长、副局长及局属各站办、机关有关处室负责人出席会议。会议审议了协会三届四次理事会工作报告、财务收支情况说明，通过了甘肃兴华建设工程集团有限公司加入协会的申请。省建筑业联合会会长，市建设局党组书记、局长、协会名誉会长先后讲话。会议从科学发展观的高度，结合本市实际，全面分析了兰州市建筑业的发展状况，在肯定协会工作取得成绩的同时，指出了工作中的问题和不足，并对协会今后的工作提出了明确的意见和要求。

【处理建筑业信访投诉】 2010年，坚持公平公正、把住户利益放在首位的原则，通过认真细致的调查，受理了八冶公司旧楼质量问题住户投诉、安宁区大圣公司职工危房投诉、七里河区林家庄地基下沉引起楼房基础下沉投诉、皋兰县购物广场质量投诉、市信访办转来的甘肃省第一安装工程有限公司集体上访的投诉、市民张先生反映的兰州市南滨河路2756号302室违规装修房屋的投诉、市民王先生反映

的西部广场5层违规出售的投诉、"金地花园"一、二号楼装修引发的质量问题投诉、城关区何家庄104号楼因仁恒国际开挖地基影响基础安全的投诉。全部9个投诉案件中，8个已协调处理完毕。城关区何家庄104号楼因仁恒国际开挖地基影响基础安全的投诉正在处理中。

（潘军　崔军）

房地产管理与住房保障

【概况】 2010年，兰州市住房保障和房地产管理工作认真落实房地产宏观调控政策，扎实推进住房保障、房地产市场管理、房屋产权登记发证历史遗留问题的解决、拆迁安置、物业管理等各方面工作。全年新增房屋239.59万平方米，全市房屋总量达到10450.45万平方米。其中，住房总量达5822.74万平方米，人均居住面积达到15平方米(建筑面积为30平方米)。全年完成房地产交易额57.82亿元，征收契税11827.1万元，同比分别增长19.1%和39%。全年办理房屋权属登记发证25264件，建筑面积286万平方米。全年回迁安置居民1759户，非住宅回迁安置22家。全市物业服务企业达486家，托管面积5391万平方米。全年发放商品房预售许可证42件，预售面积241.86万平方米。商品房预售合同登记备案6703套，面积81.4万平方米。房屋租赁合同登记备案285.54万平方米，同比增长90.36%；房地产抵押登记贷款额145.73亿元，同比增长95.1%。实施棚户区(危旧房)改造并新建住房130万平方米，是2010年市委、市政府为民兴办的实事之一，年内改造项目22个，至年底全部启动，动工规模185万平方米，为全年目标任务的142.3%。

【兰州市住房保障和房地产管理局挂牌】 2010年的政府机构改革将兰州市房地产管理局局名延展更新为"兰州市住房保障和房地产管理局"。3月22日上午，该局在房地产大厦举行更名挂牌仪式。市委、市人大、市政府、市政协及市纪委主要领导出席揭牌仪式并讲话，要求新的兰州市住房保障和房地产管理局进一步抓好住房保障和房地产管理，为全市经济社会发展和人民群众的安居乐业作出新的贡献。

【安宁区沙井驿棚户区改造项目开工】 5月21日，安宁区沙井驿棚户区改造项目正式开工奠基。参加奠基仪式有:省委、省政府、市委、市政府主要领导以及省委办公厅、省政府办公厅、省直有关部门和市委、市政府直属有关部门的负责人。该项目的开工建设标志着兰州棚户区改造工程进入全面实施阶段。沙井驿棚户区改造项目位于安宁区沙井驿元台子南侧，南临S505规划路，东临李黄沟，北接安宁区T511规划路，西接B522规划路。改造涉及兰州沙井驿建材有限公司、原兰州内燃机配件总厂、原兰州制胶厂三家国有企业职工生活棚户区。项目建设用地292.6亩，拆迁住户2590户，拆迁总面积15.19万平方米。项目新建建筑面积46.31万平方米，其中：新建住宅建筑面积36.52万平方米，新建公建及配套设施建筑面积9.79万平方米。项目投资10亿元，由市国资委及市国资物业管理有限公司具体实施。该项目不仅是国家重点建设项目——兰渝铁路北编组站项目的核心配套工程，也是兰州市委、市政府当年为民兴办的实事之一，是兰州市落实住房保障和保障性安居工程，解决城市低收入困难家庭住房问题的民生工程。

【经济适用房和廉租住房配售配租】 2010年配租廉租住房3000套是市委、市政府为民兴办的实事之一。为确保任务落实到位，市住房保障和房地产管理局积极协调、督促、指导各县(区)政府及建设单位制定实施方案，落实经济适用住房和廉租住房房源，全面完成了任务。是年，向符合条件的低收入家庭公开配售经济适用住房4000套，公开配租廉租住房3001套；同时，积极推进廉租住房共有产权配售工作，出售廉租住房554套，回笼建设资金4971万元。

【经济适用房配售摇号仪式举行】 12月31日，兰州市2010年经济适用住房配售摇号仪式在西北宾馆贵宾楼多功能厅隆重举行。出席摇号仪式的有：市委、市政府主要领导，省住房和城乡建设厅住房保障处以及市政府督察室、市住房保障和房地产管理局、市监察局、市发改委、市财政局、市物价局、市住房公积金管理中心的有关负责人。摇号仪式专门邀请市人大代表、市政协委员以及兰州市公证处随机抽取的20名购房群众代表参加。仪式上，为10个经济适用住房项目已登记的1617户申请家庭进行了现场公开摇号；市委、市政府主要领导和分管领导为城关区"九州花园"80名选房入围人员公开摇号；市人大代表和2名购房群众代表为七里河区"孙家台"207名选房入围人员及41名递补人员公开摇号；市人大代表和2名购房群众代表为城关区"砂坪村"365名选房入围人员及73名递补人员公开摇号；市政协委员和2名购房群众代表为七里河区"南出口"40名选房入围人员公开摇号；市政协委员和2名购房群众代表为七里河

区“银滩花园”234名选房入围人员公开摇号；省住房和城乡建设厅住房保障处分管领导和2名购房群众代表为西固区“新陇嘉园”10名选房入围人员公开摇号；市监察局执法监察室分管领导和2名购房群众代表为安宁区“山坪子”项目133名选房入围人员公开摇号。最后，公证员现场对摇号过程及结果进行了公证。

【廉租住房建设和租赁补贴发放】

2010年，中央下达兰州市廉租住房建设项目8个、4316套。其中，由市国资物业公司承建四个项目、4012套、20.6万平方米，三县与红古区承担建设四个项目、304套、1.52万平方米。为使项目早日开工，市住房保障和房地产管理局积极协调市直有关部门、县区政府、承建单位加快办理建设手续，落实建设任务，同时积极配合有关部门办理申请国家和省上的廉租住房保障补助资金。全年共申请中央下达发放廉租住房租赁补贴专项资金2334万元，实物建设资金10790万元，购改建资金1000万元，省级补助资金4813.05万元。经多方努力，当年廉租住房建设项目全部开工，工程建设进展顺利。是年对人均住房建筑面积10平方米以下的低收入家庭（标准为人均月收入400元）实施廉租住房租赁补贴保障。经申请、审核、公示，最终确认全市城镇有8391户符合享受租赁补贴的条件。当年共计发放租赁补贴2460万元，全市符合廉租住房保障的低收入家庭实现了应保尽保，补贴享受面100%。

【房地产市场调控与整顿】 认真贯彻落实《国务院关于坚决遏制部分城市房价过快上涨的通知》和《甘肃省人民政府关于坚决遏制部分城市房价过快上涨的实施意见》，结合本市房地产市场实际，经调研论证出台了《兰州市人民政府关于遏制房价过快上涨的实施意见》，有效遏制了兰州房价过快上涨。进一步贯彻落实住房和城乡建设部《关于进一步加强房地产市场监管完善商品住房预售制度有关问题的通知》。4月15日开始，在全市开展了房地产开发企业经营行为检查和在建、在售商品住房项目清理工作，重点对2008年4月至2010年4月以来取得预售许可的商品房项目进行了逐一排查，核实了各房地产开发企业商品房明码标价、销售进度、网上签约等情况。对已准予预售许可但尚未开盘的商品房项目，要求房地产开发企业在规定时间内一次性公开全部销售房源及每套住房的价格，并严格按照申报价格，明码标价对外销售。对未取得商品房预售许可向社会公开售房的5个项目进行了查处，责令房地产开发企业立即停止预售，不得以认购、预订、排号、发放贵宾卡等方式向买受人收取或变相收取定金、预定款等。通过此次清理检查，进一步规范了本市房地产市场秩序。是年，在大量调查研究的基础上，邀请市政府办公厅城建处和工交处、市建委、市财政局、市法制办等部门，召开了“兰州市调整房屋重置价论证会”，之后，与市物价局联合发布了兰州市房屋重置价标准。4月份开始，对城关区、七里河区、西固区、安宁区范围的中介服务机构及其分支机构进行检查。查处59家有照无证的中介公司，下发了限期整改通知书；对18家无照无证的黑中介进行了严厉查处；对86家中介机构进行了资质登记。举办经纪人培训班3期，培训302人。举办经纪人继续教育培训班5期，培训739人。

【解决房屋产权登记发证历史遗留问题】 7月23日，兰州市人民政府下发《关于解决房屋产权登记历史遗留问题的实施方案》。7月23日，全市解决房屋产权登记发证历史遗留问题培训班在兰州市住房保障和房地产管理局会议室举办。市政府主要领导和分管领导以及规划局、市住房保障和房地产管理局主要负责人等出席开班仪式。参加培训班的有：各县、区政府分管县、区长和房产局（建设局）局长；兰州高新技术开发区管委会分管领导、房产局局长，市委宣传部，市发改委、财政局、国土局、建设局、规划局、房管局、城管执法局，政府法制办、人防办主要负责人，市解决房屋产权登记发证历史遗留问题工作指挥部办公室全体工作人员，部分在兰房地产企业董事长(总经理)，在兰新闻媒体记者共100余人。8月1日上午，全市解决房屋产权登记发证历史遗留问题工作启动仪式在市房地产交易中心大厅——解决房屋产权登记发证历史遗留问题工作指挥部办公室举行。出席仪式的领导有：市委、市政府主要领导和市政府分管领导，市解决房屋产权登记发证历史遗留问题工作指挥部成员单位负责人及指挥部办公室全体工作人员，市住房保障和房地产管理局机关全体干部，以及新闻媒体、产权单位代表等参加启动仪式。启动仪式上，市住房保障和房地产管理局负责人介绍了此项工作的基本情况；市政府主要领导就如何开展好这项工作提出了具体要求；市委主要领导宣布兰州市解决房屋产权登记发证历史遗留问题工作开始。启动仪式当天，有8个开发建设单位为5000多户购房群众申请办理房屋产权证。

8月11日上午，在兰州“仁恒国际”小区举行“兰州市解决房屋产权登记发证历史遗留问题首批颁证仪式”。出席仪式的领导有市委、市政府、市人大、市政协主要领导，参加颁证仪式的还有市解决房屋产权登记发证历史遗留问题工作指挥部成员及办公室全体工作人员，市房产局全体干部职工，兰州仁恒国际房地产开发有限公司全体工作人员以及“仁恒国际”“长虹嘉园”部分住户代表和新闻媒体。颁证仪式上，382户居民拿到了期盼已久的《房屋所有权证》。市政府分管领导发表讲话；兰州仁恒房地产开发公司、兰州市自强房地产开发公司负责人代表开发企业对市委、市政府及各相关部门开展此项工作的高效表示感谢，认为此项工作不仅让广大业主领到了房产证，也给开发企业持续稳定发展提供了有力支持；同时表示，要进一步提高社会责任感，让企业健康稳步发展。“仁恒国际”及“长虹嘉园”小区业主代表也作了发言，感谢市委、市政府此项举措切实维护了群众的合法权益。至年底，共受理567宗、21738户、304.7万平方米；会审通过323宗、4394户、54.6万平方米；转入结算发证程序3317户；发证36宗、1164户、47.66万平方米。

【拆迁安置】 2010年，审批拆迁项目21个，拆迁住宅6143户、非住宅104家，拆除房屋总建筑面积61.98万平方米；其中：对庙滩子整体改造、南山过境公路等政府重点项目和民生项目，都以最快的速度进行审批。全年审批城市重点建设项目10个，拆迁房屋建筑面积52.18万平方米。受理裁决案件113件，通过调解达成协议66件，下达裁决32件；其中：受理重点项目拆迁裁决申请79件，占全年受理裁决总量的70%。全年立案并查处违法拆迁案9件。全年共回迁安置居民1759户、非住宅22家，完成目标任务的118.7%。

【物业管理】 2010年，新增物业企业51家，全市物业服务企业总数486家，托管面积5391万平方米。新备案组建业主大会、业主委员会10家，全市业主委员会组织总数66个，小区业主自治管理率为35%以上。全年受理申请维修资金单位18家，审批14家，金额144.1万元。贯彻建设部、财政部当年出台的《住宅专项维修资金管理办法》和市政府办公厅印发的《兰州市住宅专项维修资金管理实施办法》，大力推进住宅专项维修资金的交存和归集，全年归集金额6300万元。

【直管公房管理】 经省物价局报请省政府批准，3月1日，直管公房租金由每月0.9元/平方米调整为每月2.0元/平方米。这一改革举措从根本上扭转了市房地产经营公司入不敷出、连年亏损的局面。当年，直管公房收缴租金2414.26万元，完成租金收缴年目标任务的104.6%；收缴欠租63.85万元，完成年目标任务的186.5%。根据直管公房管理实际，制定下发了《兰州市直管公房管理规定》，完成了租赁证审核换发工作，进一步摸清了直管公房底数和租赁情况。先后4次组织开展了直管公房安全检查。当年维修直管公房50062平方米，其中中修以上16884平方米，占年目标任务的168.84%。

【房屋安全管理】 2010年，对14家事业单位危旧住房改造方案进行了审核，并会同有关部门下达了危旧住房改造计划。同时，做好全市房屋安全鉴定工作，全年鉴定房屋面积2万平方米。

【法制建设】 2010年，颁布《兰州市房屋登记办法》。《兰州市直管公房管理规定》《兰州市城镇廉租住房租金管理规定》《兰州市集体土地房屋登记操作规定》《兰州市城镇低收入家庭廉租住房共有产权配售管理实施意见》《兰州市城市和国有工矿棚户区改造实施意见》经市政府讨论通过。《兰州市商品房预售资金监管暂行办法》《兰州市存量房交易结算资金账户管理暂行办法》《兰州市公共租赁住房管理办法》完成初审和论证工作。

（薛生和）

住房公积金管理

【概况】 2010年，住房公积金管理工作围绕“强化管理、夯实基础、提升水平、提高效率”的工作目标，积极拓宽住房公积金归集面，加大个人住房贷款发放力度，夯实财务管理基础，抓住归集、贷款、财务、内控四项核心工作不放松，促进了全市住房公积金业务的较快发展。投资376万元建设的南滨河中路业务大厅正式启用对外营业；投资105万元建设住房公积金信息数据异地备份系统和住房公积金支持保障性住房建设贷款运行监管系统；投资442万元完成铁路分中心信息系统上线工程，实现了与兰州房地产交易中心的数据共享和联网；承办了建设部加强住房公积金服务管理座谈会。是年，《兰州住房公积金管理中心归集业务操作规程》印发执行；管理中心所属各业务大厅开始实行“朝九晚五”作息制度；省审计厅对管理中心及下属机构进行了审计；管理中心5个中层干部岗位竞争上岗。年底，兰州住房公积金管理委员会2010年第二次会议召开。

【住房公积金归集】 归集工作是住房公积金管理的源头。管理中心不断完善归集制度，创新管理手段，从宣传、执法和信息核查三个方面加强住房公积金归集工作。加强宣传保归集，通过报刊、客服热线、广播电台专访等形式，全方位介绍住房公积金制度，让广大缴存职工更好地了解住房公积金政策。加大执法保归集，以欠缴单位催缴为重点，对128家单位下发了催建、催缴通知书。新增缴存职工2328人，月新增汇缴额61.86万元，补缴1000余万元。全面启动住房公积金缴存单位信息补录工作，重新核实单位账户，切实维护广大职工的合法权益。全年归集住房公积金17.45亿元（不含省直、电力分中心和窑街煤电办事处），完成年目标任务的125%，同比增长24%，归集总额达到93.96亿元，归集余额达到70.25亿元。

【住房公积金贷款】 管理中心围绕年初确定的贷款目标任务，创新工作思路，采取深挖信贷资源、降低门槛、简化手续、拓展贷款范围、引入委贷业务竞争机制等方式，努力提高服务质量和工作效率。强化主动营销意识，公积金贷款占全市新售楼盘个人住房贷款比例大幅提升。针对单位经济适用住房建设项目，采取上门服务，设置绿色通道等措施，为职工集中办理住房公积金贷款。协调兰州市房地产交易中心入驻业务大厅，缩短贷款办理时限，方便群众办理。实行委贷业务计划申报制，自年初起，由受委托银行就住房公积金委托贷款计划进行申报，调动了受委托银行营销公积金贷款的积极性。积极推进住房公积金贷款支持保障性住房建设试点工作，严格筛选贷款项目，努力创造试点条件，接受国家对本市申报项目的专项检查，保证了试点工作的顺利进行。全年发放住房公积金贷款10.5亿元，完成目标任务的175%，同比增长13%；贷款总额达到36.46亿元，贷款余额达到23.55亿元，个贷率达到34%。购买国债1亿元，完成计划的100%；实现增值收益7057万元，完成财政部门批复预算的106%；向财政上缴城市廉租房建设补充资金3692万元。

【住房公积金制度建设】 管理中心进一步修改完善了加强内部管理的相关制度，重新拟定岗位职责，准确划分职权，进一步明确各处室、各分支机构和每个干部的工作职能及管理权限。研究出台了《兰州住房公积金办事指南》，把各项职能分解到处室和业务大厅的具体岗位，任务落实到位，责任包干到岗，做到“四明确”(明确分工、责任、工作标准、完成时限)。全面清理行政执法文书，在学习和借鉴外地经验的基础上，重新编制了《兰州住房公积金管理中心行政处罚通知书》等8类执法文书，进一步完善了执法程序，规范了行政执法行为。及时修改了住房公积金提取政策配套文件和相关操作规程，修改完善了《兰州住房公积金管理中心首问负责制》，制定出台《兰州住房公积金管理中心行政问责制》等8项制度，增强工作人员责任感和服务意识，规范干部行为，形成制度管人、管事机制。

【中层干部竞争上岗】 下半年，根据《兰州市党政机关推行竞争上岗实施办法》和《兰州市市直机关科级领导干部竞争上岗工作暂行规定》的要求，管理中心结合实际，制定了《兰州住房公积金管理中心部分中层干部岗位竞争上岗实施方案》，对兰州市营业部副主任等5个职位实行竞争上岗。通过笔试、面试、民主测评、组织考察等环节，选拔5名政治素质好、具备一定管理经验和能力、学历层次高、富有创新精神的年轻干部进入中层领导岗位，激发了干部队伍活力，优化了干部队伍结构，提高了干部队伍素质和能力。并通过向兰州市人事局申报干部录用计划，面向社会公开考录10名干部。

【住房和城乡建设部加强住房公积金服务工作座谈会】 10月24日，住房和城乡建设部住房公积金监管

住房公积金支持保障性住房建设委托贷款银行合作签约仪式

司在兰州市召开加强住房公积金服务工作座谈会，参加会议的有全国部分地区住房公积金监管部门和住房公积金管理中心负责人。会议围绕住房公积金监管司起草的《关于加强和改进住房公积金服务工作的通知》，进一步听取各地的意见建议。会上，以兰州住房公积金管理中心制定的《住房公积金服务指南》为基础，结合各地成熟经验，修改完善全国住房公积金管理的规范性服务标准，提高住房公积金管理效率和服务水平。

（卢声白）

环境保护·园林绿化

环境保护

【污染物减排】 2010年，兰州市超额完成“十一五”减排任务，创西北五省最好成绩。“十一五”末，全市二氧化硫、化学需氧量排放量分别控制在8万吨和4.67万吨以内，主要污染物烟尘、工业粉尘排放量比“十五”末分别下降了29.69%和50.6%，空气污染综合指数从“十五”末的3.18下降到3.01，空气质量污染物浓度二氧化硫、可吸入颗粒物分别比“十五”末下降13.2%和4.5%。

【污染治理】 印发了《兰州市环境污染治理行动计划》，将全市环境污染治理工作按照部门职责分成11个小组，促进了重点、难点环境问题的解决。制订实施了严于国家标准的《兰州市锅炉大气污染物排放标准》，修订完成《兰州市城市生活饮用水源保护和污染防治办法》。分批下达了237台、1618.5万元蒸汽燃煤锅炉改造计划；对沙井驿周边地区28家砖瓦窑进行集中整治；对小石灰窑关停情况开展了“回头看”；开展了全市涉水重点污染源专项督察，安全处置了原永青化工厂遗留铬渣，妥善处置了兰州石化公司“1·7”燃爆事故等多起因安全生产、交通事故引发的突发性环境事件。对群众反映强烈、污染较为严重的6家重点企业实施公开挂牌督办，关闭违法生产企业4家，对28家企业实行限期治理，查处群众环境投诉案件789起，执行环境行政处罚案件41家，处罚金额207.7万元。

【环境基础设施建设】 城区3座生活垃圾处理厂纳入开工建设计划，生活垃圾无害化处理率达到80.91%；城区生活污水“全收集、全处理”工程进展顺利，城区污水处理率大幅提高；工业危险废物处置利用率达到100%，医疗废物安全处置率达到99.96%；继续推行清洁能源改造，清洁能源使用率达到82%，城区集中供热率达到37%。

【冬季大气污染防治】 召开十年来规格最高的兰州地区冬季大气污染防治工作动员大会，安排

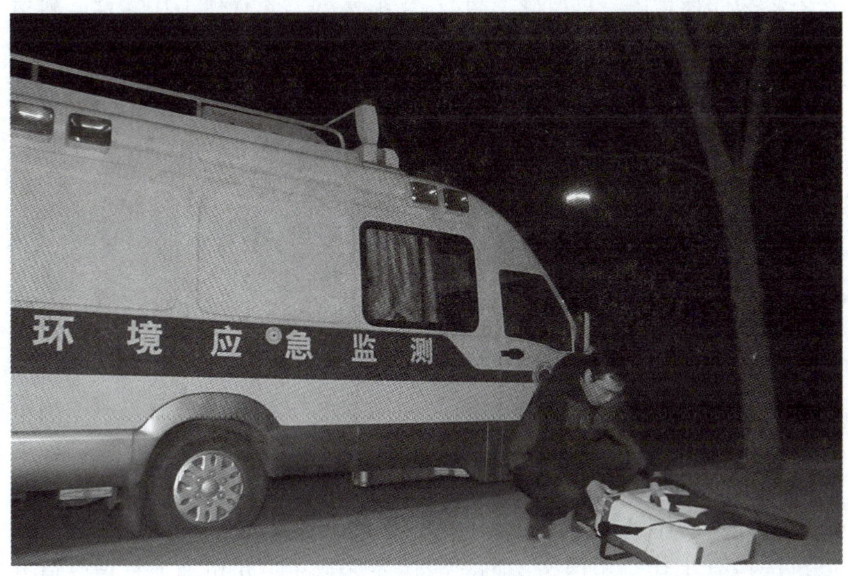

夜间环境检测

部署“冬防”工作。兰州日报开辟《打好大气污染防治攻坚战》专栏，组织新闻媒体以《民情大家谈》《政风行风》等节目展开报道，形成了“全民动员、全员参与，群防群治、共同治污”的工作机制。对149家次企业实行春季、冬季限产、停产，对9家国控重点污染源企业负责人进行约谈。共出动环境监察人员524人次，对83家重点污染源和大型燃煤供热企业进行夜间驻厂监察，对72家单位进行错时检查，处罚违法单位26家次，罚款金额达135.4万元。启动了兰州大气污染成因及防治对策研究项目。与国家环境科学研究院达成了合作框架协议，与全国大气污染区域联防联治首席科学家柴发合小组签署了技术服务合同，为治理大气污染奠定了基础。国家已将兰州市列为全国大气污染防治试点城市之一，从政策、资金和设备上给予大力支持。

【农村生态环保】 采取退耕还林、封山育林、道路绿化、防护林体系建设和生态执法检查等措施，建设了兴隆山区水源涵养重要生态功能保护区，黄河湿地功能保护区，全市自然保护区覆盖率达到6.95%以上。绿化覆盖率达到28.17%，绿化覆盖总面积达到47.32平方公里。开展生态示范区创建工作，促进城镇环境基础设施建设，推进城乡生态系统的建设。

【环保宣传教育】 面向社会公开招募来自政府机构、大中专院校等社会各阶层的环保志愿者2418名，积极组织环保志愿者参加环保宣传、环保公益活动和环境执法检查工作。中国文明网、新浪网等多家媒体对此进行了报道，在全国引起了良好的反响。首次在七里河区团委设立环保监督岗，在西湖街道启动了环保进社区“绿色环保板块”活动，开展环保公益活动和环境执法检查试点工作，拓宽了社会公众参与环保工作的广度、深度、力度，群众对环保工作的满意率不断提升。

【表彰奖励】 兰州市环保局精神文明建设工作被省委、省政府评为“省级文明单位标兵”，全国第一次污染源普查工作获得国家环保部等四部委的表彰，档案管理工作被国家环保部评为档案管理先进集体，政务信息工作连续多年受到环保部、省环保厅和市委、市政府表彰。信息化建设工作被国家环保部评为“信息化建设先进集体”。

（张　鹏）

园林绿化

【概况】 2010年，市园林局以创建“国家园林城市”工作为中心，不断创新，锐意进取，圆满地完成全年各项工作任务。新增城市绿地182.48公顷，超额完成180公顷的目标任务。共种植乔木23.43万株、大灌木10.77万株、小灌木194.09万株、草花11.2万平方米，播种草坪22.53万平方米，完成垂直绿化8280米。

【绿地管理】 2010年，坚持抓好兰州市区绿地管理，建立科学、高效的绿地管理机制，对兰州市近郊四区各绿地管护单位的绿地管理、人员配置、机械配置等基本情况进行全面的调查摸底，制定完成了兰州市绿地管理改造方案。对黄河风情线各物业单位绿地管护工作进行了不间断的监督检查，保证了黄河风情绿地管理水平稳步提升。

【精品街和精品小游园】 全年在近郊四区设定精品街和精品小游园建设目标，即每区每年至少完成1条精品街和1个精品小游园的提升改造任务。城关区完成了庆阳路绿化和南关生态小游园建设；七里河区实施的瓜州路绿化及玫瑰园两个项目的建设立项，初步设计已通过专家评审，进入环境评价及施工图预算评审阶段；安宁区实施了安宁西路绿化精品街建设，精品小游园在调研选址；西固区实施西固公园路绿化及景华小游园建设，初步设计方案已通过专家评审。

【庭院绿化】 市园林局积极协调近郊四区政府组织辖区内街道、社区开展春季绿化植树工作，建设社区绿地，开展屋顶绿化、垂直绿化和破墙透绿工作，见缝插绿。开展了2010年度单位庭院绿化的检查、评比、表彰工作，评比出中国人民解放军68056部队等4个花园式单位，城关区天庆丽舍情缘等4个花园式小区，城关区科教城二期园区等6个园林化单位，西固桃园小区等7个绿化达标单位。

【城市美化】 2010年，组织近郊四区各单位在城区主要广场、游园、道路和重要节点摆放盆花、制作植物造型、设置悬空花篮，绿化、美化城市，城市面貌得到改观。共摆放鲜花204万盆，其中城关区115万盆、七里河区26万余盆、西固区30万余盆、安宁区33万余盆。完成鲜花摆放任务，并采取措施对摆放鲜花进行及时浇灌，冲洗粉尘脏物，保持

花卉生长旺盛，花色艳丽，丰富了城市色彩，达到了城市靓化效果，得到了市民的广泛称赞。

【社会认建认养绿地】 2010年，市园林局根据市委、市政府安排，由新闻媒体向社会各界发出了“认建认养树木”的《倡议书》，倡导和鼓励社会团体、企事业单位以捐资、独资、合作、共建等多种形式，开展认建认养活动。已签订认建认养合同的有两家，由兰州天庆房地产开发有限公司认建认养兰州市城关区“天庆·莱茵小镇”住宅小区西侧长238米，宽25米，绿地面积5950平方米；由兰州阳光置业有限公司认建认养兰州市七里河区146号路西段，道路周围行道树55棵，绿地面积123.75平方米。

【园林植保】 全年防治行道树23万株次，草坪病虫害30公顷次，花卉病虫害28万平方米次，苗圃病虫害60公次。并加大了古树名木的保护力度，制定古树名木复壮方案，对濒临枯死或长势不良的树木进行重点复壮，改善古树名木生长环境，改良土壤，加大病虫害防治。

【政务工作】 市园林局根据《城市绿化条例》等法规，认真、及时地办理每一个办件。全年共受理各类办件129件，已办结129件，按期办结率达100%，其中绿地临时占用审批类37件，树木砍伐移植类52件，砍伐树木93608株，移植花灌木82657株，处理因自然死亡树木2株，因安全隐患修剪树木1株，长期占用绿地52416.11平方米，临时占用绿地306.32平方米；园林绿化企业资质新申请审批24件；企业资质年审换证办理16件。同期，处理各类投诉6件，现场咨询查看135件次，群众满意度达100%。

（慕彪彪）

南北两山绿化

【概况】 2010年，南北两山生态建设工作全面完成了年初确定的各项目标任务，取得了林木保存率全面达标，森林生态景观进一步提升，水利工程运行正常，无较大以上森林火灾发生，资源林政管理进一步规范，林业科技有序推进，重点生态建设项目取得实质性进展的良好成绩。

【管理管护】 做好林地抚育管护工作。在市、县区的精心组织和58个林业站和330多家承包单位的精心管护下，全市春秋两季共完成补植造林面积2.17万亩，补植(种)各类苗木77.8万株，林木保存率全市平均达到了80%以上，其中上水区平均达到了85%以上，三水区平均达到了70%以上。完成林地复整清淤任务2.4万亩。做好春检维修工作。做到了早安排早动手，落实工作责任，加大督查力度，3月20日维修工作全面展开，4月20日维修任务基本完成，共维修泵站41座、水泵45台、电机25台、变压器14台，铺设及维修钢管及PVC管93.40千米，维修闸阀2394个、闸阀井27座，维修清淤蓄水池125座、渠道5.32千米,维修更换喷头2111个、球阀15514个，购置软管19.89千米。达到正常通水春灌的条件。做好老水利工程改造工作。全年共完成了10项老水利工程改造任务，主要是⑴城关区老虎沟东大梁面山绿化滴灌工程，完成1至4泵房土建维修，维修配套管网；⑵榆中和平开发区周边马家山等水利改造工程；⑶城关兰山公园绿化上水改造工程，改造一级泵站，新建二级泵站；⑷七里河牟家大山绿化上水改造工程，改造一级泵站；⑸西固三毛绿化上水改造工程，改造二级泵站；⑹城关区五一山绿化上水改造工程，改造二、三级泵站及主干上水管；⑺西固柴家台绿化上水一级泵站改造工程，11月通过竣工验收，发挥灌溉效益面积1244亩；⑻皋兰山造林站绿化上水工程已开始改造；⑼省门第一道景观工程水利项目，强化配套面积861亩；⑽永登机场西山改造工程，改善绿化灌溉面积2600亩。10项老水利改造工程总投资2889万元，改善绿化灌溉面积2.68万亩。做好灌溉管理工作。全年共完成灌溉面积23.4万亩，完成率达100%；完成灌溉水量2405万立方米，灌溉亩次达92万亩次，平均灌溉合格率为93.1%。全年向直管护林站和部分困难绿化承包单位累计下达水费补助约524万元。在农林争水的矛盾问题上，各县区指挥部积极协调有关单位做好林灌时间与农灌时间的错位安排，较好地解决了农林争水的矛盾，确保了各季灌溉工作的顺利进行。同时加大对灌溉工作的监督与科学监测，采用土壤含水率自动监测仪，对各县区春夏秋冬四次灌溉结束后，进行不定点监测，监测结果作为年终考核的重要依据。做好护林防火工作。全年无较大以上森林火灾发生，一般森林火灾5起，受害林地面积44.88亩，森林火灾受害率为0.077‰，低于国家1‰控制指标,取得了连续十年无较大森林火灾发生的优异成绩。做好重点生态项目建设工作。主要完成了“省门第一道”红柳湾至中川机场收费站10千米强化美化工程、天水路北大门森林生态景观工程、省财政厅老虎梁景观绿化工程、兰山公园面山等8个重点建设项目，共完成强化美化面积7168亩，栽植各类大规格景观苗木43.05万余株。做好资金保障工作。全年各级政府投入南北两山的总资金达11668.5万元，其中国家投资796万元，省上投资4769万元，市上投资2892万元，县区投资3211.5万元。在总投资中，其中正常运行管护费到位4105万元，重点生态建设项目投资7063.5万元。

【林业站建设】　在全市全面推行林业站承包管理体制，坚决打破“大锅饭”、“生产队”的运行模式，充分调动护林人员的积极性。各县区从实际出发，不断探索完善承包形式，紧扣管护任务与承包费用相挂钩这一核心，产生了良好效果。是年，各县区有41个林业管理站实行了承包管理责任制，从年终目标考核检查情况看，管护责任得到落实，管护质量明显提升。改善护林员待遇，稳定管护队伍。在劳动力价格不断提高的形势下，给两山护林队伍的稳定带来了巨大压力。市县两级指挥部从大局着想，克服一切困难，千方百计改善护林人员待遇，着力留住人员、稳住队伍。年初市指挥部专门列入专项27.78万元，主要解决了站长工资待遇偏低的突出问题。同时积极协调落实省、市、县区新增1500万元管护费，较好的解决广大护林人员工资偏低的问题。强化林业管理站“331”工程建设，在市指挥部安排一定资金的基础上，各县区想方设法自筹资金，强化基础设施建设，着力提高林业站自我发展能力。七里河指挥部，全年投资89.36万元，在尖山站、牟家大山站修建彩钢大棚568平方米，绿化美化周边环境，平整周边荒山及闲置土地，种植各类蔬菜，逐步探索增加收入、改善生活条件、激发活力的路子。西固区指挥部在林业站积极发展多种经营生产，全年各站种植蔬菜9亩，养鸡8000只、猪800头、鹿70只，建成大小生态休闲园8个，取得了良好经济效益。强化承包单位管理，各县区指挥部按照市指挥部的统一要求，年初与辖区承包单位签订了管护目标责任书，年中和年末进行两次实地检查考核，并根据检查的结果评定出优秀、合格、不合格等次，进行表扬和通报批评。城关区是承包单位最多，承包绿化面积最大的一个区，为了充分发挥承包单位的作用，区委、区政府专门召开承包单位管护现场观摩会，对补植任务进行了分解下达。区委、区政府、市指挥部主要领导亲自到会进行安排部署，动员发动，对承包单位触动很大，效果十分明显。秋季补植造林结束后，区上又组织力量对所有承包单位补植造林情况进行了一次全面检查，各承包单位共补植各类苗木接近15万株，95%以上的承包单位都较好的完成了任务。

【护林防火】　市县两级指挥部始终坚持教育为本、预防为主、积极消灭的方针，毫不松懈地做好护林防火工作，确保了南北两山林木资源的安全。主要措施一是领导重视，推进有力。市委、市政府主要领导和分管领导经常强调和过问两山护林防火工作，多次深入两山检查指导，及时解决存在问题，有力推进了整体工作。市指挥部始终把护林防火工作作为头等大事来抓，对防火工作进行专门研究和部署，对防火经费、物资、人力给予充分保证。县区指挥部充分发挥各自的主观能动性，采取了许多行之有效的硬措施、新办法，确保护林防火工作取得实效。二是宣传到位，提高觉悟。全年共出动宣传车辆216辆次，张贴防火通告1万多张，散发宣传画、传单25万份，悬挂防火横幅380多条，创办墙报380余次，形成了良好的防火氛围，提高了广大市民的防火自觉性。三是强化措施，严管火源。进入防火期，两山各林业管理站、承包单位实施24小时巡逻防护，春节、清明等防火紧要期，市县两级指挥部采取超常规措施，放弃节假日，雇用保安，增强力量，布点设卡，全方位、全天候严控人员、严控火源。四是经常督查，消除隐患。市县两级指挥部充分发挥职能作用，层层进行督查，发现问题，堵塞漏洞，督促整改，有效提高了基层人员的防火意识。

【依法管理】　积极完善法制建设，积极争取修订《兰州市南北两山绿化建设管理办法》《兰州市南北两山水利工程建设管理办法》，制订《兰州市南北两山承包单位管理办法》，经过反复讨论修改，上报市政府有关部门审定；认真履行职责，积极与林业公安部门配合，及时查处了多起随意破坏林地、林木资源的违法事件，全年共下发督查通知7份，特别是七里河指挥部，积极与林业公安部门配合，查处了23起乱采乱挖、破坏植被林木等违法案件；严格把关，稳妥审批绿化建设项目。凡是承包单位申请的开发建设项目，均由所在县区指挥部审核把关通过后报市指挥部，市指挥部按照《兰州市南北两山绿化建设管理办法》规定研究审批，全年共审批了忠华林场经济果木培育基地

等28个开发项目，清理和整顿了南北两山规划区内的非绿化建设项目；积极扶持养林企业的发展，严格审核颁发养林企业证书，为养林企业落实优惠政策，积极协调返还税收。全年为12家承包单位办理了养林企业合格证的年检、发证手续。积极协调落实优惠政策，共为6家承包单位办理了税收返还手续，返还金额达到25万元以上；加强承包单位管理，全面实行目标管理，年内共与311家承包单位签订了管护目标责任书，签订率达到95%以上；积极引进承包单位，全年共新引进承包单位13家，落实林地承包面积8466.51亩。

【科技工作】 开展了兰州森林“绿桥”及安宁桃花溪生态水系预可研项目研究，积极组织协调相关科研单位完成了分项研究报告；开展南北两山南部山区植被修复试验示范工作，完成植被修复试验示范面积199980平方米；完成兰白绿色通道、省门第一道强化美化、城区主要出口绿化美化等工程建设方案的编制工作，并按时上报市政府；开展观赏树种引种驯化工作，共引进观赏树种11种4595株；开展南部山区土壤生态系统研究，11月已完成研究报告；开展城区高削坡美化工程养护管理以及陡削坡课题研究，全面完成了各项研究工作与报告编写任务；积极做好林业有害生物防治与技术指导工作，全年发生各类有害生物105520亩，成灾面积1979亩，成灾率为3.4‰(省上下达兰州市的标准为3.5‰)，累计防治各类林业有害生物103069亩次，无公害防治率为94.6%(省上下达兰州市的标准为80%)。

【项目发展】 市两山指挥部认真贯彻省市委、省市政府提出的发展抓项目的要求，牢固树立抓项目促发展的观念，始终把抓项目作为一项重要工作来抓。指挥部班子自我加压，抢抓国家政策机遇，分析判断国家投资方向，自找项目，落实项目责任制，充分调动了大家的积极性、主动性，促成了一系列项目的落地和成功实施。重视与科研院所的合作交流，为争取项目奠定科研基础。积极与中科院寒旱所、兰州大学生命科学院、西北师大、兰州交大、甘肃农大、甘肃林勘院、甘肃城乡规划院等科研院所、大学进行生态建设方面的技术交流与合作，沟通信息，听取他们对南北两山生态建设的意见，委托他们进行有关南北两山生态建设方面的多项科学研究。先后完成了黄河中上游生态植被修复兰州试验区项目、“绿桥工程”“南北两山生态效益评估”等多项高质量的可行性研究报告，为争取得到国家和省上的支持奠定了前期科研基础。高度重视与国家和省上有关部委、厅局的衔接协调工作，经常跑部进京，向发改、财政、林业、水利等部门汇报南北两山工作，反映兰州生态建设上的困难，争取他们的支持，收到了良好成效。特别是黄河中上游生态植被修复兰州试验区项目和“绿桥工程”项目，得到了中央和省、市的高度重视，其中黄河中上游生态植被修复兰州试验区项目被列入国家重点支持甘肃发展的生态项目之一。高度重视项目的储备工作，为争取项目创造条件。指挥部共凝练项目14个，总投资81亿元。其中有5个项目得到了国家有关部委和省上有关厅局的批复，概算总投资4400万元；黄河中上游生态植被修复兰州试验区项目、“绿桥工程”项目和南北两山老水利工程改造等3个项目已完成可行性研究报告并正在衔接争取，概算总投资64.71亿元；有6个项目已完成规划方案，进入可行性研究阶段。由于有足够的项目储备，有良好的项目准备，为争取项目奠定了扎实的前期工作基础。

【政府支持】 随着经济发展水平的不断提高和生态文明理念的不断提升，各级政府对生态环境建设越来越重视，特别是2010年，省、市、县区三级政府对南北两山生态建设的重视程度和投资的力度是近年来最大的一年。省发改委、省财政厅、省国土资源厅等省直部门，认真落实去年省政协领导视察调研南北两山指示精神，从投资和项目上给予了南北两山极大地关心和支持，重点是解决了每年500万元的正常运行管护费用问题，支持南北两山发展建设项目10项，总投资6158.56万元。其中2010年到位项目投资1630万元，有效解决了南北两山发展关键时期的资金问题；市委、市政府进一步加强对南北两山生态建设工作的领导，市委、市政府年初召开了南北两山生态建设工作会议，对南北两山生态建设工作进行了全面安排部署，并决定从2010年起每年增加500万元南北两山正常管护费用，以解决管护费用不足问题。市政府主要领导及分管领导多次听取南北两山工作汇报，解决突出问题，亲自带领有关人员到中央部委及省直部门衔接、争取项目，促成了一些项目落地。县区政府也从实际出发，采取行之有效的措施，推动本县区生态建设的快速发展。特别突出的是城关区在管理体制上进行了理顺改革，突出了林业生态建设的重要地位，彻底解决了政出多门的矛盾问题；在投资上进一步加大，在确保配套管护资金足额到位的情况下，列入了多个重要生态建设项目，全年在生态方面安排投资4143.67万元，已到位3619.17万元。在管护工作方面采取新的措施，9月中旬召开了全区承包单位现场观摩暨秋季植树造林动员大会，区委、区政府主要领导到会安排部署，督促承包单位增强使命感，提高尽责率，全面推动了两山绿化工作。

（赵蔚洲）

工 业

【概述】 2010年，全市工业突出抓项目建设、信息化提升、节能减排和发展培育多元支柱产业等重点工作，加快转变发展方式，大力调整产业结构，总体呈现企稳回升、向好加快发展的态势，全面完成各项工作任务，顺利实现了“十一五”工业发展目标。截至2010年底，兰州地区工业企业总数达到2824户，其中：全市规模以上工业企业480户，中央、省属企业93户，国有企业59户，市属企业387户，大中型企业83户。全市工业实现增加值399.06亿元，占全市GDP比重达36.9%；其中：规模以上工业企业实现增加值372.67亿元，同比增长12.3%；工业固定资产投资达到205.28亿元，同比增长18.19%；独立核算工业企业主营业务收入1561.25亿元，同比增长19.65%；上缴税金194.25亿元，同比增长3.24%，占地区财政收入的比重达64%。在兰州工业发展格局中，以中央、省属和国有企业为主，重工业所占比重较大。全市工业增加值中，中央、省属企业占73.7%，市属企业占26.3%，国有企业占78.9%；重工业占79.6%，轻工业占20.4%。产业发展仍然以重点支柱产业为支撑，五大支柱产业占全市工业的比重分别是：石化产业占30.3%，能源电力占17.84%，农副产品深加工占15.1%，装备制造占14.83%，有色冶金占10.37%；在市属工业中，非公经济发展势头强劲，规模以上非公工业企业完成工业增加值63.58亿元，同比增长15.1%。

【项目建设】 围绕国家产业政策，结合发展培育多元支柱产业，按照产业链延伸的要求，抢抓“跑省进京”与央企对接等机遇，切实推进项目凝炼、上报、争取、落地、建设等各项工作。2010年，全市工业固定资产投资达205.28亿元，“十一五”累计达到781.53亿元，“十一五”年均增长20.4%，比“十五”增加4.8个百分点。2010年建成工业项目85项，“十一五”累计建成工业项目345项。积极谋划和储备重大项目269项，总投资达到1579亿元，重点推荐上报国家部委、列入国家“十二五”发展规划76项。新材料产业建成了蓝星“1318”一期工程、金川科技园镍钴锰三元氧化物生产线，储备了蓝天浮法玻璃太阳能玻璃等项目；精细化工产业碳五资源综合利用产业发展规划已经完成，项目进入技术引进考察阶段，正在积极筹划碳五产业园区规划选址；汽车产业吉利兰州生产基地扩能改造项目顺利签约，厂房基础完成，钢结构部分封顶，正在进行设备及生产线招标，6户汽车零部件配套企业于5月正式开工；先进装备制造产业，510所兰州航天城、宏宇变压器异地搬迁改造将于年内建成，高压阀门公司高温高压高合金阀门生产线改造已经开工。农产品加工产业，兰州肉联厂由四川高金食品股份有限公司重组，建成了百万头生猪屠宰生产线，莫高实业国际酒庄等一批重点项目进展顺利；有色冶金产业，连城铝业公司25万吨高精度板带箔用铝合金扁锭建成投产，榆钢灾后重建项目已开工建设；新能源产业，兰州沃尔凯平板太阳能集热器采暖热水集成系统应用、兰州大成太阳能集热发电、高效低成本单晶硅太阳能光伏发电等一批基础能源项目进展顺利。全市100个重大项目工信委具体负责的8个工业项目中，750千伏永登变电站扩建工程、330千伏兰州南输变电工程、腾达西北铁合金有限责任公司节能减排产业升级技术改造等三个项目，已建成投产或一期建成。

【技术创新】 全市工业技术创新步伐明显加快，“研政产”结合的模式解决了全市工业发展技术难题，在加快企业技术进步中发挥了关键作用。2010年，组织召开“研政产”对接会2次，发布企业技术难题54项，完成技术难题攻关项目57项，组织成立企业与高校间的技术创新战略联盟1个，省级以上企业技术中心5个，累计45个，全年新增省级以上名牌产品42个。

【两化融合】 注重信息化与工业化的深度融合，推进新型工业化进程，制定兰州市“数字工业”五年行动方案，每年抓一批两化融合重点示范区和20户重点项目建设。组织兰州电信、兰州移动、兰州联通三大运营商召开“兰州市推广信息技术应用，促进‘两化融合’计划”。加快建设信息化公共平台，省机械科学研究院装备制造业信息化平台建成运行。甘肃万维公司中小企业信息化平台建设项目已开发完成，将为中小企业提供便捷的在线信息化服务；燃气化工集团企业综合信息化管理系统、久联民爆企业远程传输、监控等7个项目已经投入运营，有效提升了企业数字化管理水平。科庆公司油井（站）、兰州电源车辆研究等企业信息化改造项目正在积极推进。推进软件产业发展，兰大小精灵汽车“油改气”车辆安全管理监控系统项目，将率先在兰州市试点；南特公司工业信息化网络平台建设方案已完成。

【招商引资】 在第十六届中国投资贸易洽谈会上首次设立科教及金融板块特展，兰州专场签约工业项目12项，投资总额为56.2亿元。组团参加中国国际第7届中小企业博览会和第11届中国西部国际博览会。组织参加了中博会，5家企业与10余家外商签订了意向性销售合同，合同金额2000多万元。组织参加了西博会，引进资金19.2亿元。

【出城入园】 加快推进企业出城入园，组织召开全市企业出城入园搬迁改造工作情况汇报会，建立企业出城入园指挥部管理模式，协调解决兰州联合重工有限公司、甘肃宏宇变压器有限公司原址土地储备事宜。加强与兰州银行、国有资产经营公司的沟通联系，协调解决搬迁改造企业项目融资。兰州高压阀门2亿元、兰州联合重工5000万元、兰港磨料公司2500万元、宏宇变压器公司2100万元的授信贷款已经到位。

【节能降耗】 2010年，全市单位生产总值能耗降低4.8%，单位工业增加值能耗下降到4.58吨标煤，单位生产总值能耗下降到1.99吨标煤，全面完成“十一五”单位生产总值能耗降低20%的约束性指标。全年上报国家淘汰落后产能国家财政奖励项目21个，将淘汰落后产能电力10万千瓦，年减少能源消耗15万吨标煤，经国家核查组现场核查，16个项目获国家财政淘汰落后奖励资金支持。20户资源综合利用企业利用煤矸石、共伴生矿、粉煤灰冶炼废渣等工业固体废弃物400万吨，工业固废综合利用率达到75%。在石化、有色、冶金、建材、电力等五大行业及年耗能5000吨标煤以上企业中开展能效对标活动，市节能监察中心对37户高耗能企业能耗限额执行情况进行了专项核查。

【非公经济】 以个体私营企业为主体的非公有制经济保持强劲的发展态势，以非公经济为主体的中小企业不断发展壮大，在财政税收，社会就业等方面的主体作用凸显。2010年，全市非公经济从业人员56万人，非公企业和组织9.78万户，其中个体户8.46万户，私营企业1.32万户（工业企业3195户），全市非公经济实现增加值433.4亿元，同比增长23.1%，占全市GDP的比重达到40.2%，上缴税金70亿元，占全市地区性财政收入的20%以上。顺利完成了非公经济“4111”主体成长工程，全市非公经济年产达3亿元的企业10户，上千万元中小企业达到1000户，科技成长型企业100户。

（周志帅）

电子信息

【概况】 兰州市信息产业涉及信息设备制造业、信息传输服务业、软件和外包服务业等多个领域。“十一五”以来，信息产业由小到大，由弱变强，取得了长足的发展，企业数量已达千户，规模以上企业80多户。截至2010年底，已实现主营业务收入60.45亿元，占全市GDP的6%。

【信息设备制造业】 经过多年的发展，全市信息产业形成了以电子专用设备、通信设备、仪器仪表、电子材料、LED产业为主，特色鲜明的产业体系。全市现有省级以上电子企业2户，分别是甘肃长风科技信息集团有限公司和兰州瑞德实业集团有限公司。

市级企业6户，主要生产产品为可编程控制器(PLC100-300)系列、太阳能LED路灯、庭院灯、草坪灯及LED室内照明灯、“天星”磁致伸缩式智能振动时效装置、精密制动器、大功率超声换能器、直推式平面扬声器；赛迪胆机(电子管和电子管HI-FI功率放大器)、X射线食品异物扫描检测仪、“金盾信安”社会化治安信息采集安全专用终端等产品。全市信息产业有瑞德、兰飞、长风、海默、科庆等10余户重点企业。2010年，实现工业总产值5.06亿元，销售收入2.9亿元，增加值1.1亿元，税金993万元，利润720万元，占全市信息产业主营业务收入的8.4%。

【信息传输服务业】 通信业通过优化结构和整合资源，规模效应进一步显现，其业务涉及固话、网络、移动电话等。主营业务收入达31.59亿元，占全市信息产业主营业务收入的52.25%。

【软件开发和服务业】 全省经认定的软件企业主要集中于兰州市，收入占到软件服务业总收入的99%以上，排列前10名的软件企业收入占到总收入的58.32%，产业集聚发展态势明显。全市注册资金在100万元以上的企业412家，大部分集中在高新开发区，其中取得“双软认证”资格的企业46户，取得CMMI国际资格认证的企业有2户。2010年，全市软件和外包服务业的主营业务收入达到23.8亿元，占兰州市信息产业主营业务收入的39.37%，已成长为甘肃省软件和外包服务业发展的主要力量。

【企业自主创新能力】 兰州市信息产业虽然起步较晚、整体发展相对滞后，但部分企业自主创新能力不断提高。“十一五”以来，4户企业创建了国家级企业(工程)技术中心，行业年科研成果500多项，新产品年销售收入所占比重达50%以上，93%以上的企业通过了GB/T19000-ISO9000系列质量保证体系认证，甘肃万维信息技术有限责任公司、兰州南特数码科技股份有限公司通过了CMMI3级认证评估。一批重点项目取得了国家、省市科技创新成果奖，其中甘肃紫光公司的高等级公路干线公路网联网收费系统列为科技部国家火炬计划项目，正远科技公司的大型国际机场物流控制及管理信息系统获得省科技进步奖，储罐节能温控与无电安全检测系统获得中国优秀软件称号，同元信息技术有限公司的藏文安全信息识别软件被工信部在全国藏区推广应用，绿色真空镀膜技术和铁路计算机连锁信号控制系统等相关技术实现了产业化。

装备制造

【概况】 装备制造业是兰州工业支柱产业之一(见图)。经过多年的发展，已形成了通用设备、专用设备、交通运输设备、电气机械及器材、通信设备、计算机及其它电子设备、仪器仪表及文化、办公用设备等七大门类组成的具有较强基础和发展实力的装备制造业体系。

2010年，全市装备制造业规模以上企业143户，占全市规模以上企业的29.79%，占全省装备制造业的47.99%；从业人员4.59万人，占全市工业从业人员的23.3%，占全省装备制造业从业人员的53.19%；资产总额210.89亿元，占全市工业资产的14.18%，占全省装备制造业资产的49.8%。完成工业增加值55.28亿元，“十一五”年均增长23.9%，占全市工业比重的14.83%，占全省装备制造业比重的43.38%；实现主营业务收入144.9亿元、利税9.46亿元，分别占全省装备制造业主营业务收入和利税的43.66%和39.37%。

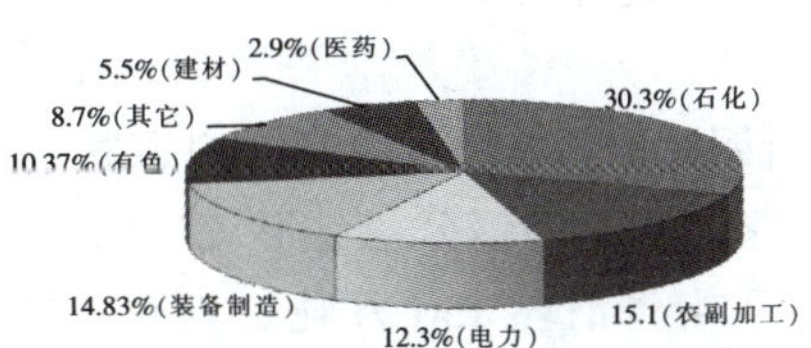

2010年兰州市工业产业结构分布图

【石油钻采、炼油化工装备】 重点企业有兰石集团、蓝科石化、兰州石化机械厂、长征机械等，主要设备有特种石油钻机、智能抽油机、大型炼化设备、高效换热器、空冷器、烟气轮机、加氢反应器、重油催化裂化关键设备、高压换热器、大型球形容器、特殊阀门、大型反应器及大型干燥设备等大型高压、高温及低温设备。

【汽车及零部件制造】 以吉利兰州汽车生产基地10万辆自由舰、2万辆帝豪车扩能改造、天泰农用车项目的建设为契机，加快培育汽车零部件配套企业，力争到2012年引进培育落户20—30家零部件生产企业，直接配套铝轮毂、轮胎、中小冲压件、橡胶件、塑料件、线束、座椅、仪表总成、灯具、内饰件等，提高整车配套的自配率，逐步建立起兰州市汽车零部件及总成的配套体系，形成百亿元的集汽车生产、研发、销售于一体的汽车产业基地。

【通用及专用设备】 以高压阀门公司为主体，兰州理工大学为技术依托，整合区域泵阀加工制造能力和资源，打造全国一流的泵阀产业基地。兰州真空设备公司、兰州大成科技股份公司等企业，发展绿色真空镀膜设备、真空热处理设备、真空钎焊以及真空干燥设备；兰州星火机床等企业，发展大型、精密、高速专用数控机床。北车兰州机车公司等龙头企业，发展轨道交通设备及关键部件，打造西北机车、客车、货车检修基地和工矿机车制造基地。以甘肃省建设投资(控股)集团总公司与意大利SELI公司合作的隧道掘进机(盾构机)生产基地建设、香港建设机械商会的西部工程机械产业基地建设等项目为龙头，着力打造工程机械装备产业集群。

【电工电器及电子通讯装备】 以兰州电机为主体，发展适合石化、冶金、矿山、引水、提灌的大中型高压专用电机，核电用核级、非核级专用高压电机，中小型水电成套设备，高档数控机床用交流主轴伺服电机、力矩电机、直线电机，变频调速电机，高效节能电机，特殊专用军工电机，致力于电机及控制技术的提升和扩展。重点发展电力变压器，大功率高压变频器装置、特种电缆，各种智能化的低压电器元件。兰州瑞德等企业，发展半导体材料切割、研磨、抛光等专用设备，集成电路芯片制造、封装、测试技术；延伸新型片式元器件，新型显示器件及各类传感器和光缆；LED灯具，加快LED芯片研发。

【现代农业装备】 开展先进设施农业装备、先进农副产品加工设备的研制。甘肃天泰集团公司、兰驼集团等企业发展大中型拖拉机、耕作机械、设施农业机械；发展农用汽车、节水灌溉装备、果蔬干燥机械、农副产品加工机械及中草药加工机械等。

冶　金

【概况】 兰州市冶金有色金属产业是全省冶金有色工业重要的生产、加工、科研基地，也是兰州市工业经济重要的支柱产业之一。现有规模以上冶金有色企业56户，从业人员2.32万人，其中黑色金属采选、冶炼及压延加工业42户，从业人员1.08万人，有色金属及压延加工业14户，从业人员1.24万人。产品主要包括电解铝、钢铁、铁合金、有色金属新材料及炭素等，中铝兰州分公司、中铝连城分公司、酒钢集团榆中钢铁公司(以下简称榆钢公司)、腾达西北铁合金有限公司、兰州金川科技园、方大炭素都是在国内具有较大影响力的大型骨干企业。

【电解铝及铝加工】 现有中铝兰州分公司、连城分公司和甘肃东兴铝业3户电解铝企业，拥有具有自主知识产权、代表国际领先水平的400千安、500千安大型预焙槽电解铝核心技术，形成电解铝生产能力86万吨，预焙阳极生产能力45万吨；铝深加工能力35万吨；再生铝1万吨；发电能力65亿千瓦时。

【钢铁产能】 现有3户钢铁企业，其中榆钢公司已形成生铁95万吨、钢坯150万吨、钢材125万吨(棒材60万吨、线材65万吨)的生产能力。兰州兴元钢铁有限公司和兰鑫钢铁公司2户中小钢铁企业共形成50万吨电炉钢、20万吨钢材生产能力。

【铁合金生产】 全市现有允许和鼓励类铁合金企业30户，拥有铁合金电炉63台，生产能力48万吨。主要产品有硅铁、金属硅、碳素铬铁、硅锰合金、镍铬合金、硅钙、硅铝、硅钡、硅钙钡铝等。其中腾达西北铁合金有限公司、蓝星硅材料有限公司是甘肃省铁合金行业的龙头企业。另有甘肃瑞驰皋兰铁合金有限公司、兰州恒源铬铁有限公司等一批年产万吨以上的骨干铁合金企业。

【镍钴新材料】 兰州金川科技园是中国最大的镍、钴、铜粉体材料及镍基合金线材生产企业。以研制镍、钴、铜、金、银、铂族金属等新材料为主，主要生产镍钴粉体材料及电池材料、镍钴及铂族金属系列催化剂、银系列产品、镍及镍合金压延产品和高纯金属等系列产品。

【炭素生产】 主要有方大炭素新材料科技股份有限公司和兰州阳光炭素厂。方大炭素已成为亚洲最大的优质炭素制品生产企业，炭素制品综合生产能力达到14万吨，其中石墨电极11万吨，炭砖3万吨。兰州阳光炭素厂电极糊生产能力25万吨，是中国最大的专业电极糊生产企业，是中国电石工业协会的电极糊研发基地之一。

【主要产销】 2010年，有色金属冶炼及压延加工业完成工业增加值24.02亿元，同比增长2.13%；黑色金属冶炼及压延加工业完成工业增加值14.62亿元，同比增长17.72%。冶金有色行业占全市工业的比重达到10.37%。主要产品产量生铁98万吨，粗钢

111 万吨，钢材 131 万吨，铁合金 49.92 万吨，炭素制品 56.8 万吨，电解铝 79.8 万吨，铝材 3.72 万吨。镍钴新材料完成钴产品含钴量 7000 吨，氧化亚镍 1000 吨，各类合金线材产品 3500 吨，合金板带材产品 500 吨，硝酸银 80 吨，钯碳催化剂 2 吨，贵金属医药催化剂 200 公斤，高纯金属 22 吨。

【科技成果】 中铝兰州分公司、中铝连城分公司积极推广应用铝电解生产的新工艺、新技术，取得拥有自主知识产权的科技成果 45 项，获省部级科技进步奖 15 项，获得国家专利 18 项。2010 年中铝连城分公司在国内率先试验成功了 500 千伏安大型预焙电解铝系列生产技术，总体技术达到国际领先水平。金川科技园继前期完成锂离子电池用四氧化三钴、超细钴粉外，又相继研发成功并产业化的产品有系列贵金属有机化合物、5N 高纯镍、6N 高纯铜、5N 高纯钴、喷雾热解法制备四氧化三钴、锂离子电池用镍钴锰三元素复合氢氧化物等。

石油化工

【概况】 石油化工是兰州工业的第一大支柱产业。经过多年的努力，全市在石油炼制、石油化工、合成材料、新材料研发及精细化工等领域取得了长足的发展，现基本形成炼油、化工、化肥、农药、农膜、有机化工基础原料、三大有机合成材料、精细化工、塑料加工、化工机械和化学清洗等 23 个行业，能生产 25 大类、380 余种产品。全市石油化工行业规模以上企业 72 户，从业人员 5 万人，资产总额 426.2 亿元，占全市工业比重的 28.7%，实现工业增加值 113 亿元，占全市工业的 30.4%。

【骨干企业和主要产品】 2010年，石油化工产业加工原油 1045 万吨，汽煤柴润油 758 万吨，乙烯 69 万吨，合成橡胶 16 万吨，化肥 53 万吨，合成塑料 112 万吨，石化产品产量达 2000 万吨以上。“十一五”期间，原油加工量达到 5100 万吨，是“十五”的 1.38 倍，生产乙烯 300 万吨，是“十五”的 3 倍。中石油兰州石化分公司、兰州蓝星有限公司、中石油兰州润滑油厂，西北永新化工有限公司等 16 户企业成为兰州石油化工产业的主体，实现主营业务收入 730.38 亿元，占全市石油化工产业比重的 92.9%，占全市工业比重的 46.8%。

【竞争和发展优势】 一是技术和人才优势。全市石油化工行业拥有各类工程技术人员及管理人才 2 万多人，包括中科院兰州化物所、中石油兰州化工研究中心、兰州石化公司化工研究院、兰州润滑油研发中心等一批研发机构。二是区位优势。兰州地处中国地理几何中心，具有向全国辐射的地域优势，市场覆盖条件较好，并且处于全国能源东送的咽喉要道，具有突出的战略纵深优势。三是资源优势。随着中哈原油管道的建成运营，以及二期工程的投用，哈萨克原油输送量将达到 2200 万吨 / 年，为兰州石化产业的发展带来新机遇。

食 品

【概况】 全市有规模以上食品加工企业 40 户，占规模以上工业企业总数的 7.1%；从业人员 1.3 万人，占规模以上企业从业人员的 4.7%；2010 年实现工业增加值 10.4 亿元，同比增 20%，占规模以上企业的 10.7%；实现销售收入 35.19 亿元，同比增 19%，占规模以上企业的 2.3%。

【重点食品企业】 食品加工销售收入上亿元的企业有 7 户，分别是兰州黄河嘉酿啤酒有限公司、青岛啤酒(甘肃)农垦股份有限公司、兰州庄园乳业有限责任公司、兰州顶津食品有限公司、华润雪花啤酒(甘肃)有限公司、甘肃中粮可口可乐饮料有限公司、兰州正林农垦食品有限公司。7 户重点食品企业总计实现销售收入 30.09 亿元，占食品行业的 81%。兰州庄园乳业有限责任公司完成销售收入 21900 万元，工业增加值 2186 万元，上缴税金 445 万元；兰州顶津食品有限公司完成销售收入 90021 万元，工业增加值 23805 万元，上缴税金 3310 万元；华润雪花啤酒(甘肃)有限公司完成销售收入 43800 万元，工业增加值 11618 万元、上缴税金 970 万元；甘肃中粮可口可乐饮料有限公司完成销售收入 39041 万元，工业增加值 3902 万元，上缴税金 1406 万元；兰州黄河嘉酿啤酒有限公司完成销售收入 44186 万元，上缴税金 4455 万元；青岛啤酒(甘肃)农垦股份有限公司完成销售收入 16601 万元，上缴税金 1979 万元；兰州正林农垦食品有限公司完成销售收入 45463 万元，上缴税金 1448 万元。

【生产基地建设】 重点实施了兰州黄河企业股份有限公司 60 万吨啤酒综合加工生产线及配套项目，兰州黄河嘉酿啤酒有限公司信息化改造项目；康师傅安宁新厂搬迁、百事公司兰州生产基地建设及兰州天脉百士特食品科技有限公司碳酸饮料生产线和低度汽酒生产线、甘肃莫高实业有限公司年产1000吨干红葡萄酒灌装生产线等项目建设；兰州牧工商有限责任公司的奶牛良种繁育基地建设和兰州庄园乳业有限责任公司乳制品加工基地建设项目。加大了对“天生园”“小二黑”“安旗”“红房子”“禾尚头”等一批地方食品品牌的培育与扶持力度，协调兰州小二黑食品有限公司年产12万吨酱油、食醋出城入园项目及兰州安旗食品有限责任公司食品加工生产线项目、兰州方鑫面业有限公司营养强化面粉及深加工等一批重大项目建设。

建　材

【概况】　建材工业是兰州市重要的基础原材料工业。现有规模以上企业27户，从业人员1.02万人。建材产品主要包括水泥及水泥制品、构件、玻璃、陶瓷、房建材料、非金属矿及其制品、新型建材、化学建材、无机非金属新材料等。主要企业有中材祁连山水泥股份公司永登公司、红古公司、兰州甘草环保建材股份有限公司、兰州市贡马水泥有限责任公司，兰州蓝天浮法玻璃股份有限公司和兰州宏建建材企业集团等企业。

【水泥工业】　全市建材工业的主导产业，全市拥有水泥产能650万吨。企业主要以中材祁连山水泥股份公司永登公司、红古公司为龙头，兰州甘草环保建材股份有限公司、兰州市贡马水泥有限责任公司等企业。

【平板玻璃】　全市玻璃生产总产能800万重量箱。兰州蓝天浮法玻璃股份有限公司现有两条500吨/箱浮法玻璃生产线，产能630万重量箱。

【商品混凝土】　生产厂家43家，总规模达到350万立方米。主要企业是宏建建材企业集团。

【墙体材料】　主要是烧结多孔砖，烧结空心砌块，蒸压加气混凝土砌块的产量约30多万立方米，各类新型墙体板材30万平米，烧结多孔砖60多万立方米，新型墙体材料产量可达到8.1亿块。

医　药

【概况】　2010年,全市有规模以上医药企业22家，企业总资产46.12亿元，从业人员近万人。实现工业总产值31.66亿元，比2009年增长13.64%；增加值为16.67亿元，比2009年增长16.73%；实现销售收入32.97亿元，比2009年增长25.92%；实现利税10.67亿元，比2009年增长25.95%。

【药品生产企业】　全市规模以上药品生产企业有兰州生物制品研究所、中国农科院兰州兽医研究所、中牧股份兰州生物药厂、中农威特生物科技股份有限公司、兰州佛慈制药股份有限公司、甘肃奇正藏药有限公司、兰州和盛堂制药有限公司、兰州太宝制药有限公司、甘肃陇神戎发制药有限公司、甘肃泛植生物有限公司、甘肃润康药业有限公司、兰州旭康药业有限公司、甘肃新兰药业集团有限公司、兰州大得利生物化学制药有限公司、兰州凯博生物化学技术有限公司、甘肃亚兰特种药材饮片生产有限公司、甘肃众友药业中药饮片加工有限公司、兰州复兴厚药材有限责任公司、兰州雅华生物技术有限公司、兰州兰飞医疗器械有限公司、兰州康顺医疗器械有限公司等企业。

【主要产品和驰名商标】　生物类药品有轮状病毒口服活疫苗、B型流感嗜血杆菌结合疫苗、A+C流脑多糖疫苗、A型肉毒毒素、乙型脑炎活疫苗、麻疹减毒活疫苗、流感疫苗、A型肉毒毒素、人血白蛋白、结合抗体金标检测卡、沙眼衣原体金标检测卡等重点产品；化学类药品有咖啡因、巴比妥、苯巴比妥、氨甲苯酸、胸腺五肽等重点产品；中药类药品有六味地黄丸、逍遥丸、香砂养胃丸、杞菊地黄丸、补中益气丸、归脾丸、伤湿止痛膏、消痛贴膏、贞芪扶正胶囊、茜芷胶囊、氢溴酸高乌甲素系列、洁白胶囊、小儿咽扁颗粒、扶正补血颗粒、内消瘰疬丸、元胡止痛滴丸、甘草酸单铵盐、罂粟壳饮片、精制甘草饮片等重点产品；动物用药有口蹄疫A型灭活疫苗、口蹄疫O型亚洲I型二价灭活疫苗、口蹄疫浓缩疫苗等主要产品。

2010年，“佛慈”注册商标被国家工商行政管理总局商标局认定为“中国驰名商标”。全市轻工行业的中国驰名商标有4件：“黄河”“奇正”“莫高”“佛慈”。

农林·水利

农 业

【概况】 2010年全市实现现价农业总产值55.84亿元，其中农、林、牧、渔分别完成44.53、0.55、8.35、0.088亿元；实现现价农业增加值33.79亿元，其中农、林、牧、渔分别完成27.59亿元、0.29亿元、5.26亿元、0.05亿元；实现农民人均纯收入4587元。2010年末，全市有61个乡镇、789个村委会、4310个村民小组，农村总人口132.4万人，乡村劳动力资源数81.59万人，乡村从业人员71.15万人；农业科技机构385个，农业科技人员4183人。全市耕地314.22万亩，其中水田0.1万亩，水浇地117.06万亩，旱地197.06万亩。

【农业生产基本情况】 2010年，1. 种植业：全市农作物总播种320.03万亩，其中粮食作物194.95万亩，经济作物125.08万亩。经济作物中，油料25.13万亩，产量2.28万吨；药材2.75万亩；蔬菜73.17万亩，产量190万吨；青饲料12.83万亩，食用菌产量0.54万吨；百合、玫瑰、西甜瓜、红提葡萄、韭黄面积分别达到6.6万亩、3.1万亩、6.76万亩、0.5万亩、0.95万亩，产量分别达到2.91万吨、0.25万吨、12.5万吨、0.2万吨、1.64万吨。蔬菜外销量达到101万吨以上，农产品外销总量突破170万吨。2. 畜牧业：至年末，牛存栏4.86万头(其中奶牛存栏2.48万头)，猪存栏34.39万头，羊存栏60.46万只，禽(鸡、鸭、鹅等)存栏204.77万只。全年出栏猪33.32万头，羊24.98万只，禽类201.52万只。全年新、改、扩建养殖小区(场)152个，全年畜禽饲养量达到553.5万头(只)。全年肉产量3.14万吨，其中猪肉2.4万吨、羊肉0.38万吨、牛肉0.063万吨；奶产量6.5万吨，蛋产量1.73万吨，水产品1161.6吨。3. 农业机械化：全市农机总动力达到140.54万千瓦，较上年增加3.74万千瓦，分别完成机耕、机播、机收面积146.75万亩、90.14万亩、30.44万亩；深松耕25.095万亩。

【粮食生产】 2010年全市粮食播种面积194.95万亩、总产量40.36万吨。其中小麦68.73万亩、产量12.04万吨，玉米面积47.88万亩、产量14.42万吨，豆类19.79万亩、产量3.96万吨，啤酒大麦面积8.38万亩、产量2.34万吨、薯类面积47.79万亩、产量7.59万吨。主要做了三个方面的工作：一是大力发展旱作农业。以集成抗旱技术为依托，强化任务落实、地膜补助、种子供应、先进适用机具推广、技术培训、典型示范、现场会观摩学习等工作，不断加大双垄全膜覆盖栽培技术推广。全市完成双垄全膜播种面积45.79万亩，产量增加9万吨以上；双垄玉米秸秆青贮达到8万吨，“种—养—能—肥”生态农业模式初步形成。二是优化粮食种植结构，推广优质、抗旱、高产、高效粮食作物，加大复种面积，夏秋比达到51∶49。三是实施农业机械化促进计划，落实农机购机补贴等重点机械化项目，农机总动力达到140.5万千瓦，完成机械化作业面积307.8万亩。四是强化适用新技术推广，建立7个山旱区生态循环农业示范点，实施测土配方施肥面积280万亩，落实小麦良种补贴面积72.38万亩、玉米良种补贴面积47.88万亩、水稻玉米良种补贴1003亩，并以综合集成技术推进了节水增粮。

【优势特色产业】 2010年，坚持以市场为导向深化结构调整，优势特色产业得到进一步发展。一是蔬菜产业稳步发展。蔬菜面积增至73.17万亩，产量突破190万吨；建立了22个共3800亩新特蔬菜生产示范园，新特菜示范力度大幅增加；优化茬口、完善基地产销链，建设冷凉型绿色蔬菜基地，发展“全膜双垄三沟”栽培模式，二阴绿色蔬菜规模扩至4.8万亩。二是富硒特色农产品开发势头良好。开展全市土壤及特色农产品硒含量检测，出台四项富硒农产品地方标准，启动建设四个万亩富硒农产品标准化生产示范基地，为全面开发开好了头。三是设施农业继续发展。继续加大五个设施农业示范基地建设，新增设施农业面积6720亩，效益进一步增加。

【农产品质量安全】 全市狠抓产前、产中、产后防控关口，严格实行市场准入和产地准出制度，质量安全水平排名保持在全国大中城市前列。一是全力落实标准化生产，“三品一标”基地认定和产品认证分别达到185万亩、185个；全面推行“联户联保”制度，特色农产品标准化覆盖率达到80%以上。二是着力完善监测体系，新建15个监测站；大力整顿、规范检测站点，在城关区建成18个标准化监测站。三是突出质量监管，实行农药经营许可证制度，取消高毒农药经营门店，向菜库派驻监管员，排查、整治市场毒豇豆等不合格农产品，严把源头、出口、进口关，质量监管取得了实质性进展，例行监测合格率达到99.7%以上。四是狠抓农业行政执法，突出开展了种植业产品、畜产品、水产品、生鲜乳、饲料与饲料添加剂、兽药及兽药残留、“三品”(即无公害、绿色、有机农产品）等七个专项整治行动，保障了农产品质量安全和农业稳定发展。

【农业产业化经营】 着力壮大经营主体，加大对龙头企业及农民专业合作社的以奖代补扶持力度，新增市级以上龙头企业8个，全市龙头企业达到123家；新增农民专业合作社99个，达到371个。突出强化产销对接，调研种子销售情况，组织蔬菜产销形势分析会，并召开兰州高原夏菜产销对接会，签订购销协议26份，金额达6亿多元。大力扩展营销网络，建立57个一级市场直销点和76个社区、农贸市场直销点。突出发展农产品加工，制定发展培育深加工产业实施方案，重点引导建设深加工生产线，秦王川及皋兰西岔两条脱水蔬菜生产线已破土动工，榆中酱菜等两条加工生产线已试生产，为今后特色农产品加工业发展开了个好头。

农产品市场检查

【农产品宣传推介】 2010年，全市加强农产品品牌建设和宣传推介，兰州高原夏菜整体品牌在全国的知名度进一步提升，全年农产品外销量达到170万吨，其中蔬菜外销101万吨。全方位强化品牌宣传，统一富硒农产品品牌，成功承办中国农产品市场协会常务理事会议、兰州高原夏菜对接会、兰州富硒农产品展销会，召开富硒农产品新闻发布会，组织中央电视台等12家中央媒体来兰采风，邀请台湾、厦门媒体录制兰州农业片进行专题报道，并首次参加香港“第一届亚洲农产品展”，富硒特色品牌得到有力推广。持续开展农产品推介，持续扩大推介范围、加大推介深度，在全国22个城市、60多个市场，开展26次推介会，参会人员达5200余人，助推作用进一步显现。进一步统一包装，抓富硒农产品、绿色蔬菜包装设计，突出分级包装、小包装、精包装、小标签工作，统一包装率达到了90%，以鲜明的特色、良好的整体形象，使品牌影响力持续扩大。

【农业科技与信息】 2010年，全市继续加大科技特派员服务力度，在5个设施农业基地和农业示范园区建立9个专家大院，进一步完善了服务机制。加强新技术示范推广，引进试验新品种600余个，推广先进适实用技术56项，其中农田垄膜技术、垄作技术推广面积

达23.1万亩。抓信息服务，突出建设手机短信、远程视频服务平台等，增强了农业信息的时效性、针对性。全年发送各类手机短信110多万条，内容涉及气象预警、市场信息、种养技术、病虫防治知识等，新建40个远程视频诊断点。抓农民培训，开展阳光工程、新型农民培训等工作，举办实用技术培训班2000余期，培训农民12.8万人次。

【农村改革】 2010年，全市加快农村改革、加强农村经营管理，起草、实施《关于推进农村产权制度改革的意见》。推进土地经营权流转，将网络、平台建设作为强势推动流转的载体，在3个县区成立农村土地流转服务中心、站、点，建立4个农村土地承包纠纷仲裁庭，重点抓30个试点村的流转工作，引导农村土地经营权依法有序流转，全市土地流转面积增加6.9万亩。开展农村集体经济改制试点等工作，农村改革顺利推进。加强农村经营管理，重点做好农村财务公开检查及基层干部离任审计，抓土地承包“四到户”等政策的贯彻，抓农民负担监管等，保护了农民权益。

【扶贫开发】 2010年，全市坚持整合资源、突出重点，着力转变扶贫方式，落实各类扶贫资金2.4亿多元，加快了脱贫步伐，减少贫困人口1万人，贫困发生率降低1个百分点。一是突出整村推进，着力实施22个整村推进项目，强化劳务、科技培训，直接扶持4.1万余人，支持发展设施农业1886座，推广全膜双垄技术，良种畜禽养殖等项目，发展有效灌溉面积1.3万亩，解决了0.64万户、1.9万人行路难的问题。二是强化社会帮扶，引导各单位解决贫困乡村的实际困难，帮扶单位投入各类帮扶资金2378万元，为贫困地区培育特色产业、改善基础设施条件做了大量工作。三是落实“两项制度”衔接等工作，完成了农村扶贫与“低保”两项制度衔接试点工作实施方案，三县共识别低收入人口5.6万户、18.7万人，为今后工作奠定了基础。

【农村沼气池建设】 2010年，的主要任务是新建9000户农村沼气池，这也是市政府为民办实事项目。项目计划总投资3960万元，其中中央投资1350万元、地方配套135万元、农户自筹2475万元；实际完成总投资2597.25万元，其中完成中央投资1350万元、县级配套73.8万元、农户自筹1173.45万元。全年新建成户用沼气池9000户（榆中县3000户、永登县1800户、皋兰县1120户、红古区2500户、七里河区380户、西固区200户），新建成服务网点85个。

【动物疫病防控】 2010年，全市从三个方面加大重大动物疫病防控力度。一是强化免疫。全年免疫畜禽1514.73万头只次，实验室检测高致病性禽流感、新城疫、O型口蹄疫、亚洲Ⅰ型口蹄疫、猪瘟五种疫病的免疫抗体5207份次，免疫抗体合格率全部超过农业部规定的标准，免疫密度和免疫档案的建立率均达到99%以上。二是强化疫情处置。全年核查疫情16起，其中疑似FMD疫情13起，疑似禽流感疫情1起；按照“早、快、严、小”的原则，扑灭了涉及26个乡镇54个村110个疫点的输入性O型缅甸98谱系病毒的猪口蹄疫疫情，共强制扑杀和无害化处理4263头病猪及同群猪。三是强化基础设施建设。完成了乡镇兽医站基础设施建设项目、县级动物检疫监督项目和中央扩大内需等项目的验收工作(主要有2006年、2007年乡镇兽医站基础设施建设项目、2008年县级动物检疫监督设施建设项目、2008年乡镇兽医站基础设施建设项目、2008年新增中央投资乡镇兽医站基础设施建设项目和2009年第三批扩大内需乡镇兽医站基础设施建设项目)。

【富硒农产品开发】 2009年，兰州市农业委员会提出并立项实施《兰州市富硒农产品优势区域划分及配套生产技术研究项目》。其后与中国科技大学苏州研究院硒与人体健康重点实验室、苏州硒谷科技有限公司合作，完成了对全市特色产业优势分布区的499个土样和对应的134个农产品样品的采样调查和检测鉴定，确认兰州市土壤属于高碱环境富硒地区；兰州市农产品平均硒含量为22微克/千克，且有机硒含量比较高，属于优质天然富硒农产品。2010年5月，制订颁布了富硒白兰瓜、玫瑰、葡萄和高原夏菜4个甘肃省地方标准，是全省首批富硒农产品地方标准，为富硒农产品生产提供了技术标准。2010年6月，项目通过了甘肃省科技厅科技成果鉴定，研究成果达到了国内领先水平。2010年加快项目成果转化，全市发展富硒农产品基地10.8万亩，并加大富硒农产品宣传推介，大幅提高了农产品的附加值，推动了全市特色产品转型升级，促进了项目区农业增效和农民增收。

（俞耀年）

林　业

【概况】 2010年，全市林业工作以“林兴、民富”为目标，精心组织，狠抓落实，完成造林封育

7.28 万亩，占计划 6.93 万亩的105%；补植补造 16 万亩；完成通道绿化 139.45 公里，建成林业生态小康村镇 11 个；完成全民义务植树 844 万株，新建义务植树基地 8 个 0.23 万亩。改造低效果园 0.5 万亩，新育苗 0.15 万亩；建成特色经济林基地 3.55 万亩，占计划 1.8 万亩的 197%；全面落实了 113.5 万亩天保工程和 133.99 万亩重点公益林的管护任务。

【“省门第一道”与机场周边绿化】 2010 年，市林业局筹集苗木费、栽植费、水费等各项费用 412 万元，高质量完成了“省门第一道”中川机场收费站至树屏立交桥 21 公里 4550 亩的造林绿化，栽植各类树木 30.15 万株，苗木成活率较高，部分地段实现了全覆盖，景观效果初步显现。继续开展机场周边绿化，以公路绿化、骨干林带、林网、经济林和村镇绿化作为建设重点，投资 500 多万元，栽植各类树木 90 多万株，完成造林 1.453 万亩，其中：经济林 0.228 万亩，生态林 0.178 万亩，林网 0.952 万亩，林带 0.095 万亩。

【项目争取】 2010 年，市林业局积极谋划，争取项目 27 个，规划投资近 28 亿元。其中正在实施的国家林业重点工程项目 4 个，争取投资 8.76 亿元，分别是退耕还林 5.4 亿元、三北工程 2.62 亿元、天保工程 0.57 亿元、国有林场棚户区改造 0.17 亿元。已报国家林业局立项的项目 5 个，分别是兰州新区现代林业、有害生物监测检疫监管体系、西北典型抗旱灌木良种繁育基地、甘肃连城国家级自然保护区二期建设项目、甘肃省连城、阿干林区重点火险区综合治理项目；投资 1150 万欧元的中法生物能源合作项目已被国家发改委立项；投资 4500 万欧元的中德外援项目已通过德国复兴银行的贷款评审，达成了意向性协议。

【集体林权改革】 2010 年，根据集体林权改革工作的需要，经市编委批准在局机关内增设了农村林业改革办公室，兰州市列入林改的 7 个县(区)中，城关区已全面完成主体改革任务，榆中、永登、皋兰、七里河、红古和西固 6 个县区整体进入确权颁证阶段。截至 12 月底，兰州市已完成林地确权面积 520.85 万亩，占总面积 574.7 万亩的 90.72%，此项工作正在全面推进。

【棚户区改造】 2010 年，国家下达兰州市国有林场棚户区改造项目涉及市生态林业试验总场和甘肃连城国家级自然保护区管理局两个单位，总投资 7137 万元，共计 500 户，建筑面积 3.3 万平方米。兰州市生态林业试验总场棚户区改造主体工程已完工，甘肃连城国家级自然保护区管理局已开工建设。

【特色经济林产业】 2010 年，由于群众积极性高，特色经济林产业发展迅速，实际完成特色经济林基地 3.55 万亩，是计划 1.8 万亩的 197%。其中建成永登上川镇枸杞基地 0.3 万亩，红古连海坪台、皋兰沟坝地、榆中川区核桃基地 1.98 万亩，引大秦王川灌区优质大接杏基地 0.34 万亩，七里河高海拔地区啤特果基地 0.12 万亩，永登西北部(依托退耕还林后续产业)文冠果基地 0.81 万亩。

【森林资源保护】 2010 年，兰州市通过扎实开展森林资源保护，查处各类林政违法案件 173 起，处罚 175 人次，罚款 16.45 万元，没收木材 328.22 立方米，破获了“5·10”重大抢劫案、“4·10”重大贩毒案、“5·13”和“6·10”非法持有毒品案，未发生重大森林火灾和人员伤亡事故，维护了森林资源安全和林区的社会稳定。

(吴建明　周小燕)

水　利

【概况】 2010 年，兰州市水务工作全面或超额完成各项目标任务。农村饮水安全完成集中供水工程 19 项，完成榆中三电、皋兰西电大型泵站更新改造项目 6 座，秦王川水塘调蓄工程建设累计建成水塘 1030 座，容量 280 万方；水利项目争取各类资金 14002.5 万元；抗旱保灌和全年完成水土流失治理面积 76.2 平方公里；在设施农业发展中广泛实施喷灌、滴灌、膜下滴灌等节水灌溉技术，全面完成水管体制改革主体任务；完成 16 家单位取水许可证年审工作，全年对 134 处水利设施进行了安全检查，水利发展与改革工作取得新的突破和成果。

【抗旱防汛】 全市累计投入抗旱资金 655.5 万元(中央特大抗旱资金 290 万元，省级 265.5，市级 100 万元)，用于拉水补助及购买各种抗旱物资、维修抗旱机具。全市投入抗旱劳力 5.9 万人，抗旱机具 12713 台套，对 27.9 万亩作物进行抗旱浇灌，解决饮水困难人口 3.77 万人、大牲畜 1315 头。协调配合驻兰部队往永登、榆中、皋兰、七里河干旱山区拉送水 4 次，送水 2051 吨。投资 732.45 万元完成水利工程春检春修，检修机电设备 1620 台套，维修水工建筑物 830 座，清淤整修渠道 1216.7 公里，全力保障农田灌溉和春耕生产顺利进行。农村防汛方面，进一步完善防汛应急预案，与

相关责任单位签订目标责任书，全面落实行政首长负责制和防汛岗位责任制，成立紧急汛情处置专家组，为领导决策指挥防汛提供科学依据和技术支撑。虽然全年全市发生5起大的局地暴洪灾害，但由于指挥得当、预案充分、应对果断，灾情得到有效控制，全市下拨水利补助资金180万元，用于灾区恢复生产。各县区防汛部门对所管辖的水库、堤防、河道险段和山洪多发区、塘坝、淤地坝、在建工程等的防洪设施进行汛前大检查，做好蓄水工程安全管理和险情预测；加强水库运行调度监管；加强河、洪道防洪管理，遏制乱挖乱采乱占。组织建立防汛抢险队伍，补充储备应急抢险物资，做到应急抢险有备无患。加强防汛值班，坚持24小时不间断值班和领导带班制度。

【重大建设项目】 一是解决10万农村群众饮水安全问题，为水务局本年度承办的市政府为民所办实事之一，并列为市重大项目建设。安排19项工程建设项目，涉及永登、榆中、皋兰、西固4县区，23个乡镇、65个村。年初，与项目县区水利局签订了目标管理责任书，实行目标管理。全年实际完成集中供水工程19项，解决11.3956万农村群众饮水安全问题。二是榆中三电、皋兰西电大型泵站6座更新改造项目被列为2010年市政府重大项目建设之一，4月份，按期完成全部工程主体建设任务，并相继竣工通水，投入正常灌溉运行。三是全年在引大秦王川新建水塘215座，容量77.6万方，累计建成水塘1030座，容量280万方。已提前实现市政府提出的“在今后三到五年内在引大灌区发展调蓄水塘1000座，容量达220万方”的目标任务。

【水管体制改革】 水管单位的经常性经费和维修养护经费列入年度财政预算，并从元月份正式执行。4月份通过省、市两级检查验收。全面完成水管体制改革主体任务，核定水管单位的分类定性、机构设置和人员编制；测算和落实“两费”；审核灌区水价成本，探索和推进水价改革；推进管养分离改革；落实社会保障各项政策措施；积极推进小水工程改革。

永登县农村饮水安全工程管道安装

【水土保持】 通过修梯田、小流域综合治理和重点流域治理及加强水土流失预防监测和水保执法检查，推进水土流失综合治理。在梯田建设中，加强组织领导，健全投入机制，强化项目管理，加强协调配合，规模连片建设有很大起色，实施千亩以上规模连片建设15处，完成梯田建设5.26万亩，占目标任务5.19万亩的101.34%。全年完成水土流失治理面积76.2平方公里，占计划任务70平方公里的108.85%；完成小流域治理35平方公里，占计划任务35平方公里的100%；完成6条重点小流域治理面积8平方公里，占计划任务8平方公里的100%。

【农业节水】 加强与科技部门合作，积极开展节水灌溉试验研究，在节水改造上下功夫，重点开展农作物膜下滴灌和垄作沟灌试验研究，为推动全市农业节水灌溉起到参考和示范作用。重视加强高效节水灌溉技术推广应用，在设施农业发展中广泛实施喷灌、滴灌、膜下滴灌等节水灌溉技术，大大节约了水资源，降低了农业成本。经积极争取，榆中青电列入省上1—5万亩灌区续建配套与节水改造计划，批复总投资443万元，工程主体任务全部完成，年节水217万方。

【水利管理】 水利工程建设管理方面，严格落实项目法人责任制、招标投标制、建设监理制和合同管理制，加强工程建设管理。根据《兰州市政府投资项目招标投标管理办法》规定和市纪委预防腐败试点工作会议要求，与市招投标局研究下发了《关于水利工程招投标工作有关事宜的通知》，进一步规范管理兰州市水利工程建设项目招投标程序、方法。对2007—2009年水利建设项目进行“回头看”检查，认真开展全市水利工程建设领域突出问题的专项治理工作。通过查摆问题，制定措施，整改落实，促进了灌区水利工程管理水平和效益的提高。加强运行管理，明确工程运行管理主体和责任分工，根据水利工程的规模和重要性，实行行政分级管理，把工程所有权人作为工程安全运行的第一责任人，依法承担对水利工程的运行管理和安全管理责任，建立健全工程安全监测、巡回检查、维修养护、控制运用、安全保卫、技术资料归档、事故处理报告等规章制度，确保工程安全运行。3月，市水务局荣获"全国水利工程管理体制改革工作先进集体"荣誉称号。

【水政水资源管理】 加强取水许可管理，完成16家单位取水许可证年审工作，加大水资源费追缴和收缴力度，完成水资源费收缴140.84万元。认真开展专项水行政执法监督检查活动，积极配合市建委做好市内自备水源井关停工作，依法协调处理水事纠纷。积极推进三县节水型社会建设试点工作，为兰州市节水型社会建设验收做好全面准备。配合水利部完成现行水法规贯彻执行情况调研，并形成指导性较强的调研成果。

【水利项目储备和资金争取】 2010年，通过积极向国家水利部和省水利厅的汇报争取，至年底，争取各类水利资金14002.5万元，创历史最高水平。兰州市大型泵站更新改造项目继续列入2010—2011年度国家和省上投资计划，计划总投资6223万元。省发改委对兰州市大沙沟、和电、西津、皋兰山、工农坪电灌工程等5处大型泵站更新改造项目可研报告给予批复，批复资金4.1848亿元；榆中青电灌区续建配套与节水改造项目列入建设计划，总投资443万元。在项目储备方面，在去年的基础上组织完成《全市县级农田水利建设规划》，主要涉及小型提灌工程、机电井更新改造、小型水源工程建设、末级渠系建设与改造、雨水集蓄利用、输水渠道更新改造等项目，规划投资28.96亿元。

节水喷灌工程

【水利安全生产】 2010年，围绕开展"安全生产年"和"安全生产月"活动，加强水利安全生产宣传教育，落实安全生产责任制，普及安全知识，做好安全生产管理和监督，对在建水利工程施工现场项目法人资质、施工方监理方资质和安全责任落实等情况进行严格审察把关，对在建水利工程施工现场的安全宣传、机电设备安全管护防护措施等进行集中检查和完善，组织开展淤地坝工程专项安全大检查。全年对134处水利设施进行了安全检查，其中排查出一般隐患73处，重大隐患2处，隐患问题全部得到整改和协调解决。

【全国水利普查】 国务院决定自2010年起，用3年时间开展第一次全国水利普查，这是一项重大的国情国力调查，是一项极为重要的基础性工作。局党组高度重视，广泛宣传，落实责任，已完成方案制定、普查机构组建及经费测算工作，组织参加国家级培训13人次，参加省级培训148人次，各项工作全面展开，有序进行。

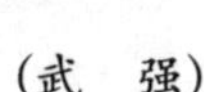
（武　强）

交通·通信

公 路

【概 况】 2010年，兰州市公路交通运输系统全年完成固定资产投资10.04亿元，比上年增长34.2%。客运量2627万人，客运周转量28.67亿人公里；货运量6832万吨、货运周转量34.95亿吨公里，分别比上年增长12%、16%、11%和16.5%。安全生产百万车公里肇事频率为0.016次(国家控制指标为3.5次)，大大低于国家控制指标。农村公路完成标准化养护里程160公里，公路养护好路率65%，均超额完成目标任务。政府为民兴办实事确定的农村公路建设里程，2010年达到1042.96公里，超出年度目标任务计划242.96公里。兰州市政府对公交企业政策性亏损和车辆更新给予财政补贴5000万元，317辆到期报废的公交车全部更新，行业加强监管力度，企业加强内部管理，公共交通优先发展战略得到进一步落实。1120辆出租汽车新增和更新上路，单双号出租汽车进城限行时间和交接班时间调整，“打车难”压力得到有效缓解。是年3月，兰州市交通运输局与白银市交通运输局就推进“兰白交通运输一体化”、发展公路水路运输、开通城际公交线路等问题进行座谈交流。积极支援青海玉树、甘南舟曲抢险救灾，出色完成了车辆征调、人员转送和物资运输任务，局系统两次捐款捐物达152万元。

【公路运输】 全市道路货运和汽车维修产值达到13.78亿元，新增货运车辆620辆，运输装备投资新增2666万元。实现公路货运量6832万吨，货运周转量348553吨公里。全年车辆检测22928辆，完成二级维护28160辆次，技术等级评定率达95%以上；送检的二级维护竣工质量抽检5667辆次，完成年计划的141%；完成危险货运运输车辆技术等级评定777辆。提升应急运输保障能力，建立了“兰州市民用载货车辆军用战备数据库”，确保重点、节假日物资、战备物资、农用物资的运输。制定了《兰州市道路货物运输行业安全整治行动方案》，重点加强对货运站（场）的安全监管，多次开展安全生产隐患排查和专项治理工作。针对春运期间烟花爆竹的安全运输，开展了为期一个月的道路运输市场专项整治活动。

【水上运输】 2010年，黄河兰州段客运量为167.1万/人次，比上年同期增长106.7%。共完成客运周转量302.87万人/公里，全年货运量为13.4万吨/公里，货运周转量17.84万吨/公里。全市水运业有了较好的发展。现全市共有水运企业27家，其中2010年新增水运企业3家，核查了14家运输企业，4家歇业，1家退出水运市场。核查船舶83搜，核发《船舶营业运输证》77本，对《水陆运输许可证》有效性进行了审查，年审率达100%。严厉打击无证经营、一证多船、船舶跨航线运营和不按照审批票价运营的违法行为。杜绝沿河拉客、揽客、宰客不文明行为，引导水路从业人员文明经营、诚信服务、持证上岗。完善航运企业安全诚信管理制度，与黄河兰州市段餐饮娱乐趸船逐一签订了《兰州市餐饮娱乐趸船文明服务、卫生清洁目标责任书》，进一步净化了通航环境。加强对春运、黄金周、汛期等时段的执法检查力度，共检查船舶634艘次，填写现场检查记录152份，下发安全隐患整改通知26份，停航通知9份，召开从业人员安全学习会议12次，组织船员、筏工开展搜救演练1次，培训船员26名，年审船员145名。春运前即完成了所有营运船舶的安全检查，定期派执法车船对重点码头渡口进行巡查，督促乡镇船舶签订了县、乡、村、船主四级安全目标责任书。加强通航管理，兰州市水运局对航道内的碍航设施特别是水上水下施工作业进行了整治，开展了百日安全专项整治行动，船舶超载、不穿救生衣、夜航等违法行为进行了打击，对“三无”船舶、非法营运船舶、不符合安全航行条件的船舶予以停航。加强航运企业安全检查，分段对建成的等级航道实施了养护，累计疏浚养护航道12.8公里，清淤量15万立方米，无施工安全事故发生。全年共检查船舶110艘，其中：年度检验95艘，船舶建造（初次检验）9艘，完成6艘省局下达的全省老旧渡船改造建造检验任务。换发新版船舶检验证书95本，未出现船舶检验责任事故。

【城市公交】 兰州市公交集团公司总收入达5.84亿元，与2009年相比增收3159万元。其中：运营收入5.24亿元，多种经营收入达到6025万元。车厢服务合格率98.51%，车辆整洁合格率97.77%，行车责任事故间隔里程197万公里/次，行车安全保障率94.2%，负伤频率3‰以内；乘客满意度测评指数达到96.88分。客运人次60749万人次，千公里收入3639元，千公里成本3542元。投入资金54.5万元，对112辆公交车全部更换了新座椅。共计安装新座椅4108个，椅座支架700个，新扶手288个，垃圾筒1340个。投入资金300多万元，对部分站点、场区、家属区进行了整修改造。按照ISO9000质量管理体系，实行7S管理、精细化管理和预算统筹管理。共发放公交卡19.8万张，卡年检2.9万张。科技兴司取得新成果，在全司16条线路505辆车上安装了GPS智能调度系统。实施“温暖公交”行动，筹措资金600万元对1150辆公交车安装尾气暖风装置，既温暖了乘客，又方便了维护管理。为缓解交通拥堵问题及时调整公交车站点，9月，省、市有关领导在兰州工业高等专科学校调研时，提出5路、105路、308路公交路线经过站设置在学校门口，存在交通堵塞、秩序混乱、治安隐患等问题，要求尽快进行迁移和整治。兰州市交通运输局组织市城运处、公交集团、市交警支队、市政设施管理处等相关单位负责人前往兰州工专对有关公交线路进行了实地勘察，确定将5路、308路公交车途径龚家湾站点向南迁移100米至中国移动营业厅门前；将105路公交车由原龚家湾终点站延伸至彭家坪镇政府，单程运营里程由9.2公里增加至10.9公里，沿线增设3个停靠站，原龚家湾105路公交车终点站变更为途径站点，向西迁移至十字西侧80米处。9月28日起正式施行线路调整迁移。兰州市实施公交优先发展战略筹措资金提升公交车辆技术档次，2010年，兰州市政府筹集专项资金对公交车辆更新给予了财政补贴。圆满完成2010年到期报废的317辆公交车更新任务。首批引进的50辆空调公交车已于12月25日前上路运营，承担1路公交线路的运营任务。兰州市原来仅有31路公交车上安装有暖风设施，此次同批订购的267辆普通公交客车将全部采用尾气加热暖气设备。已有200余辆新车陆续上路运营，更新4路、71路、77路、103路、116路、117路公交车辆，增加、更换12路、20路、29路、35路、83路、102路、114路、158路的部分车辆，兰州市“温暖”公交线路也增加到15条。

【客运中心】 全年运送旅客267万人次，实现客运营收入1.47亿元，日均客运量7300人次，日均实现客运营收入45万余元，实现利润290万元。在“十一”黄金周期间，创开业运营以来单日发送旅客2.1万人次的最高纪录。年末，进入兰州客运中心运营的运输企业共44家，营运车辆530余辆，营运线路近100条，经营范围覆盖甘肃、内蒙古、浙江、河南、湖南、湖北、江苏、宁夏、青海、山东、山西、陕西、西藏、新疆、四川等15个省区，日发班车388个班次，营运总里程63250公里。2010年，参加春运的客车580辆，备班车100辆，共发送客运车辆12295个班次，共输送旅客33万人次，售票总额2500余万元。五一黄金周期间共发送客运车辆1300多个班次，共输送旅客4.5万人次，售票总金额200余万元。“十一”黄金周期间，发送客运车辆3400多个班次，共发送旅客近10万人次，售票总金额500余万元。

【公路养护及建设】 兰州市农村公路日常养护计划列养护里程3153.38公里，其中县道和主要乡道重点养护703.751公里，一般乡道271.36公里，村道2178.51公里。养护率达到100%。县道和主要乡道重点养护计划下达质量指数MQI为68.62，全年平均达到71.86，一般乡道计划下达质量指数MQI为47.18，全年平均达到47.33；村道计划下达质量指数MQI为71.58，全年平均达到71.58。标准养路200公里。建设项目263项1042.96公里，计划投资28496.5万元，其中：2009年结

转通乡公路项目2项41.56公里（金关路18.56公里，计划投资903万元；皋什公路23公里，计划投资1118万元），计划投资2021万元；计划内通畅、通达工程项目公路64项267公里，计划投资8202万元；养护维修工程22项72.4公里，计划投资2953.8万元；重点桥梁改造工程1项337.5延米，计划投资1909.7万元；计划外通畅、通达工程项目174项662公里，投资13410万元。是年，农村公路项目总计完成里程1008.11公里，完成投资27293.4万元，均占计划的95.8%。

【客运市场管理】 长途客运通过换发《进站通知单》、临时线路牌、行车路单、包车(加班)线路牌等，细化车辆管理。通过长途客车报废更新、转出更新、歇业和新增等，不断优化运力结构。推行城乡客运一体化，通过“一圈一线一体化”，加快榆中县农村三级运输网络建设，逐步打破城乡客运二元结构。高速公路运输标准化管理，成立了兰州至平凉线路快速客运专营公司，开通了兰州至平凉快客。所有高速公路客运线路运营班车均严格按照《甘肃快客(高速班车客运)服务工作流程》等规定运营，参营车辆技术等级均达到高二级以上标准。全市二级以上汽车客运站设立了快客售票窗口、候车厅等相应的功能区，在快客功能区的通道设立指示牌，站内有车站平面示意图、通车线路示意图、旅客须知、禁烟与危险品目录等宣传公告栏，采取了预售、上门售票等多种方式售票。驾乘人员及车站服务人员服务规范，做到统一服装，实行微笑服务，使乘客享受到“五心”服务。以各中队为稽查主体，在市内城关、七里河、安宁、西固等区驻点管理，严厉打击非法经营。截至年底，共出动稽查人员6500人次，检查车辆24057辆次，查扣非法车辆1254辆次，罚款额499万元。规范出租客运服务行为，重点纠正拒载、不打表、粗暴待客、收费不给票、拼客等行为。举办培训班9期，培训1000余人次，行政处罚21.96万元。结合元旦、春节、“五一”“十一”长假，组织人员对长途客车进行专项整治，查扣违章车辆66辆次。对“黑车”问题较严重的西固、安宁、兰临公路等地区，采取综合治理的方式进行严厉打击，5月30日开始，联合西固区公安分局、执法局等部门集中整治非法营运的车辆，至6月10日共查扣非法营运车辆66辆。

【出租汽车管理】 完成800辆出租汽车报废更新工作，协调解决了部分吉利出租汽车售后服务等方面存在的问题。举办出租汽车驾驶员职业道德培训班95期，培训驾驶员9500名，组织考试95场，为9380名考试合格的出租汽车驾驶员核发服务监督卡。积极推进品牌发展战略。提高品牌企业管理水平、增强品牌企业服务意识。开展出租汽车“安全行车、文明营运”专项整治教育活动，组织公安交警、运政稽查人员1674人次，集中开展4次专项检查，查处违规车辆1156辆次，严肃处理“拒载”“乱停乱放”等行为。制定了《实施方案》、配套的8个管理制度。建立了兰州市出租汽车管理信息化平台，实现了全市出租汽车信息资源共享和统一管理标准。为实现对出租车安全运营情况的动态监控管理，按照市政府要求，兰州出租车行业正在逐步实现“八统一”，其中之一就是要统一安装出租汽车GPS监控设备。将GPS车载终端系统已陆续安装在4889辆出租车上并投入使用，至此，兰州市所有出租车已全部安装该系统。

【燃油价格补贴】 2010年，全力做好农村道路客运、城市公交、出租汽车2009年度中央财政燃油价格补贴发放工作，先后三批落实发放油价补贴1.11亿元，其中2120辆公交车辆发放油补8475万元，889辆农村客运车辆发放油补1309.1万元，7551辆(城区6738辆)出租汽车发放油补1288.89万元，总吨位1562吨水运船舶发放油补41.55万元。兰州市交通运输部门及时成立油价补贴发放督查组，深入城市公交、农村客运、出租客运及水运企业进行监督检查，公布监督举报电话，接受广大经营者和社会各界的监督。至12月，2009年度中央财政燃油价格补贴已全部按时足额发放到经营者手中，没有发现截留、挪用等违规违纪问题。

【货运物流市场和洗车场点专项整治】 10月，按照市政府开展城区六大出口综合整治的部署要求，兰州市交通运输局开展了道路运输市场百日专项整治活动。成立了由局领导牵头的综合整治领导小组，抽调30多名骨干力量组成综合整治稽查队伍，重点对城市出入口洗车场点脏乱差、货运集散市场存在的安全隐患及道路运输市场存在的无证经营、非法经营、扰乱市场秩序等问题进行集中整治。10月12日专项整治活动开始至2010年底，出动稽查人员576人次，稽查车辆90辆次；分发宣传材料2000多份；对未经审批和没有循环水设施、占道经营、污染环境、影响市容的洗车场点下发了限期整改通知书350份，已将18家未经审批的洗车场点纳入管理，取缔非法经营和不达标的洗车场点32户。共检查车辆13000多辆次，暂扣各类违章车辆580辆次，其中客车拉货擅自改装车辆312辆，无证经营的普通运输车辆从事危险品运输12辆，其它违章车辆256辆，暂扣各类证件470件，资格证报名1726人。9月26日，兰州市交通运输局组织全市30多家货运站场和物流企业负责人，在兰州西部欣星物流公司召开了全市货运站场安全管理工作现场会。新东部、新派克两家货运站场及三元、远通两家物流公司在会上做了交流发言，甘肃西部欣星物流公司就“9·2”火灾事故做出了检查。会议布置节前安全生产的保障工作。采取强有力的措施，坚决杜绝各类安全生产责任事故的发生；全面推行行业主管部门、站场及从业人员三级安全管理责任制，切实解决安全管理中存在的重形式轻效果、安全生产责任追究不严、安全生产规章制度落实不到位等突出问题；认真组织开展节前安全生产大检查，开展安全生产专项整治工作，进一步规范货运站场经营秩序。

【节假日运输】 春运工作自1月30日开始至3月10日结束。在为期40天的春运工作中，交通运输部门共计投入客运车辆86162辆次，增发加班包车3164辆，完成公路客运量295.92万人次，比上年同期相比增加22.63%。投入船舶600艘次，完成水路客运量3.38万人次，较上年同期相比增加46.96%，没有发生旅客滞留、重点物资挤压现象和安全生产责任事故，圆满完成了春运公路水路客货运输任务。“十一”黄金周期间，交通运输部门在节前对运输生产做了周密的安排部署，并提出了具体措施。自9月21日开始，抽调力量组成安全检查组，重点对长途客运、出租汽车、城市公交、旅游客运、客货运输站场、危险化学品运输、船舶码头以及农村公路建设等重点行业安全生产情况进行了督查，发现的15个安全隐患均在节前全部整改到位。同时，组织召开了全市货运站场安全管理工作现场会，有效规范了货运站场经营秩序。共投入长途客运车辆17170辆次，长途加班包车1177辆，完成道路客运量69.67万人次，城市公交客运量1203万人次，水路客运量1.51万人次，没有出现旅客滞留、重点物资积压问题和运输安全责任事故，确保了黄金周全市道路水陆运输的安全平稳有序。

【全国先进社会组织】 2月26日，国家民政部在人民大会堂召开了全国先进社会组织表彰大会暨社会组织深入学习实践科学发展观活动总结表彰大会，隆重表彰了全国595个“全国先进社会组织”，甘肃省受到表彰的社会组织共12个，兰州市出租汽车行业协会成为兰州市唯一获此殊荣的社会组织。兰州市出租汽车行业协会自1993年成立以来，发展至是年已有出租客运企业会员单位27家，驾驶员会员近2万人，下设19家出租客运企业基层工会、23个基层党支部以及1个驾驶员工委员会。较好地发挥了行业协会的桥梁、纽带作用，有力地促进了出租汽车行业健康稳定和谐发展。

【大型摆渡船投入运行】 为了解决七里河黄河大桥封闭改造给市民出行带来的困难，3月21日开始，兰州市交通水运部门在大桥上游200米处建造了2个临时码头，并组织3艘快艇免费摆渡来往黄河两岸的市民群众。至6月17日，累计摆渡过河市民34.6万人次，日均摆渡3800余人次。但是，由于快艇载客量较少，在高峰时段造成运力紧张，给过河群众带来了不便。为此市交通水运部门投资20余万元建造了黄河兰州段最大的摆渡船——“兰渡一号”，并在黄河两岸搭建了2个与之配套的靠船平台。“兰渡一号”设计长度为13.6米，宽3米，载客量30人，10分钟内可往返黄河两岸一次，摆渡效率大幅度提高。“兰渡一号”经多次测试并顺利通过省海事局船舶检验程序，于6月18日正式投入运行。6月20日，“兰渡一号”三天累计摆渡18900余人次，日均6300人左右，摆渡效率较以往提

全市公交行业综合整治暨精神文明创建动员大会

高了65.79%，极大地缓解了两岸市民出行不便、运力紧张的压力。

【公共交通周、无车日活动】 自2007年起，兰州市承诺每年参加公共交通周及无车日活动。2010年兰州市“公共交通周”活动时间为9月16日—22日，主题是：绿色交通，低碳生活。活动期间，交通运输部门和兰州公交集团在西关十字、兰州车站、刘家堡、西固城等公交枢纽站设立8个宣传点，并联合各大新闻媒体，广泛宣传“公共交通周”，开展“公交品牌线路、诚信线路服务展示”、“行车秩序”检查整治活动和“平安线路”、“平安车厢”创建活动。9月22日是全国城市“无车日”。按规定市区中山路以东、金昌路以西、南滨河路以南、白银路及民主西路以北范围内（不含上述路段）为“无车日”活动区域，并从当日上午7时到晚19时对该区域实行交通管制，只对行人、自行车、公交车、出租汽车、通勤车和特种车辆开放。公交公司周密组织公交运输调度，增大发车密度，出租汽车不分单双号全部上路运营，全力保障“无车日”期间市民群众便捷安全出行。

【“航海日”纪念活动】 2005年7月11日，是中国伟大航海家郑和下西洋首航600周年纪念日，国务院将该日定为“航海日”。2010年7月11日，兰州市交通水运部门举行了主题为“江河、湖库区、船员”2010年“航海日”纪念活动暨黄河兰州段水路交通突发事件应急演练。省交通运输厅、省海事局、市安监局有关领导，以及白银、临夏、陇南地方海事局和兰州水上派出所的负责人参加了庆祝活动并现场观摩了应急演练。按照演练预案，水上搜救中心、沿线各码头船舶和搜救工作人员三位一体，全程实时模拟水上突发事件应急响应处理，圆满完成了人员落水救生、船舶失控救助、船舶失火救助、皮筏自救等演练项目。整个演练过程中，水上搜救中心响应及时、组织有序，救助船舶反映迅速、动作灵敏，搜救工作人员沉着冷静、业务娴熟，赢到了现场观摩领导和岸边驻足观看群众的热情欢呼和高度评价。

【“兰州国家级公路运输枢纽总体规划”评审会议】 3月5日，交通运输部规划研究院主持召开兰州、天水、酒泉、嘉峪关、张掖国家级公路运输枢纽总体规划审查会开幕式暨兰州国家级公路运输枢纽总体规划审查会。交通运输部、交通运输部规划研究院、省发改委、省交通运输厅、兰州市人民政府及省市相关部门的领导和专家参加了会议。规划编制单位——交通运输部科学研究院汇报了规划编制情况。《兰州国家级公路运输枢纽总体规划》提出到2015年，实现客运交通一体化，到2020年，建成城市公路客运枢纽体系，实现货运枢纽的超前发展。《兰州国家级公路运输枢纽总体规划》包括客运枢纽总体规划和货运枢纽总体规划两个部分。客运枢纽站包括兰州客运中心（已建）、兰州汽车西站（改建）、兰州汽车东站（改扩建）、甘肃陇运旅游客运站（新建）、兰州汽车南站（已建）、兰州西固汽车站（改扩建）、兰州和平汽车站（新建）等9个站场；货运枢纽站由兰州货运西站（新建）、沙井驿货运站（新建）、西固货运站（新建）、兰州货运北站（新建）、兰州货运南站（新建）、河口货运站（新建）、兰州集装箱中转站（新建）、兰州货运东站（新建）、榆中物流中心（新建）、兰州陆上货运交易中心（新建）等10个站场组成。

【救灾工作】 4月14日青海省玉树地震、8月8日甘肃省舟曲县发生特大泥石流灾害，启动应急预案，成立了领导小组。实行24小时值班制度和领导带班制度，按照省、市上级部门的部署，从省交运旅游运输有限责任公司抽调了高级客车，配备了优秀驾驶员，圆满完成了抗震救灾指挥部分配的各项任务。8月27日—8月30日，主要领导担任车队总指挥，亲自带队，连续4天，行程1700多公里，完成省交通运输厅下达的千里护航“希望之舟”任务，顺利转运舟曲师生2183名，全体职工向灾区捐款19200元，行业共捐款335920元。

（赵光旭）

铁　路

【概况】 兰州铁路局地处西北路网枢纽，跨越甘肃、宁夏两省（区），处于亚欧大陆桥在中国境内的重要区段，东连西安，西通乌鲁木齐，南接西宁，北往银川，管辖陇海（天水—兰州西）、兰新（兰州西—安北）、兰青（河口南—海石湾）、包兰（惠农—兰州东）、宝中（安口窑—迎水桥）、甘武（甘塘—武威南）6条干线和红会（白银西—红会）、石汝（石嘴山—汝箕沟）、嘉镜（绿化—镜铁山）、玉门南、银新（银川—新城）5条支线，另外管辖太中线、定银线、敦煌线3条合资铁路，是西北交通运输和经济建设的大动脉。管辖线路以兰州为枢纽，线路总延展6490.2公里，其中正线4807.1公里、站线1683.1公里。营业里程3362.7公里。现有运输站段27个，行政直属单位11个，多经法人企业59个、集体企业40个。作为铁道部出资人代表，控股铁路公司4个(敦煌、兰渝、天平、兰新铁路甘青公司)，参股铁路公司1个(成兰铁路公司)，正在筹建铁路公司2个(中川、银西铁路公司)。截至年底，兰州铁路局配属机车1100台，其中内燃机车6种机型178台、电力机车7种机型922台。配属客车1515辆，代管行李车55辆、邮政车28辆，代管中核四〇四公司客车25G型24辆。总计1622辆。开行图定旅客列车39对。跨局旅客列车21对60组，局管内旅客列车共计18对27组。共有车站227个，其中特等站1个、一等站11个(银川南车站等级根据设计方案暂定为一等站)、二等站23个、三等站35个、四等站62个、五等站95个。有客运营业站49个、货运营业站96个、货场48个。联网售票车站54个，客票代售点99个，售票窗口231个。专用线专用铁路253户，甘肃境内187条，宁夏66条。总资产627亿元，净资产579亿元。年末职工总数84046人。其中干部16009人、工人68037人；男职工62642人、女职工21404人。

【基础设施】 管辖线路延长总计5866.327公里，其中正线延长4258.705公里、站特线延长1607.622公里。电气化铁路接触网正线4569公里(7475条公里)，设牵引变电所71个，电力贯通线3262公里，自闭电力贯通线1539公里，变配电所68个。道岔总计5317组，其中正线道岔2003组、站特线道岔3314组。合资铁路3条(敦煌线、太中线、定银线)，延长623.92公里，其中正线548.409公里、站特岔线75.511公里；道岔总计189组，其中正线100组、站特线89组。运营铁路桥梁1747座 98564米，隧道173座153488米，涵渠6829座152045米，桥隧涵合计272239换算米。合资铁路桥梁总座数为173座62489米，隧道8座10615米，涵渠1027座18430米，桥隧涵合计34810换算米。共有货运营业线13条，货运营业里程3050公里。保有大中型养路机械44台，移动式焊轨车1台，大型钢轨探伤车1台。

【基本建设】 在嘉峪关环线新增货车超偏载检测装置2台，在石嘴山车站新增货车超偏载检测装置1台，在全局18个主要货场的营业厅安装了电子显示屏。完成了客票系统5.2版本的升级工作，全面实现了列车席位的集中管理，为席位自动预分等售票组织手段的实施奠定了数据基础。完成了站车无线交互系统的建设工作，同时率先在管内车站范围对本局担当列车进行取消纸质通知单的试点工作。完成了太中银铁路各客运车站以及兰州、天水车站第二售票厅和武威、张掖新站房客票系统的规划、设计、建设工作。为185个车站安装了视频监控系统，实现了车务站段对现场的实时监控，做到安全卡控关口前移。完成了列尾装置更新及补强设备196套，更新具备录音功能的无线调车灯显设备52套，更新车站旅客引导系统、旅客触摸查询系统、行包微机制票管理系统等新技术设备，改善客运段后勤基地设施设备，改善车站服务设施设备，为方便旅客购票、候车、乘车创造了良好条件，也为参与市场经营、拓展客运营销创造了良好环境。

【运输安全】 开展了“刹风整纪”、安全大检查和专项整治等活动，解决了影响安全生产的突出问题，干部作风明显转变，职工“两纪”得到强化。加强安全预警和事先防范，严格事故分析及责任追究。全年共发生行车事故123件，同比减少14件，其中非铁路局事故10件，铁路局事故113件。发生铁路交通（相撞）事故71件，均为非责任铁路交通一般事故，死亡指标控制在部定指标之内。发生从业人员责任伤亡事故18件，其中责任死亡事故2件、责任轻伤事故16件，责任事故率控制在部定指标之内。发生设备故障958件，同比减少234件。全年行车事故和设备故障同比分别降低10.2%、19.6%，消灭了一般A类及以上事故，实现了安全年。截至12月31日，路局实现安全生产446天。

【职工生活】 投入“三不让”资金3604.3万元、“三线”建设资金4507.8万元，用于帮扶救助、改善沿线职工生产生活条件。职工人均年收入同比增长15.4%。切实维护职工合法权益，严格落实带薪休假规定，积极组织健康体检和休养，定点医疗机构和零售药店分别增至77家和100家，职代会确定的“十件实事”全部兑现。职工住房建设取得新突破，全年新开工建设住房7235户、分房6048户，自2007年以来累计建房15281户、分房13974户、发放钥匙3274户。

【职业危害项目治理】 为了加强对职业危害作业场所的治理，确保职工身心健康，2010年路局将职业危害作业场所的治理列入“十件实事”进行集中整治。投资104万元，先后治理嘉峪关机务段整备车间制动组油气、整备车间电焊间烟尘，迎水桥机务段银川整备车间制动作业间油气、辅助作业间油雾油气，迎水桥机务段迎水桥整备车间制动作业间油气，兰州工务机械段河口南焊轨车间除锈打磨粉尘，

兰西车辆段嘉峪关检修车间制动梁检修间烟尘7个职业危害项目。

【成兰铁路有限责任公司登记注册】 铁道部授权，成都—兰州铁路(与兰渝铁路哈达铺站接轨)由成都铁路局、兰州铁路局会同四川省、甘肃省出资人代表共同出资建设，成都铁路局控股。2010年7月，成兰铁路有限责任公司在成都召开公司首次股东会和一届一次董事会、监事会，签订了《合资建设经营成都—兰州铁路合同书》《成兰铁路有限责任公司章程》，选举产生了公司董事会、监事会成员及董事长、监事会主席，聘任了公司总经理等高级经营管理人员。工商登记机关于11月19日颁发了企业法人营业执照，标志着成兰铁路有限责任公司正式登记注册成功。

【天平铁路】 天平铁路从天水车站至华亭车站,正线全长114公里。含天水地区配套工程、华亭(安口南集配站)—安口南工业站电气化改造及配套工程。主要技术标准：国铁Ⅰ级、单线、列车速度120公里/小时、电力、牵引质量4000吨、到发线长880米、半自动闭塞。初步设计批复总概算50.58亿元、静态投资46.28亿元。建设工期42个月。开工后至2010年底，累计完成投资25.28亿元。

【兰州—重庆铁路】 兰州—重庆新建双线铁路820公里。主要技术标准：国铁Ⅰ级、双线、列车速度160公里/小时(预留200公里/小时)、电力、牵引质量4000吨、到发线长850米、自动闭塞。初步设计批复总概算829.16亿元、静态投资约755.55亿元。建设工期6年。截至年底，已累计完成投资327.7亿元。

【兰新铁路第二双线】 兰新铁路第二双线自兰州经西宁—乌鲁木齐，正线长1776.9公里，其中甘肃省境内795.7公里、青海省境内267.3公里。主要技术标准：国铁Ⅰ级、双线、列车速度200公里/小时以上、到发线长850米（其中兰州—西宁段、哈密—乌鲁木齐段650米）、电力牵引、自动控制、综合调度集中。初步设计批复总概算1383.3亿元、静态投资1243.17亿元。建设工期4年。兰州铁路局管内甘青段截至2010年底，开工后已累计完成投资191亿元。

【嘉红电气化改造】 主要工程内容：嘉峪关(含)—红柳河(含)既有线长度386公里，含嘉峪关地区、玉门南支线31公里电气化及相关配套工程。主要技术标准：国铁Ⅰ级、双线、电力牵引、初期牵引质量4000吨、5000吨，近期开行万吨列车、到发线长850米(双机880米，部分车站预留延长1700米条件)、自动闭塞。兰州局管内初步设计批复总概算11.3637亿元、静态投资11.0693亿元。该工程于2009年6月8日开工建设，建设工期18个月。截至2010年底，累计完成投资9亿元。

【科技创新】 2010年，兰州铁路局共有“铁路客货票据管理系统”、“铁路运输收入预算分析与监控系统”、“售票组织综合监控系统”等9项科技成果通过路局鉴定。其中“铁路变配电所异常过电压综合治理装置”、“电气化铁路专用复合材料过电压保护器研究与应用”、“远程无线高压开关控制技术研究”3项成果通过省级鉴定；“西北地区湿陷性黄土路基变形特点及加固措施研究”获甘肃省科技进步三等奖；“铁路客货运输票据管理”和“运输收入统计与分析系统”2项成果通过路局科技成果鉴定，并获得兰州铁路局企业现代化管理创新成果一等奖和二等奖；“铁路运输收入精益化管理”获第十七届部级企业管理现代化创新成果一等奖，并由铁道部企协推荐参加第十七届全国企业管理现代化创新成果评选。

（杨雍梅）

邮　政

【概况】 2010年，兰州市邮政局坚持以科学发展观为指导，在全力做好普遍服务工作的基础上，积极转变发展方式，主动调整业务结构，深化运行体制机制改革，不断强化市场运作、科学运营和网运支撑保障能力，企业经济效益和发展质量稳步提高。全年经营、网运、通信质量指标全面完成，邮政服务综合满意度达到95.64分，各项工作取得了新进展。函件、报刊、集邮、包裹、代收代办等邮政基本业务创新发展形式，加大项目开发力度，完成年预算的104.45%，同比增长5.14%。代理金融业务不断适应邮储体制改革变化，提升网点服务形象和服务功能，促进代理金融业务规模增长，完成年预算的102.27%，同比增长19.99%。代理速递物流业务，充分挖掘营业窗口和营销体系潜能，落实时限服务承诺，业务收入同比增长6.19%。各项业务的加速发展带动了全局业务收入增长，全年完成省公司预算进度的103.01%，同比增长10.7%，收入规模位居全省邮政企业首位。在驰援青海玉树地震、舟曲泥石流地质灾害和保障上海世博会、广州亚运会安全中，兰州邮政勇于承担社会公用型企业责任，第一时间为灾区捐款捐物，全力保障邮政通信畅通安全，使灾区群众能及时看到党报党刊，感受到全社会对灾区人民的关心，为抢险救灾和上海世博会、广州亚运会成功举办提供了有力的通信安全保障。

【邮政业务】 积极应对多变的市场环境带来的挑战，主动调整企业运行机制，转变发展方式，强化市县一体化联动开发能力，加大项目开发力度，邮政业务稳步快速发展，完成年预算的104.15%。函件业务通过优化结构，拓展产品功能，推进BIU落地工作，不断扩大营销领域，业务收入完成年预算的100.07%，增幅为11.27%。报刊发行业务以发投实体化运作为推手，完善“收投合一”运行机制，实施报刊进校园工程，业务收入完成年预算的105.34%，增幅为6.34%。报刊零售业务以争取分印代理为重点，丰富批销报刊种类，加强终端管控能力，完成年预算的100.25%，同比增长16.38%。集邮业务紧抓“建国61周年”“世博会”等大型节庆商机，为西北民大、省总工会等19个单位制作专题册7200册，开发个性化邮票2万版；先后为人保财险兰州公司等28家单位设计制作形象年册11715册，业务收入完成年预算的108.57%。包裹业务加快拓展经营领域，集中开展“陇原滋味”、校园、军营等包裹专项活动，业务收入完成年预算的111.8%，同比增长9.69%。电子商务业务发挥“缴费一站通”综合便民服务平台优势，拓展代收费项目和信息类增值业务，成功启动“自邮一族”车友服务业务，业务收入同比增长32.7%。

【代理金融业务】 不断适应邮储体制改革变化，加大网点改造力度，提升网点服务形象和服务功能，着力打造理财经理专业队伍，优化和改善客户结构，促进了代理金融业务规模增长，业务收入完成年预算的102.27%，同比增长19.99%。发挥专业理财营销队伍和窗口营销优势，为用户提供专业化和个性化的理财产品组合，销售人民币理财产品同比增长613.76%，销售基金增幅为176.67%，保险累计销售增幅为40%，为城乡居民提供了方便快捷的投资理财渠道。

【代理速递物流业务】 以全网利益为重，全力支持全省速递物流市县一体化专业改革，制定相关配套政策，挖掘营业窗口和营销体系潜能，落实时限服务承诺，增强了城乡窗口营收能力，全年代理速递物流业务收入同比增长6.19%。分销业务主动融入县域经济发展，加快“三农”网点及分销渠道建设，加大复合肥等农资和日化产品、酒水配送项目营销力度，业务收入完成年预算的105.56%，同比增长37.66%。

【网运综合支撑保障能力】 从满足邮政业务发展需要和支撑保障全程全网出发，以提高网运质量和“双效”为核心，着力优化网路结构和作业组织流程，强化时限和质量安全管理，提升信息化和标准化水平，为全省邮政通信提供了强有力的网路支撑保障，确保了信函、大宗邮件、报刊、机要、包裹的快捷传递，全年共完成邮运产品量42.75亿袋公里，完成总包接发量936.62万袋，同比增幅为2.49%，邮运汽车安全行驶521万公里。邮件内部处理恢复夜班作业，邮件全程时限管理明显加强，全年总包邮件信息发送准时率达到100%，总包邮件延误率同比下降万分之0.16，邮车准班率达到100%。

【邮政服务】 2010年，兰州邮政自筹184万元用于营业网和投递网建设改造，全年改造城市营业网点6个，农村营业网点28个，提升了营业窗口服务环境、服务设施、服务规范和服务能力。积极开展投递网达标建设，按照投递作业组织要求，优化投递站(点)布局和生产流程，建设精品投递中心1个，有效压缩了投递网内部处理时限，加快了邮件传递速度。组建40人个性化精品投递队伍，对机要、商函、报刊及速递物流等大客户单位的差异化服务能力增强，投递网运行效率明显提高。

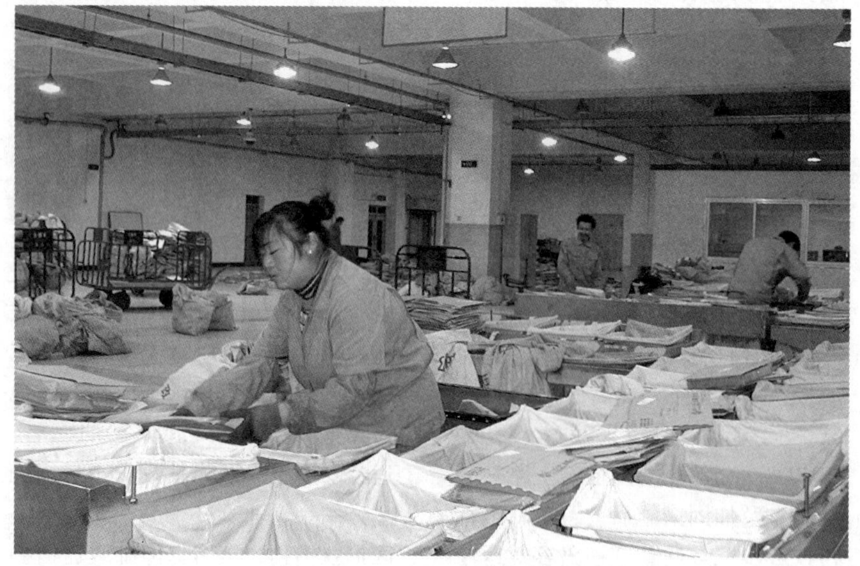

邮件分类

【精神文明建设】 深入推进精神文明创建活动，企业形象不断提升。2010年，兰州市邮政局被省委、省政府评为“省级文明单位标兵”，函件局获得“甘肃省五一巾帼奖”。城关区局荣获兰州市“工人先锋号”称号，城关区局营销部荣获“营销创百优”劳动竞赛“十佳营销团队”奖，有2人分获集团公司和省公司“优秀营销员”殊荣，1人荣获“全国交通运输行业”文明标兵称号，1人被授予“全省劳动模范”，1人被评为兰州市“十大杰出工人”。

（王晓刚）

中国电信

【概况】 2010年，中国电信兰州分公司认真贯彻省公司“一二三四”的工作方针，按照“促发展、调结构，抓管理、上规模”的目标，转变方式、创新机制，以快速执行推动企业高效发展，取得了超额完成经营预算，收入结构持续改善，移动用户两年翻两番，重点项目拓展成果显著等方面的成效。业务收入同比增长明显，非话音收入占比达65%，移动用户达到50万，较上年增长55.8%，宽带用户突破30万户，较上年增长22%。校园移动用户迅猛发展，市场占有率较上年提升15个百分点。综合办公、翼机通等行业应用初具规模，形成良好口碑。移动网覆盖水平显著提升，覆盖广度和深度均大幅提升，3G网络覆盖继续同业领先，重点乡镇实现全覆盖，城区实现成片连续覆盖。大力推进“光进铜退”，高带宽覆盖率逐步提高，商务楼宇通光率达到98%，行政村通光率达到60%，宽带端口达标率达到99.54%。

【市场营销】 坚持一条主线，聚焦两大客户，深耕三大市场，紧抓五大重点。以“保存激增”为主线，实现存量保语音，增量上规模。聚焦“政企客户、公众客户”两大客户群。政企客户，抓重点、抓创新、抓项目，紧盯信息化创新项目，确保营销工作上水平；公众客户，抓渠道、抓执行、抓保有，关注三个千万级弱势产品，紧盯四大渠道执行力，实现客户群规模上台阶。深耕“城市、农村、校园”三大市场。在城市市场，细分政企客户、商务精英、家庭客户，流动客户，以3G应用推广年为主线，进行精细营销；在农村市场，狠抓执行，实现移动、宽带规模双突破，建立宽带示范村；校园市场运用新思维，实现新突破。紧抓“移动业务、宽带业务、转型项目、号百业务、欠费管控”五大重点工作。移动业务把握政企客户、公众客户两大客户群，紧抓城市、农村、校园三大市场。针对公众客户，进行深度融合，实现公众移动规模和价值双提升；针对政企客户，集中资源、协调攻坚，实现政企移动中高端客户规模突破。城市市场进行应用融合，发展行业应用，全面推广3G；农村市场进行融合发展，关注新建城镇、城乡结合部、富裕农村三大市场；校园市场进行老用户梳理激活和新用户圈友拓展；宽带业务抓好提速融合。细分政企聚类、城市住宅、农村市场、校园市场、挖转市场五大市场，促进政企和家庭宽带的融合发展，市场份额保持在85%以上。转型项目紧抓重点项目，紧抓重点应用，紧抓投资回报，紧抓执行落实，通过团队营销、协同营销、实战营销、重点攻关，实现加速拓展上规模。欠费管控多措施、多手段，建立长效机制。建立一个思路，实现事前预防与事后清缴相结合，多措施降低用户欠费；抓好四项重点工作，稳定固网欠费，遏制移动欠费，清缴账外欠费，回收历史欠费；实现三个目标，提升资金上缴率，降低坏账计提，提高收入质量。号百业务紧抓声讯业务、基础号百、综合传媒三项重点，落实十大举措，树信心，找亮点，巧营销，促发展。

【移动发展】 移动业务坚持中高端切入，有效益规模化发展。成立四大行业应用攻坚团队，以行业应用、总机服务为抓手，突破“政府四大班子”、兰西机务段等重点行业类客户，发展政企行业移动高值客户。开展秋季校园迎新攻坚战，发展5万移动用户，校园市场移动业务占有率达到25%。开展结对帮扶支局，大力开展农村渠道建设，完善“一村一案”资料建设，发展乡情网-2套餐1万多户，天翼便利店达到500家，社会代理点达到70个，终端铺货覆盖21个支局、53个电信所。开展“智领3G”“天翼3G互联网手机宣传推广月”“e家优惠进行万家”等活动，在近200个小区开展“公众客户经理+社会渠道”的联合促销活动。移动互联网应用发展加快，爱音乐下载量、彩铃订购量完成超出预算目标，开展短信全能搜、文明短信传递竞赛。推广“双券”政策，开展“天翼快车”“千店万柜陈列竞赛”活动。社会渠道网点不断优化、规模不断增加，全年发展社会代理渠道135家，社会渠道发展移动业务占比达50%。

【转型发展】 转型发展步入快车道，政企行业客户业务拓展取得新成效。成功实施兰州市公安局二期“平安兰州”“安宁区数字城管”项目。细分行业脉络，确定重点逐项攻坚，以具备推广条件的21项行业应用为抓手对行业客户特性进行再次梳理，将企业翼机通、旺铺助手、家校互动、综合配货、旅游信息化、数字医院6项行业应用为重点进行推广，集中资源整体推进，多种销售模式提升客户感知。根据部分客户对行业应用需求不旺盛、感知不明显的特点，在营销过程中采取产品经理深度嵌入，通过现场演示、行业推介会等形式发挥样板示范作用，提升客户感知，以“工作手机”为卖点拉动客户需求，并向用户提供个案化免费体验服务，培育客户使用习惯。充分拓展政企客户规模效应，以重大项目签约带动用户规模入网。面向聚类客户，组织千场实战演练，商务领航两版套餐签约超额完成预算。宽带、增值和综合信息服务快速发展。开展电脑下乡、电脑+宽带、1托N整治、宽带渗透率提升竞赛等活动，无线宽带采取政企客户上门演示、万名客户免费体验等措施。大力推广天翼live、189邮箱，开展音乐盒、SP短信、电脑保姆免费体验，用户快速提升。加快综合传媒、通信助理和商旅服务发展，号百收入两位数增长。深入开展小灵通天翼融合、高端签转、存费送费、话费包月等存量保有工作。

【保障支撑】 以客户感知为导向，提升全业务服务水平。加快落实聚焦客户的全业务服务体系。在“网络、支撑、产品、渠道、终端、合作”六大区域内全面实现服务质量目标管理，以事前预防、事中控制、事后分析整改方式推进客户导向的服务管理体系。组织服务质量竞赛活动，建立服务保障长效机制。深入落实全业务服务标准，巩固基础面服务，聚焦服务短板，快速解决投诉热点问题，从流程管理上突破，增强客户投诉快速响应能力。夯实基础服务管理，提升客户感知。持续推进基础服务能力提升攻坚活动，重点提升实体、电子、直销、代理渠道基础服务水平，推进差异化融合服务，实施主动维系和预警挽留。提高服务监督管控水平，降低用户投诉量。实施服务前置和流程穿越，规避新业务的服务风险，重点跟踪、监督投诉热点业务和区域，强化服务质量月分析，实施投诉案例及问题周通报，落实服务问题督办及责任追究考核制度。整合IT资源，快速响应营销活动需求；简化操作界面，优化系统功能，提升系统智能化支撑水平；从客户群、渠道、产品、套餐等多维度提供准确分析数据，满足针对性营销及精细化营销需要；提供收入异动分析数据，为客户维系挽留提供数据支撑，为欠费管控提供有效支撑；加强系统监控，保障系统稳定运行；加强工单流转监控，保障业务及时开通；加强话单及账务审核，保障计费账务准确性，及时发现恶意欺诈行为，维护企业利益。

【和谐建设】 关心关爱基层员工，做好审计监察安全等工作，促进企业和谐发展。开展农村支局“四小”“六好”建设活动，改善基层员工工作生活条件。深入推进“五型”团队建设，努力把“五型”建设与员工素质建设工程、岗位练兵和创争活动有机结合起来，不断提升员工队伍素质。深入开展反腐倡廉宣传教育，持续有效开展效能监察工作，推进惩防体系建设，提高执行力，完善廉洁从业风险防控体系，坚持“一岗双责”，加大责任追究力度；充分发挥审计“免疫系统”预防、发现和警示的作用，有针对性地开展专项审计调查工作，为改善经营管理提供及时有效支撑；全面落实各项安全措施，加强技防力量，持续做好打击盗窃破坏电信线路设施犯罪专项行动，深入开展隐患排查专项治理行动和整改，对重点岗位、重点设备、重点部位的安全生产隐患进行彻底排查和隐患整改，确保安全责任事故为零。严格执行内控制度，确保企业有序运营。

（王　菁）

中国联通

【概况】 2010年，联通兰州市分公司认真贯彻落实上级公司的战略部署，紧抓全业务经营的难得机遇，以扩大用户、收入规模为目标，坚持有效发展和维系保有并重，全面落实服务规范化标准化，不断加强网络建设和运行维护，企业工作取得全面进步。

【业务发展】 在全年经营工作中，公司注重平衡业务结构、协调业务发展，准确把握各项业务的关键发展点，实现了3G、2G、固网业务的协调发展。通过采取提高3G业务精细化营销服务水平、强化体验营销力度、发挥合约计划优势、加强与社会渠道合作的广度与深度等措施，实现了3G业务的快速有效增长。坚持做好2G业务标准产品和非标准产品的平衡发展，2G用户规模在2010年实现了突破性的增长，呈现良性健康的发展态势。全年2G业务净增出账用户及出账收入均实现同比增长。根据固网资源覆盖情况，加大宽带业务的渗透力度，积极推进小区演示促销常态化，施行“宽带提速不提价”，大力建设高带宽业务，赢得了广大用户的青睐。

【窗口服务】 全力推进3G业务服务工作的落实，创新构建3G用

户专属服务模式，打造3GVIP客户经理专属服务。同时持续实施全业务分级服务，强化对VIP客户的维系，在全渠道实现体现客户价值的分级服务和满足客户喜好的特色服务。完善全业务全过程服务监督机制，提升宽带服务及营业厅、装拆移修等窗口服务的客户感知。夯实服务基础工作，进一步完善培训机制，加大培训力度，丰富培训内容和方式，特别是强化体验式培训，重点提升一线员工的专业化营销技能。全年自有渠道营业厅服务达标率为100%，合作营业厅服务达标率为51%，3G用户保有率为95.74%。

【网络建设】 实现了3G网络在城区和主要交通干线的广度覆盖，网络品质在地区保持领先。2G网络重点解决了现网品质和部分区域覆盖不足的问题，全年共计完成了3个工程项目的建设任务。宽带工程全面聚焦企业、学校、商务楼及有条件的小区。共建共享工作取得良好成效，目前共享电信基站站点34个，与电信共享站点50个。共享移动公司基站56个，与移动公司共享站点18个。顺利完成骨干网络的迁移和升级工作。全面推进并完成了宽带账号绑定工作，通过采取退网设备下电、节能技术创新、整合资源等措施，较好的完成了节能减排工作。

【精神文明建设】 以“创先争优”活动为契机，夯实各级领导班子建设，积极探索将活动内容与生产实际相结合的有效方法。注重加强领导班子的理论、能力、作风和制度建设，层层落实党风廉政建设责任制，进一步健全防腐倡廉惩防体系建设。发挥党团工会组织力量和党员先锋模范作用。通过团组织凝聚青年员工力量，激发青年团员蓬勃向上、奋勇争先的工作热情。推进以职代会为基本形式的民主管理，“三重一大”制度得到有效执行。围绕企业中心工作，广泛开展劳动竞赛活动，广大员工始终保持奋发向上的精神面貌。2010年，榆中县分公司被集团公司授予“先进集体”称号，交大营业厅经理母育玲被集团公司授予“巾帼标兵”称号，网络优化中心经理周吉炜被国资委和集团公司分别评为“中央企业先进员工”及“知识性员工”，西站营销中心经理李泽民被甘肃省政府授予“甘肃省劳动模范”称号。 (沈一萍)

兰洽会业务展演现场

经贸·非公经济·旅游

国内贸易

【概况】 2010年，全市商务工作按照“打好六大战役、实现六个突破”的部署和“三产抓转型”、“培育发展多元支柱产业”的要求，狠抓商贸服务业和现代物流业提档升级，大力发展现代服务业，积极扩大消费、出口和商务投资，超额完成了市委、市政府下达的各项目标任务。全年实现社会消费品零售总额545.11亿元，比上年增长18.5%；对外贸易实现进出口总额10.6亿美元，增长117.2%。其中出口8.7亿美元，增长184.3%；商贸合同投资额393亿元，增长84%。商务拉动GDP增长6.98个百分点，对经济的贡献率达到58%以上，为全市经济社会又好又快发展做出了重要贡献。

【现代服务业】 通过高端引进、嫁接改造、整合资源，启动实施和加快推进商贸物流业项目发展，万达商业广场、兰州国际商贸中心、酒泉路商业金融核心区等重大现代服务业项目已正式签约；庙滩子商业次中心整体改造、红楼时代广场等项目已开始实施；兰州农副产品物流中心、兰州粮油物流中心项目已完成规划设计；西固商业步行街、摩尔商城等项目正在加紧启动；东方红广场整体改造等项目正在深度洽谈；青藏物流园区正式挂牌运营；兰州国际物流产业园正在国际招标规划之中。全年凝练现代服务业项目40个，总投资713亿元，正在开工建设的39个，总投资156亿元。

【新农村便利超市】 2010年，把农村便利超市建设列为市政府为民兴办实事加以推进，与县区商务主管部门签订了目标，多次深入县区进行现场督导。全年新建、改造新农村便利超市110个，累计建成新农村便利超市836个，县级配送中心5个，商品配送率达到40%以上，超市在乡镇覆盖率达到100%，行政村超过55%，初步形成了以县城店为龙头、乡镇店为骨干、村级店为基础的农村便民服务网络，使60多万农民群众受益。

【城市社区菜市场建设】 把菜市场建设列入市政府为民办实事项目，制定了《兰州市推进标准化菜市场示范工程工作方案》《兰州市标准化菜市场改造建设工作方案》，编制了《兰州市城区菜市场布局规划》，制定出台了《兰州市标准化菜市场建设规范》。协调督促县区克服选址难、建设资金短缺以及投资方建设积极性不高等困难，全年新建、改造城区便民副食蔬菜营销网点20个，完成政府办实事任务。争取国家支持，成功将兰州市列入全国标准化菜市场建设国家试点城市，各项工作正在按试点要求顺利推进。

【牛肉面产业】 积极推进兰州牛肉拉面产业发展，成功注册兰州牛肉拉面商标，申请兰州市获得了“中国牛肉拉面之乡”的称号，隆重推出了100家兰州牛肉拉面示范店，为产业化发展奠定了良好的基础。

【家电下乡】 坚持把消费拉动经济增长作为国内贸易重中之重，大力推进家电下乡、汽车下乡和家电、汽车以旧换新，全力扩大消费，全年家电下乡累计备案销售网点442家，销售家电123285台，实现销售2.74亿元，家电以旧换新销售家电产品39028台，实现销售额1.57亿元，位列全省前列。

【家政服务】 根据财政部、商务部《关于组织申报家政服务业体系建设项目等有关问题的通知》，制定上报了《兰州市家政服务体系建设试点方案》，根据城市家政服务体系建设试点的要求，结合市委市政府“数字城市”的工作思路，积极筹建“互联网、语音网、无线网”三网合一，并具有“信息库”“交易中心”“安全网”等功能为一体的兰州家政服务网络中心。培育了三为家政、市妇联妇女服务中心、万成物业3户龙头企业，完成培训家政服务工程人员300名。争取国家支持，成功将兰州市列入了全国家政服务体系建设国家试点城市，为家政服务发展增添了新的后劲。

【再生资源回收】 兰州市申请列入了全国再生资源回收体系建设国家试点城市，按照《商务部办公厅关于兰州市再生资源回收体系建设试点实施方案评审意见的函》的要求，修改完善了《兰州市再生资源回收体系建设试点工作实施方案》，明确责任分工，完善工作机制，落实配套措施。按照“七统一”“一规范”的标准，累计建成标准化社区回收网点256个，配备流动回收三轮车300辆、厢式大型专用运输货车21辆，电子显示屏245个，垃圾分类箱1130个。完成西部废金属专业市场的提升改造，新建、改造了兰州艺祥废塑料分拣加工中心、兰州泓翼废电子产品拆解加工中心、兰州圣宜废电子产品分类加工中心。

【和谐消费环境建设】 加大市场运行监测力度，在巩固市级监测系统原有56户重点监测企业的基础上，将王府井百货、大润发超市、大青山农副产品物流中心等企业纳入监测体系，增加了重点商贸企业监测样本。在原有城市生活必需品、重点流通企业、生产资料企业、黄金周、日常监测、“商务天气预报”6个市场运行监测系统的基础上，新增应急商品监测系统，纳入了兰州庄园乳业有限公司、甘肃中粮可口可乐饮料有限公司等9户监测企业，市场运行样本监测企业达103户，监测系统涵盖了批发、零售、餐饮、宾馆、物流等多个业态，监测系统日趋完善。积极监测蔬菜等生活必需品市场波动，督促各大市场、商场、超市积极组织货源，保证了全市蔬菜市场供应；同时加快蔬菜冷藏设施建设，建立应急商品储存联系企业39户，储蓄能力达到15万吨以上。贯彻落实《食品安全法》和《生猪屠宰管理条例》，严把入场、屠宰加工、检疫检验、出厂和运输“五个”环节，不断强化畜禽定点屠宰管理工作，使定点企业病害肉无害化处理率、出厂肉品受检率均达到100%，市、县生猪定点屠宰率保持100%，乡镇95%以上。认真贯彻商务部《酒类流通管理办法》《甘肃省酒类商品管理条例》，完善了《兰州市放心酒示范店创建活动实施方案》和《兰州市放心酒示范店管理办法》，进一步落实“黑红名单”制度，新建放心酒示范店131个，累计建成放心酒示范店167个。

【市场秩序整治】 加大专项整治工作，先后组织18600多人次，对酒类商品、肉类商品、牛肉面、再生资源回收、二手车、成品油等市场和行业进行专项整治，开展了农资打假、知识产权保护、打击商业欺诈等活动，有效维护了市场秩序。积极推进商务行政执法，在省厅的大力支持下，兰州市被商务部列为商务综合行政执法试点城市，执法机构、执法人员全部到位，建立了12312商务举报投诉中心。

【扩大消费】 继续深入实施扩大城市消费、拉动农村消费、发展新型消费等七个方面的38条措施，举办了2011年迎春年货会、“放心肉品进社区”和“放心食品进社区周六集市”，配合省商务厅，共同举办了第四届中国甘肃美食节等大型宣传、展示、展销和促销活动，活跃城乡市场，全年实现社会消费品零售总额545.11亿元，比上年增长18.5%，消费保持了稳定增长。

【效能年建设】 扎实推进行政效能建设，服务质量和工作效率有了新的提高。通过行政效能建设年活动，商务系统服务意识明显增强，工作流程明显提速，办事效率明显提高。政务大厅商务工作站连续7次被评为优秀窗口；创建了兰州商务网站，提高了工作效率，促进了政务公开；创新工作方法，采用预审措施，美国百事可乐投资项目，用3天时间完成了10个工作日的审批流程，赢得了外商的赞扬；参加107届广交会，充分利用国际展会平台，成功举办了“兰州出口产品推介会”，受到了商务部、组委会、省商务厅和市领导的高度评价，开创了广交会地产品展示展销的先河。

（李振远）

对外经贸

【概况】 2010年，积极落实国家和省市保持对外贸易稳定增长的各项政策措施，狠抓出口商品结构调整，不断提高利用外资质量，积极扩大对外经济合作，使对外贸易实现了较快增长，利用外资向现代服务业转变明显加快，对外经济合作继续保持较快发展。

通过深入大型企业调研，召开

座谈会，指导规避风险，加强对重点企业的跟踪服务，鼓励中小企业积极开拓国际市场等外贸发展的措施，全年实现进出口总额10.6亿美元，增长117.2%。其中出口8.7亿美元，增长184.3%；进口1.9亿美元，增长4.4%。进出口总额首次突破首次10亿美元大关，使外贸在经历国际金融危机后实现了较快增长。同时，积极支持农产品出口基地建设、机电产品和高新技术企业改造技术和研发出口产品，引导企业加快转变外贸增长方式，实现高新技术及高附加值产品出口2.5亿美元，同比增长19.05%，出口商品结构进一步优化。

【利用外资】 围绕现代服务业、高新技术、现代农业、节能降耗等方面，加大利用外资力度，全年批准设立外商投资企业6户，投资总额9731.36万美元。6户新批准设立的外商投资企业中高新技术和鼓励类项目5户，占新设立企业的83%，利用外资质量进一步提升。加大世界500强企业和国际知名品牌企业的引入力度，美国百胜餐饮集团必胜客和百事可乐公司成功落户兰州。积极推进服务外包工作，争取到国家商务部服务外包扶持项目3个，申请资金103.48万元，其中到位服务外包扶持资金47.6万元。

【国际经济合作】 积极推进国际经济合作，支持企业“走出去”开展对外工程承包和劳务合作，努力开拓国际市场。全年完成对外承包工程、劳务输出营业额1.28亿美元，新签合同额1.12亿美元，比上年增长24%；外派劳务人员322人次；境外投资920万美元，比上年增长31.2%。

【投资贸易促进】 积极组织企业参加各种节会，大力推进投资促进工作。广交会签订出口合同额1.37亿美元，占全省的60%；北京甘肃商品大集销售签约4686万元，名列全省第一；中国·兰州糖酒食品交易会成交3000多万元；深圳高交会签约投资60亿元；兰洽会签订商贸项目27个，总投资达372.4亿元。

【兰州贸易促进会】 积极组织企业参加境内外经贸交流活动，组织百峰生物、南特数码等多家公司参加了第五届中国—欧盟投资贸易合作洽谈会、中国—佛罗里达经贸合作论坛、中国—罗马尼亚经贸研讨会、中国—斯洛文尼亚经贸研讨会、中国—乌克兰企业家洽谈会和中国贸促会赴台湾参加“两岸食品产业合作研讨会暨贸易洽谈会”等活动。接待马来西亚成都办事处及澳门名嘉集团来兰考察访问，并安排与兰州市有关企业座谈，为两地企业之间的交流合作牵线搭桥。举办了“外贸政策培训班”，对市辖各县区商务工作人员和全市100多家外贸企业业务主管、财会等160余人，进行了企业如何应对当前的国际经济形势、如何应对贸易摩擦以及《中华人民共和国海关关于〈中华人民共和国知识产权海关保护条例〉的实施办法》等外贸政策培训，使兰州市外贸企业及时了解掌握中小企业国际市场开拓资金的最新管理办法，以及产业安全、海关知识产权等方面的相关政策和办法，对促进企业走向国际化市场，推动兰州市对外贸易发展起到了积极的作用。

强化对企业的信息服务，利用国家贸促会信息平台，在整理、分类、更新、筛选的基础上，选择符合条件的20家企业资料录入中国贸促企业服务平台；利用商贸局网站发布贸促动态、会展信息、法律服务、政策法规等各类信息218条。积极组织企业参加展会，帮助开拓海内外市场。先后组织了百味全、王振牛肉面大王公司赴马来西亚参加了第七届国际清真博览会；长城电工、金安新包装公司参加“第八届中国商品(印度孟买)展览会”；兰州王振牛肉面大王、玉兰味精、伊香源等14家企业参加了2010中国(青海)国际清真食品及用品展览会；西海净水设备、天工生物科技和玉兰味精公司参加了第十九届乌洽会。其中，在第八届中国商品展览会上，兰州长城电工股份有限公司与20多家印度客商接触洽谈，印度客商要求代理“长城电工”品牌在印度的销售，共同开发印度的电工电器市场。在2010中国(青海)国际清真食品及用品展览会上，兰州王振牛肉面大王与8家企业就代理销售、10家企业加盟连锁达成意向性协议，玉兰味精公司达成50万元供货协议，王振牛肉面与玉兰味精公司现场销售达10万元，玉兰味精公司荣获大会“最佳贸易成交奖”。

(李振远)

招商引资

【概况】 2010年，认真落实《国务院办公厅关于进一步支持甘肃经济社会发展的若干意见》(下称《若干意见》)精神，紧紧围绕“打好六大战役、实现六大突破”的总体部署和“抓发展、治污染、拓空间、畅交通、强管理、提效能、保民生、促和谐”八项重点工作，振奋精神、开拓创新，全市经济合作服务工作取得了显著成效。全年新签约各类国内合作合同项目269项，投资总额718.78亿元。引进到位资金实现235.8亿元，同比增长66.78%，引进资金总额和增长

幅度再创新高。

【项目签约】 2010年，在兰州新区建设和兰州高新区、经济区增容扩区的战略支撑下，全市各级经合部门立足资源优势、产业基础、发展潜力和区位特点，密切关注国际、国内产业梯度转移新动向，抓住国家新一轮西部大开发政策和国内企业拓展国内市场、特别是中西部市场力度的有利机遇，深入研究国家产业政策和投资导向，结合兰州市经济结构战略性调整，重点整理包装、筛选和推出了一批对接性强、发展前景好、能够满足客商投资需要的大项目、好项目，实现了项目谋划与市场投资相对接。通过开展高层大规模招商、小分队招商、敲门招商、定向招商和举办“兰洽会”、赴外参加大型专业展会等形式，多渠道、全方位开展经济合作。在签约的项目中，第一产业新签项目12个，投资总额4.64亿元，占总投资额的0.65%；第二产业新签项目107个，投资总额170.02亿元，占总投资额的23.65%；第三产业新签项目150个，投资总额544.12亿元，占总投资额的75.70%。投资总额亿元以上项目112个，投资总额10亿元以上项目27个。新签项目开工投产187个，开工率69.5%。

2011年兰州迎春年货会

【招商工作】 2010年3月5日至12日、6月6日至12日，省委常委、市委书记陆武成与市委副书记、市长袁占亭亲自率团赴珠三角、长三角、港澳地区进行招商引资，寻求合作、谋求发展。活动期间，通过举办项目对接会，与大企业座谈等，推动了一批重大项目的实施，新引进和落实了一批好的投资项目，进一步宣传了兰州的城市形象和投资环境。3月份，党政经济合作考察团赴粤港澳闽招商活动签约项目23项，总投资408亿元，引资380亿元。其中协议项目11项，总投资161亿元，引资133亿元；意向性项目12项，总投资247亿元，引资247亿元。6月份，党政经济合作考察团在赴江浙地区开展考察招商活动期间，签约协议项目13项，总投资214.8亿元，引资214.8亿元。同时，市局还以小分队招商形式赴上海、广州、重庆、南京、南通、东莞、呼和浩特、鄂尔多斯等地拜会了远成物流、恒大地产集团、九州广电集团、重庆小天鹅集团、江苏建工集团、金通灵公司等100余家知名企业。在主动“走出去”的同时，全市各级招商部门积极邀请有投资意向的企业，前来实地考察。先后接待来兰考察的华润集团、广州恒大、大连万达、南京雨润、江苏甘肃商会、福建甘肃商会等大企业、大集团、驻外商会120余家、800余人，有力地促进了项目进展。

【第十六届“兰洽会”】 第十六届中国兰州投资贸易洽谈会，自2010年7月6日开幕，经过5天的展示和洽谈，顺利地完成了各项议定活动。本届兰洽会：一是投资洽谈空前活跃，项目签约再创佳绩。十六届“兰洽会”招商引资工作年初就已全面启动，市委市政府高度重视，市党政主要领导亲自带队、县区和经济主管部门积极参加、企业和商会广泛参与，先后赴港、澳、粤、闽及江、浙等地的城市开展项目推介、投资促进和考察联络活动。达到了在“兰洽会”上签约一批项目、洽谈一批项目、推介一批项目的工作目标，促成了一批重大项目和好项目的合作，使本届兰洽会项目签约较往届有了大幅提升。兰州市共签订52项重大项目，签约总投资533.5亿元。二是参会宾客多于往届，接待水平不断提高。市兰洽办对大会坚持“统一组织，对口负责，分类接待，责任到人”的原则和全程陪同、负责到底的办法，实行重点团组接待“一团一方案”和指定对口接待责任制。采取一系列有力措施，多渠道邀请宾客，使参会境外宾客、各类团组均比上届有了大幅增长。共接待参会宾客5000人次，其中接待省外参会团组125个、宾客2133人。接待和服务更趋规范和成熟，工作水平不断提高。三是布展工作特色鲜明，展示效果显著提高。中心带动、两翼齐飞和兰白经济圈的特装布展造型，诠释了省委、省政府提出的“中心带动、组团发展、两翼齐飞、整体推进”区域发展战略和市委“1355”总体发展思路，以及“开放、开发、合作、发展”的兰洽会主题，彰显了“开放的兰州欢迎您”的基本理念。重点推出的招商引资项目设计制作与电子书查阅、城市沙盘模型、射灯聚焦变光和超大LED屏及多处LED屏循环播放系统有机结合起来，形成了兰州展区独特的布展亮点。兰州百里黄河风情线、轨道交通模型、新区建设、重离子治癌项目，以及污水全收集处理工程等重点项目和特色支柱产业的文字和图片介绍，以及吉利汽车、兰州特色高原夏菜等名优企业特展，使展区体现出“静态动起来、平面立体化、展板实物化”的特色，受到国内外来宾广泛关注。在展区设立的现场洽谈区和咨询台，由市经合局、市工信委、市农委等部门、各县区和部分企业派出专职人员开展全天候现场推介洽谈，向来宾推介《兰州投资指南》《中国兰州重点招商项目汇编》，发放宣传材料，为提升兰洽会品牌形象，开展招商引资和贸易合作起到了积极的促进作用。展区会期共接待项目、政策咨询和参观人员约7.6万余人次。四是各种活动精彩纷呈，群众参与更加广泛。举办了“兰州节能新产品、新技术、新机制展示推介暨合作签约仪式”“金城之夜大型文艺晚会”、第九届黄河风情文化周暨第三届兰州农民艺术节，市委、市政府主办了“梦幻丝路·五彩敦煌——甘肃长卷美术主题创作展览”，举办了大型摩托车展、牛肉拉面商标揭牌和百家兰州牛肉拉面商标特许单位授牌仪式等活动。五是节会宣传全面深入，城市形象明显提升。十六届“兰洽会”宣传工作的重点是兰州资源优势、投资环境和重点基础设施建设，兰州市招商引资优惠政策和招商引资的成果。制作了3000盘《2010兰州》多媒体数据光盘和部分DVD光盘。

【参加省外展会】 在成功举办第十六届“兰洽会”的同时，全市各级经合部门积极调整思路，有选择、有重点地参加省外各种专业性展会，开展形式多样的招商引资活动。2010年，兰州市由市领导带队市直相关部门及有关企业，先后参加了西洽会、哈洽会、津洽会、广州博览会、乌洽会、花鼓灯歌舞节、西博会，开展了项目推介、洽谈、签约活动，进行对口交流和产品展销，取得了良好的实效。特别是今年的西博会，兰州市代表团由市经济合作服务局局长任团长，各县（区）主要领导及相关部门、企业组成代表团共60人参会。在10月23日下午举行的中国西部十二省区市及新疆生产建设兵团投资洽谈会暨经济合作项目签约仪式上，兰州市签约项目5个，项目总投资19.2亿元，引进资金19.2亿元，其中合同项目1项，总投资2000万元，引进资金2000万元。协议项目4项，总投资19亿元，引进资金19亿元。

【外地驻兰机构管理】 依据《兰州市外地驻兰机构管理办法》，外地驻兰机构管理工作实施流程再造，使外地企业来兰设立办事机构审批更快捷、办理更高效、方式更简单、服务更热情、平台更凸显。据统计，2010年审批外地驻兰办事机构100余家，年检外地驻兰办事机构300余家，涉及机械、建筑、通信、医药、电力工程等领域。广西玉柴机器股份有限公司、中美天津史克制药有限公司、成都紫金花制漆有限公司等大企业先后在兰州市设立了办事机构，这些“经济大使”为促进全市经济加快发展、率先发展和创建和谐社会起到了积极的推动作用，也成为兰州市有效开展经济合作的桥梁和纽带。

【探索新服务模式】 2010年，市委、市政府提出“再造兰州”宏伟发展蓝图，各级经合部门积极探索新的服务模式，紧盯国内外知名的大企业、大财团，主动招商、上门招商，努力提高项目履约率，在招大商、引强商上实现了新的突破，取得了新的成效。为缩短上下级的距离，加快信息的纵向流通，从而迅速、直接地将市委、市政府的决策贯彻落实到具体工作中，全市正在试行重大项目和片区开发建设指挥部模式，将项目所涉及的市、县（区）两级政府及其有关部门，组成一个全权指挥的建设工程指挥部，所有工程建设审批手续就地受理，所有问题就地解决的项目管理模式，将发改、建设、规划、国土、环保等部门的职能有机联动起来，将项目业主、施工单位、监理单位的工作有机协调起来，形成“指挥部—项目业主—施工单位”的工作机制，年内先期在城关区白道坪整体开发、大连万达商业广场、兰州重离子治癌中心、恒大生态园建设和秦王川综合开发等5个项目进行试点，以利进一步推广。同时，全市各级经合部门以“请商、为商、安商、富商”为己任，坚持把项目建设和招商引资作为经济工作的生命线来抓，特别是“百日会战抓落实，百日攻坚抓项目”活动的开展，进一步鼓劲加压，通过召开重大项目工作协调会、现场督查项目等形式，及时跟踪督促，大部分签约项目前期准备和衔接工作扎实有效，项目履约率明显提高。截至2010年底，新开

工项目187个，占签约项目总数69.5%，十六届“兰洽会”省市签约的52个重大项目现已开工21个，占总签约数的40.38%，到位资金27.07亿元。2010年市经济合作服务局先后为利嘉集团、康师傅饮品等企业协调解决供水、供电、供气问题和办理各种手续30余件，受到了企业的好评，不但提高了项目履约率，同时也激发了企业二次投资的热情。

【机构改革】 2009年12月28日，兰州市政府机构改革工作全面启动，原兰州市招商局更名为兰州市经济合作服务局，由原市政府直属事业单位调整为市政府工作部门。会后经合局在贯彻执行市委、市政府关于机构改革原则的前提下，局党组认真研究“三定”方案机构设置、人员编制和职能，突出为兰州市经济社会发展服务的功能。经市编委办批复，局里成立了7处1室，理顺了处室间工作职责，强化了政策法规引导、协调服务职能，全市经济合作服务工作得到进一步加强。

【行政效能建设年和创先争优活动】 根据市委市政府的统一部署，从4月开始，在全局开展机关行政效能建设年活动，着力抓好机关效能建设工作的落实。成立了市经济合作服务局机关效能建设领导小组，制定下发了《兰州市经济合作服务局机关行政效能建设年活动实施方案》。紧密联系工作实际，采取“内外”结合的方法，广泛征求了省上有关部门、市委市政府有关部门、县区招商局、经合局、外引内联企业、外地驻兰机构等不同层面服务对象的意见和建议。通过认真梳理，反复查摆，明确了存在的突出问题，并查找出主要原因，研究提出了整改方向。通过机关效能建设活动的开展，全局在转变职能上有了新举措，在服务水平上有了新提高，在工作上有了新气象。干部职工的工作作风，组织纪律有了很大转变，形成了一股讲奉献、学知识、比业绩和想干事、能干事和干成事的良好氛围。5月初，局里又制定了创先争优活动实施方案，形成了党政主要领导亲自抓，分管领导具体抓，各处室齐抓共管的领导体制。建立健全了创先争优活动目标责任、职责分工、检查考核、规范管理和监督奖惩等工作机制，同时确定了争创“五好”党组织和争做“五带头”党员的工作目标，进一步激发了广大党员干部参与活动的主动性和积极性。

（郝敬新）

非公有制经济

【概况】 2010年，全市非公经济实现增加值433.4亿元，同比增长23.1%，占全市GDP的比重达40.2%，其中，工业增加值125.7亿元，同比增长20.18%；建筑业增加值39.3亿元，同比增长11.62%；第三产业增加值261.8，同比增长25.8%。全市非公经济组织和企业9.78万户，其中，非公企业1.32万户（工业企业3195户），个体经营户8.46万户。全市非公经济从业人员56万人，全市非公经济劳动者报酬达到60亿元，非公经济从业人员年人均获得报酬1.04万元，成为城乡群众收入持续增长的渠道。2010年，缴纳税金70亿元，占全市地区性财政收入的20%以上，“十一五”期间年均增长20.9%，在2006年32.7亿元的基础上超额实现了翻一番的目标。

【发展措施】 强化政府服务职能，优化企业发展环境。围绕贯彻实施《中华人民共和国中小企业促进法》《国务院关于鼓励和引导民间投资健康发展的若干意见》和实施《甘肃省促进中小企业发展条例》，制定和完善促进兰州市非公经济发展的配套政策法规。健全服务体系，搭建中小企业服务平台。继续推进中小企业服务体系建设，充分运用来自政府、社会中介组织、科研机构及大专院校、金融机构、商业性公司等多渠道社会服务资源，围绕中小企业的特色服务需求，构造市、县相互支持、互为补充的服务体系，提供多样化的服务内容。加快结构调整，促进产业优化升级。大力发展为生产和生活服务的现代物流、通讯业、公用事业、居民服务业、旅游业、咨询业、信息服务业、社会福利业等行业。形成以高新技术为先导、传统产业和制造业为支撑、服务业全面发展的产业格局。

促进产业集聚，加强专业化分工协作。重视中小企业与大企业的分工协作关系，鼓励中小企业向“专、精、特、新”方向发展，积极推进大企业（集团）与中小企业开展多种形式的经济技术合作，建立以市场配置为基础的、稳定的原材料供应、生产、销售、技术开发等方面的协作关系，逐步形成以大企业为主导、大中小企业专业化分工、产业化协作的产业组织体系。

加强合作交流，开拓国内外市场。加大对外招商引资力度，多渠道、多形式吸收外商投资，切实改善投资环境，把引进外资和引进技术、引进智力紧密结合起来，着力提高招商引资水平，扩大利用外资规模。加快中小企业出口产品由初加工产品为主向高技术含量、高附加值、深加工产品转变。

加快创新发展，提高竞争实

力。以建立和完善现代企业制度为目标，推动企业经营模式和运行机制的改革，进一步理顺政企关系，建立管理、监督、营运体系和机制，引导中小企业进行规范的公司制改革，完善法人治理结构，建立健全监督和约束机制。引进先进的管理理念、管理方法，建立科学的决策机制，逐步健全生产、质量、财务、人力资源等管理制度，使更多的中小企业转变为企业文化丰富、战略目标明确、管理方法得当、运行状态良好的先进企业。鼓励企业自主设立技术创新基金，并积极利用政府资金，引导、带动风险资本和各类社会资金支持中小企业的技术创新。

【机构改革】 2010 年 1 月 14 日，市委宣布成立兰州市工业和信息化委员会领导班子，3 月份正式挂牌，实现了原市经委、非公局和信息办三个单位人员、资产整合和职能转换，干部职工平稳过渡，各项工作有序开展，机构改革各项工作顺利完成。

【项目建设】 围绕贯彻落实市政府“百日会战抓落实百日攻坚抓项目”活动要求，加强动态项目库建设，做到纵向到底，横向到边，及时掌握项目动态信息。兰州沃尔凯平板太阳能集热器采暖热水集成系统应用、兰州大成太阳能集热发电、高效低成本单晶硅太阳能光伏发电等一批基础能源项目进展顺利。

【招商引资】 加大园区招商引资力度，做好承接东部产业转移的准备工作，改善园区软环境建设，落实各项优惠政策，促进工业园区健康发展，为中小企业提供发展平台，提高企业的聚集度。充分发挥群体产业优势，加快特色经济和县域经济发展。

【服务工作】 创业辅导、融资担保、信用服务、人才培训与交流服务、管理咨询和法律服务、信息服务、公共技术服务、市场开拓等八大中小企业服务平台建设稳步推进。2010 年，全市已建成甘肃创业中心、兰州高新区创业中心、交大科技园、联创孵化园、兰大科技园、南特孵化园、兰大留学生园、城关区科技孵化园、安宁区科技孵化园等 9 个创业基地。全市创业孵化面积达 16 万平方米，入驻企业 700 户左右。通过政府指导扶持和企业自我发展，涌现了一批初具规模、动作规范、理念先进、有一定客户群体、市场前景良好的管理咨询和培训机构，全年接受各层次培训的人员超过万人。采取多种形式，积极为中小企业搭建融资平台。2010 年，兰州地区向企业发放各类贷款余额 2359.28 亿元，比去年同期净增 352.09 亿元。

【重点企业】 年销售收入过 3 亿元的企业达到 11 户，年销售收入过千万元的企业达到 1000 户以上，科技成长型企业达到 100 户以上。随着吉利汽车兰州基地扩能改造暨六家配套企业入驻兰州空港循环经济产业园，将诞生一个年产值超过 100 亿元，集技术研发、整车制造、零部件配套及工程实验于一体的现代化汽车产业城。兰州海默科技股份有限公司在深交所创业板成功上市，成为甘肃第二家、兰州第一家在创业板上市的非公企业。

（周志帅）

旅　游

【概况】 2010 年，市委、市政府先后出台了《关于加快发展旅游业的实施意见》和《关于加快培育多元支柱产业的意见》，提出“把兰州建成丝绸之路精品旅游节点城市、西北区域旅游集散中心和中国西部重要的旅游目的地”，并把文化旅游业纳入全市经济社会发展的多元支柱产业加快培育。在随后召开的全市旅游发展大会上，进一步动员部署了全市旅游产业的发展，成立了全市旅游产业发展领导小组，制定了一系列支持旅游业发展的优惠政策措施，明确市级财政在 2011 年安排旅游发展专项资金 3000 万元，县区每年投入不少于 100 万元，在此基础上，逐年增加引导投入机制，进一步理清了发展思路，明确了发展目标，强化了政策措施。全年兰州旅游业接待旅游人数 703.2 万人次，同比增长 33.5%；实现旅游收入 37.7 亿元，同比增长 22%，超额完成省政府下达的三年翻番计划，旅游收入为全市 GDP 的 5.8%，占第三产业的 11.6%，已成为第三产业的支柱产业，旅游业呈现出健康、有序、稳步发展的良好态势。至年底，全市有星级宾馆 52 家，标准床位 2 万多张；国际、国内旅行社 145 家；旅游车（船）公司、旅游商店、餐馆 30 多家；开辟国际国内精品旅游线路 50 余条，与国内 18 个城市建立了互通客源的经济协作关系；已开放的旅游景区（点）64 处，其中 A 级旅游景区 16 处；旅游直接从业人员 2.8 万人，间接从业人数达 15 万人。

【行业管理】 2010 年，先后完善和制定了《兰州市旅游管理办法》《兰州市旅游业发展规划》《兰州市旅游安全应急预案》《兰州市旅行社业务年检考核办法》、《兰州市旅行社变更备案制度》和《加强旅行社市场监管的规定》等一系列行业管理规章。旅游企业的经营行为和从业人员的服务行为得到了进一步规范。全年网上上传 145 家旅行社统计年报，汇总190家旅游企业财务年报，复核53家星级饭店，复核A级旅游景区10家，创建3A级旅游景区3家、2A级3家，换发153家旅行社的经营许可证及质量保证金的清退、缴存备案登记，年审导游人员1300多人，对三年不参加年审的导游人员做出了取消导游IC卡的处理，进一步加强了对导游人员的管理。通过行业协会组织旅游企业共同制订旅游诚信公约，发布《文明旅游倡议书》，开展“诚信经营承诺”等活动，抵制恶意竞争，虚假广告宣传，价格欺诈等失信行为。在各项活动中设立畅通的举报渠道，加强对旅游企业和从业人员的监督管理，依法对严重的失信行为进行惩戒。积极推进诚信旅游活动的全面开展，并从提高饭店服务质量、导游人员服务水平和旅行社旅游合同执行情况等工作入手，积极开展服务质量提升活动。在全省旅游“三年翻番与质量提升计划”表彰大会上，兰州市人民政府、城关区人民政府、安宁区旅游局、甘肃阳光大酒店、甘肃康辉国际旅行社、甘肃兰神国际旅行社有限责任公司、兰州春光旅行社、甘肃长城旅行社有限责任公司、甘肃兰铁国际旅行社有限公司、甘肃丝绸之路国际旅行社、兰州塞纳河文化传播有限公司等被评为先进单位，刘刚、汉玉春、钱文君、吴爱华、云春雷、封奎江被评为先进个人。在全省导游大赛和旅游星级饭店服务技能选拔赛中，兰州市选手获普通话组第一名，英语组第二名，团体总分第一。在旅游星级饭店服务技能选拔赛中，获中式铺床第一名和团体二等奖，市旅游局获“优秀组织奖”。

【项目开发】 2010年，投入旅游建设的资金达10亿多元，除正在建设的青城古镇和鲁土司衙门世行贷款项目、什川梨园生态旅游区项目、安宁仁寿山农业观光生态园等项目外，还精心筛选出了符合旅游产业政策扶持的“兰州游客服务中心”、兰州水车博览园（二期)工程建设、官滩沟森林欢乐谷（森林公园）和金帝顺生态运动四大重点旅游项目，加紧筹备建设。凝炼入库旅游项目46项，投资额约40亿元，其中：上亿元项目17个，5000万至1亿元项目7个，1000万至5000万元项目13个，500万至1000万元项目8个，500万元以下项目1个。向省发改委、省旅游局上报5个重点项目。以奖代补建设了19座旅游星级厕所，进一步完善了旅游基础设施。

【市场拓展】 一是借助各类媒体功能，放大了兰州旅游宣传效应。分别在CCTV-4《中国新闻》、兰州电视台《游遍天下》、《甘肃新闻》和旅游卫视栏目插播兰州城市旅游形象宣传片；在《中国自驾游》、西部之旅《兰州旅游》等杂志专刊宣传促销兰州旅游；在《读者》杂志上刊登兰州旅游宣传彩页；与国航合作在抵兰航班上播放兰州旅游宣传片；与兰州电视台合作开展“围绕兰州旅游规划谈发展”和“发展兰—白旅游经济圈”电视访谈节目。二是加强旅游户外广告的宣传。在中川机场到达厅文化长廊、兰州火车站、高速公路显要位置设立大型兰州旅游宣传广告牌和重点旅游景区引导牌，加深来兰游客对城市旅游的印象。三是先后组织150家多旅游企业参加了“2010年中国(重庆)国内旅游交易会”“第十四届东西部合作与贸易洽谈会”“2010上海国际旅游博览论坛”等“旅交会”，发放旅游宣传资料4万多份，提升了兰州旅游知名度。四是为进一步提高兰州旅游的知名度和吸引力，开展了“全国百城世博旅游宣传推广周暨观世博·游丝路”兰州主会场大型宣传推广活动、“兰洽会”旅游宣传展示展销和“全省旅游发展大会暨世界旅游日大型宣传活动”。同时在整合市、县、乡（镇)各类资源要素基础上，精心策划，举办了兰州什川梨花节、兰州苦水玫瑰旅游节、兰州青城民俗旅游文化节、兰州安宁桃花旅游节等节会。全年组织旅游企业参加各类节会300家次，发放景区免费门票1.3万余张，发放旅游消费券18万多张，推出了以兰州为支撑点的甘肃丝绸之路精品游，兰州至九寨回藏风情、草原风光游和兰州、永靖、景泰黄河风情游三大强势品牌，这三大品牌较上年接待游客提高10%以上，节会效应显著。

【质量监督】 2010年，对旅游星级宾馆、旅游景区(点)等人员密集场所安全疏散通道、安全出口是否安全畅通等问题，特别是把旅行社的责任保险，星级宾馆的消防安全、旅游汽车公司的车辆运输安全、旅游景区(点)的安全秩序作为重点检查内容。全年检查旅游团队140个、旅游车辆170多辆次、带队导游163名、组团旅行社26家、旅行社门市100多个，对查出的旅游违规经营、导游人员无合法证件、无正当手续从事导游的、借用他人导游证的和擅自增减旅游项目的违规行为，依法严肃处理，有效规范了旅游市场秩序。受理旅游投诉案件27起，按照国家旅游投诉管理办法，均依法进行了处理，结案率100%，维护了旅游者和旅游经营者的合法权益。

【行业培训】 为适应全市旅游业加快发展对人才的实际需求，开展了旅游人才调查摸底，基本摸清了全市各类旅游人才的分布、规模和智力状况，研究分析了旅游人才资源规律和特点，建立了全市旅游人才库，健全了旅游培训机制。全市分布于旅游星级饭店、旅行社、景区景点、旅游交通及旅游商店的从业人员有3.5万多人，其中在兰注册导游3188人。在调查摸底基础上，重点对在兰注册的导游人员、景区讲解员和“农家乐”从业人员进行了集中培训，其中：举办导游培训班10期，受训导游人员2010名，组织景区讲解员培训班4期，受训讲解员70人，组织培训“农家乐”服务人员35人。

【旅游商品】 2010年，全市旅游商品的研发力度进一步加大，逐步形成以塞纳河旅游工艺品、陇萃堂土特产品、三和彩陶雕塑、牛肉面大王清真食品、苦水玫瑰精油系列产品为代表的旅游商品体系。在浙江义乌举办的中国国际旅游商品博览会上，推荐了30多个品种，其中塞纳河文化丝巾获得金奖，九香玫瑰产品获得银奖。旅游商品研发呈现出向特色化、精细化、个性化发展的趋势。

【旅游线路】 经过三十年的培育和开发，兰州市已开通比较成熟的旅游线路有：

1. 国际旅游线路4条：①港澳新马泰游；②欧洲11国游；③日韩游；④俄罗斯游。

2. 国内旅游线路20条：①兰州—嘉峪关—敦煌—乌鲁木齐游；②兰州—西宁—塔尔寺—日月山—青海湖—格尔木—拉萨游；③兰州—拉卜楞寺—桑科草原—冶里关—九寨沟—黄龙游；④兰州—华东五市—黄山—千岛湖—普陀游；⑤兰州—广州—深圳—珠海—海口—三亚游；⑥兰州—昆明—大理—丽江—版纳游；⑦兰州—厦门—鼓浪屿—集美—福州—武夷山游；⑧兰州—成都—乐山—峨眉山—都江堰—蜀南竹海游；⑨兰州—云台山—洛阳—龙门石窟—少林寺—开封游；⑩兰州—青岛—威海—蓬莱—烟台—大连游；⑪兰州—青岛—济南—曲阜—泰安游；⑫兰州—武汉—重庆—长江三峡—小三峡游；⑬兰州—庐山—井冈山—南昌—鄱阳湖—景德镇游；⑭兰州—少林寺—云台山—龙门石窟—洛阳—郑州—开封游；⑮兰州—太白山—法门寺—宝鸡—西安—华山—兵马俑游；⑯兰州—桂林—漓江—阳朔—南宁—北海游；⑰兰州—大连—沈阳—长春—哈尔滨—镜泊湖—满洲里游；⑱兰州—太原—平遥古城—五台山—大同—北京—天津游；⑲兰州—长沙—韶山—张家界游；⑳兰州—银川—沙湖—沙坡头—西部影视城游。

3. 省内旅游线路12条：

（1）市内6条旅游线路：①都市黄河风情—白塔山—兰州碑林—水车博览园—黄河母亲—省博物馆一日游；②五泉山—兰山—八路军办事处—市博物馆一日游；③青城古镇—什川旅游区一日游；④和平牡丹园—兴隆山—官磨沟—官滩沟一日游；⑤石佛沟国家森林公园—云顶风景区一日游；⑥引大入秦—鲁土司衙门—吐鲁沟国家森林公园二日游。

（2）市外6条旅游线路：①西线—兰州至敦煌丝绸之路大漠风情游；②南线—兰州至甘南民俗风情、草原风光游；③东线—兰州至天水丝路胜迹、寻根访祖游；④北线—兰州至白银黄河奇观、石林探险游；⑤东北线—兰州至平凉道教胜地、黄河风情游；⑥东南线—兰州至陇南自然风光天池溶洞游。

【旅游景区景点】 兰州旅游资源丰富，种类多样，具有三大特色。一是以丝路文化、黄河文化、民俗文化和现代文明为代表的人文资源；二是以独具特色的西部自然风光为特点的自然资源，有高山草原，丹霞地貌奇观，更有穿城而过的黄河风光；三是以回、藏、裕固、东乡等少数民族浓郁风情为特色的民族风情资源。

1. 五泉山公园；2. 白塔山公园；3. 仁寿山公园；4. 甘肃省博物馆；5. 兰州市博物馆；6. 鲁土司衙门；7. 什川生态旅游度假区；8. 兴隆山国家级自然保护区；9. 吐鲁沟；10. 徐家山；11. 兰山公园；12. 五一山；13. 西部欢乐园；14. 引大入秦水利工程；15. 八路军驻兰办事处纪念馆；16. 兰州水车博览园；17. 兰州碑林；18. 龙源；19. 中山桥；20. 黄河母亲雕像。

【星级饭店】 阳光大厦/锦江阳光酒店/飞天大酒店/西兰国际大酒店/金轮宾馆/兰州饭店/兰州空港酒店/蓝宝石大酒店/甘肃温泉大酒店/友谊宾馆/金城宾馆/西北宾馆/新世纪酒店/东方大酒店/胜利宾馆/兰州海天宾馆/中山宾馆/兰州石油大厦/华辰大厦/紫荆花酒店/华瑞大厦/兰州大厦/泰达商务酒店/华晨宾馆/迎宾饭店/昆仑宾馆/甘肃国际大酒店/农垦宾馆/职工大厦/人民饭店/金百合宾馆/农发行培训中心/榆中名园娱乐会所/榆中兴隆山宾馆/兰州四方酒店/兰州庆阳大厦/西湖大厦/华宇宾馆/虹云宾馆/铁道宾馆/雅居楼饭店/中林宾馆/永登电力宾馆/景华大酒店/金安培训中心/兰州连海宾馆/石油科技宾馆/西苑宾馆/海星宾馆/大桥饭店/省体委接待站/桃海科技宾馆。

【旅行社】 甘肃丝绸之路国际旅行社/甘肃省中国旅行社/甘肃

省中国青年旅行社/甘肃妇女国际旅行社/兰州招商国际旅行社/甘肃康辉国际旅行社/甘肃兰铁国际旅行社/甘肃海外旅行社/甘肃省中国国际旅行社/甘肃省职工国际旅行社/甘肃华辰国际旅行社/甘肃兰神国际旅行社/甘肃西部旅行社/甘肃森林沙漠国际旅行社/甘肃金桥旅行社/甘肃天桥旅行社/兰州假日国际旅行社/甘肃华夏旅行社/兰州文化旅行社/兰州华联旅行社/甘肃金色假期旅行社/兰州春光旅行社/甘肃幸福快车旅行社/兰州天涯旅行社/兰州利达旅行社/甘肃金辉旅行社/兰州天马旅行社/兰州休闲旅行社/兰州顺达旅行社/甘肃山水旅行社/兰州原野旅行社/兰州陇上行旅行社/甘肃绿野旅行社/甘肃快乐之行旅行社/甘肃国泰国际旅行社/兰州远方旅行社/甘肃西域旅行社/甘肃长城旅行社/甘肃中苑旅行社/甘肃省科技旅行社/兰州职工旅行社/甘肃西兰旅行社/兰州神州旅行社/甘肃黄河风情旅游公司/兰州银河旅行社/甘肃世桦旅行社有限公司/兰州新时尚旅行社/甘肃新中旅行社/甘肃丝路观光旅行社/兰州市天下游旅行社/兰州海洋旅行社/兰州教育旅行社/甘肃安翔旅行社/甘肃恒信假期旅行社/甘肃光大旅行社/甘肃星辰旅行社/甘肃新利华旅行社/甘肃尚格旅行社/兰州凯撒国际旅行社/兰州嘉禾旅行社/甘肃高原旅行社/甘肃大自然旅行社/兰州艾米丽穆斯林旅行社/兰州黄河明珠旅行社/甘肃龙之旅旅行社/甘肃保利国际旅行社/甘肃金太阳旅行社/甘肃艺龙旅行社/兰州铁道大西北旅行社/兰州千禧之旅旅行社/兰州圣地阳光旅行社/兰州翱翔之旅国际旅行社/黄河石文化旅行社/甘肃飞龙旅行社/甘肃天河旅行社/甘肃国际体育旅行社/兰州丝路国际旅行社/甘肃新世纪旅行社/甘肃华欧旅行社/甘肃太阳旅行社/兰州新闻旅行社/甘肃美桥旅行社/甘肃中信旅行社/兰州春秋旅行社/兰州畅游天下旅行社/甘肃万通旅行社/甘肃方舟旅行社/兰州花雨旅行社/兰州海天旅行社/兰州新干线旅行社/兰州飞天旅行社/兰州金色大漠旅行社/甘肃行家旅行社/甘肃金岛旅行社/兰州风光旅行社/甘肃格桑花旅行社/甘肃五洲国际旅行社/兰州爱华旅行社/甘肃田园旅行社/兰州四季行旅行社/甘肃黄河源旅行社/甘肃龙源国际旅行社/兰州宝中国际旅行社/兰州世达旅行社/兰州九天旅行社/甘肃洮河森林旅行社/甘肃小草旅行社/甘肃万嘉旅行社/兰州交通旅行社/兰州龙行天下旅行社/兰州君悦之旅旅行社/兰州天天游国际旅行社/甘肃富辉旅行社/甘肃幸运旅行社/兰州嘉诚旅行社/甘肃云鼎旅行社/甘肃老年之家旅行社/甘肃景程旅行社/兰州新视野旅行社/甘肃明珠国际旅行社/兰州好时光旅行社/甘肃华唐旅行社/兰州祥云之旅旅行社/甘肃方圆旅行社/兰州水之韵旅行社/甘肃春之旅旅行社/兰州沁园春旅行社/甘肃东西旅行社/甘肃今日旅行社/甘肃金龙旅行社/兰州爱之旅旅行社/甘肃新里程旅行社/甘肃五环旅行社/兰州华凯旅行社/甘肃寻梦香巴拉旅行社/华夏飞天国际旅行社/甘肃美云假期旅行社/甘肃国之旅旅行社/甘肃华航旅行社/甘肃嘉恒国际旅行社/兰州国宾旅行社/甘肃云河国际旅行社/兰州天畅旅行社/兰州春天旅行社/兰州星海旅行社/甘肃帅达旅行社/甘肃金泰和旅行社/兰州新青年旅行社/兰州芃源旅行社/甘肃康桥旅行社/甘肃致远旅行社/兰州康隆旅行社/兰州市华展旅行社/甘肃中汇国际旅行社/甘肃凯圣旅行社/甘肃中侨国际旅行社/兰州星广电旅行社/兰州绿昌原旅行社/甘肃晋商国际旅行社/甘肃平安国际旅行社/甘肃太和国际旅行社/兰州远大国际旅行社/兰州宏泰国际旅行社/甘肃卓越国际旅行社/兰州阳光假日国际旅行社。

（钱文君）

粮　食

【概况】 兰州市是一个粮食纯消费型城市，年粮食产量7亿斤左右，年13亿斤粮食缺口都需从山东、河北、河南、安徽以及东北三省等粮食主产区购进，粮食供需对外依存度高。兰州市主要粮油商品的消费结构比例为面粉：大米：小杂粮55：40：5，全市食用油消费年需3亿斤左右。兰州市有粮食经营户2300多家，全市粮食行业从业人员2万余人。

【经济目标】 全市购进粮油15.15亿斤，占年度目标15亿斤的101%；全市销售粮油15.13亿斤，实现销售收入25.2亿元，占目标25亿元的101%。全系统实际亏损143万元，同比减亏51%，其中三县亏损126万元，市属15户国有控股、参股粮食企业扭亏增盈面达到了70%以上。全市销售千吨以上粮油品牌达到52个，省级以上名优粮油品牌市场占有率达65%以上。

【项目建设】 焦家湾粮库扩建改造项目，确定兰州小二黑食品有限公司为投资方，通过职代会和股代会后，资产重组和扩建改造项目合作协议正式签订，首批6500万元资金已经到位，11月16日，举行正式开工奠基仪式。投资6850万元的兰州昌盛植物油公司新厂建设项目，完成了厂房建设和大部分设备安装。总投资4330万元的“兰州粮油食品连锁配送物流扩建项目”，与天水昌盛食品有限公司正式签订了《合作协议书》，引资2000万元，主食厨房加工中心主体已封顶，雁宁路方鑫粮店正式开业运营；花庄粮库2.5万吨仓房建设项目，获得国家拉动内需资金支持500万元，并于12月9日正式开工建设。

【市场监管】 2010年，进一步健全执法体系，市粮食稽查支队在焦家湾、西部综合粮油批发市场和红古区设立了工作联络办公室，陆续开展了十大专项整治、食用植物油、粮食收购市场、远郊县区、面粉添加剂等专项整治活动。加强粮食法制宣传力度，累计散发宣传资料2万多份，悬挂横幅36条，现场接受群众咨询1000多人次，提高了市民的粮油质量安全意识。今年，对全市粮油零售经营网点进行了调查摸底，截至年底，全市约有经营网点2300户，办理《粮食收购许可证》28家。坚持每季度抽检和质量发布制度，营造全社会管粮的良好氛围。工作中注重与工商、质检、食药等相关部门的工作配合与协调，全年出动执法车辆542辆次，执法人员2104人次，检查经营网点4202户，累计抽检样品140个批次，处理举报投诉3起，行政处罚案件40件，全市粮油市场面粉、食用油合格率分别达到了95%和90%以上。兰州市粮食局连续第五年被国家粮食局评为“全国粮食流通监督检查工作先进单位”。

【仓储管理】 积极加大仓储设施投入，不断改善储粮设施条件。建立健全储备粮油的质量档案，广泛运用各类科学绿色保粮新技术，提高科学保粮率，确保储粮安全。开展了粮油仓储企业规范化管理活动，全市5户仓储企业全部被省粮食局评定为省级“优秀”等次，其中土门墩粮库被国家粮食局评为“全国粮食仓储规范化管理先进企业”。开展了春秋两季粮油普查工作和库存清查工作，全市各级储备粮油账实相符、储存完好，“一符四无”率达到了100%。对2010年轮换情况进行了摸底调查。加强对政策性粮食竞价销售情况的检查，对2009年底小西坪粮库国家临时储备粮出库情况和榆中储备库玉米进行了检查。兰州市粮食行业协会被中国粮食行业协会评为“2007—2010年度全国粮食行业协会先进单位”。

【应急保障】 2010年，甘肃省甘南、陇南等地区相继发生暴雨、泥石流等严重自然灾害后，全市粮食系统紧急动员，昼夜加班加点调集救灾粮源、物资，按时完成了上级下达的各项应急救灾任务。“8·8”舟曲特大洪水泥石流地质灾害发生后，多次组织市军粮供应服务中心为抢险救援的兰州军区、武警部队实施粮油后勤伴随保障，调集运送粮油、方便食品、慰问食品、饮用水等各类救灾物资；按照省局安排部署，紧急组织兰州市小西坪国家粮食储备库有限公司和甘肃新红梅粮油工贸有限公司昼夜生产出库，在规定时间将240吨应急救灾面粉运往灾区。陇南局部地区特大暴雨灾害发生后，又紧急筹措调运价值52万元的粮油食品送往成县等灾区。兰州市军粮供应服务中心被国家粮食局、财政部、总后勤部评为“全国军粮供应管理工作先进单位”。

【保供稳价】 积极做好粮油购销经营工作，采取灵活多样的购销经营模式，抓购促销，努力提高经营效益，确保全市粮油市场供应和价格稳定。认真贯彻落实国家和省市政府“稳定消费价格总水平，保障群众基本生活”安排部署，认真做好保供稳价各项工作，制订下发了《关于认真做好保障市场粮油供应，稳定价格水平的通知》，对全市范围内的各级各类储存粮油的质量、卫生、轮换、政策性粮食补贴拨付以及管理情况进行了检查；深入全市三大粮油批发市场、粮油收储企业、加工企业、零售企业等，对全市粮油购销存和价格变化情况进行调查摸底；认真开展最低最高库存量核查工作，全年核定并检查履行最高库存238户。认真做好《兰州市粮油应急保障预案》的各项准备工作，落实好人员、设备、物资等；与省粮食局联合在全市设立了80个“优惠面粉直销点”，促使全市面粉价格下调，受到国家督导组的充分肯定。履行全社会粮食统计职责，执行粮油价格周报制和购销存旬报制度，在11月份启动了社会粮食和购销存周报制，为领导决策提供依据。

（焦遂轩）

供　销

【概况】 2010年，全市供销系统坚持为农服务宗旨，以项目带发展，加快推进“新网工程”建设，积极参与农业产业化经营，拓展城市供销社新兴业务领域，各项工作取得了新的进展。全年实现商品销售总额13.6亿元，同比增长24.6%；收购小杂粮、蔬菜、水果、玫瑰花蕾、羊毛等各类农副产品总值8354万元，同比增长25.4%;利润总额9.8万元，同比增长2.4倍；实现社会消费品零售总额7.94亿元；项目建设投资额1.05亿元；上缴

税费1141万元；发展专业合作社15个，并完成工商注册登记；创建示范专业合作社4个；建立各类行业、专业协会15个；新建、改造综合服务社126个；改组、改造、恢复、重建基层社3个；培训农民11940人，培训农产品经纪人1282人。

【农资供应】 2010年，农资市场货紧价扬，由买方市场转为卖方市场。面对严峻的农资经营形势，全社系统克服困难，积极应对，基本满足了农业需求。一是早动手早准备。各农资经营单位按照“省内不足省外调，大化肥不足小化肥补”的工作思路，积极与宁夏等地化肥生产企业联系签订购货协定，确保春耕农资需求。二是从各金融单位筹措资金的同时，采取职工集资、经营大户预付货款等多种方式筹措经营资金5000余万元，基本保证了春耕农资购进资金需要。三是加大小化肥和替代肥购进力度。四是加大统配力度，降低经营费用。按照“联购分销、统一配送”的经营思路，各经营单位采取联合订货购进，一站式配送到经营网点的经营方式，减少中间环节，降低流通费用。同时为方便群众购买，各连锁经营网点普遍延长经营时间，还采取“大篷车”下乡进村、上门到户的方式，对需求大户、产需集中区集中配送。五是全力搞好供应和服务。全系统各农资经营企业大力开展送农资、送技术下乡活动，满足农民对农资商品和技术的新要求。同时开展测土施肥、配方用药、技术咨询等服务，既满足了农民的需求，也降低了农民的种植成本。六是确保商品质量，杜绝假冒伪劣农资商品进入农村市场。严把进货质量关，建立、健全农资商品进、销货台账管理制度，确保农资商品来得明白，去得清楚。七是微利销售。在化肥生产原材料供应紧张，价格上涨等情况下，坚持微利销售，让利于广大农民。全年全系统供应化肥132430标吨，农膜251吨，农药136.7吨，实现农业生产资料供应总值1.3亿元。

【流通网点建设】 截至2010年底，依托“万村千乡市场工程”和“新网工程”，建成日用消费品配送中心4个，农资配送中心7个，农家店、农资店689个，村级覆盖率达到92%。一是构建农村流通网络，通过“改造、提升、整合、优化”传统经营网络，以连锁经营方式构筑日用消费品现代经营网络，扩大服务覆盖面，改造和新建综合服务社126个。二是以分拣加工中心建设为重点，城区站点进社区、农村乡镇建区域回收中心的建设思路，加快发展再生资源回收利用网络。全系统已建成覆盖3县5区的回收经营网点289个，综合性废旧物资交易市场2个，废旧电子产品专业交易市场1个，加工分拣中心4个，改造、新建乡镇区域回收中心4个。全社直属市回收公司作为兰州市再生资源回收体系建设试点工作实施企业，进一步加大了建设再生资源回收经营网络工作力度，已建成标准化社区绿色回收网点51个，正在建设待验收的47个，再生资源回收经营网络体系初具规模。

【资产经营】 不断推进社属企业改革，加强社有资产监管。结合社属企业改革现状和实际情况，制定下发了《社属企业改制实施方案》，进一步推进、完善社属企业改制工作。将社有资产管理纳入直属各公司综合业绩考核目标。2010年，直属公司固定资产原值增加967万元。针对社有资产运营过程中存在的不规范行为，为切实履行出资人职责，制定了《社有资产监管事项审批与备案办法》。依照相关规定加强企业内部审计和企业法人代表的离任审计，并检查直属各公司租赁收入。

【行业发展】 始终以服务“三农”为宗旨，不断强化和提高为农服务的质量和水平。一是全力以赴保证农资供应。全市供销系统采取多种形式便民惠民，降低成本，稳定价格，让利于民。实现农业生产资料供应总值1.3亿元，发挥了主渠道作用，保证了农业生产需求。二是坚持以服务带动发展，以发展带动建设的合作经济组织建设思路，加大各类合作经济组织的建设力度，努力拓宽服务面，充实服务内容，为农民提供多种形式的服务，提高农业组织化生产程度。截至2010年底，累计建设各类农产品行业协会120个，专业合作社76个，村级综合服务社252个。三是以在设施农业、特色农业集中区从事农业生产经营的农民、种养业能手、科技带头人、农村经纪人等农村实用人才为培训重点，采取集中办班、现场指导、分散培训等方式，以产前、产中、产后关键技术和标准化操作规程以及农产品质量安全、农业信息化实用技术、无公害农产品、国家对农业产业化的优惠政策等内容为重点进行培训。年内举办各类农民培训班22期，培训农民11940人，农民经纪人1282人。四是根据区域特色办好标准化示范基地。把建设特色商品基地作为农业增效、农民增收的重要抓手，将发展商品基地作为为农服务、引导农民产业化经营的主要方面全力推进，积极组织农民开展标准化生产和品牌化经营，不断提高地方特色商品基地示范带动作用。2010年新建3.7万亩商品基地。五是积极参与平抑蔬菜价格行动，在城区设立蔬菜直销点11个，从永登、榆中、武山、甘谷等地田间地头直接收购，先后组织白菜、土豆、番瓜、蒜苗等11.4万斤，以低于市场价的价格销售，受到市民欢迎。金达集团建成了520平方米的恒温保鲜库，“金达”标识申请了国家注册。六是市果品公司开展了静宁苹果、陇南茶叶等地产农副土特产品购销业务，并实施“兴社”果蔬品牌培育，已向国家工商总局申报注册商标。

【项目建设】 把握国家和省、市关于新农村建设、“新网工程”建设、农业综合开发等政策导向，论证储备了一批市场前景广、产业发展好的项目，建立市供销社系统项目储备库，并实行动态管理。2010年入库项目13个，出库项目10个；截至年底，储备项目61个，投资额近12亿元。2010年，全社系统建设项目24个，其中建成项目10个，在建项目14个。全社直属市回收公司投资1800余万元建成的CRT电视机屏锥分离处理、塑料机壳粉碎、废电线粉碎、电视机八工位拆解及全电脑控制的废旧冰箱处理等五条生产线，填补了甘肃乃至西北地区对废旧电视机、空调、冰箱、洗衣机、电脑等“四机一脑”电子废弃物进行专业拆解和无害化处理的空白，同时也被确定为兰州市行政事业单位废旧电子产品处理企业。由市财政投资322.5万元、市供销社建设的兰州合作经济网项目完成了可行性研究报告和市项目投资评审中心评审，经市发改委批复同意建设。市金穗农资公司发挥自身优势，开展与社会企业和资本的合作，共同投资建成年产5万吨有机肥生产项目。

（韩秦豫）

烟草专卖

【概况】 中国烟草总公司甘肃省公司兰州分公司成立于1985年2月1日。同年8月5日，甘肃省烟草专卖局兰州分局成立。2006年10月，根据甘肃省烟草专卖局的批复，甘肃省烟草兰州公司更名为甘肃省烟草公司兰州市烟草专卖局(公司)；11月，甘肃省烟草专卖局兰州分局更名为兰州市烟草专卖局。截至2010年底，兰州市烟草专卖局(公司)下辖城关、七里河、西固、安宁、红古、榆中、皋兰、永登8个县(区)烟草专卖局(营销部)，从业人员581人。2010年兰州市局(公司)卷烟销量15.5万箱，单箱销售额1.85万元；实现税利6亿元。经济运行质量明显提升，企业发展实力持续增强。

【专卖管理】 2010年，市局充分发挥县级局主体作用，有效维护市场秩序。积极开展卷烟市场专项治理行动，联合公安、工商部门加强对无证户的查处力度，辖区市场基本杜绝了无证公开摆卖和无证沿街兜售现象。全年查处各类违法案件14216起，案(标)值435.21万元。继续发挥“12313”投诉举报电话作用，提高市场管理的针对性和有效性。深入推进行政执法责任制，专卖执法水平进一步提高。进一步规范行政许可，完善烟草专卖零售许可证的审批办理程序。市局重新制定了卷烟零售点合理布局听证实施方案的指导意见，对合理化布局要求进行了细化完善，切合当前许可证办理工作的实际需求。

【打假打私】 2010年，兰州市局继续保持卷烟打假的高压态势，不断加大追刑力度，严厉打击涉烟犯罪行为，建立并逐步完善公、检、法、烟草等多部门的打假联合机制，打假破网工作取得重大突破。成功破获“6·30”制售贩销假冒卷烟案件，7名犯罪嫌疑人被依

全国卷烟销售网络建设工作现场会暨“532”“416”知名品牌培育培训动员会

法判刑，主犯黄某被判处有期徒刑15年，处罚金700万元，其余涉案人员分别被判处1—3年有期徒刑。“6·30”制售贩销假冒卷烟网络案件涉案金额达1100余万元，是全省烟草系统历史上查获的最大一起卷烟网络案件。

【营销网络建设】　2010年，兰州市烟草专卖局(公司)紧紧围绕国家局、省局工作部署，着力提升卷烟销售营销网建工作水平。一是围绕“客户、品牌、市场”三个要点，按照“分析、计划、实施、评估、改进”五个步骤，大力开展“135”工作法体系建设工作，确立建设“平等互利、长期合作、共同发展”的新型客我关系的营销工作主线，系统开展服务营销活动。2010年9月26日，国家局在兰州市召开全国卷烟销售网络建设现场会，大会对兰州市烟草专卖局(公司)“135”工作法进行了现场推广，此工作法得到了国家局领导以及各省代表的一致肯定。二是按照“坚持市场导向，积极发挥卷烟流通企业培育品牌的引领作用”的要求，把尊重市场与引领市场有机统一起来。紧紧围绕国家局“532”“461”品牌战略，结合兰州地域实际，把全国知名度高、市场潜力大的“中华”、新版“利群”、软珍品“云烟”“芙蓉王”等品牌作为培育重点。更加注重全国销量前15位和销售收入前15位的知名品牌的培育，不断扩大知名品牌的市场份额。三是发展电子商务，推进服务信息化进程。2010年，在前期网上订货工作开展的基础上，积极引进“新商盟”软件，并加以推广。截至年底，新商盟客户已经达到10173户，网上订货客户比重超过全市零售客户总数的74%，以网上订货为主、电话订货为辅的新的业务模式已逐渐形成。

【企业管理】　2010年，兰州市局(公司)不断丰富和完善管理方法，提升企业管理水平。一是积极推进质量管理体系平台建设。年内顺利通过省局(公司)组织的二方审核以及国家局组织的行业审核。同时，不断延伸和丰富管理目标，建立“指标分解到部门，任务落实到岗位，课题统筹到市局”的三级对标机制，深入开展对标管理。二是按照“重心下移、着眼基层、突出服务、加强基础”的工作方针，以基层班子建设为龙头，以队伍建设为核心，以提升专销两项工作水平为主导，积极开展优秀县级局和县级营销部创建活动。三是努力提高内部规范水平。认真落实“四员互动与双向监管”工作机制，监管重点更为明确，工作效率明显提升，各项资料整理规范。加强了内部监管的专项考核工作，进一步健全了专卖内管长效机制。认真开展“三项检查”工作，严密部署、严格自查、严肃整改，进一步规范了物资采购、宣传促销和工程投资行为。四是加强资金和资产管理。以全省资金监管软件上线试点为契机，提升资金监管水平。实行网上审批和纸质审批“两线并行”的方式，进一步加强对资金流向的监督，规范资金开支范围。

【企业文化】　2010年，兰州市局(公司)以“推进和谐烟草建设，打造特色兰烟文化”为主要内容，推动企业文化扎实落地。建立“三册二集一刊”的文化宣传载体，有力促进了企业的对内外宣传。注重利用声像媒介，做好日常文化宣传，拍摄兰州烟草企业文化宣传片。作为国家局确定的企业文化案例编写单位，编制了集中展示和宣传兰州烟草文化的《合聚兰烟》，对弘扬企业精神、促进员工共同进步起到了积极作用。同时，以网建现场会的召开为契机，规范应用视觉识别系统，统一了企业对外形象。

2010年11月兰州市烟草专卖局(公司)被国家烟草专卖局评为“全国烟草行业企业文化建设先进单位”。2010年12月，兰州市烟草专卖局被国家烟草专卖局、公安部联合授予“全国卷烟打假先进集体”荣誉称号。

(许令堃)

兰州海关

【概况】　1989年9月28日，经国务院批准正式成立的兰州海关，是设在甘肃的进出关境监督管理机关，依据《海关法》和其他有关法律、行政法规，监管进出境的运输工具、货物、行李物品、邮递物品和其他物品，征收关税和其他税费，查缉走私并编报海关统计和办理其他海关业务。现行机构设置有9个处级机构和1个缉私局副厅级机构。2003年3月18日，设立外派机构——兰州海关驻天水监管组，隶属现场业务处，授权办理天水市、平凉市、庆阳市和陇南市的部分海关业务。2007年10月26日，隶属兰州海关的酒泉海关开关，负责办理酒泉、嘉峪关、张掖三市企事业单位进出口海关通关业务。2010年，兰州海关完成税收38.6亿，税收征管质量处于绿色区域，各类补税达到了2.17亿元。工作成绩显著，有一名关员首次被总署记一等功，2名关员获关区三等功。

【综合治税】 在税收工作中提出“强化措施、优化征管、量质并举、提质增收”的指导思想，制定综合治税工作方案，层层分解税收指标，定期考核，通报情况；实现常态化监控，设立专岗专人每周实时监控，及时发现和整改问题；每月开展税收形势动态分析，全面掌控情况并及时调整征管措施。综合治税实现“提质增收”目标，全年完成税收38.6亿，首次突破30亿大关，提前3个月完成全年税收计划，税收征管质量处于绿色区域，各类补税达到了2.17亿元。积极开展缉私执法工作，加强执法规范化建设，严把案件质量关。开展“以打促税”专项行动，通过建立缉私情报和风险联合办公机制、缉私中队跟班作业机制、法制部门三级联动和缉私逆向监管机制，组织刑事执法调研和风险排查工作，实现关警执法联动，全年违规案件立案10起，案值6808万元，执行终结案件4起，罚没款入库170.4万元。

【通关监管】 优化监管工作机制，进一步规范监管场所，加强对大宗散货等重点涉税进出口货物的实际监控，创新查验方式，并先后30余次赴全省各地为大型进口设备实行上门验放，全年查验率达到6%，查获率为11.8%，查验补税153万元。加强风险分析和监控分析，对关区业务量大的二次报关货物加强审核监控，涉及补税189笔，补征税款1.3亿元。扎实做好旅检工作，缉私中队首次参加旅检验放任务，监管维和部队、朝觐及临时性包机58架次，验放旅客突破万人次。实际监管效能得到提升，全年进出口平均作业时间2.1小时，4小时通关率为94.4%。风险式管理效能进一步发挥，关区风险布控率为6.5%，有效率达到20.2%，风险信息线索移交处置有效率为33%，涉及补税33万元。“直属海关风险管理平台”顺利启用，网上发布各类预警分析信息200多条，完成总署指标的142%，信息应用转化为36%，为通关现场、后续稽查、企业管理等工作的开展提供了有力的信息支持。

【综合监管体系建设】 2010年，将构建海关大监管体系作为优化海关监管和服务的重要载体，加强企业分类评审、风险参数设置、规范申报、报关单证现场审核与批量复核、严密实际监管等环节。适应分类通关需要，调整业务运行作业流程和部门职责分工，实行职能管理与现场执行相分离。出口分类通关于9月份正式启动，审核出口报关单107份，高低风险比例达到总署80：20的要求，业务运行顺畅。积极推进关警融合，组建了风险情报中心和缉私中队，在稽查、现场、旅检等业务工作一线实现跟班作业和全面联动作业。实现企业稽查、核查、加工贸易中后期核查“三查合一”，全年稽查、核查企业45家，发现违规、追补税6起，查获率3%，移交缉私部门案件线索6起，稽查补税805万元。

【社会服务】 积极贯彻落实国务院关于支持甘肃经济社会发展政策措施，执行总署新一轮深入实施西部大开发部署，不断优化海关职能，提升服务区域经济发展水平。研究制定了支持甘肃经济发展的《意见》12条具体措施，加大海关监测预警、建言献策力度，全年向地方政府及有关部门提供数据10万多条，报送各类统计分析文章40余篇；为支持地方口岸建设和扩大对外开放平台，先后就甘肃省关中—天水区规划、藏区经济发展、循环经济发展、核能源基地建设以及甘肃发展保税加工和保税物流问题，提供7篇海关合理化建议。深入开展“送政策、解难题、促发展”海关服务行活动，开通“12360”海关服务热线，举办赴企业政策宣讲会十余次，召集省内有关口岸单位专题联系沟通会议，协调组织全省和各地州市商务局培训企业310家500人次，帮助解决企业实际困难。指导帮助企事业单位充分理解运用国家优惠政策，高效办理减免税审批和相关手续，审批减免税1.4亿元。

【舟曲抗灾救灾】 8月，甘南州舟曲县发生特大山洪泥石流灾害，兰州海关全面落实省委省政府关于抢险救灾的工作部署，认真做好应急处置工作，迅速排查甘南藏族自治州进出口情况，为企业进出口业务及救灾物资进口做好海关通关服务。组织全关区广大干部职工开展“送温暖、献爱心”捐助活动，捐款7.2万元。联系协调海关系统，举办了海关总署支援甘肃灾区救灾物资捐赠活动，捐赠了价值360万元的援助物资。

【机关建设】 2010年，开展了“基础和作风建设年”活动，全面加强内部管理，明确“坚持标准、强基固本、规范优化、提质增效”的工作思路，在“严格、规范、精细、落实”上下功夫，着力完善管理体系。研究“三定”方案，按照三级事权的要求，梳理各审批事项、部门职责权限，充分利用网上职能管理平台和应用系统，理顺综合协调职能，完善关区部门间会商

解决机制，协调和解决工作中的各类问题，机关工作运行更加顺畅。

以“创先争优”活动为载体，创建3个党建示范点和5个党员示范岗，努力营造岗位争先进、业务争一流、人人争优秀的良好局面。把准军事化要求融入到日常管理中，建立内务规范每月督查通报制度，整理修订了40余项管理办法，全面规范政务运转、内务管理、行政管理工作秩序。完成了《一线岗位操作手册》，涵盖75个业务岗位，合计21万字，于7月起正式执行；并围绕《手册》组织学习和考核，合格率100%；初步建立了各业务岗位考核指标体系并纳入年度目标管理；健全了业务环节操作规范，完善大宗散货管理、“二次报关”、重要行政行为审查备案等业务管理办法，建立了业务“日清、周审、月查、季核”的复核监控措施。年内计有11个集体、46名干部受到立功嘉奖和表彰；先后提拔使用8名处级领导干部，14名科级干部，调整交流了18名处科级领导干部，晋升了一批科级非领导职务。

围绕《领导干部廉洁从政若干准则》，开展各级领导干部对落实海关各项廉洁自律规定的全面自查和检查，将党风廉政建设与业务建设紧密结合，全面推进惩治和预防腐败体系建设，积极防控两大风险，反腐倡廉工作取得了新成效。明确内控各环节工作任务，针对排查确定的43个廉政风险节点，逐项落实防范控制措施；有针对性地完善非执法领域风险防范的工作制度和日常复核监控措施；开展了内控建设的专项督察和分析评估，解决存在的问题，强化了风险防控机制。以推广应用HL2008系统为契机，提高各部门掌控风险、发现风险、预警风险的能力，发挥了系统的预警监督作用。落实党风廉政建设责任制，反腐倡廉四项教育和廉政警示教育月活动内容丰富，教育引导作用明显；聘用了廉政行风监督员，加强行风建设；推动政务公开，增强执法的透明度。党风廉政建设和反腐败工作继续保持未出现违法违规事件的良好局面。

（汪小刚）

财政·金融·保险·监管

财　政

【概况】　2010年，兰州市财政部门认真落实“1355”总体发展思路和“再造兰州”战略，按照“打好六大战役、实现六个突破”和“抓发展、治污染、拓空间、畅交通、强管理、提效能、保民生、促和谐”的工作部署，实现了目标任务，促进了全市经济发展、民生改善和社会稳定。兰州市地区性财政收入实现304亿元，增长19.36%；地方财政总收入完成131.8亿元，增长39.52%；全市一般预算收入实现72.76亿元，完成目标任务62亿元的117.35%，增长27.56%。全市一般预算支出146.93亿元，增长22.61%；其中市级支出69.09亿元，完成目标任务54亿元的129.94%，增长51.14%。

【促进经济增长】　贯彻落实“再造兰州”战略，投入3.1亿元用于前期启动和土地储备，全力保障新区建设顺利展开。统筹安排6.4亿元，实施扶优扶强、挖潜改造、振兴装备制造业、出城入园等“一揽子”帮扶企业政策措施，综合运用贷款贴息、奖励、补助等多种方式，引导、支持各类企业发展壮大。重点支持榆钢、兰棉等企业出城入园，吉利轿车项目扩能改造，以及扶持非公企业发展。建立支持公交优先发展财政补贴机制，补贴公交企业近5000万元。表彰奖励31户税收贡献突出及优秀企业，表彰命名“纳税百强企业”。积极争取中央和省级各类补助71.98亿元，财力积极向农村、医疗卫生、教育、文化及生态建设等公益性项目倾斜，投资结构进一步优化。实施涉及城乡居民生活的各项补贴政策，城乡消费市场不断扩大。

【调整产业结构】　支持重大项目建设，通过预算安排和部门、县区筹措共投入项目前期经费6000多万元，按照市委、市政府关于发展培育多元支柱产业的要求，对符合国家产业政策、对结构调整和产业升级有引领作用的大项目、好项目，在前期经费以及配套资金方面给予支持。充分发挥财政资金的引导带动作用，促进石油化工、有色冶金、装备制造、能源和新能源、特色农产品深加工等产业做大做强，加大对生物医药、节能环保、信息技术、新材料等战略性产业的扶持力度，促进产业结构优化升级。采用“以奖代补、先建后补”等多种方式，支持环境保护和节能减排。

【保障改善民生】　积极筹集资金，完成事关群众切身利益的20件实事。加大财政投入，完善公共服务体系。教育支出29.82亿元，增长10.57%；医疗卫生支出12.25亿元，增长13.39%；文化体育与传媒支出3.02亿元，增长22.83%；科学技术支出2.05亿元，增长14.42%；社会保障和就业支出15.34亿元，增长10.53%，落实提高社会保险待遇标准等“一揽子”政策，实现养老保险、医疗保障、社会救助制度全覆盖，补助标准不断提高。投入廉租住房建设及廉租家庭租赁补贴资金2.9亿元，享受廉租住房保障政策家庭8391户，向符合条件的低收入家庭公开配售廉租住房3000套。投入1172万元推进农村危旧房改造，惠及居民10368户。

【支持“三农”发展】　公共财政继续向“三农”倾斜，农林水事务支出11.81亿元，增长26%。加强和完善“一折统、一册明”管理，

发放惠农补贴1.5亿元。争取将榆中、皋兰、七里河三县区列为全省村级公益事业建设“一事一议”财政奖补试点。投入2亿元，支持农田水利基础设施建设，解决了10万多农村人口饮水安全问题。投入城乡一体化和新农村建设资金6000万元，稳步推进12个市级新农村试点村建设。支持生态建设和集体林权制度改革。加大扶贫开发力度。积极开展抗灾救灾。

【财政管理改革】 提高一般性转移支付规模和比例，新增县区财力4.52亿元。加大非税收入征管力度，对386家行政事业单位开展专项检查，规范收入管理，完成市级非税收入45亿元。坚持厉行节约，进一步压缩出国出境、车辆购置及运行、公务接待等费用。在市级预算单位全面推行公务卡制度，降低行政成本。出台《兰州市政府性债务管理暂行办法》，加强政府性债务管理，防范和化解财政风险。全面推进国库集中支付改革，规范政府采购预算指标管理，将国有资本经营预算纳入政府预算体系。扩大政府采购规模和范围，完成政府采购预算3亿元。加强财政监管，出台《兰州市财政支出绩效评价管理暂行办法》，在全省率先建立财政支出绩效评价制度体系。对市级行政事业单位国有资产进行了全面清查，强化资产处置收益管理。积极推进社会团体、国有及国有控股企业“小金库”治理，新查出“小金库”29个、涉及金额914万元。

【行政效能建设】 立足财政工作实际，突出“整章建制”和“流程再造”两个重点，以精细化管理为切入点，共整理、新建规章制度146个，废止7个，整理、再造内部管理和对外服务工作流程230多项，并汇编形成《兰州市财政局工作运行规程》，机关工作效能明显提高。

（甘文善）

国家税务

【概况】 2010年，兰州市国家税务局按照“把握重点、攻克难点、创新亮点、抓好常规”的总体工作思路，牢固树立聚财为国、执法为民的税收工作宗旨，大力倡导和弘扬以“敬业、效率、荣誉”为核心的甘肃国税精神，坚持依法治税，落实税收改革，推进信息管税、优化纳税服务、创新管理模式，强化科学管理、加强队伍建设，确保税收收入随着经济发展稳定增长，圆满完成了全年各项工作任务，实现兰州国税事业科学发展、创新发展、和谐发展。

【税收收入】 全系统抓住有利形势，克服诸多不利因素，恪守组织收入原则，采取多种有效措施，促进了国税收入的大幅增长。一是认真调研和统筹兼顾相结合，调研分析2010年面临的形势和任务，对税收计划实行科学安排，做到任务分解到位，任务到所，任务到人。做好重点企业相关工作，保证收入任务落实到企业，强化了计划刚性。二是及时召开经济税收运行形势分析会，对收入形势、特点以及存在的难点、热点问题进行了专题分析和研究，对今后的税源变化情况进行了分析预测，进一步理清了组织收入工作思路，针对收入中存在的新问题、体现的新特点，提出了具体的工作措施。三是及时监控税收收入进度。按月进行收入分析和进度通报，对政策性增减税进行统计分析，及时监控全市税收收入开票与入库进度，确保税收收入及时入库。上半年提前18天完成半年任务，下半年提前51天完成全年任务。2010年底，全局组织入库国税收入83.6亿元，占年度计划的110.08%，同比增长21.65%，较“十一五”开局之年的收入总量翻了一番多。

【税源管理】 进一步规范和细化了重点税源监控范围，按季完成对全市重点税源情况统计分析和通报，拓宽重点税源监控层次，加大对重点税源企业管理力度，及时掌握重点税源变化情况；加强数据质量监控工作。对总局的80项税收监控指标，及时研究分析，提出业务操作和监控注意事项，完成了总局对纳入监控的重点税源企业开展的税收风险分析和纳税异常分析专项分析检查工作；加大征收监控的力度。将未申报户、应缴未缴信息、未汇总的完税证信息，以及预算级次、预算科目、征收品目等存在的错误信息，每月发布两次征收监控通报。深化良性互动，不断推进税源分类管理。围绕大企业税收管理和行业税收管理重点，继续落实和完善互动机制。在纳税评估方面，加强重点行业和大企业的纳税评估，有针对性地开展了钢材销售行业、汽车销售行业、商贸流通企业等行业的纳税评估，开展评估质量复查工作，建立相应的行业税收管理办法，达到规范行业税收征管、提高税收征管质量的目的。结合机构改革，完善税源分类管理，城关区局、红古区局按照行业加规模的模式建立了专业化的税源管理机构，七里河区局按照行业管理的模式建立了税源管理机构。

【税收征管】 制定印发了各税种及出口退税、国际税收等税源管理办法。以纳税人规模和行业为主，积极探索建立分类科学、管理有效的专业化税源管理运行机制，城关区局被列为全省国税系统试点单位。全年共纳税评估3186户，补缴金额6926万元。深化信息管税，启用了“信息管税分析应用平台”，强化征管数据的分析应用，稳步扩大第三方信息交换的广度和深度，初步实现了与工商、药监、医保等相关部门的数据共享。借助科技手段，推动信息化稽查深入运行，编写了《信息化管理企业税务稽查指南》并付诸实践，在省内外引起较大反响。全年稽查部门用信息化技术手段检查企业52户，查补税款3326万元。科学实施规划，不断健全完善考核制度，加强监督考核，实行层级管理，一级抓一级，层层抓落实。加强涉税信息分析，强化税源管理，完善信息采集应用机制，全面提升信息管税工作质量。加强监督考核，加大征管质量的监控力度，按月通报征管五率，促进征管质量和效率不断提高。

【税务稽查】 全年稽查部门查补入库金额合计1.65亿元，同比增长25.14%。一是依法查处了兰州神骏物流有限公司减持限售股、兰州金诺机械制造有限公司偷税案等7起大案要案，并已移交公安部门。二是及时组织力量，与公安干警协同作战，采取了4次大的突击行动，捣毁非法制售假发票窝点4个，依法向公安机关移交案件4件，宣传曝光案件4起，关停手机号码19个，收缴各类假发票56.6万余份，缴获假印章151枚，共抓捕犯罪嫌疑人8人，其中刑事拘留犯罪嫌疑人6人,取保候审1人，治安处罚1人。三是重点行业检查成效显著。对房地产及建筑安装业、药品经销行业、建材行业、“家电下乡”企业、部分重点企业、交通运输企业进行了专项检查。共检查各类纳税户合计196户，查结165户，检查有问题户数132户，查补收入2506.12万元。2010年4月，兰州市国税局稽查局被评为“全国打击发票违法犯罪活动先进集体”，市国税局稽查局局长王恒同志和城关区国税局稽查局局长郑浩两位同志被国家税务总局评为“全国打击发票违法犯罪活动先进个人”。

【各税种管理】 增值税管理方面，制订出台了《兰州市国家税务局增值税税源管理办法(试行)》，在七里河区国税局、市国税局直属分局、大企业和国际税务管理处推行增值税一般纳税人远程抄报税及网络认证系统的试点工作。贯彻落实年初国家税务总局出台的《增值税一般纳税人认定管理办法》，全年共新认定一般纳税人1664户。加强优惠政策的审批管理，全市共为432户企业办理增值税减免退税21103万元。消费税管理方面，全面落实国家新出台的卷烟消费税和燃油消费税的调整政策，制订出台了《兰州市国家税务局消费税税源管理办法(试行)》，开展成品油、烟产品、酒类产品以及乘用车及其他类消费税管理工作。企业所得税管理方面，运行企业所得税汇总纳税信息管理系统，制定下发《企业所得税税源管理办法》《减免税备案项目报送资料管理规范制度》《纳税辅导体系》和《纳税评估检查指导意见》等管理制度。严格审核税前扣除项目，按期完成了2009年度企业所得税汇算清缴工作，加强和规范中小企业所得税管理，强化小型微利企业管理。进出口税收管理方面，落实出口退税政策，开展退免税资格清理复核工作，注销20户不符合条件企业；重新认定退免税企业29户，全年共计办理退（免）税额1.8亿元。车辆购置税管理方面，贯彻落实国家继续实施有利于汽车市场发展的政策措施，坚决执行1.6升及以下排量乘用车减按7.5%税率征收车购税的优惠政策。

【依法治税】 贯彻《国务院办公厅关于进一步支持甘肃经济社会发展的若干意见》，落实国家各项结构性减税政策，全年仅实行增值税转型抵扣固定资产进项税额就达2.7亿元。开展“学法用法示范机关”、“学法用法模范公务员”争创活动，命名了全市系统十一家“学法用法示范机关”，表彰了二十名个人为“学法用法模范公务员”。建立健全了领导干部学法用法制度，明确了党组中心组学法内容和机关各类业务培训班学法内容和学法制度,建立健全了党组理论中心学习组学法制度。依托税收执法管理信息系统，对全市系统税收执法行为进行全过程的监控、规范与考核，做好税收执法责任制及执法过错责任追究的贯彻与落实工作。

【纳税服务】 在全市国税系统开展“如果我是纳税人”换位思考活动，树立“征纳双方法律地位平等”的纳税服务理念，增强全员自觉主动服务意识。多层次、分类别举办了6期纳税服务理论、税收业务及操作实务、服务礼仪、道德规范等培训班。全面统一规范办税流程，6月1日起在全系统推广运行《兰州市国税局税收征管业务操作规程》。全面实施办税服务厅规范化建设，做到内外标识规范醒目、功能区域划分清晰，城区办税厅还开辟了24小时自助办税区。进一步整合办税服务厅功能，9月1日起在全市所有办税服务厅全面推行税务登记变更、注销，小规模纳税人申报缴税的同城通办。积极开展纳税人需求及满意度调查，经

问卷统计，纳税人总体满意度为93.33%。

【普法和税收宣传】 坚持求真务实，分类指导的工作方针，制定了具体的工作规划，进行了周密细致的宣传动员，完善了已有的规章制度，开展了科学有效的普法评估，创新了“普法讲堂”等普法宣传的形式，加强普法教育基地建设。4月19日，市国税局接受了全市“五五”普法检查验收工作组的考核验收，6月9日，又作为兰州地区党政机关的代表接受了全省“五五”普法检查验收工作组的考核验收。在税收宣传方面，加强与各主要新闻媒体的沟通，在《兰州日报》和兰州国税内、外网设置了税收宣传月专栏，在东方红广场大屏、公交车和民航大巴移动数字电视滚动播放宣传短片和宣传标语达50多万次，设计制作了印有税收宣传内容的雨伞、笔袋等为群众所喜爱的宣传品，免费发放。4月7日，市委常委、副市长杨志武在《兰州日报》发表了以《发挥税收职能作用 推进依法治税进程 服务地方经济发展》为题的署名文章。兰州市财政局、国税局、地税局首次联合发布了2009年度兰州纳税百强榜，兰州市委、市政府对兰州地区2009年度31户税收贡献企业进行了表彰奖励。其中，市国税局组织开展的税收宣传上公交进机场活动被国家税务总局评为2010年全国税收宣传月活动优秀项目。

【机构改革】 以优化组织结构，完善运行机制，提高行政效能为目标，积极探索与专业化管理相适应的机构设置模式，共组建专业化税源管理机构(税务分局)16个；突出了强化纳税服务、重点税源监控、风险防控等改革重点，满足了当前大力推进专业化管理、信息管税等工作的需要；市局机关、各县区局和直属单位也相应地对各自机构进行了规范化设置，为实现行政运行机制和管理方式向专业化、精细化转变奠定了组织基础；以机构改革为契机，强化干部交流调整力度，优化干部结构。在全系统1238名干部中，岗位职务调整变动620人，调整面达到了50.08%。改革后的市国税局机关处室正副职领导平均年龄由改革前的49.14岁降至48.12岁，县区局中层干部平均年龄由46.83岁下降至目前的43.84岁。

【队伍建设】 加大干部培训力度，共举办和参加各类培训班158期，培训干部8875人次，人均培训达14天。深化党风廉政建设，贯彻《廉政准则》，大力弘扬廉政文化，在市局机关筹建了兰州国税廉政文化室，并被确定为全市第二批“廉政文化建设示范点”；渭源路税务分局和西津东路税务分局等两个县区级廉政文化教育基地被确定为“全省国税系统廉政教育基地”。全面推行内控机制建设，在梳理和查找风险点的基础上，建立健全工作流程以及内部管理的相关制度，确保了内控机制的全面运行。大力推进精神文明创建工作，年内争创晋级的8个市级文明单位和创建的3个区级文明单位全部获得命名表彰。全面加强机关党的建设，深入开展了创先争优活动，所取得的有益经验在市委、省委简报予以刊发。

【管理创新】 6月1日起在全系统推行了自行研发的融目标制定、过程实施、评价考核为一体的OPA管理模式，将其作为破解发展难题、实现工作提升的“突破口”，通过实践证明，该模式在规范日常工作、提升管理质效方面发挥出独特的作用，已成为兰州国税独具特色的管理品牌，被省国税局评为全省国税系统行政管理类创新项目一等奖。顺应新模式的需要，切实加强绩效考核工作，提出了“公开透明、科学实用、持续改进”的绩效管理考核工作原则，确立了“双轮驱动，无缝隙全覆盖”的绩效管理考核工作目标，开发了相配套的绩效管理考核软件，提高了绩效考核的科学性、真实性和公正性。卓有成效的考核工作促进了各项工作的开展，2010年底，市国税局荣获全省国税系统绩效考核优胜单位，在市政府的目标考核中也取得了优秀等次。

(高承坤)

地方税务

【概况】 2010年，兰州市地方税务局坚持“聚财为国、执法为民”的工作宗旨，贯彻“税源有限、管理无限”的治税理念，加强队伍建设，推进依法治税，深化征管改革，优化纳税服务，地税事业实现快速发展。

【税费收入】 2010年，共组织各项税费收入1645132万元，同比增长19.78%，增收271628万元，其中：地方税收累计完成839225万元，同比增长21.08%，增收146085万元；各项基金(费)累计完成805907万元，同比增长18.45%，增收125543万元。

【税收征管】 通过加强重点建设项目税源监控工作、强化大企业的日常管理和数据分析、深化纳税评估，部署税收专项检查、狠抓“发票管理在线系统”的推广应用、打击制售假发票犯罪等工作的扎实有效开展，基础征管工作得到进一

甘肃省地税系统第一届卡拉OK演唱比赛

步夯实。

【信息化建设】 提高硬件设施配备水平，完成了全系统网络终端的更新改造工作，建成了全省首个24小时无人值守办税服务厅；制定下发了《兰州市地税局数据分析管理(试行)办法》，从制度上强化数据分析应用工作；顺利完成定额软件上线和财税库银横向联网工作；强化单项软件的开发应用工作，全系统目前自主开发投入运行的单项软件已达17套之多。

【队伍建设】 圆满完成了第三次机构改革工作，干部队伍专业结构、知识结构、年龄结构进一步优化；在国家税务总局组织的全国省会城市纳税人满意度调查中，位列西部地区第一；新增注册税务师21人，全市地税系统累计拥有“两师”资格人员110人，占干部总数的9.1%，比全国税务系统2.6%的平均水平高出6.5个百分点。

按照“巩固成绩，再上台阶，注重过程，讲求实效”的工作思路，持之以恒地抓紧抓好文明创建工作。在全省地税系统系列文体比赛中共获得奖项29个；在市直机关球类运动会上获得团体第二名；积极开展“百千万结对帮扶互联共建”活动，为扶贫点落实帮扶资金10万元，打井2眼，发展户户受益的核桃林200多亩，被市直机关工委评为“互联共建先进单位”；为玉树地震灾区和舟曲、陇南泥石流灾区捐助、支援款项177.89万元，展现了地税人的拳拳爱心。

【基础建设】 2010年，经审核批准并开工建设基层基建项目5个，建成标准化税所3个。市直高新分局新办公楼、永登中川分局综合楼相继建成并投入使用，全市达到标准化要求的基层税所已达69个，基层办公、办税条件有了很大改善。

（柳旭辉）

银　行

·中国农业银行股份有限公司甘肃省分行营业部·

【概况】 2010年，农行甘肃省分行营业部围绕“争抢份额、加速发展、优化结构、强化内控、促进和谐”的总体思路，以机制建设为抓手，以网点转型为基础，以市场营销为突破，以提高执行力为保障，实施“51238”重点行重点网点优先发展战略，深入开展“竞争赶超年”活动，各项业务呈现出良好发展势头，实现自身效益和社会效益的双赢。截至年底，各项存款较年初增加24.96亿元，余额达到223.47亿元；累计投放各项贷款53亿元，余额达到83.37亿元，较年初增加11.03亿元。其中农户小额贷款增加1397万元，实现拨备后利润3.56亿元，同比增盈2663万元。

【对公业务】 以支持全市城乡经济建设为已任，认真落实国家宏观调控政策，紧紧围绕省市经济建设重点，及时调整信贷结构，不断优化资金投向，努力拓宽服务领域。全年累计投放各项公司类贷款32亿元，重点支持了窑街煤电、祁连山水泥、方大炭素、东兴铝业、海鸿房地产、仁恒房地产等一批能源、化工、制造、房地产、商贸流通领域的重点骨干企业和大型企业集团，有力地支持了当地经济社会的健康快速发展。与兰州新区筹委会签订《银政战略合作协议》，未来5年将为新区建设中的基础设施、重大项目建设和特色经济发展、国有资产管理、招商引资、国际贸易等提供总额为200亿元的金融信贷支持。围绕全市商贸中心建设规划，打破行业、规模和所有制界限，以“五大”专业市场为重点，全年累计向中小企业投放贷款15亿元，进一步加大对钢材、家电、汽车、服装等商贸流通企业及个体经营户的信贷支持力度。以现金管理平台业务为切入点，切实加大对系统性、集团性客户的营销力度，努力为广大客户提

供全方位金融服务。

【零售业务】 启动营业网点转型工程，坚持高起点规划、高标准实施的原则，制定了网点建设3年规划，全年新建、改建营业网点21个，更换75个网点的门牌标识。继续安排专项费用，聘请欧顾德公司专业人员，分6批对34个营业网点进行了文明标准服务导入，为61个网点配备大堂经理，为89个网点配备保安人员，努力为客户提供舒适、优雅的服务环境和便捷、全面的金融服务。制定《营业网点文明标准服务管理办法》，并将其制成“口袋书”，下发一线员工学习、对照执行。组织开展文明标准服务专项整治活动，按季召开规范化服务工作例会，并将客户投诉纳入员工星级管理，通过加强柜员培训、加大业务量考核、实行柜面业务限时办结等措施，推行和落实分层服务，促使柜面服务质量不断提升。制定《个人信贷业务集中经营管理试点方案》，开展个人信贷业务“进机关、进社区”营销宣传活动，继续加大对车市、楼市等重点消费领域和东部商圈、钢材市场等专业市场的深度营销，大力推介个人助业、个人住房、个人消费及住房公积金贷款等产品。持续加大各类金融产品宣传力度，广泛普及金融知识，全年在《兰州晨报》《兰州晚报》《西部商报》等当地主要平面媒体的固定版面开展金融产品宣传300余次，新增、更换公交车站台宣传广告牌53块。

【中间业务】 把加快发展中间业务作为改善收益结构的重要途径，以银行卡、理财、基金、保险、电子银行等业务为重点，大力实施资产、负债、中间业务一体化发展策略，拓宽增收增效渠道。以公务卡、白金贷记卡、金穗华龙联名卡和缴费卡为重点，狠抓银行卡宣传营销，信用卡业务实现规模、效益双提升。以东部市场、省市钢材市场、西北鞋城、雁滩家具市场等大型市场商户为重点，采取两级行联动方式，大力拓展电子银行业务。坚持产险、寿险业务并举，联合7家保险公司开展13期拓展训练营等竞赛活动，并以营销业绩为依据，适时调整网点资源，积极争取保险公司在费用、产品等方面的资源支持。不断加强对基金、国债、本利丰、实物黄金等产品的套餐式、组合式营销，全力拼抢个人理财业务市场。

农行迁址仪式

【服务三农】 将服务三农作为履行社会责任的永恒主题，紧紧围绕县域经济发展特点，依托信用村建设，抢抓春耕生产、秋季换茬等时机，加大对精品农户、种养大户的信贷支持力度。全年建设信用村24个，投放农户小额贷款3013户共8792万元，同比多投放2794万元，贷款余额增加1397万元。制定《支持农业产业化发展金融方案》，以农业产业化龙头企业为重点，大力支持现代农业和县域经济建设。主动与当地电信、团委等部门沟通协调，推进合作事宜落地工作，切实加大转账电话、POS机等电子设施在县域村镇的布设力度。全年在县域及主要乡镇布放转账电话946部、ATM机7台、POS机11部，进一步拓宽了服务渠道。坚持风险防范与业务发展并重，严格落实“三包一挂”责任制，加大对“三农”信贷产品不良贷款和到期贷款收回情况的监测力度，并采取电话督促、上门清收、张贴公告等方式，加大清收力度。做好“一县一规划”编制工作，完善了成本分摊、资金管理、单独核算等运作机制，推进三农事业部改革。

【风险管理】 为12个支行派驻风险合规经理，制定考核管理办法，明确工作职责，推进风险管理体制建设。组织开展以“四严查”、“八严审”、“十严禁”为主要内容的合规文化建设活动，进一步完善委派会计主管和财会监管员的履职评价制度，推广上线现金调拨箱包系统和指纹认证系统。顺利完成了集中对账管理系统的上线工作，并以2009年底的账户余额为基准，组织开展了全面对账。制定《财务风险防控指引》，规范机关财务行为和财务审批流程，加强财务开支流程控制。落实运钞环节的各项规章制度和防范措施，规范营业机构外聘保安人员管理，从严落实双人守库、交接班、枪支使用等制度，对 89 个营业网点和 5 个金库的 110 联网报警系统进行巡检，对 23 个营业网点和 5 个金库的监控设备进行更新。组织开展了银行卡及电子渠道业务专项风险评估工作，建立自助设备 24 小时巡查制度，加强与当地公安部门的沟通联系，加大日常检查和夜间巡查力度，加强银行卡和电子渠道风险防范工作。严格按照信贷业务制度规定和行业信贷政策审慎审查，优先支持国家政策鼓励发展的产业和行业，定期召开贷后管理例会，建立重点客户定期回访制度，选择重点客户进行贷后管理分析。切实加强信贷风险在线监控和风险预警处置工作，强化信贷资金使用、抵质押物监管，并通过实行到期贷款提示和催收、加大考核力度等措施，提高新增贷款质量。充分运用现场核查和非现场分析相结合的方式，组织开展业务经营自查自纠活动、案件风险排查工作等多项检查活动，加大对各类问题的整改力度，消除各类风险隐患。

【机制建设】 修订完善《综合绩效考评实施细则》，调整经济增加值、总资产回报率等效益管理类指标和存贷款等经营计划类主要指标的考核模式，并将存贷款业务系统内占比增减变动和年末计划完成情况挂钩考核。实行重点产品计价奖励政策，对各项存款、代发工资、个人贷款、电话银行、网上银行等 19 种业务产品实行计价考核，对存款组织、贷款营销等重点业务实行专项奖励。大力推行差异化的工资薪酬分配机制，对网点负责人、会计主管、大堂经理和一线柜员分别确定不同的工资分配办法，进一步加大工资、费用等资源分配与业务经营的挂钩考核力度。

【队伍建设】 以选好配强基层党支部书记为重点，进一步加强基层党组织建设。认真落实“三会一课”制度、党委中心组学习、督导检查等行之有效的制度和措施。以创建“四好”班子、“五好支部”“一先两优”、党员示范岗以及党员身边无案件、无事故、无差错、无违纪“四无”等活动为载体，深入开展创先争优活动，辖属安宁和皋兰支行分别荣获“第五届全国农行精神文明建设工作先进单位”称号，安宁支行还被省委、省政府授予“精神文明建设工作先进单位”。大力推进“四好班子”创建工作，组织开展了领导干部履职监督检查活动和领导班子及领导干部履职考核、年终述职考评、作风建设问卷调查。制定了年度培训工作指导意见，持续加强各层面员工的学习培训和日常管理，全年举办各类培训班 48 期、培训人员 4632 人次，组织 452 名员工参加了岗位资格考试。制定企业文化建设工作方案和核心理念宣传教育推广方案，组织开展了企业文化主题演讲活动，并通过多种途径，努力抓好核心理念的学习、教育、宣传和践行工作，成功举办了第八届职工运动会和第十八届柜台业务技术比赛。进一步健全了职代会组织，规范了职代会运作程序和工作机制，切实做好矛盾排查和信访举报核查工作，有效保障了员工依法行使知情权、参与权、监督权等民主管理的权利，营造了良好的改革发展环境。同时，动员广大员工为玉树、舟曲灾区捐款 33 万元，进一步增强了队伍的凝聚力和向心力，树立了良好的社会形象。

（罗有栋）

·交通银行股份有限公司甘肃省分行·

【概况】 2010 年，交通银行甘肃省分行全面完成总行下达的各项计划任务，改革发展和经营管理取得新的成绩。截至年末，分行本外币各项存款余额 260.57 亿元，较年初增加 39.79 亿元，增幅 18.03%。其中：人民币各项存款余额 258.92 亿元，增加 39.66 亿

交通银行甘肃省分行与兰州新区管委会签订战略合作协议

元，增幅18.09%。清收不良贷款5444.23万元；实现国际结算62537万美元，增幅32.41%；实现中间业务收入7387.71万元；完成经营利润42654.55万元。

【公司业务】 2010年，分行在深入分析经济金融形势、本地市场状况及现有客户结构基础上，针对具体业务，梳理出了一批重点营销客户。截至12月31日，人民币对公存款余额为173.70亿元，较年初增加27.59亿元，增幅18.88%。人民币对公贷款（含票据）余额为117.08亿元，较年初减少16.70亿元，下降12.48%。其中，一般性公司贷款余额115.26亿元；票据融资1.82亿元。

加强对存款工作的组织动员。年初，由分行一把手亲自作总动员，分行班子成员分别做条线动员，号召全行上下重视存款营销。加大存款业务推动力度。通过组织开展一季度公司业务营销竞赛、三季度新开户营销竞赛，四季度对公贷款营销竞赛等一系列竞赛活动，有力地推动了公司条线存款、贷款、中间业务等主体业务指标稳定增长。甘肃省财政厅将“交通事故赔偿基金”专户开立在交通银行甘肃省分行，这是2010年省财政厅开立的唯一一个财政专户。在甘肃省新上市企业较少的情况下，成功营销兰州海默科技股份有限公司1亿元上市募集资金。稳步发展同业客户，充分拓展与农村信用社、兰州银行等同业机构的合作关系，同业存款稳步上升，其中，农村信用社在分行存款最高时为40亿元，下半年以来分行同业存款一直位居总行考核前列。

分行以专业市场、行业协会、商会等为平台，加强系统营销，扩大存款来源，尤其是对甘肃钢材市场的营销成果较为显著。针对钢材市场经销商的经营特点，分行加大授信支持、创新担保方式，推出“联户联保”担保，新授信客户25户，争取存款2亿元。分行推出的“联户联保”成为本地市场的先行者，并得到华西审批中心的认可，在华西地区开始推广。充分运用蕴通账户等产品，成功营销中铁二十一局、甘肃二建、正林瓜子、赛驰汽车、永恒利公司的蕴通账户业务。

突出产品营销，加快新兴业务发展步伐。在财税库银缴税通（地税）横向联网营销工作中，分行重视对国税和地税部门的营销，成为第一批上线测试合作银行，并成功通过测试。通过与国家开发银行、工商银行和系统内兄弟行开展业务合作，在大型项目贷款上实现优势互补，2010年银团贷款业务实现零的突破。向中海油新能源、玉门新能源有限公司等4户企业发放银团贷款6.66亿元，其中作为银团牵头行3户。2010年分行推出针对医院系统缴费的电子渠道产品“银医通”；针对省市工商部门，推出工商验资“E线通”。这两项产品都引起总行关注，将在全行范围内推广。

【个人金融】 业务发展全面提速。绝大多数重点指标超额完成全年计划，并且同比增速加快。至年末，人民币储蓄存款新增12.06亿元，计划完成率93%，较上年少增加2.02亿元；管理的个人资产(AUM)新增16.64亿元，计划完成率79%；实现个人金融中间业务收入3893万元，较上年多增335万元，同比增幅9%；全行私人银行客户新增38户，计划完成率127%；沃德财富客户较年初增加918户，完成年度计划的92%，同比多增加9张；全行交银理财客户当年新增6648户，完成年度计划任务的102%；快捷理财客户新增19628户，计划完成率196.28%；信用卡新增23363张，计划完成率104%，较上年多增11910张，同比增幅104%；特约商户消费64亿元，同比增长68%；代发工资客户新增16606户，完成年度计划的151%；三方存管客户新增5671户，完成计划任务的126%。

中高端客户成为拉动业务增长的主导力量。规范个人客户等级管理标准，构建同业领先的个人客户分层服务体系，细分客户价值，挖掘销售潜力。启动私人银行服务项目。与年初相比，个人客户数量增长7%，资产余额（季度日均，下同）增长21%。其中，高端客户数量增长41%，占比提高0.11个百分点；资产余额增长57%，新增资产占全部新增总量的73%，资产占比提高8个百分点。中端客户数量增长14.14%，资产余额增长13.1%，新增资产占全部新增总量的51%。大众客户数量占比下降4.5个百分点，资产余额降幅5%。

个人理财产品和卡产品创新成效显著，基本做到宣传有亮点，销售有卖点。全年理财产品销售额34亿元。

分别和太平洋保险、中国人寿、人民人寿保险公司举办了3期保险训练营，3周共达成保费5500万元，实现保险销售收入165万元，占保险销售总收入25%。与平安保险公司合作的WP项目销售量以及任务完成率一直名列总行前茅，尤其是在三季度开展的“丰沃一生”百日会战中，排名总行第三，获得总行及平安保险总公司嘉奖。

为了快速在分行高端客户中打响私人银行品牌，结合私人银行专属产品“至尊8号”的发售，邀请分行存量私人银行客户和部分潜力客户参加了“沃德财富之旅”投资报告会，由国内著名私募——上海尚雅投资管理有限公司的两位投资总监为客户分析市场、做好投资建议，客户反响好，吸引行外资金300余万元。积极配合总行私人银行两款专享产品的发售，组织行外资金4100万元，直接促成了分行私人银行客户指标超进度完成。

【国际业务】 加大对“领汇财富”客户的拓展营销力度，促进国际结算量更上一层楼。继续贯彻“抓重点、夯基础、调结构”的工作方针，加大对领汇财富高端客户的营销力度。为使各经营单位了解“领汇财富”客户情况，重视对新增高端客户营销，使营销更具目标性，组织召开了“领汇财富”客户营销推动会，将“领汇财富”客户分为已办理国际结算业务、已开户(指人民币帐户)未办理国际结算业务、未开户未办理国际结算业务三类，并分别就其结算量、进出口量、经营情况等作深入分析。

面对存款持续下滑、融资成本日趋加大、自有外汇资金已不能满足客户资金需求的情况，分行国际业务部适时加强境内外分行的联动，利用海外分行资金，拓展进口代付业务，满足客户融资需求。全年共计做进口代付业务14笔，金额17871万美元。

下半年，由于分行受外币存贷比过高的限制，不能直接为客户办理外币贸易融资。为了解决这一难题，国际业务部在外汇管理政策允许、国际业务操作系统支持的前提下,通过外币贸易融资业务与人民币质押贷款业务联动办理的方式,将客户需要办理的外币贸易融资成功转换为人民币贸易融资，解决了客户资金需求，保证了分行在同业竞争中的优势地位。

分行抓住与兰州银行已有良好合作关系的契机，多次派人上门征求兰州银行对办理业务的建议和需求，加以改进。并通过与外汇局沟通,解决了金宏系统中代理进口信用证项下付汇的国际收支申报问题。分行成为兰州银行同业代理业务的唯一合作伙伴，并为其提供了3700万美元的同业授信额度，用于代理进口信用证业务。分行为酒泉钢铁(集团)有限责任公司开立了1笔金额为3553万元国内信用证。

【中间业务】 2010年，分行实现中间业务收入跨越式增长，全年累计完成总行考核口径本外币中间业务收入7388万元，同比增加1072万元，增幅17%；中间业务收入占比7.21%。个人金融条线中间业务收入3967万元，占全部中间业务收入的53.7%，收入同比增加416万元；公司条线中间业务收入2282万元，占全部中间业务收入的30.89%，收入同比增加458万元，占比同比提高2.01个百分点；国际条线中间业务收入998万元，占全部中间业务收入的13.51%，收入同比增加170万元，占比同比提高0.4个百分点。

面对同业市场激烈的竞争，分行坚持在拓展优质资产业务的同时，加强投行业务的联动营销，扩大财务顾问咨询客户群体，巩固投行类中间业务的发展基础。全年累计实现投行收入1766万元，较上年增加402万元，同比增幅29.47%，对分行总收入的贡献度较上年提升2.3个百分点至23.9%。

分行及时调整个人理财产品的销售策略，重点倾向手续费收益较高的收益浮动型理财产品。全年累计销售人民币理财产品(不含循环类) 34.05亿元，较去年增加23.24亿元，增幅215%；其中浮动收益类产品30.42亿元，同比增幅278%；保本类产品3.64亿元，同比增幅31.41%，实现理财产品销售收入424.49万元，较上年增加144.49万元，同比增幅51.6%。代理保险销售在2009年跨越式发展基础上，继续保持较快增长的良好势头。全年个人代理保险销售量1.95亿元，其中期缴占比超过30%，实现个人代理保险销售收入660万元，同比增幅37.79%。

银行卡收入是分行传统中间业务收入，占分行总收入的比重超过四分之一，对分行圆满完成全年任务支撑作用明显。2010年累计实现银行卡收入1914万元，较上年增加118万元，同比增幅6.57%。其中，卡年费收入与上年基本持平，卡结算收入同比增幅7.42%。卡结算收入的增长基于商户结算手续费的大幅增收。全年新增特约商户218户，商户结算手续费收入429万元，较上年增加240万元，同比增幅126.98%。商户累计收单量64亿元，较上年水平翻番，位列全省第4名；在兰州市仅次于工商银行和银联公司，排名第3位，较上年前进一位；单机交易量位列全省第一。

【内控及风险管理】 成立了分行贷后达标领导小组，由郭小静副行长任组长，风险、授信、公司及保全部门负责人为成员。达标工作办公室设在风险管理部。成立了分行操作风险推动领导小组。在操作风险系统正式上线后，分行成立了以陈双城行长为组长、郭小静副行长为副组长，风险、预财、公司、授信、保全、会计、个金、零贷、国际部负责人为成员的操作风险领导小组。各条线都指定联系人，完成了总行RCSA(风险与控制)本地化和系统评分。分行按照总行贷后达标工作的整体要求和部署，推进贷后管理达标工作，完成了动员学

习、业务培训、对照整改阶段的工作。经验收，下属经营单位全部达到“贷后管理达标行”的标准。2010年9月经总行贷后管理达标检查组验收，甘肃省分行被评定为“贷后管理工作达标行”。

按照人民银行、银监会贷款风险提示和总行信贷政策指引，制定减退加固客户清单，该退出的坚决退出，有效防范和控制贷款的信用风险。重点减退产能过剩行业、综合效益不显著、多次借新还旧、还款能力和还款意愿不强的铝冶炼、房地产、小水电、小建筑业等客户，并根据企业经营情况适时调整减退名单，及时将风险客户纳入减退名单。初步列入减退加固名单的客户19户，全年计划减退15739万元，实际减退25354万元，超额完成全年减退任务，减退效果显著。

为了进一步加强对产能过剩行业、政府投融资平台等高风险领域的管理，总行自2010年开始对部分公司贷款实行限(领)额管理，即对于钢铁、水泥、平板玻璃、煤化工、多晶硅、风电设备、电解铝、植物油、纺织9个产能过剩行业实行限额管理，限额管理的总体目标是：9个行业贷款占比控制在2009年末水平(6%)。具体控制手段上，平板玻璃、多晶硅贷款余额不得新增，其他产能过剩行业新增贷款的提用，须逐笔报总行限额审核。甘肃省分行严格执行总行领(限)额管理要求。对于列入限额管理的9个产能过剩行业和1个政府投融资平台行业的企业，实行名单式管理，要求信贷业务经营部门对于列入名单客户的提款，应提前报授信部，由授信部逐笔报总行审核，总行签批后放款中心方可放款。

对政府投融资平台贷款逐户、逐笔解包还原。截至11月末，分行政府融资平台贷款单位2户，金额18.85亿元，其中省级融资平台1户，金额18.35亿元；市级融资平台1户，金额0.5亿元。此外，青海省尚有政府融资平台贷款单位2户，金额19.4亿元。全部政府投融资平台贷款已完成逐笔解包、四方对账、定性分析等清理工作。

超额完成总行下达的7~12级贷款抵质押占比提升计划。在授信审查中关注客户第一还款来源的同时，注重客户的第二还款来源，尤其是对于客户评级不高的7~12级客户，在分析借款人自身经营和还款能力的同时，加固贷款的担保措施，以借款人有效的资产进行抵押或质押，降低贷款风险。

根据人行兰州中心支行和甘肃银监局的要求，对分行从2008年以来的支持节能减排和淘汰落后产能的情况进行全面和深入的调查。截至11月末分行共涉及6个行业，涉及53户企业，贷款余额49.80亿元，其中存在环保不达标、落后产能的有6户，贷款余额1.97亿元，其中5户企业已列入减退名单，并制订了相应的减退计划，2户企业已由保全部门进行清收。

加大不良资产清收处置力度。截至年末，综合处置不良贷款6799.52万元，共收回现金5473万元，核销1326.52万元。其中对公存量不良贷款综合清收处置3884万元，完成全年任务的102.21%；对私不良贷款综合清收处置745.52万元，完成全年任务的106.5%；非信贷综合清收处置754万元，完成全年任务的103.29%。现金收回欠息445万元；账销案存类现金收回343万元。对公新增不良贷款现金收回521万元；对私正常关注类风险凸现贷款现金收回107万元。太平洋信用卡逾期欠款累计收回现金67万元，回收完成率101.64%，大额账户累计处理金额99.53万元，处理达成率135.28%。

(徐近东)

·招商银行股份有限公司兰州分行·

【概况】 2010年，面对复杂的经济金融环境，招商银行兰州分行全面实施二次转型，实现良好开局，并开创了发展的新局面。至年末，资产总额281.8亿元，新增35.62亿元，增幅14.47%；全折自营存款254.4亿元，新增30.30亿

招行兰州分行与兰州市总工会签订全面业务合作协议

元，增幅 13.5%；全折自营贷款 145.98 亿元，新增 20.68 亿元，增幅 16.5%。实现经营利润 4.21 亿元，同比增幅 41.75%；实现考核利润 2.92 亿元，同比增幅 27.51%。营业净收入突破 7 亿元，达到 7.4 亿元，同比增幅 27.37%；非利息收入突破 1 亿元，达到 1.26 亿元，同比增幅 59.49%。中小企业贷款占一般性对公贷款比重达 15.98%，个人贷款占自营贷款比重达 14.39%，非利息收入占营业净收入比重达 17.03%。

全年安全稳健运营，未发生重大事件和责任事故。2010 年，招商银行兰州分行公司、零售、国际等业务条线在总行获得了同业综合贡献、POS 回佣收入、国际业务市场占比等 15 个奖项。计财、风险、内控条线获得总行及人民银行兰州中心支行、甘肃省银行业协会在贷款新规、同业信息、反洗钱等方面的荣誉。

【战略推动】 2010 年，招商银行兰州分行在总行的统一部署下，着力变外延粗放型发展为内涵集约化经营，全面推动激励机制、预算及资本管理等多方面的变革和创新。在考核上，突出价值导向，大幅度改进营业机构考核指标体系，引入贷款收益率考核，首次下达人均费用、成本收入比指标，深化 EVA 等考核。提升客户类和存款类指标权重。在预算管理上，以提升营运效能为中心，动态推进全面预算管理。进一步细化预算科目，加强重点项目重点监控，持续关注二次转型核心指标。将费用与业务发展挂钩，加强业务预算与费用预算联动。在协调发展上，服从总行贷存比调控大局，组织开展了阶段性、全员负债营销竞赛，调整考核权重，加大费用支持力度，全力推动负债业务增长。同时，大力疏导贷款，在渠道、产品和方法上创新，拓展新增贷款投放空间，确保贷存比达标。在资本管理上，降低资本消耗，严控承兑业务保证金比例，灵活调整票据贴现、贸易融资期限。全年增量资本实现零增长，存量资本较年初下降 9500 万元，风险资产增速仅为 1.1%。

【资产业务】 战略性客户投放显著加大，各行业重点客户对招行信贷依存度和忠诚度进一步提高。中小企业贷款创出新路，成功推广钢贸企业联保模式，探索应收账款质押、订单贷等新路子，中小客户与小型企业业务量较上年分别提高了 3.71、10.99 个百分点。年末余额达 9.25 亿元，平均利率上浮 24.5%。票据业务方面,在系统内率先开展逆回购业务，积极做大买卖利差空间，整体推进直贴业务，全年创利 8265 万元，占分行利润四分之一强，同比净增 278.27%，排名全系统第二，获得总行“特殊贡献奖”。个人贷款业务多元化发展步伐明显加快，非房贷业务新增占比升至 43.6%。提前半年完成总行计划，新增 5.69 亿元，余额达 21 亿元，新增及余额均位居同业第二。外币贸易融资量价齐升，累计投放 2.17 亿美元，增长 99%，定价水平始终领先同业。

【客户建设】 公司业务方面，全面推行客户分层式营销，挖潜与拓展并重，价值客户忠诚度得到进一步提升。实施客户倍增计划，多方拓展优质客户资源，客户基础薄弱问题得到较大改善。同业客户综合贡献度实现较大提升，同业负债日均余额 26 亿元，计划完成率 236%；日均增量 17.4 亿，计划完成率 756.5%。国际业务方面，在贸易融资杠杆撬动下，与省内外进出口龙头企业合作再上新的台阶，开发并支持了一批中小企业。国际结算量、结售汇、中间业务收益实现大幅增长，全年累计办理国际结算量 5.43 亿美元，同比增长 31%；累计完成结售汇 5.52 亿美元，同比增长 66%。中小客户贸易融资发生额同比增长 722%。零售业务方面，围绕财富管理和个人贷款两大业务体系，推进“两卡一网一贷”基础客群建设以及高端客户拓展。“两卡一网一贷”客户净增排名系统第六，管理客户总资产 212 亿元，增长 12.26%。全年新增专业版有效客户第一家提前完成总行计划，完成率稳居系统第一；金卡、标准金葵花客户完成率分别居系统第五、第八；标准钻石客户、私人银行客户集中管理率分别达到 60.7%、66%；信用卡客群增势迅猛，第三方存管、“快易理财”等渠道客户也实现较快增长。

【中间业务】 2010 年，招商银行兰州分行大力拓展新兴业务，屡次突破零的记录，成功发行集合信托、融资性信托贷款置换他行贷款、信贷资产转让对接单一信托计划代理收付、电子票据等多项新兴产品，中间业务发展再上新的台阶。零售方面，发展了财富管理，挖潜 POS 消费，全年实现收入 7000 万元，创历史最好水平，位居全系统第七。其中，POS 消费收入 1387 万元，同比增长 1.61 倍。批发方面，融资租赁业务迈出更大步伐，成功办理 6.7 亿元，实现收入 2283 万元。投行业务取得实质性进展。同业理财销售再创新高。在国际业务、资产转让业务等多渠道的支撑下，全年对公中间业务收入实现 3900 万元，完成总行下达计划。

【风险管理】 在信用风险管理方面，全面推进信用风险全流程优化，逐步推行风险经理制度。政府融资平台贷款清理取得阶段性成效。严格执行房贷新政，主动压缩房地产风险贷款6968万元。新一代信用风险管理系统上线运行，实施信用风险管理全面提升计划，建立健全14项信贷管理制度，开展钢材经销商、汽车经销商风险排查和异地授信客户信贷直查。加大对流程控制类业务检查和督导，开展风险预警，累计退出预警客户贷款1.14亿元。累计收回不良贷款34.68万元。

在合规风险方面，优化分行内控合规管理环境，实施分支机构内控合规管理评级考核，积极推动联动式、嵌入式合规培训教育机制，提升合规管理体系各层面履职效力。开展制度审查，加强事中法律合规审查，细化风险点梳理。持续关注外部法律、规则、准则变化，加大了理财销售、资产转让、银行卡等业务的合规监测，反洗钱工作再上新的台阶。审计部门强化内审力度，开展了常规审计和专项审计。加大了对总行审计发现问题、屡查屡犯、弄虚作假等违规问题的问责与整治，开展分支行"自行核查""内控自评"，内控管理能力有了明显提升。运营条线成功上线，会计柜面流程改造项目，进一步完善会计、零售柜面考核管理，推行会计主管轮岗，加强上门收款、印章管理、内部账户等日常业务、各类系统的监督和检查，开展银企对账和对公存款风险排查，保障分行柜面操作系统的稳定高效运营。

在案件风险方面，严格执行要害岗位人员轮岗及强制休假制度，开发员工异常行为网上排查系统。顺利完成警队外包管理，加大应急预案演练，积极落实案件防控工作，年内妥善处理客户否认交易62起，截获客户被骗案件两起，涉及资金533万元。扎实开展安全检查，确保了世博和亚运期间安全运营。在声誉风险方面，及时有效处理了各类渠道的投诉事件，客户有效投诉量显著回落。

【基础管理】 2010年，招商银行兰州分行以创新为手段，狠抓基础管理，着力提升精细化管理水平，为二次转型保驾护航。从严控制成本费用,加强费用审批管理，严格落实费用列支"十条禁令"，实施费用集中报销制度。加大分行集中采购管理力度，建立相互制约合规采购机制，统一供应商款项支付。在全力支持业务快速发展的同时，全年营业费用仅增长10.47%。加快流程改造步伐,构建更加顺畅高效的组织架构体系，启动了支行内部组织架构调整试点。实施各类网络设备、业务系统的改造升级，不断提升科技保障运营效能。强化服务管理。规范厅堂服务设施，统一滚屏宣传，改进服务质量检测，开展了以行庆、世博为主题的服务活动，组建了二、三级服务内训师队伍，服务水平进一步提升。3家网点入选中国银行业协会千佳示范单位，5家网点、5名柜员、2名员工分别入选甘肃银行业协会金牌服务单位、服务柜员以及大堂经理。

（魏磊萍）

·上海浦东发展银行股份有限公司兰州分行·

【概况】 2010年，浦发银行兰州分行以提高风险资产收益率为统领，以"抓机遇，调结构，促转型，增效益"为主线，较好地完成了全年主要经营指标， 业务经营不断创新推进，基础和内控管理持续加强。截至年末，资产总额149.44亿元，各项存款余额145.50亿元，各项贷款余额89.47亿元，中间业务收入3561万元，实现账面利润1.41亿元。

【公司业务】 细分目标客户，明确市场定位。根据国家产业政策和总行战略发展规划，结合当地经济实际情况，明确了对公业务目标客户群体、重点营销品种、行业投向政策及营销策略。为进一步增强公司银行业务的发展后劲，根据甘肃省2010年固定资产投资计划，对固定资产投资储备项目和重点负债目标客户重新进行了梳理，确定了固定资产投资储备项目和重点负债目标客户，分解包干到各营销部门，提高了营销工作的针对性和有效性。

完善工作制度，加强营销指导。为进一步加强信息的沟通，发挥整体优势，建立了公司银行业务协调沟通机制，定期组织召开营销例会，分析、研究、解决营销过程中存在的困难和问题，明确阶段性奋斗目标，分阶段提出具体的工作要求。建立健全科学的激励约束机制，突出业绩导向。根据2010年对公业务工作目标，分解下达了2010年对公业务营销计划。围绕目标任务，建立公司业务定期考核通报制度，定期通报对公业务营销情况，督导各营销部门有的放矢开展营销工作。不定期发布《行业动态信息》，及时传导国家宏观产业政策、行业发展规划、重点企业动态等信息，供决策和营销参考。

采取有效措施，加大营销力度。在防范风险的前提下，竞争和储备了一批优质客户，营销工作效果明显，促进了全行公司业务的快速发展。与华能、大唐、国电、华电、中国电投、中国国投、中国水电、中铁二十一局、兰州军区等中央在甘企业(单位)建立业务合作关系；甘肃省委、省政府管辖的14

户重点企业(单位)中，已与甘肃省交通厅、金川公司、酒钢集团、甘肃省电力投资公司、甘肃农垦、靖远煤业、华亭煤业等 11 户企业建立业务合作关系；与省国资委管理的 22 户企业中的 12 户企业建立业务合作关系。在加强对公重点优质客户营销工作的基础上，重视发展结算依赖型和服务依赖型的中小企业，从源头入手，利用各种资源和渠道，重点抓好账户开立工作。

加强队伍建设，提高工作效率。在重点优质客户的营销、新产品新业务的推广等方面，加强与相关部门的协调和配合，不断提高工作效率。注重加强客户经理的培训工作，制定《2010 年公司银行业务培训计划》，组织开展网上银行、企业年金等业务培训，提高了员工的业务技能。

【零售业务】 以“轻松理财”和“浦发卓信”品牌为依托，以“公司业务、银行卡、个人理财及个人贷款”四轮驱动的个人银行业务联动发展模式，浦发银行兰州分行在个人资产、负债及中间业务方面快速协调发展，市场份额迅速扩大，品牌影响力和市场竞争力不断提升。截至 12 月末，全行个人存款时点余额达到 15.63 亿元，再创新高。较年初新增 7.88 亿元，增幅为 101.68%；个人存款日均余额为 10.40 亿元，较年初增加 5.55 亿元。在保持高速增长的同时，全行个人存款活期化趋势不断增强，付息水平低于全行一般性存款平均水平。从战略转型角度，在全行个人银行业务快速发展的背景下，个人存款的余额占比较年初增加 3.84 个百分点，战略转型初见成效。

在产品创新战略的实施下，个人银行产品实施了升级换代、结构优化调整。其中，理财业务推出了专项理财产品债券盈计划、假日理财、基金一对多业务、个人实物黄金代理业务；银行卡及渠道支付方面，推出钻石卡、手机银行、周周赢升级版、天天赢、储蓄国债(电子式)、网上理财产品、网上银行信用卡跨行还款、网上外汇汇款、网上商城等多种产品。这些新产品既有市场独创领先的产品，也有填补历史空白的产品，满足了客户多元化需求。

拓宽中间业务收入渠道，提高个人中间业务收入水平。围绕客户需求，依照各项产品的风险资产占比，实施综合营销，不断提高客户的产品综合贡献度。将代理保险、基金、债券、浦发金等专项理财产品作为理财业务新的增长点，通过向中高端客户量身定制理财规划，深度挖掘客户价值潜力，促进理财产品的综合销售，将理财业务做深做透。以银行卡代扣物业费、水电费、房租费为目标，全面协助各支行与所辖公司客户单位的代扣业务合作，增加中间业务收入渠道。有针对性选择签约特惠商户，做到量的积累，着力优化用卡环境，持续做好不同营销主题的银行卡及电子营销活动，提高卡片动户率及刷卡消费交易额，稳步增长银行卡刷卡手续费收入。截至年底末，全行个人业务共实现总收入 3360 万元，同比增长 2580 万元。个人中间业务收入占个人业务总收入的比例为 12.23%，同比增长 11.3%。

依托 PCRM 系统，进一步实施精准营销战略，同时引入白金客户分层拓展战略，推出贵宾专享系列产品，使财富管理业务成为吸引和维护贵宾客户的重要渠道。1 月—12 月，全行通过汇理财产品销售带来的优质客户人数为 656 人、贵宾客户人数为 83 人。

浦发银行兰州西固支行开业

【资金组织】 不断完善资源配置与费用激励考核政策。一是以“调结构、促效益”为核心，通过风险资产和营销费用的审批调控，充分发挥财务资源配置的杠杆调控作用，实现上述资源对经营行为的全程引导。二是建立健全相对完善严密的激励考核体系，兼顾规模与效益，结合总行考核办法和分行业务发展规划制定业绩考核和营销费用管理办法。在激励考核体系中，既有规章制度的指引与规范，又有考核指标的跟踪下达，并实行按周通报、按月考核。三是坚持经营分析报告制度，按月组织召开经营分析通报会，并有针对性的提出业务发展的对策和建议。

加强资金流动性管理，以效益为中心，开展资金业务，提升资金收益水平。合理调配，加强流动性管理，提高资金平衡能力。紧跟总行资金管理体制改革步伐，发挥资金全额计价对各项业务经营的引导作用。主动出击，大力发展转贴、存放同业等资金业务。严格执行费用核算管理制度，规范各项财务费用的列支，并在实际工作中完善业务处理流程。按时准确申报缴纳各项税款，加强与税务管理部门的联系沟通。

（贺国华）

·中国邮政储蓄银行兰州市分行·

【概况】 2010年是邮政储蓄银行快速转型的一年，也是兰州市分行各项业务稳步、协调发展的一年。分行围绕全省工作会议提出的“调结构 增效益 防风险 强素质 树形象”的总体要求，坚持开拓与管理并重的原则，各项工作都取得了一定的成绩。至年底，兰州邮政储蓄存款余额达到50亿元，全年办理企业、个人结算资金总量超354亿元，其中，服务企业客户1000多家，个人客户121万户。

【个人金融业务】 个人业务抓结构调整，实现业务量稳步提升。2010年个人业务圆满完成省分行下达的个人金融资产总量5.26亿元的任务。分行加快高效业务收入和规模的结构调整，加快代理类业务量收入的规模发展，实现收入较上年同期增长92.2%，其中，保险业务发展迅速，对代理业务收入拉动明显，也为实现全年个人金融资产量奠定了良好的基础。

积极应对政策调整对利差收入的影响，通过调整考核方式，调动广大员工的积极性，突出余额基础地位，提升支付结算活期余额比重，平衡理财业务和余额净增协调发展。在保持余额稳定的基础上，持续推进卡类、汇兑业务和电子渠道签约客户的发展。

【信贷业务】 信贷业务发展态势良好，业务量逐步提高。年初，积极开展信贷业务营销宣传工作，尤其是加大小额贷款业务产品条线的宣传，提升了小额贷款产品社会知名度，扩大了社会影响面。找准目标市场，区别城市、县域两个市场，因地制宜，差异化发展。城市市场主要以个人商务贷款、二手房业务为重点；县域市场以设施农业、特色种植养殖业为信贷投放重点，业务发展取得了较好的成绩。

在城市,通过开展“客户见面会”、“信贷产品推介会”、引进二手房中介公司、广告投入等形式进行宣传营销，使城市零售信贷业务取得快速发展。在县域,主要抓产业链、行业协会，通过产业链发展农资购销商户，通过行业协会发展规模种养殖户，实现县域信贷业务全年投放总量较上年同期增长151%。信贷业务发展逐步实现由“规模效益”向“质量效益”的转变，全年累计发放小额贷款2059笔，金额突破3亿元，比上年同期上涨108%，贷款结余较上年同期增长145%，累计实现信贷业务收入较上年同期增长59%。

【公司业务】 公司业务抓重点项目，业务成绩取得新突破。2010年实现存款余额较年初净增71.42%，日均余额较年初净增1.03亿元，累计实现公司业务收入较年初增长54.3%。

以资金归集和支付结算业务为主，为华唐电力、甘肃稀土集团公司提供资金结算服务，成功地为龙源电力、省邮政公司提供资金归集服务。上半年达成与兰州移动分公司在三县一区营业款归集项目合作，在省邮政公司现金管理服务试点工作中，积极与兰州市邮政局配合，解决了实际操作中出现的各种问题，为这一合作方式在全省的推广开了好头。年末，成功中标兰州移动分公司2011年全市网点营业

邮储银行兰州市分行2011年工作会议暨一届二次职工代表大会

款归集项目。在省建六公司项目的营销中，根据客户需求精心设计项目实施方案，为其新开楼盘代收预付款，为今后合作奠定了基础。

【企业管理】　强化内部管理，坚持合规经营。在省分行的帮助指导下，先后制定和完善了一系列规章制度，规范企业内部管理流程，创建安全合规的经营环境。完善了对高管人员的年度考核综合评价体系，积极开展岗位评价工作，建立定期考核和二次分配考核相结合的考核体系，人力资源管理水平进一步提高。财务管控力度进一步加强，通过严格预算管理，强化预算控制，确保了生产经营所需成本，将有限的资金重点向网点建设、新业务发展、能力建设等方面倾斜。

【服务三农】　兰州市分行自成立以来，就把服务大众、服务地方经济发展、服务“三农”作为企业责任，充分发挥邮储银行点多面广、融通城乡的优势，合理配置资源，创新服务方式和业务品种，大力开展面向城乡的金融服务，为地方经济发展助力。积极为企业项目提供全方位金融服务，支持地方经济建设，在资金归集和现金管理方面有着独特的优势。积极开发新业务，为农户、商户和小企业提供资金融通渠道，受到农民、个体工商户和中小企业主的广泛欢迎。服务“三农”，支持中小企业，边缘带动经济效果明显，解决了一部分农户、中小企业、商户融资难的问题，有力支持了中小企业和广大农村居民扩大再生产的资金需求。

在服务“三农”方面，积极为广大城乡居民提供基础金融服务。2010年分行在全市范围开展了邮政金融真情服务“三农”活动，推出了“农民工卡”特色服务，为农民朋友免费办理绿卡，经济、方便、快捷的服务惠及了全市近百万外出务工人员。

在逐步扩大城乡代理保险业务的同时，还积极参与农村社会保障体系建设，为城乡居民提供保险投资理财服务。利用邮政代理网点和网络资源优势及时给农民朋友提供商业保险，进一步增强农民抵抗灾害的能力，维护农民的切身利益。

【风险防控】　完善了业务、风险合规、审计三个条线风险防范体系，以建立风险防控机制为重点，以“三道防线”联动为手段，把风险管理和内部控制落实到各个业务领域和工作环节，推进全行进一步树立全面风险管理理念，风险管理水平显著提升。加大审计工作的深度和广度，强化开展专项审计工作，开展案件警示教育，规范员工从业行为，提高员工风险防范意识。

【能力建设】　对5个自营网点进行标准化装修改造，做好内部生产网络各项业务平台的软件更新、升级工作，确保生产网络数据的安全性。开办信用卡、个人网银等新业务，拓宽了金融服务渠道。

开展“网点管理年”活动，有计划地完成部分支行迁址装修工作，规范了支行行政许可事项流程。在全行范围开展了示范网点建设、服务达标评选等活动，促进兰州邮储银行服务水平的提升。加强了对全市金融网点服务质量的监督检查，针对工作中的薄弱环节及时采取有效措施进行整改。2010年，耿家庄支行、七里河支行被省分行评为全省邮储银行“示范网点”，其中七里河支行被银行业协会评为全国“百家示范网点”。

（李　慧）

·兰州银行股份有限公司·

【概况】　2010年，兰州银行实现了资产规模的快速扩大，经营业绩的大幅提升和各项新业务的不断推进，综合实力显著增强，规模、效益、质量实现协调发展，各项监管指标全面达标，各项经营指标再创历史最好水平。2010年末，全行资产总额达到586.15亿元，较年初增加145.85亿元，增幅33.13%；各项存款余额为502.33亿元，较年初净增139.81亿元，增幅38.57%；各项贷款余额为306.52亿元，较年初净增59.13亿元，增幅23.90%；全行总收入达到33.23亿元；实现经营利润9.8亿元；计提拨备、消化历史遗留问题、预缴所得税后实现净利润3.4亿元。资本充足率达到12.01%，较年初提高1.44个百分点；拨备覆盖率达到201.39%，较年初提高51.17个百分点；全年计提拨备5.5亿元，全行拨备总量达到7.48亿元；不良贷款占比为1.21%；资产利润率达到0.67%；资本利润率达到11.24%；成本收入比为34.44%；最大十户贷款比例为48.48%，较年初下降99.37个百分点，控制在50%的监管要求以内；单一客户贷款比例为6.03%，较年初下降42.66个百分点，控制在10%的监管要求以内；股东贷款关联度比例为31.69%，控制在50%的监管要求以内。各项监管指标全部达到监管要求。

【公司治理】　严格遵守商业银行经营管理法律、法规和规章，从制度建设、组织架构和机构设置等方面不断加强公司治理。建立起股东大会、董事会、监事会和经营管理层“三会一层”组织机构，建立健

全权责明确、有效制衡的公司治理架构。董事会组织专人对《兰州银行股份有限公司章程》进行修订，按照现代公司治理的要求规范了组织架构，进一步明确了股东大会、董事会、监事会和经营管理层的职能边界、制衡机制和决策规则。为更好地发挥风险管理和内控管理职能，董事会调整设置了战略与发展委员会、风险管理及关联交易控制委员会、审计委员会、提名与薪酬考核委员会、信息科技管理委员会；监事会调整设置了审计委员会、履职尽职及提名委员会，明确了各专门委员会的职责分工，并制定了各委员会工作细则。增加了董事会董事成员，聘用了董事会顾问和秘书，逐步建立起董事会督办制度，提高董事会在战略实施过程中的监督、指导和检查力度，加强对重大事项、重点领域的督办力度。稳步推进独立董事制度，独立董事通过认真履行职责，对董事会讨论事项发表客观、公正的独立意见，维护了存款人和中小股东权益。监事会充分发挥监督职能，对董事会、高级管理层完善公司的内控体系和履职情况进行了有效监督，有效行使了监事会的监督职能。增设董事会、监事会和经营管理层相应职能部门，成立董事会办公室、监事会办公室、发展战略研究部、机构管理部、村镇银行管理部、电子银行部、基建办公室，使得兰州银行职能分工更加明确，运行效率不断提高。

经甘肃银监局批准，2010 年 9 月末和 12 月末分别完成 27910 万股和 8320 万股的增资扩股工作，引入甘肃电投、甘肃信托、兰州民百、海航集团等一批颇具实力的大企业，进一步优化了股权结构，使兰州银行股本总额达到 23.3 亿元，资本充足率达到 12.01%。

兰州银行科技工作表彰大会

【资金营运】 一是资金营运工作日臻成熟。对宏观经济形势和货币政策的分析坚持连续性和常规化。把握市场研究与市场交易的联动节奏，提前预判，顺势而为，对债券市场、票据市场、理财市场等业务的资金调配节奏更趋合理。营运资产配置结构合理，在满足全行流动性管理配置需求的同时，使资产营运收益得以大幅提高。充分发挥票据资产流动性优势，配合信贷规模的调控，保证信贷投放的计划性。二是加强金融同业合作，投融资平台作用逐步凸显。以资金业务为条线，通过银行间市场同业合作平台，加强与银行、证券、信托、资产管理公司等金融机构的合作，通过优势互补和资源共享，创新产品渠道，带动公司、零售等相关业务开展全方位合作，为全行的同业、公司、零售业务提供产品支持和资金保障。广泛开展同业间综合授信，加大与其他商业银行在票据贴现、资金市场、债券承分销等业务上的深层次合作力度。三是完善风险管理机制。对创新类投资产品和信用产品认真识别其风险点，制定其业务操作流程及风险控制办法，使业务发展与管理制度同步。建立理财产品的审批流程，在现有投资审批委员会的基础上，增加对理财产品设计的审议和监督职责。制定事前和事中有效的风险管理手段和缜密的业务流程，严控风险。四是加强内部管理，调整内部组织架构。提高管理的专业化程度，根据业务性质确定内部专业化分工，实现责任的约束机制、权力的保障机制、利益的驱动机制，确保三者高效统一的动态约束机制。

【风险管理】 围绕风险管理、监管指标达标、资产保全管理、委托投资清理、特殊资产管理、信贷业务尽职检查等方面开展工作，风险管理取得成效。先后制定并印发《抵债资产管理办法》《不良贷款违规责任追究管理办法》等 8 个管理办法。全面完成信贷风险管理系统上线工作，实现了信贷业务全流程管理。进一步明确风险部门的贷后管理职能范围，将原有贷后后台管理职能扩展到对信贷业务的受理、调查、风险评价等 9 个环节的全流程尽职检查，使风险检查有效覆盖信贷业务全流程。在全行开展不良贷款清收工作攻坚战，明确任务，制定措施，强化监督落实，清收效果明显。推进委托投资清理工作。

按照董事会“覆盖风险、分包出售、合法、合规、成熟一笔、清收一笔”的委托投资清理思路开展工作。落实监管要求，确保业务稳健发展。政府平台贷款中存在的问题基本得到解决，清理工作得到中国银监会现场督查组和甘肃银监局的肯定。稳步推进贷款新规的实施工作。全面完成合同的修订工作；在信贷管理系统中植入实贷实付、受托支付等9个环节全流程管理；制定贷款新规工作方案，为今后全面贯彻落实贷款新规打好基础。采取有效措施压缩大额贷款，确保了贷款集中度、关联度等指标达标。

【计划财务】 发挥综合计划的调控职能，努力提高全行资产负债综合协调发展能力。开展业务发展大讨论，制定2010—2013年部门三年规划，结合考察成果，积极调整工作思路、细化改进工作措施。推行等级行管理制度，推行全新的考核办法，坚持正确的考核思路和措施，坚持全行经营运行情况按季分析，加强授权和目标任务综合考核管理。熟练运用财务杠杆工具调控全行业务发展。围绕增存扩规模、提质增效益，积极利用考核导向、内部资金计价等杠杆工具调控业务，推动了存款增长和业务协调发展。加强财务管理，推动财务管理制度化、规范化。出台了规范同业存款科目核算和结息管理、兰外分支机构财务管理、规范房屋租赁、取暖费、差旅费、呆账核销等管理制度和办法，进一步强化了全行财务基础管理。抓好重点工作推进，根据业务发展及时调整修正全行考核办法、调整总行财审会、招投标委员会委员；对全行固定资产进行清理，实现自动计提折旧和系统管理；全力做好核心业务系统上线测试工作；组织开展了全行2010年度资产评估；配合次级债中介机构开展尽职调查；做好房屋产权办理工作；制定管理行财务核算管理办法。全程配合做好甘肃银监局财务真实性专项检查、人民银行金融统计执法大检查；做好治理“小金库”自查自纠工作，按期报送治理工作动态。

【会计结算】 支付结算业务系统平稳安全运行，全年同城及异地资金清算渠道畅通，无任何重大差错事故发生。加强结算账户和反洗钱管理，银行结算账户数量继续保持平稳增长。加强反洗钱系统建设，完善系统功能，完成了反洗钱系统与新核心系统对接和新科目下数据源的整合工作，实现了反洗钱系统单笔抓取数据等功能。加强中心库现金管理，提高工作效率。组织完成反假币数据报送系统、货币发行管理预约系统、现金清分系统的安装、与人行的对接测试和上线工作。强化会计基础管理工作，防范业务操作风险。组织编写《e线通业务管理办法》《法人账户透支会计核算手续》《上门收款暂行规定》《贷记卡快速处理办法》和《网银互联跨行支付清算办法》等多项会计核算办法和制度规定。完成新核心系统上线前的报备、测试、培训、演练、试营业和系统上线工作。加强柜面业务操作培训、提高人员业务水平。2010年，共组织完成综合、会计与支付结算、储蓄、支付结算、账户管理与反洗钱业务培训共14期，参培人数达2000余人次。加强临柜业务印章和重要空白凭证管理。完成全行营业网点业务印章的核查和已停用业务印章的上缴工作。加强凭证管理，组织完成历年分支行应缴未缴已停用重要空白凭证的核查和缴销工作。

【公司业务】 一是强化负债业务管理，促进存款增长。在全行实施存款买单制。推进首席客户经理工作，从维系开发政府、企业重点大客户入手，细化考核流程。推进客户经理制的拓展工作。对专业化营销团队的管理办法、考核奖励、实施方案、团队组建等进行部署。与甘肃省工商管理局开展“工商验资E线通”业务。大力营销商会成员办理结算业务。二是加强授信营销工作，进一步调整信贷结构。推行行业客户经理为基础的信贷调查模式。开展授信业务调查总结月报工作。与事业单位、企业、商会、金融机构签订合作发展框架协议。制定《公司金融服务产品目录》《法人账户透支业务》《涉农信贷业务指导意见》。先后在兰州、酒泉、敦煌、定西召开中小企业融资洽谈会。信贷结构重点开始向中小企业、制造业、三农产业等符合国家政策导向的企业、行业发展。加强贷后检查工作，对房地产开发贷款、钢材企业客户摸底排查。三是加强贷款利息收入和中间业务收入管理。适度调整贷款利率水平。继续实施计提贷款欠息拨备，加大欠息催收力度。收取项目安排费，扩大中间收入的来源和渠道。取得保险兼业代理资格。开办了第三方存管业务。

【个人业务】 制定了一系列零售业务营销计划，有效提升了全行个人存贷款业务占比。调整工作目标，跟进考核激励，大力营销代发工资业务,相继推出“理财宝”、“生肖卡”、“百合理财”等创新产品，满足了个人客户的多元化和个性化需求。突出财富管理特色，对中高端客户提供差异化服务，制定《个人中高端客户精细化管理办法》。对现有产品进行改进和细分，形成针对不同目标客户群体的差异化产品体系。简化贷款手续，提高办理效率，强化兰州银行个人贷款的产品及品牌优势。积极推进公积金委托贷款业务。通过完善操作规程，提高客户经理办理效率，制定考核激励政策，形成全行营销的氛围。稳步推进再就业贷款，被省创业再就业领导小组授予全省下岗职工小额贷款先进单位称号。与中国平安保险公司合作开展信用保证保险个人小额消费信贷业务。加强各项基础管理工作，提高贷前调查效率，规范个贷调查报告标准化模板。加强征信管理。参加全省征信文艺汇演，参赛节目《诚信是宝》在全省21个节目中脱颖而出，荣获一等奖。配合人行进行全行征信抽查及征信案例征集。加强员工培训，提高整体业务水平，针对新系统、新业务、新员工进行培训，组织培训班21期，累计参训人员达1000余人次。

【银行卡业务】 2009年，银行卡业务紧紧围绕“风控优先、合规优先、效益优先”的原则，以全行新核心综合业务系统上线为契机，加快敦煌卡品牌体系、收单市场运营体系和综合风险防范体系的建设，敦煌卡发卡量、特约商户保有量、ATM运营机具市场占比不断提高，综合风险防范能力不断加强。制定《自助银行设立标准》《特约商户市场发展指导意见》。加强银行卡安全管理工作，对银行卡发卡及安全管理、自助转账业务、ATM终端安全管理、POS终端安全管理、特约商户管理进行了全面的自查工作，并对需要细化的操作环节进行了全面落实。落实甘肃省银行卡风险防范长效机制和银行卡受理重大风险事件应急处置预案，及时总结银行卡风险防范阶段性经验，研究风险防范措施并通过多种方式向全行发布预警防范信息。认真履行市工委委员责任，提出促进银行卡市场发展的政策建议和方案，配合相关部门共同推进银行卡市场发展。截至年末，累计发卡量达到1693250张，增幅10.83%；银行卡手续费收入累计实现298.77万元，增幅85.57%。

【国际金融】 2010年，累计发放国际贸易融资贷款人民币33699万元，实现营业利润人民币1214万元，全年国际贸易融资无一笔逾期和欠息。推广出口信保融资业务。推广贸易融资，支持企业开展对外贸易。针对中小企业融资难，抵押、质押条件有限的特点，与中国信用保险公司联合，推出出口信保融资业务。拓展国内信用证业务，在防控风险的前提下，多方学习和交流，探索业务开展的条件，加强与国内金融同业的业务合作，创造业务开展条件。加强异地担保企业贷后检查。拓展产品供应链融资，对借款人的上、下游企业联动进行营销，依托国际贸易，拓展国内贸易采购链条上的供应商融资，把人民币业务和外币业务挂钩，做好本外币一体化经营。支持分支机构营销有外币需求的客户。指导省内异地分行开办国际业务。配合新系统上线，对业务流程变化之处进行修改和补充，整合编撰适合新系统的国际业务流程，及时出台业务管理制度和办法，加强指导和管理职能。

【金融创新】 公司业务方面，借助新核心系统、信贷管理系统上线，完成《兰州银行法人账户透支管理办法》，弥补了多年因系统迟滞所造成的信贷产品短板。制定《兰州银行中长期流动资金贷款管理办法》《兰州银行贵宾客户授信业务绿色通道管理办法》《兰州银行企业并购贷款咨询服务管理办法》《兰州银行小额贷款公司贷款管理办法》《社会保障性住房开发专项贷款管理办法》《兰州银行小巨人扶持计划指导意见》《兰州银行巨人扶持计划指导意见》《兰州银行外聘客户经理管理办法》《兰州银行与信用担保公司合作开展授信担保业务的管理办法》，业务创新的制度建设成效显著。与酒泉钢铁集团公司财务中心开展银企直联结算业务。选拔10家支行为第一批特色支行。与甘肃省工商管理局开展“工商验资E线通”业务。

个人业务方面，制定《个人工程承包贷款管理办法》《特色支行管理指导意见》《个人生产经营性客户信用等级评定管理办法》。实施个人评级授信，培育小巨人客户。打造工程机械按揭特色品牌。与中国平安保险合作开展信用保证保险个人小额消费信贷业务。开展“银银通”业务合作调研。与中国电信、中国移动、中国联通逐步签署全省代收话费协议。

产品创新方面，成功发行理财产品，创设“百合理财”品牌。遵循“实行差异化发展，坚持以稳为先”的基本原则，针对不同目标客户群的理财需求特点，设计符合市场需求的产品，丰富产品线。制定《兰州银行个人综合理财业务管理办法》及风险管理办法等规章制度和规范性文件，初步建立了理财业务的组织架构和操作流程，完成了理财业务申请报批工作及产品的申报备案工作。做好市场调查和产品需求分析工作，制定兰州银行理财业务发展战略和营销策略。依靠特色和灵活取胜，逐步摸索个人客户群体的理财需求，逐步培养中小企业公司客户理财意识，将对公理财产品作为对公营销存款和综合化服务的手段之一。积极参加中小商业银行“资金联合投资项目”，拓宽了资金营运渠道，使业务合作形式多元化。

【稽核工作】 2010年，稽核工作围绕全行三年发展规划目标，进一步转变观念，理清思路，树立以监管促发展，以监管保稳定，以监管求效益的工作思路，以规范管理为前提，以全面监控为抓手，以落实整改为重点，以防范风险为目标，不断提高稽核工作的权威性和独立性。一是扎实开展各类稽核检查工作。完成稽核项目六项，其中：专项稽核2个，常规稽核12个，离任稽核28个，经济责任审计13个，经营利润真实性检查、后续稽核及其他工作10项。二是对重点业务，重点环节进行检查。完成全行六大风险的检查工作，针对存在的问题，提出建立风险预警提示制度。完成全行票据业务专项稽核。对全行票据业务从内部控制制度执行、合规性情况、流程控制及资料检查三方面，十九项内容进行了检查。对因工作岗位变动的中高级管理人员任职期间遵守国家法律、法规、执行国家金融方针执行总行规章制度情况及经营管理行为，责任履行、各项工作任务完成和党风廉政建设等情况进行离任稽核，不断规范各级管理人员认真履职合规经营的行为。三是做好稽核信息管理系统的升级更新工作。利用稽核信息系统实现对分支机构全流程、全过程、全方位持续有效的监管。同时通过非现场监管和现场检查的有效结合，加强了对支行的动态监管。四是建立权责清晰、惩戒分明的问责体系。制定《内控合规建设风险记分卡(机构卡)运行管理办法(暂行)》《中高级管理人员问责处理办法》，进一步引导和督促各分、支行依法合规经营，有效防范风险，增强各级机构负责人的责任意识、自律意识。五是强化后续稽核的作用，加大落实整改力度。

（刘昕宇）

保　险

·中国人民财产保险股份有限公司兰州市分公司·

【概况】　2010年，人保财险兰州市分公司立足市场，抢抓机遇，围绕“促发展、增效益、防风险”工作主基调和“专业化、标准化、集中化、差异化”的公司建设纲领，积极应对市场变化，扎实开展经营管理工作，较好地完成了各项工作任务。截至11月底，兰州市分公司实现保费收入40793.49万元，实收保费40954.91万元，车险累计实收保费为32662.55万元，非车险实现实收保费8292.36万元，直接赔款累计16916.81万元，赔付率为66.85%，同比下降0.26个百分点，全险种未决案件8543件，同比减少4312件，其中车险未决案件8010件。应收保费余额1687.81万元，较年初减少161.42万元，下降8.73%，应收保费率3.89%，综合成本率93.47%，实现表结利润2584.87万元，同比净增1503.89万元，增长139.12%，利润率7.11%。

【业务结构调整】　年初，确定了分公司2010年全险种险业务发展总体目标，结合《甘肃省分公司2010年度全面预算编制指引》，在进行详细测算的基础上制订了《兰州市分公司2010年费用配置实施办法》。以调整制定差异化的费用政策，不断引导各经营单位调整业务结构、改善承保质量。推行车险业务专管专营工作，有效推动车险业务精细化、专业化管理。组建出租车业务专营团队，探索与经销商的资源共享机制。通过销售费用差异化配置等政策扶持力度，制定合理的考核激励措施，创新发展模式，拓宽业务发展渠道，有力提高公司非车险产品的销售能力。贯彻落实依法合规经营的政策要求，加强承保风险管控，加大对承保业务质量的监督检查力度及对差错业务的责任追究和处罚力度，坚决把好承保入口关，防范和化解经营风险。加大与政府与兼业代理机构的合作，做好重点客户、“总对总”统保业务及招投标业务承保服务工作，充分挖掘市场可保资源。

【车险业务】　合理分解计划，适时调整车险费用政策。分公司实行车险费用差异化管理，加强手续费效用管控力度。重点对优质业务进行费用倾斜，避免手续费标准一刀切现象，实行客户和渠道分类与核算，实现销售费用差异化配置，确保车险业务健康发展。

引入分类管理，建立车险经营综合评价体系。坚持专业化管理，推进4S店业务集中管理。提高车险续保率，紧盯车险增量市场，扩大销售渠道。加强承保管控，保证车险业务合规经营。加强核保工作，强化质量管控。

为了确保车险业务快速发展活动落实情况，制定了竞赛方案并提出了具体要求，进一步加大战略引导和目标激励力度，在盈利稳定的前提下，加快业务发展速度，创新发展理念，引领各支公司齐头并进、均衡发展，力争全面超额完成市公司下达的年度挑战目标任务。

加大客户资源的开发，推动业务的持续发展。抓住新车市场高速增长的有利时机，不断提高车险增量市场的份额。做好已有客户保险资源的再开发工作，积极推介各类车险附加险，提高客户的保障水平，从而提高保费充足率。

【非车险业务】 年初，分公司制定下发《2010年非车险业务发展考核办法》，下达非车险业务总体及分险类全年任务指标和阶段性进度指标，通过全年规划、逐月推进、季度考核、年终清算的方式严格落实奖惩措施，以硬性任务指标考核为主、分险类差异化费用配置政策引导为辅，推动非车险整体业务及各险种业务全面发展。

通过筛选兰州市场可保资源、细分目标市场，从逐渐优化险种结构、提升业务盈利能力着手，分公司重点推动中小规模财产险等九方面非车险险种发展，下达各险种全年任务指标和分季度进度考核指标，每月督导、通报各公司进展情况，并于每季度末分别对各支公司需推动的重点险种进行考核，家财险、意外险、公众责任险等分散性业务有了明显的进展。

拓展银行销售渠道，推动借款人意外伤害保险、房贷险等分散性业务快速发展。制订兰州市货运险展业地图，落实责任人定期督导，开展公路货运险重点推广活动。结合阶段性重点发展目标，有针对性地策划营销竞赛活动。针对公司家财险发展缓慢的现状，组织了全面推广以房贷险、家财一卡通和"和谐家园"为主推险种的家财险营销活动，鼓励各经营单位利用自身资源发掘代理渠道业务，房贷保险业务初见成效。

【理赔服务工作】 按照《兰州市分公司竞争能力建设实施方案》有关要求，通过业务技能考试及民主测评工作，对全市系统理赔岗位人员进行定岗定编，同时对城区9家经营单位实行东、西片集中管理，对西固、红古、永登、榆中、皋兰5家公司实行授权管理。以提升理赔效率和理赔质量为目的，实行理赔集中管理，调整和整合了人员的配备。同时，根据组织架构和业务流程调整的实际状况，结合《市分公司聘用人员管理办法》，对所有聘用人员按理赔外勤和理赔内勤岗位实行动态定级定薪管理。有效调动了各岗位人员的工作积极性，促进了理赔工作的稳步开展。

加强理赔各环节管控，细化各理赔环节操作流程，抓好核损核赔工作。对全市系统理赔管理实行授权管理，通过配备兼职督查员加强现场督查，对理赔各环节服务行为、服务规范及业务质量随时跟踪督导，实现对理赔关键环节的有效监督。加强第一现场查勘到位率，加大核损核赔力度，强化赔案审核，加大骗赔案件的查处力度，提高核损的准确性和时效性。

不断加大未决案件的清理力度。分公司对各营业单位下达了未决清理控制指标，加大目标责任人考核和处罚力度。所有未决案件按照事故类型、损失金额大小确定清理期限。

（王　军）

·中国人寿保险股份有限公司兰州市分公司·

【概况】 2010年，兰州市分公司贯彻落实省分公司"精品公司"发展策略，坚持"科学发展，率先发展，打好优质业务和有效人力两场攻坚战，打好风险管控和优质服务两场持久战"为经营发展的主导思想，较好地完成了全年各项经营管理任务。截至年末，全市系统共实现保费收入103213万元。分渠道来看，个险渠道实现保费收入53892万元，其中首年期缴保费收入11567万元，续期保费收入42070万元；团险渠道实现保费收入11588万元，其中意外险保费收入1615万元；银保渠道实现保费收入37733万元，其中首年期缴保费收入12605万元。死伤医疗给付共6944万元。营销职场共53个，持证业务员1533人。

【个险渠道】 从制度建设入手，做到"对上检查有依据，对内执行有依据，对下解释有依据"。狠抓基础管理，推进创新管理，工作从创新出发，在面临新环境、新市场的同时，主动抓住营销机遇，相继研创了保险休闲沙龙、保险商务沙龙、新产品上市发布会、门诊式招募甄选标准、新+新增员模式等新思路、新方法；主办8期特别早

中国人寿兰州市分公司2010年全市系统表彰会暨个险渠道精英高峰年会

会，阶段性成立销售精英巡讲团，举办分层面产品说明会和两次精英高峰会。加强部门建设，坚持每周通过例会，学习专业性知识，要求部门人员进行授课讲解，定期进行考试通关，深入挖掘员工潜质。深化教育培训。全年举办培训班 82 期次，参加人员 4287 人次，结业人员 4256 人次。

【团险渠道】 全面实施短期险业务优质战。对大额业务进行产品调整，实行产品与基金型业务相结合销售方法，对经营效益小，成本高的一些客户单位进行了调费。开展销售支援，为业务发展提供有效支持服务。注重加强对销售一线的销售支援和服务工作，做好前期准备和各项沟通联系工作。随时掌握和了解发展部门的业务发展情况，根据发展部门在业务发展中面临的情况，及时加强与相关部门的请示汇报工作。

【银行保险】 推广运行了总颁的客户经理、理财经理基本法，银保渠道人员管理系统的前期上线工作录入完毕，为渠道的精细化管理铺平道路，“511”工作模式进一步推广，销售人员日志填写质量进一步提升，主管批改及时，“511”日志已经成为提升销售人员素质的有利抓手。晨会、二次晨会、夕会经营质量得到提升，客户经理活动量管理进一步完善。

【财务管理】 合理配置财务资源，充分发挥预算政策的导向作用。根据年度经营目标和各项预算指标，以预算、控制、协调、考核为内容建立起一整套完整的指标管理控制考核体系。每月每季对各基层司部各项预算指标执行情况进行考核、分析，并及时向总经理室和各司部进行反馈，对发展部门成本费用进行控制，并提出合理化建议。充分发挥财务的职能作用，当好参谋和后勤。每月初，以财务报表为依据，整合、提炼大量的财务数据，从预算执行情况、分渠道业务发展情况、各项财务支出等方面进行分析，并深入研究，将生硬的财务数据,以表格、文字、图表等形式，清晰直观地表达出来，有针对性地提出经营策略和解决办法。加大对基层公司财务政策支持力度，费用资源向一线倾斜，为基层公司提供全方位服务。对基层公司继续实行积极的财务政策，三年财务政策费用率、拓展费等依然保持不变，促使公司费用、佣金资源向销售一线倾斜，缓解了矛盾，有力地支持了业务发展。加强资金管理，减少账户，控制周转金限额。严格遵照周转金管理办法的有关要求，进一步加大对资金限额控制及资金安全高效管理。

按照省级集中管理的要求，对全市 8 个柜面的业务类单证进行全市审核汇总，并及时上报省公司财务管理中心，使公司的各项业务全面、及时、准确地得到反映。以费用报销系统上线为契机，加大各项费用控制力度，充分发挥财务的核算与监督职能。严格执行财务纪律，按照财务报账制度和会计基础工作规范化的要求进行财务报账工作。通过开展“小金库”自查活动，不断增强全员的依法合规经营意识。根据上级公司“小金库”专项治理试点工作的安排，组织开展了“小金库”专项治理自查自纠工作。

【运营服务】 加大银行转账工作考核力度，全面达成考核目标。继续推进柜面员工绩效考核，通过考核评比，规范了晨会运作，把注重仪容仪表，服务礼仪，文明用语口风训练等贯穿到柜面日常工作中去。努力改善营业职场面貌，树立良好的窗口服务形象；改善服务手段，优化业务管理实务及处理流程，从新契约接单初审到保全业务处理及理赔给付流程等均严格规定了处理时效。加强高端客户服务，实施客户服务战略品牌。严格权限管理，强化监督机制，加大监督管理力度，把监督工作贯穿到日常工作中；加强单证管理的自查自纠工作；全面清理检查印章管理工作，为实行集中管理与分散管理相结合的新型管理体制和印章管理系统上线的应用打下了良好基础。

【依法合规】 深入推进党风廉政建设责任制，完善惩治和预防腐败体系。继续完善监督制约机制。定期召开领导干部民主生活会，继续落实好领导干部廉政谈话、纪委向党委反馈员工意见、领导干部述职述廉等制度。加强思想教育，强化科学发展和风险防范意识。教育党员干部树立正确的政绩观和业绩观，增强政治纪律观念；开展防范风险主题教育活动和经常性勤廉从业教育。做好内控管理和关键岗位检查工作。积极开展反洗钱宣传培训，细化洗钱风险划分管理工作，重点做好可疑交易判断识别工作，进一步提高公司系统开展反洗钱工作的规范性与科学性，同时提高反洗钱工作开展的效率效能。

（周冶忠）

·中国平安人寿保险股份有限公司甘肃分公司·

【概况】 2010 年，中国平安人寿保险股份有限公司甘肃分公司（以下简称“平安人寿甘肃分公司”或“分公司”）秉承“诚信第一、效率第一，客户至上，服务至上”的宗旨，圆满完成全年任务，并在业务发展、机构建设、企业文化、管理平台等方面，取得了良好成绩。截至12月31日，平安人寿甘肃分公司设立10个中心支公司、35个支公司和2个营销服务部，保险业务覆盖全省11个地区。全年原保费收入约24.6亿元，较上年同期增长35.2%。其中个人营销渠道实现保费收入19.8亿元，同比增长38.1%，银邮代理渠道实现保费收入4.7亿元，同比增长24.9%，个险首期保费全省市场占有率达到41.6%，居市场前列。

分公司在结构调整方面继续坚持推动长期、期缴、保障性强的产品，发展具有高内涵价值业务，分阶段推动分红、万能型产品，并继续推行附加险销售模式，引导银邮代理渠道销售期缴产品。此外，分公司继续践行平安人寿在2009年推出的“信守合约，为您寻找理赔的理由”的承诺，并结合“保单e服务”为广大客户提供24小时的保单资助服务体验，使理赔时效和服务质量不断提高，理赔十日结案率、服务满意度稳步提升。2010年，分公司赔付支出共计116697585元，其中赔款支出18749708元，死伤医疗给付46519422元，满期给付44691788元，年金给付6736667元。2010年共结案13617件，赔付12934件，拒付683件，赔付件数占比94.98%。

【个人寿险业务】 2010年一季度的主要产品策略是大力推动分红保障型产品，推出一系列激励方案，并投入大量资源。同时，功能更为全面的新产品陆续投入市场，这其中有2月25日在银邮代理渠道上市的金色年华和金宝贝分红年金保险，有3月1日在个人营销渠道上市的金裕人生分红两全保险。通过加大对分红保障型产品的推动力度，分红险保费收入占比得到明显提升，今年一季度新单保费收入占比由上年同期的33%上升至36%。二季度，主要产品策略是大力推动万能型产品，主推世纪赢家，该产品针对少儿市场，具有保障功能强、初始费用低、账户积累快、持交奖励多、投资价值高等优点。截至二季度末，万能险新单保费收入占比已达68%，较上年同期增长约10个百分点。三季度，主要产品策略是在继续推动万能型产品的基础上，于9月初上市一款分红险——“吉星送宝”。四季度，主要产品策略是推动分红与万能产品，其中个人营销渠道主推万能险智盈人生，分红险金裕人生和吉星送宝，其中金裕人生和吉星送宝是2010年新上市产品，以上三个产品合计保费占比在80%以上，银邮代理渠道主推万能险金玉满堂、金彩人生和分红险金宝盆。

2010年，分公司继续着重推行在万能险上附加意外险或健康险的捆绑式销售模式，旨在补充万能险的保障功能，提升保单内涵价值，为客户提供更为全面的保障服务。通过一系列举措，分公司万能险附加率已高达99.6%，而保费收入也得到明显提升。同时，继续引导银邮代理渠道销售期缴产品。2010年，总公司首次在银保渠道下发期缴保费计划，占到银保总保费计划的2.9%，同时建立银保IC渠道，主销个险产品。2010年银邮代理渠道共实现新单期缴保费收入2405万元，约是上年同期的5.8倍，占到新单保费收入的5.2%，较上年同期提升约4.1个百分点。

【两核管理】 2010年，分公司两核部在积极贯彻新保险法的同时，围绕总公司“P-STAR”服务理念，以“客户满意度”为核心，从切实保护投保人及被保险人合法权益的角度出发，全面审视和完善各项规章制度，不断提高服务质量和水平，改进管理方式，理顺工作流程，优化工作环节。严格执行首问负责制，及时解决客户及业务一线问题。重点关注提升承保率、降低问题件比例，控制无效预收占比，承保排名提升等关键指标。大力推广“E”行销和“E”服务平台。2010年，电子投保书使用占比超过75%，上传占比超过35%，通过新契约差异化管理手段，将无效预收比例降至10%以内。

为提升机构两核管理水平，分

中国平安保险平安希望小学支教行动启动仪式

公司两核部定期制定培训计划，对营业部内勤及外勤队伍进行两核知识的培训；并印发《两核服务手册》、填单指南、金领电子投保书使用及上传手册，填补业务人员在理赔知识方面的空缺。对机构两核工作按月进行远程和现场风险监控分析，及时发现问题并追踪改善过程管理。

【保费工作】 建立“目标管理”制度和月初指标预警制度，持续推动月度工作规划制；搭建“两部一会”体系，通过“百分俱乐部”、“精英俱乐部”及“需改善绩效问责会”，提高保全队伍的整体素质及水平，搭建保全队伍的荣誉体系。为有效推动续期基础管理指标，分公司在遵照执行总公司各项续收业务规章制度、政策以及管理流程的基础上，按照实际情况相继出台分公司本土制度，例如招商银行柜面交纳续期保险费规定、本部客服柜面控制续期保险费现金流、本部区拓续期转账管控暂行规定、本部区拓孤儿单管理办法等，并严格执行、追踪反馈。同时，重点关注电子转账平台，积极推动“零现金”制度。

为有效推动三级机构续期管理工作，2010年分公司保费部推行三级机构保全主管“本土化”管理的理念，在金昌、酒泉及郊县三个地区设置收费小组。同时，定期举办各类培训，进一步加强了保全队伍的培训管理工作。此外，随着保全团队的不断壮大，保费部直接管理保全团队已经不能适应形式的发展，适时推出收费部(组)自主经营的管理模式，大大提高保全团队的工作积极性。与之相对应，分公司保费部进一步提高了保全专员绩效、薪资管理力度，每季度对保全专员季度奖进行追踪，每周对保全专员绩效考核进行追踪，每月召开需改善人员绩效问责会。

【客户服务】 秉承“用心服务”的理念，不断检视客户服务过程中的每个环节，努力提升服务品质，为客户提供“主动、简单、及时、方便、可靠”的服务体验，创建平安五星级服务品牌。在服务中倾注关爱、强化信任并创造价值；不断简化售后的各项保全业务手续，积极主动地推进银行转账、业务员代办客户服务，网络E服务、电话E服务、信函保全服务、亲办客户免填单服务、亲办客户快速件服务的落实。针对高端客户的不同需求，结合总公司VIP俱乐部开展的各种活动，分别在财富盛宴、健康关怀、商旅服务、驾车关爱、尊贵礼遇、平安援助在内的六大项会员专属礼遇方面做了大量工作。

平安人寿附加值服务已成为平安客户服务的金字招牌。2010年，分公司“客服节”进一步完善了活动项目，少儿安全知识竞赛、健康讲座、才艺大赛等活动已成为深得客户喜爱客服节的重头大戏。与此同时，分公司积极推行首问业务接待制度，即客户向平安提出服务需求后，只需一次接触，客户需求即被记录，并通过客户信息系统传递到相关部门，由相关人员为客户提供服务的过程。任何员工接到客户服务需求后都必须受理并及时转交相关部门处理，禁止任何形式的推诿。

分公司大力推广“保单E服务”，包括网络E服务和电话E服务，分为初、高权限等级，权限越高，可办理的项目越多，客户在购买了保单并成功申请E服务后可通过平安官方网站(平安一账通：http://www.pingan.com)或电话(平安人寿客服热线：95511)足不出户自助办理保单相关业务，包括保单基本资料查询、修改地址、保单挂失、追加保费、保单还款、投资账户转换等20余项保单自助服务。

【运营管理】 积极推动甘肃分公司P-STAR服务竞赛活动，开展“服务金点子”、“主题征文”稿件的征选，举办“群英荟萃　共话服务”辩论赛，并推荐参加区域复赛的选拔。与邮政公司成功签订了账单一体化合作服务项目协议，同时保险账单寄送时效达到了本埠6天，外埠10天的要求。为解决各机构库房到期、寄存价格上涨、档案管理成本上升等问题，2010年7月，运营支持部完成分公司档案集中项目，共计集中档案14398盒、2374箱。

【银行保险业务和队伍建设】
2010年，全年完成总规模保费4.6亿元，期缴2044万，ICAPI 183万。继续开拓建设银行、招商银行、交通银行、农业银行渠道，同时，拓展潜力网点邮储、工商银行等渠道。在团队发展方面，银保部努力壮大队伍，发展人才的同时，不断改善队伍基础管理，从早夕会经营、差勤礼仪等小事做起，建立健全各项规章制度和工作流程，以制度建设为中心、公平处事、强势管理，加强队伍的凝聚力和忠诚度建设；以提升内勤人员服务意识、强化外勤队伍活动管理为手段，凝聚内外勤队伍的向心力，明确员工职业生涯发展规划，培养外勤干部梯队，建立银保荣誉和信任体系，培养队伍的价值观；不断提升人均产能和人员活动率，提高员工收入，壮大稳定队伍。

(李国栋)

监 管

·中国人民银行兰州中心支行·

【概况】 2010年，中国人民银行兰州中心支行认真执行适度宽松货币政策，着力优化信贷结构，积极促进全省经济发展方式转变。不断推进金融改革，强化金融监管职能，切实维护区域金融稳定。改进外汇管理方式，增强外汇服务功能，促进涉外经济健康快速发展。强化监测分析和调查研究，大力推进县域经济金融数据库建设，不断增强决策支持和服务功能。12月末，全省金融机构本外币各项存款余额7146.66亿元，同比增长21.07%；各项贷款余额4576.68亿元，同比增长22.37%。兰州中心支行支持地方经济发展卓有成效，获得了省政府颁发的2008、2009年度“省长金融奖”。

【货币信贷管理】 2010年，人民银行兰州中心支行认真落实金融宏观调控政策，引导全省金融机构合理安排信贷投放。制定下发《2010年甘肃省银行信贷增长指导意见》，要求各银行业金融机构按照“总量适度、节奏平稳、结构优化、风险防范”的原则，把握好信贷投放的力度和节奏，保持信贷总量均衡适度增长。以《中国区域金融运行报告》等为平台，通过赠阅报告、召开金融形势分析会、约见谈话等形式向地方政府、金融机构和社会公众准确传导货币政策调控要求，做好货币政策从应对危机状态逐步向常态转变的解释工作，积极争取社会各界的理解和支持。年末，随着货币政策由适度宽松转为稳健，组织召开全省信贷工作座谈会，向全省金融机构准确传达金融宏观调控意图，要求全省金融机构按照信贷规划，把握好最后信贷投放规模。全年全省各项贷款增速合理回落，贷款投放节奏进一步均衡。

加大信贷政策指导力度，促进全省经济结构调整和发展方式转变。制定了全省金融机构贯彻落实国务院办公厅《关于进一步支持甘肃经济社会发展若干意见》的实施意见，金融支持循环经济、藏区、文化产业、定西马铃薯和中药材产业等一系列信贷指导意见，并配合省委、省政府研究制定了金融支持传统优势产业改造升级、加快发展战略性新兴产业、加快发展能源产业等六大行动计划。妇女小额担保贷款发放工作取得显著成效。年末，全省金融机构妇女小额担保贷款余额51.6亿元，居全国首位。稳步推进下岗失业人员小额担保贷款和助学贷款发放工作，为贫困人口创业和贫困家庭学生就学提供了有力的金融支持。

全力支持舟曲抗灾救灾和灾后重建工作。舟曲特大山洪泥石流灾害发生后，迅速了解灾区金融机构支付头寸和流动性状况，密切监测灾情发展，对流动性不足的金融机构及时给予再贷款支持，有效解决了灾区金融机构支付头寸和流动性需求不足问题。及时转发了中国人民银行 中国银行业监督管理委员会《关于全力做好甘肃、四川遭受特大山洪泥石流灾害地区住房重建金融支持和服务工作的指导意见》，并结合全省实际提出具体实施意见，为金融支持灾后重建提供了及时的政策保障。

加大货币信贷监测分析力度，进一步提高监测分析水平。初步完成县域经济金融数据库建设工作，收录了自新中国成立60年来的17类484项数据信息120多万个，形成了一整套系统反映全省86个县(区)经济金融发展历史状况的信息资源。利用数据库信息，对事关全省产业结构调整大局，最具县域特色的风电、马铃薯、中药材等十个特色产业深入分析研究，数据库的功能和作用得到了有效发挥。

【利率管理】 2010年，人民银行兰州中心支行及时传导国家利率政策，完善利率监测分析系统，指导金融机构加强利率定价机制建设和以shibor为核心的货币市场利率体系建设。全省金融机构利率政策执行情况良好，以市场为导向的利率定价理念和能力增强。执行民贸民品优惠利率政策，按季为民贸民品企业贷款实行利息补贴，支持民贸企业的生产和发展效果明显，2010年累计贴息1661万元，是上年的1.95倍。正确解读和宣传利率政策，特别是按照总行口径正确宣传商业性个人住房贷款利率政策，及时化解各种误解和矛盾，确保利率政策的实施效果。

完善利率监测分析制度，提高利率报备质量和利率监测分析水平。按月对利率政策执行情况进行监测分析，按周跟踪监测辖内金融机构有关房贷利率、存款利率、小额贷款公司利率等的定价策略、操作细则及其变动情况，以及有关部门出台的与利率政策相关的政策措施及其影响的动态情况，及时向总行和政府部门反映利率监测情况和值得关注的问题。加强对小额贷款公司监督管理和支持引导，与省政府金融办、工商行政管理局和银监局密切配合，制定《甘肃省小额贷款公司年度审查暂行办法》，建立从合规经营、内部控制和利率管理等方面加强对小额贷款公司的全面审慎监管的系统性制度办法，促使其积极防范经营风险。

继续做好存贷款基准利率确定

方式改革准备工作。2010年10月20日总行上调存贷款基准利率并启动存贷款基准利率确定方式改革，存贷款基准利率逐步向0.05%的整数倍归整，及时向辖内金融机构调查了解政策出台后存贷款计结息的相关情况，要求地方法人金融机构完善存贷款利息计算细则并报备，调整相关计算机系统，确保政策执行的稳定性和连续性。加大对金融机构利率定价的辅导和监测，先后3次调查并全面掌握金融机构及小额贷款公司利率定价情况，重点对利率定价能力较弱的机构进行现场指导。

【货币政策工具及金融市场管理】 加强再贷款监督管理工作，灵活调剂全省再贷款限额，有效解决了灾区、农业地区、贫困地区和少数民族地区农村信用社支持灾后重建和“三农”发展的流动性不足问题。全年共向这些地区增加支农再贷款限额20.3亿元，有效发挥了支农再贷款政策引导作用。2010年，全省人民银行累计发放再贷款、再贴现98.69亿元，其中累计发放头寸贷款0.83亿元；累计发放对农村信用社再贷款85.02亿元，同比多发放40.53亿元；累计办理再贴现12.79亿元，同比多增4.8亿元。

加强存款准备金管理。建立完善辖区地方法人金融机构流动性监测制度，密切关注金融机构流动性状况变化情况，对全省地方法人金融机构流动性变化情况进行摸底调查。及时转发总行存款准备金率调整文件，保持货币政策传导渠道的畅通。组织各市、州中心支行对全省城乡信用社法定存款准备金交存情况进行全面检查，对检查发现的问题及时进行规范。

加强金融市场监管，推动金融市场创新和发展。2010年，甘肃省共有3家企业发行金融企业债务融资工具5期共104亿元，其中短期融资券42亿元，中期票据62亿元，有效缓解了甘肃省建设资金不足的瓶颈约束。加大债券融资工具的宣传力度，协调省政府金融办组织发行中小企业集合票据。加强黄金市场监督管理，完善黄金市场监管重点联系行制度，加强对全省黄金分布相对集中、产量较大的陇南、甘南、酒泉市、州中心支行的工作指导，加强对黄金投资者的风险教育。

【农村信用社改革资金支持工作】 做好全省农村信用社改革试点专项票据兑付考核工作。会同甘肃银监局，对全省最后3家农村信用联社专项票据兑付申请材料和相关数据分别进行审核，并组织相关人员对人民银行总行和银监会确定的农村信用联社进行了现场检查。经总行和银监会审核后，这3家农村信用联社全部通过考核，兑付专项票据资金1.91亿元。至此，全省87家农村信用联社(含农村合作银行)专项中央银行票据全部顺利兑付，共获得资金支持12.32亿元，其中兑付专项票据本金11.63亿元、获得专项票据利息6836.48万元。

做好农村信用社改革试点专项票据兑付后续监测考核工作。经总行审核后，全省共有24家农村信用社同时达到《关于鼓励县域法人金融机构将新增存款一定比例用于当地贷款的考核办法》和《农村信用社改革试点专项中央银行票据兑付后续监测考核办法》规定的激励政策标准，获得总行安排增加的支农再贷款额度5.09亿元。

通过改革，全省农村信用社资产规模扩大，资产质量提高，经营状况改善，支农服务功能增强。2010年末，全省农村信用社各项存款余额1263.49亿元、较年初增加310.37亿元，各项贷款余额825.78亿元、较年初增加159.95亿元。资本充足率同比上升1.96个百分点。贷款损失准备覆盖率同比上升19.5个百分点。涉农贷款余额708.33亿元，较年初增加216.33亿元，增幅为43.97%，高于同期各项贷款增幅19.95个百分点。2010年，全省87家农村信用社全部盈利，实现净利润10.15亿元，同比增加2.16亿元。

【国际收支】 2010年，跨境收支额达到75.63亿美元，同比增长49.11%。跨境收支逆差41.59亿美元。银行结售汇57.55亿美元,同比增长41.39%。

创新核查方法，建立月度非现场核查制度。在做好非现场核查的基础上，采取电话联系、不定期走访、定期通报、约见谈话等方式，督促银行及时准确开展国际收支申报业务。按季开展现场核查，把新设立的银行机构作为核查重点，并将核查延伸到申报主体。全年共核查数据2.87万笔，核查面达到80%。开展外汇统计执法大检查，组织16个检查组对42家银行分支机构及企业进行执法检查。

强化跨境资金流动监管，拓宽外汇非现场检查系统功能，探索建立了经济主体交易变动数据库，全面筛查甄别银行、企业、个人外汇业务数据，初步实现了对经济主体交易行为的动态监管。针对银行外汇业务合规性、外汇统计、违法违规外汇资金流入等检查重点，完成专项检查和调查13项，投入260人次，对95家银行分支机构、20家企业、229名个人开展现场检查，查处违规金额3551万美元，维护了外汇市场秩序。

提高外汇管理透明度，修订发布了国家外汇管理局甘肃省分局行政许可目录表，确定了134项行政许可事项，在政府网站和兰州中心

支行政务大厅进行公示。开展银行执行外汇管理规定情况考核，向全省外汇指定银行通报考核结果。

【外汇管理】 2010年，全省进出口总值73.24亿美元，同比增长89.7%，已接近金融危机前水平；全省外商直接投资实际流入1.35亿美元，同比增长43.37%；全省境外直接投资实际流出1.01亿美元，同比增长396.37%。

为加强统计监测分析，降低管理成本，按照“统一登记、统一结汇、统一购汇”的模式，制定《改进部分外国政府转贷款项目外汇管理方式实施方案》，在全国率先探索推进外国政府转贷款外汇管理方式改革，为下一步全面推进外债转贷款外汇管理方式改革奠定基础。积极争取总局下发《国家外汇管理局综合司关于做好舟曲救灾工作外汇管理有关问题的通知》，批准甘肃省实施“中资企业境内贷款接受境外担保”以及“中资企业外汇质押人民币贷款”两项政策，支持灾区企业发展。组织编写《甘肃省中资企业试点境内贷款接受境外担保业务操作规程》和《甘肃省中资企业试点外汇质押人民币贷款业务操作规程》。针对部分不法分子通过注册中小类流通贸易企业企图骗领核销单的可疑情况，及时向商务、海关等涉外部门通报相关情况，形成监管合力，净化了对外贸易环境。为防范“热钱”跨境流入带来的金融风险，以资本金结汇监测管理为切入点，制定《甘肃省外商投资企业资本金结汇监测方案》，在全省范围内推广实施。

随着中国对外经济的快速发展，以“事前备案、逐笔核销、现场审核、行为监管”为特征的货物贸易外汇管理制度已无法满足对外贸易快速发展、贸易方式日趋复杂和多样化的要求，实施进口付汇核销制度改革迫在眉睫。为确保改革工作顺利进行，成立以副局长为组长的领导小组，研究制定《甘肃省进口付汇核销制度改革实施方案》。清理全省进出口核销系统数据及逾期未核销业务2355笔,金额33.11亿美元；为全省800余家外贸企业办理了网上开户手续，为改革奠定了良好的基础。

深刻领会《国务院办公厅关于进一步支持甘肃经济社会发展的若干意见》的精神，选取16家大型国有企业和特色中小企业开展“现行外汇管理政策需求”调查，了解企业经营中存在的困难以及对外汇服务的需求。协助省政府制定甘肃省境外投资发展规划，科学确定境外投资发展方向。科学核定地方法人金融机构和中资企业指标占比，将原属地方法人金融机构的500万美元短期外债余额指标调剂中资企业使用，满足了企业的融资需求。

【金融稳定】 推进农业发展银行深化改革，进一步加大政策性金融支农力度。对农业银行三农金融事业部改革试点工作进行督促、指导和评价，探索大型商业银行服务“三农”的有效模式。构建金融改革评估框架体系，对辖区银行、证券、保险业改革进行总结评估，撰写《甘肃省金融业改革报告》。

建立经济金融基础数据资料库和法人金融机构基本情况数据库，涵盖经济金融及相关行业16年跨度的4000多个数据。拓展金融稳定评估覆盖面，撰写出版《甘肃省金融稳定报告(2010)》。对甘肃省地方法人银行开展流动性风险状况压力测试，不断丰富央行量化评估系统性金融风险的内涵和手段。

做好金融稳定再贷款统计分析及系统上线运行准备工作，对全省金融稳定再贷款质量进行评估。加大金融稳定再贷款清收力度，制定清收计划，确保2013年全额收回地方政府专项借款。成功收回永登中堡农村信用社再贷款利息，标志着甘肃省农村合作金融机构金融稳定。再贷款本息清收工作画上圆满句号，中央银行资金无一损失。解决临夏市解放路农村信用社风险处置再贷款资金缺口，确保个人债权收购工作顺利进行。积极配合甘肃省政府推动西部金融租赁公司重组改制及更名工作顺利开展，为甘肃省经济金融的发展增加了新的融资渠道。

【金融研究】 全面做好各项经济调查统计工作，共完成政府投融资平台贷款、区域金融生态环境、非贷款性债务等方面的快速调查20多项。建设甘肃省县域经济金融数据库，对最能反映甘肃省县域经济发展特色和最具发展潜力的风电、马铃薯、有色冶金等十个产业进行专题调查研究，得到总行领导的肯定性批示。借鉴最新学术成果，围绕中央银行治理、欧债危机、宏观审慎管理等前沿问题开展系统性研究，完成30多篇调研报告，其中4篇调研报告被总行《金融稳定专题研究》刊登交流。紧扣经济金融改革和发展中的热点、难点问题，深入基层开展调查研究，向总行、省委省政府报送各类调研报告和专题材料20多篇，一些意见和建议已经转化为相关部门的政策措施，研究工作获得了总行研究局的“优秀调研奖”。

加强重点课题研究，全行共承担包括总行重点课题《循环经济发展的金融支持研究》、分行重点课题《金融支持甘肃省风电产业发展研究》和《二元经济结构下的农村生产要素优化配置问题研究》在内的重点课题27项。重点课题选题涉及货币信贷政策、区域经济发展、金融改革与发展、特色经济、中央银行管理等多个方面，完成《地方政府投融资平台资产证券化研究》《甘肃省农村居民消费特征及影响因素研究》等一批重点课题，研究成果的理论水平和应用价值进一步提高。

围绕金融生态环境、西部地区扶贫问题、资源性城市转型三个特色领域，持续性开展特色研究；在穆斯林民间借贷、藏区经济发展、马铃薯产业等特色领域，开展调查研究，特别是《民间借贷在穆斯林地区的特点和作用——以甘肃省临夏回族自治州为例》在"中英非银行放贷人立法框架研讨会"上进行大会交流，特色研究领域进一步拓展和深化。组织开展甘肃省第四次金融科研优秀成果终评工作，共评出奖项100项，其中一等奖10项，二等奖30项，三等奖60项。

【征信管理】 2010年，协调省政府办公厅印发《关于加快推进社会信用体系建设的意见》，并推动成立了以省政府分管副省长为组长，省委宣传部、人行兰州中心支行等26个部门为成员的社会信用体系建设领导小组。在此基础上，起草了《甘肃省社会信用体系建设五年规划》，指导市、州推动开展社会信用体系建设，全省已有10个市、州建立了社会信用体系建设工作机制。

至年末，全省入库企业贷款余额3295.22亿元，比上年增加615.3亿元；个人征信系统共收录借款人297.74万个，上报个人信贷账户511.19万个，录入个人信贷余额704.18亿元，比上年增加225.25亿元；累计查询162万次，比上年增加4.8万次，征信系统防范化解信贷风险的作用得到进一步的发挥。

引导金融机构增加对有信用、有市场、有效益的中小企业增加信贷投入。截至2010年末，全省累计为2.07万户中小企业建立信用档案，有5826户企业取得银行授信意向，有4850户中小企业得到贷款融资，融资额达185.13亿元。依托农村信用村镇创建工作，大力推进农村信用体系建设，全年全省有300.03万户农民建立了信用档案，评定信用农户219.24万户，对已建立信用档案的226.39万农户发放了贷款，累计发放431.10亿元。

至年末，全省非银行信息采集范围已扩展至14个领域，其中入库个人住房公积金缴存账户233.4万个，个人电信正常缴费信息和欠费信息入库账户分别为264.8万个和159.3万个，累计上报企业和个人法院诉讼信息、资质认证信息、个人低保信息等各类信息7万多条。非银行信息在报送量上有大幅增长。

【支付结算】 把全面改善甘肃省农村支付服务环境作为支付结算工作的重中之重，加大基础设施建设，拓展农村支付服务网络，推广适应农村地区需求的非现金支付工具和支付服务产品。2010年全省县及县以下涉农金融机构新接入现代支付系统机构网点数达415个，布放ATM机、POS机、多功能转账电话较2009年末分别增长了25.1%、35.1%和50.1%，农民工银行卡特色服务交易笔数和金额同比分别增长1.7倍和2倍，手机支付、电话支付、网上支付的户数、交易笔数、金额分别增长了1倍、3.4倍和4.5倍，促进了新兴支付工具在全省农村地区的普及应用。银行卡产业发展进一步规范，截至2010年末，全省累计发行银行卡3159.26万张，发展特约商户31775户，布放ATM3232台、POS机具45050台，刷卡消费金额达671.11亿元，较上年同期分别增长25.0%、46.7%、50.1%、60.4%、63.5%，增幅均高于全国平均水平。电子商业汇票系统顺利上线运行。加快现代支付系统推广应用步伐，全年大额支付系统共处理业务459.85万笔、16万亿元，较上年同期分别增长了11.2%和185.3%；小额支付系统共处理业务551.96万笔、0.2万亿元，较上年同期分别增长了55.3%和46.2%，提高了现代支付系统利用效率。支付结算监管工作进一步强化，组织开展了银行卡业务、人民币银行结算账户管理、支付系统直接参与者业务管理、商业汇票业务检查，POS终端标准化改造验收检查以及对新兴支付清算组织的监管。

【国库组织与管理】 2010年，全省共有国库机构121个，其中：省分库1个，市州中心支库14个，县区支库90个，乡镇金库16个。全辖国库人员529人。全年共办理国库业务519.30万笔，实现大口径预算收入745.41亿元，同比增长19.85%；一般预算支出1495.61亿元，同比增长20.38%。主动牵头与有关单位制定《甘肃省国库与财政、征收机关对账管理办法》，在全省国库与同级财政、税务征收机关间建立"集中对账"工作机制，加快对账速度，有效防范国库资金风险。积极扩大横向联网系统(TIPS)覆盖面，使国税业务推广到所有市县，2010年甘肃省通过TIPS办理的缴税业务量及金额均居西北五省之首。同时作为全国第一批模拟单位顺利上线国库管理信息系统(TMIS)统计分析模块，有效提高了国库信息服务的时效性和权威性。

2010年，全省共有4个中心支库及辖内的9个县区支库，办理了家电下乡等25个政府补助资金项目的直接支付业务，累计拨付资金161275笔，金额8960.82万元，进一步落实了惠民政策。

【国债管理】　2010年，全省共承销五期凭证式国债22.01亿元，实际销售20.1亿元，占计划销售额的91.35%；组织发行十一期储蓄国债(电子式)8.31亿元；全年兑付历年到期国债本息28.35万元。积极开展人民银行直接办理无记名国债兑付业务。2010年全年累计兑付无记名国债和单位国债收款单本金17.43万元，利息10.92万元，维护了国债信誉。完善宣传方式，营造积极的国债发行氛围。临夏州中心支库利用当地少数民族特色“花儿”，聘请莲花山著名花儿专家，把宣传内容编成通俗易懂的“花儿”歌词，由担任金融知识义务宣传员的民间“花儿”歌手用独具民族特色的“花儿”形式演唱给群众，提高群众对国库知识的了解，使国债知识深入人心。

【货币发行】　2010年，全省发行基金投放量、回笼量较上年同期分别增长8.76%和9.68%，从总量和结构两个方面保证了地方经济发展和灾后重建对现金的需求。完善小面额人民币支付、回收定点制度，督促商业银行做好对商业网点、集贸市场、公共交通、医疗卫生等单位的小面额票币供应，满足农牧区、城乡群众对小面额票币的合理需求；进一步拓宽小面额硬币的收支渠道，有力推动全省小面额票币硬币化进程。完成了2010年贺岁虎、上海世界博览会、“和”字书法(第二组)、环境保护(第二组)四套4枚普通流通纪念币的发行工作。根据总行下达的残损人民币销毁计划，及时将残损人民币回收任务分解下达到各市、州中心支行，加快小面额残损人民币的回收进程，全面做好残损人民币的回收、复点、清分、销毁工作。2010年，共签发残损人民币调拨命令153份、销毁命令55份，残损人民币销毁任务完成张数和金额同比分别增长33.29%和129.29%。在舟曲特大泥石流、陇南特大暴洪灾害中，迅速启动应急预案，及时组织发行基金调拨，保证抗灾救灾需要；开辟现金供应“绿色通道”，为群众兑换被泥石流、洪水浸埋的特殊残缺污损人民币，保证人民群众利益不受损失。

【反洗钱工作】　全面深化省政府反洗钱工作联席会议工作机制，先后与省安全厅、省检察院签署反洗钱工作合作协议，大大提高了反洗钱协查和案件调查工作的保密性、规范性和实效性。履行省禁毒委成员单位职责，深入开展禁毒反洗钱工作。在总结银行业、保险业金融机构考核评估工作经验的基础上，制定《甘肃省证券期货业金融机构反洗钱工作考核评估办法》，实现了对银行业、保险业、证券期货业金融机构反洗钱工作的全面考核评估。落实风险为本的监管理念，加大反洗钱非现场监管工作力度。印发《甘肃省金融机构建立反洗钱内部控制制度工作指引》《甘肃省银行业金融机构反洗钱重大可疑交易线索报告管理暂行办法》等制度办法，指导金融机构完善反洗钱内控制度，加强可疑交易报告人工分析工作。探索大额现金监测试点工作，指导试点单位大胆实践，努力实现大额现金数据报送电子化和系统化。

以促进金融机构履行反洗钱义务为目的，组织对农业发展银行甘肃省分行、农业银行甘肃省分行、中国人寿甘肃分公司、华龙证券总部及其91个分支机构开展反洗钱现场检查，对8家金融机构网上银行反洗钱业务和工商银行甘肃省分行反洗钱业务进行后续跟踪检查，对现场检查中发现的违规问题提出了限期整改处理意见，对部分严重违规的金融机构进行了行政处罚。

积极做好反洗钱调查和案件协查工作，全年协助侦查机关完成反洗钱行政调查和案件协查22起，调查账户150余户，调查可疑交易资金30多亿元。配合公安部门开展打击网络赌博违法犯罪专项行动，全省专项行动受到了总行的通报表扬。加强了对已破获案件的分析研究，建立了甘肃省反洗钱案例信息库，为金融机构加强反洗钱监测分析给予了有力指导。

（徐哲茜）

·中国证券监督管理委员会甘肃监管局·

【概况】　2010年国内外经济形势极为复杂，国际金融危机影响仍在继续，我国资本市场推出多项创新业务，甘肃辖区资本市场经历了全新挑战，监管工作经历了严峻考验。甘肃证监局和市场各主体以科学发展观为指导，贯彻国家关于资本市场改革发展的各项决策部署，紧密结合实际，立足“规范、发展、安全、稳定”，深化一线现场监管，切实防范和化解风险，努力打造“小而精、有特色”区域资本市场，保障辖区资本市场稳定健康发展。

【规范上市公司经营】　按照证监会的统一部署，对辖区涉及同业竞争和关联交易数额较大的公司进行公司自查和专项核查。在省政府相关部门推动下，积极督促相关公司及其控股股东，督促制定解决同业竞争、减少关联交易工作方案，从影响公司独立性角度出发，认真分析公司及其控股股东、实际控制人从事的行业及经营业务，坚持“一司一策、分类推进”的原则，专项活动取得了阶段性成效。相关公司存在的问题得到基本解决。

上市公司信息披露质量进一步提高，辖区上市公司健全信息披露制度，落实信息披露各环节责任，建立内部问责追究机制。把并购重组、利润分配、重大合同等重要环节信息披露和股价异动作为日常监管重点，对信息披露管理制度的建立和执行情况进行全面调查摸底，加大定期报告和临时公告跟踪监管力度；同时，对审计机构、保荐机构、独立财务顾问等执业情况加强监管，督促其履职尽责。辖区上市公司基本做到及时履行信息披露的义务，真实性、准确性有新的提高。

上市公司治理和规范运作水平稳步提高，辖区上市公司按照《企业内部控制基本规范》要求，不断加强和规范公司内控建设，有序实施内部监督和自我评价以及内控审计等工作，公司经营管理水平和风险防范能力得到提升。部分上市公司通过资产重组等方式解决了影响公司治理的历史遗留问题，公司治理状况得以改善，一些公司探索形成了适合自身经营发展特点的公司治理模式。各公司积极落实证监会关于建立、执行内幕信息知情人登记制度的要求，全部建立了《内幕信息知情人管理制度》。加强对内幕信息知情人管理制度执行情况的跟踪监管，推动诚信守规文化建设。辖区上市公司董事、监事及高管人员积极参加证监会、证监局及证券交易所举办的各类培训，履职能力和尽责意识不断增强。

上市公司风险得到有效防范和化解。采取年报专项现场检查、专项核查、现场调查、回访调查等多种检查方式，以检查促规范。根据年报审计监管、非现场检查、媒体报道和信访投诉中发现的线索，对相关上市公司股改承诺履行、公司重大并购重组行为、募集资金使用、高管人员买卖股票、关联方资金占用和信息披露等情况进行专项检查。全年共对6家公司的年报审计全程跟踪监管，列席沟通会11次，约谈签字会计师8人次；对13家公司进行现场检查，检查覆盖率达到55%，对4家公司发出监管关注函9份，对2家公司发出监管警示函3份。同时，加强对高风险、次高风险公司的重点监控。

【合规监管】 融资融券业务试点工作稳步推进。辖区具备资格的证券经营机构，按照试点工作指导意见及配套规则做好相关基础性工作。对申请开展融资融券业务试点的机构，重点审核其制度安排、风险控制、业务操作流程等，并对部分机构予以现场检查，分批有序地启动了辖区融资融券业务试点。辖区已有16家证券营业部获准开展融资融券业务试点。

股指期货顺利推出并平稳运行。举办股指期货业务培训班，加强对辖区上市公司高管和证券期货从业人员股指期货业务的培训。严把IB业务准入关，加强风险监测，制定和完善监管制度，以投资者适当性制度管理为重点，督促业务试点机构做好投资者教育工作，确保创新业务平稳运行。

深化分类监管要求，不断推进证券期货经营机构合规管理建设。通过开展证券期货行业执业行为准则、信息隔离墙制度建设、营销与经纪业务管理、“小金库”专项治理等专项现场检查，督导证券经营机构持续合规经营。对法人证券期货机构，强化完善以净资本为核心的动态风险监控机制，完善实时监控和实时预警，确保净资本在任何时点都保持在风险控制要求的范围之内。督促证券经营机构认真解决营销问题，规范转销户行为。指导辖区证券期货业协会健全佣金自律管理，引导机构合规经营，惩治不正当竞争，鼓励各机构在特色化、差异化服务上下工夫，提升辖区证券经纪服务的整体水平。2010年，中国证监会第一次向全社会公布了证券公司分类评价结果，华龙证券的分类评级一跃提高到B类BBB级，合规管理成效显著；陇达期货的法人治理结构基本完善，初步具备申请更多业务资格和牌照的条件。

根据辖区证券期货营业网点布局的实际情况，及时补充、合理调整。对证券、期货营业部的新设、迁址等事项，进行了严格审核、现场核查和开业验收，实施持续跟踪监管；特别对新设机构加大现场核查力度，及时处置不正当竞争行为，杜绝营销、转销户等环节投诉风险。年内新增证券营业部5家，期货营业部1家。

经过不懈努力，甘肃证券风险处置行政清理工作圆满收尾。其中，顺利完成了多批次遗留个人债权的甄别、收购工作，切实维护了债权人权益，化解了风险；督促会计师事务所完成了遗留保证金缺口的专项补充审计，所有保证金缺口得到弥补；顺利交接了行政清理档案，完成了行政清理收尾验收；基本化解了甘肃证券破产管理人相关诉讼风险，维护了风险处置工作的严肃性和统一性。

【优化运行环境】 组织开展证券期货法律法规宣传月活动，发放宣传资料7000余册；在省政府门户网站和甘肃证监局网站，开辟打非活动投资者教育专栏，介绍非法证券活动的特点、表现形式、政策法规和救济途径，并针对具体案例

进行深入剖析和提醒。配合兰州市金融办，在兰州晚报连续整版刊登防范非法证券和非法集资活动知识宣传，引导投资者防范和识别非法证券活动。辖区证券期货经营机构通过板报、期刊、网络等多种途径广泛开展投资者教育活动，宣传资本市场知识，揭示市场风险。

有效防范和打击非法证券活动，对新业务、新产品推出后可能出现的违法违规行为，加强预研预判，增强工作的前瞻性。完善提前介入、非正式调查等手段，及时发现、及时制止违法违规行为。加大对网络、电视、广播和报纸等媒体证券类节目的监控力度，形成"及时发现、及时清理和及时查处"的常态机制。严格审查主要媒体证券咨询栏目(或节目)的报备材料，坚持专人定时监督，发现问题，及时处理，防止非法证券咨询活动出现反复。

【完善协作监管机制】 综合协作监管责任机制进一步改进和完善，各相关单位认真履行职责，加强沟通协调配合，在基金销售机构检查、行业信息系统安全检查、上市公司重大资产重组、拟上市资源培育等方面，得到了大力支持配合。与省公安厅联合召开案件研讨会，就辖区打击非法证券活动进行研究。与新闻媒体及其主管部门坚持经常性沟通，组织召开辖区打击非法证券投资咨询活动、规范资本市场信息传播秩序联席会议。

加强对两个协会工作的督促和指导，协会的自律、传导、服务功能得到有效发挥。上市公司协会、证券期货业协会充分发挥自律组织作用，组织会员单位签订自律公约，进一步加强自律管理；组织开展证券期货知识竞赛、业务培训和投资者教育等活动，服务水平进一步提高。

【市场影响力】 2010年市场影响力不断增强，上市公司资源枯竭问题有所改善。紧紧抓住国家新一轮西部大开发和支持甘肃加快发展的有利时机，深入开展调查研究，提出打造"小而精、有特色"区域资本市场的工作目标，集中研究制约辖区资本市场长远发展的问题。与省政府有关部门密切配合，共同推动上市后备资源的培育工作，支持国有控股企业改制，推动省内特色优势行业的优质成熟企业发行上市，为区域经济发展服务。2010年，海默科技在创业板挂牌上市，融资5.28亿元；另外，2家公司上报了首发申请材料，7家公司处于上市辅导期。

（安子铮）

·中国保险监督管理委员会甘肃监管局·

【概况】 2010年面对严峻复杂的经济形势，在保监会和省委、省政府的正确领导下，全省保险业努力实践科学发展观，着力转方式、调结构、防风险、促发展，取得了显著成绩。全年实现保费收入146.3亿元，同比增长27.9%。其中，产险公司保费收入40.04亿元，同比增长42.27%；寿险公司保费收入106.30亿元，同比增长23.25%。

【转变发展方式】 把转变发展方式作为深入贯彻落实科学发展观的重要目标和战略举措，集中力量，综合施策，实现了新的突破。突出效益监管导向，重点关注综合费用率、赔付率、费率等"三率"情况，特别是将车险费率作为重中之重，严格控制经营成本。通过效益监管的引导，以及行业的自觉行动，产险机构实现承保利润2.1亿元，同比增加2亿元；承保利润率达到7%，高于全国平均水平，同比上升6.7个百分点，创近5年来新高。产险市场综合费用率34.5%，同比下降1.4个百分点，成绩显著。

狠抓业务结构调整，及时收集汇总各公司的经营发展规划，为业务结构调整奠定基础。建立费用情况报送制度，特别是加强银保业务手续费监管，督促公司优化渠道。加强寿险产品报备管理和产品结构分析，引导公司发展内涵价值高的期缴产品。全年寿险业务新单期缴保费22.48亿元，同比增长55.7%。银保业务在寿险中的占比下降2.79个百分点。同时大力发展非车险业务，企财险、工程险和货运险，同比增速分别为9.5%、101.5%和52.8%，薄弱环节得到加强。

大力推动新业务拓展，在全省二级及以上医院全面推广医疗责任保险。协调公安消防部门，在兰州市城关区强制推行火灾公众责任保险试点。大力扩大农险覆盖面，实现了补贴品种、补贴总额、保险责任的"三个增加"。稳步推进农村小额人身保险试点工作，试点地区扩大到全省10个市、州。

【规范市场秩序】 按照"出重拳、动真格、见成效"的要求，加大现场检查力度。在产险领域，专项检查天安、平安两家公司和1家亏损公司，对农业保险开展专项检查。指导行业协会开展"四大行动"。在寿险领域，开展银保业务、意外险业务、销售误导、内控合规及《人身保险业务基本服务规定》执行情况5个方面的专项检查。在中介领域，对中华联合公司的中介业务进行专项检查，对37家机构的航意险业务进行暗访。排查"五丰"系保险中介机构非法经营情况。开展国有及国有控股保险中介机构“小金库”排查工作。一年来，监管部门投入174人次，组成40个检查组，对34家机构开展现场检查。共实施27项行政处罚，依法严格追究10名高管人员的管理责任，累计行政处罚91万元，其中给予高管人员行政处罚累计达4万元。

【夯实监管基础】 按照“科学监管、依法监管、有效监管”的要求，不断强化监管机制建设，提高市场监管的效能。推进分类监管，制定分类监管实施细则，编制了省级机构的分类监管报告。严格执行保监会对偿付能力不足公司的监管规定，密切关注偿付能力不足公司经营风险。建立市、州保险市场信息采集平台，在全省设立66个市场监管点，及时收集市、州保险市场情况，延伸监管触角。

规范行政执法，制定行政处罚裁量规定，统一执法尺度。对现行63件规范性文件进行清理，保留41件，修改10件，废止12件。进一步规范行政许可受理程序，提高行政许可受理效率。全年批准机构开业40家次，机构改建19家次，变更营业场所56家次，机构撤销10家次，高管任职核准151人次。审批保险兼业代理资格609家次。同时，进一步健全高管人员考试考察制度，实行高管人员电子化考试。

【保护消费者权益】 在解决消费者反映强烈的问题上下工夫，切实抓好保护被保险人利益工作。加强信访投诉查处力度，坚持“抓小、抓早、抓基层”的原则，探索建立矛盾纠纷的快速处理机制。建立投诉记录台账和回访机制，加强对信访投诉的后续跟踪。全年快速处理矛盾纠纷80起，合同纠纷类信访明显下降。加强对信访举报案件的查处力度，完成对8家机构信访举报案件的现场检查，重点查处了阴阳保单、假赔案、拆分保单等突出问题。共受理有效信访投诉53件，已办结47件，办结率88.7%。

提高车险理赔服务质量，进一步完善车险承保理赔信息自主查询系统，实行赔款直接到客户账户制度，逐步取消或限制汽车修理厂、4S店代理保险理赔。制定车险理赔服务质量评价办法，对车险理赔服务质量进行测评，在行业内通报测评结果。协调省交警部门，在全国较早建立了酒后驾驶与交强险费率浮动联系机制、道路交通事故保险理赔自行协商制度，以及道路交通事故保险赔偿调解制度，加快了交通事故保险理赔速度。

继续开展积压赔案清理工作。在2009年积压赔案清理的基础上，安排专项行动进行回头看、再清理，巩固清理成效。全年共清理积压赔案3.4万件，累计赔付金额1.3亿元，很好地保护了被保险人利益。

【防范化解行业风险】 指导中国人寿省分公司妥善处理误打保单事件，化解了潜在风险。针对群众反映强烈的个别银代网点宣传不实的情况，及时查处，规范销售行为。继续推进“零现金”收付费制度，全省收费业务综合转账率提高12.8个百分点。继续扩大非车险“见费出单”范围，除个别业务外，基本实现全险种“见费出单”，解决了产险公司应收保费风险。

【服务经济社会】 全年共承保财产险178.6万件、人身险2013.8万人次，累计风险保障总额达2万亿元。社会贡献不断增加，支付各项赔款及给付27.5亿元。上缴营业税金及附加2.2亿元，同比增长47.7%；代收代缴车船税2.5亿元；为社会创造新的就业岗位4000个。为舟曲泥石流灾害累计支付赔款1629.9万元，捐款730.8万元，支援了灾区重建工作。举办舟曲抢险救灾先进事迹报告会和“立足岗位、敬业奉献”主题演讲大赛，提升行业形象。

（杨子江）

甘肃保监局举办全行业创先争优爱岗敬业演讲比赛

经济管理与监督

发展与改革

【概况】 2010年，发展和改革工作深入实施省委区域发展战略和市委“1355”总体发展思路及“再造兰州”战略，把握国家宏观调控政策，贯彻落实国务院办公厅《关于进一步支持甘肃经济社会发展的若干意见》，制定并提请市政府下发了《关于贯彻落实国务院办公厅〈关于进一步支持甘肃经济社会发展的若干意见〉分工方案的通知》。推进改革，创新机制，制定了《兰州市2010年经济体制改革工作指导意见》，对全年的改革任务进行了分解、细化。完善项目管理，进行流程再造，项目库信息管理系统建成试运行。准确把握宏观经济形势与环境，科学制定、下达了11份年度专项计划。加强经济运行分析，促进全市经济社会又好又快发展。做好项目凝炼、申报及资金争取工作，储备项目771项，其中亿元以上项目363项；从国家和省上争取中央、省预算内投资项目313项；争取中央预算内投资5.14亿元，省级财政资金1654万元；累计利用外资额3.7亿美元。加强协调服务，全力推进重大项目建设进度。加快保障性住房建设，新开工建设经济适用住房126.55万平方米、13230套。是年，“十二五”规划编制工作全面展开；完成了新一轮政府机构改革任务；市发展和改革委员会的职能、内设机构、人员编制作了新的调整。

【机构改革】 根据《兰州市人民政府机构改革实施意见》，对兰州市发展和改革委员会的机构与职责进行了调整。划出的职责有：工业和信息化固定资产投资项目管理职责，划入市工业和信息化委员会；库区移民工作职责划入市水务局；市信息化工作办公室职责划出，全市信息化规划和建设职责划入市政府办公厅；组织实施全市产业信息化的职责划入市工业和信息化委员会；全市网络新闻信息的监督与管理职责划入市委宣传部。加强的职责有：拟定和组织实施国民经济和社会发展战略、总体规划、年度计划；搞好国民经济综合平衡，维护经济安全；加强投资宏观管理，调控全社会投资总规模；加强产业政策在经济调控中的作用，强化宏观经济和社会发展的预测预警和信息引导，增强全市经济协调可持续发展的能力；促进区域协调发展，推动城乡一体化；统筹综合性经济体制改革，协调推进专项经济体制改革；加强能源宏观管理，推动资源综合利用。内设机构由原来13个调整为14个，代管机构由原来的5个调整为4个。

【贯彻国办“若干意见”】 根据国务院办公厅《关于进一步支持甘肃经济社会发展若干意见》精神，认真研究吃透国办《意见》的支持领域，全面摸查兰州市发展诉求，制定并提请市政府下发了《关于贯彻落实国务院办公厅〈关于进一步支持甘肃经济社会发展的若干意见〉分工方案的通知》，对各项工作任务按照近、中、远三期进行了细化，明确了责任分工。《分工方案》出台后，迅速制定并提请市政府下发了《关于贯彻国办〈分工方案〉重点工作安排意见》，对各项工作的具体要求及进度做了进一步明确。工作中做到“四个结合”：把贯彻国办《意见》与全市“十二五”规划编制工作相结合，切实把国办《意见》的支持方向和重点写入兰州市“十二五”规划纲要及专项规划中；把贯彻国办《若干意见》与推进“3+8”板块经济体系建设相结合，加快兰州新区建设，积极推进高新区、经济区增容扩区，进一步加大县区园区建设力度；把贯彻国办《意见》与项目凝炼相结合，宽领域、大范围、深层次凝炼项目；把贯彻国办《意见》与多元支柱产业的发展培育相结合，积极推进产业布局和产业链延伸，提升产业竞争力。

【编制“十二五”规划】 2010年，兰州市“十二五”规划编制工作全面展开。结合兰州市实际，共确定重点研究课题28个、专项规划40个、县区规划8个。编制过程中，加强组织协调，将规划编制工作纳入全市目标考核、行政绩效考核、市委市政府督查室重点督查内容，先后3次召开全市“十二五”规划编制领导小组会议，确保编制工作顺利进行。抽调业务骨干，集中精力编制《兰州市国民经济和社会发展第十二个五年规划纲要》，广泛征求县区和市直有关部门及专家意见建议，反复修改完善，提交市政府第15次常务会议、市委常委会审定，原则通过。同时，配合做好重点区域规划。配合省发改委、国家发改委宏观院课题组做好《兰州—白银经济区发展规划》，在前期研究和规划编制阶段，组织召开了由市委、市政府有关部门参加的意见征求座谈会，对《兰州—白银经济区发展规划(征求意见稿)》提出了补充修改意见。配合省上编制《兰西格经济区发展规划》，协调组织开展了实地调研、部门座谈和资料收集等工作。年底，各项重大研究课题全部完成，各专项规划均完成初稿。

【落实“再造兰州”战略】 围绕新区建设落实“再造兰州”战略，协助开展新区规划建设方案的报批等相关工作；协助新区开展“十二五”规划纲要及专项规划编制，推进新区的项目凝炼与争取工作。围绕“多元支撑”落实“再造兰州”战略:认真履行兰州市多元支柱产业领导小组办公室职责，积极开展调研，对一、二、三产业发展现状进行全面梳理。编制兰州市多元支柱产业工作方案，提出发展培育多元支柱产业的工作机制、任务分工及重点工作，研究制定多元支柱产业发展保障机制等配套文件。同时，积极推进能源和新能源产业专项组的相关工作，制订产业发展实施方案，编制《兰州能源和新能源产业发展规划》。围绕“3+8”板块经济体系建设落实“再造兰州”战略：对全市园区发展现状进行摸底，编制了《兰州市产业布局和园区建设规划》(初稿)；研究起草了《关于进一步加快开发区及工业集中区发展的决定》(初稿)；制定了园区发展统计制度、园区考核办法等相关配套文件。

【项目管理】 建立健全项目管理制度，实施“指挥部模式”。制定了《关于在全市重大项目和片区开发项目建设中实施指挥部模式的指导意见》《兰州市重大项目和片区开发建设实施指挥部工作流程图》，筛选兰州重离子治疗中心等事关全市经济社会发展的重大项目和片区开发建设项目，按照指挥部模式推进。修改完善了《重大项目考核奖惩办法》，起草了《兰州市争取项目建设资金奖励办法》，充实完善了项目管理的相关制度。进行审批流程再造，按照市委、市政府《关于开展行政效能建设年活动的意见》要求，以提高行政效能为目标，重新设计了“市发改委投资项目审批流程图”，配套制定了项目登记表、审核表和退件表，形成了较为完善的投资项目管理体系。项目立项、可研审批、备案等程序缩短为7个工作日以内完成(不含咨询机构的审查时间)，实行特事特办，提高审批效率。同时，积极协调解决与项目审批有关的各种矛盾和问题，特别是需要省发改委审批、核准、备案的项目，市发改委随时跟踪项目前期工作进展情况，主动与省发改委沟通协调，尽快完成项目核准、审批工作。建设项目库管理信息系统，运用先进技术，开发了“兰州市发展和改革委员会项目库管理信息系统”，完成项目库信息资源设计、功能设计、网络布线、设备安装调试和系统软件安装工作，并对相关人员进行了培训，项目信息管理系统已建成并开始试运行。创新政府投资项目稽查方式，改变过去以单个项目稽察为主的稽察方式，采取点面结合、以面为主的行业项目稽察方式，由市重大项目稽察办牵头，有关县区、市直部门和发改委业务处室配合进行联合稽察。建立项目前期工作联动机制。纵向联动机制，主动与省发改委、县区发改委联系，建立省、市、县三级统一运作的项目工作平台，衔接工作目标、内容、信息、程序等重要事项。横向联动机制，由市发改委牵头，规划、国土、城建、环保、水利等部门和项目业主联动，及时汇总沟通情况，协调解决问题，加快项目进度。搭建项目信息平台，创办了《项目纵横》内部刊物，为市委、市政府决策提供项目信息资料，为责任单位交流项目建设经验和宣传项目建设政策等搭建了信息平台。

【项目凝炼与申报】 认真落实《兰州市关于进一步加强项目凝炼工作的通知》和《兰州市项目凝炼工作实施细则》，大范围、深层次、宽领域凝炼项目。储备项目771项，其中亿元以上项目363项，总投资超过4424.62亿元。经市领导

多次赴京对接，各部门积极申报争取，轨道交通、酒钢支持灾后重建项目、黄河中上游生态修复兰州实验区、雁儿湾污水改扩建、农村饮水安全工程等92项已经列入国家和省级规划，总投资1004.72亿元。积极准备，争取将中川空港国际物流中心、和平污水处理厂、中小学校舍安全工程等55项列入国家、省规划，估算总投资518.32亿元。

【资金争取】 围绕国家产业政策导向和项目申报条件，积极筛选上报，争取国家专项资金项目。从国家和省上争取中央、省预算内投资项目313项，2010年计划投资17.7亿元，下达中央预算内投资5.14亿元，省级财政资金1654万元，地方政府债券2.8亿元。其中，廉租住房项目13项，争取中央投资1.079亿元；生活垃圾处理项目3项，争取中央投资2730万元；城镇供水项目1项，争取中央投资500万元；中小企业技术改造项目投资850万元；电子信息产业振兴技术改造项目投资390万元；循环经济项目1000万元；动物防疫体系建设30万元；建设村级组织建设项目58项，争取中央投资234.9万元、省预算内20万元；农产品质量安全检验检测体系建设项目240万元，以及文化、卫生、社会和公检法司项目中央、省级投资。

【利用国外贷款项目建设】 自1997年首次借用国外贷款进行项目建设以来，累计实施项目10项，投资总额达71.56亿元人民币，利用外资额3.7亿美元，项目涉及卫生、广播电视、农业、环保、城市基础设施、工业等多个领域。2009年以前建成的项目有兰州市环境综合治理工程、黄河企业集团引进无巴氏杀菌啤酒灌装生产线、兰州甘草环保建材公司建设年产30万立方米粉煤灰空心砌砖生产线、甘肃省农业节水灌溉工程兰州子项、兰州市第一人民医院和皋兰县医院利用德国政府贷款121万美元引进先进医疗设备项目。

2010年5月，兰州电视台利用西班牙政府贷款引进电视设备项目建成投入运营。项目总投资4608万元，利用西班牙政府贷款548万美元。2010年正在实施的项目有兰州市天然气城市管网改建工程、兰州大气环境保护项目、亚行贷款兰州城市交通项目、甘肃省自然和文化遗产保护项目兰州子项目。天然气城市管网改建工程总投资8.7亿元，利用西班牙政府贷款3390万欧元，年底该项目累计完成投资76521.96万元，占总投资的88.1%，外资到位3022万欧元；大气环境保护项目总投资9.7亿元，利用日本国际协力基金7000万美元，累计完成投资额约3.5亿元，外资到位4841万美元；兰州城市交通项目总投资30.58亿元，利用亚行贷款1.5亿美元，累计完成投资64040万元，外资到位54万美元；甘肃省自然和文化遗产保护项目兰州子项目总投资7187万元，利用世行贷款640万美元，累计完成投资4000万元，外资到位196万美元。

【保障性住房建设】 2010年中央下达兰州市廉租住房建设项目8个，4316套，下达补助资金10790万元。至年底，8个廉租住房项目全部开工建设，进展顺利。新开工建设经济适用住房126.55万平方米、13230套，年底完成4000套经济适用住房的配售工作。启动了公共租赁住房建设，500套公共租赁住房分别由市国资物业公司、七里河区政府、安宁区政府、市城投公司组织实施，建成后无偿移交市政府。确定对东岗镇雁儿湾G1010号宗地出让，建设限价商品住房约41万平方米，市城投公司竞得该项目，建成后由政府全部回购。列入棚户区改造项目22个，实施棚户区(危旧房)改造新建住房130万平方米。至年底，兰州威立雅水务集团、兰州晟地汽修公司、万里机电厂、红古矿区街道、五一新村、原兰州齿轮厂、原甘肃轮胎厂胜利分厂、沙建司(二期)、兰驼集团、庙滩子十个棚户区改造项目全部开工建设，施工规模185万平方米，占全年目标任务的142.3%。

【年度计划执行】 准确把握宏观经济形势与环境，科学制定年度计划。在认真开展年度计划调研、全面分析经济运行态势和存在问题、综合各方面意见的基础上，下达了11份年度专项计划。向市十四届五次人代会提交了《兰州市2009年国民经济和社会发展计划执行情况及2010年国民经济和社会发展计划草案的报告》，向市十四届人大常委会第25次会议提交了《关于兰州市2010年上半年国民经济和社会发展计划执行情况的报告》。编制了2011年全市国民经济和社会发展计划(草案)。

【国民经济运行与监测】 针对经济运行中存在的苗头性、倾向性问题，进一步加强经济形势分析工作。及时掌握县区和行业经济运行情况及存在的困难和问题，认真做好月度、季度分析和重点行业动态分析。围绕市委、市政府确定的中心工作，深入做好专题分析，密切关注全市工业经济发展趋势，加强工业经济运行的调查研究和经济运行分析。综合全国、全省和本市经济形势，对照西北5省会城市、西部10省会城市经济发展动态，做好比较分析，提出对策建议，提高经济运行监测预测的科学性、时效性和准确性。编发《经济运行分析》4期、《经济动态》8期，为市委、市政府决策提供了依据。

【目标管理】　改进目标管理考核办法，完善考核指标体系和评价标准，制定了《兰州市政府目标管理考核暂行办法》，对县区和部门的考核指标体系、考核方法、考核奖惩等内容进行了调整和完善。坚持平时考核和定期考核相结合，每季度对承担省、市政府下达重点目标的牵头部门、8个县区的国土资源、环境保护、固定资产投资等14项重点目标任务完成情况进行检查、排名和通报，促进了各项目标任务的顺利实施。

【经济体制改革】　研究制定了《兰州市2010年经济体制改革工作指导意见》，对全年的改革任务进行分解、细化，保证各项改革任务的顺利实施，重点领域改革稳步推进。行政管理体制改革继续深化，完成了新一轮政府机构改革任务。全市集中开展了“行政效能建设年”活动，以“流程再造”为突破口，深化行政审批制度改革，清理行政许可项目，实行审批项目动态管理。启动实施新一轮医疗卫生体制改革，提交市政府下发了《兰州市深化医药卫生体制改革实施方案》。在基本医疗保障制度建设方面，已形成城镇职工基本医疗保险、城镇居民基本医疗保险和新型农村合作医疗为基础的基本医疗保障体系；初步建立国家基本药物制度；在基层卫生服务体系建设方面，完善了基层医疗机构和农村三级医疗服务网络，全市乡镇中心卫生院新建、改扩建任务基本完成；在促进基本公共卫生服务逐步均等化方面，向城乡居民统一提供疾病预防控制、妇幼保健、健康教育等9大类公共卫生服务项目。积极探索公立医院改革，建立了医疗机构不良执业行为积分制度，推行医务人员全员考核制度、医疗服务不良事件月点评制度和公立医院间医学检验、医学影像部分项目检查结果互认制度。

【统筹城乡和社会事业协调发展】　实施三电、西电大型泵站更新改造项目，一期项目已全部完成。加快农村饮水安全工程建设，解决了12.5万人饮水安全问题。以工代赈项目推进有序，完成18项，2项正在实施。易地扶贫搬迁项目进展良好，榆中和永登县共882户均已开工建设。完善农村沼气服务体系，完成农村户用沼气项目9000户、乡村服务网点项目94处。进一步推广农业新技术，重点实施全膜双垄覆盖沟播栽培技术推广项目，全市推广面积45万亩。协调相关部门认真筛选、审核、编制上报2010年兰州市特殊教育学校建设、农村基层医疗卫生服务体系建设、社区卫生服务体系建设、精神卫生体系建设专项投资计划。完成兰州市2010年全市中小学校舍安全工程、职业教育基础能力建设(二期)规划、兰州市“十二五”图书馆、博物馆、文化馆三馆建设项目的编报工作。上报了兰州市体育公共服务体系、基本养老服务体系、兰州市“十二五”就业和社会保障与人力资源等重点项目建议方案。

(白廷龙)

国土资源管理

【概况】　2010年，争取国家用地指标900公顷，保障了国家和省、市各类重大项目落地。严格落实耕地保护任务，推进土地开发整理，新增耕地面积7.07万亩。推进采矿权有偿出让和延续工作，进一步整顿和规范开发秩序，严厉打击无证勘查开采等违法行为。健全完善土地市场，开展土地出让与合同清理，严格执行经营性用地和工业用地招拍挂出让制度，全年出让土地总成交价款66.717亿元，创历史新高。城市重大地质灾害防治项目争取有新突破，防灾减灾兰州科学试验基地建设规划组织实施。加强执法监察，遏制违法行为，土地执法监察环境不断改善。夯实基础业务工作，高质量编制完成土地利用总体规划，圆满完成全国第二次土地调查任务。积极实施国土资源部“金土一期”工程，信息化建设全面推进。

【“再造兰州”战略】　筹建兰州新区建设国土资源班子和研究队伍。组织完成了《兰州新区空间布局研究报告》和《兰州新区土地资源和环境承载力综合分析说明》，为兰州新区的选址和规划建设方案的制定，提供了科学的理论依据和有力的技术支撑。配合市委政策研究室完成《兰州新区规划建设方案》和《关于兰州高新技术产业开发区和兰州经济技术开发区增容扩区的意见》的制定和上报。研究制定了《兰州新区项目供地土地使用权价格管理办法》《兰州新区部分建设项目建设用地控制指标(试行)》《兰州新区建设项目用地预审管理办法》等6个法规性文件，规范了新区用地管理。积极协调，依法快速报批新区建设用地；加快新区土地开发整理项目申报，争取专项资金7000万元。组织完成兰州新区和两个开发区涉及土地利用总体规划的调整工作。积极争取国家和省上政策支持，为兰州新区国土资源管理提供了难得的政策机遇和有利条件。

【用地保障】 争取国家新增建设用地指标1.35万亩，争取国家和省上批准建设用地66宗，面积1.81万亩，确保黄河河口水电站、西固商业石油储备库、兰州武警支队、庙滩子地区旧城改造、九州生态园、大连万达商业广场、榆中城区供水工程扩建等重大项目及保障性住房项目落地。主动服务项目建设，对南山路工程、兰郑长输油管道工程、兰渝铁路、兰州铁路枢纽工程等国家和省市重大项目，主动靠前服务，完成了所承担的征地拆迁、用地手续报批等各项工作。加强项目用地预审，对甘肃省质量技术监督管理局国家质检中心、甘肃省科技馆、安宁物流园区等一批建设项目用地进行了用地预审和上报，控制了建设用地总量，实现了保护耕地和集约用地的目的。开展城乡建设用地增减挂钩工作，向省国土资源厅申报挂钩周转指标400公顷。

【耕地保护】 加强耕地保护力度，落实耕地保护责任及基本农田保护“五不准”制度，逐渐做到“七有”，使保护任务落实到了地块、乡镇、村和农民。严守基本农田“红线”，划定基本农田24148块，设立标志124个。加强土地开发整理，加强项目监督检查及竣工验收工作，对历年土地开发项目，实行项目责任人负责制，专门负责项目的全程监管和跟踪服务，做到每个项目到现场，严防验收走过场。对新上项目，严格把好项目筛选、评审、选址等各项关口，确保项目实施的可行性。全年争取省市资金3.23亿元，完成开发整理土地1.72万亩，新增耕地面积1.02万亩。利用第二次土地调查成果，确认新增耕地6.05万亩，为落实耕地占补平衡拓展了空间，全年完成耕地占补平衡面积363.10公顷。争取甘肃省专项资金6000万元，组织开展了兰州北出口至中川机场高速公路沿线土地综合整治项目工作。是年，全市耕地保有量28.96万公顷，基本农田保护面积18万公顷，保护62.2%。

【地质灾害防治】 全市16项城市重大地质灾害防治项目已由国务院批转国土资源部、国家发改委和财政部共同负责，并由国土资源部牵头落实。争取国家和省级资金3350万元、市财政列支2000万元，实施完成16处应急治理和12项搬迁避让工程。开展省级示范区九州开发区、庙滩子、城关区东李家湾沟和南山路建设沿线地质灾害开发性综合治理工作。编制完成

2010年兰州市突发地质灾害统计表

发生时间	地点	灾害类型	灾害级别	灾害规模	伤亡情况（人）			直接经济损失(万元)	成　因
					死亡	失踪	受伤		
2010.02.15 (23：15)	安宁区安皋公路大沙沟桥2公里处	滑坡	小型	$300m^3$			3	1.5	雪融、修路、人工削坡
2010.02.24	城关区盐场堡街道盐场堡村96号	滑坡	小型	$240m^3$				2	自然因素(灌溉浇水)
2010.03.08	榆中县城关镇南坡湾村麻家沟社	崩塌	小型	$3000m^3$				1.5	人为因素
2010.03.10	西固区河口乡青杨村	崩塌	小型	$35m^3$				50	自然因素(公路边坡)
2010.03.10	七里河区阿干镇琅峪村前庄1号	滑坡	小型	$1000m^3$				1.2	人为因素
2010.03.13	城关区盐场路街道盐场堡村社区石门沟51号	滑坡	小型	$120m^3$				2.5	自然因素(灌溉浇水)
2010.03.24	城关区白银路街道西北新村社区53号	滑坡	小型	$120m^3$				2.5	自然因素(不明水系)
2010.04.11	七里河区西果园镇晏家坪村全庄	滑坡	小型	$500m^3$				5	人为因素
2010.04.21	城关区靖远路街道金城关社区金城路566号	滑坡	小型	$50m^3$				1.2	自然因素

续表

发生时间	地点	灾害类型	灾害级别	灾害规模	伤亡情况（人）			直接经济损失(万元)	成　因
					死亡	失踪	受伤		
2010.04.21	城关区草场街街道 怡景新村社区白土巷 88 号	滑坡	小型	90m³				1	自然因素
2010.04.23	城关区东岗街道 桃树坪社区桃树坪 286-287 号	崩滑	小型	270m³				10.5	自然因素
2010.05.25	城关区伏龙坪街道 后街社区中街 273 号	滑坡	小型	50m³				1.1	自然因素
2010.05.31	城关区伏龙坪街道 前街社区伏龙坪小学北面	滑坡	小型	40m³				2.1	自然因素
2010.06.08	永登县连城镇东河沿村一社	崩塌	小型	100m³				15	自然因素
2010.06.17	城关区盐场路街道 草场街村社区东李家湾 259 号	崩塌	小型	120m³				1.1	自然因素
2010.08.16	红古区平安镇平安村二社良子台	滑坡	小型	3000m³				10	自然因素
2010.09.18	红古区窑街工业公司炸药库	崩塌	小型	200m³				10	自然因素
2010.10.19	城关区靖远路街道 靖远路社区庙巷子 36 号	滑坡	小型	70m³				2.3	自然因素
2010.10.19	城关区草场街街道 大沙坪社区左家湾 17-19 号	滑坡	小型	200m³				10	自然因素
2010.12.5	七里河区彭家坪镇西坪村火烧沟	滑坡	小型	18m³	2			5	自然因素
2010.12.15	安宁区沙井驿村 凤凰山报恩寺北侧山体	滑坡	小型	10 万 m³				6	自然因素
合 计	共发生灾害 21 起，均为小型。 其中崩塌 6 起，滑坡 15 起				2	0	3	151.2	自然因素

《中国黄土高原地质灾害防灾减灾兰州科学试验基地建设发展规划》，并经市政府常务会议通过，开始组织实施。完成国土资源部地质灾害防治兰州野外科学观测研究基地申报书和综合考察报告，已上报国土资源部待批。编制实施《兰州市2010年度地质灾害防治方案》；强化应对突发灾害的能力，修订并报请市政府印发了《兰州市突发性地质灾害应急预案》，开展应急预案演练，妥善处置了相继突发的21起小型地质灾害。认真落实地质灾害值班、巡查、报告等制度，推进群测群防网络体系建设，加强地质灾害隐患点监测，发布预警预报22次。加大隐患排查检查力度，组织开展全市汛期地质灾害隐患再排查紧急行动。开展全市乡镇国土资源所地质灾害防治“五到位”宣传培训活动；组织编纂出版《兰州市地质灾害与防治》科普专著，并获得兰州市科技进步二等奖；制作《和谐家园》科普动画宣传片，并利用新闻媒体广泛宣传，提高全市干部群众防灾减灾意识。

【矿产资源管理】　组织编制完成兰州市第二轮矿产资源总体规划。加强资源储量的管理，完成19个矿山企业的储量评审工作，矿山储量动态监测率和年报审查合格率均为100%。积极推进采矿权有偿出让和延续工作，对市级新设置的35家矿山企业全部实行公开挂牌出让，有偿延续采矿权29家，共收取采矿权价款1236万元，市场化配置率100%。全面完成2009年度探矿权、采矿权年检工作，采矿权、探矿权年检率均为100%，年检合格率95%以上。全面整顿和规范开采秩序，完成全市矿业权实地核查工作，督察督办非煤矿山企业161家，停产整顿26家，关闭取缔31家。认真开展矿山企业

整合工作，组织协调和完成红古区29家煤矿关闭任务和永登县大有煤矿整合矿区范围划定任务。全年征收矿产资源补偿费100.27万元，收缴矿山环境恢复治理保证金500多万元。开展浅层地热能调查评价和开发利用前期工作，完成全市浅层地热能调查评价工作，其静态资源量相当于标煤1358万吨，且分布广，可利用价值高，已与省上地矿部门签订了开发利用规划协议，并经省国土资源厅支持，上报国土资源部列入兰州市“十二五”发展规划重大项目。

【土地市场建设】 开展土地与出让合同清理，共清理用地1635宗，面积1.776万亩，清理出闲置土地29宗，全部处置到位，进一步规范了土地市场秩序。严格执行经营性用地和工业用地招拍挂出让制度，全年出让土地168宗，面积7140.15亩，总成交价款66.72亿元，比上年增长126.52%，占全省的49.42%。加强国有建设用地用途管理，征收年租金349万元。完成兰州市城市土地级别及基准地价更新工作，成果通过省级验收并获市级科技成果二等奖。

【执法监察】 认真落实国土资源执法监察制度，加强执法动态巡查，组织开展县区级巡查50余次，不定期巡查100余次。巡查发现5起土地违法案件，已处理到位。在此基础上，开展土地未报即用专项清理、卫片执法检查、土地预警督察行动和土地例行督查整改等专项工作，全市共立案95宗，结案94宗。案件涉及用地面积3888.03亩，其中占用耕地610.7亩，收缴罚款309.85万元，提出处分建议12人，落实到位10人，避免了国家问责和约谈。严格审核国土资源违法案件月报表并按时上报省国土资源执法监察局。配合省国土资源厅及“12336”举报电话受理并处理40宗违法案件，下发查办通知25份。

【土地规划】 编制土地利用总体规划，对于全市经济社会健康发展具有极其重要的意义。市国土资源局按照国家和省市要求，历时4年，高起点、高标准、高质量组织开展了“兰州市经济社会发展与土地利用基础资料分析研究”“兰州市用地规模预测”等12项土地利用总体规划前期专题研究和专项工作。编制完成兰州市新农村村镇建设土地利用规划、兰州市基本农田规划、土地开发整理规划等4项专项规划。《市级土地利用总体规划大纲（2006—2020年）》已经国务院审批，并按“再造兰州”的战略部署，对各项用地指标进行了重新调整。年底，市县两级土地利用总体规划编制工作全面完成。

【土地调查】 第二次全国土地调查是一项重要的国情国力调查，兰州市成立了第二次土地调查领导小组办公室，市国土资源局全面安排部署，研究制定方案，积极争取和落实预算经费，在全市各部门配合下，圆满完成了全市第二次土地调查任务，并顺利通过城镇地籍调查成果省级预检和农村土地调查成果的验收。调查总面积约1.32万平方公里,城镇调查面积约229.41平方公里。此次调查全面查清了兰州市土地利用现状，为全市经济社会可持续发展提供了翔实的国土资源数据支撑。

【基础工作】 编制完成土地开发整理专项规划和兰州市未利用地示范区规划初步方案。加强土地颁证工作，办理登记发证3084件，抵押登记197件，为企业融资61亿元，有力支持了企业发展。积极筹措争取各类资金3.62亿元，保障了各项工作顺利完成。推进国土资源信息化建设，实现了网上报件、咨询和公众参与等网上政务信息公开工作；电子政务系统全面运行，办文、办事效率显著提高。加强政策法规研究，起草完成《兰州市集体建设用地使用权流转实施办法》(试行)《关于进一步开展农村土地综合整治工作的意见》和《兰州市农村宅基地管理办法》。

【效能和作风建设】 开展“行政效能建设年”活动，市国土资源局在全市行政效能考核中排名第6。进一步解放思想、转变观念，精心再造流程，优化办事流程，缩减办结时限。建立国土资源管理长效机制，开展各类规章制度废、改、立工作，修订完成《兰州市国土资源制度规定汇编》，进一步规范了权力运行；加大政务公开力度，积极实施网上审批，实现了土地供应、地籍管理、矿产资源管理、国有土地划拨、出让登记等业务的网上申报和报备工作，并建立网上督办及亮灯办理，提升了管理水平，提高了办事效率。创先争优，开展“转变机关作风、提高工作效率”大讨论活动、“五个一”学习活动、“讲党性、重品行、做表率”及互联共建等活动，提高了干部队伍整体素质。落实党风廉政建设责任制，分解目标责任，落实到岗到人，实行“一岗双责”。规范行政行为，加强重点领域、重点环节、重点岗位权力行使情况的监督与制约，集中开展了廉政风险点排查工作，排查出廉政风险点30个，制定防控措施41条。认真落实信访和人大议案政协提案的办理工作，配合省、市纠风部门开通政风行风热线，受理群众反映的问题24件，做到了件件有答复；调查排摸出各类信访突出问题19件，全部办结；

办理人大建议、政协提案22件。年终省市综合目标考核，全市国土资源总体工作由全省排名第12名升至第8名。

（赵国栋）

国有资产监督管理

【概况】 2010年，进一步加强国有资产监管，深化国有企业改革，实施重大项目建设，提升国有资产经营水平。同时，解决突出遗留问题，维护企业稳定，全面完成了市委、市政府确定的各项目标任务。纳入市政府国资委经济运行数据统计范围的115户企业（监管企业53户，改制重组企业62户）全年完成工业增加值12.69亿元，同比增长27.70%；实现主营业务收入58.19亿元，同比增长22.23%；实现利税4.81亿元(其中利润2.16亿元，比上年同期增加1.19亿元)。

【资产重组和企业改制】 根据“成熟一户，重组一户”的原则，通过存量转让、合资经营等多种形式，全力推进企业资产重组工作。全年签订兰州燃气集团与中石油昆仑燃气、兰州焦家湾粮库有限责任公司与兰州小二黑食品有限公司资产重组合同及其他合作协议5个，引进资金5.78亿元，盘活存量资产15.82亿元。

2010年，继续对兰州真空设备有限责任公司等未完成改制的企业进行分类指导，帮助企业推进改制进程。推进原首钢胜利、前进“两厂”破产重组工作。2月2日，协调市中级人民法院对两厂下达了正式破产裁定。8月13日，市政府常务会正式批准两厂破产重组方案。9月27日，两厂新公司正式挂牌成立。规范企业改制工作，完成对兰州鑫源物资再生利用有限公司等10户企业的改制验收。协调工商部门为兰州中信房地产公司等7户企业办理了工商登记。

【产权管理】 完成2010年度产权登记年度检查和数据汇总分析工作。此次产权登记年检户数共75户，其中按规定办理变动登记18户，办理注销登记14户。规范国有产权进场交易，完成兰州燃气化工集团公司等3项产权转让项目，交易额4.59亿元。加快推进已经置换到兰州银行的10宗土地的处置变现，全年通过省产权交易所签订《产权转让合同》7宗，收回土地及地面附着物转让价款3.1亿元。加快兰州银行置换到市国资经营公司名下7.73亿元不良债权的清收，已清收到帐1427万元。

【企业财务监管】 制订了《兰州市国有及国有控股企业抢修工程项目管理办法》《兰州市国有及国有控股企业基本建设概预算、结算和决算管理办法》《T188#规划道路建设拆迁补偿资金管理办法》，实现了对所监管企业工程项目、拆迁补偿资金的“事前、事中、事后”控制，进一步完善了财务监管的相关制度。

完成20户市属企业国有资本经营预算支出计划书审核汇总工作；编制上报《2010年度国有资本经营预算建议草案》；按照市财政局的批复督促企业上交国有资本收益。成立了“兰州市政府国资委财务事项评审工作小组”，减少了沟通环节，完善了业务处理流程，提高了工作效率。完成纳入汇总范围的64户市属国有及国有控股、参股企业2009年度财务决算的审核、汇总、分析工作。编写了2010年度38户国有及国有控股企业财务预算分析报告。

根据兰州市治理“小金库”工作领导小组的统一安排，结合监管企业实际情况，积极组织、部署市属国有及国有控股企业“小金库”专项治理工作。先后对49户市属监管企业进行了自查自纠，覆盖面100%；自查上报“小金库”4个，金额26.3万元。在企业自查自纠的基础上，重点抽查15户企业，抽查面31%。

加强中介机构管理，委托中介机构对53项业务进行审计评估，对134份各类财务专项审计、资产评估、工程结算、工程决算报告进行审核并出具修改、补充及完善意见。

加强派驻财务总监日常管理，按照财务总监管理办法进行年度考核，并将考核结果作为留用或建议调整的依据；建立例会制度，适时召开财务总监例会，通过交流和学习，为今后财务总监开展工作提供新思路、开拓新途径。

【企业经营业绩考核和薪酬管理】 根据《兰州市市属国有企业负责人经营业绩考核暂行办法》，依据审计报告及经审核的企业年度财务决算报告，按照公平、公正、透明的原则，对2009年签订经营业绩责任书的18户市属国有企业实施考核，经征求市纪委、安监局、节能减排办公室、监事会工作办公室等相关部门意见，报市政府审查同意，考核结果为：A级3户、B级9户、C级3户、D级1户、E级1户。根据《兰州市改制重组企业目标管理考核暂行办法》，对62户改制重组企业履约情况进行考核，综合评定出优10户、良30户、一般13户、差9户。

与35户国有及国有控股企业签订了《2010年度经营业绩考核责任书》，与10户国有重点企业签订

了《2010年—2012年度任期经营业绩责任书》，与67户重组改制企业签订了《2010年度目标管理责任书》，实现了业绩考核及目标管理工作的有序推进。

针对市属国有及国有控股企业职工收入分配存在的问题，为建立职工工资正常增长机制，切实加强对企业工资总额工作的管理，逐渐建立适应企业发展的内部收入分配制度，制订出台《关于规范市属国有及国有控股企业收入分配的指导意见》，并对40户国有及国有控股企业2010年工资总额基数与效益基数逐户进行了审核、批复。

【国企监事会工作】 依据《企业国有资产法》《国有企业监事会工作暂行条例》等法律法规，按照“成熟一户，派出一户”的原则，在深入企业认真调研，与有关单位充分沟通的基础上，向兰州蓝天浮法玻璃股份有限公司、兰州前进机械装备制造有限责任公司等8户企业派出了监事会，累计向市属国有企业派出监事会45户。

落实监事会的知情权、参会权，及时掌握跟踪监管企业重大项目、重大决策、重大投资、重大经营活动情况。收集企业《基本情况表》及每月《企业财务快报》等资料，建立健全了45户所监管企业基本情况数据库，参加企业各类会议和汇报400余次。完成兰州真空设备有限公司等29户企业2009年度监督检查报告和兰州中信房地产有限公司等10户企业2010年上半年监督检查报告。

根据兰州市经济社会发展目标任务和国资监管的中心工作，召开全市国有企业监事会工作会议，围绕市政府国资委2010年工作部署，提出了2010年监事会8项重点工作，并进行了量化分解。首次与市国有企业各监事会签订了《2010年度目标责任书》。监事会工作办公室及时对各企业监事会工作进度进行跟踪督导，做到有安排、有检查、有落实，推进了监事会工作的规范化管理。

【重大项目建设】 2010年，市国资系统新建、续建项目35个（其中列入全市100个重点项目的有14个），当年计划投资25.1亿元，累计完成投资30.08亿元。建成甘肃宏宇变压器整体搬迁改造、甘肃兰海物流公司仓储系统和GPS应用系统改造、兰州肉联厂年屠宰加工100万头生猪生产线、兰州燃气化工集团LNG项目。完成国家重点建设项目兰渝铁路兰州编组站建设涉及兰州沙井驿建材有限公司等4户企业的拆迁，向兰渝铁路兰州编组站建设施工单位提供土地2200亩，协调省征地办拨付拆迁补偿款6.8亿元。加快推进兰州昌盛植物油有限公司等4户企业“出城入园”整体搬迁改造、甘肃明珠胶业有限责任公司引进外资搬迁改造和技术升级、甘肃华尊立达房地产开发公司甘肃机电、五金综合物流中心等新建续建项目。

【危房改造】 以兰州国资物业公司作为平台，按照市政府统一规划、集中整合的原则对市属企业棚户区危房进行改造。开工建设项目7个，建筑总面积约128.72万平方米，其中包括沙井驿建材有限公司、原兰棉厂、原汽车齿轮厂、原轮胎厂胜利分厂等棚户区改造中配套建设的4012套、20.06万平方米廉租房项目。完成2590户职工住户的动迁安置工作，向拆迁住户发放安置过渡费6286.2万元，申请到位资金1.679亿元，累计完成投资10626.56万元。新建物业管理站5个，累计建成物业管理站34个；新增物业管理面积12.5万平方米，累计物业管理面积132.5万平方米。

【企业科技创新】 2010年，协助兰州佛慈制药股份有限公司、兰州铝型材厂等企业参加创建中国驰名商标活动。“佛慈”商标被国家工商行政管理总局认定为“中国驰名商标”，晶亮公司和兰塑公司的商标被甘肃工商行政管理总局认定为“甘肃驰名商标”。协助兰州市政建设集团、兰州甘肃宏宇变压器有限公司和兰州真空设备有限责任

兰州市国资系统纪念建党89周年暨党建工作表彰大会

公司等企业的技术工艺成果参加省市科技进步奖评选活动。甘肃宏宇变压器有限公司只春生被评为“兰州市科技功臣”；兰州真空设备有限责任公司《真空气氛压力烧结炉》获2010年度兰州市科学技术二等奖、兰州专业电镀厂有限责任公司《环保型三价铬电镀工艺的开发》获三等奖。协调政府相关职能部门，支持企业实施技术改造和产品开发项目，全年为21户国有企业争取扶优扶强等资金支持约849万元。

【培育企业上市】 制定了2010年市属国有控股、国有参股和国有改制企业上市培训计划，积极推进企业上市。对纳入上市的筹备资源进行及时更新和调整并重点培育，重点帮助佛慈制药、兰州银行做好上市资料的报备和相关问题的整改工作。佛慈制药首发上市遇阻后，协调省市金融办到佛慈现场调研，解决重点难题，提出整改方案，目前企业已完成证监会提出的各项整改措施，将于2011年重新上报证监会。兰州银行在保荐等中介部门的指导与配合下，正在做提升资产质量、优化股权结构、完善公司法人治理、明晰产权结构及提升盈利水平等各项上市前的整改工作，同时完善各项报备材料，计划2011年底上报证监会。7月，组织市属兰州银行、市二建公司等相关企业参加由国务院国资委与中国企业联合研究会在杭州市共同举办的《现代企业制度建立与公司治理、重组培育上市操作》实务高级研修培训班，帮助企业及时准确了解国家证券部门对企业上市的最新规定和金融市场的变化。

【企业社保与维稳工作】 2010年，按政策规定为6户企业的345名职工办理了城镇企业职工基本养老保险，符合政策的36名集体企业已到龄职工享受了退休养老金。完成60户企业3800多名未参加城镇企业职工基本养老保险社会统筹的集体企业职工与退休人员中特殊情况及特殊群体的统计摸底、归纳分类、情况分析、请示上报工作。按政策对老工伤人员进行了全面摸底，经统计核实，将52户企业共4057名老工伤人员纳入工伤保险。协调有关部门帮助51户困难企业争取到15000多名职工的社保补贴和岗位津贴约3000万元；为65户企业争取“两节”慰问金171万元。全年协调处理上级部门转来各类信访件119件、市长专线件110件，全部予以回复。接待个体、群体上访1005批次，4100人次，其中集体上访118批次，2030人次。经及时回复来访信件及市长专线，接待上访人员，使一大批矛盾得到及时化解，维护了企业和社会的稳定。

【企业安全生产】 2010年，印发了《市政府国资委2010年安全生产工作安排意见》，对安全生产工作做出全面安排部署。全年召开国资委安全生产委员会工作会议4次，与市属72户企业签订了安全生产工作目标管理责任书，确保安全责任到位。坚持安全生产检查经常化与有针对性的专项检查相结合，在元旦、春节、“五一”“十一”等重大节日均开展大规模的安全检查。组织开展“安全生产月”活动；指导企业成立应急队伍，督促检查应急队伍建设工作。

【企业管理队伍建设与反腐倡廉】 结合实际修订企业领导班子和领导人员选拔任用程序，制定出台《关于做好市属企业党组织换届工作的通知》，全面实施年度综合考核。全年完成企业领导班子换届37户，考察、调整企业领导班子45户，任免企业领导人员198人次。探索适应国企改革、务实管用、灵活便捷的企业党组织设置形式，理顺党组织关系，不断扩大党的工作覆盖面。全年接转组织关系163人，发展党员430名，表彰44个先进基层党组织、44名优秀党务工作者和94名优秀共产党员。

落实党风廉政建设责任制，与48家重点企业签订《兰州市属企业党风廉政建设和反腐败工作目标责任书》。召开专题会议4次，研究反腐倡廉工作11项，组织开展各类专项检查11次，涉及企业64户。对2008年以来政府投资和使用国有资金及投资规模500万元以上的17个工程建设项目，进行了集中清理和重点排查，涉及投资额约20亿元。开展反腐倡廉宣传教育活动，举办廉洁自律主题辅导报告30余场次，3000余名党员接受了教育。组织国资委机关科级以上干部和市属企业领导进行《廉政准则》知识测试。

2010年，市政府国资委纪委共接待受理涉及企业党员领导人员违纪问题来信64件、来访18件次，涉及企业27户，均采取多种方式，及时进行了调查处理。对4户企业进行了信访初核，形成相关报告12份；对举报失实案件进行了澄清；对涉及企业领导人员和中层管理人员作风，不构成违纪违规问题的举报，及时与相关人员进行了提醒谈话。

【行政效能建设】 按照市委、市政府的部署，国资委机关开展以“强管理、提效能、树形象”为主题的行政效能建设年活动。成立了行政效能建设年活动领导小组，抽调干部组成效能建设办公室，负责具体工作的组织实施。活动中，认真整改梳理出的10个问题；修订

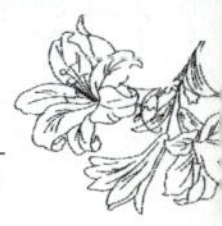

完善已出台的各项规章制度64项，整理编印了《市政府国资委制度汇编》；通过归并环节、减少步骤、并联办理、压缩时限，重新规范优化了工作流程；制定了考核办法与督查办法等文件，将责任落实到处室与个人。加强对省市重大决策、重大项目、重点工作及市政府常务会、市长办公会、领导批示件督办事项的监督检查，实行目标管理责任制；举办了行政效能建设经验交流会和行政效能建设观摩会，开展了“我为效能添风采”为主题的演讲比赛；利用网站、电子显示屏、宣传栏、横幅标语，宣传行政效能建设活动。期间，编辑简报52期，制作各种宣传标、牌88块。

（刘武平）

工商行政管理

【概况】 2010年，兰州市工商行政管理工作围绕全市经济社会发展大局，服务于市场主体发展，大力促进区域间部门交流和经济交流，推进实施商标战略，经济发展环境进一步优化。围绕市场监管执法基本职能，完善监管机制，创新监管手段，重点加强流通环节食品安全监管，打击各类违法经营，推进消费者权益保护，市场经营秩序进一步好转。围绕非公有制企业党建核心任务，着力理顺工作机制，扩大党组织覆盖面，不断夯实非公党建工作基础，服务非公企业发展取得实效。围绕干部履职能力建设，深入开展创先争优活动，加强党风廉政建设和基层基础建设，干部队伍整体素质得到有效提升。兰州市工商行政管理局报请市政府批转了《关于进一步加强工商行政管理工作的实施意见》，为加强自身建设、促进职能发挥创造了更加有利的条件，监管执法水平和服务发展效能进一步提升。全年查处各类经济违法违章案件2899起，案值1.11亿元，入库罚没款1908.05万元。

【为区域发展服务】 认真贯彻落实国办47条和国家工商总局支持甘肃经济社会发展的意见，结合全市区域发展战略，提出了助推省会中心城市发展的具体实施意见。与白银市工商行政管理局联合印发了《服务兰白都市经济圈建设协议》，两地高新分局确定了七项协作制度，执法部门开展了执法办案专题交流活动，广告监管部门推行了统一的《户外广告审批表》和《广告经营许可证》相互认可制度。进一步整合基层执法资源，设立了九州经济开发区分局和榆中县工商局大青山物流中心分局，切实为当地经济发展搞好服务。继续深化“一站三员”建设，积极完善重大项目对接机制，围绕各级政府确定的重大投资项目，实施全程跟踪服务，保障项目顺利实施。全市工商行政管理系统充分发挥体制优势，加强与企业和相关部门的沟通联系，积极主动参与招商引资，兰洽会完成招商引资6.18亿元。

【注册登记管理】 结合兰州市产业发展实际，制定了服务优势特色产业和重点龙头企业发展的17条意见，从放宽市场准入、完善服务机制、加大保护力度等方面给予企业全面帮扶和指导。以解决中小企业融资难为重点，开展了多种形式的银企对接活动，积极搭建银企合作平台。在全市服务窗口广泛开展了“文明服务窗口”创建活动，加强工作规范，提升服务水平。深入落实再就业各项优惠政策，积极引导个体工商户转企升级，促进市场主体扩容增速。年内，全市新增内资企业572户、私营企业5729户、外资企业89户，新增个体工商户17245户。

【食品安全监管】 做好《食品流通许可证》发放工作，通过发证进一步加大流通领域食品安全监管力度，加强食品流通许可的日常监管，全市共完成许可证发放4059户。积极推进“一票通”台账管理制度的落实，全市索证索票、购销台帐率达到95%以上，大中型超市，食品专业批发市场进货索证索票率达100%。开展食品药品安全10大专项整治，打击流通环节违

指导帮扶农民合作社发展

法添加非食用物质和滥用食品添加剂等专项执法检查，集中组织了食品安全专项整治月活动，紧急查处了“东北油豆角”“早产”面包糕点、地沟油等违法销售行为，及时消除食品安全隐患。扎实推进“食品安全示范店”建设，创建食品安全示范店暨放心消费企业(门店）746个。试点推行了食品安全网格化监管模式、散裸装食品监管公示牌制、食品安全信用等级分类监管和公示制、食品安全信息平台等监管模式，有效提升了市场监管效能。继续健全完善农村食品安全监管“一专三员”管理模式，新华社记者对“一专三员”进行了专题调研，李克强副总理作出重要批示，给予了充分肯定。

【“红盾护农”行动】 积极开展“红盾护农”行动，着力构建农资市场监管“三道防线”。完善农资企业信用分类监管，对经营者不良行为和不合格商品进行社会公示，督促农资经营者建立健全“两帐两票一卡一书一合同”和种子留样备案公告制度。加强农资市场检查整顿，抽检化肥13个批次。深入开展“家电下乡”“汽车摩托车下乡”市场专项整治，实施销售网络备案制度，严把商品质量关，严防以“家电下乡”和“以旧换新”名义销售不合格和假冒伪劣商品等违法行为。积极支持发展农民专业合作社，培育农村经纪人和经纪组织，全市共登记农民专业合作社640户，成员出资总额4.5亿元，成员总数6042人，登记备案农产品经纪组织176个、农产品经纪执业人员305人。

【广告管理】 大力规范广告市场秩序，牵头开展虚假违法广告专项整治工作，严厉打击药品、医疗、保健食品、化妆品、美容服务等违法广告，查处违法广告案件180起。加强广告发布环节监管，对违法率居高不下、屡查屡犯、整改不力的媒体进行了重点整治，广告市场秩序进一步好转。切实规范户外广告发布行为，严格审查标准，年内共登记户外广告2985件，经营额3760万元。

【合同管理】 组织开展合同格式条款专项检查工作，针对供水、供电、金融、物业、房地产开发等行业中存在的不公平合同格式条款和霸王条款进行整治。以企业年检和企业经济户口管理系统为依托，强化企业合同监管，严查合同欺诈违法行为。积极开展涉农合同帮扶工程，支持发展订单农业。全年检查合同28600份，合同金额284256万元；整治不规范合同38份，金额421万元；办理抵押登记1182件，金额516779万元；备案拍卖会33件，成交额90743万元。

【知识产权保护】 深入开展打击侵犯知识产权和制售假冒伪劣商品专项行动，大力清查商标印制企业，重点查处侵犯驰名商标、著名商标、地理标志、涉外注册商标专用权的违法行为和“傍名牌”等不正当竞争行为，通过加大执法力度，不断提升知识产权创造、运用、保护和管理能力，营造良好的知识产权法制环境、市场环境。突出对世博会标志、亚运会标志的保护，加大典型案件、大案要案的查处力度，维护公平有序的市场环境。全年共查处商标侵权假冒案件98起。

【打击非法传销】 与兰州市综治办、公安局等单位密切配合，建立完善了打击传销联席会议制度，组织开展了打击传销“百日执法行动”。取缔传销窝点62个，发出警示、提示70余次，驱散传销人员2671人次，有效遏制了传销活动蔓延的势头。加强直销市场监管，查处了甘肃中华职业学校未经批准擅自从事直销活动的违法行为。

【反不正当竞争】 继续加大反不正当竞争执法力度，积极推进治理商业贿赂工作，查处适用《反不正当竞争法》案件33起，商业贿赂案件4起。对公用企业限制竞争行为进行整治，依法查处了兰州市殡仪馆和兰州供电公司红古分公司的限制竞争行为。重点查处了甘肃省交办的两起商业贿赂案件，得到了上级的充分肯定。

【重点市场专项整治】 积极落实查处取缔无照经营联席会议制度，开展了打击取缔无照经营专项治理，取缔无照经营1016户，下发责令改正通知书987份，规范办照783户。围绕涉及群众切身利益的突出问题，集中开展了校园周边环境整治、网吧整治、旅游市场整治、危险化学品市场整治、打击“两虚一逃”及节日市场整治等专项执法活动。围绕文明城市创建，对市场经营环境进行了集中整顿规范，积极配合相关部门开展“扫黄打非”等社会治安综合治理活动，促进城市公共文明指数的提升。舟曲县特大泥石流灾害发生后，全市工商管理系统着力强化监管执法，大力开展抢险救灾重点物资专项整治，严防假冒伪劣食品和不合格救灾物资流入灾区，切实维护市场秩序和社会稳定；同时着力帮扶灾区恢复市场秩序，选派4名干部参与灾区临时市场监管，保障重点物资供应，取得良好成效。

【消费维权】 继续加强12315“四个平台”规范化建设，“一会两站”和12315“五进”覆盖面不断

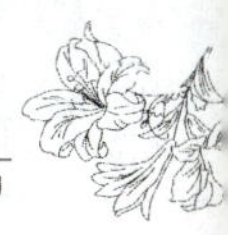

扩大，启动了12315短信平台。建立了小额消费争议预先赔付制度、“维权和解在商场”等消费维权工作机制，努力推进消费维权关口前移。围绕“消费与服务年”主题，广泛开展消费宣传教育和消费引导活动，发布消费警示，营造良好的消费环境。开展了12315申诉举报中心“公众开放日”活动，使更多的群众走近工商、了解工商、支持工商。全年受理消费者申诉2613件、举报1471件、建议388件，办结率达到96%，为消费者挽回经济损失166.2万元。

【工商行政执法】 2010年，全市工商行政管理部门深入推进行政指导，坚持“多规范、少处罚，多指导、少指责”，突出对涉及国计民生、公共安全和妨碍市场公平竞争、社会危害严重的违法案件的查处，实现了执法效果与社会效果的统一。加强执法规范，修订完善了《行政处罚案卷评查标准》等工作制度。不断强化法制监督，行政处罚案件同级核审率达到100%。积极参与地方性立法工作，参加立法讨论会11次，提出意见建议90条。兰州市工商行政管理局被国家工商总局评为全国工商系统法制工作先进单位。

【实施商标品牌战略】 制定了《关于大力推进商标品牌战略的意见》，开展“商标带动产业，品牌促进发展”主题宣传和“佛慈杯”商标法知识竞赛活动。全市工商系统推行了以“四项建议卡”为主要内容的行政预警告诫制度，将“事后处罚”变为“事前预警、事中帮扶、事后回访”，增强了企业的服务功能。建立商标联络员制度，对全市88户著名商标、5户驰名商标企业实行“一对一”指导服务。深入推进驰名、著名商标创建工作，确定全市重点商标培育对象，形成了梯级创建队形。是年，兰州牛肉拉面商标成功注册，33件商标被认定为甘肃省著名商标，2件商标被认定为中国驰名商标，兰州黄河啤酒集团获得“国家商标战略实施示范企业”殊荣。至年底，全市累计注册商标8342件，拥有中国驰名商标6件、甘肃著名商标125件、地理标志证明商标2件。

【非公有制企业党建工作】 2010年，在全市各级党委和组织部门支持指导下，市、县（区）两级非公企业工委全部转设到工商局，全市82个工商所全部建立了非公经济党建工作站，形成了省、市、县（区）、所四级贯通的党建工作格局。健全完善了非公企业党建信息库，建立了由市委组织部门牵头、多家部门参与的联席会议制度，为强化非公企业党建工作提供了制度保障。推行“分级管理、一岗双责、辖区包抓、责任到人”的目标管理责任制，采取单独设、联合建、挂靠管等方式，努力实现党的工作全覆盖。全市非公企业党组织组建率从年初的1.44%提高到8.92%。与团市委联合召开专题会议，成立共青团兰州市非公经济工作委员会，机关设在市个体劳动者协会。年内建成非公团建工作指导站8处，新发展团组织30个，形成了党建带团建、党群联动的工作格局。是年，全市工商系统共选拔400余名党建工作指导员帮助企业开展党建工作，年内新增非公企业党员4549人，累计13846人，树立25户非公党建示范企业和26名企业优秀党员带头人，促进非公企业党组织和党员作用的发挥。

（李　慧）

价格管理

【概况】 2010年是价格形势最为复杂、通胀压力更为突出的一年。全市各级价格管理部门认真贯彻落实国家和省市稳定消费价格总水平，保障群众基本生活的各项措施，充分发挥价格职能作用，强化责任，狠抓落实，积极应对市场价格异动，切实加强各项价格调控、监管和服务工作，综合施策，为价格稳定夯实了基础。按居民消费构成划分的八大类消费品价格指数，结构上呈现“四升四降”特点。价格总水平呈上涨势态的4类是：食品、烟酒及用品、医疗保健和个人用品、居住，各类累计涨幅分别为9.7%、5.8%、3.8%、3.3%；呈下降走势的4类是：衣着、家庭设备用品及维修服务、交通和通信、娱乐教育文化用品及服务，分别下降1.7%、0.9%、1.5%和0.5%。

【价格调控】 2010年，特别是进入7月以后，兰州市场价格快速上涨，成为经济社会发展中的突出问题，物价部门按照市委、市政府的统一部署，采取综合措施，加强价格调控。

强化价格监测和分析预警工作。加强了价格监测数据库、网上报价信息系统和价格监测预警分析系统建设。对160种重要商品和粮油肉蛋菜等居民生活必需品进行监测，实行日报、周报、旬报和月报工作制度。建立了地域性商品价格监测报告和价格预警制度，加强市场动态分析，把握趋势走向，提出调控措施和建议。全年向国家和省市政府报送价格监测数据3.5万条，提供有价值的价格形势分析材料150份，编印监测日报80期3500份。这些监测数据和分析材料，成为价格决策的重要依据。

强化价格调控目标责任制。年初，市物价局与各县区物价局、局机关各处室、局属各单位签订了目标责任书，分解任务，层层落实，责任到人。进一步完善由市县(区)两级物价局“一把手”作为第一责任人，分管领导具体负责、全员参与的高效灵敏的价格调控机制。

保持重要商品价格基本稳定。根据省发改委等三部门关于加强农产品市场监管，维护正常市场秩序的通知精神,切实加强农产品市场监管，严厉打击囤积居奇、哄抬农产品价格等行为，合理引导市场粮价，维护了正常市场秩序；加强成品油、钢材、燃气等重要商品价格监管，使其价格保持相对稳定。

及时对保障市场供应和稳定物价工作进行部署，加强价格监管。尤其是9月以后，面对生活必需品价格快速上涨的严峻形势，及时研究，提早谋划，向市政府提出了价格监管调控的意见和建议，制定了稳定物价的14条措施；牵头组织财政、农委、商务、交通、工商等部门，认真实施各项稳定物价的措施。价格调控初见成效，市场供应呈现出货源充足、价格稳中有降的态势。全年居民消费价格指数为103.8%，基本实现了市场价格总水平涨幅控制在3.5%左右的预期调控目标。

【资源环境性价格改革】 按照国家和省市统一部署，稳步推进成品油、电力和天然气价格改革，稳妥落实成品油价税费联动改革方案。按照上级价格主管部门的统一部署，及时调整成品油价格；对天然气供热成本进行了监审，拟定了兰州市2010-2011采暖期天然气供热价格的调整方案；经过多次测算和论证，制定了《兰州市城镇供热计量收费实施细则》，出台了计量热价试行标准。为深化节能减排价格改革，取消高耗能企业优惠电价，对超能耗企业执行惩罚性电价。调整了兰州市城市天然气价格和公办幼儿园收费标准，完成了市直管公房租金调整，审批了远郊三县一区客运票价以及黄河水道游船、快艇、羊皮筏子价格。加强价格调价前后的宣传和市场监管，积极防范因连锁反应引发的相关问题，保证了调价政策的平稳实施。

【民生价格监管】 加大清费治乱工作力度，对国家取消和停止的100项行政事业性收费进行年度审核。市县(区)两级物价、财政部门对全市203家国家机关、248家事业单位、2家其他单位2009年度行政事业性收费进行了年审；对省上取消的56项行政事业性收费，进行了认真梳理和清理，确保各种惠民利民政策得到贯彻落实。加强房地产价格管理，严格审批程序和流程，审批了11家经济适用住房价格。开展商品房价格成本调查，召开了甘肃至诚房地产等20家开发企业负责人参加的专题会议，发放了《兰州市商品房价格成本调查表》及填表说明，对调查的结果进行汇总，为市政府及时提供了商品房价格成本实际情况。对19家房地产开发企业商品房销售行为进行了专项检查；对全市拆迁企业的收费进行了年审和换证；对符合减免城市基础设施配套费的16家企业向省发改委进行了报批，共为企业减负3664万元。审核批复了65家房地产中介及各分支机构的收费，有效规范了房产中介的收费经营行为；制定了2010年房屋重置价格和房屋重置价格补充意见。贯彻《兰州市物业服务收费管理办法》，开展物业服务收费行为规范活动，对全市468家物业服务企业收费进行了审批，明确了物业小区停车、二次转供电供水设施运行等收费标准。强化服务价格管理，完善危险废弃物处置收费政策。按国家和省上要求，加强了市属社团等非企业组织的规范运行及监管工作；审核办理《经营服务性收费许可证》525个；对饮食业和较大规模的娱乐场所进行了价格等级评定管理；根据《甘肃省殡葬管理条例》，在成本监审的基础上，重新核定了兰州市殡葬服务收费标准。

【价格调节基金】 2010年，征收价调基金709万元，征收范围涉及政府定价、宾馆酒店、装饰装潢、物业经营、餐饮业、娱乐业及其他服务业。在11月稳定价格总水平时，拿出380万元价格调节基金为城市低保对象进行临时价格补贴，发挥了政府稳定物价的“蓄水池”作用。这是兰州市物价工作第一次运用经济手段调控和稳定市场价格，省政府督察组高度肯定和称赞了这种做法。

【价格监督检查】 以服务经济、关爱民生、构建和谐社会为目标，认真履行价格监督检查职能。运用调查、提醒、告诫与行政处罚相结合的监督检查方法，积极开展市场价格检查，取得明显成效。开展了药品和医疗服务价格、教育收费、电价、农资价格和收费政策落实情况、行业协会收费、涉企收费、农产品交易和价格行为、房地产开发企业商品房销售行为等专项价格检查。在落实稳定物价措施期间，市物价局领导分别带队，分片包干检查，自11月24日起，每天开展农副产品市场价格巡查和检查，重点巡查和检查了农副产品生产、流通（批发、零售）各个环节价格及收费。全年检查749家单位，查处价格违法案件117余件，查处价格违

法金额1152.32万元，实现经济制裁总金额771.03万元。其中：退还用户金额594.50万元，没收违法所得金额87.45万元，上缴财政金额177.12万元。加强职工物价监督组织的作用，全面推进明码标价工作。对群众反映强烈的药品、医疗、餐饮、小区物业收费和停车场收费进行了规范。检查单位1675家，对189家单位进行了处罚，罚没款金额13万元。在全市推行明码标价制度，审批特色标价签11家，全市商品和服务明码标价率95%以上。

【价格投诉举报】 及时化解价格矛盾，着力畅通价格利益诉求渠道，做好价格举报和信访工作，及时处理群众咨询、投诉，妥善协调处置价格信访案件。全年受理各类价格咨询、投诉约900件，立案查处96件。制定了《价格举报工作应急机制工作方案》；建立了“12358”价格举报信息系统。

【价格基础工作】 拟定了《兰州市价格监测规定》《兰州市价格调节基金征收使用管理办法》两个政府规章(草案)，上报市政府法制办。制定了价格宣传工作意见，既有阶段性的集中宣传，也有不间断的日常宣传。主动做好价格政策出台前后的舆情引导工作，积极回应媒体报道，投入17.6万元印制宣传资料和宣传品，通过及时召开新闻发布会、参加民生热线访谈等方式宣传价格政策，正确引导社会舆论。加强监测点和网络系统建设，形成了一套有利于促进科学发展的民生价格监测体制机制。进一步加强价格信息发布工作，通过甘肃省价格信息网和兰州价格信息网向公众发布信息130条，网站点击量达到12万人次；编印《兰州物价》21期2100份，《兰州价格信息》48期4.8万份，及时向企业和居民提供价格政策指导。向市委、市政府上报政务信息190条。完成蔬菜、饲养业、设施农业、特色农业、副食品调查和市场监测等6大类136户的国家、省、市规定的农本调查汇总上报任务，发挥农产品成本调查预测预警功能，深化“一户带百户”工作。创新方式方法开展成本审核，加强城市天然气供热、经济适用房、自来水、幼儿园教育、牛肉面等10个成本监审项目65家单位的成本调查监审工作，审核总成本4.69亿元，核减不合理成本费用1.12亿元，初步形成对垄断行业的成本约束机制，保证了定调价的客观性和准确性。价格认证工作获得广泛认可，全市价格认证中心积极开展“依法鉴证”主题宣传活动，推进价格鉴证档案管理等基础建设，认真做好涉案财产价格鉴证。全年完成鉴定、认证项目1765件，完成标的总额5804万元，为司法、行政执法机关办理各类案件提供了依据。

（辛兴国）

质量技术监督

【概况】 2010年，质量技术监督工作按照年初确定的“围绕一个中心，坚持两个推进，确保两个安全，实现七个突破”的工作任务，明确重点，突破难点，创新亮点，呈现出扎实推进的良好态势。是年，全市新获甘肃名牌42个。至是年，全市有中国名牌2个，甘肃名牌91个。食品生产加工企业动态建档486家，年审企业131家，巡查企业1320次，小作坊485次。签订责任书427家。在全市91家法人集贸市场全面展开免费检定工作，涉及在用衡器12016台件。检定计量器具26471台件，强检数据录入25940台件，完成定量包装抽检1696批次， 完成标准器考核21项,计量合格确认200户。制定8项地方标准。三个国家级、五个省级农业标准化示范项目通过考核验收，主要农产品标准覆盖率达90%以上。培育标准化良好行为企业11户，完成采用国际标准验收9项。省级“安宁堡街道农家乐服务标准化试点”项目通过验收。在建的两个国家级服务标准化试点项目进展顺利，培育服务标准化企业18户。全年立案查处各类违法案件1315起；查处假冒伪劣商品货值2558万余元；接待申诉173起,全部处理完结。

【质量兴市与产品质量安全监管】 将质量兴市作为工业强市的重要措施，以质量兴市工作为抓手，大力推进以质取胜战略。市政府及时召开全市“质量兴市暨食品药品安全工作会议”，表彰2009年名牌企业、先进单位和个人；继续将质量兴市和产品质量安全监管工作结合起来，与各县区政府、相关部门签订《质量兴市暨产品质量安全监管目标责任书》。各县区相继召开质量工作会议，与相关部门和乡镇签订目标责任书，分解工作任务，层层落实工作责任。加强对质量兴市和产品质量安全监管工作的过程管理。根据《兰州市人民政府目标管理考核暂行办法》，制订印发了《兰州市质量兴市暨产品质量安全监管工作目标季度排序考评办法》，对各县区工作进行季度排序，促进了各县区工作的主动性。在全市117个乡(镇、街道)挂牌成立“产品质量安全监管站”，制定了监管站及其人员工作职责，建立了监管站工作制度，组织相关部门对117名乡(镇、街道)监管专干进行业务培训，进一步建立健全了产品质量安全基层监管网络。通过质量兴市活动和产品质量安全监管工作的扎实开展，有效促进了全市经济结构的调整和经济增长方式的转变，提高了经济运行质量。

【质量提升活动】 成立“质量提升”活动领导小组，召开动员大会，牵头组织全系统“质量提升”活动。结合全年工作重点和市政府与省政府签订的产品质量安全监管责任目标，制订下发了《兰州市“质量提升”活动实施方案》和《兰州市质监系统开展检验检测工作整顿的实施方案》，从提升服务发展水平、提升科学监管水平、提升基础保障水平3个方面提出18项活动内容和29项具体工作。召开县区局(分局)负责人和检测所负责人参加的座谈会，传达国家总局、省局对委托检验工作的规定和要求，了解委托检验情况，进一步规范委托检验行为。开展实验室能力验证活动，组织红古煤质检测项目与窑街矿务局中心实验室进行比对，皋兰砖瓦检验项目与白银质检所进行比对，促进检验检测能力和水平得到保持和提高。开展计量检定能力验证工作，组织各县区检测所开展“弹簧管式一般压力表、数字指示秤”两个项目能力比对与验证活动；选派5个远郊县区检测所（永登、皋兰、榆中、红古、西固）参加省质监局统一组织的加油机检定比对，取得满意结果，进一步提升了业务能力和技术水平。对各县区检测所进行了虚假报告专项检查，未发现不按标准检验、虚假检验、出具虚假报告的行为。利用3·15国际消费者权益保护日、世界计量日、世界认可日、世界标准日、质量月，广泛开展质量宣传活动；组织开展特种设备质量安全宣传“三进”活动和“质量服务进企业”活动，提高全社会质量安全意识。

【名牌培育】 进一步加大对名牌申报企业的帮扶力度，组织召开有关企业负责人参加的名牌产品申报和新一轮全面质量管理培训会议，讲解名牌申报的政策规定、申报门槛、申请书填写、上报时限等具体要求，邀请质量专家对企业负责人进行质量管理课程培训。推荐上报40户企业52个产品申请2010年甘肃名牌，邀请省质监局领导和相关专家先后到7家申报企业检查，现场指导企业做好名牌申报工作。2010年，新获甘肃名牌42个。至此，全市有中国名牌2个，甘肃名牌91个。将企业质量诚信体系建设与名牌工作结合起来，将名牌申报企业作为企业质量信用等级评价的主要对象，与名牌申请一并向省质监局上报43户企业开展质量信用等级评价工作。全年共有35户企业通过评价，获得质量信用等级评价A级企业称号。

【工业产品生产许可证管理】 严格工业产品生产许可证的受理、审查、上报和获证企业的年度自查工作。完成全市309户获证企业369张生产许可证企业的年度自查工作。按照规定抽查15户企业证书15张，对个别管理制度落实不到位的企业提出整改要求。通过企业自查和抽查，确保获证企业生产条件得以持续保持。严格建筑外窗和验配眼镜生产许可证申请的受理，全年受理40户企业42张生产许可证申请，其中38户企业取得40张证书。至2010年，全市有337户企业获得394张工业产品生产许可证。加强生产许可证工作人员管理，组织全市质监系统30人参加了省工许办举办的“全国工业产品生产许可证审查员培训班”，全部通过考试并取得审查员证书；同时选派审查员参加国家审查部组织的企业审查5次。

【认证监管】 制订下发了《兰州市认证执法试点工作实施方案》，结合食品农产品认证监管和自愿性认证监管工作要求，决定以强制性产品认证(3C认证)、实验室资质认定、机动车安全检验机构认证、生产企业质量管理体系认证、食品农产品认证为重点，在全市范围开展认证执法试点工作。共出动执法人员920余人次，检查各类认证企业和实验室308户，涉及认证证书580张，其中强制性认证证书166张，体系认证证书293张，食品农产品认证证书73张，实验室资质认定证书48张。开展中空玻璃和汽车整车销售的认证执法，开拓了执法新领域。加强机动车安全技术检验机构的管理，与市公安局联合成立“兰州市机动车安全技术检验机构专项整治领导小组”，对全市机动车安检机构开展专项监督检查，完成了全市机动车安检机构年最高检测能力的核定工作。

【食品生产安全监管】 签订产品质量及食品安全工作目标责任书，每季度通过新闻媒体向全市通报食品生产加工环节监管工作情况。完善兰州市食品监管两个网络建设，一方面细化兰州市质监系统监管网络，将全市划分为19个监管区，有效落实监管工作责任；另一方面建立和完善“一专三员”的协管体系，推动政府建立县区、乡镇、村社区的三级监管体系，充分发挥监管专干、协管员、信息员及社会监督员的作用，确保食品安全。强化企业质量安全主体责任，结合实际实行“一档二书十六项记录一报告”管理制度，对高风险、抽检合格率较底的食品生产企业分类举办落实企业主体责任培训班。

建立全市食品生产加工企业管理人员信息库，加强对企业负责人、技术主管等管理人员的法律法规培训以及信息沟通，提高食品监管的有效性，消除食品安全隐患的发生。严格规范食品生产审核受理程序，确保食品生产准入关，全年受理61家企业，因关、停、并、转等原因上报注销不符合要求的企业26家。加大获证企业的证后监管，严厉打击违法违规生产加工行为，取缔无证生产企业。加大食品安全宣传力度，在安宁区华润雪花啤酒(甘肃)有限公司等企业开展了“质监邀您看企业，食品安全大家行”活动，营造全社会共同关心、支持食品质量安全的良好氛围。全年食品生产加工企业动态建档486家，年审企业131家，巡查企业1320次、小作坊485次，签订责任书427家。

【特种设备安全监察】 印发了《兰州市2010年继续深入开展特种设备安全生产专项整治方案》，重点开展了工业气瓶专项整治、起重机械专项整治、压力管道元件专项整治。强化节假日期间特种设备安全检查，在“两会”和春节、“五一、六一”期间开展特种设备安全大检查，共出动执法人员235人次，车辆85台次，检查特种设备使用单位281户，特种设备697台(套)，下发《特种设备安全监察指令书》82份。落实特种设备生产、使用单位主体责任和监管责任，印发了《兰州市质量技术监督局特种设备安全监管办法》。落实市、县(区)质量技术监督部门特种设备安全监管责任，特种设备检验检测机构技术把关责任，明确和落实特种设备生产、使用单位主体责任。修订完善特种设备事故应急预案，分别在兴隆山索道、兰州黄河索道、七里河柳家营天然气加气站组织开展了应急救援大型演练，为带动全市特种设备使用单位科学制定《应急救援预案》，定期组织演练做出了表率。创新监管模式，将车载气瓶的登记工作委托省锅检中心代表兰州市质监局进行使用登记，保证了车载气瓶的依法使用，对打击无证改装、安装过期气瓶提供了监管的切入点。进一步推进特种设备“三项整治”和气瓶“两站”治理工作，落实企业主体责任和监察部门责任，加强和规范气瓶安全监督管理，保障气瓶使用安全。清理完善特种设备安全监察工作专网数据，全年完成数据更新3860条，清理沉淀数据450条。全年没有发生特种设备安全事故。

【计量监督管理】 进一步规范计量检定行为，强势推进计量检测工作，8个县区技术机构通过了省质监局的复审；在技术机构开展压力表、衡器比对。参与修订《兰州市城镇供热计量管理暂行规定》行政规章工作，在规定中将质监部门职责、供热计量器具产品的质量监督、供热计量器具的检定、建设方(供热方）的送检责任等列入条款，为后续管理提供了依据。完成2010年甘肃省定量包装商品净含量抽查工作，对兰州市5个县区生产企业生产的15大类90个批次的定量包装商品净含量进行了抽查。节能减排、能源计量工作扎实推进，加大宣传，加强培训，提高企业参与节能减排意识。开展民生计量专项整治，集中开展了医疗卫生机构在用计量器具、农贸市场计量、汽车衡计量等专项整治工作，效果显著。在全市91家法人集贸市场全面展开免费检定工作，涉及在用衡器12016台件。与市商务局联合行文制定标准化菜市场电子秤“统配统管”即集贸市场计量器具“四统一”规定，明确市商务局、市质监局、市场主办方责任，由市商务、市财政出资为菜市场统一配备计量器具。全年检定计量器具26471台件，强检数据录入25940台件，完成定量包装抽检1696批次，完成标准器考核21项,计量合格确认200户。

【标准化管理】 制定地方标准，完善本市标准体系建设，完成《兰州市煤炭产品不粘煤》《兰州市农产品富硒白兰瓜》等8项标准的制定并由甘肃省质量技术监督局发布为地方标准。开展农业标准化示范区建设，3个国家级、5个省级农业标准化示范项目通过考核验收，主要农产品标准覆盖率达90%以上；申报了榆中县无公害芹菜种植和永登县红提葡萄设施农业两项国家级农业标准化示范项目。推进重点行业、优势产业、龙头企业的产品采用国际标准和企业标准体系建设，积极组织落实兰州燃气集团公司、兰州众邦电线电缆公司国家项目AAAA级良好行为企业创建工作。培育标准化良好行为企业11户，完成采用国际标准验收9项。推进服务业标准化，省级“安宁堡街道农家乐服务标准化试点”项目通过验收；在建的两个国家级服务标准化试点项目进展顺利，培育服务标准化企业18户。制定发布实施的《兰州市燃气服务质量规范》地方标准提升了服务质量水平，开创了本省城市服务行业标准化工作的先河。完成17户企业20项产品的企业标准备案工作；完成11户企业18项产品的企业标准复审备案。

【代码管理】 以促进组织机构代码工作质量和窗口服务质量为重点，全方位促进代码整体服务水平的提高，各办证点均获得过“优秀窗口”称号。全市质监系统代码年检25035户，换证9552户，新办证

8149户，办IC卡16672张，电子档案录入25209户，更新率为75.7%，问题数据控制在0.2%以下，代码数据质量进一步提高。

【稽查打假】　继续保持对假冒伪劣产品高压打击态势。出台了新的稽查工作考核办法，新考核办法更加注重执法理念的转变、执法领域的开拓、执法过程的督察、执法行为的规范。全年大要案数、移送案件数、申请强制执行案件数、罚没款数均创新高，大案要案的突破成为执法常态，大案数比去年增长109%。拓展执法新领域，开展了厢式运输车、混凝土防冻剂、建筑构件等专项执法检查，新领域开拓案件数占全年总案件数的15%。全年立案查处各类违法案件1315起，查处假冒伪劣商品货值2558万余元，接待申诉173起，处理率100%，较好地维护了市场经济秩序。组织全市质监系统执法大比武活动，进一步促进了执法队伍执法能力和水平的提升。参加全省、全国执法大比武活动，获全省优秀组织一等奖、集体优胜一等奖、个人一等奖以及全国优秀奖。

【廉政与作风建设】　印发《兰州市质量技术监督局党组2010年全系统反腐倡廉工作任务分解的安排意见》，建立了领导干部廉政档案，与各县区局、直属单位签订了目标责任书，坚持一把手负总责，分管领导分工负责，将党风廉政建设工作层层分解，责任到人。扎实开展"作风建设年""行政效能建设年""纪律教育月""创先争优"等活动，力求切实端正行业作风，提高行政效能。市质监局编制《作风建设意见征求表》，分别向企业、有关政府部门、新闻媒体、本局干部职工发出310多份，诚征意见建议，收回286份。组织召开行风监督员和企业代表座谈会，有7名行风监督员和19家企业代表参加会议，征求意见建议28条，经梳理归纳出10条，其中7条已经落实整改完毕，3条属于中长期计划正在落实整改中。落实戒免谈话、任职前谈话、廉政谈话制度，进行领导干部廉政谈话21人次，任前廉政谈话21人次，对1名干部进行了诫勉谈话。严肃查处违纪违法案件，受理省质监局、市纪委转办和直接投诉举报案件5件次，经初核立案1件次,已查结1件次，对有关违纪人员给予了党纪、政纪处分并进行通报。

【自身建设】　推行ISO9000质量管理体系，在规范化管理方面取得突破。市质监局机关、稽查大队、代码中心、城关分局、皋兰县局建立了ISO9000质量管理体系并通过认证。通过ISO9000质量管理体系贯标工作，以规范工作制度、工作流程、工作行为、办公秩序、协调机制、内部监督程序为重点，推进管理创新和流程再造，提升了全系统创新力和执行力。争创"五强局"取得新成绩，榆中县局、永登县局获全省质监系统"五强县级局"荣誉称号；城关分局顺利通过"五强局"复评。皋兰县局的砖瓦检测项目和红古分局的煤质检验项目顺利开展质检工作并取得实效，为全市质监事业发展提供了有力的技术支撑。

（任永强）

统　计

【概况】　2010年，全市统计系统以优质服务为目标，以"统计能力建设年"和"行政效能建设年"活动为载体，大力提高统计能力、统计数据质量和统计公信力。统计数据质量稳步提高，服务能力不断增强，为全市经济社会发展，发挥了经济运行的"晴雨表"、领导决策的"参谋部"、企业发展的"智囊团"、群众生活的"信息库"作用。市统计局连续五年获得全省统计综合考评先进单位；工交、农村、能源、投资、贸易外经、社会等专业工作在全省统计系统单项评比中获奖；信息、法制、基本单位名录库建设等工作受到省统计局表彰奖励；第二次全国经济普查工作获省政府经济普查领导小组"先进集体"称号。

【机构改革】　根据市委、市政府关于机构改革的实施意见，兰州市统计局为市政府工作部门。7月，市政府印发《兰州市人民政府办公厅关于印发兰州市统计局主要职责内设机构和人员编制规定的通知》，明确规定了市统计局的职责调整、主要职责、内设机构和人员编制。在原有11个内设机构的基础上，新增了国民经济核算处和服务业统计处，加强了国民经济核算的职责，增加了服务业统计调查职责。同时，明确了13个内设机构的主要职责。人员编制方面，核定市统计局机关行政编制56名。其中局长1名、副局长3名、内设机构领导职数28名，工勤人员编制8名。通过这次有步骤地逐步落实机构改革"三定"规定，市统计局进一步转变职能，提升统计服务水平，为全市统计事业发展提供了组织保证。

【统计服务】　完善宏观预警监测机制，经济运行监测能力进一步增强。积极创新工作理念，完善重大项目、重点工业企业监测制度。针对全市固定资产投资及重大项目实施、节能降耗、农民增收等统计工作中遇到的难点问题开展实地调

研，实施重点监测。全面把握市场需求、价格波动、劳务输出、企业生产经营情况，及时为市委、市政府科学决策建言献策。加强前瞻性问题的研究分析，数据解读和深度分析能力进一步增强。在全面系统分析“十一五”时期全市经济发展取得的主要成效和经验的基础上，结合“十二五”发展规划、贯彻国务院支持甘肃发展若干意见等重点工作，组织专门力量进行了大量的数据搜集和测算，为全市科学制定规划提供了可靠依据。密切关注经济社会生活中的热点、难点问题，定期召开重点企业、行业座谈会，形成一系列有深度的分析报告。《兰州产业结构调整及多元支柱产业培育发展探析》《兰州市能源生产供应和消费现状、问题及对策》等分析报告在全省优秀统计分析评选中获奖。强化统计资料编辑和开发应用工作，增强主动服务意识，由事后服务转为事前、事中、事后全程监测服务。每月8日前提供统计快讯，15日前提供统计月报，变季度分析为月度分析，增加了统计分析频次，及时提供快、精、准的经济运行动态资料。做好人大代表、政协委员的统计服务，为“两会”提供了《2009年兰州统计摘要》《2009兰州市国民经济运行情况综述》《数说兰州60年》和《“十一五”兰州新篇章》(彩页版)等资料。《兰州统计年鉴》《兰州市国民经济和社会发展统计公报》《兰州综合统计信息月报》等统计资料得到社会各界和各级领导好评。《数字见证历史、发展铸就辉煌——建国六十年经济发展综述》等多篇专题文章在《省情咨文》《兰州工作》《兰州发展》等杂志上刊发。全年撰写统计报告22篇，统计分析80篇，向市委、市政府、省统计局报送各类统计分析、信息1600多篇，其中市委、市政府采用80篇，国家、省统计局统计网采用350多篇。市统计局被市委、市政府评为信息工作先进单位，被省统计局评为网络报送“先进单位”。

【普查工作】 2010年，完成第二次全国农业普查、第二次全国经济普查等全国性的大型普查，为研究确定国民经济发展战略和规划，制定各项经济社会政策和编制全市“十二五”发展规划提供了依据。各项普查期间，各级政府高度重视，加强领导，统计部门统筹谋划，精心组织，广大普查指导员和普查人员严谨认真，依法如实填报，较好地完成了现场登记、数据处理、质量评估等工作，获得大量翔实的统计数据，确保了全市各项大型普查工作任务落到实处。

第六次全国人口普查是去年统计工作的重点，市统计局作为牵头单位，把人口普查摆在重要议事日程，举全局之力抓好普查工作。市人普办加强组织领导，把握关键环节，落实工作责任。各部门通力协作，人、财、物保障有力，宣传培训扎实有效，跟踪督查确保质量，科学有序地推进了人口普查各项工作。全市人口普查工作按照“早、细、紧、实”的要求，扎实有序地开展试点演练、户口整顿、制定实施方案、划分普查小区、地址编码、宣传动员、业务培训、入户登记、光电录入等工作。在全市2万多名普查人员的努力下，普查工作取得阶段性成果，年内已完成普查表短表光电扫描和校对校验工作。国务院第六次人口普查督查组对兰州市人口普查工作给予了充分肯定，省人口普查督查组对全市人口普查登记质量事后抽查给予了高度评价。

【统计调查】 在各县区和市直有关部门的大力支持下，市统计局精心组织，科学安排，全面完成了第二次全国R&D资源清查、交通运输业载货载客基本情况和燃油消费状况调查、城镇私营单位工资统计调查、文化产业、公路水路运输、妇女儿童发展规划监测、月度劳动力调查、农村住户、全面小康社会统计监测等涉及国民经济各领域的常规统计调查，获取大量真实准确的调查数据，为各级党委政府、部门和社会公众提供了准确的统计信息。联合市工信委对“十一五”前4年全市及各县区主要节能指标进度完成情况进行了分析评估；与市商务局等七部门联合开展外商投资企业年检；对在兰工业企业申报名牌产品的统计数据进行了严格审核、认定；与市农委、市气象局等部门联合建立了农产量、畜牧养殖等情况的经常性会商会审机制；与发改委、工信委、供电局、人行兰州支行、国税、地税、电信等部门定期召开经济形势座谈会，共同分析研究经济运行中出现的新情况、新问题；与市科技局、交通局、妇联联合开展了多项调查工作。各部门在做好常规统计调查工作的同时，积极配合统计系统开展数据收集和专业调查，统计工作部门综合协调机制得到完善，部门统计工作得到加强。

【统计基层基础建设】 建立健全统计数据采集、审核评估、质量控制、督查考核等工作制度，严格数据评估和联审，将交通、税务、财政等部门的相关指标纳入GDP核算评估过程，提高了GDP数据与相关部门指标的协调性和匹配性。狠抓统计从业资格考试和统计从业人员继续教育培训，全年组织各类培训人数达到2万多人次，各级统计人员和普查员业务技能有了提高，基础报表进一步规范，统计台帐逐步健全完善，源头数据质量不断提高。不断推进统计信息化进程，市、县(区)、乡镇(街)基本完成统计专网(VPN)接入工作；全面实现了统计专网与互联网全网物理隔断，保障了统计信息内外网安全运行。单位名录库、统计数据库建设进展良好,《兰州市固定资产投资数据项目库》建设工作基本完成，对全市重大项目投资信息资源共享形成有力的技术支撑。

【统计能力建设】 2010年，全市统计系统有重点地加强了统计能力建设。在建章立制、规范管理上，制定了《流程再造制度》《限时办结制度》《服务承诺制度》，修改完善了考核办法，将县区、处室工作全部纳入目标考核管理，逐步形成按制度办事、用制度管权、靠制度管人的管理机制。在统计文化建设上，通过电子滚动屏、撰文解读、会议宣讲、业务培训等形式，以“诚信统计、科学统计”为主体，将统计文化建设理念贯穿于统计工作全过程。建立了学习园地和内外网专栏，通过讨论交流，更新观念，不断提高机关人员综合素质。在统计队伍建设上，结合全市开展的“行政效能建设年”和“统计能力建设年”活动，继续深化创先争优活动。通过“请进来”、“走出去”等形式开展学习培训，不断提高统计执行力。

【统计执法】 全市统计系统认真学习贯彻落实新修订的《统计法》和《统计违法违纪行为处分规定》，多措并举，推进统计法制建设。深入开展统计法规宣传月活动，充分发挥统计内外网络平台优势，开展统计法规、法制动态、行政执法、普法教育等学习宣传，普及统计法律知识，增强全社会依法统计意识。加大统计执法力度，以检查促规范、以检查强基础、以检查促建设，联合市监察局、市司法局、市法制办、国家统计局兰州调查队开展统计执法大检查，对发现的问题及时通报，提出限期整改意见。全年立案查处统计违法案件22件。推进依法治统，结合开展的“五五”普法验收和统计执法大检查活动，深入开展《统计法》和《统计违法违纪行为处分规定》的宣传教育活动，进一步创造依法统计的良好环境和条件。结合统计大调研，对基层单位统计基础工作进行检查，对发现的问题作了针对性通报，并提出限期整改意见，提高了基层统计人员依法统计意识，增强了统计数据质量控制能力，确保统计数据质量的准确性，提升政府统计公信度。

【全市统计工作暨第六次全国人口普查动员会召开】 3月23日，兰州市政府召开全市统计工作暨第六次全国人口普查动员会议。省统计局副局长陈波，市委副书记刘为民，市委常委、副市长杨志武，市政协副主席陈亲恭，各县区政府分管县区长、统计局长、综合科负责人，市统计局副处长以上干部，国家统计局兰州调查队领导及有关科室负责人，兰州市第六次全国人口普查领导小组成员单位负责人，市属有关部门和部分企业统计负责人共180多人参加会议。会议由市政府办公厅副主任苏文武主持。会议书面传达了省委、省政府两位主要领导对统计工作的批示和省委常委、常务副省长冯健身在全省统计工作会议上的讲话及省统计局局长樊怀玉的讲话精神。全上，市委副书记刘为民、市委常委、副市长杨志武分别就全市统计工作和第六次全国人口普查工作提出了具体要求和指导意见。省统计局副局长陈波对兰州市统计工作在各级党委、政府的大力支持下取得的成绩给予充分肯定，并希望兰州市的统计工作以第六次全国人口普查为契机，再接再厉，再创佳绩。市统计局党组书记、局长段迎存作了题为《加强统计能力建设，提升统计服务水平》的工作报告，并总结了全市去年统计工作，安排部署了2010年统计工作。会议表彰奖励了2009年度统计工作先进县区和第二次全国经济普查先进集体和先进个人；与各县区、市第六次全国人口普查领导小组有关主要部门签订了人口普查工作目标责任书。

【统计制度创新】 市统计局按照国家和省统计局有关统计方法制度改革的要求，要求全市各级统计部门、县区统计局积极完善统计制度方法，做好与省统计局的对接。按照分类指导的原则，严格执行国家专业统计标准、计算方法、口径。一是做好GDP核算方法改革：国家提出统一核算地区GDP方案，并改进地区GDP审核与评估，新的季度地区生产总值核算方法已做了修订，全市各级统计部门要认真学习，严格执行统一的方法制度。二是做好主要指标环比制度改革：依据国家即将正式推出的有关统计制度适应性改革方法，市统计局将结合实际，积极探索开展环比统计，及时准确反映经济运行状况。三是按照国家、省统计局的制度要求，积极探索建立循环经济、城乡一体化等指标体系，为党委、政府宏观决策提供可靠依据。四是积极推进各项专业统计改革，加快建立以批发业和零售业为主的行业统计调查，做好建筑业“在地统计”前期准备工作。力争通过以上四个方面的改革创新，全面提升兰州市统计事业科学发展水平。

【学习贯彻《若干意见》】 5月

27日，市统计局组织全局干部认真学习贯彻《国务院办公厅关于进一步支持甘肃经济社会发展的若干意见》。与会干部一致认为《若干意见》涉及兰州发展的政策面广量大、含金量高，具有很强的针对性、指导性和可操作性，为兰州的发展提供了一个难得的宝贵机遇，也为统计工作提出了新的要求。农业处、工交处、贸易外经处干部在各自专业角度，就学习贯彻《若干意见》，夯实农业发展基础，加快建设社会主义新农村，围绕产业延伸，提升工业核心竞争力，提高商贸工作实效进行了讨论。市统计局党组书记、局长段迎存就如何学习贯彻《若干意见》提出三项措施：一是深入学习贯彻《若干意见》。各处室、普查中心要集中时间、集中精力，认真组织学习，努力吃透精神，准确把握内涵，要结合各自专业和工作实际，创造性地谋划工作。二是加强调研和项目对接。各专业要针对《若干意见》提出的47条中涉及的项目，认真对接项目，把《若干意见》的实施与省市制定的区域发展战略和全市“1355”总体发展思路以及“十二五”规划的制定等结合起来。围绕一产抓特色，二产抓延伸，三产抓转型，深入基层开展调研活动，7月初完成调研报告。三是全力做好统计支撑和统计监测跟踪服务。针对《若干意见》提出的47条中涉及到的项目，涉及到的专业要做到主动服务、自觉服务、科学服务、超前服务，面对新的挑战，为市委、市政府及相关部门做好统计预警监测。

【第六次全国人口普查宣传日暨世界统计日活动】 10月20日上午，由省普查领导小组主办、市普查领导小组协办、城关区人民政府承办的甘肃省第六次全国人口普查宣传日暨世界统计日活动在东方红广场举行,有关领导和统计部门干部职工以及普查工作人员近500人参加活动。省政府副秘书长马自学宣布甘肃省第六次全国人口普查宣传日暨世界统计日活动开始；省第六次全国人口普查领导小组副组长、省统计局局长樊怀玉致辞；市人口普查领导小组组长、市委常委、副市长杨志武，城关区人口普查领导小组组长、区长张国一分别代表兰州市和城关区发言。活动现场,普查员代表及200多名普查员进行了宣誓，随后进行了万人签名活动。活动中,海派秧歌、太极扇、太极剑、军乐团、威风锣鼓、舞狮、柔力球等文艺表演为活动增添了不少颜色，吸引了路人驻足。

【国家统计局宋跃征司长来兰考察】

10月25日，国家统计局贸易外经司司长宋跃征在甘肃省统计局领导陪同下来兰州调研工作。宋跃征一行先后到兰州国芳百货购物广场有限责任公司、兰州东部综合批发市场参观考察，听取了企业整体发展和今年经营状况汇报，实地察看企业卖场，并与商户进行座谈交流，对兰州市贸易业发展现状进行调研。宋跃征肯定了兰州市贸易统计工作，并对今后的工作提出了新的要求。

【第六次全国人口普查正式展开】

11月1日，第六次全国人口普查工作正式展开，上午，市委副书记刘为民，市第六次全国人口普查领导小组组长、市委常委、常务副市长杨志武，市委常委、城关区委书记金祥明，市人大副主任潘卫平，市政协副主席陈亲恭等市区领导，市第六次全国人口普查领导小组副组长、办公室主任、市统计局局长段迎存，市第六次全国人口普查领导小组办公室副主任、市统计局副局长谭生龙，市第六次全国人口普查领导小组办公室副主任、普查中心主任李学峰，城关区第六次全国人口普查领导小组组长、区委常委、常务副区长冯广宸等一行，冒着严寒来到兰州市城关区新港城D区，与人口普查员一道进入住户家中开始普查登记，揭开全市人口普查正式入户登记的序幕。刘为民副书记和杨志武常务副市长在登记现场向入户家庭对人口普查工作的配合表示感谢，再次强调普查中各相关成员单位统一思想、精心组织、密切配合、确保普查入户登记工作顺利进行，普查数据真实可靠。11月1日—10日，全市3县5区两万名人口普查指导员、人口普查员将携带全国统一证件，实行逐门入户登记工作，做到“区不漏房、房不漏户、户不漏人、人不漏项”，查清查实全市人口状况，完成好这一重大的国情国力普查工作。11月下旬，全市人口普查入户登记和复查工作基本结束，人口普查工作重心转向查遗补漏和手工快速汇总及编码阶段，为了让广大市民进一步了解人口普查，结合人口普查宣传工作阶段性特点，11月16日下午，市人普办副主任、市统计局副局长谭生龙，市人普办副主任李学锋，普查业务组组长王如琼，市人普办工作人员及普查员代表坐客兰州电视台“民情民生大家谈”栏目，解读人口普查相关问题。节目现场，谭生龙、李学锋、王如琼分别对当前市民关注的人口普查工作中遇到的热点、难点问题进行解读，对现场观众提出的人口普查相关问题逐一解答，并对网民提出的问题给予了回复。

(程惠玲)

【概况】 2010年，审计工作坚

持“依法审计、服务大局、围绕中心、突出重点、求真务实”的工作方针，加强对重大经济决策贯彻落实、财政预算执行情况、关系民生专项资金及投资建设项目与经济责任的审计监督和审计服务。全年完成审计项目71个，查出违规金额36344万元，其中应上缴财政7647万元，应减少财政拨款或补贴46万元，应归还原渠道资金1795万元，应调账处理金额7366万元。提交审计工作报告、信息127篇，被采用31篇；提出审计建议114条。配合参与了市纪委、市发改委、市财政局等部门牵头的重要工作。

审计人员开展计算机审计

【财政审计】 坚持“揭露问题、规范管理、促进改革、提高绩效”的审计思路，以年度财政预算的执行、调整、非税收入的征管、财政资金的分配和国库集中支付以及政府采购资金管理的情况为主要内容，对市财政局2009年度财政预算执行情况、市地税局2009年度税收征管情况进行了审计。完成市政协办公厅、市科技局、市公安局、市卫生局、市南北两山绿化指挥部、市残疾人联合会、市中医院、市贸促会、市中小企业服务中心、市酒类商品管理局、市城市节水办、市规划局共12个部门单位2009年度财政预算执行情况及其他财务收支情况的审计。完成榆中县、永登县2009年度财政决算及其他财政收支情况的审计。针对审计中发现的财政一般预算支出进度不均衡、部门预算编制不完整不细化、应纳入预算管理的未纳入、税收应征未征、部分专项资金未按规定用途使用、非税收入未按规定上缴财政管理及违规收费等问题，按财经法规进行了处理。

【固定资产投资审计】 贯彻执行《兰州国家建设项目审计监督办法》和《兰州市政府投资项目跟踪审计暂行规定》，通过规范化建设，形成对投资建设项目跟踪监督的长效机制。完成北滨河路银农段、农沙段道路及绿化，东岗北出口道路、大砂坪北出口道路扩建、大滩儿童福利院和雁滩607号道路建设项目的跟踪审计以及空港花园照明、崔深段道路建设项目的决算审计。继续对南山路建设、市房产局廉租房建设、全收集全集流污水雨水管网改造、西热东输管网改造、孙家台经济适用房、流浪儿童救助中心、望河宾馆改造雁滩605号道路及606号道路等项目的跟踪审计。跟踪审计中，对隐蔽工程进行了监控，及时制止了施工单位偷工减料或以次充好的现象；对工程变更内容进行现场勘测，提出了纠正建议和更改措施。统一组织各县区对本级中小学校舍安全工程进行了审计，并对全市中小学校舍安全工程建设项目跟踪审计情况进行了督查。根据《甘肃省审计厅关于印发工程建设领域突出问题专项治理审计工作方案的通知》要求，对兰州市2008年以来政府投资项目审计中涉及的工程建设项目投资决策、城乡规划、环境保护、国家土地和矿产资源保护政策执行等八个方面的情况进行了梳理汇总，并按要求向省审计厅报送了月报表和专项报告。

【专项资金审计】 加强关系经济社会发展、涉及人民群众切身利益的科技、教育、医疗卫生、社会保障等专项资金的审计。主要对全市保障性住房基金、2009年度工业发展和银行贷款贴息专项资金、市城投公司2010年上半年车辆通行费收支管理、市文化局近三年财政财务收支、原农牧局与农业办公室2009年度财政财务收支，以及原市人事局、市劳动局、市农牧局、市农办、市经委和市外办等单位的存量资产和财务收支情况进行了审计。审计了市教育局、市电化教育中心、市卫生学校、市外国语高级中学、市第四中学、市第十二中学、市第六十六中学、兰炼总校、兰化工业中小学校、市东郊小学、市实验幼儿园等单位的2009年度财政性教育经费投入及管理使用情况。另对世行贷款/英国赠款结核病控制项目进行了专项审计；跟踪审计了舟曲抗洪救灾资金和物资管

理使用情况；牵头对“中立桥”和“兰天园”项目补偿有关事项进行了审计核查。

【审计调查】 2010年，根据市政府和省审计厅安排，对2009年扩大内需保持经济平稳较快增长政策的贯彻落实情况和实施效果、全市政府债务情况和全市保障性住房基金管理使用情况、2009年住房公积金归集管理使用情况以及为民办实事项目情况进行了审计调查。

【绩效审计】 对市环保局2008年至2009年度环境保护专项资金管理使用情况、兰州市少儿活动中心近三年财政投入资金使用情况、兰州市大气环境保护建设工程项目情况进行了绩效审计。对审计查出的专项资金未按指定用途使用、专项资金长期闲置的项目单位、资金支付凭据不完整以及部分项目实施单位未通过政府采购自行购置设备等问题按规定进行了处理。

【经济责任审计】 坚持“积极稳妥、量力而行、提高质量、防范风险”的原则开展经济责任审计，为相关部门评价及选拔、任用领导干部提供了重要依据。受市委组织部和市国资委的委托，对兰州职业技术学院院长刘恩良、市城市执法局执法一大队原大队长王子连进行了任中经济责任审计；对市人防办原主任薛宝印、市燃气集团有限公司原董事长杨红心进行了离任经济责任审计；协调完成市公安局治安支队原队长岳子弟、兰铁一中原校长谢秉福的离任经济责任审计。审计中对未及时核销账面资产、财务核算不规范、注册资本反映不真实、固定资产账表不符、账外押金未并入大账等问题按规定进行了处理。

【审计执法检查】 组织对全市审计法制建设情况和审计业务质量进行了检查。检查结果：全市审计执法水平逐年提高，审前调查充分详尽，审计方案科学恰当、目标明确、重点突出、操作性强，审计证据的收集合理合法、充分完整、确凿有力，对违规违纪行为基本要素的收集比较全面。工作底稿编制规范，内容完整，审计报告格式规范，事实表述清楚，评价比较恰当，问题定性及处理准确合理，引用法律法规条款准确。审计建议具有较强的针对性、建设性和可操作性，审计决定落实到位，审计回访到位，没有发现审计人员违反审计工作纪律的现象。

【审计整改】 认真贯彻省政府《关于进一步加强审计整改工作的意见》，促进审计整改工作的落实。建立健全审计整改问责制，对审计整改情况进行通报，同时将审计整改情况纳入处室目标考核。建立审计整改跟踪制度，组织专门力量对审计情况进行跟踪督促检查，确保审计发现的问题得到全面有效整改。建立审计整改联动制度，与市委组织部联合制定下发了《兰州市领导干部三责联审制度》。加大经济责任审计整改落实的督查力度，建立实行了《领导干部经济责任审计结果整改落实情况报告制度》，要求涉及经济责任审计的单位严格按照审计决定落实期限，书面答复整改落实情况。建立审计整改报告制度，将预算执行审计和经济责任审计查出问题的整改落实情况，分别向市政府、市人大常委会和相关部门作专题报告。积极推进审计整改结果通报和公告制度，通过宣传报道的形式，对有关县区和单位整改工作情况进行公开，发出审计决定16份，审计决定落实率98.63%。

【法规制度建设】 完善审计法规制度，认真贯彻落实《审计法》、审计法实施条例和国家审计准则，并结合兰州市经济发展实际，按照相关法律法规和“三个有利于”原则，对历年规章制度进行了全面整理。废止15项，修订完善了服务承诺制、首问责任制、限时办结制、责任追究制及考勤制度、学习制度、会议制度、接待制度、车辆管理等25项工作制度，将确定的123项工作制度编纂成册，为全市审计工作的法制化、制度化、科学化提供了制度保障。推行三级复核制度，坚持审计组长负责制，从审前调查、审计实施方案、审计通知、审计工作底稿、审计证据、审计报告、审计意见和处理决定的落实、审计资料归档均由审计组长全面负责。审计报告严格实行审计组长、业务处长和法规处三级复核制度，从工作程序、问题取证、定性依据、处罚依据到具体数据都进行严格的复核。年底对审计案卷进行全面量化考核，不达标的不入档。

【干部培训】 开展多形式、多渠道的干部教育培训工作。全年参加审计署和省市相关部门举办的各类培训班33个，培训干部1000多人次。79名公务员参加了市行政学院轮训班，120名审计干部参加了新《审计法》实施条例学习，90名审计干部参加了AO应用技能培训班；组织106名干部职工赴山东、江苏等地审计机关和南京审计学院学习培训。选派6人到审计署、20人到省审计厅参加了实践锻炼。年内，有4人考取中级审计师资格证书。

【廉政教育】 严格遵守“八不准”审计纪律，把落实党风廉政建设责任制贯穿于审计工作中。每半年对党员干部进行一次反腐倡廉专题教育。开展党内法规知识竞赛、“督查警示周”、学习先进典型事迹活动增强审计人员廉洁从审意识。建立并完善了7项有关审计机关预防腐败的制度。主要领导与分管领导、分管领导与相关处室分别签订《党风廉政建设责任书》，严格按照市委制定的考核办法和追究细则以及市审计局的实施意见，把党风廉政建设各项任务分解、细化。对审计局领导班子成员及副科级以上干部执行党风廉政建设责任制的情况进行检查、考核，考核成绩装入干部廉政档案。与被审计单位签订廉政责任书，定期到被审计单位对审计人员执行廉政情况进行回访。

【审计宣传】 积极组织开展审计信息宣传工作，充分发挥审计信息的服务、监督和交流作用。全年分别向省审计厅和市委、市政府报送审计信息35篇，采用信息19篇。《试论审计项目的组织实施》等8篇审计论文在省级刊物发表，一篇文章被《兰州人手册》选用。完成年内审计刊物征订任务，订阅《中国审计报》200份，《中国审计》168份，《财经法规》98份，《审计研究》5份，获《中国审计报》社2010年度通联宣传工作先进单位荣誉称号。

（韩文钦）

安全生产监督管理

【概况】 2010年，兰州市安全生产监管以科学发展观为统领，坚持安全第一、预防为主、综合治理的方针，继续深入开展“安全生产年”活动，落实政府安全监管职责和生产经营单位安全主体责任，严厉打击非法违法生产经营建设行为，做好煤矿安全整顿关闭，严格实行“一票否决”制，认真开展安全生产大检查和专项整治，有力推动了安全生产各项工作的有序有效开展。是年全市累计发生各类事故1195起，同比增加122起，上升11.37%；死亡297人，同比减少21人，下降6.6%；致伤740人，同比增加210人，上升39.62%；直接经济损失2752.72万元，同比增加972.96万元，上升54.67%。其中，省政府重点考核的各类事故死亡人数比控制指标307人减少10人，比上年同期减少21人，下降6.6%。全市安全生产工作在省政府目标考核中位列全省第7位，比2009年提升4位，创造了“十一五”以来全市安全生产监管和指标控制的最好水平，完成了全市安全生产“十一五”规划的各项任务。

【机构改革】 根据《兰州市人民政府机构改革实施意见》，市安全生产监督管理局于2010年3月全面启动机构改革工作，与兰州市煤炭安全生产监督管理局的职责整合，组建新的市安全生产监督管理局。在认真贯彻市政府机构改革工作有关要求和充分研究省级安全监管部门机构编制规定的基础上，结合兰州市安全生产工作实际，广泛征求各县区、监管对象的意见，拟定《兰州市安全生产监督管理局（兰州市煤炭安全生产监督管理局）主要职责内设机构和人员编制规定》。8月，顺利完成人员、机构、财务的交接合并工作。机构改革后的市安全生产监督管理局内设办公室、综合协调处（安全生产应急救援办公室）、政策法规处、安全监督管理一处、安全监督管理二处、安全监督管理三处、安全监督管理四处（危险化学品处）、安全监督管理五处（煤炭安全监管处）、安全监督管理六处（煤炭生产监管处）、职业安全健康监督管理处，共10个职能处室。负责全市安全生产的综合监督管理，承担兰州市安全委员会办公室和兰州市安全生产应急救援办公室的日常工作。年底，机构改革工作全面完成，局机关各处室及下属单位人员基本配齐。

【目标管理】 2010年，安全生产工作将贯彻落实《甘肃省政府安全生产监督管理责任规定》和《甘肃省生产经营单位安全生产主体责任规定》作为首要任务，将严格落实安全生产政府监管责任和企业主体责任作为全年工作的重点，在工作目标的分解落实和指标的综合管控方面狠下功夫。先后研究制定了《兰州市安全生产目标责任制考核办法》、市政府关于贯彻执行省政府两个责任规定的《实施细则》和贯彻执行省政府预警监控工作的《通知》等一系列规范性文件，将安全生产工作与党风廉政建设、社会治安综合治理等六项重点工作一同纳入“一票否决”范围。为适应安全生产工作新形势新任务，对当年安全生产目标责任书进行重大修改。在考核内容上，重点补充完善了政府监管责任落实、应急救援体系建设、基层基础建设和安全投入等刚性的、约束性的、可检查和可量化的具体内容，进一步细化和明确了县区、部门的控制指标责任和工作目标任务；在责任书签订范围上，由往年的8个政府工作部门扩大到17个政府工作部门，突出强化了教育、公安、交通、建设、国资、国土资源和质监等职能部门的安全生产监管职责，有效推动了安全生产齐抓共管工作格局的进一步形成。上半年，针对全市安全生产四项指标全面上升的严峻形势，市安委会办公室先后对已超出或临界安全控制指标的城关区、七里河区、西固区、红古区和市公安局、市建设局、兰阿煤矿下发了《安全生产预警通知》，使全市安全生产四项

指标全面上升的局面得到有效控制。12月中旬，市安监局会同市公安局、市交通局等安委会成员单位组成4个督查组，对全市8个县区和17个政府监管部门2010年度安全生产工作完成情况进行了考核和督查，督促指导各县区、各部门认真履行安全监管职责。

【事故查处】 坚持按照“四不放过”原则，严肃查处、严格追究安全生产事故。1月7日，中国石油天然气股份有限公司兰州石化分公司发生爆炸事故，造成6人死亡，1人重伤，5人轻伤。事故发生后，引起各级领导高度重视和社会各界广泛关注。市政府事故调查组严格按照国务院《生产安全事故报告和调查处理条例》的规定，依法对兰石化“1·7”爆炸事故进行全面调查，按照实事求是、科学分析、依法依规和“四不放过”的原则，在充分调查取证、科学分析认定的基础上，形成完整的事故调查报告，提出了事故责任单位和责任人的处理意见，在法定期限内批复结案。事故调查处理工作受到国家安监总局、省市政府的肯定。全年共指导和督促县区查处一般生产安全事故51起，事故按时结案率100%。同时，坚持及时、全面的统计上报安全生产执法统计报表和事故报表，市安监局获全省2010年度安全生产信息统计工作“先进单位”称号。

【安全生产专项整治】 2010年，市政府下发了《关于继续深入开展“安全生产年”活动的实施方案》，针对性地强化了重点行业领域的监督检查和专项整治，先后组织开展对危险化学品、烟花爆竹、煤矿、非煤矿山、交通运输、建筑施工、消防和特种设备8个重点行业领域的20余次专项整治行动。针对兰石化“1·7”爆炸事故和窑街煤电公司“5·11”瓦斯爆炸事故，及时组织开展以危险化学品和煤矿安全为重点的安全生产专项大检查，着重强化对中央、省属驻兰企业的检查力度，先后对兰石化、连城电厂、连城铝厂、方大炭素等一批中央、省属企业进行安全检查，有效遏制了类似事故的发生。组织开展了以维护“两节”“两会”社会安全稳定为目标的安全生产大检查；以整治和消除各类安全隐患为重点的春季安全生产大检查；以强化重大危险源监控为重点的“安全生产月”大检查；以国庆安全稳定为重点的安全生产大检查；以认真吸取上海“11·15”火灾事故教训，强化冬季防火工作为重点的消防安全大检查。以上五次全市性的安全生产大检查，累计检查各类生产经营单位9146户，查出各类隐患10218条,已整改9315条，整改率91.16%，确保了全市安全生产形势的稳定。针对全市道路交通事故高发频发的形势，把综合监管与行业监管结合起来，先后两次召开全市预防道路交通事故工作会议，在全市范围组织开展了为期3个月的以“严防、严管、严治、严惩”为重点的道路交通整治“百日决战”。同时，从全市安全生产专项资金中划拨50万元专款用于交通安全设施设备的改善和隐患整改，使全市道路交通事故上升的势头得到遏制。落实国务院、省政府关于严厉打击安全生产领域非法违法生产经营建设行为的通知，先后组织12个政府工作部门组成4个联合督查组，在全市开展为期3个月的安全生产领域“打非”专项行动。“打非”行动累计检查各类生产经营单位4492户，查处非法违法行为29695条，经济处罚323.93万元，清除非法化学品存储设备3000余个，停产整顿生产经营单位316户，查封和关闭取缔不具备安全生产条件的生产经营单位259户，有力维护了全市安全生产和社会稳定。

【小煤矿整顿关闭】 窑街矿区四村29户小煤矿的安全问题是红古区乃至全市全省的安全生产重大历史遗留问题。为彻底解决这一问题，经多方论证和调查研究，按照煤矿安全管理与社会稳定结合起来、与解决民生问题结合起来、与建立补偿机制结合起来的原则，先后5次向省政府和主管省长专题汇报了窑街煤电公司原矿队办四村历史遗留问题的处理意见，得到省委省政府的大力支持。省委常委、市委书记陆武成为此做出8点工作指示。10月18日，市长袁占亭带领分管领导和市直有关部门在红古区召开兰州市解决窑街矿区四村历史遗留问题动员大会，成立了由市长任组长的兰州市解决窑街煤电公司矿队办四村历史遗留问题工作领导小组，制定下发《红古区政府关于关闭窑街矿区四村小煤矿的决定》和《红古窑街矿区四村历史遗留问题总体工作方案》等6个政策文件。在具体工作中，市区两级协同，先后组织百人工作小组深入四村宣传省市政府决定和有关政策，得到广大矿主和四村群众的拥护。11月12日，安全地炸毁关闭了该地区29户小煤矿，成功解决了这一历时32年、涉及7000多名群众民生、影响全省全市安全生产稳定的重大历史遗留问题。

【重大危险源监控】 按照国家安监总局要求，进一步加强对重大危险源的登记、检测、评估和应急救援等各环节的监督管理。2010年，对全市范围内的重大危险源进行全面普查，并悬挂“重大危险源安全警示牌”，标示其危险性质、区域及防护手段等信息，警示作业、管理人员与救援人员正确防护

兰州市举行煤矿应急救援演练

和应急作业。至年底，全市 308 个重大危险源全部实现挂牌管理、动态监管。

【安全生产许可管理】 始终将强化源头管理作为减少和杜绝安全隐患的重要手段，坚持把好行政许可关。全年完成 40 户非煤矿山企业安全生产许可证申请、延期、变更审查工作，审核发放危险化学品经营许可证(乙种证)104 户，上报省安监局审核发放危险化学品安全生产许可证 12 户，为 20 户危险化学品经营企业办理了经营许可证变更延期手续。开展“三同时”审查，对 47 户非煤矿山企业，12 户次危险化学品生产经营企业的新、改、扩建项目实施了“三同时”审查；对中国航天科技集团航天 510 所、中航集团兰州万里航空机电有限责任公司等 9 家机械制造单位的 11 个新、改、扩建工程实施了“三同时”安全验收。制定了《兰州市 2010 年烟花爆竹经营布点规划》《兰州市 2010 年度烟花爆竹经营安全管理规定》，共审核上报省安监局核发 2010 年烟花爆竹批发许可证企业 10 户，核发零售许可证 1100 户，为经营企业发放防伪标签共计 140 余万枚，确保烟花爆竹经营安全。

【应急救援体系建设】 2010 年，修订全市性的应急救援预案；各县区和市政府行业监管部门修订本县区、本部门的应急预案。已制定应急管理总体预案 1 部、安全生产市级预案 4 部、县区和部门安全生产预案 33 部、各类生产经营单位报备预案 859 部，全市应急预案体系建设初见成效。组织开展煤矿事故应急救援、水上联合应急搜救、特种设备应急救援、学校紧急疏散共 4 次全市性的安全生产应急救援演练，有效带动全市各级各部门和广大生产经营单位开展不同规模的应急救援演练 20 余次，提升了全社会应对突发事件的救援能力。

【安全宣传与培训】 将安全生产宣传教育培训作为基础工作，积极改进宣传方法，努力增强安全生产宣传教育的针对性和有效性。全年举办特种作业人员培训 43 期，培训 2100 人；安全管理人员培训 9 期，培训 613 人；烟花爆竹从业人员培训 12 期，培训 1126 人；累计举办各类培训班 74 期，培训 4429 人，同比分别增长 48% 和 71.25%。组织开展以“安全发展，预防为主”为主题的第九个“安全生产月”活动。6 月 13 日，在东方红广场举办了由省安委会、市安委会联合主办，城关区人民政府承办的“安全生产月”咨询日大型宣传活动。活动现场发放各类宣传资料 20 余万份，展出宣传板报 20 余套、200 余块，2 万余名群众接受了安全教育。活动期间，市长袁占亭在《兰州日报》发表专题署名文章。是年，兰州市“安全生产月”活动受到中宣部、国家安监总局、公安部等七部委的联合表彰，获全国“安全生产月”活动“优秀单位”。同时，在全市各县区全面开展了“安全社区”创建活动。在乡镇街道安监站建设的基础上，着力充实社区和行政村安全监管力量，进一步拓宽基层安全管理渠道，将安全生产宣传教育延伸到乡镇、社区、个人。年内，已有 2 个社区初步达到县区级标准。

(马 琳)

食品药品监督管理

【概况】 2010 年，兰州市食品药品监督管理工作围绕保障公众饮食用药安全这一中心任务，大力整顿和规范食品、药品、医疗器械市场秩序，集中开展药品、医疗器械和餐饮具消毒、中药材中药饮片、疫苗等生物制品、非药品冒充药品等专项整治。推进相关部门联合执法，规范市场秩序。组织开展食品违法添加非食用物质和滥用食品添加剂、农产品质量安全、“问题乳粉”清查、“地沟油”、不合格一次性筷子、“早产”面包及糕点等整治活动。组织开展了以“十日会战”为核心的“兰洽会”食品药品安保专项整治，确保“兰洽会”期

间未发生食品药品安全事件。开展医疗器械生产企业质量体系运行暨产品标准执行情况专项检查和医疗器械经营企业擅自降低许可条件和非法变更许可事项专项整治，规范医疗器械经营行为，查处违规案件38起，下达责令整改67份，罚没款近19万元；对71家县级以上医疗机构和286家小型医疗机构的分子筛制氧设备和一次性使用医疗器械情况进行了全面检查。组织卫生、质监、工商、农牧、商务等相关部门开展了为期一周的学校食堂及校园周边食品药品安全拉网式排查整顿工作，与学校和托幼机构签订了食品安全责任书，对问题严重的学校实施了行政处罚和责令改正的措施，对三起学校食堂发生的学生群体性肠胃不适事件进行了及时处置。组织召开全市食品药品安全工作会议、全市食品药品专项整治暨推进放心工程建设动员会，协调召开食品药品安全委员会工作会议7次，召开全市食品药品安全综合信息新闻发布会2次。食品安全工作在省政府目标考核中位居全省第一。市食品药品监管局获全省食品药品监管系统先进单位，连续五年被市政府表彰为全市食品药品安全工作先进单位。

【药品医疗器械市场重点监管】 2010年，确定了364家重点监管单位，年内对重点单位的监督频次达到4次以上。全年立案查处各类违法案件212件，实施行政罚没款129.4万元；依法取缔无证经营药品1户，捣毁假劣药品窝点1个，吊销和注销《医疗器械经营企业许可证》52家；抽检药品451批次，监测处理药品违法广告71起，并对6个严重违法广告品种采取了在兰州市区域停止销售的强制措施，有效维护了市场秩序。充分发挥药品监督抽验在打假制劣中的作用，全年实施药品监督抽验445批次，医疗器械监督抽样54批次，同时，每个季度对生物制剂、中药注射剂等高风险品种及容易出现问题的药品进行了重点抽验，为打假治劣提供了有力的技术支撑。

【药品安全专项整治】 以高风险产品监管为重点，积极推动药品生产企业实施新版药品生产质量管理规范(CMP)。对所属19家药品生产企业实施了跟踪检查，及时督促改进存在的问题；对10家制剂生产企业全部实施质量受权人制度。开展药品购销渠道专项检查，对个别药店无税票采购药品的行为立案调查并进行了处罚。开展疫苗等生物制品质量专项检查，检查疫苗专营企业11家，并解决疫苗在储存和运输中冷链保障问题。开展打击以邮寄和互联网交易等方式销售假劣药品的专项行动，查处宫颈癌疫苗等假劣药品案件92起，罚款59.1万元。开展虚假广告专项检查，与工商、宣传、政府新闻办、公安、监察、纠风、卫生、新闻出版等部门联合下发《兰州市2010年开展虚假违法广告专项整治工作实施方案》，将监测到的69起药械违法广告，全部移交工商部门处理，并对3个违法广告品种采取了区域停售的强制措施，对参与发布违法广告的4家药品零售企业进行了约谈。开展医疗机构制剂室专项检查，对全市22家医疗机构制剂室进行了检查，对检查中发现的对照品、标准品管理不规范，供应商资质不全等问题进行督促整改。在全市开展了药品零售行业“建设放心消费门店，争创优质文明行业”为主题的整顿规范活动，重点解决药品零售企业经营范围混乱、从业人员服务态度差、药学技术人员虚挂不在职在岗、虚假广告宣传误导消费者、店堂环境脏乱差等问题；对零售药店非药品的经营问题，制定了严格的规定和要求，取得明显成效。继续联合卫生部门，规范临床用药和创建“规范化药房(柜)”，加大“规范化药房”的创建力度和覆盖面，提高全市医疗机构药房建设的规范化水平。

【中药材中药饮片专项整治】 全面检查了全市7家中药饮片生产企业的质量管理规范执行情况和中药饮片炮制规范落实情况，从重处罚了黄河药市经营中药饮片的行为。结合医疗机构创建规范化药房活动，严格索证索票管理，确保终端质量。全年查处省冠兰中药饮片公司生产销售劣药“制何首乌”等制售假劣中药饮片案件14起，实施行政罚款4.84万元；同时，开展中药材、中药饮片评价性抽验工作，共抽样213批。

【基本药物监管】 市食品药品监管局与相关处室、各县(区)局以及基本药物生产、配送企业分别签订了加强基本药物质量监管责任书和承诺书。对辖区内基本药物中标品种生产企业情况和基本药物配送企业情况全面调查摸底，将全市7家基本药物生产企业和118家配送中标企业确定为重点监管单位，建立了监管档案。对具备生产能力的299个品种和现生产的95个品种作为靶向监控目标，在驻厂监督员驻厂监督的同时，每季度至少检查一次，确保基本药物质量安全。实施基本药物全品种抽验监督，制定了基本药物生产品种专项监督全覆盖抽验计划，年内已抽验95批次。

【餐饮服务食品安全、保健食品、化妆品监管】 在摸清监管基数，理顺监管体制，严格餐饮服务许可制度和程序的同时，认真开展餐饮食品专项整治。在对全市无证餐饮单位进行摸底的基础上，按属地化监管原则，由辖区政府组织开展无证餐饮单位的整治，取得较好效果。开展餐饮具消毒环节专项整治，对22家餐饮具消毒企业进行了专项治理；在餐饮单位推行餐饮具消毒“瓶盖管理制度”，有效杜绝餐饮单位消毒清洗的“偷工减料”行为。围绕“兰洽会”餐饮食品安全保障，在全市大中型餐饮单位开展“改陋习、树新风、保安全”专项行动，重点治理餐饮单位包厢内“两盆水”洗消餐饮具的问题。开展餐饮单位公开承诺活动，在全市所有大中型餐饮单位经营场所的显著位置悬挂监督信息公示牌和质量安全承诺书。在大型餐饮单位尝试推行质量受权人制度，进一步明确餐饮单位食品安全的主体责任。针对安宁区高校集中的实际和特点，安宁区食药监管局向高校食堂派驻了食品安全协管员，进一步严格监管，有效提高了高校食品安全。制定了《兰州市保健食品经营管理暂行办法》和符合本市实际的保健食品经营管理规定和准入标准，将保健食品经营纳入监管范围进行严格监管。

【诚信体系建设】 2010年，建立并完善了药械单位信用评价体系及失信约束惩戒机制，强化了信用分类管理办法的落实，通过严格的信用考核评定，将91家2009年度A级信用良好企业列入“红名单”；将104家C级失信企业列入“黑名单”，并向社会公布。同时，要求列入“黑名单”的企业进行全面整顿，整顿不合格者坚决清退出市场；对清退出市场或两次列入“黑名单”的药品生产经营企业，其企业法人或经营者今后不得在兰州市从事药品生产经营行为。这一强硬惩戒机制的实施引起行业内的极大震动，有力促进了药品安全。

【信息化建设】 以加快推进远程电子监控为重点，在全市药品生产企业、医疗机构制剂室、特殊药品经营使用单位、蛋白同化制剂、肽类激素类药品定点经营企业落实远程电子监控的基础上，按照“一台一库两系统”（即信息平台、数据库、OA办公系统和远程电子监控系统）的总体思路，进一步完善市食药监局门户网站、开通政务内网，建立食品药品电子远程监控系统。完成了全市61家药械生产企业、27家医院制剂、435家药械经营企业电子远程监控建设工作，并对“高危险品种”实施红色重点监控。建立了OA办公自动化、稽查办案、行政审批及市民网上查询系统，同时充分利用数字城管、QQ信息技术等手段，提高监管效率和水平。

【制度与法规建设】 建立并落实“网格化”日常监管责任制度、“红黑名单”制度、食品药品安全信息发布制度、监督信息公示制度、食品药品安全违法行为举报奖励制度，日常监管责任进一步落实。制定了《兰州市药品医疗器械从业监督管理办法实施细则》和《医疗机构药品和医疗器械使用管理办法》，为解决全市医疗机构药械管理薄弱的问题提供了法律依据。在深入调研、多方论证的基础上，修订和制定了《兰州市重大食品安全事件应急预案》《兰州市突发重大药品医疗器械安全事件应急预案(试行)》及《兰州市突发食品药品安全事件应急处置程序规定》。

【放心工程建设】 2010年，完成100家食品药品安全“放心消费企业(门店)”和100家规范化药房与20家食品药品安全示范乡镇(街道)创建工作，并由市政府统一授牌表彰。同时，按照市委市政府关于兰白经济一体化的要求，与白银市食品药品监管局签订了区域发展合作协议，加强区域协作，拓宽合作领域，发挥优势互补，共创“兰白都市经济圈”食品药品安全示范区，为“兰白都市经济圈”核心经济区建设服务。

【协管网络建设】 进一步建立和完善“一专三员一岗位”的食品药品基层协管网络，在原有117名专干，645名协管员，1031名信息员和部分社会监督员的基础上，城关、安宁、红古3个区和榆中县申请设立了食品药品监管公益性岗位共65名，成为基层食品药品监管的重要协管力量，对加强农村和城市社区食品药品安全工作，弥补监管力量不足发挥了重要作用。

【宣传教育】 2010年，编发《兰州药监》80期，信息216条，其中国家食药监局网站采用12条，省食药监局网站采用138条，市委、市政府简报采纳21条，中国医药报刊登信息4条。依托新闻媒体作为宣传平台，及时发布食品药品安全信息，在《兰州日报》《兰州晚报》设置专栏，并开展热线接听，努力营造食品药品安全监管良好社会氛围。

开展食品药品安全宣传月与餐饮服务食品安全周活动；在全市组织8场以“长一份知识求放心，多一份责任保健康”为主题的食品药品安全知识大讲堂活动；每周向兰州地区部分手机用户编发一条食品药品安全短信；邀请人大代表、政协委员、消费者代表参观优秀餐饮

服务单位和药品经营单位，广泛听取社会多方意见，宣传食品药品监管新举措。组织兰州电视台、《兰州日报》《兰州晨报》等多家媒体，对创建100家规范化药房示范单位和100家食品药品放心消费企业门店进行了系列宣传。

在强化宣传的同时，根据实际，采取通俗易懂、简便易行、灵活的方式加强对行政相对人的教育培训工作，全年培训药械从业人员4326名。结合新职能的履行，组织开展全市餐饮服务从业人员上岗培训工作，有2196人通过考核获得餐饮从业健康体检上岗培训合格证。

【基础建设】 2010年，市委市政府批准兰州市食品药品监管局“三定”方案，明确了该局机关内设机构、职责和人员编制，将餐饮食品、保健食品、化妆品监管职能和96名划转人员移交该局，同时批准恢复组建兰州市食品药品检验所，并在市辖五区成立稽查队。是年，监管机构办公用房、办公设施及执法装备问题得到改善，监管体制进一步理顺，监管机构进一步健全，监管力量进一步增强。同时，市食品药品监管局编制的“十二五”食品药品安全规划被列为全市的四十个专项规划之一，食品药品检验所项目建设列入全市经济社会发展的重点建设项目之一，为“十二五”期间全面提升食品药品监管能力，推动全市食品药品监管事业的科学发展奠定了坚实的基础。

（李晓善）

教育·科学技术

教　育

【概况】　2010年兰州市有中小学916所，其中小学697所，中学219所(完全中学73所，高级中学19所，初级中学79所，九年一贯制学校48所)；中小学在校生416563人，其中小学生217649人，初中生123651人，高中生75263人；教职工30405人，其中小学14998人，中学15407人。幼儿园281所，在园幼儿55621人，教职工4741人；特殊教育学校2所，在校学生1198人，教职工125人。市属普通高校1所，在校学生7355人(其中成人高等教育502人)，招生2880人(其中成人高等教育218人)，教职工780人，其中专任教师507人。

【学前教育】　全市共有幼儿园281所，其中教育部门办幼儿园28所，其他部门办幼儿园50所，民办幼儿园203所。共建成省级示范幼儿园9所、市级示范幼儿园17所、一类幼儿园12所、二类幼儿园37所；全市在园幼儿55621人。发挥省市级示范园的辐射带动作用，开展幼儿园对口帮扶活动，促进全市学前教育水平的整体提高。制定了《关于进一步加强学前教育管理工作的实施意见》，明确各类幼儿园在审批权限、管理职责、办园标准、师资素质、安全责任等方面的要求，提高整体办园水平。已初步形成了以公办幼儿园为骨干和示范，以社会力量兴办幼儿园为主体，公办与民办相结合的发展格局。

【义务教育】　制定义务教育区域一体化办学方案，推进集团化办学、片区办学及联校办学模式，促使区域内师资统一流动配置、教学统一管理、研训统一开展、信息及资源共建共享。8所完全中学取消高中部，过渡为独立初中；1所九年制学校停止初中招生。初中招生严格执行免试就近、对口直升的政策，调控热点初中对口小学毕业生的划拨方向，增加一校对口多校招生的初中学校数量，控制学生非正常流动，保证校际间生源质量均衡。以区域一体化办学和联合办学的模式解决初中择校问题，通过名校引领，强校带动弱校共同发展。科学院中学纳入地方招生，就采取区域一体化办学，校际合作办学模式。控制热点小学毕业班班额，划拨分配时学校只接受定额范围内的学生。对少数民族学生实行辍学报告制度，控制学生流失。继续办好民族双优助学班。

按照“以流入地政府为主，以公办学校为主，在教育行政部门指定学校就读”的“两为主、一指定”的入学原则，吸纳了4.06万进城务工人员子女(占全市中小学在校生总数的11.5%)接受义务教育并免除学杂费。

义务教育阶段残疾儿童少年的入学率达到95%以上，小学入学率达到99.99%，五年保留率96.4%；初中入学率达到100%，三年保留率96.1%。

【特殊教育】　制定了《进一步加快特殊教育发展的实施意见》，为全市残疾中小学生全部实行“两免一补”政策，将生均生活费补助标准由2元/天提高到5元/天。通过“长江新里程”“彩票公益金”“通向明天——交通银行”“春雨行动”等助学项目落实，支持特殊教育发展。对即将从事特教工作的教师进行岗前职业道德、专业理论、教学方式和技能辅导等方面的培训。选派教师赴日本、台湾等地学习交流，提高了特教师资的专业水平。组织开展了“交通银行特教园丁奖”评选推荐工作。建立残疾学生档案，针对残疾学生特点改进教育方法，因人施教。组织市盲校和城关区辅读学校参加了第二十次“全国助残日”宣传活动。

【民办教育】 制定了《兰州市民办学校管理暂行办法》和《兰州市民办学校日常管理量化扣分实施办法》，编制了“兰州市民办学校审批工作流程图”，规范审批程序。2010年，兰州市有民办中小学18所，在校生10091人；民办职业学校4所，在校生3251人；其他民办培训机构188所，年培训8万人次。在民办学校和培训机构接受教育和培训人数达到10万人次。秋季，民办学校共接纳地震灾区舟曲县来兰借读的学生1368人，其中科技外语学校接纳了舟曲一中高一年级1296名学生和102名教师“易地办学”。另有72名灾区学生被安排在交大东方中学等四所民办学校就读。

【普通高中教育】 继续扩大省级示范性高中部分招生名额对口分配到初中校的比例，由2009年的15%扩大到20%；省级示范性高中自主招生名额扩大至10%；扩大德语、法语班、中新直通车国际班、双优助学班等特色班规模，以缓解高中择校压力。城市四区2所完全中学停止初中招生，扩大高中招生规模。远郊县区的中考中招工作纳入市招生录取工作范围，统筹管理。确定了高中教育向特色、优质、多样化发展的战略，进一步培植兰州十四中音乐专业、兰州六中体育专业、兰州五十三中美术专业等特色教育，以这些学校为龙头带动其他学校走特色发展之路，为学生个性发展提供平台。高中阶段入学率达到90.48%，其中普通高中入学率为58.53%。

成立了全市高中新课程专家指导组，下设8个项目研究组和12个学科指导组，负责为高中课程改革提供专业引领、业务培训、教学指导、教研推广等服务保障工作。召开了全市普通高中课程改革工作会议，印发了《兰州市普通高中课程改革工作实施方案》等5个工作方案和《兰州市普通高中学分管理办法》等8个管理办法。组织学校教师和教研人员学习、研讨、交流普通高中课程改革的目标、任务、内容、措施等，让每个教师和教研人员掌握新的课程标准和教学要求。

2010年兰州市教育质量暨高中新课改推进工作会议

全市有32449名学生参加高考（比2009年实际减少2698人）；上线29519人，上线率达92.32%，比上年提高6.81个百分点；被录取21069人，录取人数首次突破2万人，录取率65.89%，比上年提高8.56%。

【职业教育】 投入1650万元建设女子中专等9所职业学校的现代服务、数控技术、汽车维修等专业实训基地。理工中专等学校的艺术类、数控技术等6个特色专业已初步建成并申报省级示范性专业。把高中阶段招生职普比例，列入对各县区教育质量的评价体系中，促进县区政府发展职业教育。春、秋两季招收接收中等职业教育的兰州市新生共计15487人，其中进入在兰省属中等职业学校的兰州市生源为5100人，中等职业学校在校学生总数为87930人，在校学生(不包括成人中专12432人)与普通高中在校学生人数比为1.003∶1。职业高中、中专中技入学率分别占高中阶段入学率90.48%的13.22%和18.73%。

6861名学生参加了全市中等职业学校公共基础课程会考，会考合格率95%；参加职业资格鉴定的学生，职业资格证书获证率90%以上；全市中等职业学校毕业生就业升学率为96%。

【成人教育】 完成成人教育培训141497人次，专业技术人员和领导干部培训30万人次。农村成人学校和城市社区教育学校从61所发展到113所。举办扫盲班629期，参加学习12985人，12956人完成了脱盲测试，获得《甘肃省成人小学同等学历毕业证》，脱盲率

99.8%。

组织第四期60名“一村一名大学生”学员按时报到，进入甘农大学习，在甘农大就读学员共99名，加上已经毕业的584人，累计培养“一村一名大学生”683人。

成人高考全市共有14988人报考，比上年减少428人。其中专升本报考3480人，高升本报考725人，高升专报考10783人。组织安排自学考试4次。

安宁区创建为全国社区教育实验区。一个学习型社区、四名社区教育工作者被省职成教协会评为先进。为省教育厅撰写了反映兰州市扫盲工作亮点的专题片脚本，并配合完成拍摄工作。

【语言文字工作】 兰州三中等8所学校创建成为省级语言文字规范化示范校；兰州市第五十七中学等25所学校通过验收，被评为兰州市语言文字规范化示范校。在全市开展了以“书写经典，传承文明”为主题的中小学生规范汉字书写比赛活动，选出优秀作品108幅，参加全国学生规范汉字书写大赛，18幅作品获全国奖。第13届全国推广普通话宣传周(9月12日—18日)活动中，围绕“热爱祖国语言文字，构建和谐语言生活”主题，在市属学校组织开展推普宣传活动。5月和9月，分两批完成了760名社会人员的普通话培训与测试工作，有730人达到合格标准，合格率为96.1%。

【体、艺、素质教育】 组织评选出首届青少年科技创新“市长奖”获得者6名、“市长奖”提名奖获得者8名；开展“科技主题文化周”活动，组织参加了全国青少年科技创新大赛。组团参加第一届中学生运动会，参加了8个大项，64个小项的比赛，取得了团体总分第一，男子团体总分第一，女子团体总分第二和金牌、奖牌总数第一的优异成绩，兰州市教育局获得了优秀组织奖、贯彻中央7号文件先进单位和优秀承办单位奖，何泳忠同志获得优秀教育局长奖。

举办了99所学校，559名中小学生报名参赛的兰州市中小学生乒乓球赛。组织了甘肃省庆六·一大型主题活动的文艺表演和兰州市第二十六个教师节颁奖大会的文艺演出。组织开展“全国学生体质健康调研”工作。制定了《关于进一步规范全市高中阶段学校新生军事训练工作的通知》。

【电化教育】 完成兰州教育信息网网站改版、管理和更新工作，教育电子政务平台系统建设项目的调研、选型、测试及应用培训工作。建成16所中小学101间“班班通”数字化教室，完成了10所学校的计算机教室、4所学校的校园网核心机房、2所学校的校园信息点的安装、调试工作。为每所项目学校培训网络管理员1人，信息技术教师2人，为展开校本培训做好准备。制定了《兰州市普通高中新课程信息化建设方案》。实施《兰州市中小学教育技术能力学习培训中心及网络课程开发建设项目》，提升兰州市中小学教师的信息素养和信息化教学能力；下发了《关于开展2010年度农村中小学现代远程教育工程教学应用示范校创建活动的通知》，开展农远示范校创建活动。超额完成甘肃省教育厅下达的“国培计划——2010年农村义务教育学校教师远程培训项目”培训1500名农村中小学教师的工作，实际完成教师培训1770名。完成了1800人英特尔未来教育培训工作，1420人“兰州市教育技术能力建设项目”培训任务。组织开展兰州地区“第十一届全国中小学电脑制作活动”并完成优秀制作作品遴选、上报工作。

【卫生保健】 成立了兰州市中小学心理健康教育指导中心；启动了中小学标准化心理咨询室建设工作。特别邀请了心理健康教育全国巡回报告团做了7场心理健康教育专题报告。2010年，共接到各学校传染病病例报告150例，派出专业人员赴现场调查，向疾控部门报告，做出休假隔离、送医院治疗等应对处理。

【教改科研】 完成了兰州市“十一五”2010年度教育科学规划课题申报立项工作，共征集到规划课题430项，经兰州市学术委员会评审，上报省教科所218项，确定市级重点课题281项、市级一般课题133项。开展了个人课题的征集工作，共收到个人课题2793项，经学术委员会评审，立项2404项。举办“个人课题培训会”，共有196名教师参加了培训。实施科研兴教工程，组织开展教学开放周、教师比武、听课评课、学科调研、送教下乡、集体备课、专题讲座等教研活动。4月和11月，承办了由中央教科所和兰州市教育局联合主办的全国校长发展学校第三届第四期及第四届第一、二期培训班，由中小学校长、幼教院长，职业学校校长构成的200余名学员参加了培训。制定《兰州市普通高中新课程实施指导意见》和《兰州市普通高中新课程实施方案》。成立了兰州市中小学心理健康教育专业指导委员会和兰州市中小学心理健康教育指导中心。组织开展了中小学心理健康教育优秀论文评选、心理健康教育主题班会等活动。

签订了《兰州市教育局与白银市教育局合作交流协议》。继续开展与北京市、南京市的教育交流合

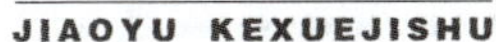

作。与新加坡淡马锡中学开展优秀毕业生赴新学习交流，与瑞典互派师生开展教育文化交流，与日本八户市开展青少年友好交流。

【教师队伍建设】 制定了《兰州市2010年中小学师资培训计划》，全市各级各类培训共培训教师7835人。认定教师资格8121人，其中认定幼儿园教师资格470人、小学教师资格546人、初级中学教师资格1935人，高级中学教师资格4774人，中等职业学校教师资格396人。继续实施《兰州市中等职业教育师资培训计划》，152名教师参加了国家级、省级和市级的各类专业培训。举办了4次中学、小学、幼儿园校长沙龙，开展名师、名校长、骨干教师和学科带头人评选工作，评选出教学新秀1400名，杰出校长10名，教师楷模20名，优秀班主任200名，市级骨干教师611名，特级教师40名。

按照市政府《兰州市解决农村代课教师问题工作方案》，已完成全市代课教师辞退工作，发放补偿金共计1439万元。组织327名符合条件的代课教师报名参加了全省5000名农村特岗教师招考，录用学历达标的代课教师12人。从具有教师资格的大中专毕业生中考录教师，填补辞退代课教师后形成的缺额。

【改善办学条件】 实施全市中小学危房改造工程。全市239所中小学危房改造工程项目学校全部开工建设，开工面积40.6万平方米，累计完成投资5.44亿元，其中已竣工学校225所，竣工面积32.3万平方米。百所农村寄宿制学校建设一期工程，基本建成102所农村寄宿制学校，建设面积19.3万平方米，概算投资2.27亿元。启动全市中小学校舍安全工程，制定《实施方案》，全面进行了排查鉴定和规划编制工作。

获得省教育装备办公室补助资金25万元，筛选的5所县区学校自筹25万元，用于配备实验室台桌；兰州市教育局安排资金260万元，通过招标集中采购方式，给兰州49中等8所学校配置教学实验设备；装备处举行了50多次招标会，为40所学校进行59个包次的教学仪器招标采购。经费预算4000万元，实际成交支付经费3600万元。全市中小学计算机台数达到3.1万台，多媒体教室1794间，接入互联网学校472所，建成校园网学校102所，生机比13.79：1。市级财政全年投入专项资金1100万元，重点建设数控技术、汽车维修、电子电工、服装设计、艺术类等专业实训基地。兰州职业技术学院二期工程、兰州女子中等专业学校综合教学楼项目处在建设中，兰州理工中等专业学校新教学办公楼、皋兰职教中心综合教学楼建设项目已完工，总投资40344.5万元，建筑总面积为173464平方米。

【教育管理】 推行联校培训、联校教研模式，将市属61所学校划分为8个联校片区，开展教学观摩研讨活动，由教育局领导班子成员和机关工作人员组成8个工作组，分别负责联系和服务，为县区教育局和各学校解决困难和问题。连任、提拔，调整、交流了涉及17所学校的78位领导干部。重新修订了局机关政务公开制度，设立了办事指南查询系统、政务公开电子屏，对兰州教育网进行了全新改版，并设立政务公开专栏，按政务公开的内容、范围和程序，及时向社会公开政务信息，增加了机关工作的透明度。在市属各学校中，把办学绩效作为对学校领导班子和学校教育教学工作评价的重要依据，要求学校对照小学、初中、高中绩效考核方案，以抓教育教学质量为中心，带动学校各项工作开展，用教学成绩的“推进率”体现学校的办学水平和教育质量。印发了《兰州市校园及周边安全管理工作职责规定》，下发了《关于全面加强学校安全管理工作的实施意见》和《学校安全管理工作手册》，召开了全市学校安全管理培训会，开展了“校内大演练、校外大整治”活动，2010年无校园安全责任事故发生。

【教育督导】 印发了《兰州市县级人民政府教育工作督导评估意见》和《兰州市教育督学聘任管理暂行办法》，建立了市政府对县区政府教育工作年度考核评价制度。市督导室三下榆中县，开展督导评估前的访问和调研，配合省政府教育督导团对榆中县政府进行督导的评估。牵头组织了10个职能部门49人次参加的市级对县区级人民政府教育督导评估组深入兰州市3县5区31个乡镇92所学校实地进行督导评估工作。

（王　建）

校外教育

【概况】 2010年，强化校外活动场所建设和管理，突出活动育人、实践育人特色，联合中共兰州市委宣传部、市文明办、市教育局、团市委、市妇联、市关工委办等部门，积极开展主题教育、舞台艺术教育、兴趣培训、图书借阅等多种形式的校外教育实践活动和精神文明创建活动，为深化未成年人思想道德建设工作、营造未成年人健康成长的社会氛围、提高未成年人整体素质，发挥了有效的作用。

【主题教育活动】 全年市校外教育办与市委宣传部、市文明办、市教育局、团市委、市环保局等部门联合共主办了10多项主题教育活动，30余万少年儿童踊跃参与。清明节期间，举办“红旗颂”兰州市少年儿童清明纪念革命先烈主题教育活动，八个县区共组织辖区2万多名师生到当地烈士陵园开展纪念革命先烈活动。3—6月，组织了“中华民族一家亲”——兰州市第十八届青少年学生现场作文赛及第十届少先队手抄报比赛，共有198所学校2万余名同学参加了初赛，5985名同学参加了决赛，精选获奖作文编印《兰州市青少年学生优秀作文选》一本，免费发放250多册，精选手抄报获奖作品，在各县区共计巡展17余场次，参观者达2万多人次。3—9月，举办“我爱母亲河”——兰州市少年儿童生态道德实践主题教育活动，共收到1234篇生态道德实践主题征文，97名少年儿童获等次奖，83名教师获优秀辅导奖，8个单位获优秀组织奖；9月18日，100多名获奖师生组成“我爱母亲河”生态道德实践营，参观考察了百里黄河风情线生态环境、七里河安宁污水处理厂、兰州威立雅水务集团和甘肃柴家峡水电站。“六·一”国际儿童节前夕，集文艺演出、书画展览、长卷制作、手抄报展览、读书宣传等活动于一体，举办了“我们的节日”——兰州市校外教育系统庆“六·一”大型系列活动。8月12日，兰州市校外教育办公室与天津市少年宫共同举办了“阳光·梦想·友谊”天津、兰州、大阪少年儿童美术作品联展活动，两国三地303幅作品参加了在甘肃省艺术馆举办的联展活动，兰州市政府副市长周丽宁、天津市少年宫主任王国庆在开展仪式上分别讲话。8月13日，天津市少年宫和兰州市少年宫的美术教师为参加活动的美术教师举办了校外美术讲座。联展优秀作品在兰州市基层学校巡展12场。其中38幅优秀作品被推荐参加在日本大阪市市立美术馆举行的2011年第40届国际美术元展。

2010年，各县区也举办了丰富多彩的主题教育活动。安宁区校外办组织学生先后参加了义务植树、“大手拉小手，艺术伴我成长”“爱我桃乡——我与安宁共成长”安宁区中小学生诗歌朗诵大赛等。七里河区校外办先后组织举办了科普知识竞赛、“我的梦想”征文和绘画等活动。红古区校外办先后组织举办了全区少年儿童清明诗文朗诵比赛、青少年学生绘画展览、合唱、文艺汇演等活动。安宁区举办主题教育活动209次，参加人数达44510人次。皋兰县校外办先后组织举办了“阅读伴我成长·畅想新生活”全县青少年学生阅读大赛、古诗文朗诵比赛、庆“六·一”少年儿童才艺展示等活动。永登县校外办先后组织举办了制作“三·八”妇女节贺卡、“网上祭英烈”“践行‘五爱’，塑造心灵”演讲比赛、“展少儿风华，谱和谐乐章”庆祝“六·一”中小学生才艺展示比赛等活动，并积极开展了国防教育、法制教育、交通安全宣传、地震应急、消防安全疏散演练等一系列活动，组织专题报告会25场、大型环境整治活动12次，参与学生达到2万人次。

【兴趣培训活动】 兰州市少年宫及各县区青少年活动中心充分发挥开展兴趣培训的职能作用，强化培训管理、突出品牌特色、完善服务手段，开展文艺、体育、科技、外语、儿童文学等兴趣培训项目，为广大少年儿童搭建了健康快乐成长的平台。安宁区校外办组织区少儿活动中心及各学校开设课外兴趣活动小组216个，参加人数8178人；开展双休日社会实践活动110次，8739名中小学生参加。七里河区少儿活动中心开设培训项目12个，全年培训人数达1000多人次。榆中县青少年活动中心完全免费向全县中小学学生开放，累计接待活动人数约2万多人次，活动项目包括：乒乓球、羽毛球、电脑、四驱车、天文室、图书阅览、科学探究等。皋兰县青少年活动中心举办了3期电脑、钢琴、小提琴、舞蹈、跆拳道、绘画等特长培训班，

天津、兰州、大阪少年儿童美术作品联展活动

培训学员620多人次。

【社会实践活动】 暑假期间，兰州市少儿活动中心组织87名小记者开展了赴上海世博会采访夏令营活动。市少年宫组织了“中华大家园”关爱各族少年儿童夏令营兰州艾米丽分营等实践活动，邀请甘肃省临夏回族自治州的25名回族、东乡族贫困儿童来兰，参观兰州黄河风情线、省博物馆、西北民族大学、兰州非物质文化遗产陈列馆等，并与兰州市少年宫的学员开展了联谊活动。10月，永登县校外办城区学校组织“农村一日留学”活动，组织城区学生去边远山区学校体验艰苦的学习及生活环境，进农家院、吃农家饭，体验农村生活，增进学习的进取心。

【未成年人社区教育工作】 暑假期间，兰州市校外教育办公室对全市32个试点社区中的重点社区和校外活动场所开展社区未成年人校外教育工作情况进行调研，发挥县区校外教育办、试点社区职能作用，以清明、“六一”、国庆等重大节日为契机，指导社区开展以“我们的节日”为主题的文艺演出、书画创作、参观考察、读书征文、优秀传统文化传承等各类道德实践活动。七里河区校外办组织各校走进学校、家庭，利用节假日开展“争做父母小帮手”教育活动，指导各校参与社会公益活动和社会实践活动。敦煌路小学联合辖区交警部门，开展了“文明交通 从我做起”安全教育主题活动；吴家园小学开展“快乐足球”活动等。5月，七里河区举办为期1个多月的“构建和谐家庭，优化育人环境”为主题的家庭教育专题宣讲活动，近6000多名学生和家长聆听了讲座。

【校外教育活动场所建设】 市属校外教育专业场所建设，完成了兰州市少儿图书馆二楼书库扩容、兰州市少年宫新增教室教学设备配备等，改善了阅读和教学环境。市少年宫对心理健康咨询团训室进行装修，配置了必要的设备，为文学、书法、美术、围棋专业教室配备多媒体教学设备14套。对兰园大院内车辆乱停乱放的问题进行集中整顿，初见成效。县区未成年人校外活动场所建设有序进行，西固区青少年活动中心已完成主体工程建设。红古区青少年活动中心已开工建设。皋兰县青少年活动中心新建2000平方米的儿童乐园，配有钓鱼水池、小博士乐园、电动木马、攀岩等15万元的娱乐设施，建成了科学探究、科技创新、航模、手工制作和机器人等五大活动区，新增了20万元的配套设施，共接待青少年学生6000多人次。

【流动少年宫建设】 为了更好地服务兰州市80多万未成年人，不断改善校外教育服务手段，丰富教育形式和内容，市少儿活动中心学习借鉴发达城市的先进经验，正式启动西北首家“流动少年宫”项目，购置流动电影放映车一辆及数字化电影放映系统一套。该项目包含流动舞台演出、流动电影放映、流动图书阅览、科普知识宣传、多功能培训等内容。

【乡村(社区)学校少年宫建设】 配合市文明办，全面展开“乡村(社区)学校少年宫”建设试点工作，在8个县区确定11所试点学校，校外办负责试点工作启动、活动指导、辅导员培训工作。11月26日，在永登县秦川镇中心小学举行了兰州市“乡村学校少年宫”建设试点工作启动仪式。2010年，城关区根据市文明办的统一部署，制定了适合城关社区实际的建设模式，先行在进城务工人员子女、留守儿童、低收入家庭子女比较集中的兰铁第四小学、团结新村小学、大砂坪小学、东岗小学进行“社区学校少年宫”建设试点，成为社区未成年人特别是城市低收入家庭子女、农民工子女进行素质培养的公益性活动阵地。

【校外教育宣传工作】 《兰州校外教育》自2008年6月创刊以来，注重办刊质量，丰富栏目内容，突出工作重点，推广典型经验，成为拓展校外教育宣传的重要阵地，全年免费发行4期1000多份。《少儿活动报》坚持服务方向，按照主旨突出、版面活跃、内容充实、准确无误的原则，报道主题教育活动、传播科学知识、刊登优秀习作，切实发挥了活动窗口作用，向全市130多所中小学校和30多个社区赠阅，免费发行12期12000多份。兰州校外教育网站充分发挥网络资源优势，及时调整结构布局，更新网站内容，宣传报道校外教育工作动态，全方位展示校外教育工作成果，全年共发布各类信息动态90余条，点击率达到10多万次。通过中央文明网、《甘肃日报》、甘肃卫视、《兰州日报》、兰州电视台、市政府公众信息网等媒体宣传报道校外教育重大活动66次，及时向市委、市政府信息处等上级有关部门报送校外教育重点工作和重点活动等各类信息22条，其中14条被市委、市政府及有关部门采用，采用率达到63.6%。

【校外教育交流活动】 7月，由日本国青森县八户市市长小林真先生率领的八户市友好代表团一行8人来到兰州市少年儿童图书馆访问，来宾们对“铃木书屋”及“铃木多媒体阅览室”的运行情况做了详细的了解。8月，兰州市少年宫

“小飞天艺术团”37名小学员参加了在天津举办的第十届“三北”地区省会城市(青)少年宫文艺汇演，少年宫获“优秀组织”奖，6名教师获“优秀辅导”奖，参演的5个节目获一等奖，5个节目获二等奖。10月，兰州市儿童艺术剧团16名演职人员赴南京等地儿童艺术院团观摩学习。9月，七里河区校外办赴夏河县拉卜楞藏民小学，对学校开展的“祖国发展我成长，民族团结促和谐”主题队会进行了指导，带去了龚家湾第三小学41名学生的联谊信，为夏河县小学40名少先队大队辅导员进行了少先队基础知识培训。10月，邀请夏河县拉卜楞藏民小学辅导员观摩了王家堡小学“打造低碳校园”主题队会展示活动、硷沟沿小学“请相信我能行”大队委竞选活动、兰州市辅导员“引领雏鹰翱翔，展示自我风采”技能展示大赛等。

【文化下乡活动】 11月，兰州市校外教育办公室组织系统四家单位组成文化下乡慰问团，深入红古区花庄镇湟兴村、永登县秦川镇尹家庄小学，开展了“送培训、送展览进校园”活动，通过文艺节目表演、建图书流动阅览站、上兴趣培训示范课、展览优秀绘画和手抄报作品及有奖猜谜等活动，活跃了当地村民和少年儿童的精神文化生活，拓宽了校外教育服务基层的领域。

【献爱心活动】 4月，青海玉树地震发生后，兰州市少儿活动中心号召全系统干部、教师、职工为灾区人民献上一份爱心，市少儿活动中心、市儿童艺术剧团、市少年宫、市少儿图书馆的155名同志共捐款1万余元。8月8日，甘肃舟曲发生特大山洪泥石流灾害，兰州市少儿活动中心的广大干部职工积极行动起来，共产党员带头奉献爱心，共捐款4300元。安宁区属19所中小学师生捐款4.3万元，为一名重病的同学送去了关爱。“六一”国际儿童节来临之际，安宁区举办了“关爱特困儿童、共享一片蓝天”活动，对15名贫困学生进行了慰问。红古区校外办组织全区中小学校学生开展少年儿童“一方有难八方支援”主题教育活动，全区教育系统为玉树地震灾区捐款共计15万余元。永登县校外办号召全县师生伸出援助之手，向青海玉树灾区捐款25万元，向甘南州舟曲灾区捐款22万元。

【兰州市儿童艺术剧团】 2010年，兰州市儿童艺术剧团积极参加进校园、下社区演出和“三下乡”及甘肃省“千台大戏送农村”活动，共演出60余场，接待观众6万多人次。积极开展各类观摩学习，独立创作的五幕大型童话剧《天鹅情》在甘肃省剧本创作笔会上得到专家一致好评，准备于2011年搬上舞台。10月，演员郑云洁创作的歌曲《我家住在幸福里》入选歌曲集《和谐中国·盛世乐章——全国人民最喜爱的歌》。11月，由郑云洁编剧、杜林宏执导的描写“留守儿童”真实生活的小品《等电话》获“中国·余杭‘良渚文化杯’小戏小品大赛”暨第四届“中国戏剧奖·小戏小品奖”复赛专业组三等奖。12月，演员马晓红荣获“全国戏剧文化奖·话剧金狮奖”优秀表演奖，白宝仓创作的音乐快板《知荣明耻创和谐》荣获兰州市第六届“金城文艺奖”曲艺作品二等奖，小品《宠物与贼》获戏剧作品二等奖。

【兰州市少年宫】 兰州市少年宫全年共举办长、中、短期兴趣培训班1046个，培训学员20542人，参加市级以上各类竞赛、演出等获奖达800人次。荣获首届“丁玲青少年文学奖”优秀组织奖，并被主办方授予“丁玲青少年文学创作基地”称号。美术教研室自编的美术教材《西部章节》和《美术书法教学与研究》经验集先后印制成册。1月，承办兰州市第二届中小学生“绿色环保”废旧材料手工艺作品制作大赛，共有20所学校获优秀组织奖，140名教师获优秀辅导奖，391名小选手获等次奖。1-2月，在兰州市博物馆隆重举行“兰州市少年宫兴趣培训活动成果展示”，全市上万名观众参观。5月，140幅作品参加了第五届“天眼杯”中国国际少年儿童漫画大赛，荣获“组织奖”。6月，举办“余杭杯”第十一届全国少年儿童故事大王选拔活动，18所学校的100名小选手参赛获奖，4名小选手在8月份举行的全国总决赛中获奖，少年宫获“优秀组织工作奖”。7月，承办第十二届“飞向北京——飞向太空”全国教育竞赛活动兰州地区选拔赛，有3000余人参加了基层选拔，534名选手脱颖而出，14名学生在8月份举行的全国总决赛中获奖。8月，参加了西北五省区省会城市(青)少年宫乒乓球比赛，获得小学组男子团体第一名和女子团体第一名，5名学员获得等次奖；“小飞天”艺术团48名合唱队学员赴北京人民大会堂参加由中国青少年宫协会主办的“银杏树下的风采”——2010年“红歌大家唱”全国汇演，获得最高奖金奖；70余幅作品参加了首届“银杏杯”青少年创意动漫大赛，获团体三等奖，1名学员获金奖。11月，承办兰州市第二十二届少年儿童纸模制作比赛暨“和平使命2010”军事模型制作活动，1300多名少年儿童参赛。

5月15日至6月1日，参加由中国儿童中心和中央人民广播电台联合举办的庆祝“六一”国际儿童节——“我的祖国我的家”全国少年儿童主题教育活动，在少年宫广大少年儿童中间教唱和传唱歌曲《国家》，先后在中央人民广播电台“小喇叭”栏目、新华网上播出。

7月，兰州市少年宫建立了兰州市青少年心理健康辅导站，配备了心理挂图、心理健康辅导书籍、心理电影、心理测量及档案管理软件、沙盘游戏治疗专业版、基础宣泄系统等心理健康教育辅助器材，聘请省内著名心理学、教育学专家教授担纲主持，举办心理健康知识讲座，开办青少年心理健康热线咨询及现场矫正、训练、疏导、干预等心理健康教育活动。

【兰州市少儿图书馆】 兰州市少儿图书馆争取经费投入，不断改善借阅环境，拓宽服务领域，加强理论研究，深化协作交流，开展特色读书活动，发挥图书引导教育少年儿童的作用，努力满足少年儿童校外课外阅读的需求。完成对二楼书库的全面扩容改建，新建成榆中县分馆和安宁区万里社区、红古区花庄镇湟兴村图书流动阅览站，图书流动阅览站总数达到17所。全年共计接待读者25万人次。

举办“我们的节日——在阅读中成长”六一主题活动，展示市少儿图书馆及3所县区分馆、17个图书流动阅览站工作；举办读报知识现场有奖竞答、小读者留言活动，进行现场咨询、推介、办证、宣传活动，举行优秀影视片观看活动。寒假期间，开展了迎新春有奖猜谜、绿色上网活动，25所学校的49名学生参加。7月，“第四期暑期优秀图书进社区”展阅活动在安宁区西路街道万里社区拉开帷幕，展出优秀少儿读物86种，320册。7月23日开展暑期小读者图书采选活动，共采选124种500册图书，活动之后30位小读者被聘为“小小图书馆管理员”，参加了馆内借阅服务体验活动。举办“书香流芳，阅读分享——我的阅读故事”阅读征文大赛活动，全市82所中小学校的4607名同学参加活动，370名同学获奖，并向全市8个县区的中小学校捐赠18万元的图书。10月，举办“好书伴成长，名家面对面”活动，邀请著名儿童文学作家郁雨君做客少儿图书馆，为少儿读者举办主题为“爱上阅读，爱上写作”——秋天的童话系列讲座，吸引了108名学生参加。

杜文龙的《兰州市少儿图书馆办馆模式探索与设想》一文参加在上海举办的全国首届少儿图书馆馆长论坛，作为有代表性的三篇论文之一做了大会交流发言。颜青的《少年儿童图书馆如何做好阅读指导工作》一文荣获中国图书馆学会举办的第八届海峡两岸儿童图书馆与中小学图书馆学术研讨会征文二等奖。

（刘占爱）

科学技术

【概况】 2010年，兰州市科技局围绕“国家创新型试点城市建设”工作，增强科技对经济社会发展的支撑引领作用，加快区域创新体系步伐。推进科技合作和“研政产”结合，组织重大科技成果产业化项目凝练工作，召开了在兰高校和科研院所科技项目凝练工作现场经验交流会，组成8个调研组在50多个大学和科研单位征集成熟科研成果，累计组织重大科技成果产业化项目141项，经广泛征集协调，促成“电力机车整备作业安全监控系统产业化设计及关键技术”等20个技术难题项目成功对接。编制《兰州市“十二五”科技创新发展规划》，提出了兰州市“十二五”科技发展的目标、任务和措施。研究制定兰州市战略性新兴产业发展规划，成立了《规划》制定工作小组，广泛开展调查研究，掌握了兰州市生物医药、新材料、信息技术、航空航天、节能环保的发展现状，组织有关专家成立了五个产业发展课题组，分组开展研究，完成了五个规划初稿的制定工作。“兰州市政府科技顾问团”围绕市列科技计划项目选列、农业科技发展战略、科技奖励评定及生物医药产业发展等方面的工作累计组织开展专家咨询活动10余次，参与专家202人次，编发《决策参考》简报8期。

【科技创新】 兰州市科技局与各有关县区、高校院所和企业联合加大了科技企业孵化器建设和项目扶持力度，兰州市15家科技企业孵化器在孵企业千余家，在孵企业全年研发投入达8042万，研发成果564项，转化成果356项。组织兰州生产力促进中心、兰州理工大学、兰州交通大学、甘肃省机械科学研究院、甘肃长风模具公司等单位联合组建了“兰州工业设计创新服务联盟”，面向广大中小企业开展工业设计研发服务。加强科技创新人才团队建设。制定《科技创新人才团队计划实施办法》，支持兰州机床厂“新增80台数控旋风大孔径管子车床生产线技术改造”等12个专业技术雄厚、团队效应突出、引领作用显著的创新人才团队的科研项目。

【科技计划项目与高新技术】 2010年，组织实施“651科技发展计划”，促进产业结构调整升级，全面推行市列科技计划项目网上申报，共受理各类项目756项，选列项目289项，安排科技经费2800万元。在项目选列过程中，按照《兰州市科技计划项目管理办法》和《兰州市科技三项经费管理办法》的规定，及时发布项目申报指南，实行项目申报第三方受理，组织专家严格评审，开展重点项目答辩和现场调研，保证项目质量。支持高新技术产业发展和利用高新技术改造提升传统产业。重点支持了电子信息、装备制造、新材料、生物医药等产业领域的高科技项目，其中，立项支持电子与信息技术项目26项，现代装备与先进制造技术项目15项，新材料技术及应用项目21项，生物医药项目43项。选列了“兰州铁路枢纽物流及生产指挥调度信息系统”“企业基础信息交换平台”“吸附和磁分离及再生研究”“Ⅲ价轮状病毒基因重配疫苗”“结核抗体金标检测试剂盒”及“全炭双叶型人工机械心脏瓣膜”等重大项目。

【生物医药产业基地建设】 组织奇正藏药、佛慈制药和和盛堂制药的产业化示范工程项目积极争取国家发改委和省发改委的项目扶持资金，联系国药集团兰州生物制品所协调有关新建项目的筹备、选址等工作。完成了《兰州生物医药科技产业基地建设可行性报告》，启动了向科技部申报“兰州国家生物医药科技产业基地”的工作。协调推进重离子治癌中心项目建设，成立了重离子项目建设指挥部，重离子治疗中心总体规划设计方案初步完成，委托相关机构进行项目环评、安评、地质灾害、辐射等综合评估工作，小型装置已经进入设备的加工制造阶段。

【知识产权示范】 推进知识产权进机关、进企业、进院所、进学校、进社区的“五进”工程，被工信部、国家知识产权局确定为首批“中小企业知识产权推进工程试点城市”。做好专利申请资助工作，年内共发放三批专利资助资金66.6万元，资助专利申请953件。组织实施重大专利技术产业化专项，选列“电解质过热自动测量仪产业化项目”等6个项目，支持经费150万元。开展专利执法检查,会同兰州市整规办、兰州市工商局、兰州市文化稽查大队等部门联合开展宣传执法活动9次，出动执法人员35人次。

【农业科技】 联合农牧部门组织农业科技特派员工作，开展了大规模的农业科技特派员培训和学习考察，兰州市共有科技特派员332人，分40个工作组、7个中心区站，承包200个村开展一对一的全方位、零距离、跟踪式服务。制定了《兰州市农业科技专家大院建设方案》，在皋兰县西电千亩设施农业基地、永登县兔墩千亩设施农业基地等建立了9个农业科技专家大院。与兰州市委组织部、兰州市农牧局制定了《新型农民农业科技工程实施方案》，共举办农业科技培训班435期，培训人数达7400多人次。

推进农业科技进步。重点选列了“全膜双垄沟玉米马铃薯栽培技术”“高原夏菜无公害栽培技术集成”“蔬菜剩余物综合利用开发”“优质肉用公羊高效利用及生殖保健技术应用研究”等一批农业关键技术研究，增强了农业科技集成创新能力，为农业产业化发展提供了技术支撑。抓好星火产业带建设，形成了一批以蔬菜、百合、啤酒大麦、中药材、玫瑰为主的示范基地和名优特新农产品生产区。农作物良种覆盖率达到95%，建立龙头企业创新中心5个，农村专业技术协会64个。

【市属科研单位】 兰州工业研究院申报省市科技计划项目3项，协议转化科技成果1项，开展农药抽检134批次，化学试剂检查63批次。兰州生产力促进中心完成科技计划项目网上申报工作，成功申报2项国家专项，为企业提供项目包装20多项、工业设计服务20多项(次)。兰州技术市场管理办公室组织完成技术交易登记额11.6亿元。兰州科技情报研究所完善了“兰州市科技成果管理数据库”，完成了2009年科技统计工作，编发《甘肃科技纵横》杂志6期。兰州科技联合服务中心完成了国家863项目“干热条件下代用燃料汽车区域化考核与应用”课题中的“燃气汽车安全预警管理系统的研制及运行报告”等三个专项报告。

【县区科技工作指导】 组织召开了县区科技局长工作研讨会，与县区科技局签订了年度目标责任书，组织目标任务考核。组织实施“县区一把手科技工程”，2010年共选列“一把手科技工程”项目5个，投入经费100万元，带动地方政府配套资金161万元，拉动企业投入近1500万元。

【科技奖励】 2010年度共评出兰州市科技进步奖奖励项目80项，授予“H-BAF综合技术用于污水再生利用工程”等14项成果为兰州市科技进步奖一等奖，授予“臭氧髓核消融术治疗腰椎间盘突出症新技术的研究及应用”等38项成果为兰州市科技进步奖二等奖，授予“特色农产品产业化经营——以兰州等地为个案研究”等28项成果为兰州市科技进步奖三等奖；授予柳纪省、张继、芮执元、贠文俊、金敏、只春生6名同志“兰州市科技功臣提名奖”称号。

【组织建设】 认真开展“争先

创优”和行政效能建设年活动。组织落实党员公开承诺、领导点评及群众评议等工作。建立岗位责任制、服务承诺制、限时办结制、公开公示制、首问责任制、效能考评制、行政问责制等8项制度，修改完善了《兰州市科技局党组会议制度》等15项工作制度和《兰州市科技计划项目的申报及立项程序》等11项工作流程。根据全市机构改革的要求，修订了“三定”方案，重新划分相关处室职能，实现了与国家、省科技管理部门内设机构职能的对应。全面推进落实党风廉政建设责任制，对科技计划项目的立项、评审、论证、项目实施、科技功臣的评选、科技进步奖的评审以及科技三项费到位、管理、使用等工作进行了重点监督检查，预防违规违纪行为的发生。

（苏生魁　权冬玲）

2010年兰州市科技进步奖奖励项目（一等奖）

项目名称	主要完成单位	主要完成人
H-BAF综合技术用于污水再生利用工程	甘肃金桥给水排水设计与工程（集团）有限公司	王　刚　邱熔处　叶正芳　邱文慧　邢秀兰　吕　斌　刘兴奎　王爱莲　李小军
马铃薯主要病虫害综合防治技术研究与示范推广	甘肃省农业科学院植物保护研究所	李继平　刘世海　李建军　张　雷　李青青　胡　梅　惠娜娜　王　立　丁世成　马永强　漆永红
甘肃特色中药材红芪中多糖的研究	兰州大学 甘肃省药品检验所	封士兰　欧阳晓玫　赵良功　刘小花　李　文　胡芳弟　杨玉华　李晓东　徐静汶　惠和平　石义凯
先天性心脏病介入伞堵的临床应用研究	甘肃省心血管病研究所 兰州市第一人民医院	谢　静　杨晓娟　梁天香　王延震　李　军　郑叙锋　胡海英　董　燕　王道敏　郭建强　谢定雄
厚皮甜瓜新品种甘蜜宝选育	兰州蜜源种苗有限责任公司	张　勤　李锦龙　李城德　蒋春明　张彩玲　张彩艳　樊　根　张金福　岳　云　孙克映　马永明
牙科材料的仿生优化设计和制备	兰州大学口腔医院 中国科学院兰州化学物理研究所	刘　斌　杨生荣　王金清　鱼灵会　王建荣　李　顺　颉伟博　郭　莉　刘梅天
煤场及运煤车辆扬尘防治技术及其专用设备的研制	兰州交通大学 兰州天际环境保护有限公司	蔡觉先　董　波　任恩恩　杨子江　罗金保　李　旭　武福平　王　涛　杨天赐　王　浩　李华君
大型机场货运物流系统工程关键技术研究及产业化	兰州交通大学 兰州正远科技有限公司 深圳中集天达空港设备有限公司	蒋兆远　闫　军　李小平　范　越　郑祖华　齐金平　沈鸿生　柴　获　雷　斌　代存杰　杜亚江
动物细胞培养用胎牛血清系列产品开发及标准化的试验研究	西北民族大学 兰州民海生物工程有限公司	马忠仁　冯玉萍　乔自林　冯若飞　李明生　富小刚　马　祺

续表

项目名称	主要完成单位	主要完成人
河谷型城市轨道交通线网规划方法及运营安全控制平台关键技术研究	兰州交通大学	杨子江　广晓平　钱勇生　马昌喜　徐智慧　田义海　周天飞　杨有海　宋　钢　吴艳群　尹小亭
甘肃产秦艽类中药的质量研究	甘肃省药品检验所	马　潇　王燕萍　赵建邦　何禄仁　朱　宇　丁永辉
CT 立体成像技术在临床诊治中的应用价值研究	甘肃省人民医院 兰州军区兰州总医院	王治民　李康印　高江霞　徐香玖　郝晓东　陈晓红　马启林　黄　刚　毛泽庆　蒋　丹　崔兰兰
方波微机继电保护装置	兰州理工大学	毛开富　骆东松　冯宜伟　骆鹤松　包广斌　路世和　杜红林　刘仲民　高林学　王志文　王　君
兰州市涉苯企业职业卫生现状与对策研究	兰州市疾病预防控制中心 兰州大学 兰州市西固区妇幼保健院	李　盛　王金玉　桂风云　段瑞琴　王宇红　李　普　刘　琳

社会科学

【概况】 兰州市社会科学院、兰州市社会科学界联合会紧紧围绕全市中心工作，全面做好科研课题、期刊编辑等工作。如期完成《兰州城乡一体化建设研究》《兰州市“双轮驱动模式”下的新型工业化道路研究》《兰州非物质文化遗产的挖掘与保护问题研究》等 36 项 2009 年度市社科规划项目的鉴定、结项工作。认真开展 2010 年度市社科规划项目课题指南的制定、发布和课题申报工作，受理在兰高校、科研院所、市县(区)党政研究部门及有关单位研究人员 157 项课题的申报工作。精心选聘专家，认真开展规划项目评审工作，确定《兰州市新型工业化进程水平测度与新时期战略选择》《兰州建设国家创新型城市研究》《基于产业集群的兰白都市经济圈发展研究》《西北地方文献述略》等 41 项立项课题，经市社科规划领导小组批准后已开始实施。积极开展 2009 年度市社科规划项目研究成果的推介、转化工作。目前，部分项目的研究成果已通过《兰州社科网》《兰州学刊网》对外发布，《兰州市 2009 年度社科规划项目研究成果摘编》已完成编印并报送市委、市人大、市政府、市政协领导和市直有关部门参阅。积极开展了全市社会科学宣传普及周活动和大型研讨交流活动，影响力大、覆盖面广、社会效果好。

【科研项目与创新】 举全院之力编写、出版了《兰州经济社会发展蓝皮书·2010—2011》，全书分总论篇、经济篇、社会篇、专题篇和综合篇五个部分，包含 26 个专题，共计 36.7 万字。《蓝皮书》紧紧围绕省委区域发展战略、市委“1355”总体发展思路和市委十一届七次、八次全委(扩大)会议精神，深度分析了兰州市当前经济社会发展动态，科学预测了兰州市经济社会发展走势，提出一系列对策建议，为市委市政府及有关部门制定十二五规划和有关决策提供了参考依据。按计划开展国家社科基金项目《促进西部地区科学发展的生态资本战略研究》的阶段性研究任务和中期汇报工作，后续研究任务正在有序推进。先后完成省社科规划项目《甘肃省非物质文化遗产的挖掘与保护问题研究》《甘肃省新型工业化道路研究》；完成市社科规划项目《兰州市“双轮驱动模式”下的新型工业化道路研究》《兰州非物质文化遗产的挖掘与保护问题研究》《兰州低收入人群社会保障问题研究》《兰州少数民族经济发展状况调查研究》的研究任务。同时完成有关兰州经济、社会、文化建设系列研究课题《实施中心带动战略与建设兰白都市圈研究》《十二五时期兰州经济社会发展思路与前瞻》《兰州保障性住房建设研究》等 3 项 2010 年度院级重点课题的研究任务及市委

办公厅下达的2010年度重点调研课题《加快战略性新兴产业发展研究》的任务，具有较强的应用参考价值。开展的《后金融危机时代兰州经济社会发展战略》《加快兰州经济发展方式转变》《兰州十二五规划战略》等相关专题的研究，均已取得阶段性研究成果。

兰州市社科院科研人员申报的《加快兰州战略性新型产业发展研究》《兰州市就业问题研究》《兰州市非公有制经济发展对策研究》等3项研究课题，获准2010年度市社科规划项目立项并展开。严格按照市社科规划项目的相关工作制度，认真、及时地开展市社科规划项目资料的收集、整理与建档工作，建立了市社科规划项目档案库，健全、规范了市社科规划项目的档案管理。加强了"兰州社会科学网"和《兰州学刊》网站建设力度，促进了科研和办公信息化建设步伐，增强了学术成果交流、推介的时效性。同时，研究制定了《兰州市社科院网站管理办法》，使网站建设管理更加科学、规范。

【科研合作交流】 1月中旬，策划组织，联合白银市社科联成功举办"推进兰白都市经济圈建设战略高层论坛"，引起兰白两地和省内各大媒体的高度关注，为兰白两市社科界长期合作与深入交流，发挥合作优势开了好头。会后，编辑出版了《推进兰白都市经济圈建设战略研究文集》，并在两市发行，受到有关方面的好评和肯定。3月又与白银市社科联召开了合作交流座谈会，双方就如何加强交流、合作与发展，为"兰白都市经济圈"建设建言献策等事宜达成了共识。5月，组织专人参加了在广西南宁召开的"全国城市社科院第二十次院长联席会议暨'低碳经济与城市发展'论坛"，并作了题为《建设兰州低碳城市的对策研究》的主题发言。7月，组织专人参加了全省市州社科联工作座谈会，并作了题为《锐意进取　开拓创新　努力开创兰州市社会科学事业新局面》的大会发言，受到了与会人员的好评。同时，积极向贵州社科院举办的"新智库建设与深入推进西部大开发论坛"、内蒙古社科院举办的"第七届中国·内蒙古草原文化主题论坛"、青海社科院举办的"全国社科院系统研究中心年会暨理论研讨会"等学术会议提交交流论文3篇。10月13日，在安宁区培黎街道成功举办"兰州市第三届社会科学宣传普及周示范活动"，省、市、区的有关领导及有关部门负责人，市属社会科学类各学会负责人、社科工作者和培黎街道的干部群众共计200余人参加了示范活动。

兰州市社科院（联）在各类报刊杂志上发表论文40多篇，在各类学术会议上交流论文10余篇。有7名研究人员正在与省内高校及有关单位联合开展8项课题的合作研究。

【业务指导与管理】 经过精心组织，于10月中旬召开了近十多年全市首次社会科学类学会工作会议。市民间组织管理局、市委政策研究室、市政府研究室、市委党校、市教科所等单位的有关领导以及全市20多家社会科学类学会的负责人参加了会议。会议传达学习了全国大中城市社科联第21次工作会议精神，表彰了先进，交流了经验，强化了对各学会的业务指导、组织协调与工作交流，受到广大社科工作者和有关部门的充分肯定，开创了兰州市社会科学类学会管理工作的新局面。

【期刊编印】 完成《兰州学刊》12期、600万字的编辑、校对、出版、发行任务，差错率控制在万分之二以下。加强了敦煌学研究、西夏学研究、西北民族研究等特色名栏建设。约请刊发国内社科界知名专家论文40余篇，刊发名校博导、硕导的文章150余篇，刊发名校博士、博士后、副教授的文章占全年载文量的90%以上，刊发国家社科基金和省部级社会科学基金项目文章占全年载文量的35%以上，大大提升了刊物的学术水平。文献二次转载率和影响因子不断提高，有40多篇文章被《新华文摘》《中国社会科学文摘》和中国人民大学报刊复印资料等全文转载或辑目，500余篇被中国人民大学报刊复印资料索引。编辑、发行内部交流资料《兰州社会科学研究》6期、12万字。及时准确地向上级领导、有关部门和其他城市社科院（联）反映了兰州市社科院的工作动态，推介了兰州市社科院的研究成果。同时，通过加强编辑人员力量、扩展稿源渠道、丰富刊物栏目，增加了刊物的信息量，提高了刊物的可读性。

【表彰奖励】 5月在广西南宁召开的全国城市社科院第20次院长联席会议上，兰州市社科院被评为"全国城市优秀社科院"。9月在吉林省延吉市召开的全国大中城市社科联第21次工作会议上，兰州市税务学会荣获"全国大中城市社科联标兵学会"称号，市精神文明建设研究会、市法学会、红西路军研究会荣获"全国大中城市社科联先进学会"称号。

（包　婧）

气　象

【气候概况】 2010年兰州市气候特点是：气温偏高创极值，冷暖高低变幅大，年降水正常偏少，降水分布极为不均，旱涝并举，局地灾情明显。各地年平均气温在6.5～10.8℃之间，较历年偏高0.7～1.0℃。冬季、春季、秋季平均气温同比偏高0.9～2.2℃，各地年降水量在192.0～331.9毫米之间，年蒸发量在1098.4～1240.2毫米之间。年内各地日照时数在2361.6～2651.2小时之间，2009年11月后半月至2010年4月上旬各地无有效降水。2月下旬气温异常偏高，3～4月出现了17次风沙天气，5月27～29日，出现强雷阵雨天气，部分地方冰雹直径最大2厘米，引发局地雹洪灾害。2010年沙尘天气较往年明显增多。市区沙尘天气多达19天；5月18日市区出现晚霜冻，5月18～19日晚霜冻地面最低温度降至-3.5～-0.1℃，4月中旬～5月上旬出现了3次区域性大幅度降温天气过程，9月19～21日，10月23～25日各地先后出现强降温、寒潮、雨雪天气。2010年，≥32℃的高温天气，市区21天；≥35℃的市区有9天；≥37℃的市区有4天。11月到12月上旬气温持续偏高、降水特少，空气干燥，造成扬尘污染，使得市区空气污染指数居高不下，导致病菌的孳生和传播，使流感盛行，呼吸系统疾病增多。粮食作物产量预报准确率95%。发布各类气象服务材料294期；专题专项气象服务材料152期，其中《重大气象服务》23期、《领导参阅》6期，发布各种预警信号42次。开展人工增雨作业27(点)次，发射WR-98增雨火箭117枚。防雹作业225(点)次，发射炮弹2164发。建立健全气象行政执法机构和执法机制，履行社会管理职能。建成雨情观测点107个(新建24个)，乡镇覆盖率达100%，墒情观测点24个。制定《兰州市低温雨雪冰冻气象灾害应急预案》。兰州市气象灾害防御工程建设项目通过专家论证、项目评审、图纸审核，于12月8日顺利开工建设。

【年度气象要素】 气温：各地年平均气温在6.5～10.8℃之间，较历年偏高0.7～1.0℃。极端最高气温出现在7月28日，为39.8℃，极端最低气温出现在12月16日，为-23.0℃。

冬季、春季、秋季平均气温同比偏高0.9～2.2℃，12月皋兰、榆中和永登偏低0.7～1.2℃。

降水：各地年降水量在192.0～331.9毫米之间，榆中和皋兰正常略少1～2成，市区和永登偏少3～4成，4～5月和9～10月、12月降水正常偏多，其余均偏少。

冬季除永登外其余各地偏少5～6成，前冬最长连续无降水日数达33天，后冬最长连续无降水日数长达29天。3月～4月最长连续无降水达39天，干旱发展。夏季降水同比偏少4～7成，出现伏旱。秋季永登和市区偏多2～5成，9月7日市区降雨量47.9毫米，刷新了历史极值。

蒸发：年内蒸发量永登2037.8毫米，其余在1098.4～1240.2毫米之间，与历年平均值相比，永登偏多290.4毫米，其余各地偏少。

日照：年内各地日照时数在2361.6～2651.2小时之间，与历年平均值相比，偏少14～62小时。11月～12月上旬市区空气污染加重，日照明显偏少。

【主要天气事件】 干旱：2009年11月后半月至2010年4月上旬各地无有效降水，2月下旬气温异常偏高，3～4月出现了17次风沙天气，土壤失墒加快，3月中旬各地陆续出现不同程度的干旱，4月干旱严重发展。据市农委统计，全市受旱面积94.21万亩，重旱27.81万亩。7～8月永登县除局部地区出现暴雨外，其他地方均无有效降雨，连续高温天气，致使全县18个乡(镇)、229个村、1417个社、83035户、37.04万人、81.85万亩农作物受灾，农业经济损失6547万元。

冰雹、洪涝灾害：5月27～29日，出现强雷阵雨天气，部分地方冰雹直径最大2厘米，引发局地雹洪灾害。据市农委统计，18个乡镇(街道)、68个村、15288户、59039人受灾，死亡1人，农作物受灾面积达8.92万亩，农业经济损失1亿余元。

6月4日，榆中县中连川、清水、小康营、三角城、和平、定远等6个乡镇，27个村、141个社遭受暴雨及冰雹突然袭击，冰雹持续时间5～20分钟，最大直径3厘米，农作物受灾面积43685亩，农业直接经济损失2231.66万元。

7月22日，局地强雷阵雨天气部分地方引发洪水，城关区青白石9个村受灾，预计经济损失1062.5万元。永登县8个乡镇受灾，受灾面积16422亩，直接经济损失3249.73万元。皋兰县遭受局地暴雨和冰雹袭击山洪暴发，直接经济损失达1312万元。

8月8日，雷阵雨天气局地引发洪灾，西果园镇6个村828户3357人受灾，死亡1人，直接经济损失126.37万元。榆中县宛川河流域出现暴雨，且冰雹持续时间15分钟，直径最大2.5厘米，金崖淤地坝出现险情，6乡镇25个村107社6585户26064人受灾，经济损失8181万元。

9月6至7日，全市强雷阵雨天气，局地冰雹最大直径10毫米，最大降雨量72.3毫米，致使皋兰、榆中、永登、红古、七里河和城关6个县区的部分地方成灾。预计直接经济损失达15018.59万元。

沙尘天气：2010年沙尘天气较往年明显增多。市区沙尘天气多达19天；皋兰和榆中沙尘24天，其中扬沙天气9～11天；永登沙尘天气12天，其中扬沙8天，沙尘暴1天。3月19～22日，全市各地出现了强度最强、持续时间较长的沙尘天气，兰州和永登出现沙尘暴，能见度降至400米以下，市区污染指数连续超过300，达重度污染。

晚霜冻、初霜冻：5月18日市区、皋兰和榆中出现晚霜冻，永登5月19日，比历年平均日期推迟13～36天。初霜冻永登出现在9月29日，榆中10月2日、皋兰10月3日、市区10月30日。

5月18～19日晚霜冻地面最低温度降至-3.5～-0.1℃。据市农委统计，榆中县粮食损失5381万公斤、直接经济损失8608万元。永登县13.25万亩农作物受灾，粮食损失1635.5万公斤，直接经济损失3901.62万元。皋兰县农作物受灾面积达5.06万亩，直接经济损失1580万元。

寒潮、强降温：4月中旬～5月上旬出现了3次区域性大幅度降温天气过程。4月12日平均气温下降8.1～10.6℃，榆中达到寒潮；4月25日平均气温下降7.6～9.2℃，最低气温降至-1.4～2.6℃，除永登外其余各地均达到强降温标准；5月3日永登48小时降温10.7℃，出现强降温天气。

9月19～21日，10月23～25日各地先后出现强降温、寒潮、雨雪天气。

高温天气：≥32℃的高温天气，市区21天，皋兰12天，榆中6天，永登5天；≥35℃的市区有9天、皋兰6天、榆中和永登3天；≥37℃的市区有4天，皋兰3天。

空气污染与疾病：11月到12月上旬气温持续偏高、降水特少，空气干燥，造成扬尘污染，加之后半月近地层逆温较强，大气层结稳定，不利于污染物扩散，空气污染逐渐加剧，使得市区空气污染指数居高不下，导致病菌的孳生和传播，使流感盛行，呼吸系统疾病增多。12月13～15日，北方较强干冷空气过境，空气质量明显好转。

【基础业务】 地面测报质量达到省定优秀指标,测报错情率0.0‰；报表合格率达95%。高空测报质量0.0‰。农气测报质量0.0‰，无重大差错，达省定优秀指标。粮食作物产量预报准确率95%。天气预报质量：短期晴雨预报准确率87.2%；中期预报过程准确率74.9%；短期气候预测准确率86.0%。报准了晚霜冻以及3～5月降水趋势。开展大气污染和空气质量预报服务，开展了地质灾害预警服务、兰州市中小学校防雷气象服务。

【气象服务】 公众气象服务。发布各类气象服务材料294期；专题专项气象服务材料152期，其中《重大气象服务》23期、《领导参阅》6期，发布各种预警信号42次。每月一次的农用天气栏头和每日农用天气预报发布。3月19日沙尘暴、4月19～20日小到中雨、5月25～26日中雨，发布气象专题和重大气象信息专报，在电子显示屏发布，电视、广播等媒体滚动播放警报。7月26日至8月3日市区日最高气温均在32度以上，发布高温预警，通过各媒体及时发布高温橙色、红色预警各2期，并在《西部商报》上发布专题服务。8月9日，榆中金崖出现局地暴雨、冰雹，造成金崖马莲沟形成涝坝，启动《兰州市气象灾害应急方案》，组成应急气象服务小组，制作12期《榆中金崖马莲沟专题气象服务》。联合国土资源管理局发布了《兰州市地质灾害二级预警》，提醒危险地段的群众注意防范。向市政府、县级领导、防汛办等专题服务12期。10月24～26日的降温及雨雪天气，提前48小时发布“兰州市寒潮蓝色预警信号”，提前24小时发布专题，提醒相关单位按预警信息提前做好防范工作。按要求实地调查上报各类气象灾情。

干旱气象服务。2月8日对全市墒情进行了加测，发布旱情信息，提出农业生产建议；2月21～22日、3月15、17日深入榆中、永登、七里河区等地了解土壤墒情、顶凌覆膜、春播备耕、设施农业建设、人畜饮水工程建设等情况，为全市抗旱工作提供了决策依据。

人工影响天气。开展人工增雨

兰州市气象灾害防御工程开工典礼

作业，作业27(点)次，发射WR-98增雨火箭117枚。防雹作业225(点)次，发射炮弹2164发。完成47部防雹高炮的年检，5月1日所有作业设备和人员进点。和兰空、民航协调完成2010年作业空域审批工作。

【重点工作】　创先争优活动。12月7日，中国气象局局长郑国光、市委书记陆武成到榆中县局调研创先争优活动。省委常委、市委书记陆武成要求全市各级气象部门在创先争优活动中结合“十二五”规划的制定，加强气象现代化建设，全面做好防灾减灾服务，榆中基准气候站的建设要瞄准一流台站的标准搞好规划，打造成全省气象部门的示范窗口、气象科普基地和气象公园，为兰州市率先跨越发展提供气象保障。

气象灾害防御工程建设。建成雨情观测点107个(新建24个)，乡镇覆盖率达100%，墒情观测点24个，涵盖了全市主要粮食生产和瓜果蔬菜种植区，对干旱、冰雹、洪涝、低温冻害等农业气象灾害能够做到及时监测。全市共建气象信息电子显示屏95个，其中市区30块、榆中26块、皋兰10块、永登21块，乡镇覆盖率达100%，自筹资金购置室内电子显示屏8块，安装在市委、市人大、市政府、市政协和重点农业单位的领导办公室,为各级领导提供预警预报和天气实况。

业务系统建设。以公共气象服务能力建设为核心，以现代气象业务体系建设为重点，以业务实际应用为需求，以人才培养为基础，坚持自主开发，引进新的预报方法和应用先进的软件技术，开发完善兰州市综合业务平台。农业气象服务和农村气象灾害防御两个体系建设进展顺利。率先完成《永登县气象灾害防御规划》，在全省起到示范、带动作用。《兰州市城市气象服务建设方案》通过省气象局审核。在第四届甘肃省气象服务业务技术竞赛中荣获电子显示屏维修第一名、团体第三名。

制定《兰州市低温雨雪冰冻气象灾害应急预案》。通过市政府第四次常务会议的审定。与兰州市防汛办、国土局、水利局、农牧局、林业局、南北两山指挥部、教育局、园林局等19个单位签订兰州市气象灾情信息共享工作协议书，开发兰州市气象灾害信息应急共享平台。兰州市气象灾害防御工程建设项目通过专家论证、项目评审、图纸审核，于12月8日顺利开工建设。

【气象法制建设】　建立健全气象行政执法机构和执法机制，履行社会管理职能。完成施放气球活动行政许可160次，行政执法检查142次，发出责令停止违法行为通知书2份，对19个《施放气球资质证》、77个《资格证》进行年检，开展气象法律法规、气象知识的普及宣传活动3次。

(詹玉辉)

地　　震

【概况】　2010年全球地质灾害频发，全国自然灾害形势呈现出“重大灾害频繁发生，灾害损失巨大”。兰州市地震局面对严峻形势始终坚持“预防为主、防御与救助相结合”的方针，以全面提高综合防御能力为目标，以建立健全防震减灾三大工作体系为主线，狠抓监测预报、震害防御和应急救援工作。在三大体系建设与防震减灾宣传工作中创新工作思路，有效地促进了防震减灾工作的开展，提高了全市综合减灾能力。坚持震情会商制度，加强地震监测台网和宏观观测网络的维护与管理，落实宏观异常，排除地震前兆现象，加强区域合作，提高地震速报精度和地震监测能力。健全法规、依法行政，规范建设工程抗震设防要求审批工作。重新修订《兰州市建设工程地震安全性评价和抗震设防要求管理规定》，参与全市中小学校舍安全情况排查，做好全市地震安全农居示范工程摸底调查，加强安评单位资质备案管理。做好地震应急准备和保障工作，提高地震基础应急救援能力，加强地震应急管理工作，强化地震应急救援志愿者队伍建设，组织必要的地震应急实战演练，完善地震应急指挥平台和基础信息平台功能建设。开展防震减灾科普知识宣传，增强市民防震减灾意识，继续做好防震减灾的常规宣传，举办防震减灾各级各类培训班，加强中小学防震减灾宣传教育，重新编纂出版《兰州市地震志》，完成了市志办安排的二轮修志任务。充分发挥国家科普教育基地——兰州市地震博物馆的宣传阵地作用。狠抓重点项目建设，启动兰州防灾减灾主题公园、榆中兴隆山中心监测台站和防震减灾培训中心建设，夯实防震减灾事业发展基础。

【震情会商预报】　2010年，紧紧围绕震情开展各项工作，在坚持周会商、月会商的前提下，认真组织了年中、年终地震趋势会商会，撰写了兰州市2010年度震情趋势分析报告，形成2011年度震情趋势会商意见，对兰州市及全省地震活动情况进行研判。坚持地震宏观异常、微观异常及时上报，无异常零报告制度，全年完成周会商45次，月会商12次，编发月震情会商意见12期，紧急会商意见1期。

【台网建设】　加强地震监测台网和宏观观测网络的维护与管理。一

是对全市4个地震监测台站运行情况进行全面检查维护，确保资料信息传输稳定。二是完成全市60个地震宏观观测点的运行检查和资料收集工作，重新制作标识牌，对所有监测台站和观测点实行统一标识。同时更新确定了"三网一员"的观测员名单，对所有观测员进行电话联系确认，对因年龄等问题不能继续履行观测职责的人员予以撤换。三是将全市所有地震监测设施及保护范围向市城乡规划局、国土资源局进行备案，并与市国土资源局、建设局联合下发《关于将地震监测设施和地震观测环境保护纳入土地利用总体规划及城乡规划的通知》，切实做到依法保护地震监测设施和地震观测环境。四是启动全市地震监测台网规划编制工作。完成监测中心网络系统优化方案，组织相关技术人员进行网络系统知识培训，进一步提高地震监测信息化水平。完成全市三个电磁扰动数据的共享，为今后实现省、市、县地震数据共享奠定了基础。

落实宏观异常，排除地震前兆现象。在青海玉树地震期间，兰州市地震局加强宏观观测力度，在收到永登县河桥镇观测点、榆中县高崖乡观测点、榆中县新营乡观测点上报的井水水位异常现象后，立刻赶往观测点进行调查，经综合分析研究，认为井水水位下降原因系2010年春旱所致，排除了地震前兆异常，并及时对附近居民做了解释说明，避免了群众的恐慌情绪和地震谣传的发生，保证了正常的生产和生活秩序。

加强区域合作，提高地震速报精度和地震监测能力。按照兰州、白银两市防震减灾工作合作框架协议，兰州市地震局选派专业技术人员多次赴白银、景泰等地进行台址勘选，通过对当地供电、交通、网络等环境因素的考察以及持续近24小时不间断的地脉动测试分析，完成在白银市境内新增测震子台站的初步选址定位工作，完成了台址勘选报告。

【抗震设防管理】 2010年，兰州市地震局健全法规、依法行政，推进建设工程抗震设防要求监管工作。加强和规范建设工程抗震设防要求审批工作。按照市政府政务大厅要求，兰州市地震局根据防震减灾法律法规新规定，对项目审批流程进行了梳理和流程优化再造，办结时限进一步压缩。根据《甘肃省地震安全性评价管理条例》规定，2010年兰州市地震局窗口新增一项地震安全性评价建设工程竣工验收审批环节，参与地震安全性评价建设工程的竣工验收，同时在2010年开展的全市抗震设防要求执法专项检查中，将此项工作列为重点检查项目，严把审查关。截至11月底，全市共受理审批建设工程抗震设防要求项目135项，其中各县区共35项。

重新修订《兰州市建设工程地震安全性评价和抗震设防要求管理规定》。为了进一步增加原《规定》的可操作性，维护法律的权威性，兰州市地震局组织专人调研、整理，在2005年颁布的《规定》基础上，对其进行了再修订，并于2010年4月27日通过市政府常务会审议，以2010年3号市长令发布施行。该规章对兰州市地震安评工程范围、审批流程、监督管理职能做了新的补充和强化，对加强审批管理，展现地震部门形象，提高兰州市抗震设防能力具有重大现实意义。

积极参与全市中小学校舍安全情况排查。按照市中小学校舍安全工程领导小组统一部署安排，兰州市地震局在人员少、时间紧、任务重的情况下，抽调震防处负责人及技术骨干，积极参与全市校舍安全工程排查工作，确定新建和加固改造校舍的抗震设防要求，帮助指导全市中小学校开展防震减灾知识普及教育，地震应急避险，自救互救培训和演练，为推进全市校舍安全工作发挥了重要的作用。

做好兰州市地震安全农居示范工程摸底调查。为了全面掌握兰州市地震安全农居工程开展情况，保障城乡居民住房安全，兰州市地震局对全市现有地震安全农居示范工程进行了摸查。据统计，全市现共有示范点15个，示范户数1868户，本年度新增示范点3个。全年共举办地震安全农居工程培训班9次，发放各类工程宣传资料19600余份。

加强安评单位资质备案管理。兰州市地震局下发了《关于加强地震安全性评价管理的通知》，严格要求全市安评单位进行资质备案，全面加强从业单位的管理，进一步规范地震安评市场，加大对地震安全性评价报告的评审力度，提高了地震安全性评价质量。

【地震应急工作】 2010年，兰州市地震局做好地震应急准备和保障工作，提高地震基础应急救援能力。加强地震应急管理工作。一是下发了《关于加强地震应急预案管理工作的意见》，推进兰州市各级各类地震应急预案规范化，保障应急预案的科学性和有效性，全年兰州市地震局共补充、收录、备案地震应急预案9类215件，督促县区收录备案地震专项应急预案123件；二是加强和规范了全市地震应急避险场所的管理和使用。兰州市地震局下发了《关于加强地震应急

避险场所管理的通知》，对全市3县5区47处地震应急避险场所重新登记电子档案，及时掌握使用情况，做好备案管理，并对26处避险场所出现锈蚀、损坏的94块避险标识牌进行维修，切实保证了标识牌的指示引导作用。

强化地震应急救援志愿者队伍建设。兰州市地震局在2009年西固区组建地震应急救援志愿者队伍建设试点工作成功经验的基础上，下发了《兰州市地震应急救援志愿者队伍建设实施方案》。在《实施方案》的指导下，城关区建成了天庆嘉园地震安全示范社区、安宁区成立了百余人的地震应急救援志愿者队伍、各县区对志愿者分别进行了地震应急救援专题培训。兰州市地震局先后为全市400名地震应急救援志愿者配备了应急挎包、应急服装、志愿者徽章等必要的应急装备等，通过以上举措，将兰州市地震应急工作深入到基层和社区，切实提高市民的自救互救能力。

组织必要的地震应急实战演练。一是兰州市地震局在“校园安全日”联合市教育局、市消防支队等多家单位在兰炼二校举行了地震、消防应急疏散示范演练，市领导与全市一百余所学校的校长莅临现场观摩，起到了很好的教育作用。通过演练进一步对兰州市地震应预案进行了修订与完善，切实增强了可操作性。二是组建了玉树地震现场工作队赴地震灾区收集第一手地震现场资料，完成预期考察任务，检验了地震现场工作经验，提高了现场工作能力。三是积极参加甘肃省预备役炮兵指挥部队举行的地震应急救援分队集训，兰州市地震局两名业务骨干作为专家成员参加了集训，并在集训中认真观摩生命探测、顶升、破拆、搜救等科目的现场模拟演练，从专业技术层面对演练进行了指导，受到了普遍认可。

完善地震应急指挥平台和基础信息平台功能建设。兰州市地震局对地震应急基础数据库进行了补充和完善，加快县区视频会议系统安装调试与设备配备工作，目前全市3县5区地震部门已全部实现地震信息系统互联互通、信息共享，为高效进行地震应急指挥、协调创造了条件。

兰白防震减灾合作协议签约现场

【防震减灾科普知识宣传】 2010年，兰州市地震局以宣传新修订的《兰州市建设工程地震安全性评价和抗震设防要求管理规定》为突破口，依托防灾减灾日、全国科普活动日、科技活动周、五五普法、“12·4”法制宣传日等常规宣传日，积极推进防震减灾法律、科普知识进校园、进社区，通过发放自行编印的防震减灾系列宣传挂图、《防震减灾》杂志、防震减灾科普知识光盘方式，大力宣传防震减灾科普知识。借助市委党校培训班、开设培训班等形式，开展《防震减灾法》《中华人民共和国突发事件应对法》《兰州市地震应急预案》等法律法规专题培训，广泛宣传新修订《规定》及《防震减灾法》具体内容及现实意义，切实提高地震系统工作人员和机关干部应对突发事件的能力，将防震减灾法律法规真正落实到具体工作中去。同时充分运用广播、报刊、网站等新闻媒体进行立体宣传、联动宣传，努力提高社会公众的防震减灾法制意识，营造依法行政的良好氛围。

举办防震减灾各级各类培训班。兰州市地震局2010年先后开展了防震减灾科普示范学校培训班、地震应急志愿者培训班、地震应急工作培训班、防震减灾法制工作培训班等多班次、多类别的专题培训班。培训范围从学校、机关到社区、街道，覆盖面广，指导性强，以点带面的推动全市防震减灾科普宣传工作的开展，对提高全社会的防震减灾意识起到积极作用。

加强中小学防震减灾宣传教育。年初，兰州市地震局会同市教育局联合下发了《关于在全市中小学校开展地震科普知识宣传教育活动的通知》，并与市属中小学及县区教育局签订了防震减灾宣传教育

目标责任书，明确将防震减灾宣传教育列入学校的教学计划，保证了应有的教学课时与实践活动。年底，兰州市地震局与市教育局等多家单位对全市百余所市属学校和民办学校开展校园安全大检查。重点检查了地震应急预案、防震减灾宣传教育和应急疏散演练等内容，针对校园中存在的安全隐患，提出了具有操作性的解决建议。

重新编纂出版《兰州市地震志》。为了更加完整充分地反映兰州市20年来防震减灾事业的发展变化，展现防震减灾工作近20年的历史风貌，根据市地方志编纂委员会关于第二轮修志的规划要求，兰州市地震局组织人员续编了1991年至2010年的《兰州市地震志》。通过寻访老领导、查找相关资料，现已完成编撰审定任务，正交付出版印刷。新的《兰州市地震志》内容包括地震地质、市县两级地震工作机构沿革、台站建设、科技成果、地震灾害、兰州历史地震和现代地震目录等丰富内容，为兰州市防震减灾工作可持续发展留下了珍贵的文字、数据和图片资料。

充分发挥国家科普教育基地——兰州市地震博物馆的宣传阵地作用。为了进一步丰富宣传教育内容，展示兰州市在抗震设防管理方面取得的成就，增强公众对抗震设防知识的了解，在地震博物馆建设了抗震设防分馆。经过多方论证，制定了抗震设防分馆布展方案，并进行了大量的文物史料收集工作。目前，该项目已基本完成土建施工，馆内正在积极布展，争取早日向公众开放。

【兰州防灾减灾主题公园】 3月22日，市政府常务会议同意建设兰州防灾减灾主题公园，明确指出其规划设计要体现文化设施和青少年科技教育基地兼备的功能效果。建设资金从争取国家和省上资金支持、市区各类资金整合等多渠道筹措，资金缺额由市财政兜底，尽快做好项目规划建设工作。预计项目总投资2.3亿，总占地面积约296亩，初步考虑项目分三期实施，一期建设主体建筑——公共安全馆，二期建设主题公园中心广场，三期建设公共安全培训中心及灾害应急演练基地等。截至2010年底，兰州市地震局已委托甘肃省建筑设计研究院、甘肃省冶金设计院等多家拥有甲级资质的设计单位编制完成了《兰州防灾减灾主题公园总体规划》《公共安全体验中心建筑设计方案》《兰州防灾减灾主题公园项目可行性研究报告》等说明性材料，完成了《项目选址意见书》《环评报告》《拐点测绘》《供电供水证明》等一系列项目评审手续，后续评审手续正在积极申办中。

【防震减灾重点事业建设】 榆中兴隆山中心监测台站建设：为了能进一步及时捕捉兰州及边邻地区的震前信息，提高全市地震分析预报水平，兰州市地震局于2010年3月份开工建设集测震、形变、电磁、水化等多种观测手段于一体的综合性地震观测台站——榆中兴隆山中心监测台站。建成后将优化全市地震监测网络布局，弥补兰州市前兆手段的不足，有利于及时捕捉兰州及边邻地区的震前信息，进行综合分析，对于提高全市乃至全省地震分析预报水平起到积极作用。该项目现已基本完成土建工程，下一步将按照财政招标程序，采购监测设备，进行架设调试工作。

防震减灾培训中心建设工作：2009年兰州市地震局申请在榆中县建立了兰州兴隆山活断层研究基地，经过2010年的土建施工，其基础设施已能初步满足50人的学习培训任务。兰州市地震局依托该研究基地，进一步扩大培训规模，提高培训水平，成立了兰州市防震减灾培训中心。2010年底，该项目土建工程基本完成，待完善室内培训教学设施后即可投入使用，建成后可接待与防震减灾工作相关的学习培训、承办与防震减灾工作相关的各类会议，对促进兰州市防震减灾科研工作起到积极作用。

防震减灾“十二五”规划的编制工作：2010年是“十一五”规划的最后一年，也是抓紧编制“十二五”规划的关键一年。兰州市地震局多次召开编制“十二五”规划技术研讨会，从规划理念、定位、体系、内容、程序上对编制工作进行了部署。2010年底，兰州市《防震减灾十二五规划》已初步完成，正在与市发改委积极衔接，力争列入兰州市“十二五”专项规划当中。

（张　捷）

文广·新闻·卫生·体育

文化广播影视

【概况】 2010年，兰州市文化出版局和兰州市广播电影电视局合并，成立兰州市文化广播影视新闻出版局，是市政府主管全市文化艺术、广播影视、新闻出版、文化遗产保护、文化市场和文化产业的职能部门。按照新的职能设置12个内设机构，即办公室、艺术处、社会文化处、农村文化处、“扫黄打非”办、文化市场管理处、出版版权管理处、传媒机构管理处、网络视听节目管理处、技术处、计划财务处、人事处。下设9个直属单位，即图书馆、博物馆、文化馆、画院、文化发展研究中心、“八办”纪念馆、文物局、文化市场行政执法支队和兰州大剧院。目前，共有人员783人，其中专业技术人员453人，占58%；拥有高级职称82人，占现有人员的10.5%；中级职称168人，占21.4%；初级职称203人，占25.9%。

兰州市文化广播影视新闻出版局认真贯彻党的十七届四中、五中全会精神，紧紧围绕“文化兰州”发展战略和年初确定的各项重点工作，繁荣文艺创作演出，加快完善公共文化服务体系，大力开展群众文化活动，积极推进文化遗产保护，不断强化文化市场管理，稳步发展广播电视事业，解放思想，开拓进取，抢抓机遇，扎实工作，各项工作取得了新的进步，较好地完成了全年各项目标任务，为全市经济和社会各项事业发展提供了强有力的文化支撑。

【创新繁荣发展】 围绕“文化兰州”建设目标，开展形式多样的文化活动，以加大加快文化设施建设为重点，努力完善兰州市公共文化服务体系，推动文化事业的繁荣发展。春节期间，举办了首届“舞台精品奉献社会”新年演出月活动，舞剧《大梦敦煌》、秦剧《曹操与杨修》、2010年新年音乐会、“校园音乐厅”——兰州市学生音乐教育普及工程等4台节目在为期一个月的时间内演出15场，组织兰州市部分低保人员、环卫工人、农民工、在校学生、公交一线职工、交警和乡镇街道工作人员等普通市民免费观看，首次实现了“文化精品社会共享”。

在金城关、五泉山公园、隍庙、东方红广场等地成功举办了第八届春节文化庙会。本届文化庙会由开、闭幕式暨新春社火精品大展示，社火表演、第二届兰州秦腔班社大叫板、第26届迎春灯谜竞猜、第六届迎春笔会、民间工艺品展销等内容组成，共举办各种文化活动114场次，参演群众5000余人次，吸引观众100万人次。在春节文化庙会的带动下，各县区、乡镇和社区因地制宜，开展了具有地方特色的春节文化活动，春节文化活动连片带面，丰富了群众的节日文化生活。2010年，兰州市春节文化活动获国家文化部评选为全国第十五届项目类“群星奖”。

在金城大剧院、兰州美术馆、市非物质文化遗产陈列馆、水车博览园、近水广场西侧、亲水台、百合公园和各县区部分乡镇举办了第三届兰州农民艺术节暨第九届黄河风情文化周活动。举行了开闭幕式、全市农民文艺汇演、农民美术作品展、兰州市第六届非遗保护成果大展示、全市农村文化建设工作经验交流会暨第三届乡镇文化站长培训班、优秀农村题材影片展映等大型活动，参演的剧(节)目多达200多个，演出达60场次，展出作品300余幅，放映电影100部，参加活动的城乡群众总人数超过

100万人次。这些节目和作品不仅代表了城乡群众文化艺术发展的水平，也是城乡优秀艺术作品的大展示、大汇聚、大呈现。黄河风情文化周活动被中国群文学会、文化报社评为“全国特色群众文化活动”和“全国首届群文品牌”。

在上海成功举办了世博会“兰州文化周”活动。国家舞台精品剧目《大梦敦煌》、交响乐《丝路经典音乐会》、秦剧《曹操与杨修》、《大河魂》美术作品展、国家级非遗项目兰州太平鼓、永登高高跷等精品节目在上海世博园内、上海大剧院、上海音乐厅、上海东方艺术中心、刘海粟美术馆等地进行演出、展示，数百万观众观摩观看，首都各大媒体进行了深度报道。此次活动创新性地扩大了兰州的对外宣传，把兰州文化的影响力辐射到全国乃至世界，使兰州市文化艺术展演迈上了一个新台阶。

应波兰共和国艾尔克市政府和文化艺术中心的邀请，2010年6月22日—28日，兰州市文化馆群星舞蹈团首次走出国门，参加了在波兰艾尔克市举行的“彩虹”国际民间艺术节文化交流活动。演出了极具浓郁中国元素和地域特色的精彩节目，让当地市民朋友和来自世界各地的艺术同行领略了中国兰州民族民间舞蹈和戏曲绝活的艺术魅力，获得了主办方授予的“群星大奖”。

9月29日至10月6日开展了庆祝国庆61周年暨第二届兰州社区艺术节大型系列文化活动。活动期间，举办了第八届群众舞蹈大赛、第六届群众戏曲票友大赛、第七届群众书画笔会、第二届少儿艺术比赛等11项活动。参加活动的剧(节)目多达200个，演出达50场次，创作作品300余幅，参加活动的演职人员达2000余人次，吸引城乡群众达20余万人次。

【文艺团体】 大力开展文艺演出和文化下乡活动，实现了艺术创作演出的繁荣发展。新创剧目1台，新编排剧(节)目5台；院团演出909场次，实现演出收入1215万元，其中下基层、农村演出场次超过50%。

新创排了现代秦腔剧《黎秀芳》，5月11日在北京梅兰芳大剧院首演，受到国家卫生部领导和首都观众的普遍好评；修改复排了大型舞蹈诗《西出阳关》；遵照刘云山部长“扭住《大梦敦煌》不放”的精神，排练了《大梦敦煌》加大版；积极参与演出兰洽会开幕式文艺晚会、甘肃省迎国庆晚会等大型综艺晚会，集中力量创作了一台精品歌舞晚会。

兰州大剧院总计演出631场次。歌舞剧院《大梦敦煌》演出46场，《综艺晚会》演出27场，《大梦敦煌》剧组先后获得文化部、省委省政府各100万元的奖励；交响乐团演出音乐会38场；戏曲剧院秦剧《曹操与杨修》演出7场，《秦腔专场》演出141场，《综艺节目》演出211场，《黎秀芳》演出3场；金城大剧院对外租场158场。兰州剧院电影放映2398场。

文化馆总计演出278场次。举办了第四届中老年广场舞大赛、第七届“都市妈妈”健身操(舞)大赛、第八届“兰州·什川之春”旅游节文艺演出等广场文化活动。开展“文化融入千万家，共建和谐新农村”送文化下乡活动，为兰州市5个县区的群众送去舞蹈、秦腔折子戏、豫剧清唱、杂技等喜闻乐见的文艺节目。

兰州市图书馆晋升为省会城市一级图书馆，年接待读者50多万人次，举办公益性“读者报告会”50多期。

【公共文化服务体系建设】 加强文化工作骨干培训。举办全市农村文化工作骨干培训班，对6个县区的58位基层乡镇综合文化站骨干进行集中培训，为首次聘任的9名乡镇文化站站长颁发奖牌和聘书。举办全市社区文化骨干舞蹈培训班，邀请专家学者授课，组织20多名学员赴北京舞蹈学院进行观摩学习。

大力实施文化惠民工程。新建成8个乡镇综合文化站和173家农家书屋。完成农村社区放映电影1.1万余场，观众达124余万人次。开展图书漂流活动，新建10所关爱农民工子女爱心图书流动站，向皋兰、红古、榆中等县区和农民工子女图书流动站赠送了价值37.7万元的图书。

举办了主题为“沐浴书香，传承文明”的第六届兰州读书节，丰富公共文化服务内涵。开展名著故事讲演比赛、“好书引领我成长”作文竞赛等10大主题活动，观众人数达百万人次。市博物馆举办各类展览35个，接待观众23万人次。“八办”纪念馆在长时间闭馆改建的情况下接待观众8万人次。兰州市美术馆、兰州画院全年举办各类书画展12个，做到了月月有展览，并在上海刘海粟美术馆举办了“大河魂·兰州画院美术作品展”，在庆阳等地举办了“兰州及周边城市美术作品精品展”。

【市场监管】 始终坚持“一手抓繁荣，一手抓监管”的方针，着力加强基础管理，探索建立了“一证一牌”管理制度，形成了专项治理、日常巡查、技术监控、行业自律与社会监督的管理模式。继续加大文化市场专项整治力度，适时组织开展网络文化市场专项整治、校园周边文化环境专项整治、娱乐市场专项检查、打击非法出版物、淫秽色情及低俗信息“线下”传播专项治理等专项治理行动，有效净化了社会文化环境，促进了兰州市文化市场的健康发展。2010年，州市文化广播影视新闻出版局累计出动执法检查人员9800余人次，出动执法车辆3700余台次，查处纠正各类违法违规经营行为6450余次，检查各类文化市场经营场所12600余家次，取缔“游商”1800余家次，检查货运单位97家次，查缴各类非法出版物72万余册张盘。全年破获各类重大案件76起。共办理群众举报、市长热线、政协提案426起，回复率100%。

【文化遗产保护】 开展兰州市第三次全国文物普查实地调查阶段的工作，顺利通过省级验收。2009年3月，兰州市文物普查实地调查工作全面结束，共发现各类文物遗存922处，消失文物点196处，普查新发现384处，约占兰州市文物遗存总数的42%。填写普查登记表922份，拍摄照片5230张，采集GPS测点4240条，采集标本7100余件，绘制各类图纸896份；普查区域范围为全市八县区117个乡（镇），937个行政村（社区），自然村，普查到达率、覆盖率100%。全面完成“兰州国学馆”建设任务，于7月16日对社会开放。积极配合相关单位做好金天观、兰州府城隍庙抢救维修相关工作，五泉山古建筑群、白塔山古建筑群维修整治工作，黄河铁桥加固维修、兴远寺异地保护等相关工作，使兰州市历史文化遗存保护工作上了一个新台阶。成立兰州市非物质文化遗产保护中心，建立健全了非物质文化遗产保护制度和保护体系，确认了一批非遗保护项目传承人，建成了兰州太平鼓、黄河大水车、兰州高高跷三个国家级非遗项目保护基地。开展世界银行贷款项目《青城非物质文化遗产保护研究》工作，完成了《青城古镇非物质文化遗产概览》《青城水烟》《青城书院》《高家祠堂》《青城小调》等5部专著，共计70余万字。

【广播影视监管】 坚持正确舆论导向，不断提高节目监管力度，加强对广播影视宣传工作的监管。加强节目评议建设，督导各县区和市总台完成了突发事件宣传报道应急预案的整理完善，并向省局上报了有关调研报告。精心组织了2009年度全市优秀广播电视节目奖的评选，共评出特别节目奖1件、一等奖21件，二等奖27件，三等奖37件。在组织评奖的基础上，向省局推荐广播电视节目及新闻稿件、广播电视论文97件，共获得一等奖7件，二等奖12件，三等奖13件，获奖数居全省各市州第一。

积极推进安全播出工作由重点防范向安全运行转变，指导各广播电视播出传输机构完善安全播出指挥监测系统、安全播出保障机制和安全播出防范措施。健全完善应对非法攻击破坏、重大技术事故和重大自然灾害的安全运行保障体系，增强了监测防范、果断处置问题的能力。年内未发生广播电视播出事故和安全事故。认真完成全市广播电视播出传输机构的年检工作。对市级以下的28家播出机构、4家传输机构实地逐一进行了检查，对不合格的2家企事业单位播出机构取消资格，对5家播出许可证到期的市县级播出机构换发了新证。

抓好“村村通”工程，第一阶段第二批直播卫星接收设备建设任务已全部完成，其中城关区1个村120户、西固区24个村317户、永登县257个村14138户、皋兰县216个村10139户。同时，组织对第一批已建的470个村16406户直播卫星接收设备进行验收，全部达标，并在报纸上进行公示。

【重点项目建设】 在金城关文化风情区建成中国秦腔博物馆、兰州非物质文化遗产陈列馆，在九州台风景区建成“兰州国学馆”。相继于2010年1月、7月对社会开放。建成的“三馆”采用实物陈列、场景复原、数字化多媒体等现代化手段，集展示展演、传承保护、发展研究等功能为一体，多视觉、全方位地呈现兰州非物质文化

查处侵权盗版及非法出版物集中处理活动

遗产。自“三馆”开放以来，先后有30多万观众走进“三馆”，品味古老秦腔、感受传统非遗、领略深厚国学，受到社会各界的广泛好评，在全省乃至全国都引起强烈反响，目前“三馆”已成为兰州市对外展示特色文化的窗口。

兰州八路军办事处旧址景区基础设施建设被列入2004—2010年全国红色旅游发展规划纲要的重点项目。自2010年6月开工建设以来进展顺利，已完成地下一层展厅建设和地上三层主体，计划于2011年9月建成开馆。

开展金城关兰州创意文化产业园（博物馆群）项目前期规划等工作。目前已完成兰州创意文化产业园建设规划文本。金城关兰州创意文化产业园项目内容包括展览馆、收藏艺术馆、陈列馆、城市体验馆、动感电影院、商业服务用房及步行街景观等。园区内现有的金城山庄等宾馆服务设施和中国秦腔博物馆、兰州非遗陈列馆已建成，并对外开放。金城关兰州创意文化产业园项目计划用5年时间完成（2011—2015年），分三期组织实施。

【队伍建设】 全面完成机构改革任务，科学设置了内设机构和职能处室，合理调配了工作人员，按期完成财产档案移交和公室用房调整，确保了机构改革的平稳过渡和各项工作的正常开展。紧紧围绕学习实践科学发展观这一主线，以机构改革为契机，加强政治思想教育、党风廉政建设和作风效能建设，突出重点，健全机制，创新载体，激发活力，为推动文化广电事业的繁荣发展提供了有力的组织保证和人才支持。

积极开展机关效能建设，以“为民、务实、廉洁、高效”为要求，认真查找、着力整改机关存在的突出问题，健全完善机关内部管理各项制度，规范工作流程和办公秩序，转变机关作风，提高行政效能。

认真开展学习贯彻国务院办公厅《关于进一步支持甘肃经济社会发展的若干意见》活动。局党组先后三次召开中心组学习扩大会议，集体学习国务院办公厅《意见》和市委市政府《贯彻意见》，听取局属各部门各单位贯彻落实情况的汇报，在反复讨论研究的基础上制定了兰州市文化广播影视新闻出版局贯彻落实国务院办公厅《意见》的具体实施方案。

认真落实党风廉政建设责任制，建立健全廉政建设各项制度和反腐败惩防体系，通过党风廉政建设责任制、开展行风评议、加强效能建设、推行党务政务公开和创先争优等活动，改进机关作风、增强服务意识、提高队伍整体素质，推动文广系统各项工作的发展。配合兰州市有关部门完成了创建全国文明城市、社会治安综合治理、计划生育、人大政协议案提案办理、市长专线办理、消防安全管理等各项重点工作，受到有关部门的好评。

（刘彦婷）

兰州日报晚报

【概况】 2010年，报社按照“提振士气、办好报网、破解难题、化解矛盾、加快发展”的思路，在坚持正确的舆论导向，抓实报业经营的基础上，理清了思路、统一了思想，理顺了体制、提振了士气，打赢了官司、挽回了声誉，化解了矛盾、扭转了颓势，启动了基建、稳定了人心，购买了三金、赢得了支持，历史性地实现“三升三降”（即：新闻宣传质量提升、经营创收收益提升、职工收入提升和印刷成本下降、经营债务下降、职工信访下降）的好局面。

【新闻宣传】 报社“五报一网”牢牢把握正确的舆论导向，进一步把提升新闻宣传水平、提高报网质量作为宣传工作的着力点。抓大事、办实事、解难事，坚持唱响主旋律，打好主动仗，落实“三贴近”原则，新闻宣传工作成效显著、亮点突出。明确了全面提高报网质量的战略目标，并在充分调研的基础上，提出了“内容为主、有效传播”的理念和各报网解决具体质量问题的意见，办报质量有效提升，为下一步打造新兴城市党报和品牌都市类报纸奠定了基础。

围绕市委十一届六次全委会及兰州市经济工作会议提出“打好六大战役　实现六个突破”的工作部署，日报、晚报和新闻网采取解读、评论、开设专栏、组织系列报道等多种报道手段，掀起学习和宣传的热潮。《兰州日报》积极创新，开设了“两会观察”“热点话题”“提案方案选萃”等栏目，做了大量策划性的报道。《兰州晚报》则充分发挥版面多、影响力大的优势，抓好动态报道、侧重民生内容，编发了上百篇有影响力的稿件。

国务院办公厅下发《关于进一步支持甘肃经济社会发展若干意见》后，报社按照市委宣传部的安排，精心组织，各报网协调配合，形成同频共振的宣传强势。《兰州日报》开设了“贯彻国办《意见》加快兰州发展”栏目，推出系列评论6篇，刊发《国办〈意见〉引起市民强烈反响》《让中央的好政策真正惠及于民》等有份量的报道；《兰州晚报》在重点解读《意见》、进行新闻背景分析的同时，开设“贯彻国办意见促进陇原发展”栏目，采取密集报道和深度报道的方式，10天内投入20多个版次，刊发了几十篇有深度、有力度、有见地的新闻报道，使国办《意见》的宣传不断深入。

市委十一届八次全委(扩大)会议提出了“再造兰州”的战略目标，《兰州日报》在刊发全委会闭幕消息的同时配发评论员文章《“再造兰州”战略目标振奋人心》，对“再造兰州”进行了深入的分析和阐述。同时刊发了《开发秦王川 再造新城区——“再造兰州”战略解读》，高密度、多点位地让读者充分了解这一重大战略决策。《兰州晚报》专门成立报道领导小组，总编辑亲自挂帅，开辟专版，从新区规划方案面向国际征集、新区的变化、新区土地储备、道路规划、兰州党政机关赴外地考察新区建设等方面展开报道。在短短20多天里，用全方位、多角度的详细解读使新区建设家喻户晓。这些报道充分体现晚报特色，注重可读性，为新区建设鼓与呼，取得了较好的宣传效果。除对新区建设进行不间断的动态报道外，两报还专门开设了“学习全委会议精神 实施再造兰州战略”栏目，请各区县、各职能部门的主要负责人畅谈各单位和部门在这一战略中的任务和定位。一系列密集性、多层面的新闻报道。作为“再造兰州”战略的核心内容，秦王川承载了兰州未来发展的希望，很多兰州市民对这片广袤的土地知之甚少。针对这种情况《兰州日报》开辟了“走进秦王川 感受新兰州”栏目，让记者用双眼双脚去感受秦王川，经过深入采访，写出了《引来“天堂水” 连通“航空城”》《产业升级转型带动秦王川跨越式发展》《新契机！秦王川再踏发展之路》《变革思路 秦王川在时代感召下前行》等报道，让读者全面地了解这片热土的前世今生，对“新兰州”有了更加具体生动的认识。

9月5日，陆武成书记在全市领导干部大会上要求奋战100天，确保当年各项目标全面完成，市政府常务会议也作出安排部署，在全市开展“百日会战抓落实百日攻坚抓项目”活动。为配合中共兰州市委、市政府这一重要举措，日报在“双百”活动启动消息发布当日，即配发评论员文章《统一思想 扎实有效开展“双百”活动》，同时在一版开辟“百日会战抓落实 百日攻坚抓项目”专栏，推出了《城关区率先吹响项目攻坚百日会战号角》的动态报道，版面既有评论文章的深入解读，又有一线行动的及时报道，形成了宣传强势。之后又连续发表三篇评论员文章，同时分派记者深入县区基层、项目一线及各职能部门，采访“双百”活动进展情况，持续性、大规模地进行宣传报道。

全年两报倾力于策划组织大型报道，收到了良好的宣传效果。年初《兰州日报》推出的“兰白都市经济圈”的系列报道，先后刊发了《经济圈建设将给百姓生活带来改变》《经济圈建设两市要发挥各自优势》，从百姓生活到宏观经济，多角度、多层次地阐述兰白经济圈的意义和前景。同时，先后组织了四个理论专版，集中邀请省市主管领导和专家刊发解读性文章，满足读者对“兰白都市经济圈”从概念到政策解疑释惑的需求。

2月，兰州市城区污水全收集全处理项目全面启动。由于兰州特殊的地理条件，施工不可避免地会对交通带来一定的压力。如何让广大市民正确看待这项工程对兰州长远发展和民生质量提升的重要意义，就成为主流媒体责无旁贷的工作。《兰州日报》《兰州晚报》从工程启动之前就积极介入，对项目的重要意义、有关规划及远景目标等展开全面报道。伴随工程的开始又在主要版面上开辟了“管网建设前沿”“管网建设面面观”“每日工程进度及交通安全提示”等栏目，采取消息、评论、讨论、系列报道、典型报道等多种手法，全方位、多角度、多层次地开展系列主题报道，追踪各个施工所涉及的路段，对施工计划、措施、进度进行客观详尽、现场感强的报道，提高了宣传的效力。

3月9日晚，兰州市发生一起持枪袭警案，兰州特警窦勇在抓捕持枪嫌犯时英勇牺牲，此案震惊金城。《兰州晚报》在第一时间报道了这一震惊陇原的大案，是最早报道这一大案的兰州媒体之一。当天的报道既有案发后的新闻目击，又有新闻通报会的具体内容。在及时跟进、动态报道的同时，还深入采访窦勇的战友、同事、亲人，将铁血男儿的侠骨柔肠全面展示给读者，塑造了一个有血有肉、真实生动的英雄形象。

舟曲特大泥石流灾害和青海玉树发生地震后，《兰州晚报》记者第一时间随救援队抵达灾区，在救灾抗灾现场，克服高原反应、无后勤保障、通讯不畅等困难，撰写大批独家新闻报道，对灾情、救援等读者关注的问题进行了真实反映。晚报与市红十字会等单位联合发起爱心捐款活动，募集的救灾款物百万元，体现了新闻人的社会责任。

【关注民生】 《日报》《晚报》关于交通问题的系列报道，从7月开始，陆续做到了9月底，跨度比较大，涉及的内容涵盖了交通秩序、交通安全、车辆停放、市民自觉行动、政府政策出台等很多方面，将市民关心的交通拥堵的新闻做深做透，关注民生民情的深度报道和精品文章，在社会上引起广泛关注和强烈反响，给读者留下了一个全面深刻的印象。

对于百姓关注的保障性住房的

建设，“两报”开辟专栏，系统、全面、多角度地进行了系列报道。报道总结回顾了兰州市委、市政府抓住国家加大保障性安居工程建设的有利时机，出台政策，扩大保障范围，克服土地和资金紧缺等困难，加大廉租住房、国有工矿棚户区改造、经济适用住房、限价商品房和公共租赁住房五大保障性住房体系建设力度所取得的成效。

11月，抑制物价上涨是从中央到地方政府工作的着力点之一。《兰州晚报》先后跟踪报道了国务院部署并出招稳定物价，省政府下发通知促进蔬菜生产、保障市场供应和价格基本稳定，13条措施平抑物价，兰州市动用价格调节基金，补贴低保户，对运菜车不限号，免收通行费等新闻。同时派记者赴田间、市场追踪菜价，分析菜价居高不下的原因，为政府出台相应措施起到了助推作用。

【经营创收】 在严酷的区域性报业竞争中，报社经营工作结合自身实际，积极应对市场，大胆锐意创新，广告经营工作在寻找各行业各领域商机、积极创新丰富广告运营模式、加强创收性策划活动、完善广告代理制上下功夫，收效显著。截至12月25日，《兰州日报》完成广告726万元，同比增长0.58%；《兰州晚报》完成广告5809万元，比上年同期增长5.28%，两报广告均实现了广告总额增长、广告现金收入增长。《都市天地报》创办以来首次实现盈利。

发行工作实行及早动手、科学定价、合理优惠，通过提高有效发行、深挖零售市场、拓展经营潜力、加强投递管理等措施，既保证了足额的征订数，又提高了发行收入。特别是经过认真调研、科学算账、有效听证、细致安排，成功将《兰州日报》的发行价格从132元提高到216元，一举扭转了长期以来报价与实际成本严重倒挂的问题。实行提价后，日报的发行征订数基本没有下降，但发行收入增加了近100万元。《兰州晚报》2011年的征订达9.46万份，同比增长8.36%。向社会赠阅2万份报纸，日报实现发行向宾馆、民航、车站等窗口行业的大范围覆盖，晚报也实现了对全市公共场所的全面覆盖。

进行网络设备升级改造，引进新的印刷设备生产线，印务中心通过严格预算管理，有效控制印刷消耗，报纸的印刷成本和印报机的停机率都有下降。同时想方设法削减债务，2010年将新闻纸欠款由原先的近2300万元，减少到1700万元。促成报社与两家纸厂签订长期供货协议，确保了报社在任何条件下不缺纸，同时还降低了原材料成本，全年节省开支近240万元。

【报业大厦建设】 雁滩报业大厦项目由于资金和拆迁等方面的原因，土建工程完工后停工近3年；张掖路商业开发项目由于官司问题一直未能启动。这两个项目作为报社的经济增长点，是报社的翻身工程和形象工程，必须排除万难，强力推进。坚持把抓项目摆在突出位置，列为工作的重中之重。为切实解决资金和拆迁遗留问题，积极协调相关部门，争取到财政等部门的大力支持，确保了建设资金按时到位。成立了由纪检、审计、检察等部门相关领导参加的报社基建领导小组和监管领导小组，切实加强了对报社两个项目建设的领导和监督。经过与工程承建方多次交涉和艰难的谈判，并与设计院、质监部门多次协调，与高新区、拆迁户多次协商，在充分保障报社利益的前提下，促使雁滩报业大厦项目于3月正式复工兴建。目前报业大厦项目主楼和印务中心主体建设已完工，内外装修完成工程量30%，其他分项工程完成70%，剩余装修项目以2011年5月为倒计时，正在加紧施工。张掖路商业开发项目在打赢土地纠纷官司后，初步完成土地出让的谈判，并协调土地、规划、房管等部门就合理安置拆迁范围内的职工，进行了选址、设计、办理土地手续、项目报批等工作。作为拆迁安置的滨河路职工住宅楼建设，3月正式被市发改委立项。目前正与规划部门协调图纸的审核。同时筹措资金640万元，一次性解决了玉盛祥眼镜店的拆迁安置问题，并与张掖路房管所签订了房屋补偿协议。

【解决难题】 2010年，把解决制约报社发展的难题和关系职工切身利益问题作为工作的着力点，积极努力，克服困难。为解决长期制约报纸质量的印刷问题，积极落实政府贴息贷款，想方设法解决拆迁问题，力促新印务中心建设的开工，并以国内最低的价格签订了技术先进的高斯M-40印报机（六塔）的定购合同。8000平米的中心主体建设已封顶，预计2011年5月投入使用。彻底解决了一些牵涉面广、职工关注度高的问题。去年报社在资金极其紧张的情况下，筹资近470万，2月份为290名聘用和集体所有制职工解决了社保问题，为40多名职工解决社保的续保问题；在与市医保局多次协调下，于4月彻底解决了报社聘用职工和部分大集体职工医疗保险问题；与市财政、市人事部门积极协调，落实了离退休职工的待遇问题。针对发行员工资偏低的问题，挤出资金，将300多名发行员工资全部上调100元，有效地稳定了发行员队伍。妥善解决了一些职工长期上访的问题。面对印刷二厂和原生活环境报职工的上访问题，不推诿、不扯皮，妥善解决了二厂19名职工的安置问题、6名原生活环境报职工的工资遗留问题。

【重塑社会形象】 2010年以来，报社在新闻宣传、报业经营和对外交往的方方面面下大力气重塑形象。一年里，通过新闻宣传配合好中心、服务好县区和各部门工作，以及实实在在关注民生，使两报的社会美誉度提升；通过抓纪律作风建设，使报社采编经营人员在被采访单位和客户、群众中更被认可；通过广泛协调沟通，报社各项工作赢得更多的理解和支持；随着形象改善，报社信誉提高，生产物资得到了供应商的全力保障。同时，以《兰州晚报》创刊30周年暨社庆为契机，通过出版丛书《观点》《影响》《视觉》和《本固木华》纪念特刊，组织庆典大会、开展“共同走过30年”读者见面活动、“魅力金城——全国晚报老总看兰州”大型采访、“迎社庆、步步高”登山比赛、“我与晚报30年有奖征文”等活动，有力地提升了报社的形象，职工的团队意识和奋斗精神得到激发，增强了爱社爱报的凝聚力和荣誉感。

【队伍建设】 在班子建设方面，从抓思想素质入手，切实加强领导班子思想政治工作，着力提高班子成员的思想政治水平、领导水平、解决复杂问题的能力和科学决策的水平。通过重点学习中共十七届五中全会精神、胡锦涛同志的理论文章《努力开创新形势下党的建设新局面》《中国共产党党员领导干部廉洁从政若干准则》以及省委“中心带动、两翼齐飞、组团发展、整体推进”区域发展战略和兰州市委“再造兰州”战略、“1355”总体发展思路等内容，有效提高了班子成员的政治理论素养和业务水平。班子成员两次到发达地区报社考察学习，感受新形势、接受新理念、学习新方法。从抓工作作风入手，树立领导班子想干事，能干事、会干事、干成事的信心和勇气。围绕落实报社2010年6项重点工作任务，特别是围绕全面落实报业大厦建设、解决关系职工利益问题、张掖路土地开发等破解难题的重点工作，增强班子成员工作责任感和紧迫感，促使班子成员把心思用在干事业上，把精力投入到办好报上，把干劲用到抓落实、求实效上。

队伍建设方面，抓紧报社后备干部的培养和推荐工作。8月，在经过民主推荐和组织考察的基础上，按照兰州市党政领导干部任用条例，选拔任命了两名年轻的县级干部，充实到报社领导班子和日报领导班子中。适时进行新一轮中层干部聘任工作，根据事业发展的要求和采编工作实际，提出新的机构设置和中层岗位设置方案。根据“两报”编辑部采编队伍年龄老化、素质不高的状况，面向社会公开招录了17名应届大学毕业生，加强了“两报”采编力量。抓实业务人才的培养工作，启动和实施人才强社战略，加大了对懂经营、会办报、创新型的人才的培养力度。通过教育培训现有职工、进行人力资源供需状况分析以及制定人员招聘计划等方式，建立多层次、全方位用人机制，使报社队伍建设和人才开发步入制度化、规范化、科学化的轨道。针对采编、经营队伍在意识、作风、纪律、管理方面存在的突出问题，在全社范围内开展了“百日纪律作风整顿活动”。通过深入动员、组织学习、查摆问题、督促整改落实等阶段的活动开展，强化了组织纪律、规范了制度建设，职工精神面貌、政治意识、工作作风、纪律观念、办事效率、学风气氛等方面得到了明显改观。

【党的建设】 按照市委的统一部署和要求，在全社党员干部中组织开展了“创先争优”活动。成立了中共兰州日报社委员会创先争优活动领导小组，结合报社实际，研究制定了《兰州日报社创先争优活动实施方案》。实施方案从抓好组织领导、抓好舆论引导、抓好督促检查、务求活动实效四个方面提出了明确要求。在支部创优秀、党员争先进活动中，全社共涌现出3个先进党支部、18名优秀共产党员和6名优秀党务工作者。同时，继续抓紧抓好“五好”党支部创建活动及党支部目标管理这两个活动载体，以党支部目标管理为依托，对各支部工作进行分项细化，结合各单位工作实际，明确支部职责和任务，加强考核与管理，有效促进了党支部管理工作与实际工作的结合。在党风廉政建设方面，坚持标本兼治、综合治理、惩防并举、注重预防的方针，认真履行“一岗双责”，签订廉政建设目标责任书，靠实责任、细化目标、强化措施、狠抓落实，报社党风廉政建设稳步推进。

（穆鸿文）

卫 生

【概况】 2010年，兰州市卫生局积极推进医药卫生体制改革，加快完善城乡卫生服务网络，着力强化公共卫生服务体系建设，不断健全新型农村合作医疗制度，深入实施人才兴卫战略，全市卫生事业得到快速发展,城乡居民的医疗卫生服务需求基本得到满足、健康水平明显提高。全市辖区内现有各级各类医疗机构2515个，包括省级医院8个、急救中心1个、市级医院7个、县区级医院14个、社区卫生服务机构207个、乡镇卫生院

66个、村卫生所772个、部队医院4个、企事业单位职工医院52个、厂矿医务室245个;社会力量举办的营利性医疗机构1345个,包括民营医院13个、门诊部40个、诊所1292个。各级各类医疗机构现有床位14164张,每千人拥有床位4.87张。卫生技术人员总数为22366人,每千人拥有卫生技术人员7.13人。

【医改工作】 2010年,新型农村合作医疗制度不断完善。新农合人均筹资标准提高到人均160元,全市参合农民达111.97万人,参合率达94.8%。4月1日,启动了市级统筹和门诊统筹工作,新农合乡、县、市级医疗机构报销比例分别提高了5%、10%和5%。截至9月底,全市共有42.5万人享受了新农合补助,补偿金额7773.97万元,占参合总人数37.96%,乡、县、县级以上医疗机构平均住院费用报销比例分别达62%、49%和39%,其中市级医疗机构报销比例提高到43%,市级统筹工作成效明显。基层医疗卫生服务体系不断健全。争取扩大内需项目104个,规划建设面积37769平方米,争取中央投资5370万元,改扩建1个市级医院、1个县级医院、5个中心卫生院、12个社区卫生服务中心和85个村卫生所,已开工建设97个。市政府为民兴办实事之一的73个标准化村卫生所全面建成。市一院家属区外迁和住院综合楼项目,市二院医技楼、体检中心和住院部病房扩建、兰州市老年康复治疗中心新建项目,市三院综合医技楼和精神卫生中心建设项目、市中医院住院部楼建设项目、市妇幼保健院异地重建项目、市卫校新校区建设等项目有了实质性进展。

兰州市社区卫生服务体系建设国家重点联系城市工作会议

建立了城市大医院对口支援农村卫生工作制度,市属医院与县(区)医院、县(区)医院与乡镇卫生院建立了对口支援和合作制度,市属三级医院选派业务骨干27名支援县区医院、县区医院选派业务骨干115名支援乡镇卫生院。国家基本药物制度启动并实施。2010年出台了《兰州市药品集中采购配送管理办法(试行)》,招标确定了4家药品配送企业,各县区基本完成了配送企业招标工作。印发了《关于在全市政府举办的社区卫生服务机构和乡镇卫生院实施基本药物制度的通知》,在皋兰县试点的基础上,从6月1日起在全市政府举办的51个社区卫生服务机构和66个乡镇卫生院全面启动了国家基本药物制度,全部配备和使用基本药物并实行零差率销售。截至10月底,乡镇卫生院和政府举办的社区卫生服务机构基本药物配备达100%,基本药物全部纳入新农合报销范围,报销比例比非基本药物提高了10%。公共卫生服务均等化工作有效推进。2010年,出台了《兰州市基本公共卫生服务项目均等化实施办法》《兰州市建立居民健康档案等九项基本公共卫生服务项目实施方案》等,为城乡居民免费提供9项基本公共卫生服务和5项重大公共卫生服务。截至10月底,全市已建立城乡居民健康档案140.6万人,建档率43.93%(城市70.85%、农村11.04%),开展健康教育17.7万人次,为65岁以上老年人健康检查15.1万人,计划免疫接种率继续保持在95%以上,3岁以下儿童健康管理服务65796人,孕产妇健康管理服务24246人,登记糖尿病患者30588人、高血压患者80028人、专业机构确诊的重症精神疾病患者2328人,补种15岁以下人群乙肝疫苗71326人次,补种大学生乙肝疫苗111482人次,农村妇女宫颈癌筛查1.85万人,农村孕产妇住院分娩补助1.58万人,补助资金626.66万元,补服农村生育妇女叶酸2.64万人,艾滋病母婴传播阻断项目检测孕产妇2.84万名,为1000名贫困白内障患者免费实施的复明手术已完成707例,建成农村无害化卫生厕所6500座。

【卫生监督】 深入开展医疗市场

专项整治、节日食品安全保障、传染病防控监督检查、餐饮具消毒、学校卫生、职业卫生、放射卫生等专项监督检查行动，共出动卫生执法人员15727人次，监督检查被监管单位25006户次，查处食品违法案件348起、处罚卫生不达标学校155家、纠正违规医疗机构26家、取缔黑诊所76户、查处发布违法医疗广告单位12家。对市属医疗机构的“四个排队”制度、医疗质量和医疗安全、中医药工作、公共卫生工作等开展了综合监督检查。全力推进公共场所量化分级管理工作，市直管住宿场所量化分级管理率达94.97%、大中型美容美发场所64.08%、洗浴场所90.48%、游泳场所达100%。认真做好生活饮用水监测工作，在近郊四区开展了城市饮用水卫生监测网络试点工作，完成了自评报告和城市饮用水水质与水性疾病监测试点评估工作。深化卫生监督体制改革，顺利完成了餐饮服务业、保健食品、化妆品卫生安全监管职能移交，向市食药局移交原管理的5217户餐饮服务单位、199户保健品经销单位、62户化妆品经销单位，划拨了66名卫生监督员和部分资产。年内还完成了政府规章清理工作，其中废止2个、保留3个、修改3个，申请将《兰州市公共场所控制吸烟办法》纳入2010年的人大立法计划。

【疾病预防】 2010年，全市无甲类传染病报告，乙类传染病报告14种13435例，死亡14例，发病率411.52/10万，死亡率为0.43/10万，同期下降20.89%；报告丙类传染病8种5386例，无死亡报告，发病率164.98/10万，同期下降10.21%；其中1月至10月报告手足口病2993例，同期上升17.05%，报告甲流病例15例，死亡1例。美沙酮累计入组人数 7002人，治疗人数2227人；1月至10月发现艾滋病病毒感染者80例，其中艾滋病病人12例，死亡2例；前三季度报告性病1765例。结核病防治工作成效显著，开展了第五次结核病流行病学调查，免费检查5854人，查出活动性肺结核7例；前三季度新登记涂阳患者912例。开展了麻疹疫苗强化免疫活动，摸底目标儿童134017人、接种132379人，接种率为98.78%。完成了地方病和慢性病防治工作任务，监测居民食用盐4315份、评估监测1323人、基线调查292人；前三季度报告肿瘤病例4100例，累计排查上报肇事肇祸精神病人7229名。

【卫生应急】 卫生应急预案体系不断完善，制定了《兰州市反恐怖卫生应急预案》《兰州市突发地质灾害医疗卫生救援应急预案》《兰州市保障校园公共卫生安全工作方案》等。全市公共卫生事件应急指挥与决策系统项目启动并完成设计方案。1月至10月报告突发公共卫生事件29起，均得到及时有效处置。特别是省财政学校部分师生肠胃不适事件、兰泰幼儿园部分幼儿出现不适症状事件发生后，反应迅速，处置果断，得到了省、市领导的肯定。圆满完成了第八届文化庙会、全省第一届中学生运动会、十六届兰洽会等重大活动的医疗卫生保障任务。全力支援青海玉树和甘南舟曲救灾工作，共派出医疗救治、卫生防疫、卫生监督队伍7批43人支援玉树抗震救灾工作，协助转运灾区伤员338名，接收治疗伤员16名；派出21批94人支援舟曲抗洪救灾工作，支援各种物资30多万元。在玉树、舟曲救灾工作中，市卫生系统干部职工捐款68万多元，5家单位被省卫生厅评为“先进集体”，20人被评为先进个人。

【医疗行政】 加强对医疗机构和医疗服务行为的监督管理。制定了《关于进一步规范医疗机构设置审批的实施意见》，建立全市医疗机构分级分工制度，加强了医疗技术准入管理和医院等级评审工作，严格医疗广告审核，加强医护人员注册信息系统建设管理。在医疗机构深入开展了“医院管理年”、“医疗质量万里行”等活动，完善了安全生产管理制度，严格落实医疗事故月分析会制度、首诊负责制、行政查房和三级查房制、疑难危重病例讨论制、临床用血审核制等核心制度，在全市各级医院推进处方规范化管理工作，在市一院、市二院开展临床路径管理试点工作。建立了临床、中医、护理、口腔、公卫医师5个考核基地，实施了医疗机构不良执业行为积分管理制度和医务人员定期考核管理制度，给2家医疗机构的违法违规行为给予不良积分记录。开展“优质护理服务示范医院”“优质护理服务示范病房”和“优质护理服务先进个人”创建活动。在5·12国际护士节，表彰奖励了优秀护理服务集体12个、优秀护理管理者18名、优秀护士40名。全年进行医疗事故技术鉴定22起，新核准设置医疗机构10家，办理医护人员注册1082人，圆满完成了高校及征兵体检任务。

【中医药】 2010年，各级中医院建设步伐加快，市中医院住院楼项目经市发改委立项并通过可行性论

证；永登县中医院已完成改扩建工程；皋兰县中医院新建工作正在积极筹备；榆中县中医院已实施异地新建。积极开展“三名三进”活动，深入推进中医特色建设，市中医院与甘南夏河县藏医院合作开设藏医药门诊，开设了名医堂，邀请省、市名中医坐诊，提高了中医诊疗水平。创建中医特色乡镇卫生院17家、中医特色社区卫生服务中心6家、市级中医特色专科5家。综合医院中医科建设得到加强，市、县区综合医院中医科床位数均达到5%以上；全市97%以上的乡镇卫生院和社区卫生服务中心设置了中医科和中药房，73%以上的村卫生室、社区服务站能提供中医药服务。城镇医保和新农合中医药住院起付线降低20%、报销比例提高10%的优惠政策得到落实。地产中草药和中医适宜技术治疗常见病试点工作正式启动，在榆中县4个乡镇开展村卫生室推广使用地产中草药和中医适宜技术治疗常见病试点工作，并对地产中药材10种适宜处方治疗常见病实施全额报销。积极开展中医师承教育和中医科技工作，召开兰州地区中医药师承教育拜师大会，54名市级指导老师带徒143名；全市医疗机构有16种院内中药制剂列入甘肃省调剂使用院内中药制剂目录，4个中医项目获得甘肃省皇甫谧中医药科技三等奖。年内争取专项资金130万元，为基层医疗机构配备了部分中医适宜技术设备。组织近1500人参加了各级各类中医药培训。

【社区卫生】 在全市社区卫生服务机构全面开展9项基本公共卫生服务项目并将其纳入绩效考核评估体系，“一降八减免”惠民活动全面落实，减免费用近300万元。133家社区卫生服务机构纳入医保定点机构，市政府为民兴办实事之一的6家社区卫生服务中心全部开工建设。公立医院与社区卫生服务机构之间双向转诊、对口支援工作稳步推进；社区中医药特色建设深入推进，中医药服务实现社区全面覆盖。争取资金460万元，为社区卫生服务机构配置了基本设备。开展社区医护人员岗位练兵活动，先后选派近400名社区医护人员参加了各级各类培训。完成兰州、定西、甘南、临夏4个市州的180名全科医师及210名社区护士转岗培训任务。

【农村卫生】 2010年，乡镇卫生院和村卫生室标准化建设基本完成，服务能力明显提高。争取财政资金300多万元，用于乡镇卫生院基础设施建设和医改工作；利用国债资金467.59万元，为乡镇卫生院配备了31类基本设备，为629个村卫生所配置了10类基本设备。为66个乡镇卫生院配备的“120”急救专用车辆已全部到位，“120”急救网络覆盖全市农村。开展中医特色乡镇卫生院创建工作和卫生院等级评审工作，加大了农村卫生人才培训力度，举办了标建村村医、麻醉医师、农村公共卫生等培训班，培训人员346名，完成乡镇卫生院院长兰州片区培训工作，培训人员376名，安排卫生支农人员141名。

【妇幼卫生】 继续加大婚检工作力度，全市婚检率在上年49.77%的基础上提高到95.05%。继续开展打击非法开展非医学需要引产和胎儿性别鉴定专项活动，加强对医疗机构终止妊娠药品、B超诊断仪使用的管理。启动甘肃省婴幼儿喂养与营养改善项目，举办妇幼卫生培训班4期，培训人员650多人。全市孕产妇住院分娩率由上年的97.8%提高到99.40%，孕产妇系统保健管理率由上年的76.85%提高到82.78%（城市82.87%，农村82.62%），孕产妇保健覆盖率由上年的94.20%提高到97.54%（城市98.96%，农村95.08%），孕产妇死亡率为27.31/10万，控制在40/10万目标范围之内；儿童保健覆盖率由上年的85.51%提高到91.41%(城市91.96%，农村90.45%)，3岁以下儿童系统保健管理率由上年的66.75%提高到77.22%（城市76.66%，农村65.68%）；新生儿遗传代谢性疾病筛查率达83.34%，听力障碍筛查率达83.22%；婴幼儿死亡率从上年的8.42‰下降到6.55‰；5岁以下儿童死亡率从上年的9.25‰下降到7.37‰；接受艾滋病病毒抗体检测产妇数28383人，检测率达98.24%。

【卫生人才】 深入实施“人才兴卫”战略。派3名卫生技术人员赴国外研修学习、68名赴省外进修学习、106名赴省级医院进修学习，市级医院接收县区医院进修学习241名。接受陇南市武都区45名医技人员到市上4家医院进修学习。受理科研立项申请11项、科技成果鉴定申请28项，获省级科技奖励2项、市级科技奖励12项。市卫生系统有4人进入甘肃省领军人才行列，12人进入甘肃省卫生行业领军人才行列，1人获得“兰州市科技功臣提名奖”。积极开展岗位练兵和技术比武活动，在全省各类技能大赛中获团体一等奖3个、二等奖2个、三等奖2个，获个人一等奖8人、二等奖6人、三等奖6人，获优秀指导老师一等奖

1人、二等奖2人、三等奖1人。对市属医院编外临聘人员中获得2010年全省各类岗位技能大赛一、二等奖，且具有人事录用分配条件的大中专毕业生拟正式录用。

【爱国卫生与健康教育】 开展市级卫生小区、卫生单位创建达标活动，各县区申报市级卫生单位58个、卫生小区40个。制定《兰州市2010—2012年城乡环境卫生整洁行动实施方案》，开展了城乡环境卫生整洁行动和城区重点行业灭蟑活动。制定《兰州市健康教育巡讲工作方案》，开展了一系列健康教育与健康促进巡讲活动，深入开展健康教育进社区、进学校、进机关、进农村“四进”活动，举办健康教育讲座500多次，参与人数近6万人。完成了“城市亚健康人群干预措施研究”现场调查工作。实施了中央转移支付控烟项目，在市属5家医院开展了无烟医疗卫生机构创建活动。

【干部保健工作】 2010年，经市编办批准，市卫生局成立了保健医疗办公室，完善了干部保健医疗各项制度，规范了干部保健医疗工作。

（高　瑜）

体　育

【概况】 2010年，兰州市体育局形成了“十二五”期间全市体育事业“5335”发展思路，即用5年时间，实施竞技体育后备人才培养、群众体育多元化服务和体育产业品牌化“三大战略”，推进体育基础设施建设、综合能力全面提升和体育体制机制创新“三大工程”，实现有基地、有活动、有人才、有赛事、有产业“五有目标”。全面贯彻落实“全民健身条例”与“奥运争光计划”，通过体制机制创新，解决全民健身、竞技体育人才培养、体育场馆设施建设、体育产业开发等问题，不断提高全民身体素质和竞技体育水平，加快兰州体育事业发展步伐。保质保量完成了市委、市政府的各项决策和批办事项，全年累计办理重要事项8件，人大议案和政协提案6件，办理行风阳光热线听众反映事项18件，办结率均达到100%。

【全民健身活动】 成功举办了第38届元旦万人环城赛、第21届冬泳表演以及8月8日“全民健身日”省、市全民健身活动大联动等全市大型全民健身活动。全年累计组织开展全民健身赛事活动140余次，各类群体活动参加人数达到34万人次。全年培养各级社会体育指导员502人，全市各级社会体育指导员达到4597人，全年组织开展国民体质测试人数达5000余人。市级体育总会顺利完成换届改选工作，单项体育协会和行业体育协会组织不断发展壮大。

【竞技体育】 全年累计组织举办各级各类体育竞赛活动25项次，竞赛项目内容丰富、层次布局合理、赛事组织规范有序、竞技成绩稳步提高。积极组织参赛全省第十二届运动会，以92金33银38铜的优异成绩位居奖牌榜首位，实现了金牌、奖牌和总分三个第一的目标任务，并荣获体育道德风尚奖。以县(区)田径项目为重点，积极做好业余体育训练工作，形成了体育后备人才培养的良好运行机制。全力备战第七届全国城市运动会，完成了兰州市代表团报名和参赛项目确定等工作。打造重点运动项目和单项训练点，科学规划、合理布局、突出重点，着力打造田径、跆拳道、柔道、摔跤等重点运动项目。提高运动员文化水平和综合素质，对承担重点发展项目的优秀运动员，在训练条件、科技支撑、生活待遇等方面予以重点保障。实施“金牌教练培养工程”，建立健全教练员选拔、任用、考核制度；建立教练员按运动成绩确定收入的分配制度；制定优惠政策，引进国内高水平专家教练来兰州市运动校队执教，对重点运动项目的优秀教练员在工作条件、资源配置、生活待遇等方面予以保障。以全市布局的单项训练点、体育传统项目学校和有关中小学校为基础，鼓励社会力量以各种形式培养竞技体育后备人才，逐步建立起政府举办、体育部门和教育部门共同管理，以体育部门为主的体教结合的“后备人才培养体系”。妥善做好运动校队搬迁过渡工作，科学规划和积极推进运动校队新建项目的实施。加强对外交流与合作。加强与国家相关运动项目管理中心、体育院校的人才交流与合作，积极举办和承办大型体育赛事活动。

【体育产业与建设】 认真学习贯彻国务院办公厅《关于加快发展体育产业的指导意见》精神，加快推动全市体育产业发展的新思路、新举措。加大即开型体育彩票的销售力度，全市体育彩票销售网点已延伸至县(区)远郊和乡镇街道，网点覆盖率不断提高，体育彩票销售稳定增长，全年完成体育彩票销售2.64亿元，占全省总销量的42%，完成了既定目标任务。兰州体育公园一期扩建改造工程建设、室内乒

乒球馆建成并投入使用。提前两个月完成在全市配建120条全民健身路径的目标任务，确保了市政府为民兴办实事项目的落实。同时，按照兰州市城乡一体化和新农村建设需要，配合省体育局完成64个村级体育活动场地建设。认真贯彻落实市委、市政府重大决策部署，积极协调配合有关部门，做好兰州体育中心项目的规划选址和概念性设计等前期工作。

【特色品牌赛事】 组织举办了中国象棋全国名宿精英邀请赛、国际太极拳交流大会以及中国·兰州第二届黄河羊皮筏子漂流活动。组织承办了中国乒乓球俱乐部甲级D组第二站比赛活动，获得了全国最佳赛区的光荣称号。组织策划了全市领导干部乒乓球比赛和兰州地区网球邀请赛，发挥了领导干部带头健身的示范效应。

【体育行业形象】 充分利用全国群体工作会议在兰州召开的有利时机，积极展示和推介兰州体育事业发展成果，争取到了各有关方面的大力支持。兰州市体育事业发展的新思路、新理念、新举措、新成果引起了各级新闻媒体的广泛关注，兰州市体育工作报道达到近百篇，《中国体育报》还就兰州市打造独具特色的黄河两岸全民健身设施建设情况做了整版的宣传报道，提升了全市体育系统的良好社会形象。通过大型群体活动和品牌赛事的组织实施，进一步提高了体育工作的社会影响力。不断推进学校体育设施向社会开放。研究制定兰州市学校体育场馆向社会开放的具体实施办法，通过体育部门与教育部门的共同努力，使兰州市学校体育设施向社会开放工作取得新进展。与此同时，大力发展职工体育，在全市机关企事业单位恢复工间操制度。

【行政效能】 坚持以惩治和预防腐败体系建设为重点，推进体育系统惩防体系建设。从教育、监督、预防和惩治等方面入手，着力建立科学、严密、管用的惩治和预防制度。进一步贯彻落实党风廉政建设责任制，重点抓好责任分工、措施落实、检查考核等环节的工作，切实提高各项工作的执行力。继续深入开展“机关行政效能建设”和“创先争优”活动，依据“标本兼治、纠建并举”原则，切实加强对全局系统工作落实情况的监督检查，加强对政风行风方面突出问题的督促整改。

按照全市干部人事制度改革要求，推荐任命副县级干部3名，选拔任用正科级干部8名、副科级干部18名，轮岗交流科级干部3名。

（王若涵　牛淑梅）

省十二届运动会兰州市火炬传递仪式

社会生活

社会保障与劳动就业

【概况】 全市就业再就业工作以创建国家级创业型城市为契机，大力开展创业促进就业活动，认真贯彻实施国家和甘肃省一系列稳定和扩大就业的政策措施，加大“五缓四降三补贴”政策落实，切实减轻企业负担，稳定就业岗位。继续把高校毕业生就业放在就业工作的首位，充分发挥市场配置的基础性作用和基层就业的主渠道作用，积极开展就业服务、就业援助、技能培训、劳务输出等各项工作。

【社会保障】 全市各级人社部门以落实社保政策为重点，不断完善制度，实施扩面攻坚,加大稽核清欠力度，强化基金监管，规范业务流程，积极开展新型农村养老保险试点，建立失地农民社会保障制度，使全市的社会保障体系建设进一步完善。全市参加城镇职工基本养老保险、医疗保险、工伤保险、生育保险人数分别为43.8万人、78.68万人、41.01万人和34.6万人，分别较上年度末增长15.93%、1.24%、9.74%和6.56%。参加失业保险人数为57.31万人，有10827名失业人员领取失业保险金3243万元。全面推进农村养老保险工作，在榆中县开展新型农村养老保险工作试点，至年底，参保人数已达24.26万人，参保率达到了97.2%。认真做好被征地农民养老保险工作，全市被征地养老保险参保人数达13444人，征缴保险费35453万元，享受待遇2976人。加强社保基金征缴和管理监督，全市基本养老、失业、医疗、工伤和生育保险基金总收入分别为18.82亿元、3.09亿元、9.92亿元、5992万元和4590万元。对13家省级、4家市县级定点医疗机构、8家大型连锁药店的医疗保险基金使用情况进行了监督检查。

【就业安置】 全市就业工作坚持“劳动者自主择业、市场调节就业、政府促进就业”的方针，全面落实小额担保贷款、社会保险、公益性岗位、职业培训、职业介绍和职业技能鉴定补贴等政策。全市城镇新增就业人数5.67万人，完成目标任务5.2万人的109%。城镇登记失业率为3.12%，比控制目标4%低了0.88个百分点。继续把高校毕业生就业放在首位，开展了到农村中小学任教、到乡镇卫生院、三支一扶、进村(社区)工作等高校毕业生就业项目，选拔安置高校毕业生1371人。加强高校毕业生就业见习基地建设，推荐116人到各实习基地实习。2010年，普通高校应届毕业生就业率达到83%，超出目标3个百分点，三年择业期内沉淀未就业毕业生就业率达到39%，超出目标9个百分点。

【就业服务】 积极开展创业促进就业服务，全年新增小额担保贷款2.502亿元，完成目标任务1.1亿元的227.5%；新增小额担保贷款基金6500万元，完成目标任务2600万元的250%。认真落实有关困难群体就业援助政策，帮助9981名就业困难人员实现就业再就业。通过市场配置积极促进各类人员就业，全市树立创业带动就业示范点297个，召开创业促就业明星报告会（交流会)105场次。举办各级各类人力资源招聘会及洽谈会362场，提供就业岗位23万多个，入场求职人数达15万余人次。组织开展了“民营企业招聘周”和“春风行动”等活动，开发社区就业岗位3514个，创办社区就业服务网点 654 个。

【劳务输转】 全市劳务输转工作以强化培训为突破口，以劳务协作为纽带，以维权服务为保障，积极推行培训、就业、维权“三位一体”的工作模式，推动劳务输转由体力型向技能型，由分散短期输出向有组织长期稳定输出转变。全年实现劳务输转 32.45 万人，完成目标任务 32 万人的 101.4%，创劳务收入 29.43 亿元，完成目标任务 26 亿元的 113.19%。充分发挥劳务中介机构作用，积极开展境外就业工作。全年组织输出 16.6 万人，境外就业人数 1012 人，评定星级劳务中介机构 11 个，新建劳务基地 29 个。

【劳动关系协调】 严格落实建设领域农民工工资保证金制度，着力从源头上遏制和减少拖欠农民工工资问题。全市建设单位累计缴纳保证金 319 户，存储保证金 9702 万元，涉及农民工 28116 人。积极做好劳动工资宏观调控工作，贯彻执行企业在岗职工工资指导线调控目标，督促企业合理确定工资水平，严格落实最低工资标准，全市国有及国有控股企业、外资和大部分非公企业最低工资水平均达到规定标准。

【劳动监察和劳动争议仲裁】 加大劳动保障监察执法力度，积极维护劳动者合法权益，全力推进劳动保障监察“两网化”管理和仲裁机构实体化建设。全年处理各类劳动人事争议案件 1578 件，其中立案处理 957 件、案外协调处理 621 件，已结案 849 件，结案率达 95.6%。积极推行劳动保障监察“两网化”管理方式，集中开展打击违法犯罪、整顿人力资源市场秩序、整治非法用工及拖欠农民工工资等专项活动。检查各类用人单位 7960 户，追发用人单位拖欠劳动者工资 800.7 万元，补签劳动合同 4.43 万人，纠正用人单位违法违规行为 747 件，有效遏制了违反劳动保障法律法规和侵害劳动者合法权益的行为。认真做好群众来信来访工作。年内接待群众来信来访 265 件，其中接待来访 61 批次，处理群众来信、市长专线和上级转办、交办、督办的信件 204 件，“12333”人社保障信息咨询服务热线全年受理来电咨询 5000 多条，方便了市民对就业和社保政策的查询。

【职业技能培训】 认真贯彻落实中央省市《关于进一步加强高技能人才工作的意见》精神，将技能人才队伍建设和职业技能培训工作摆到突出位置，把职业技能培训作为促进就业再就业的重要抓手和长效措施。全年培训各类人员 40470 人，完成目标任务的 115.63%，其中创业培训 4517 人，农村劳动力转移培训 26226 人，组织 16321 人参加了职业技能鉴定，技工学校和职业学校的毕业生持双证率达 95%。5 月，全市首家经省政府批准的预备技师培养基地兰州技师学院成立。10 月，在市第三十五国家职业技能鉴定所(市卫生学校)召开了职业技能鉴定质量管理现场会。积极组织举办和参加各类技能竞赛活动，开展了全市职工技能大赛、全市中等职业学校技能赛事等活动，组队参加了全国、全省的各类技能大赛，并取得了较好成绩。

（王　鹏）

民　政

【概况】 2010 年，全市民政工作坚持“以民为本、为民解困、为民服务”的工作宗旨，突出“解决民生、维护民利、落实民权”的工作职责，较好地完成了各项目标任务，民政工作服务全市经济社会发展大局的水平进一步提升，民政事业发展取得了新进展。市民政局先后荣获全省民政工作特等奖、全省福利彩票组织工作特等奖、全省民政信访工作先进单位、全省民政政务信息工作先进单位以及全市禁毒工作、计划生育工作、综治维稳工作先进等 30 多项奖励表彰。

【城乡居民最低生活保障和五保供养】

城镇低保提标工作全面完成，5 区由每人每月 253 元提高到 278 元，3 县由每人每月 190 元提高到 209 元；全年城市低保对象有 51804 户、110408 人，全年累计发放保障金 20365.215 万元。

农村低保标准由每人每年不低于 728 元提高到 850 元。全年农村低保对象有 33097 户、97948 人，全年累计发放保障金 6527.8439 万元。

农村五保政策全面落实。全市五保对象 3997 人，全年累计发放五保供养金由上年的 527.29 万元提高到 827.6477 万元。

【城乡医疗救助】 一是城乡医疗救助工作积极开展，市政府下发了《兰州市城乡医疗救助试行办法》，全年累计救助城乡困难群众 19 万人次，发放医疗救助资金 5428.6701 万元。二是城乡临时救助制度全面建立，市政府出台了《兰州市城乡临时救助试行办法》，累计实施临时救助 16019 人次，发放救助资金 1079.2012 万元。低收入居民补贴政策得到全面落实，全年累计发放物价补贴 1 亿元、取暖补贴 3707 万元。发放救灾资金 1453 万元，救助受灾群众 16 万人次。

【救灾救济与社会捐助】 全市遭受干旱、风雹、洪涝、山体滑坡等自然灾害受灾人口126.0623万人次、死亡2人、紧急转移安置人口63人、饮水困难人口7.7189万人、倒塌房屋112间、损坏房屋2099间、农作物受灾面积2019645亩、绝收面积280735亩，直接经济损失8720815元。共争取甘肃省救灾补助资金1453万元，救助困难群众16.2076万人，各县区列支救灾资金235万元。市级应急物资储备品种9种，其中单帐篷40顶，棉帐篷20顶，棉被5064床，棉大衣4385件，雨衣9600件，蜡烛10万支，火柴300箱，手电筒10000把，1号电池20000节，以供救灾应急之需。

2010年，全市民政系统接收社会各界捐款和物资1994.203万元，其中物资折价33.3万元，市民政局直接接收捐款1005.175万元，县区接收955.727万元。

【基层民主政治与和谐社区】 结合兰州市实际，以全市村务公开领导小组名义，制定出台了《兰州市村务公开目录》，健全完善了市、县区、乡镇街道三级检查督导制度，进一步提高了全市村务公开和民主管理工作水平，全市村务公开率达到了100%。年初制定出台了《全市二〇一〇年村务公开、民主管理安排意见》，下发《关于在全市农村基层党组织推广“四议两公开”工作法的通知》；开展“难点村”治理工作，全市“难点村”好转率达87.5%；认真扎实做好全市村级党组织和第七次村民委员会换届选举工作。

加强和谐社区建设工作，全市和谐社区创建面达到80%以上，有12个社区被省厅授予“示范社区”称号。推进农村社区试点，结合新农村建设和城乡一体化发展要求，在农村社区建设运行机制、经费保障、人员配备、强化服务等方面的深入探索实践，逐步扩大试点范围和群众受益面，加快农村社区建设步伐。

【优待抚恤】 在落实各项抚恤优待政策的基础上，重点指导县区提高在乡老复员军人定补标准，3县由每人每月345元提高到385元，5区由每人每月430元提高到470元。全年办理伤残军人评残、换证审批手续164件，下拨优抚补助资金1990万元。各县区均制定出台了优抚对象医疗保障实施细则，全年累计支付医疗补助金374.59万元，其中代缴参保（合）费135.58万元，支付门诊和住院补助286.01万元。在安宁区组织开展优抚对象医疗补助“一站式”结算试点工作，试点工作达到预期目的。

【退役士兵安置及军休服务】 完成了2009年冬季退役士兵和2010年春季转业士官档案的接收报到和安置工作，计划安置1941人，已安置1421人。落实部分军队退役人员解困政策，加强协调督促，落实稳控措施，及时掌握信息，最大限度地减少了赴省进京上访发生。

开展“和谐军休”创建工作，军休干部各项待遇得到全面落实，完成了118名军休干部接收安置工作，基本完成军休干部房改试点工作。

【社会福利事业】 紧紧围绕“双五、双十、双百”工程和重点项目建设进行积极协调，全市社会福利项目建设工作取得重大进展。9月29日，省委、省政府和市委、市政府主要领导出席大滩儿童福利院落成典礼仪式，并为新院揭牌；社会福利院“三无”老人生活住宿区改扩建项目建成；兰州市第二社会福利院项目取得一定进展；县区综合性福利院建设项目有了明显进展。榆中县综合福利院已投入使用，安宁区、皋兰县综合性社会福利院主体工程已完工，正在进行装修及配套设施建设；红古区综合性社会福利院已投入使用；永登县综合性社会福利院完成前期手续，正在着手进行改扩建；西固区已选定项目建设地址，正在办理项目前期手续；新建全国养老服务体系建设试点项目颐瑞康老年公寓护理楼、

兰州市儿童福利院新院落成典礼

红古区综合福利院，安宁区长风社区日间照料中心项目和枣林路社区日间照料中心项目也已建成，并全部投入使用。据统计，今年全市新增社会福利机构床位735张。

【老龄事业】 继续组织开展居家养老和养老服务示范活动，探索民办公助、政府购买服务等养老服务方式，为空巢、特困、残疾老人提供服务。城关区“虚拟养老院”服务面和影响力进一步扩大，全区已有4.9万名老人加盟，服务老人9760名。七里河区开展了居家养老“夕阳红”示范工程，区政府安排再就业资金74.4万元，购买100个助老服务公益岗位，为城区空巢、特困、病残老人提供政府购买服务，起到了良好的辐射带动作用。认真落实老年人优待政策，开展多种形式的为老、助老活动，全年为2649位90岁以上高龄老人发放特殊生活补贴176.8万元。

【福利彩票发行和慈善事业】 福彩发行力度进一步加大。全市设立电脑福利彩票投注站729个，销售员729人，全年完成福彩销售4.97亿元，比2009年增长了12%，超目标任务112%。资助社会福利公益项目360余个，增加社会就业3000多个，有10多万困难群体得到了爱心资助。慈善事业进一步发展。市慈善总会全年累计募集款物680万元，其中资金670万元，物资10万元，救助支出621万元。

【社会组织管理】 继续加大社会组织培育发展力度，认真开展社会组织党组织创先争优活动，至年底，全年登记注册社会组织135家，其中社会团体58家，民办非企业组织77家。按照中央和省、市委的统一部署，社会团体“小金库”治理工作，由各级登记管理机关组织实施，查处私设“小金库”1家，对13家财务不规范的社会团体限期整改，推动了社会团体的规范运行。

【婚姻登记】 继续开展婚姻登记规范化建设活动，全市8个县区民政局婚登机关规范化、标准化建设全部达标。截至年底，全市婚姻登记30083对(结婚24678对、离婚5405对)。严格落实《收养法》，依法受理收养登记26件(内地24件、港澳2件)。

【专项社会事务管理】 积极推进殡葬改革，开展清明节“优质殡仪服务月”活动，接待祭祀群众141万人次。全年火化遗体9471具，比上年增长747具。近郊4区(城关、七里河、安宁、西固)火化率82.5%。加大殡葬执法检查力度，全年检查214次，立案受理殡葬行政违法案件15起，其中违法土葬案6起、非法运尸案4起、群众上访案1起、鑫报报道案1起、责令限期改正3起，已处理执行结案13起，结案率达98%，无行政复议、听证和行政诉讼案件及投诉单位和执法人员案件发生；共计罚款2.1万元。积极推进地名公共服务工程，完成近郊4区第三代道路标牌设置任务和地名数据库录入工作。认真做好全省第二轮界线联检工作，完成甘肃省、青海省两省界线联检工作以及兰州、白银界线联检工作，维护了界线稳定。

(严 博)

民族宗教

【概况】 2010年，全市民族宗教工作牢牢把握各民族“共同团结奋斗，共同繁荣发展”这一新时期民族工作的主题，按照宗教工作四句话方针，严格执行中央、省、市委关于民族宗教工作的一系列重大决策部署，较好地完成了各项既定工作任务，全市民族团结进步事业取得新的成绩，依法管理宗教事务水平不断提升，得到市委、市政府的充分肯定，也受到省民委、省宗教局的表彰。

【民族团结进步宣传月】 5月6日，由市民宗委和市委统战部、市人大民侨工委、市政协民宗委联合举办的“兰州市2010年民族团结进步宣传月活动暨龙西民族村沼气池建设开工仪式”在永登县秦川镇龙西村隆重举行，拉开了市民族团结进步宣传月活动的序幕。宣传月期间，市民宗委资助12万元给龙西村60户沼气池建设家庭(户均发放2000元补助金)；市委统战部开展了“百企帮百村、共建新农村”活动，协调联系70家企业与兰州市包括永登县秦川镇龙西村和东川村两个民族村在内的70个行政村签订了意向帮扶协议；市人大常委会和市政协分别赠送给龙西村民族小学价值6000元的图书，帮助建立了图书室；兰州市民族中学赠送龙西村民族小学价值20万元的电脑40台，帮助建立了电教室；永登县政府也资助龙西村民族小学5万元，用于操场和图书室建设。此外，全市各县区在民族团结进步宣传月活动中，为捐资助学、扶贫济困、路面硬化等社会公益事业共投入资金近百万元。在市民宗委年初对各县区民宗局督促落实《学校民族团结教育指导纲要》提出要求的基础上，5月下旬，对各县区民宗局督促落实《指导纲要》情况进行跟踪检查，进一步做好民族团结宣传教育工作。通过市委宣传部协调兰州电视台，专题播放纪录片《团结奋进60载——甘肃少数民族事业发展纪实》，并向各县区、民族社团、宗教团体下发通知，要求组织收看大型纪实片《长河星辰·中国西部少数民族》。各县区民族宗教局在宣传月期间也开展了丰富多彩的活动，城关区委统战部、区民族宗教局共同建造的“民族团结林”举行揭牌仪式；七里河区把民族团结进步宣传月活动启动和伊斯兰教“聚礼日”活动结合起来，组织宗教界人士和信教群众进行“讲团结、话和谐、促发展”座谈会，广泛宣传党的民族宗教政策，引导宗教界为全市经济社会发展做出贡献；西固区邀请区直机关、驻区医院、高校的少数民族代表座谈民族团结进步工作；红古区利用区有线电视台和《红古发展》刊物宣传党的民族宗教政策，引导民族宗教界为全市经济社会发展做出积极努力，其余县区也都结合各自的实际，开展了大量形式多样的宣传和帮扶工作。

【民族团结进步事业】 以民族团结进步宣传月活动为抓手，大力发展少数民族经济社会各项事业。一是积极落实中央、省、市有关优惠政策，主动向国家民委、国家宗教局和省民委、省宗教局反映了兰州市民族宗教工作存在的问题，争取国家、甘肃省对兰州市民族宗教工作的支持。二是积极申请民族发展专项资金，有2家少数民族特需商品定点企业享受国家贷款贴息近200万元。全市直接用于补助民族村舍修路、修桥、民族中小学教育、少数民族特困户以及慰问少数民族代表人士的资金达80余万元。三是积极组队参加了第七届全省少数民族传统体育运动会，获得7金、6银、4铜的好成绩。四是在全市民族中小学认真开展了贯彻落实国务院《学校民族团结教育指导纲要》的工作，深入榆中、永登、城关、七里河等县区民族中小学，就少数民族教育情况进行调研，总结了全市“少数民族双优助学班”的成功经验，提出了促进兰州市民族教育工作发展的具体办法。

【清真食品管理】 以清真食品管理为重点，维护少数民族合法权益。一是利用民族团结进步宣传月活动，办理清真食品许可证，以及检查的机会进一步宣传清真食品管理法规，全年在全市范围内发放《清真食品管理条例》《清真食品管理办法》近9000余份。二是加强清真食品管理工作，及时查处甘肃嘉合食品冷冻库有限公司冷冻库存在的清真肉食品和非清真肉食品混放、混运的问题，榆中县“国保牛肉面”等餐馆清真不清的问题，红古区黄金海岸清真餐厅违反《清真食品管理条例》《清真食品管理办法》的问题，雨润集团新疆石河子分公司在生产的清真食品因外包装印刷错误引发的不稳定事件。配合城关区民宗局检查整治牛肉拉面市场，进一步规范牛肉拉面市场经营秩序。三是组织人员有针对性的检查清真食品市场，针对6月上旬红古发生严重的由清真不清问题引发的群众聚集上访事件，及时组织城关、七里河区民宗局工作人员对市辖区省食品公司焦家湾清真冷库、兰州肉联厂清真库及西凯肥牛火锅城等展开了针对性检查，向各县区民宗局下发了《关于进一步加强清真食品管理工作的通知》，要求各县区密切关注事件对全市清真食品市场的影响，发现问题及时处置。市民宗委全年累计检查清真食品经营店100多家次，新发放许可证32家，查处“清真不清”问题23起。四是积极配合有关部门检查肉类市场，从源头上解决清真不清问题。认真贯彻落实市委、市政府关于加强食品安全工作的通知精神，进一步加强禽畜定点屠宰管理，规范肉及肉制品市场秩序，配合市畜禽定点屠宰管理工作领导办公室，对城关、七里河、安宁、西固4区的畜禽定点屠宰厂、冷库、批发市场、超市、清真牛羊肉批发市场、肉菜市场及肉制品加工，餐饮业的原料肉进行了检查。

【“和谐寺观教堂”创建】 以开展创建“和谐寺观教堂”活动为抓手，加强对宗教活动场所的管理，不断研究新情况、解决新问题、探索新途径，推动宗教工作再上新台阶。一是开展了宗教活动场所的清理整顿工作，截至年底，经过批准设立的寺观教堂和固定处所已达389处。完成了批准开放但未登记宗教活动场所的依法登记工作和已登记宗教活动场所的换发证工作。严格执行宗教活动场所改、扩建审批管理规定，有效制止了宗教活动场所内的违法建设问题。开展了兰州市宗教活动场所财务监督管理试点工作，并确定了首批试点场所12处。二是认真开展了创建“和谐寺观教堂”活动，督促各县区、各宗教团体落实活动内容，召开全市创建“和谐寺观教堂”活动推进会，总结典型经验，对18个宗教活动场所、9个先进集体和18名先进个人进行表彰奖励。同时，城关区西关清真寺、五泉山浚源寺、安宁区报恩寺、兰州市基督教三自爱国运动委员会和基督教协会，以及兰州市伊斯兰教协会会长苏广林阿訇获得首届全国创建“和谐寺观教堂”先进集体和先进个人荣誉称号。西关清真寺管委会主任穆文瑞代表市宗教界参加了表彰大会，受到中共中央政治局常委、全国政协主席贾庆林亲切会见并合影留念。三是在认真实施“和谐寺观教堂”创建活动的基础上，创造性地提出了创建“标准化宗教活动场所”的

思路，制定印发了《兰州市开展创建“标准化宗教活动场所”活动实施方案(试行)》。

【宗教工作队伍建设】　以宗教政策法规“六进”活动为契机，继续深入开展多种形式和层次的宗教政策宣传活动。开展了2010年度“五五”普法宣传教育工作，通过学习贯彻国宗局7号令和举办《宗教事务条例》颁布5周年纪念活动，认真总结《条例》实施五周年来的情况，进一步加强社会各界依法行政和开展宗教活动的自觉性。机构改革后开展对市、县(区)两级民族宗教工作部门机构和人员情况的调研。全年举办县区统战、宗教干部、宗教专干政策法规培训班1期、92人次。举办寺观教堂民管会负责人政策法规学习班8期、400人次。举办中青年教职人员培训班6期、276人次。鼓励和支持伊斯兰教在职阿訇接受学历教育，由市伊协组织20名中青年阿訇骨干，在兰州大学参加了为期4个半月的学习班。通过大力开展“六进”活动和培训工作，进一步提高了宗教界人士的守法意识，夯实了宗教工作基础。

【宗教界自身建设】　一是开展了宗教教职人员认定、备案和发证工作，全年上报教职人员认证备案材料797份，认证率达100%。二是在完成市佛协、市道协、市天主教爱国会和市基督教“两会”换届工作的同时，指导宗教团体搞好组织建设、制度建设、作风建设和人才队伍建设，提高宗教团体自我管理和服务群众的能力。市伊协换届后取得较好的工作成绩，受到了省委和市委主要领导的表扬。三是制定出台了《兰州市宗教教职人员生活补助费实施办法》，为享受市级财政补助的58名教职人员发放生活补助费26.88万元。同时，开展了将教职人员纳入社保和医保范畴的工作。四是积极引导宗教界开展社会慈善公益活动。兰州报恩寺慈善功德会募集善款为干旱山区贫困群众修建百口水窖；青海玉树和甘肃省舟曲发生地震、泥石流灾害后，市各宗教积极捐款捐物100多万元；宗教界人士还开展了多种形式的扶贫济困、捐资助学等活动，累计资金近百万元，走在了全省前列，也得到了社会各界的好评，展示了市宗教界热心社会慈善公益事业和较高的政治觉悟。

（杜　强）

人口与计划生育

【概况】　2010年(2009年10月1日—2010年9月30日)，全市总出生28031人，其中农村出生15583人，城市出生12448人，人口出生率为7.81‰，其中农村人口出生率为10.74‰，人口自然增长率为4.71‰，符合政策生育率为96.79%，其中农村94.52%；总出生性别比108.73。全面完成了甘肃省下达兰州市的人口计划和各项目标任务，在全省综合考核中再次排名第一，取得了连续16年受到省政府表彰奖励的优异成绩。市人口委被人社部、国家人口计生委评为“全国人口和计划生育系统先进集体”、“全国计划生育科技大练兵活动先进单位”，榆中县被命名为“国家级计划生育优质服务先进单位”。

【机构改革】　7月，市政府办公厅《关于印发兰州市人口和计划生育委员会主要职责内设机构和人员编制规定的通知》批准，市人口委设8个内设机构：办公室、政策法规处、发展规划与信息处、流动人口管理处、宣传教育处、科学技术服务处、综合协调处、人事处，其中综合协调处和人事处为新增机构；机关行政编制40名，设主任1名，副主任3名，内设机构领导职数16名，机关工勤人员编制5名。现实有干部职工46人，其中主任1名，副主任2名，纪检组长1名。

【落实目标管理责任制】　2010年，继续努力完善和细化具有兰州特色的人口计生工作领导机制、社会管理机制、利益导向机制、机构队伍稳定强化机制、激励机制、保障机制等六大长效机制，在明确工作任务、靠实工作责任、加大经费投入、强化督促检查等方面采取切实可行的办法和措施。市政府先后3次召开常务会专题听取人口计生工作汇报，研究解决重大问题，在执行基本国策、落实优惠政策、稳定机构队伍等方面提出了明确要求。市委、市政府分管领导调研、指导支持人口计生工作，在发挥部门优势、齐抓共管、夯实基层网底、配齐配强力量等方面解决了一系列关键重大问题。年初，市、县区、乡镇(街道)三级先后召开人口计生工作会议，全面安排部署工作，层层分解目标任务，靠实各级工作责任。在对2009年度人口计生工作考核结果进行综合评估后，市委、市政府分管领导向各县区党政主要领导、分管领导、人口局长做出了书面反馈，对各县区工作进行了准确定位，帮助找准问题症结和原因，提出整改措施。市委、市政府在对2009年度完成目标任务突出的县区、乡镇(街道)、部门进行表彰奖励的同时，对2009年整改力度明显的2个乡镇(街道)解除了市级“重点管理”，对工作不力、排名靠后的13个乡镇(街道)进行通报批评和责任追究，并限期半年整改。

市统筹解决人口问题领导小组先后4次组织人员深入各乡镇(街道)、部分村(社区)、家庭和单位，对8个县区工作情况进行全面调研督查和封闭式考核评估。特别是年终督查考核中改革考核方式，明查与暗访相结合，有针对性地组建考核小组，根据职能对全市人口计生工作进行全面考核评估，进一步增强了督查考核的针对性和实效性。同时，坚持将每次督查考核结果向各县区委、区政府通报，帮助县区客观剖析存在的问题和薄弱环节，提出针对性较强的意见和建议，使各县区党政主要领导进一步认清各自人口计生工作的状况，充分调动县区、相关部门和工作人员注重过程管理、提升实际工作水平、淡化名次排序的工作积极性和创造性，形成了有利于各项工作正常推进的正向激励和反向制约机制。

【宣传教育】 充分利用元旦、春节、“三下乡”“三八妇女节”“桃花会”“梨花会”“母亲节”等重大节会日，通过更新计划生育墙体标语、制作宣传栏、印发宣传品、入户面对面宣传、免费提供健康服务生活用品等方式，在全市范围内掀起学习宣传人口计生法规政策、知识的热潮。不断巩固宣传阵地，充分发挥报纸、网络、电视、广播、数字移动电视等媒体舆论导向作用，通过投稿、约稿、开设专栏、现场采访，开展“5·29”协会活动日、“7·11”世界人口日和纪念《公开信》发表30周年等一系列宣传活动，进行全方位、立体式、系统性的宣传报道，让群众真正了解和认识到实行计划生育以来全市人口计生工作发生的巨大变化和取得的历史功绩。全年在国家级报刊上发表信息22篇，省级报刊上发表64篇，在国家级网站上刊载信息41条，省级网站上刊载240条，新闻宣传渠道不断拓展，覆盖面进一步扩大。

【落实政策】 按照市、县6∶4，市、区4∶6的分担比例，全市各级重点落实了每月10元的独生子女父母奖励费、农村“两户”养老储蓄、农村计划生育家庭“成才工程”、城市下岗职工和无业居民独生子女父母奖励费、基层计生干部报酬、节育手术并发症治疗等项目。全年仅市级财政就投入420万元用于免费婚检、预防出生缺陷营养素发放和孕前优生检测。市人口委先后与城建、民政、国土、保险等部门联合制定了多项惠民政策，在危房改造、上学就业、生产帮扶、医保低保、新农保等政策中对计生家庭给予了倾斜和照顾。为629人符合条件的当年农村二女结扎户办理了3000元的奖励。全市300户计生特困家庭领取到了每户1000元~4000元的救助金，落实195名结对帮扶对象每户500元~3000元的救助资金，全市新增159名符合特别扶助条件的计生对象，全额领取到了960元~1200元的救助资金。同时，还为陇南、甘南两市(州)各提供2万元计划生育家庭子女结对帮扶金，向定西市10户计划生育困难家庭子女上学提供1万元结对帮扶金。

【综合改革】 为进一步稳定低生育水平，实现人口与经济社会资源环境的协调可持续发展，制定出台《兰州市创建全国人口和计划生育综合改革示范市实施意见》，全市宣传教育、优质服务、流动人口服务管理等示范典型创建工作深入推进。国家人口计生委命名七里河区计生服务站等4个服务站（所)为“全国计划生育优质服务示范站”，授牌安宁区十里店街道园艺社区等4个村(社区)为“首批全国人口和计划生育基层群众自治示范村(居)”，50个“三示范”创建点被省人口委命名为全省示范点，全市互比互学、创先争优的良好氛围更加浓厚。

2010年，全市投入780万元用于人口计生信息化建设，包含常住人口、户籍人口和流动人口的全员人口和育龄妇女信息数据库全面建立；连接市、县区、乡镇(街道)的计划生育政务专网全部开通运行；全市各县区、乡镇（街道)全部完成本辖区人口地图的绘制及与人口和育龄妇女信息数据库的挂接，实现了全员人口地图网格化服务管理；育龄妇女阳光服务卡全面发放有效运转；市级投入专项经费，依托人口计生政务专网及时搭建开通全市人口计生视频会议培训系统、人口计生专用邮件系统等，市、县区、乡镇(街道)召开视频会议、开展远程业务培训，实现计算机及人口和育龄妇女信息数据库远程维护、传输涉密文件、即时信息交换等功能。市政府常务会议研究决定，全市人口数据信息以市人口委提供的数据为准。人口数据信息质量的大幅度提升，为市委、市政府科学决策奠定基础。

【日常管理】 全市人口计生工作继续坚持农村夯基础、城市抓创新、流动管全员、整体促提升的工作方针，人口计生经常性的服务管理不断加强，以“以房管人”为主要方式、户籍地和单位相互配合的服务管理新模式全面运行。一是服务流程进一步规范。修订了《兰州市人口和计划生育基层管理服务规范》；编制了《人口和计划生育政策法规工作手册》；修订城镇居民再生育审批、出生缺陷干预、流动人口计划生育服务管理等12项具体工作流程；加强一线指导，规范办

事流程，夯实基层基础。二是依法行政水平不断提高。在依法履行打击“两非”、流动人口清理清查、计划生育药具市场监管、信访案件调查落实和社会抚养费征收等行政执法职责的同时，开展基层文明执法专项活动；基层村(居)民自治新合同管理全面推行；计划生育技术专家委员会不断充实调整；城镇再生育审批前的公示制度和审批结果公开等制度严格执行，从源头上预防和减少了各类矛盾纠纷的发生。三是干部提拔任用和评先评优审核及有奖举报工作进一步强化。全市审查拟提拔任用、评先评优的党员干部391名，审核拟评选国家及省先进（模范）集体263个，否决了10人，维护了计生政策的严肃性和权威性。受理群众举报249例，查实163例，征收社会抚养费27万元，向58人兑现了10万元的奖励金，人口和计划生育工作民主参与、民主管理、民主监督的渠道进一步拓宽。四是出生缺陷干预工程稳步推进。为20800对新婚夫妇提供了免费婚检、出生缺陷干预营养素发放和孕前优生检测，全市婚检率达到91.87%，部分县区婚检率达到了95%以上。

【流动人口服务管理】 按照“属地化管理、市民化服务”的要求，党政领导、部门指导、各方配合、群众参与的流动人口计划生育服务管理工作格局初步形成，公安部门牵头，工商、人口计生等部门配合的流动人口清理清查、“以房管人”的工作机制全面建立。圆满完成国家2010年流动人口动态监测调查工作，积极申请并成功入选国家流动人口基本公共服务均等化试点城市。为落实流动人口计划生育免费服务项目和生殖健康服务均等化，制定出台了《兰州市流动人口计划生育基本公共服务均等化试点工作实施方案》，市委副书记、市长代表西部地区在国家四部委召开的全国创新流动人口服务管理体制研讨会暨推进流动人口基本公共服务均等化试点工作会议上做了大会交流发言。各县区在增加流动人口管理机构编制的基础上，每个社区还配备了人口计生工作专职人员和2至3名协管员，基本构建起了城市人口和流动人口横向到边、纵向到底的计划生育管理服务网络，为摸清流动人口底数，及时有效纳入服务管理提供了可能，流动人口计划生育服务管理水平逐步提高。

【计划生育服务机构建设】 2008年至2010年，在中央拉动内需中，国家下达兰州市农村基层中心乡镇计划生育服务所国债建设项目12个。经过全市上下的共同努力和各县区的多方协调，各项配套资金全部落实到位。按照厉行节约，兼顾发展的要求，各项目单位合理规划建设规模，严格遵守项目制度，经过工程前期的招投标工作，12个国债项目有11个已投入使用，1个正在进行内部装修，2011年6月底全部建成投入使用。安宁区500平方米的区计生综合服务大厦建设工程已正式投入使用，其他县区服务站建设进展良好，全市各级计划生育技术服务机构硬件建设得到加强。各级服务机构开展了形式多样的岗位练兵和知识技能比武竞赛活动，技术服务人员比服务、强素质的氛围日益浓厚，各计划生育技术服务基础设施整体建设和发展水平严重滞后的被动局面得到了有效改变。

（杨海霞）

人物与荣誉榜

人　物

【全国军粮供应管理工作先进个人】

彭巨虎　现任榆中军粮供应站站长。自2000年从事军供工作以来，始终以创全省一流单位为目标，以部队满意为出发点，严格执行军供政策，热爱军供事业，刻苦学习业务知识，踏实为部队服务，赢得了省、市、县各级领导的充分肯定。2003年，榆中军粮供应站被市粮食局、市工商局、市质量技术监督局、市卫生局、市物价局授予首批“放心粮店”称号，连续多年被榆中县委、县政府评为“先进企业”，年年被县粮食局评为目标完成先进单位，军供站收到部队赠送的锦旗、牌匾20多面。

2000年1月7日，榆中县军粮供应站宣布成立，组织安排由粮食局第三营业厅工作的彭巨虎同志负责这项工作,他二话不说当天就投入了筹备工作。在没有办公地点和工作人员的情况下，经多次和市、县粮食局沟通协商，彭巨虎把营业厅和原粮食局走廊整改装修为一体，作为办公场所和军人休息室。

建站之初，军供站只有他和司机、保管员3人，他不辞辛苦跑遍了驻榆部队的每一个角落。一方面拜访各部队首长并宣传军粮供应政策，请求给予配合，一方面不断加强和部队的沟通，了解部队需求，解决部队困难，加深军地感情。

在工作中，彭巨虎提出了“以质量赢得信誉，以服务赢得回报，以真诚赢得信任，以踏实赢得认可”的工作方针，始终坚持“以质量求生存，以诚信求发展”的准则，从站长到员工，把质量看做是企业生存的命脉，全力抓好军粮供应工作。为了使部队吃上放心粮，彭巨虎从军粮采购的源头抓起，实行阳光采购制度，选择面粉质量稳定的厂家和质量可靠、粮源稳定、价格合理的“国优”“省优”名牌大米，并实行“一批、一检、一报告”制度。坚持义务送粮，免费装卸，只要部队一个电话，都直接服务送货到营区。如今，军粮供应了上千万公斤，从未过发生一次军供粮油质量投诉问题和欠供、断供问题，有效保障了军供粮油及时充足供应。送粮率达到了100%，在国家军粮中心、总后勤部及兰州军区几次突击检查中超标准供应100%。

在工作中，彭巨虎除了坚持送货上门外，还定期走访部队。每逢“八一”、春节，他都要购置一些部队的日常物品和节日用品走访慰问部队。同时，参观他们的食堂和粮油库房，征求军粮供应方面的意见和建议。某部首长讲：榆中军粮供应站是“取之于兵，用之于兵，是用心在为部队服务”。有一次，某部打来电话说他们供应的大米有问题，他二话没说就带业务人员赶了过去，到那里一看，才知道是部队在蒸米过程中出现了问题，并当场找来电饭锅亲自做，等做熟后比较，确定并不是他们供应的大米有问题，部队领导连连道歉。按说这属于部队的问题，但他没有抱怨一句，还从专业角度指导部队如何储存、管理米面油，这件事情使部队的后勤人员深受感动。靠着真诚和信誉，彭巨虎和军供站赢得了驻榆部队地支持，成为全省军供系统效益最优站。2008年，榆中军粮供应站被树为全省军供系统学习的典范。

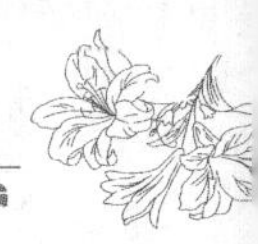

2008年1月中旬，甘肃省遇到了50年来最严重的冰雪灾害。为了“抗寒抗灾，确保供应”，彭巨虎吃住在单位，坚持24小时值班，经常保持与部队联系，随时掌握部队需求，做到急需急供。同时优化服务措施，采取特事特办，在军用购粮卡未充值的情况下，克服严寒及交通不利情况，采取先供粮后充卡的办法免费运送给养。有一次，高崖某部队急需粮食，司机正好未在，彭巨虎亲自开车去部队送粮，天寒地冻，车走到半道就冻住了，他只好到附近农家找开水烫，找柴草烧，零下20℃左右的气温，手都冻得拿不住东西了，但是彭巨虎只有一个信念，粮食必须今天送到部队。就这样，烧开了走，冻住了再烫再烧、再走，平时两个小时的路程，那天却用了6个多小时，回到单位，他冻得连话都说不出来了，浑身上下全是泥土、黑灰。1、2月份冰冻时期，榆中军供站供应大米16.4万公斤，面粉5.5万公斤，食用油3765公斤，有效保障了雪灾、春节期间的部队需要和市场供应。

2008年“5·12”汶川大地震发生后，彭巨虎发挥党员先锋模范作用，积极带头捐款1000元，同时，军供站还为汶川大地震筹措救灾大米30吨，为民政局调运和发放救灾粮184吨。2010年4月14日，青海玉树发生地震后，军供站积极做好应急保障准备。15日中午，驻榆解放军某部接到命令后，电话通知军供站在半小时之内将部队所需大米、面粉以及矿泉水180件，立即送往赴青海玉树地震灾区部队集结地。在时间紧、任务重的情况下，彭巨虎带领职工放弃午休时间，及时将部队所需粮油及其他物品装车送往部队，并亲自搬上开赴执行救灾任务的车上，保障了救灾部队的物资供应。

为充分调动员工积极性，军供站实行“效益提成”的计酬方式，使员工工作积极性不断提高，人人敬业，不甘落后，主动为企业献计献策，销售收入由原来几千元增加至现在的几万元。2009年，实现销售收入245万元，取得了良好的社会效益和经济效益。

在立足发展军粮供应工作保障部队后勤供应和开展站内各项建设的同时，他还不断拓宽、延伸服务领域，发展多种经营。由军供站具体实施的“榆中县军民共建方鑫粮店”，经营品种从单一的米、面、油，发展到烟、酒、糖、茶、日用、百货、副食等4000多个品种，粮食企业跨行业经营成为粮食企业的“亮点”，为粮食企业的发展开辟了全新的空间，同时拓宽了粮食企业的经济增长点，起到了示范和带头作用。

如今，榆中军粮供应站焕发了勃勃的生机与活力，从最初的年销售24万公斤发展到现在的200多万公斤，从原先月收入几千元到现在的十几万元，经济效益逐年增加，职工收入不断提高。

2010年12月，彭巨虎被国家粮食局、财政部、总后勤部授予“全国军粮供应管理工作先进个人”荣誉称号。

任培新

2007年9月，调任兰州市军粮供应服务中心董事长。担任董事长后，任培新确定了“依托军供求发展，开拓经营强军供”的工作理念，形成以强化管理为核心、以加快发展为主题、以创新经营为主线、以增加收入为目的的工作思路。认真履行领导职责，爱岗敬业、勇于奉献，发挥党员的先锋模范带头作用，为企业振兴、军供事业壮大，做出了突出贡献。

在任培新的带领下，军粮供应服务中心在短期内实现了三个翻番：一是2007年销售收入突破了千万元大关，实现了军粮供应和市场营销双轮驱动的好趋势；二是实施了全员工效挂钩，员工收入实现了翻番；三是基础建设(国有资产)实现了翻番。企业文化形象、员工整体素质水平有了很大提高和改善。在放心粮油“进军营、进校区、进社区”活动中，处处体现军供单位优质服务、质量第一、信誉第一的宗旨。2007年、2008年、2009年连续三年受到上级嘉奖。

在“5·12”汶川大地震发生后，任培新积极响应上级号召，带领军粮中心员工加班加点，在最短的时间内，组织完备所需粮油、食品物资，亲自率领车队连夜赶往文县地震重灾区一线抢险部队官兵驻地。当车队行驶至武都文县路段时，公路两侧全是高山悬崖，由于天降暴雨，余震不断，道路时有坍塌，山上乱石滚落。任培新顶着暴风骤雨，冒着生命危险，经过22小时的颠簸，闯过一个又一个险关，于次日早七时到达文县部队抢险指挥部。看到这种情景，武警总队张副政委向前紧紧握住任培新的手，激动地说：“谢谢你们！你们冒着余震危险和暴雨，日夜兼程，为我们送来粮油和食品，这真是雪中送炭。”总队师长也感动地说：“你们的到来，是对我们的最大支持，我们的感激之情真是言语无法表达。”任培新此举获得了市粮食局、省军粮中心、兰州军区、武警甘肃总队等单位的赞扬，国家军粮办、中国武警网站向全国发布信息予以表扬，兰州电视台、兰州晚报对此做了专题报道。军粮供应服务中心被兰州市粮食局评为2008年“抗震救灾先进单位”，给予表彰奖励。

在“3·14”藏区维稳工作一开始，任培新组织中心成立应急保障小组，全天候听从部队召唤，保证部队官兵在特殊使命下的军粮供应，并成立小分队前往夏河、合作走访慰问，受到武警官兵的列队欢迎和高度评价，武警首长说：“你们的慰问我们很受感动，我们决心练好兵，为保卫祖国做出贡献。”兰州日报为此做了专题报道。

军粮中心在任培新的带领下，始终把“双拥”工作纳入日常工作中。每逢节假日，任培新都亲自带队到部队走访、慰问、交流、座谈，倾听部队意见建议，密切军地关系，提高服务水平，改进军粮供应的各项工作，改善各项便军服务措施，拓宽军粮供应领域，不断完善军供保障体系建设。经过多年的艰苦努力，军粮中心圆满完成了军粮供应任务，得到了上级领导的肯定，受到驻兰各部队和相关部门的好评。任培新领导的兰州市军粮中心连续5年被评为全市目标管理先进单位，他个人被中共兰州市委评为思想政治工作先进个人，被兰州市人民政府授予粮食工作先进个人。2010年6月，任培新被评为兰州市人民政府国资委优秀共产党员；12月，被国家粮食局、财政部、总后勤部授予“全国军粮供应管理工作先进个人”荣誉称号。

【甘肃省劳动模范】　时俊成 1976年参加工作，1988年加入中国共产党，现任兰州威立雅水务集团生产调度中心二分调调度长。

时俊成所在的班组是兰州威立雅水务集团生产核心班组，负责制水二厂生产运行合理调度，控制各个生产环节的水量、压力、水质等指标。他担任调度长后，积极配合工程技术人员对供水工艺进行完善和改造，成功将单层滤料改造为双层滤料，大大延长了滤池冲洗周期，节约了冲洗水量；参加了机械加速澄清池改造工作，改造完成后，有效解决了池底淤泥不能排出的问题，使出水浊度由原来的9度至11度降到现在的4度至6度；参与完成了对3号清水库加氨点的改进，增加了2号清水库加氨点，延长了余氯在管线中的持续时间，使管网末梢氯达到水质要求，确保了供水质量，节约了加氯量；他带领的调度部门连续多年超额完成企业下达的节能计划。近5年，仅节电一项，为集团公司节约575万元。

多年来，他坚持到生产车间了解设备运行及工艺调整和变化情况，养成了记笔记的习惯。常年积累，他对第二水厂供水工艺非常了解，哪道工序有改变，哪道工艺可能存在隐患，都烂熟于胸，被称为第二水厂的“活地图”。连续19年被评为兰州威立雅水务集团“先进工作者”“优秀共产党员”；2009年，时俊成荣获“兰州市劳动模范”称号；2010年，荣获“甘肃省劳动模范”荣誉称号。

杨红心　高级政工师，一级企业人力资源管理师。现任兰州中石油昆仑燃气有限公司总经理、党委书记。2007年9月，杨红心任兰州燃气化工集团公司总经理。在他的带领下，兰州燃气大力推进企业改制工作。2008年，兰州燃气在完成“两个置换”的基础上，理顺了企业股权结构，完善了企业法人治理结构，组建了国有控股的兰州燃气化工集团有限公司。2010年，与中石油昆仑燃气有限公司重组成立兰州中石油昆仑燃气有限公司，为企业做大做强和快速、健康发展奠定了坚实的基础。公司现辖6个分公司、7个子公司、2个控股公司、1个参股公司共16个成员单位；有在册职工1400余人。公司已实现对兰州四个主城区天然气全面覆盖，累计建成高中低压天然气管网干线400多公里、庭院管线1500多公里、门站7座、调压站62座、调压箱(柜)3100余台；拥有天然气居民用户56万多户，非居民用户3606家6978户。总资产18亿元，年销气量突破6亿立方米，年销售收入10亿元。

在工作中，杨红心始终坚持“安全第一、预防为主、综合治理”的方针，把安全生产作为企业一切工作的重中之重，不断强化安全管理，加大安全工作力度，使兰州昆仑燃气安全工作逐渐走上了“标准化、规范化、现代化”的管理轨道。采取职工安全教育、警示教育及安全培训等手段与措施，提高全员安全意识，组织开展了百日安全无事故等多项安全活动，使职工的安全意识从“要我安全”转化为“我要安全”的自觉自发行动。通过完善安全管理规章制度，严格安全管理责任制度，将预防关口前移，几年来先后投入资金1300多万元，进行安全技术改造和购置100余台各类安全监测设施和安全检测车等优化供气工艺，有力保障了安全生产。并加大安全隐患治理力度，梳理各类安全隐患并建立了动态管理机制。2010年，公司组织进行上门入户安全检查16万居民用户，完成了300公里埋地天然气管线防腐层破损点检测和528处防腐层破损点修补、600公里防腐层破损点检测及开挖验证修复。

在深入了解企业发展现状基础上，2008年，杨红心提出了“以项目促发展”和“立足兰州、辐射周边”的发展思路，以重点项目建设促进兰州昆仑燃气发展。经过一年零七个月的大规模建设，液化天然气(LNG)项目于2010年11月12日一次性投料试车成功。该项目的

建成投产有效解决了兰州地区冬、夏季天然气用气不均衡的矛盾，保证了冬季安全、稳定供气。至2010年底，兰州昆仑燃气通过参加市政府组织的竞拍而得的三座天然气加气站也已全部建设完成，有两座天然气加气站已投入运行。在实现对兰州四个主城区天然气全面覆盖的同时，积极向皋兰县、榆中县、永登县、临洮县、定西市、兰州新区等“四县一市一区”拓展天然气业务，目前天然气工程项目建设按计划有序推进。

杨红心将和谐企业创建工作作为提升企业核心竞争力和提高职工凝聚力的重要举措。一是稳步推进和谐单位、和谐班子创建工作，实现了优化企业内部关系、促进企业和谐发展的目标。二是为全面提升兰州昆仑燃气的社会效益和服务品质，树立良好的形象，铸就兰州昆仑燃气服务品牌，提高兰州昆仑燃气的社会竞争力，开展了旨在提升员工服务态度、培养优质服务意识的效率工程、形象工程和品牌工程等“三项工程”。全面实施了以正常运转，稳定供气；抢修及时，确保安全；抄表准确，收费合理；业务受理，方便快捷；礼貌待客，文明服务；制度保障，社会监督等为主要内容的“阳光服务”工程。三是主动担当社会责任。“5·12”汶川大地震后，积极开展救灾捐助活动。公司出资6万余元统一购置新棉被1000条送往陇南灾区；捐资50万元为武都灾区援建一所希望学校；全体员工捐款近8万元，被毯等其他生活用品8000余件；党员交纳特殊党费72690元。2010年8月8日，甘南藏族自治州舟曲县发生特大山洪泥石流灾害，公司组织开展了“情系舟曲”紧急捐款活动，全系统1095名员工为灾区捐款72550元；兰州昆仑燃气为舟曲捐款10万元。同时，为帮扶对象榆中县高崖镇裴家岔村出资23万元，整修一条14公里长的村镇公路及平整梯田200亩，充分体现了企业家关爱社会、勇于担当的精神风貌。四是充分体现人本理念，积极保障员工权益，为全体员工办理了医疗保险和工伤保险，办理了职工住院医疗互助保险和女职工特殊疾病保险；实行了带薪年休假；建立了工资增长机制，经过努力和争取，兰州昆仑燃气实行了员工企业年金制度，为员工退休建立了补充养老保险制度；关心员工生活，开办了员工餐厅和健身娱乐活动中心，为一线岗位配备冰箱等生活设施；安排进行了全员健康检查，组织了员工疗修养等活动。这些举措充分体现了杨红心“发展成果与员工共享，企业与员工共同发展”的发展思路。

由于出色的工作能力和卓越的开拓管理才能，杨红心志被兰州市委、市政府授予2007年度兰州市国企改革攻坚战一等奖；被市总工会授予兰州市厂务公开民主监督工作先进个人；被市国资委评为2008年度“优秀共产党员”，2008年10月，被兰州市委宣传部等部门联合授予“兰州市改革开放30年风云人物”；2008年，杨红心被国家人事部人才交流中心和全国职业经理研究中心授予“全国百名优秀职业经理”，全国职业经理研究中心授予“优秀职业经理人”荣誉称号；2009年元月，被中共甘肃省委组织部、共青团甘肃省委等9部门联合授予“甘肃省优秀青年企业家”荣誉称号；2009年，被评为兰州市劳动模范；2010年，被评为甘肃省劳动模范。

【全国地方志系统先进工作者】

金钰铭　男，中共党员，历史学学士。从事地方史志工作30年。1988年调入兰州市地方志办公室，不久任市志办副主任、《兰州市志》常务副主编，主管全市地方史志和年鉴编纂业务。任职20多年来，拟订《〈兰州市志〉编纂方案》，制定相关业务规范8种，主编《实用修志文编》(兰州大学出版社出版)，为兰州市方志工作走上规范化、科学化轨道做出了贡献。为确保新编多卷本《兰州市志》的质量，对市志每一卷从篇目设计、编纂组织到复审、终审、印前审订都亲自把关，逐字逐句审读，调整结构、纠正错误、补充史料，甚至代撰一些章节。目前市志已出版56卷计2300万字，其中93%以上获得省地方史志优秀成果奖等多种奖项。精心指导市辖各县区、修志工作，至1999年，8个县区全部完成首轮志书编纂和出版，全部获得省地方史志优秀成果奖。先后两次主持编制《兰州市地方志事业五年发展规划》，全面启动兰州市第二轮修志工作，目前已完成《兰州通志》(二轮市志）编纂，完成一县一区一部门一单位共四种二轮修志试点工作，全部出版问世。20多年间，经他审读的志稿、年鉴、其他地情著述按一次阅读计算，就已达到21.4亿多字，改写、补写文字170多万字。高度重视地情研究、史志编纂理论研究、地方志发挥社会服务效能等三个领域，为此付出了艰辛努力，先后主编和单独著有《甘肃历史》《兰州发展史》《兰州历史文化·历史沿革》《兰州历史地理研究》《兰州市志·总述》《城市志探索与实践》等，参与主编《甘肃方志通览》《兰州历史化丛书》《甘州文化丛书》《区域经济学概论》等，在国内外刊物和会议上发表论文31篇。热心于地方理论的研究和交流，先后参与发起西北城市志质量研讨协作会、中国西部城市地方志工作协作会，参与对青海西宁、甘肃白银、宁夏银川等市地方志工作业务的指导、人员培训和志稿审定工作。20多年间，先后任甘肃省历史教学研究会常务理事、甘肃省地方史志学会副会长、中国地方志年鉴编委会委员、兰州大学特聘教授、中华人民共和国国史研究会驻西北联络员，并在多个省级社团担任专家委员会成员，并受到中共兰州市委、市人民政府和省地方史志编纂委员会的表彰奖励，多次被授予兰州市、甘肃省修志工作先进个人荣誉称号。为了地方志事业，他不图名利，勤奋工作，追求质量，精于学术，努力创新，兢兢业业，长期带病坚持工作，赢得西北地区方志界广泛赞誉。2010年11月，经甘肃省地方史志编委会推荐，被中国地方志指导小组评为“全国方志系统先进工作者”，受到表彰奖励。

【全国用户满意服务明星】　沈小斌　兰州燃气化工集团有限公司安定门服务站维修员，主要承担安定门服务片区727家采暖锅炉用户、29家工业用户、8家加气站用户燃气设备和各类用户燃气设施的日常维修，年度安检及流量计每年一次的定期维修保养工作。在工作中，他常常放弃中午休息时间，顶烈日，冒酷暑，加班加点，连续奋战，从不计个人得失与报酬，从来没有丝毫怨言，全力以赴确保用户的设备安全稳定运行。沈小斌每年按时完成居民户内天然气设施的安检工作，维修保养涡轮流量计达330多块，更换电池460块，整体更换故障涡轮流量计26块，检定流量计319户，保质保量完成安检45户/日的指标，及时消除天然气用户用气隐患。2010年，沈小斌在安检中发现并处置软三通连接12户，更换灶前阀38户，发放宣传材料893份，解答用户咨询129人次，拆除节能罩12户，更换软管121户，协助更换户内立管三通2户。

在做好日常工作的同时，沈小斌不断加强学习，掌握新的维修本领。他经常白天工作，晚上在家钻研业务知识，通过网络、书籍，汲取有益营养，确保自己的知识能跟上日新月异的时代潮流。扎实的学习根基，使他在工作水平不断提高。对维修工作中存在的不足，他切实为企业的利益着想，为用户的安全用气着想，及时提出合理化建议和改进措施。他还利用业余时间，经常为一些私营企业等重点用户讲解安全用气知识，使用户高度重视并消除安全隐患。尤其是兰州昆仑燃气开展安全讲堂以来，他总是在维修检修后手把手地教用户掌握安全操作要领，直到用户完全会用为止，树立了企业的良好形象，使企业与用户之间形成了融洽、和谐供用关系。

自2007年以来，沈小斌先后荣获兰州燃气化工集团公司四星级职工称号、兰州燃气化工集团公司五星级职工称号、兰州燃气化工集团有限公司劳动模范、甘肃省用户满意服务明星。2010年5月，荣获中国质量协会、中华全国总工会、中华全国妇女联合会、全国用户满意工程联合推进办公室“全国用户满意服务明星”称号。

全国先进工作者名录

姓　名	性别	出生年月	政治面貌	学历	工作单位	职务	职称
李　斌	男	1967.11	中共党员	大学	兰州市公安局刑事警察支队一大队	队长	
许　筠	女	1963.8	中共党员	大学	市第二人民医院中西医肾病科	主任	主任医师

全国劳动模范名录

姓　名	性别	出生年月	政治面貌	工作单位	职务	职称	技术等级
卢朝鹏	男	1973.08	中共党员	中国石油兰州石化公司炼油厂催化二联合车间催化二班	班长		技师
邹　斌	男	1972.11	中共党员	兰州兰石国民油井公司加工一车间	调度	技师	中级
何　璟	女	1972.04	中共党员	兰州公交集团第一客运公司	驾驶员		

续表

姓　名	性别	出生年月	政治面貌	工作单位	职务	职称	技术等级
魏　钰	女	1966.5	中共党员	兰州友谊饭店餐饮部	经理	服务大师 高级经理人	高级
臧永良	男	1963.01	中共党员	甘肃祁连山水泥集团股份有限公司永登公司保全部铆焊班	班长	铆焊组组长	技师
柳纪省	男	1955.01	中共党员	兰州兽医研究所动物传染病研究室	主任	研究员	
祁复忠	男	1967.05	中共党员	兰州市红古区青土坡村	党支部书记		

全国“五一”劳动奖章获得者名录

姓　名	性别	政治面貌	工作单位
冯新平	男	中共党员	兰州市第二十七中学

全国维护妇女儿童权益先进名录

姓　名	性别	工作单位及职务	荣誉称号
白菊业	女	兰州市城关区妇联主席	全国维护妇女儿童权益先进个人、全省维护妇女儿童权益先进个人

全国城乡妇女岗位建功先进名录

姓　名	性别	工作单位及职务	荣誉称号
刘永秀	女	皋兰县水阜乡砂岗村妇代会主任	全国城乡妇女岗位建功先进个人、全省“双学双比”女能手
李海霞	女	兰州市七里河区黄峪乡王官营村农民	全国城乡妇女岗位建功先进个人、全省“双学双比”女能手

甘肃省劳动模范名录

姓　名	性别	出生年月	政治面貌	工作单位	职务	职称	技术等级
李军利	男	1973.9	中共党员	中国石化集团第五建设公司天津项目部	项目总工	工程师	
李孝余	男	1975.4	中共党员	二十一冶建设有限公司第六分公司	副经理	工程师	

续表

姓　名	性别	出生年月	政治面貌	工作单位	职务	职称	技术等级
董　鹏	男	1972.9	中共预备党员	中铝兰州分公司自备电厂检修班	班长		技师
付淑丽	女	1959.4	中共党员	西北永新集团有限公司	党委书记工会主席	高级政工师	
罗　戈	男	1975.1	中共党员	中国铝业股份有限公司连城分公司电解八车间	工区长	助理工程师	
杨红心	男	1962.9	中共党员	兰州燃气化工集团公司	董事长、总经理	高级政工师	
吴玉芳	女	1976.8	中共党员	兰州民百（集团）股份公司亚欧商厦烟酒专柜	柜组长		
王　彬	男	1963.8	中共党员	兰州市政建设集团有限公司	董事长	高级工程师	
谭俊英	男	1956.7	中共党员	兰州二建集团有限公司	董事长兼党委书记	高级经济师	
王新海	男	1975.1	中共党员	兰州佛慈制药股份有限公司	大区经理		
陆立俊	男	1971.12	群众	兰州新华印刷厂装订车间骑马订机	机长		
谭　湧	男	1971.12	中共党员	兰州兰电电机有限公司大中型电机事业部转子嵌线班	班长		高级技工
徐懋生	男	1964.2	群众	中牧股份兰州生物药厂疫苗乳化班	班长		高级工
施腊芳	男	1970.12	中共党员	甘肃新华印刷厂彩印分厂胶印班组海德堡机	机长		高级技工
戈兆胜	男	1971.8	中共党员	兰州兰石集团有限公司锻造热处理公司锻压车间提环班	班长		技师
谈铁军	男	1955.8	中共党员	兰州市文科职业学校	校长	中学高级	
丁延虹	男	1962.2	中共党员	兰州市第一人民医院	院长	副主任医师	
张守红	男	1965.12	中共党员	兰州公路总段兰州管理段	段长	工程师	
刘本淑	女	1962.2	中共党员	兰州市新华书店	发行员		高级发行员
谢成俊	男	1969.6	中共党员	兰州市农业科技研究推广中心	副站长	高级农艺师	

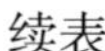

续表

姓 名	性别	出生年月	政治面貌	工作单位	职务	职称	技术等级
梁海龙	男	1976.9	群众	兰州奔马汽车出租有限公司	驾驶员		
王玉琳	男	1959.2	中共党员	兰州生物制品研究所	副所长	研究员	
韩 庆	男	1953.3	中共党员	甘肃天庆房地产集团有限公司	董事长	建筑工程师	
雷 明	男	1972.3	中共党员	兰州市中级人民法院审判三庭	审判员		
李·才让卓玛	女	1964.1	中共党员	兰州市医疗保险局	副局长	医师	
南振岐	男	1964.2	民盟	兰州南特数码科技集团	副总裁	高级工程师	
王 铿	男	1978.3	群众	兰州陇星散热器有限公司研发部	部长	助工	
王兴田	男	1962.11	中共党员	城关区市容环境卫生管理局	局长		
何翠芳	女	1963.6	群众	城关区市政工程管理所	保洁员		
杨学成	男	1953.9	中共党员	甘肃大成置业有限责任公司	董事长	经济师	
赵保民	男	1955.2	中共党员	七里河区人民检察院	检察长		
段桂花	女	1964.4	中共党员	兰州市西固区环境卫生管理局福利路清扫站	清扫工		
柴学毅	男	1962.12	中共党员	安宁区第二建筑公司	项目经理	工程师	
金华杰	男	1962.10	中共党员	榆中县城关镇金家圈村村委会	党支部书记		
牛有祯	男	1952.3	中共党员	皋兰县水阜乡砂岗村	党支部书记		
滕生堂	男	1960.5	中共党员	永登县秦川镇榆川村	党支部书记		
陈宏森	男	1957.5	中共党员	七里河区地方税务局	党组书记、局长	工程师	
时俊成	男	1958.11	中共党员	兰州威立雅水务（集团）有限责任公司调度中心二分调	分调长		技师

续表

姓　名	性别	出生年月	政治面貌	工作单位	职务	职称	技术等级
杨子海	男	1969.02	中共党员	中国石油兰州石化公司化肥厂动力车间 C 锅炉装置班	班长		高级技师
邸新宁	男	1958.06	中共党员	兰州有色冶金设计研究院有限公司矿山院	副院长	教授级高工	
王树东	男	1959.08	中共党员	皋兰县石洞镇豆家庄村	党支部书记	建筑工程师	中级
杨　宏	男	1970.09	中共党员	兰州市公安局交警支队城关大队	副主任科员		

甘肃省“五一”劳动奖章获得者名录

姓名	性别	年龄	民族	学历	政治面貌	工作单位及职务	职称	单位类型	所属行业
曹亚东	男	28	汉	初中	群众	兰州二建集团有限公司钢筋工		股份制	建筑
刘建伟	男	54	汉	本科	中共党员	兰州市外国语高级中学教师	中教高级	事业单位	教育
夏银霞	女	28	汉	大专	群众	兰州中科安泰分析科技有限公司生产组长		私营企业	科研服务
孙金菊	女	39	汉	本科	中共党员	皋兰县人民医院医生	主治医师	事业单位	卫生
王元明	男	48	汉	大学	中共党员	兰州市公安局交警支队车管所所长		国家机关	
田建军	男	55	汉	硕士	中共党员	中国石化集团第五建设公司总经理	高级工程师	国有企业	建筑
孙克勤	女	43	汉	本科	中共党员	兰州市永登县城关镇司法所所长		国家机关	
李国兴	男	40	汉	大学	中共党员	兰州市人民检察院副主任科员		国家机关	

甘肃省防范和处理邪教系统先进工作者名录

姓名	性别	单位及职务	荣获称号	颁奖单位
张明泉	男	中共兰州市委政法委副书记、防范和处理邪教问题领导小组办公室主任	甘肃省防范和处理邪教系统先进工作者	甘肃省人力资源和社会保障厅、甘肃省人民政府防范和处理邪教问题办公室
韵玉成	男	兰州市司法局正处级干部	甘肃省防范和处理邪教系统先进工作者	甘肃省人力资源和社会保障厅、甘肃省人民政府防范和处理邪教问题办公室
刘永生	男	兰州市法制教育学校专职副校长	甘肃省防范和处理邪教系统先进工作者	甘肃省人力资源和社会保障厅、甘肃省人民政府防范和处理邪教问题办公室
文　军	男	兰州市公安局反邪教侦察支队三大队副大队长	甘肃省防范和处理邪教系统先进工作者	甘肃省人力资源和社会保障厅、甘肃省人民政府防范和处理邪教问题办公室
李炤年	男	兰州市国家安全局办公室副主任	甘肃省防范和处理邪教系统先进工作者	甘肃省人力资源和社会保障厅、甘肃省人民政府防范和处理邪教问题办公室
高丽娜	女	中共兰州市城关区委政法委副书记、防范和处理邪教问题领导小组办公室主任	甘肃省防范和处理邪教系统先进工作者	甘肃省人力资源和社会保障厅、甘肃省人民政府防范和处理邪教问题办公室
温照军	男	兰州市城关区火车站街道办事处党工委书记	甘肃省防范和处理邪教系统先进工作者	甘肃省人力资源和社会保障厅、甘肃省人民政府防范和处理邪教问题办公室
张安庆	男	中共兰州市七里河区委防范和处理邪教问题领导小组办公室主任	甘肃省防范和处理邪教系统先进工作者	甘肃省人力资源和社会保障厅、甘肃省人民政府防范和处理邪教问题办公室
陈绍清	男	中共兰州市西固区委政法委副书记、防范和处理邪教问题领导小组办公室主任	甘肃省防范和处理邪教系统先进工作者	甘肃省人力资源和社会保障厅、甘肃省人民政府防范和处理邪教问题办公室
俞树卫	男	中共兰州市安宁区委防范和处理邪教问题领导小组办公室副主任	甘肃省防范和处理邪教系统先进工作者	甘肃省人力资源和社会保障厅、甘肃省人民政府防范和处理邪教问题办公室
杜生湖	男	中共兰州市红古区委防范和处理邪教问题领导小组办公室主任	甘肃省防范和处理邪教系统先进工作者	甘肃省人力资源和社会保障厅、甘肃省人民政府防范和处理邪教问题办公室
高言林	男	中共兰州市榆中县委防范和处理邪教问题领导小组办公室主任	甘肃省防范和处理邪教系统先进工作者	甘肃省人力资源和社会保障厅、甘肃省人民政府防范和处理邪教问题办公室
马立江	男	中共兰州市皋兰县委政法委副书记	甘肃省防范和处理邪教系统先进工作者	甘肃省人力资源和社会保障厅、甘肃省人民政府防范和处理邪教问题办公室

全省集中清理执行积案活动先进个人名录

姓名	单位及职务	荣获称号	颁奖单位
田　路	兰州市中级人民法院执行局局长	全省集中清理执行积案活动先进个人	中共甘肃省委政法委员会、甘肃省高级人民法院
范兰灵	兰州市安宁区人民法院副院长	全省集中清理执行积案活动先进个人	中共甘肃省委政法委员会、甘肃省高级人民法院
魏代乐	皋兰县人民法院副院长	全省集中清理执行积案活动先进个人	中共甘肃省委政法委员会、甘肃省高级人民法院
吴国洪	永登县人民法院执行局局长	全省集中清理执行积案活动先进个人	中共甘肃省委政法委员会、甘肃省高级人民法院
郑　鹏	兰州市城关区人民法院执行局执行长	全省集中清理执行积案活动先进个人	中共甘肃省委政法委员会、甘肃省高级人民法院
周　刚	兰州市西固区人民法院执行局书记员	全省集中清理执行积案活动先进个人	中共甘肃省委政法委员会、甘肃省高级人民法院
焦　伟	中共兰州市委政法委副书记	全省集中清理执行积案活动先进个人	中共甘肃省委政法委员会、甘肃省高级人民法院
杨小顺	兰州市工商局副局长	全省集中清理执行积案活动先进个人	中共甘肃省委政法委员会、甘肃省高级人民法院
王元明	兰州市公安局车管所所长	全省集中清理执行积案活动先进个人	中共甘肃省委政法委员会、甘肃省高级人民法院
赵之安	兰州市财政局纪检书记	全省集中清理执行积案活动先进个人	中共甘肃省委政法委员会、甘肃省高级人民法院

荣誉榜

全国五一劳动奖状集体名录

中国石油兰州石化公司

全国工人先锋号

天庆莱茵小镇物业服务中心

兰州中石油昆仑燃气有限公司输配分公司管线所

全国计划生育科技大练兵活动先进单位（国家人口和计划生育委员会颁奖）

兰州市人口和计划生育委员会

全国烟草行业企业文化建设先进单位（国家烟草专卖局颁奖）

兰州市烟草专卖局（公司）

全国卷烟打假先进集体（国家烟草专卖局、公安部颁奖）

兰州市烟草专卖局

全国粮食流通监督检查示范单位（国家粮食局颁奖）

兰州市粮食局

全国粮食行业协会先进单位（中国粮食行业协会颁奖）

兰州市粮食行业协会

全国粮油仓储规范化管理先进企业（国家粮食局颁奖）

兰州市土门墩粮食储备库有限公司

全国军粮供应管理工作先进单位（国家粮食局、中华人民共和国财政部、中国人民解放军总后勤部颁奖）

兰州市军粮供应服务中心

全国防范和处理邪教问题先进集体（中华人民共和国人力资源和社会保障部、国务院防范和处理邪教问题办公室颁奖）

兰州市防范和处理邪教问题办公室

甘肃省五一劳动奖状集体名录

兰州中石油昆仑燃气有限公司

兰州有色冶金设计研究院有限公司

甘肃烟草工业有限公司

华润雪花啤酒安宁分公司

甘肃省工人先锋号集体名录

兰州市城关区虚拟养老院

兰州市七里河区百合公园管理所

兰州新华印刷厂

兰州市西固区绿化管理所

兰州伊利乳业有限责任公司

中国铝业股份有限公司兰州分公司

甘肃苏宁电器有限公司

甘肃省防范和处理邪教问题先进集体名录（甘肃省人力资源和社会保障厅、甘肃省人民政府防范和处理邪教问题办公室表彰）

中共兰州市委防范和处理邪教问题领导小组办公室

兰州市法制教育学校

兰州市公安局反邪教侦查支队

全省集中清理执行积案活动先进集体（中共甘肃省委政法委员会、甘肃省高级人民法院表彰）

兰州市中级人民法院执行局

榆中县人民法院

兰州市七里河区人民法院

兰州市红古区人民法院

中共兰州市委政法委员会执法督导处

兰州市房地产管理局

（路有为　刘文玉　王志芳　焦遂轩　许令堃）

城关区

【概况】 城关区是甘肃省省会兰州市的中心区，也是省市政治、经济、科技、教育、文化、交通中心。位于兰州河谷盆地的东部，区域总面积220平方公里，建成区面积63平方公里。行政管辖24个街道和148个社区、18个行政村。有汉、回、满、蒙古、藏、维吾尔等47个民族。户籍总人口93.66万人，常住人口约130万人，流动人口约50万人。黄河自西向东穿城而过，流经本区18公里。白塔山雄踞北岸，皋兰山耸立城南，构成天然屏障。城关区属北温带半干旱大陆性气候，市区平均海拔1520米，年均气温11.2℃，年均降水量327.8毫米，全年日照时数平均2446小时，无霜期180天以上，年平均相对湿度56%，四季分明，气候温和。区内有五泉山公园、白塔山公园、徐家山国家森林公园、兰州碑林等自然人文景区以及水车博览园、黄河铁桥、百里黄河风情线等黄河文化胜境，具有西部山河之城、水车之都和丝路明珠的美誉。

城关区位处全国陆域版图几何中心，25条公路及高速公路通往省内各地和邻近省区；陇海、兰新、兰青、包兰、青藏五大国家铁路干线在这里交汇。西兰乌、京呼银兰等四条数字光缆均以此为主节点，交通便捷，通讯畅通。人流、物流、资金流集散活跃，大中型商场拥有量占全市的80%以上，兰州东部批发市场等5个大型市场跻身“全国同类市场100强”。科技文化资源富集，区内有兰州大学、中科院兰州分院、中国航天科技集团公司510研究所等著名科研院所124家，其中国家级科研单位14个，各类科技专业人才20万人。是丝路文化、黄河文化、民族和宗教文化的交汇融点，有着悠久的文化传统和独特的地域文化，《读者》《丝路花雨》《大梦敦煌》、兰州太平鼓等一大批文化艺术成果已发展成长为世界级的文化艺术精品。

【机构改革】 全面完成政府机构改革。归并调整职能，新设立了城市管理委员会，新组建工信局等政府工作部门7个，更名3个，挂牌6个，合署办公2个，机构总数减少12个，精简率为33.3%。严格落实了编制规定限额，强化和优化了政府在城市管理、城乡统筹和非公经济发展、保障房建设等方面的职能，为经济社会发展提供了有力的行政管理体制保障。不断深化事业单位人事制度改革，组织引导事业单位实现由身份管理向岗位管理、由固定用人向合同用人的转换，共认定岗位8236个，涉及单位248家，人员7969人。加大了事业单位招考录用工作力度，事业单位专业技术人员结构更加优化。

【宏观经济总量】 坚持以科学发展观为指导，紧紧围绕省委区域发展战略和市委“再造兰州”战略，按照区委“123456”发展思路和“156”工作布局，深入开展“争第一、创一流”活动，全力打好项目建设、环境美化、拆迁改造、民生改善、基层基础设施建设五场硬仗，全区经济社会快速健康协调发展。实现生产总值376.88亿元，同比增长13.2%，其中第一产业实现增加值0.99亿元，同比增长6.3%；第二产业实现增加值84.58亿元，同比增长17.5%；第三产业实现增加值291.31亿元，同比增长11.9%。三次产业的比重为0.26∶22.44∶77.3。完成全社会固定资产投资226.59亿元，同比增长24.6%；完成一般预算收入10.52亿元，同

比增长21.09%；完成社会消费品零售总额312.39亿元，同比增长18.41%。农民人均纯收入达到12381元，同比增长13.15%；城镇居民人均可支配收入达到14501.14元，同比增长10%。人口自然增长率为5.89‰，城镇登记失业率为3.5%。

【农业经济】 农业结构不断优化，农村经济整体运行平稳。实现农业总产值1.92亿元，同比增长3.31%；实现农业增加值0.99亿元，同比增长6.3%。种植业方面，粮食播种面积2300亩,同比增长4.55%，粮食总产量719.3吨，同比增长29.38%；蔬菜播种面积20685亩，同比增长2.91%，蔬菜总产量65143吨，同比增长1.63%；瓜类总产量4359吨，同比增长0.48%；水果总产量17056.8吨，同比增长4.79%。养殖业方面，牛存栏1698头，同比增长30.62%；猪存栏7082头，同比增长31.15%；羊存栏5936只，同比增长31.91%；肉类产量406.8吨，同比下降12.04%；奶类产量4800吨，同比增长9.09%；禽蛋产量229.5吨，同比增长近一倍。

【工业经济与招商引资】 积极发掘工业企业潜力，调整产品结构，加大创新力度，工业生产较快增长。完成总产值113.7亿元，同比增长17.99%；完成增加值41.44亿元，同比增长17.01%。其中：规模以上工业实现增加值31.2亿元，同比增长20.1%；规模以下工业实现增加值10.24亿元，同比增长9%。轻重工业快速发展。在地区规模以上工业产值中，轻工业完成产值61.64亿元，同比增长20.3%；重工业完成产值19.57亿元，同比增长33.78%，轻重工业增速分别比全区工业增加值高3.29和16.77个百分点。招商引资成绩突出，通过“园区招商和企业招商、主动招商和以商招商、传统招商和网上招商”三个结合，招商引资的有效性和成功率不断提高。共引进项目113个，投资总额达到657.45亿元，到位资金59.29亿元。第十六届“兰洽会”，共签约项目31个，投资总额达到514亿元，分别占全省、全市的1/4和1/3。

【商贸旅游】 消费需求增长趋于向好发展态势，消费品市场持续繁荣。实现社会消费品零售总额312.39亿元，同比增长18.41%。其中批发零售贸易业276.56亿元，同比增长18.87%；住宿餐饮业35.83亿元，同比增长14.98%。商品房销售额及销售面积双双下降，实现商品房销售额55.31亿元，同比下降11.15%；实现销售面积119.96万平方米，同比下降22.66%。旅游收入42亿元，接待游客705万人次，分别占全市的84%和85%，其中入境旅游3万人次，收入0.68亿元；国内702万人次，收入41.32亿元。完成了兰山三台阁主体维修和三台阁广场、生态广场、兰山水景的改造提升、木栈道和游步道改造等旅游项目建设，以及兰山山地生态公园3A级旅游景区、以陇萃堂甘肃非物质文化遗产和丝绸之路文化工艺精品展博为主的国家2A级旅游景区、龙头山庄国家3A级旅游景区的创建工作。注重发展都市休闲旅游业，现有休闲山庄及生态园38家，农家乐64家。

【非公有制经济】 充分发挥中小企业公共技术信息平台的服务作用，为辖区中小企业提供政策导向、技术创新、项目推介、市场信息等方面的服务，形成了市、区层层抓重点，企业抓落实的工作责任制，非公有制经济得到快速发展。实现增加值193亿元，同比增长20.41%，占全区GDP的比重达到51.21%，比上年增长2.68个百分点；培育建成销售收入上3亿元的工业企业1户，上千万元的中小企业30户，科技成长型企业5户。现有非公有制经济组织4.6万户，从业人员22.5万人，为提升地区经济实力发挥了重要作用。

【新农村建设与城区环保】 新农村建设步入快车道，青白石街道大浪沟村等4个市级试点村建设通过验收；头营村新农村试点示范整村改造项目“兰山人家”开工建设；石沟村地质灾害治理、土地整理和新农村建设三合一项目土地平整有序进行；1.5万亩省级无公害蔬菜标准化示范区项目通过省市验收；100座沼气池和6处沼气服务网点、青山村通村公路、盐什公路改造等新农村建设项目全面完成；建成农村生态小康示范户40户、绿色通道30公里。城乡一体化进程不断加快，实现了“率先在全省统筹城乡教育发展”“率先在全省实施城镇居民医疗保险并轨”“率先在全省完成城乡低保并轨”“率先在全省完成城乡就业一体化”等四个率先。扎实推进污染防控、总量减排和民生工程建设，环境保护工作持续健康发展，清洁能源改造和大气污染防治工作进展顺利。改造燃煤锅炉56台，改造餐饮经营单位清洁能源83家，综合治理洪道13条，“三同时”执行率均达到100%，城区空气环境质量、区域环境、交通干线噪声平均值均在控制目标范围内，黄河城关段水质达标率稳定保持在100%。全区万元GDP能耗降低为0.7478吨标准煤，超额完成市定目标任务。

【城中村改造】 完成“农转非”和撤村建居工作，实现了村民向居民身份上的转变，原村委会均已更名为村居委会，基本完成了集体经济改制工作。坚持安置先行，将安置房建设作为城中村改造重点，共建安置房68.13万平方米，其中已建成滩尖子安置点和上川、刘家滩、范家湾安置点部分地块35.51万平方米，开工建设上川、刘家滩和范家湾安置点部分地块32.62万平方米，已安置住户175户共计3.7万平方米。示范点范家湾、刘家滩村城中村改造整村打捆实施方案已经批复实施。

【教育、科技与卫生事业】 教育方面，全面启动教育最优化城区建设，不断加大教育教学设施配置力度。新改建学校8所，教育信息化一期工程通过验收。加强校园安全管理，配备专职保安185名。全面落实“免除学杂费”和“两免一补”政策，共为7.35万名(含民办学校学生)中小学生免除了学杂费；为7000余名农村中小学生和2400余名城市低保及残疾人家庭子女提供了免费教科书，总计金额1563.13万元。全区现有各级各类学校135所，在校学生125973人，教职员工8418人，其中专任教师7371人。有幼儿园98所，在园幼儿19505人，保教职工2286人。

科技方面，深入实施“科教兴区”战略。新增5家入孵企业，建立由65家科技企业和74个科研项目组成的科技企业、科研项目资料库，组织企业申报科技项目28项，其中国家级项目11项、省级项目5项、市级项目12项，取得扶持资金925万元。建成100个科普示范楼院、20所科普示范学校、1个科普示范企业，新建10处科普画廊，修缮更新49处原有科普画廊。引进农业新品种、新技术5项；开展农业科技培训与现场技术指导4次，培训200人次。

医疗卫生方面，启动中医骨伤科医院改扩建项目，新建3处社区卫生服务中心，打造10个社区卫生服务示范机构、1所市级标准化村卫生所，社区卫生服务人口覆盖率达到98%。建成30个中医特色社区卫生服务机构，通过国家中医药管理局创建全国社区中医特色先进单位评估验收。进一步加强慢病管理工作，糖尿病、高血压慢病管理率分别为95%和97%，甲流、手足口病、溶血性链球菌感染等传染病疫情直报符合率达到100%，国家各类免疫规划疫苗接种率均达到95%以上。惠民利民工作扎实推进，共减免优惠262万余元。人口和计生管理服务手段进一步创新，率先在全省建成人口信息全采集管理系统。妇幼保健工作和农村医疗服务水平进一步提升。年末，在11家区属卫生机构中，拥有床位526张；从业人员723人，其中卫生技术人员559人；在卫生技术人员中，执业医师223人，注册护士181人。

【劳动、就业与社会保障】 再就业工作成效显著，完成就业培训1.19万人，新增就业2.46万人，提供有效就业岗位3.36万个。发放小额担保贷款9725万元，实现创业带动就业5100人，率先在全省建成创业型示范城区。五大社会保险扩面工作超额完成，城镇居民基本医疗保险参保率达到92%。推行新型农村养老保险制度，养老金支付标准达到全省平均水平的3倍。解决未参保集体企业职工遗留问题，将1864名职工纳入养老保险和医疗保险范围。率先在全省建成社保参保人员电子档案和养老金模拟计算系统。率先在全省推行城乡低保一体化。率先在全市实施城乡居民临时救助，大病医疗救助最高标准由8000元提高到3万元。广泛开展各类救助活动，累计发放各类补贴和救助金4559万元，惠及群众22.3万人次。新开工建设廉租房8.9万平方米，配租廉租房1096户，发放廉租住房补贴602万元，完成农村危旧房改造300户。

【精神文明与社区建设】 文明建设卓有成效。全面启动市民素质培养工程，建成市民学校及分校147所、村民学校18所、农民工学校10所，深入开展社区文明大讲堂、中华经典诵读及文明社区创建等主题活动，编印各类宣传资料72万册份，参加市民教育的城镇居民达到82.09万人，占城镇居民总人口数的80%。成立了城关区家庭教育讲师团，在152个社区、18个村设立了家庭教育指导站(中心)，组织开展了“道德百分百—‘四个一百’”以及“五心教育”等主题活动。完成“爱心集结号”志愿者网站改版工作，招募2536名城市管理志愿者和1933名文明交通志愿者，在全市率先开展了志愿者帮扶空巢老人活动；在中央文明委“双测”工作中，圆满完成全市90%的迎测任务，通过了“省级文明县区标兵示范区”验收。基层基础设施建设取得新突破，新建3个街道18个社区、2个派出所、10个司法所、10个执法中队和2个基层法庭办公用房。截至年底，全区社区拥有自主使用权办公用房124处，标准型社区办公用房42处，示范型社区办公用房70处，94个社区达到了市级和谐社区标准，其中有2个社区荣获民政部和省级示范社区称号；24个街道司法所基础设施建设任务已全面完成，盐场路等6个司法所被命名为“市级规范化司法所”，青白石司法所被命名为“省级规范化司法所”，社会管理服务能力不断增强。

领导名录

区　委

书　记　金祥明

副书记　张国一　韩玉金

常　委　冯广宸　乔建新

伏禄代　黄　凯

寇桂杰　王胜太

苏　勇　刘连昌

区人大

主　任　李肃群（女，蒙古族）

副主任　王永祥　高新国

周清慧　杨振宇

王庶任　梁　萍（女）

区政府

区　长　张国一

副区长　冯广宸　王胜太

何文涛　李世祥

陶　军　赵培根

齐彩虹（女）

区政协

主　席　高　星

副主席　虎晓琴（女）

黄汉伟　钱崇禄

沈　洪　姜惠琴（女）

张宗耀

（葛湘萍）

七里河区

【概况】　七里河区位于兰州市中南部，东与城关区交界，东南和榆中县接壤，南靠临洮县，西邻西固区、永靖县，北濒黄河。东西长21公里，南北宽33公里，总面积394.92平方公里。主要有煤炭、石英石、坩泥、石灰石、沙矿、路标石等矿产资源。黄河流经区内15公里，地表及地下水年经流量300多亿立方米，电力资源充足，森林覆盖率26.23%。

境内交通网络四通八达。312国道横贯东西，陇海、兰新、兰青、包兰铁路干线和甘川、宝兰等28条公路穿境而过。区内建有西北最大的铁路货运编组站,电信通讯、电视差转、金融、财税、商贸流通等各种服务功能齐全。有兰州石油机械研究所、甘肃省肿瘤研究所、甘肃电力试验研究所等16家独立和非独立科研机构；建有兰州理工大学、甘肃建筑学院、兰州工业高等专科学校、甘肃省邮电学校、兰州中医学校等11所大中专院校。

全区辖西园、西湖、西站、土门墩、敦煌路、建兰路、龚家湾、晏家坪、秀川9个街道，黄峪、魏岭2个乡，阿干、八里、彭家坪、西果园4个镇。有65个村民委员会、76个社区居民委员会。2010年11月1日全国第六次人口普查，全区有汉、回、满、藏等32个民族，人口密度每平方公里1442人。户籍人口47.5万人,其中城区39.01万人，占82.13%；农村8.49万人，占17.87%。

【宏观经济总量】　全区拥有规模以上工业企业82家，限额以上批发和零售企业62个。工业主要涉及电力、烟草、装备制造、食品饮料等行业。农村经济形成“百合、蔬菜、畜禽、林果”四大支柱产业，特别是百合的生产、加工、销售初具规模，成为促进农村经济增长、增加农民收入、带动全区创汇农业发展的拳头产品，远销港澳、东南亚。商贸围绕兰州商贸中心建设，形成以西津路、滨河路为主线，以小西湖、西站、土门墩、秀川、金港城、大滩为中心的“两线六圈”商贸新格局。实现地区生产总值205.57亿元，同比增长14.5%；其中第一产业增加值3.02亿元，同比增长2.94%；第二产业增加值109.40亿元，同比增长17%；第三产业增加值93.15亿元，同比增长11.6%。三次产业结构从2005年的2.4∶53.4∶44.3调整为2010年的1.5∶53.2∶45.3。完成全社会固定资产投资101.96亿元，同比增长33.67%；实现社会消费品零售总额96.38亿元，同比增长18.81%；万元GDP能耗下降7.28%；完成一般预算收入4.16亿元，增长19.8%；城镇居民人均可支配收入、农民人均纯收入分别达到13365元和6902元，同比增长13.5%和13%。

【农业和农村经济】　全区有耕地15.14万亩。农业总产值和增加值分别达到4.76亿元和3.02亿元，与2005年全区农业总产值和增加值3.29亿元和2.27亿元相比，年均增长分别为7.7%和5.9%。农民人均纯收入与2005年全区农民人均纯收入4274.53元相比，年均增长10.1%。农作物播种面积15.14万亩。其中粮食作物4.2万亩，粮食产量951.51万公斤，与2005年的612.2万公斤相比，增幅达155%；蔬菜面积10.56万亩，蔬菜产量18308万公斤，较2005年的面积10.34万亩、产量15151.6万公斤增长2.1%和20.8%。全区猪、牛、羊、禽的饲养量达到18.81万头只，出栏12.57万头只。肉蛋奶产量分别为177.16万公斤、139.8万公斤、2448.5万公斤，与2005年肉、蛋、奶产量168.05万公斤、118.4万公斤、2531.5万公斤相比分别增长5.42%、18.1%、-3.3%。

优化农业生产结构和区域布局，实施前山川水坪台灌溉地区奶牛果菜、二腰坝干旱半干旱地区粮食油料、后山二阴地区百合种植和种草养畜的“三大区域”战略，粮、经、饲比例由2005年的25.2∶70.5∶4.3调整到27.7∶71.4∶0.9。百合生产以发展无公害标准化生产为方向，2010年种植百合 4.29 万亩，产量达 1569.6 万公斤，较 2005 年的 1206 万公斤增长 30.1%。完成百合鳞片繁育 100 亩，百合母籽繁育基地累计达 456.7 亩；高原夏菜生产以发展反季节无公害蔬菜为主，形成八里镇的芹菜、早春胡萝卜，彭家坪的花椰菜，黄峪的番茄、秋胡萝卜，西果园的黄瓜、番茄，秀川的叶菜为主要种类的生产基地 3.22 万亩；种植于魏岭乡、阿干镇、西果园镇、黄峪乡部分村的马铃薯达到 3 万亩；种植在黄峪乡、彭家坪镇、秀川街道的无公害韭黄达到 3000 亩；秀川街道种植蛇果 1700 亩；八里镇种植鲜桃 5200 亩。畜牧业发展以奶牛、生猪为主，规模养殖户达到 719 户。晏家坪奶牛基地奶牛存栏达到 1500 多头，周岩坪无公害肉猪养殖基地存栏 2850 头，年产仔猪 1 万头；粮食生产主要以发展优质、高产小麦、玉米和小杂粮为主，推广双垄全膜覆盖栽培技术种植玉米 2.07 万亩、洋芋 0.36 万亩。黄峪乡韩王公路一线旱地玉米示范带、西果园镇王家坪鲜食玉米示范点、西果园上果园村千亩连片旱作玉米示范点、全膜双垄沟播玉米增产 291.12 万公斤，净增产值达到 366.326 万元；设施农业新建日光温室 1550 亩，塑料大棚 1350 亩，狗牙山千亩设施农业园区初具规模。2010 年，全区高效节能日光温室达 4260 亩，塑料大棚 3600 亩，分别比 2005 年的 651 亩和 1520 亩增加 3609 亩和 2080 亩。

突出产业化发展，提高农业市场竞争力。以基地建设为重点，依靠龙头企业带动，加快百合、蔬菜、奶牛、生猪等优势主导产业发展。2010 年，培育的龙头企业达到 10 家(省级 2 家，市级 3 家，区级 5 家)，新注册农民专业合作社 15 家，累计发展各类农民专业合作社 32 个，会员 720 人，入社农户 1120 户。为满足百合常年加工贮藏的需要，建成 39 座冷藏库，库容量 1064 万公斤；蔬菜产业主抓农业规模化基地建设。投资 1250 万元的狗牙山千亩设施农业示范园，完成日光温室主体 216 座，500 立方的蓄水池 1 座，闸阀井 20 座，输水干管 1350 米，配水管网 5614 米，与 2009 年建成的西津坪千亩设施农业园共同起到示范带动作用。规模化养殖基地建设以建设标准化牛舍、猪舍及配套设施为主，晏家坪奶牛基地总投资 1280 万元，建成标准化牛舍 43 座(1.2 万平方米)，现代化挤奶厅 1 座，配套上水、供电、道路等基础设施。周岩坪无公害肉猪养殖基地投资 1120 万元，建成 14 栋标准化猪舍及水、电、路相关配套设施。

示范推广农业实用新技术，引进农作物新品种 51 个，引进起垄全铺膜施肥联合作业机 10 台，引进机械旋耕起垄技术 1 项。完成全区测土配方施肥调查面积 15.5 万亩，取土壤样品 960 个(包括 30 个 1 米剖面调查样)，安排测土配方校正实验 3 处 6 亩，建立西果园镇测土施肥示范点 1 个。加强监管无公害农产品质量安全检测检验体系，5 个检测点完成日常检测蔬菜样品 15568 个，合格率 99.5%以上。对外销蔬菜出具兰州市“放心菜”农药残留检测合格证。继续推行无公害农产品产地和产品认证，全区有 24 个基地完成无公害基地认证 8.89 万亩，2 家企业荣获国家绿色食品认证证书。

防控动植物疫病，全年免疫各类畜禽 125.5 万只次，各类疫病免疫率达 100%。检疫猪胴体 19.98 万头，羊胴体 6.03 万只，对 1900 头不合格猪胴体进行无害化处理。完成植物调运检疫 3222 批次、2578 万公斤。对农资市场进行 4 次专项检查，查出少量散种子、过期农药 3 公斤，标签不符合农药 10 批次。立案查处违法兽药及其经营行为 39 起，查处假劣兽药 435 盒、146 袋、45 瓶。

落实惠农政策，推进农村改革力度。粮食直补 18.03 万元、农资综合补贴 127.11 万元、中央财政投资 60 万元农机具补贴资金按规定标准落实到位，按期拨付教育“两免一补”资金 978.6 万元，良种补贴 34.54 万元按照每亩 10 元标准补贴到农户，退耕还林补助资金 31 万元，乡村转移支付资金 255.4 万元专款专用，各项减负惠农政策落到实处。通过出租、转让形式进行土地流转，全区土地流转面积 2865 亩，占承包面积的 2%，涉及农户 1370 户。全区农民专业合作社流转土地 690 亩。

【工业经济与节能降耗】 工业生产确立“走新型工业化道路、工业强区”战略目标，2010 年，全区有各类工业企业 690 户，从业人员近 6 万人，82 户规模以上工业企业中，其中中央属企业 6 户，省属企业 16 户，省以下 60 户(市属 11 户，区乡街属 49 户)，实现增加值 85.28 亿元，较 2005 年增长 96.68%，年均增长 17%；规模以上工业企业实现增加值 81.98 亿元，较 2005 年增长 97.5%；完成工业总产值 258.45 亿元，同比增长 22.1%；完成销售产值 254.75 亿元，同比增长 22.7%；产销率达到 98.57%，同比增长 0.4 个百分点。工业经济占全区 GDP 比重 41.49%，较 2005 年下降 2.4 个百分点。

全区各类非公有制经济组织 19427 户，其中个体工商户 14685 户，非公有制企业 4742 户，非公经济组织总数较 2005 年增加 8568 户；非公经济从业人员达 81339 人，较 2005 年增加 7532 人。实现增加值 77.71 亿元，同比增长 29.2%；实现工业增加值 31.51 亿

元，同比增长18.3%；非公规模以上工业增加值实现26.18亿元，同比增长18.1%；非公经济占全区生产总值的比重达40%，比2005年提高18个百分点。

工业项目按照“围绕发展抓项目、围绕重点抓服务”的原则，完成工业固定资产投资23亿元。兰州电机有限公司总投资1.6518亿元的1.5兆瓦变频恒双馈风力发电机及控制系统产业化项目、甘肃肃瑞混凝土有限公司总投资5000万元的商品混凝土生产线、甘肃金轮混凝土有限公司总投资5000万元的商品混凝土生产线、兰州福郡混凝土有限公司总投资1200万元的商品混凝土生产线、兰州超高压输变电公司总投资23378万元的兰州南输变电工程、兰州肉联厂有限责任公司总投资10750万元的年屠宰100万头猪牛羊生产线技改、兰州华邦塑胶有限公司总投资5000万元的塑料管生产线、兰州宏建建材集团有限公司投资4850万元的超细矿渣微粉生产线等项目完工投产。5月，区政府组建区工业和信息化局，转变职能，着重为企业发展做好协调服务，解决企业融资难问题，为14家企业争取省市专项发展扶持资金370万元，为4户企业争取非公企业扶持资金55万元。为辖区5户企业的6个产品：“雪顿”牌酸牛奶、“LD”牌Y系列三相异步电动机、“喜百丰”牌酸牛奶、“黄河源”牌纯净水、“金玉兰”牌鸡精、“雪顿”牌纯牛奶申报甘肃省名牌产品。西果园工业园区建设初具规模，入驻企业62家，累计完成投资5.48亿元。以产权制度为突破口，推进企业资产和职工身份的双置换。彻底完成兰州三毛远达纺织原料有限公司、区属绝缘材料有限公司改制；区属长城橡胶机带厂完成资产移交和职工安置；矿山机具厂签订拆迁补偿协议，进入职工安置阶段；七里河电热电器二厂改制进入准备阶段。

全区规模以上工业综合能源消费总量为32.29万吨标准煤，同比上升0.6%，规模以上单位工业万元产值能耗下降15.26%。年耗能1000吨标煤以上的19户重点用能企业工业综合能源消耗总量为31.33万吨标准煤，产值能耗同比下降19.79%。完成重点节能项目7项，即甘肃驰奈生物能源系统有限公司餐厨垃圾资源化处理、兰州宏建建材集团有限公司承重式保湿复合砌块生产线、甘肃烟草工业有限责任公司的冷凝水回收系统和锅炉定连排系统改造、兰州黄河嘉酿啤酒有限公司的综合节电系统改造、青岛啤酒(甘肃)农垦股份有限公司的锅炉煤改气、预洗机冷凝水回收等节能技术改造项目，年节能量2000多吨标煤。

【商贸市场】 围绕“两线六圈”(西津路、滨河路两条商贸动脉线，小西湖、西站、土门墩、秀川、金港城、大滩六个商贸圈)发展思路，改革、整合市场资源，培育市场主体，进行结构调整和优化市场布局，形成以大型商场为龙头、专业市场为骨干、社区集贸市场和服务网点为补充的市场体系。建立起汽车、摩托车销售市场、建材市场、医药市场、糖酒市场、机电五金市场、小商品市场、家具家居装饰材料市场、废旧物资回收市场等八大专业市场。实现第三产业增加值93.15亿元，比2005年的42.98亿元翻番；实现社会消费品零售总额96.38亿元，比2005年的36.73亿元增长162.4%，年均增长10.07%；外贸进出口额7896万美元，比2005年的680万美元净增7216万美元；市场成交额480亿元，比2005年的120亿元净增360亿元。是年，全区有大型商厦20家，专业市场25家，超市97家，宾馆饭店56家，餐饮网点508个，医药企业62家，汽车销售公司120家；全区各类经营网点1.6万个，总经营面积300多万平方米，从业人员近10万人。年成交额(年销售额)上亿元的商厦4个、专业市场11个、肉菜市场1个、大型超市2个、医药公司2个、汽车销售公司4个、商贸公司11个，共计35个。其中西北物资市场、兰州物资城、仕通汽车公司市场成交额分别达到120亿元、29亿元、20亿元，成为七里河区商贸经济发展的重要支撑。第三产业在国税、地税收入中的比重分别达到64.5%和76.76%。

2010年，有序推进便民、利民、促进消费的“社区双进”(便利消费进社区、便民服务进社区)、“万村千乡市场”(农家店、标准化农家超市)、“家电下乡”三大工程，建成农村标准化便利超市5个，农家店6个，累计建成城市商业示范社区2个(金港城和兰石社区)，西湖街道建工中路商业示范社区在等待市局验收；建成“万村千乡市场”标准化农家店77个；家电下乡启动以旧换新工作，设家电下乡备案审核网点17家，销售各类电器、手机合计2771台件，销售金额460.37万元，其中向购买农户兑付补贴1701件，补贴资金42.08万元；设以旧换新销售备案网点4家，回收备案网点6家，销售家电以旧换新产品6336台件，销售金额2265万元，补贴资金90余万元。建成总投资280万元的西园街道华坪菜市场及金港城店、小西湖畜牧所高原夏菜店、金河家园店、西站光华街店4个社区连锁经营店。

商贸项目以住宅开发、商贸网点和市场建设为主，从2006年开始先后实施总投资达46.2亿元的商贸项目73个，建兰路步行街、阳光商埠精品街、西津广场、西夏广场等重点商贸项目相继启动运营。2010年，跟踪服务重点项目4个，投资2.8亿元的甘肃兰海物流钢材总部，一期于2009年交付使用，二期工程的改造仓储库区、修整厂区道路、增加起吊设备全面完成，正调试信息化电子商务平台。投资7200万元的小西湖医药专业批发市场，11月正式运营。投资4.5亿元的甘肃机电五金综合物流中心，一期占地85.32亩，建筑面积15.06万平方米，完成主体，二期工程甘肃国际机电水暖城于10月奠基开工。投资2亿元的建工时代大厦，建筑面积10万平方米，地下一层地上四层商用，面积为2.8万平方米，主体已封顶。

【项目建设】 项目建设围绕“突出特色做长农业产业链，依托园区做强装备制造业，扩大优势做大现代物流业，提升亮点做好城市现代化”的基本思路，实施各类建设项目287项，其中上亿元的项目达43项，总投资281.66亿元，完成投资103.15亿元。签订招商引资合同项目44个，合同总投资148.34亿元，开工投产项目34项，引进到位资金31.34亿元。投资130.55亿元的227个区列项目完工140个。总投资2.77亿元的16个中央扩大内需项目累计完成投资1.69亿元，晏北人家廉租住房、土门墩街道社区卫生服务中心、八里镇计划生育服务所、残疾人综合服务设施建设、天然林资源保护工程等13个项目已完工。总投资4564万元的14个中央专项资金项目累计完成投资1669万元，有9个项目开工建设，5个项目进行前期工作。在承担的市列重大项目中，甘肃机电五金综合物流中心二期开工，累计完成投资4.14亿元；总投资1.13亿元的甘肃驰奈生物能源系统有限公司餐厨垃圾处理项目累计完成投资9124万元；总投资1.41亿元的甘肃省中医院门诊医技综合大楼建至5层，累计完成投资8167万元；总投资1.84亿元的甘肃省肿瘤医院门诊住院综合楼主体封顶，累计完成投资1亿元；总投资3.6亿元的甘肃省妇幼保健院医疗综合楼主体封顶，累计完成投资1.34亿元。总投资17525万元的阿干矿区采煤沉陷区综合治理建设项目，16栋“民意小区”住宅楼通过验收，882户受损户迁入新居，路面硬化、供电、供水等配套工程全部结束，累计完成投资10617万元。与2461户受损户签订安置协议，其中统一安置903户(民意小区882户，教培中心21户)，货币补偿650户(农村93户、城镇557户)，维修加固908户(农村231户、城镇677户)。围绕关注民生、城乡一体化建设、新农村建设和社会事业四个方面凝炼储备项目21个，其中投资4.1亿元的西津电力提灌大型泵站更新改造等3个项目上报国家。推进自主项目，主导实施的188号等5条道路即将通行，总投资3.39亿元，建设彭家坪高新区T219号、T218号、S185号、S229号等道路。配合省市完成总投资46.65亿元的南山过境公路七里河段，总投资79亿元的南绕城高速路七里河段，总投资5.03亿元的深安大桥，总投资1.35亿元的雷坛河区域地质灾害综合治理工程等重点建设项目的征地拆迁、户籍管理、协调服务等工作。

【城镇与生态建设】 推进“西展南伸”战略，拓展城市发展空间。总投资5.63亿元的T188号5条道路基本竣工，总投资2.4亿元的B113号等6条道路正在施工。全面完成20条小街巷改造任务，改造面积1.59万平方米。配合兰州市城投公司进行的华林路改造工程提前竣工。总投资28.5亿元实施的60万平方米马滩城中村改造、经济适用房项目于2011年竣工。进行马滩南河道综合整治工程和“兰州老街”项目征地拆迁、管网铺设等基础工作。推进西津家园廉租房项目和南山路征地拆迁工作。城市管理以开展百日市容市貌综合整治为突破口，相继开展迎接兰洽会、国庆城市管理综合整治和拆除违法建设专项整治、城市“牛皮癣”专项整治、南出口综合整治等执法活动。全年拆除违法建筑2.4万平方米，违法户外广告2万平方米、下沉式垃圾箱12座，辖区垃圾台20座，清理违章摊点3万余处、店外店8000个，免费开放环卫直管公厕60座。

统筹城乡发展，促进城乡一体化进程。着重农村基础设施建设，从2006年开始，累计投资7585万元，完成总里程184公里的22条农村公路建设，其中2010年完成8条农村公路建设，总里程36.7公里，解决了24个行政村、5.4万群众的行路难问题；投资5912万元，建成15个水利工程，解决后山近4万人的饮水难问题；投资1218万元，建成3所寄宿制学校，解决了1800多名农村孩子的上学难问题；投资272万元，建成6个乡镇卫生院，解决了10多万农民的就医难问题；投资375万元，建成34个村委会，解决所有行政村的办公问题；完成总投资126.5万元的广播电视“村村通”工程，解决后山1.2万农民的看电视难问题。累计投资达3.5亿元，其中区级财政投入达到1.01亿元，完成1个省级试点村(王家坪)、10个市级试点村(王家坪、袁家湾、小山口、西果园、马场、柳树湾、西津、周家山、青岗和后五泉)、5个区级和12个乡镇级试点村的全部项目建设任务，七里河区试点村在全市综合

评比中位居前列。2010年，完成城乡一体化试点镇阿干镇建设任务。完成总投资11261万元2大类7个重点建设项目，包括民意小区供水、通电、供暖、绿化、亮化等基础配套工程，铁冶、大水子等4个棚户区21栋45600平方米的住宅楼建设，第六十八中寄宿制学校综合楼工程，社区综合管理服务中心建设，高林沟桥至第六十八中550米长的文化长廊和古镇街门建设，旅游商贸购物中心建设，古镇风貌一条街建设。重点实施八里镇区域开发战略。确定总投资达7723.42万元的项目，进行道路、供水和排污等基础设施建设。抓好新农村建设的巩固和提高。总投资8524万元的4个市级试点村(西津、周家山、青岗和后五泉村）的26个项目建设任务完成通过市级验收。八里镇后五泉村、西果园镇西津村获得兰州市新农村建设先进试点示范村称号。

生态建设稳步推进，完成营造林工程面积10713亩，其中退耕还林补植造林3326亩，三北防护林工程补植造林5874亩，完成新造林面积1513亩(内含阿干镇栽植啤特果经济林1200亩)；争取资金26万元，完成阿干林场尖山寺沟植被恢复工程造林313亩，栽植云杉1.9万株、油松1.6万株；完成天然林保护面积11万亩，完成天保工程封育面积3000亩，封山禁牧面积20万亩，重点公益林管护面积达8.4万亩；全民义务植树131.15万株。强力推进污染减排，改造燃煤锅炉39台，整治餐饮企业58家，消减二氧化硫204吨，减少烟尘排放156吨，查处违法排污企业148家。

【科技、教育、文化与卫生事业】 围绕“科技富民强县专项行动计划”，引进、试验、示范、推广农业新品种21个，申请专利资助93项。

义务教育健康发展，加大资金投入，着力改善办学条件，完成湖滩中学寄宿制学校建设工程；总投资4676万元，对11所学校进行排危改造，总建筑面积35194平方米，其中8所学校完工准备验收；拆除31所学校3.09万平方米的D级危房；投资50万元完成7所学校现代化远程教育项目，建成多媒体教室14个，配备课桌(凳)3150套；投资80万元购置通勤车2辆，解决邵家洼中心校、王官营中心校等8所农村后山学校老师乘车难问题；投资15万元，购置微波炉、压面机、和面机等炊具40余套，解决28所农村学校1500名师生中午就餐困难。完成健康路小学省级语言文字示范校、龚家湾第二小学市级语言文字示范校创建任务。

文化体育事业健康发展，组织开展中国兰州第二届羊皮筏子黄河漂流、全民健身等活动，完成45个农村文化信息资源共享工程，配备价值19万元的投影仪、DVD、音响、标牌等设备，提前做到村级全覆盖。完成八里镇、西果园镇、彭家坪镇综合文化站配套建设及12条健身路径。

卫生工作加大基础设施建设力度，完善农村卫生服务、城市社区卫生服务、公共卫生服务及惠民医疗服务体系。完成7个村级卫生所建设，建成1所市级标准化卫生所，阿干镇卫生院辅助设施建设项目和2个社区卫生服务中心项目已在施工之中。土门墩西津社区卫生服务中心和龚家湾街道民乐路社区卫生服务站通过市卫生局验收。2010年，全区建成和在建的社区卫生服务机构达46个。投资20万元为7个乡镇卫生院配备急救专用车辆和相关设备。新型农村合作医疗得到巩固和完善，是年，农村有84472人参加新合作医疗保险，参合率达到97.86%，比2009年提高0.32个百分点，参合率连续两年列全市第一位。截至10月底，全区共计报销住院人次2786人次，住院率3.3%，总住院费用1359.77万元，报销住院费用559.26万元，报销比例41.13%。突发卫生事件应对能力提高，8月份，配合省市区政府及卫生行政部门处置甘肃省财经学校发生的食物中毒事件。

强化人口计生服务和管理，建立“以房管人、免费服务、区域协作、两地互通、信息支持”的城市人口管理新机制，搞好流动人口计划生育服务管理，农村和城市计划生育率分别达到92%和98%，全区人口出生率、自然增长率控制在6.95‰和4.89‰。

【劳动、就业与社会保障】 以市场为导向，拓宽就业渠道，扩大就业与调控失业“两手抓”，建立有效失业调控和失业预警机制，就业(再就业)工作进展顺利，城镇新增就业人数8883人，其中失业人员再就业人数2537人；困难人员再就业人数922人。城镇登记失业率3.2%，城镇登记失业率控制在3.8%以内的目标；就业培训总人数3398人，其中就业再就业培训3258人，创业培训140人。办理下岗失业人员小额贷款2280万元。量化细化劳务输转工作，全区共培训农民工5035人，输转城乡富余劳动力19919人，其中有组织输出8536人，自谋输出11168人，就地转移2792人。

社会保险扩面征缴平稳增长，失业、养老、医疗、工伤、生育保险和低保政策全面落实。失业保险扩面人数810人，及时足额为失业人员发放失业金520.98万元，共计19475人次；扩大养老保险覆盖面，年末参保人数达到13441人，其中新增扩面人数5028人。为8410名灵活就业人员办理参保缴费和接续手续。养老保险费征缴完成9014万元，其中清理回收历年欠费150万元。全年为4679名离退休人员发放养老金5669万元，占支出控制计划的90.49%。养老保险稽核参保单位309户，书面稽核率达100%。实地稽核参保单位128户，实地稽核率41.42%。推进被征地农民养老保险工作，全年参加养老保险2731人，达到领养条件的893人，并全部转入城镇职工养老保险。

全区城镇职工参加基本医疗保险人数为22322人，其中新增缴费4916人，基本医疗保险基金征缴4067万元。参加工伤保险人数8265人，新增4995人，工伤保险基金征缴106万元；参加生育保险人数11520，新增2312人，生育保险基金征缴158万元；参加城镇居民基本医疗人数160387人。

城市低保标准由253元提高到278元，全年累计为139577户次、324268人次发放城市低保金4773.91万元，较2009年月人均补差提高25元。享受城市低保临时物价补贴138062户次、322753人次，累计发放临时物价补贴1871.97万元；为11872户、27867人发放城市低保对象取暖补贴650.87万元，为2059户城市低收入家庭发放取暖补贴92.66万元。农村最低生活保障标准由每人每年1100元提高到1200元，全年共纳入农村低保对象14331户次、41916人次，发放保障金295.94万元，月人均补差增加10元。为1194户、3486人发放农村低保对象取暖补贴34.86万元。

五保供养政策全面落实，为243户、248人累计发放五保供养金63.78万元，发放取暖补贴12.2万元。防灾减灾应急救助工作完善，全年救助1.67万人次，发放救灾款142万元。医疗救助比例由自付金额的60%提高到80%，救助最高额由2万元提高到3万元，全年救助困难群众2.3万人次，支付医疗救助金864.07万元(其中大病医疗救助986人，发放医疗求助金538.16万元；为6000户门诊就医困难人员发放500元医疗求助卡，价值300万元；为城乡困难群众6744人垫付医疗保险金20.23万元；为8名无力支付住院押金的重病患者支付5.2万元医前求助金；为8名疝气患儿支付手术费0.48万元。为500名大中专院校毕业但未就业的毕业生发放救助金50万元；为439名大中专职高院校的困难在校学生发放教育救助金33.2万元，为93名因大病或突发性事件导致生活困难的群众发放救助金33.86万元。

【精神文明与平安建设】 以建设社会主义核心价值体系为根本，创建全国文明城市为目标，围绕构建“文明七里河”“文化七里河”“和谐七里河”推进新一轮创建文明城市活动。以提高公共文明指数为重点，对全区公共环境、公共卫生、公共秩序、公共交通、公用设施及窗口行业服务网点的设施、环境、规范等进行测评，7月通过全国文明城市公共文明指数和未成年人思想道德建设工作测评。在公民道德实践活动中，开展“学雷锋做贡献”和“3·15诚信经营”宣传活动，“五好家庭”“好婆婆”“好妻子”评选表彰活动，“助人为乐模范”“见义勇为模范”“诚实守信模范”“敬业奉献模范”和“孝老爱亲模范”推荐活动，2人获得兰州市首届道德模范称号。加强未成年人思想道德建设，发挥学校教育的龙头作用，开展平安校园、生态校园、文明校园、健康校园、文化校园创建活动，建成平安校园17所，生态校园4所，健康校园4所，文明校园2所，获“七里河区‘五园’学校星级达标牌”的有22所。开展互联网和手机媒体淫秽色情及低俗信息专项整治活动，规范校园周边文化环境整治专项行动，取缔4家经营网点，停业整顿3家网吧。参与“兰州市首届美德好少年”推荐评选工作，2人获得兰州市首届美德好少年称号。为全区11所中小学校、乡镇街道社区站(室)送电脑60余台，启动彭家坪中心校乡村少年宫建设工程。

推进文明单位、文明村(镇)、文明社区创建活动，将精神文明创建活动渗透和延伸到和谐社区、和谐村镇、和谐单位、和谐家庭、和谐领导班子等“五创”活动中，通过省级文明区验收。组织形式多样的城乡共创共建活动，开展“四进社区”和“三下乡”活动；开展“学法律、讲权利、讲义务、讲责任”为内容的“法律六进”活动，利用“三八”妇女节和“六一”儿童节普及妇女儿童法律法规，推进“民主法制村”和“民主法制社区”创建活动；推广居家养老的“夕阳红”工程、未成年人的“四点半”工程及“社区百事乐”助民工程，其中“四点半”工程在全省工委工作会议上进行经验交流，在中央电视台《小崔说事》栏目中进行介绍。在全区建成2个“空巢老人爱心服务站”，40人获得兰州市文明志愿服务先进单位和个人。

加强治安防控措施，维护社会稳定。围绕流动暂住人口管理、巡控体系和技防体系建设，新配备警用车辆29辆，安装电子视频探头796个，对全区重点部位和易发案地段24小时监控。投资276万元对西湖街道9个社区的190个无人看护楼群院落实施电子监控。为全区中小学、幼儿园配备专职保安149名。破获各类刑事案件1044起，查处治安案件4269起，破获

"6·30"特大跨国运输贩卖毒品案、"7·27"特大贩卖新型毒品案、"9·24"特大制造、运输、贩卖新型毒品案，全年缴获各类毒品361克，摧毁各类犯罪团伙13个。排查各类重大社会矛盾纠纷48件，妥善化解41件。做好全区15家煤矿、134家危险化学品从业单位专项整治，关闭3家小煤矿。开展安全生产大检查，查出各类安全隐患726条，整改716条。

领导名录

区　委

书　　记　赵建利

副 书 记　郭　平

　　　　　郑元平(11月免)

纪委书记　金安众

区 人 大

主　　任　王光达(11月退)

　　　　　郑元平(12月任)

副 主 任　魏新年　齐甲隆

　　　　　张建学　杨素珍(女)

　　　　　张向东(1月任)

　　　　　刘建平(1月任)

区 政 府

区　　长　郭　平

副 区 长　王道珍　魏晋文

　　　　　魏丽红(女)　张栋梁

　　　　　葛春晖

区 政 协

主　　席　巴怀亮

副 主 席　吴成功　汪守天

　　　　　骆万仓　张普选

　　　　　方　敏(女)

　　　　　李德龙(7月退)

　　　　　郎巧莉(女,12月任)

(卫凯红　李　莉)

西 固 区

【概况】　西固区是甘肃省兰州市的工业区，地处兰州市区西大门，黄河穿境而过，全区总面积385平方公里，辖2镇4乡49个村委会，9个街道71个社区，总人口33.1838万，其中城镇人口27.2379万。西固区是"全国科技进步先进城区"、"全国文化先进县区"和"省级文明区"。

西固区是国家"一五"期间重点投资兴建的大型石油化工基地之一，经过半个世纪的建设，区内有各类企业近1000家，其中有中石油兰州石化公司等中央、省、市属大中型企业33家，现已形成以石油、化工、机械、冶金、电力、轻纺、新能源等支柱产业为主体的工业区。中石油兰州石化公司是中国西部最大的石化企业，以出产品、出技术、出经验、出人才、出效益而著称，是新中国石化工业的"摇篮"。特别是随着1050万吨炼油和70万吨大乙烯工程等重大项目的建成投产，西固现已成为以千万吨级炼油、百万吨级乙烯为代表的中石油系统全国四大化工基地和四大炼油基地之一，被誉为"西部石化明珠"。

【宏观经济总量】　全区经济平稳快速发展，全年实现地区生产总值205亿元，增长10.86%，其中第一产业增加值2.18亿元，增长5.6%；第二产业增加值154.82亿元，增长10.43%；第三产业增加值48亿元，增长12%；非公有制经济增加值完成44.8亿元，占年计划的100%，增长19.2%；完成固定资产投资108亿元，增长30%；实现社会消费品零售总额64.3亿元，增长20%；完成一般性财政收入3.69亿元，增长14%；城镇居民人均可支配收入达到15114元，增长10%；农民人均纯收入7585元，增长12.5%。

【农业经济】　全区用于农村经济社会发展的资金达6352万元，重点向规划编制、产业发展、基础设施改善等方面倾斜。编制完成新城、东川城乡一体化发展规划和10个新农村建设规划，小坪村社区城乡一体化试点工作全面完成。围绕发展农业优势特色产业，不断壮大"七个基地"规模，全区完成农作物播种面积7.47万亩，新增精细蔬菜和特色种植1000亩，推广双垄全膜覆盖玉米、洋芋4300亩；建成10个规范化养殖小区。全区蔬菜产量19.64万亩，畜禽存栏总量达210万头只，肉、蛋、奶、鱼产量1.15万吨。完成河口水电站库区泵站改造等3项水利工程，建成青春村、梁家湾村等3项安全饮水工程；改造提升村级道路13条41.5公里，金关公路建成通车；建成农村沼气池200座；集体林权制度主体改革任务全面完成；农村土地承包经营权流转取得新的进展，流转面积达5270亩。实施了一批农村道路、安全饮水、清洁能源工程，农村生产生活条件明显改观。

【工业经济与招商引资】　工业经济以优化结构为主线，积极做好改造提升、技术创新、配套延伸、项目带动等各项工作，石化产业不断优化升级，新型产业培育步伐加快。全区工业增加值完成136.82亿元，占年计划的108.59%，增长10.2%，其中规模以上工业增加值134.82亿元，占年计划的108.73%，增长10.2%。非公经济工业增加值完成24.47亿元，占年计划的100%，同比增长16.8%。节能减排工作扎实推进，加强对兰州石化公司、西固热电公司、兰州新西部维尼纶有限公司等14户重点企业的监管，完成省市下达的节能减排任务，全区单位GDP能耗下降5%，单位工业增加值能耗下降5.3%。采取重大项目指挥部模式，集中开展“百日攻坚抓项目”活动，下大力气解决项目建设中的突出问题，国电热电联产、兰高阀新厂区等97个项目顺利实施，其中LNG、180万吨催化汽油加氢等13个重大项目建成投产。围绕产业结构调整和培育新的经济增长点，主动出击，积极对接，以兰洽会为平台，引进一批重大项目，全年签约项目29项，到位资金43.44亿元。积极搭建银企地合作平台，与兰州银行、信用合作联社、浦发银行等签订了战略合作协议，与国家开发银行等多家金融机构达成融资意向。

【商贸旅游】 高起点谋划建设物流新城，编制完成物流新城发展战略规划和物流专项规划，先期开展了重点物流项目的包装、推介和对接，兰州铁路集装箱中心站、兰州铁路货运中心项目可研报告已通过铁道部评审。提升商贸服务业的规模和档次，实施了一批三产项目，西固石材市场启动运营，华都天韵全面建成，双子国际主体完工，商业步行街二期、西固摩尔商城等重点项目进展顺利。城乡市场建设成效明显，建成金沟、新城2个农产品交易中心和25街区等3个社区菜市场，新增42个社区服务网点、53个放心早餐经营店和9个社区回收站，新建和改造了29个农家店。积极开展家电下乡和以旧换新业务，销售家电下乡产品7290台、以旧换新产品780台。消费总体水平进一步提高，社会消费品零售总额达64.3亿元，增长20%。

【非公有制经济】 累计完成非公经济增加值44.8亿元，占年计划的100.3%，比上年同期增长19.2%；完成工业增加值24亿元，占年计划的100.48%，比上年同期增长17.36%；完成规模以上工业增加值16.87亿元，占年计划的100.42%，比上年同期增长16.08%。积极为非公企业提供信息咨询、融资信贷、信用担保，进一步激发了非公企业的活力。

【城镇与生态建设】 全方位推进基础设施建设，城区污水全收集全处理、西固污水处理厂、西固公交枢纽站、南山路等市列重大项目稳步推进，集中联片供热主管网、新维北支路、25条小街巷改造工程全面完成，西新线、石化大道、黄河生态公园、新维路、深安大桥等项目开工建设，小坪村、西固村、寺儿沟村3个城中村改造项目进展顺利，建成居民安置房5万平方米、开工5万平方米。全面加强城市管理，建立城市管理联席会议制度，拆除改造燃煤锅炉16台，拆除违法建设2.3万平方米，整治户外广告1万多平方米，免费开放公厕37座，新增改造城市绿地10公顷。持续开展大气污染综合治理，加大水源地保护力度，开工建设一级水源地黄河生态公园，市容市貌和环境质量得到进一步改善和提升。成立区城投公司，拓宽了城市建设开发的融资渠道。完成全区第二次全国土地调查工作，土地利用总体规划修编工作进展顺利。

【教育、科技、文化与卫生事业】

教育工作中，加大资金投入，先后投入7104万元，实施了22项教育基础设施建设项目，其中建成区青少年活动中心等10项工程，维修加固校舍面积2257平方米，规范和加强了校园校产管理；不断提高教育教学质量，全区高考上线率达94%；认真落实“两免一补”政策，免补资金达564万元，办理困难学生生源地助学贷款112万元。加强科技工作，完成15项区列科技项目和1个产学研基地建设。政府下辖的基层医疗机构全部实行了药品零差率销售，完成11家村卫生所省市级达标建设、新城镇中心卫生院辅助设施建设和2项医疗机构改造工程。

成功举办元宵节焰火晚会、“西固之夏”音乐会等系列文化活动，完善区图书馆电子阅览室自动化管理工作。文化信息资源共享基层服务点和“农家书屋”实现农村全覆盖，通过第三次全国文物普查验收。人口计划得到较好执行，全区人口自然增长率为3.2‰。历年和当年社会抚养费全部征清。积极开展全民健身活动，完成15条全民健身路径建设和区游泳馆改造工程。防震减灾和残疾人工作受到国家级表彰。第六次全国人口普查顺利进行。

【劳动就业与社会保障】 全年投入各类就业和保障资金达6621万元，完成城乡就业培训7000人，城镇新增就业7971人，其中政府购买公益性岗位438个，城镇登记失业率控制在2.96%以内；完成劳务输转25769人，创劳务收入2.3亿元；养老、失业、医疗、工伤、生育保险覆盖面不断扩大，全区城镇职工养老保险、基本医疗保险覆盖面达100%，城镇居民基本医疗保险率达90%以上。在全市率先启动了失地农民养老保险，为1922人办理了养老保险，已有530人领取养老金240余万元。新农合参合率达96.65%，城市低保提标10%。保障性住房建设成效显著，廉租房建设工作受到省上表彰，606套廉租房全面建成，8个经济适用房小

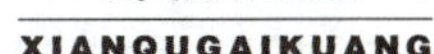

区陆续交工，914户农村危旧房改造全面完成，福源小镇廉租房及经济适用房项目开工建设。

【精神文明与社区建设】 认真执行区人大及其常委会各项决议，自觉接受人大的法律监督、工作监督和政协的民主监督，办复人大代表建议66件、政协提案119件。扎实开展“行政效能建设年”活动，加大督查力度，主动接受新闻媒体和社会公众的广泛监督，促进工作落实。加快推行电子政务，全面完成电子政务二期工程，启动机关公文网上传播，促进了政府管理服务方式的转变。

加强社会治安综合治理，运用会商会诊、帮扶救助、信访代理等措施，解决68件信访积案，8个赴京非正常访问得到解决，调处化解各类矛盾纠纷619件，调处率达98%。加强“平安西固”建设，持续开展各类严打整治专项行动，刑事案件破案绝对数同比提高45%，铲除恶势力团伙2个；在全市率先组建了校园安保大队；超额完成禁毒四项指标，“无毒区”创建成果得到巩固。“五五”普法任务全面完成。切实加强食品药品监管，在全省率先建成运行食品药品安全监管信息平台；高度关注物价波动，积极开展“周六集市进社区活动”。狠抓安全生产工作。采取“部门协同、联合执法、综合整治”等措施，开展以危化品为重点的“打非治违”专项行动，依法关停和取缔小化工及化学品存放场25家，收缴非法加工设备和存储工具近3000个，地质灾害防治工作进一步加强。

开展“我们的节日”主题系列活动，把“我们的节日”主题活动作为推进社会主义核心价值体系建设的重要抓手，通过清明、端午、春节等节日活动，在西固文明网、《西固发展报》等媒体大力宣传节日知识、节日习俗，引导人们感受传统文化魅力，提高中华民族的凝聚力和向心力。特别是今年春节，在西固东西路、福利路制作了大型彩灯，对全区大街小巷进行了亮化，制作了“祭祖尽孝、关爱老人、邻里互拜、我爱我家”大型灯组，倡导通过祭拜革命先烈、祭拜家庭先祖、看望邻里老人、关爱弱势群体、走访左邻右舍、家人互敬互拜等以庆祝和关爱为内容的礼仪方式，弘扬中华民族尊老爱幼、邻里互助、和睦友善的传统美德。先后制作发放关爱空巢老人、孝老爱亲、诚实守信明信片1万份，手机发送节日祝福短信10万条，制作文明提示用语灯箱127组，发放宣传单1万份。

社区建设中，开展“文明交通快车进社区”活动，文明快车相继走进农村、社区、学校，将交通安全知识、文明礼仪知识、交通文明常识、创建全国文明城市工作内容，送到千家万户；开展“践行道德承诺、放心食品进社区”活动，通过节目演出、食品展销的方式，弘扬传统文化，引导广大市民群众讲诚信、守道德，讲文明、树新风，做文明市民，建文明西固；开展“志愿服务爱心社区”活动，在农民工子女中开展了“爱心学堂”志愿服务活动，开办农民工子女学校，在农村、出租屋等农民工子女聚集地，有针对性地开展了助学、关爱留守儿童成长等志愿服务活动。在全市首届道德模范人物评选的十大道德人物中西固区占30%。

领导名录

区　委

书　记　李虎林(5月免)
　　　　陶军锋(5月任)
副书记　李继龙
　　　　钱承文(7月免)
　　　　张立民(7月任)
常　委　李虎林(5月免)
　　　　陶军锋(5月任)
　　　　李继龙
　　　　钱承文(7月免)
　　　　张立民
　　　　徐春花　王克胜
　　　　杜书林　王延风
　　　　张让道
　　　　刘明旭(7月任)
　　　　魏秀龙
纪委书记　徐春花(女)

区人大

主　任　刘公明
副主任　周建湖　王锡明
　　　　徐优文　陈乃安
　　　　刘文义　柴利民

区政府

区　长　李继龙
副区长　杨盛泉　徐春花
　　　　王克胜　曹纯科
　　　　王立山　马东篱

区政协

主　席　王习军
副主席　张恩国　周银基
　　　　李　军　李仁金
　　　　何新生　樊春兰(女)

（张　乐）

安宁区

【概况】 安宁区位于兰州市中心西北部的黄河北岸，是古丝绸之路必经之地，清代属皋兰县管辖。1953年始建行政区，境辖范围是：东起九州台白土梁一线与城关区毗邻，西至虎头崖与西固区相接，南以黄河为界与七里河、西固区隔河相望，北依九州台、大青山、仁寿山、凤凰山与皋兰接壤，区境东西长19.6公里，南北宽2.7公里~7

公里，总面积86.93平方公里。全区有耕种土地6811.8亩。8个街道办事处，下设24个社区居委会和32个村委会。2010年，公安户籍统计全区常住人口59851户，219208人，其中农业人口14612人，暂住人口26673人。

【宏观经济总量】 2010年，安宁区生产总值保持高位增长，实现地区生产总值（GDP)70.95亿元，比上年增长16%，其中，第一产业实现增加值0.21亿元，同比增长1.06%；第二产业实现增加值40.36亿元，同比增长18.5%；第三产业实现增加值30.38亿元，同比增长12.7%。人均GDP达到26132元，比上年增加132元。三类产业比重为0.3：56.8：42.9，区域经济呈现"二、三、一"的产业结构，符合国家控制工业高污染、高耗能行业增长，发展第三产业结构的调控方向，第三产业比重不断攀升。财政收入持续增长，一般预算收入完成4.53亿元，地区性财政收入完成12.1亿元，同口径比上年分别增长43.34%、44.08%。城镇居民人均可支配收入12914元，同比增长10%，农民人均收入7869元，同比增长13%。

【农业经济】 安宁区涉农的街道(乡)6个，12个行政村，农业人口14612人，可耕种土地6811.8亩(其中耕地3002亩，园地3089.8亩)，人均0.466亩。近十年来，随着地区产业调整步伐加快，国家经济技术开发区建设、城中村改造和新农村建设的不断发展，区内可种植耕地面积日益减少，农产品产量逐步下降，农业经济份额逐年缩小。全区蔬菜播种面积3002亩，总产量9028吨，同比下降1.74%；果园面积3809.8亩，水果总产量3774吨，与上年持平；肉产量完成323.46吨，同比下降9.39%；蛋产量完成115吨，与上年持平；奶产量完成1543.8吨，同比下降7%。全区完成农业增加值2120.44万元，只占全区GDP总量的0.3%，同比增长1.06%；不变价产值1431.23万元，同比上升7.65%。

新型农业发展势头良好，农民稳步增收。安宁区紧紧围绕"做优一产"的产业调整思路，建好"城乡一体化先行区"的战略目标，加快推进城乡一体化建设，形成了以都市休闲观光农业、生态农业、精品农家乐为支撑的新型产业发展格局。以建设明清街、提升仁寿山旅游风景区整体功能为重点，对仁寿山景区进行了全面提升改造，旅游休闲环境不断改善。"都市春天""梨韵"等休闲精品园和"农家乐"运营良好，全年接待游客85万人次，营业总额达1.05亿元，同比分别增长19.7%、45.1%，农民收入因产业增效，人均收入达7075元，保持13%的增长幅度。

乡镇企业继续发展。区域乡镇企业发展到3840家，比上年增加309家，从业人员达11090人。完成产业增加值99645万元，同比增长8.71%。

【工业与建筑业】 在国内外市场需求持续好转和扩大内需为主的一系列政策的刺激和有效推动下，安宁区工业经济呈现持续、快速增长的态势。2010年，全区拥有工业企业618家，其中规模以上企业85家，占全区工业经济总量的56.8%。全区完成工业增加值30.85亿元，同比增长18.9%，其中规模以上工业增加值29.2亿元，同比增长19%。区委、区政府全方位做好区属工业企业的优势得到发挥，总量不断扩大，一批重点骨干企业产值大幅增长，如众邦电线电缆、阳光碳素、雪花啤酒、蓝科石化、众友饮片、莫高酒业等企业当年总值增长10%~70%不等；区属18家重点骨干企业全年累计完成工业总产值60.93亿元，占全区工业总值的52.5%。统计显示，区域八大支柱产业支撑作用进一步加强，其中有色金属业完成20.09亿元，同比增长76.9%；电器机械完成15.9亿元，同比增长20.5%；医药制造业完成6.4亿元，同比增长92.7%；金属制品业完成13.65亿元，同比增长12.2%；金属包装容器业完成13.1亿元，同比完成13.5%；计算机、电子设备制造业完成2.29亿元，同比增长44.9%；专用设备制造完成7.9亿元，同比下降5.8%，化学原料制造业完成9.37亿元，同比下降5.6%。当年区域工业发展的特点一是轻低高重。全区轻工业完成产值20.61亿元，同比增长49.5%；重工业完成95.59亿元，同比增长23.9%，轻重工业比例为18：82。二是产品销售收入大幅增长，产销状况良好。全区规模以上工业实现销售产值107.83亿元，产销率为92.8%；区属工业完成销售产值76.52亿元，产销率91.35%。三是利税总额稳步增长。全区规模以上工业企业完成销售收入111.63亿元，同比增长5.5%，实现利润5.44亿元，同比增盈0.23亿元。四是铝业公司扩产后能耗较大，拉动规模以上工业能源消费量增加较大，单位工业增加值能耗同比增长16.02%。全区规模以上工业综合能源消费量为305790吨标准煤，同比上升16.12%。主要能源消费品中原煤消耗52277吨，同比下降8.4%；天然气消耗822万立方米，同比增长7.8%；柴油消耗960吨，同比下降6.5%；电力消费206914万千瓦小时，同比增长51.6%。

安宁区建筑业发展较快。全区建筑施工企业11家，施工房屋总面积452.7万平方米，竣工面积

64.72万平方米。全区建筑安装工程投资8.62亿元，同比下降50.32%；建筑业实现增加值9.51亿元，比上年增长21.5%。

【非公有制经济】 非公有制经济成为拉动全区经济增长的重要动力。全区实现非公有制经济增加值29.84亿元，同比增长20%，占GDP比重达42.06%，其中工业增加值11.59万元，商贸餐饮业增加值5.8亿元，工业和商贸餐饮业依然是非公经济的主要组成部分。

【商贸流通】 安宁区全面实施“商贸扩张”战略，加快构建业态多样、网点布局合理、销售功能完善、辐射功能强劲、专业特色突出的现代商贸发展体系，商贸发展日趋活跃。全区实现商贸批发销售总额839.82亿元，同比增长9.55倍，其中，区域内最大的商企——中石油西部销售公司当年批发总额达到739.89亿元，同比增长50.13%，全区落实中央“扩内需，保增长”措施，零售业也创出新高。全区纳入商贸、餐饮业统计的单位有4508家，限额以上企业22家，限额以下企业240家，个体3796户。累计实现社会消费品零售总额31.35亿元，同比增长21.98%；其中，限额以上零售企业累计实现零售额15.06亿元，同比增长20.96%。北京华联超市商品销售同比增长16.88%，其他食品、烟酒类同比增长16.17%；服装日用品同比增长12.86%，汽车销售企业与上年相比，零售额大幅回升，金阜康、金穗康、金达康4S店等汽车企业累计实现销售额9.99亿元，占限额以上零售企业的66.33%，同比增长26.7%。

安宁物流业发展明显加快，先后引进了兰州新纪元汽车城、国际建材家居博览园、培黎精品商业步行街、甘肃图书物流园等一批现代物流项目，加快了汽车、建材、家居、图书、医药等五大物流企业的建设，为“十二五”商贸物流业发展奠定了坚实基础。

【固定资产投资】 安宁区按照“储备项目抓引进、新建项目抓开工、在建项目抓进度、建成项目抓效益”的总体要求，深入实施项目建设生命线工程，不断加大督促力度，加强对重点建设项目的扶持力度，及时协调解决建设过程中遇到的困难和问题，切实提高储备引进率、合同履约率、资金到位率、项目开工率、建成投产率，截至12月底，全区施工各类项目108个，累计完成固定资产投资89.5亿元，同比增长32%，其中区列52个重点项目进展顺利，项目开工率达84.6%，完成投资33.23亿元，占全区投资额的37.1%。国有及集体经济类完成投资54.8亿元，占投资总额的61.2%；股份制及其它经济类完成投资34.76亿元，占投资总额的38.8%；非公有制投资额为34.55亿元，占投资总额的38.58%。从三次产业结构看，第二、三产业结构比例为20∶80，第二产业完成投资15.13亿元，同比增长11.4%；第三产业完成投资74.43亿元，同比增长37.52%，占固定资产总投资的83.1%，第三产业依然是投资的主体。房地产企业完成投资10.17亿元，同比上升8%，占社会固定资产比重为11.36%，上升幅度趋缓。全区商品房销售面积38.18万平方米，同比上升20.4%；商品房销售额17.78亿元，同比上升61.4%。2010年，全区商品房销售均价为5526元，同比增长34%。

【城市与生态环境建设】 城市基础设施建设与城市功能同步完善，城市管理与生态建设同步加强，在全市率先推进全面城市化。全年拆迁居民962户，企业16家，商铺182家，为亚行贷款城市交通项目(BRT工程)做了前期准备。基本建成26条规划道路中的7条道路，投资630万元，完成了15条小街巷改造；投资200万元对6条重点排洪沟进行了专项整治。

全区人居环境进一步改善，城区美化绿化水平不断提升。2010年，完成全民义务植树53.5万株，补植造林5720亩，破墙透绿1200米，新增城市绿地54.26公顷，全区绿化覆盖率35.05%，人均公共绿地面积11.82平方米。组织实施了北滨河路农沙段生态景观工程，计划投资1.2亿元，全长9公里，年底已完成土方调运、苗木栽植、湖畔清理、栈道铺设、湖岸景观建设等，累计完成投资8100万元，彻底治理了农沙段脏乱差问题，打造了生态迎宾大道。加强城市污染源管理，着力强化节能减排和环境保护，加强烟尘控制、噪声控制、工业废气治理，减排二氧化硫178吨，建立对工业企业污染的长效管理机制，推进固体废物的综合利用达标率。

【招商引资】 招商引资作为全区经济工作的重中之重，抓项目引进，抓资金到位，抓落地开工的积极推进，牢固树立“招强引税、择优选项”的招商理念，认真捕捉各类信息，筛选落地项目，准确掌握市场动态，把握经济发展规律，推行“走出去、引进来”“内外资并举”“人才智力并重”的多元化思路，扩大招商引资力度，努力形成企业招商与政府促进良性互动的招商引资新格局。通过组团招商、节会招商、以商招商、网络招商等多种形式，新签约引进各类重大项目21项，合同总投资124.8亿元，实际到位48.49亿元，同比增长15%，已开工建设8项，完成投资14.78亿元，同比增长41.4%。紧紧抓住国家出台的“支持甘肃经济社会发展等政策”机遇，全方位、宽领域、深层次筛选用地项目，上报立项27项，全力保障项目建设用地，征地总面积3840亩，其中兰渝铁路编组站征地2565亩。兰渝铁路兰州枢纽货车西联线顺利贯通，结束了安宁没有铁路的历史，也改变了沙井驿地区沟壑纵横的历史面貌。

【社会各项事业】 安宁区统筹经济建设与社会事业发展，努力解决人民群众就学、就医和文化生活等基本需求。进一步推动科技创新能力，启动科技孵化大厦，全年申报各类科技项目70项，争取资金642万元，完成专利申请130件，授权专利72件。已完成孵化大厦装修设计，并与16家企业初步达成入孵协议。着力夯实教育基础，加快校安工程建设，区内6所校安工程项目实际到位资金5684万元，占计划总投入7053万元的80.6%。严格执行义务教育“两免一补”政策，全年免除20491人次学杂费，共计234.8万元，为10080人次提供了免费教科书。消除D级校舍危房12800平方米；加强教师队伍建设，全力支持驻区院校发展，打造优质教育资源，积极配合举办全省首届中学生运动会；投资348万元，仅用23天打通建成了附中路。推动文体事业发展，成功举办兰州桃花节等大型节会，组织开展各类群众性文体活动40多场次，建成12个“农家书屋”。不断完善医疗卫生体系，大力发展城市社区卫生服务，全区已建成8个社区卫生服务中心，23个社区卫生服务站，新城区综合医院项目已获省卫生厅批准，各项前期准备工作加快推进。全面推进新一轮全国文明城市创建活动，顺利通过年度公共文明指数测评，成功创建了省级文明标兵区。

【建设和谐安宁】 加强应急管理，提高政府应急处置能力，有效防控各类突发事件。深入推进政务公开，完成政府门户网站改版升级，使政府工作透明度进一步加强。及时办理市长专线转办件133件，办结率100%。规范公共权力行为，制定并严格落实《安宁区人民政府工作规范》《安宁区政府投资项目管理暂行办法》等规章制度，重大决策机制不断完善。全面完成新一轮政府机构改革，开展“小金库”专项治理；全面开展机关作风建设和行政效能建设，严格履行党风廉政建设责任制，深入开展民主评议政风行风工作，进一步完善廉洁高效、运转协调、行为规范的行政管理体制。与此同时，政府着力调整公共财政支出结构，全面落实改善民生的各项政策，解决群众困难的财政资金累计达6290万元，比上年增长32.4%。全区以改善民生、构建和谐社会为本，积极完善社会保障体系，“两金”发放率达100%；新型农村合作医疗体系进一步健全，参合率达到96.27%；政府为民兴办的十件实事全面完成。

强化就业和再就业指导，举办各类用工洽谈20场次，全年新增就业4136人，超过目标任务；城镇登记失业率为1.3%，在年计划3.5%的范围之内。进一步扩大“五大保险”覆盖面，制定出台了《安宁区被征地农民养老保险实施细则》，已完成摸底测算前期工作。在全区范围内公开招考中小学教师，认真落实“三支一扶”“进村进社”等政策，录用高校毕业生71人。切实做好城乡低保、大病医疗、经济帮扶等救助工作，全年发放低保临时补贴2351万元，救助困难户大病患者507人次，发放大病医疗救助金227万元，冬季取暖补贴255万元，争取省市救灾资金17万元，解决了568名群众的生活困难。

加大保障性住房建设力度，全区累计开工建设经济适用房28万平方米，当年建成8.2万平方米，面向社会公开发售500套，在建廉租房502套，已建成49套，实物配租50户，向912户家庭发放廉租房补贴148万元。全面完成“五五普法”目标任务，不断巩固“全国平安建设先进区”创建成果，加强社会治安综合治理，推进社会管理创新，进一步完善矛盾纠纷排查化解长效机制，妥善解决了兰渝铁路编组站等重大项目中的各类矛盾问题；组织开展了食品药品安全“十大专项整治”和安全生产“打非专项行动”“百日专项整治”等活动，杜绝了重特大事故的发生，社会大局保持了和谐稳定。

领导名录

区　委

书　记　严志坚
副书记　席飞跃　魏孔仁
区委常委　严志坚　席飞跃
魏孔仁　甘培岳
邢　磊　王跃宏
宋锦荣　李自武
程　华　黄晓玲(女)
丁全钢
纪委书记　程　华

区人大

主　任　王永生
副主任　魏职恩　李克荣
丁一军　鲁茂林

区政府

区　长　席飞跃
副区长　甘培岳　邢　磊
王　波　王慧玲(女)

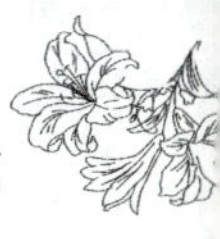

区政协

主　席　马玲媛(女)

副主席　杨玉平　莫　奎
赵晓琴(女)　张俊南
石邦兴　高彩云

(王洪举)

红古区

【概况】　红古区是兰州市的远郊区，位于甘青两省交界，东邻西固区，北接永登县，西南与永靖县及青海省民和县隔河相望，处于连接甘青两省，毗邻兰州、西宁两大省会城市的独特区域位置。区内拥有煤炭、建材、冶金等为主的工业集群和以“奶基地”“菜园子”为主的兰州市最大的副食品基地，是兰州市规划建设的重要“一小时”城市辐射地区和兰州—西宁—拉萨经贸走廊重点建设地区。红古区辖1乡3镇3街道，22个社区居委会，33个村委会，总面积为567.6平方公里，总人口14.11万人，其中城镇人口9.37万人。

2010年，实现地区生产总值63.8亿元，其中：第一产业实现增加值5.1亿元，第二产业实现增加值43.9亿元，第三产业实现增加值14.8亿元。全地区财政收入完成8.3亿元，实现社会消费品零售总额16.7亿元，全社会固定资产投资累计完成158.9亿元。城镇居民人均可支配收入10517元，农民人均纯收入7475元。

【农业和农村经济】　大力实施“四千四万”特色产业提升工程，建成了青土坡千亩设施农业基地，面积达到1100亩；新发展水车湾新特菜示范基地515亩；完成优质核桃基地定植8200亩，累计达到1.6万亩；新建兆丰、聚光等果蔬储运企业4家，农村经济合作组织5个，花庄乳业、平安台博壮千头奶牛养殖小区、亨华万头生猪养殖基地、伊利乳品加工二期等项目进展良好。投资3850万元，建成了上海石新农村住宅小区一期工程；投资1800万元，建成了红古乡人饮工程，衬砌加固4条干渠险段1公里，硬化衬砌支头渠26.3公里；完成罗金台、本康台、米家台和河嘴二台等土地整理开发项目；基本完成了集体林权制度改革确权工作；土地流转等农村各项改革取得新突破。

【工业经济与招商引资】　加大招商引资力度，全年共引进各类项目36项，总投资33.1亿元，开工建设24项，引进到位资金16.4亿元，特别是当年引进并开工建设清真明胶、新希望饮料加工等一批重大项目。建成了兰铝26万吨电解铝、90万千瓦自备电厂、方大2万吨特种石墨、花庄伊利乳品加工等一批重大项目。

大力实施工业强区战略，全年开工建设各类项目113项，同比增加37项，油页岩炼油、堆内构件等一批重大项目建成投产，4000吨特种石墨、60万吨凝石水泥等一批重大项目进展顺利，28万吨电解铝技改、2×33万千瓦煤矸石发电、油页岩尾气与瓦斯混合发电、太阳能光热新材料等一批重大项目抓紧开展前期工作。

【商贸市场】　加快实施“两中心两翼两区两带”商贸业发展规划，金海湾商厦、世纪商城、金海天广场、金华隆大酒店等一批商业网点投入运营，会议中心、生资大厦等一批重点项目加快建设，全区新增私营企业97家，新增个体工商户723户，实现非公经济增加值18.8亿元，增长30.7%。

【城乡建设】　全面完成了全区土地利用、海石湾三版城市总体规划修编和综合文化广场、海石湾东口、西口等一批专项规划。实施了总投资10多亿元的40个基础设施项目，平安路东口整治、方正路、花庄北路、商业休闲广场、虎头崖雕塑广场建成投入使用，综合文化广场、海石湾垃圾处理场、窑街大什字改造、窑街滨河路等项目抓紧建设，金海天嘉园、海城嘉园、海宁嘉园、陶然居等一批新型住宅小区基本建成。加大经营城市力度，累计出让土地333亩，实现政府净收益7486万元。完成了兰青铁路复线、兰新客运双线等一批重大项目的征地拆迁工作。加大城市规划区违法建设整治力度，成立了综合执法中队，依法拆除违法建设1.3万平方米。开通了海石湾二路公交线路，更新了公交车辆。完成了平安路、红古路楼宇亮华工程和主次干道绿化补植，新安装路灯、景观灯283座，新增城市公共绿化1公顷。

窑街旧城改造力度加大，平安、花庄小城镇建设步伐加快，建成省市级新农村试点村13个、农村道路212.6公里、沼气7200户，改造农村危旧房3266户，解决了2.7万人的安全饮水问题。

【教育、科技与卫生事业】　努力办好人民满意的教育工程，完成洞子初中学生宿舍楼和食堂建设，改造学校危房1.5万平方米。投资1020万元建成兰州十七中教学楼和二十四中学生宿舍楼，兰州七十中教学楼完成一层主体工程。实施了窑街学校、兰州二十四中学等一批校安工程，全面实行了免费义务教育，普及了高中阶段教育。调整合并中小学5所，高考上线率达到92.5%，提高11.6个百分点。

高度重视科技成果转化和品牌

创建工作，深入推进科教兴区战略，全国科技工作先进区成果不断巩固提高。引进农业新品种31个，推广新技术6项，“雨中缘”“陇海”被认定为甘肃省著名商标。

文化体育事业繁荣发展，实现了乡镇有文化站、村有农家书屋。建成了民间艺术馆和15条全民健身路径，组织开展了庆祝建区50周年等群众文化活动，发展数字化用户和数字微波用户2473户。

不断深化医疗卫生体制改革，实行了乡镇卫生院上划管理，推行了国家基本药物制度。筹资500多万元，为区医院购置了CT、数字X线摄像系统等设备。引进专业人才4名，建成13个标准化村卫生所，进一步提高了基层医疗服务能力。投资584万元建成海石湾镇、窑街街道社区卫生服务中心和2000座农村卫生厕所；投资45万元在海石湾主要城市路段建设公厕3座。

人口与计划生育工作精细化、规范化、科学化水平进一步提高，免费婚检率达到99%，人口出生率控制在8.2‰以内。人口与计划生育工作计生线连续五年在全市保持第一。残疾人综合服务中心开工建设。顺利完成了第六次全国人口普查工作。

【社会保障】 认真落实扶持就业和再就业的各项优惠政策，就业渠道进一步拓宽，城镇登记失业率控制在3.5%以内。全区城镇新增就业3960人，通过开发公益性岗位安置就业困难人员200名。办理小额担保贴息贷款2405万元，劳务输转1.5万人。妥善解决部分破产、关闭企业离退休职工社会保障遗留问题，养老、失业、医疗、工伤、生育五大保险累计扩面11608人。启动了新型社会养老保险试点工作，城镇居民医保率、新农合参合率分别达到96.8%和95.4%，报销医疗费用2046.6万元。完成了城乡低保提标扩面工作，全区约1.93万名困难群众享受到城乡低保政策，发放低保金和各类补贴4630.5万元。重视解决困难群众住房问题，150套保障性住房开工建设，191户困难群众配租到廉租住房，为961户城市收入家庭发放廉租住房补贴206万元。加强社会救助工作，组建慈善协会，开展“扶贫济困送温暖”活动，共发放救灾救济、五保供养和大病医疗等各类救助金450.5万元，投资495万元的综合福利救助中心老年护理楼投入运行。

领导名录

区　委

书　　记　咸大明
副 书 记　韩显明　毕燕成
常　　委　朱守诚　冯月旺
　　　　　常学明　高佑军
　　　　　李胜利　高文阳
　　　　　冉维嘉　赵同庆
纪委书记　高文阳

区 人 大

主　　任　薛　顺
副 主 任　王爱春(女)
副 主 任　金应旭　钱积运
　　　　　张玉莲(女)　王国鹏

区 政 府

区　　长　韩显明(1月任)
常务副区长　朱宗诚
副 区 长　唐浩漩　郁积鹏
　　　　　李　荣

区 政 协

主　　席　陈芦骐
副 主 席　马玉才
　　　　　郭悟琴(女,1月免)
　　　　　李世平　安永学
　　　　　李玉兰(女,1月任)
　　　　　王自清(1月任)

（尚　俊）

榆 中 县

【概况】 榆中县位于甘肃省中部，西靠七里河区、城关区，东邻定西县，西南与临洮县交界，北隔黄河与皋兰县、白银市平川区相望，东北和靖远县、会宁县接壤。榆中介于东经103°50′～104°34′，北纬35°34′～36°26′之间。南北长92公里，东西宽54公里，总面积3301.64平方公里，有耕地105.2万亩(其中水田0.1万亩,旱地105.1万亩)，林地43.58万亩。全县辖8镇15乡，268个村委会，4个社区居委会，1617个村民小组。有人口117583户，432987人，其中农村96409户，386248人，人口自然增长率为4.71‰。有汉、回、壮、东乡、维吾尔等14个民族，汉族占99%，少数民族占1%，主要为回族。

榆中县地处陇西黄土高原，大部分地区被黄土覆盖。地势由西南、东南、东北三面向西北倾斜，南部和北部为山区，两山之间为中部川区地带。海拔1400米～3700米之间，最低点青城镇东滩为1432米，最高点马衔山主峰为3670米。兴隆山位于县城西南5公里，是国家4A级旅游风景区，景区有大峡河水流出，清水盈盈、林木葱郁、景色宜人，被誉为“陇右第一名山”。

黄河流经榆中县北部来紫堡、青城、上花岔、园子岔四个乡。大部分是界河，多为峡谷区，宜于提灌。主要支流有兴隆大河、龛谷河、黑池沟等。气候属温带半干旱性气候。气温年周期变化，夏季高，7月最高，冬季低，12月最低，年平均气温6.7℃。境内地形复杂，海拔高差大，降水量少。北山地区年降雨量300毫米，南山地区年平均降雨量500毫米。

【榆中历史文化】 2010年，全县实现生产总值40.88亿元，同比增长13.08%，其中第一产业9.38亿元，同比增长5.57%；第二产业21.78亿元，同比增长17.87%；第三产业9.72亿元，同比增长10.91%。三次产业的比重为23∶49∶28。完成固定资产投资33.68亿元，同比增长32.15%；社会消费品零售总额达到10.97亿元，同比增长13.25%；地区性财政收入达到4.86亿元，同比增长16.32%，其中：一般预算收入2.16亿元，同比增长9.39%；完成财政总支出14.08亿元，同比增长19.58%。城镇居民人均可支配收入8663元，同比增长14.2%；农民人均总收入3155元，同比增长14.8%。

境内有国家级文物保护单位一处，即明肃王墓。明肃王墓位于来紫堡乡黄家庄村北侧平顶峰南麓，距离兰州市区10公里，距离榆中县城23公里，南北宽约300米，东西长约3000米，墓区内埋葬有明代肃庄王朱楧、康王朱瞻焰、简王朱禄埤、恭王朱贡宗、靖王朱真淤、定王朱弼桄、昭王朱缙炯、怀王朱绅堵、懿王朱缙贵、肃王朱识鋐十位藩王以及两位妃子和一位夫人共11座墓葬。2006年5月25日，肃王墓被国务院确定公布为国家重点文物保护单位。目前，肃王墓的保护已列入榆中县资源开发计划。

境内有国家级历史文化名镇两处：青城镇和金崖镇。青城镇又名一条城，位于兰州黄河下游50公里处，地处榆中县北部，陆路距离兰州市约90公里，白银市25公里，榆中县120公里，是古丝绸路上的重镇。青城历史悠久，地理条件优越，历代文人墨客荟萃，商贾云集，会馆林立，创造了灿烂的青城文化，留下了许多珍贵的历史文化遗产和遗迹。青城是水烟的发源地，被誉为“中国水烟之乡”。水烟业的兴起、鼎盛推动了古青城加工业、运输业、商业、教育、文化和建筑业的发展。这里曾经是教育发达、文化兴盛、民风淳朴之地，被誉为“风雅青城，仁义之乡”。全镇拥有一个省级文物保护单位——高家祠堂，有三个县级文物保护单位：青城隍庙、青城书院、二龙山戏楼。有60多处保存较完整的明清时期的古民居四合院，有400多株百年以上的各类树木。2006年，被甘肃省建设厅、甘肃省文物局命名为“甘肃省历史文化名镇”。2007年被中华人民共和国建设部、国家文物局命名为“中国历史文化名镇”。2010年，被住房和城乡建设部和国家旅游局确定为全国特色景观旅游名镇(村)。

金崖镇位于榆中县川区西部，苑川河中下游，是榆中北山地区、会宁西部地区进入兰州的门户，镇所在地距兰州市16公里，榆中县城28公里，地理位置重要，区位优势明显。2010年，全镇辖14个行政村，79个村民小组，总户数7471户，总人口25390人，农业人口22830人，非农业及外来人口1060人。2008年,镇政府将古镇保护与开发纳入重点工作，制定颁布了《金崖古镇保护办法》，对周家祠堂等9家县级文物保护单位和57家古民居进行挂牌保护。抢救性保护省级非物质文化遗产——苑川七月官神，确定传承人，搜集整理完成《苑川七月官神民俗文化集》。2010年3月,编纂的《金崖史话》作为第一部《兰州市历史文化名城名镇史话丛书》出版发行；制作完成了《历史文化名镇金崖》宣传短片。8月份，成功举办“首届苑川民俗文化艺术节”。12月，被国家住房和城乡建设部命名为中国历史文化名镇。

县境内有省级文物保护单位6处。一是位于县城西北10公里的连搭乡马家㘭新石器文化遗址；二是位于小康营乡的红寺新石器文化遗址；三是位于甘草店镇郭家湾新石器文化遗址；四是初建于1736年（清乾隆28年）的兴隆山卧桥。五是夏官营镇的古城遗址；六是位于青城镇的高家祠堂。

县境内有省级非物质文化两项。一是金崖镇的“七月官神”。“七月官神”是榆中地区参与群众最多、涉及地域最广的一项民间民俗活动。活动范围包括夏官营镇、金崖镇、来紫堡乡、清水驿乡、连搭乡、定远镇、城关镇七个乡镇的36个村社。从七月初十至八月中旬，由“师公子”穿百家衣、执扇鼓（形如圆扇的羊皮鼓）、钺斧在神庙间来往表演、舞蹈念经，有曳神、鞑靼神等多种形式，夜间向神像祟祝（祷告）。其间，唱兰州鼓子、榆中小曲子，表演杂要“流星水锤”“流星火锤”“小洪拳”及皮影戏。现代表演有秧歌、秦腔、彩旗队、仪仗队。二是和平镇的“太符灯舞”。它是根据《封神演义》“哼哈神将”的故事创编而成，距今已有百余年历史。

【农业经济】 全年完成农业总产值15.65亿元，同比增长5.34%，实现增加值9.38亿元，同比增长5.57%。全年完成农作物播种面积106.65万亩。粮食作物播种面积79.5万亩，同比下降0.6%。其中夏粮播种面积26.08万亩，同比下降11.56%；秋粮播种面积53.42万亩，同比增长5.77%。粮食总产量15.46万吨，同比增长1.57%。其中，夏粮总产量3.56万吨，同比下降2.98%；秋粮总产量11.9万吨，同比增长3.03%。粮食播种面积中，采用双垄播技术种植粮食

30.13万亩。全年蔬菜播种面积27.11万亩，同比增长3.36%，年产量55.66吨，同比增长6.76%。新增沼气池建设3510户。畜牧业，全年羊存栏11.85万只，羊出栏6.72万只；生猪存栏11.06万头，猪出栏10.34万头；鸡存栏36.26万只，鸡出栏27.11万只；奶牛存栏0.29万头；肉类产量9356.07吨，禽蛋产量2900.8吨，奶类产量4960.8吨。农村拥有机械总动力达326602千瓦，同比增长4.57%，农用运输车13594辆，各种拖拉机1014台，同比增长9.98%。农业生产用电量5145.8万度，同比增长2.34%。农用化肥施用量6.56万吨，同比增长2.58%。农田有效灌溉面积达29.3万亩，同比增长0.89%。完成退耕还林补植补造6.8万亩，人工造林0.31万亩。

【工业经济】 全县工业企业总产值98.72亿元，同比增长33.66%，规模以上工业企业总产值92.12亿元，同比增长35.92%；规模以上重工业总产值达86.46亿元，同比增长35.66%；轻工业产值5.66亿元，同比增长35.94%；全县工业企业增加值17.58亿元，同比增长18.68%；规模以上工业增加值15.66亿元，同比增长21.01%；轻工业增加值2.04亿元，同比增长26.7%；国有企业增加值4.22亿元；股份制企业11.29亿元。全县规模以上工业企业完成销售产值83.63亿元，产销率达到90.77%，同比下降4.2个百分点。

【固定资产投资】 全年新开工和续建项目115家，累计完成固定资产投资33.6亿元，同比增长26.7%；从资金来源看主要以国内贷款和自筹资金为主渠道。新建项目有大青山蔬菜批发市场、甘肃省京兰和榆中鑫旺绒纺织有限责任公司等97家，续建项目有和定路工程和兰州联合重工公司等18家。

【消费品市场】 全县消费品市场商品供应充足，需求稳步攀升，实现社会消费品零售总额10.97亿元，同比增长13.25%。分城乡看，县城的零售额6.61亿元，增长12.72%；县以下零售额4.36亿元，增长14.06%。分行业看，批零贸易业稳中趋活，批发零售贸易业实现零售额8.21亿元，同比增长15.47%；住宿餐饮业实现零售额2.76亿元，同比增长7.13%。

【财政金融业】 完成地区性财政收入4.86亿元，同比增长16.32%。其中增值税20841万元，增长-0.73%；营业税11888万元，增长19.58%。完成财政总支出14.08亿元，同比增长19.58%。全县金融机构各项人民币存款余额为82.15亿元，增长29.6%。金融机构各项人民币贷款余额为40.836亿元，增长26.94%。其中短期贷款22.96亿元，同比下降19.08%；中短期贷款18.22亿元，增长386.45%。

【交通邮电旅游业】 全年交通运输、仓储及邮电通信业增加值1.56亿元，同比增长9.8%。交换机总容量达到9.5万门。固定、移动电话总数达到12.3万户，电话普及率达到28部/百人。邮政移动电信业务总量9913万元，同比增长15.9%。货运车辆达到7447辆，同比增长8.24%，完成货运量614万吨，同比增长6.41%；货物周转量4.05亿吨/公里，同比增长31.92%；客运车辆达到4724辆，客运量416万人次，客运周转量3.42亿人/公里。全年接待游客60万人次，实现旅游总收入3000万元。

【各项社会事业】 全县有学校306所，高中在校生10490人，初中在校生18234人，小学在校生27457人，学龄儿童入学率达99.8%。高中专任教师597人，初中专任教师1289人，小学专任教师2320人。完成8所寄宿制学校和15所校舍安全建设工程，新建校舍4万平方米，排除危房2.9万平方米。全县卫生机构360所，其中县级8所，乡级卫生院21所，厂矿卫生所站10所，村卫生所268所，个体诊所53个，医院和卫生院床位962张。全县卫生技术人员1330人，其中执业医师和执业助理医师463人，医士505人，护士等362人。新建4所乡镇卫生院、65所标准化卫生所和3000座卫生厕所，新农合参合率94%。

文化体育广电事业蓬勃发展，县城数字电视网络改造顺利进行，新发展有线电视用户3000户，完成"村村通"1.4万户。新建8个乡镇文化站和100个农家书屋。

【人口和社会保障】 全县总人口43.3万人，比上年增加1288人，其中农村人口38.63万人，城镇人口4.67万人。全年出生人口5917人，出生率为13.67‰。死亡人口3877人，死亡率为8.951‰。人口自然增长率3.42‰。县计划生育服务站建成使用。

全年新增城镇就业人员1605人，全年累计对4.9万人城乡低保户发放最低生活保障金3500万元；实施城乡困难群众医疗救助709.4万元；发放衣被食品等救灾物资，解决6700户2.8万受灾和特困群众的过冬御寒问题；农村五保户供养金274.5万元；发放各类抚恤金384万元。有37.53万农民参加了农村合作医疗，占农民总数的97.17%。获得全省新农保试点示范县称号。

【城乡一体化建设】 初步形成了

城乡一体化发展的新格局，完成十二五时期全县国民经济和社会发展规划、28个专项规划和23个重点课题。结合兰州第四版城市规划，完成县城总体规划、和平地区控详规划、定远等4个重点镇规划。和定城市一级主干道、县城亮化工程、供水建设工程和南关桥改造工程全面完工，华光商业广场、金牛山生态园二期工程建设顺利进行。

领导名录

县　委

书　记　胥　波
副书记　王　林　魏万宏
常　委　胥　波　王　林
　　　　魏万宏　唐伟尧
　　　　刘会朗　谢志明
　　　　蔡泽雄　韩悌勇
　　　　丁小蔚(女)杜吉平
　　　　李得亮
纪委书记　唐伟尧

县人大

主　任　冯德三
副主任　马得屏　岳存孝
　　　　赵菊珍(女)岳光武
　　　　王维中　周尚华

县政府

县　长　王　林
副县长　谢志明　李得亮
　　　　张丽霞(女)裴万江
　　　　冯　雷　蒋睿智

县政协

主　席　黄宗利
副主席　刘正堂　丁述学
　　　　魏其璞　黎正华
　　　　朱建新　白平怀

（周学海）

皋兰县

【概况】　皋兰县地处兰州、白银和兰州新区三角辐射中心，是兰州1小时经济圈的重要节点。南北长79千米，东西宽59千米，总面积2556平方千米。全县辖5镇2乡71个村民委员会和3个社区居民委员会，总人口18万人。境内地势大体自西向东南倾斜，最高海拔2454米，最低海拔1454.4米；地貌特征为周边山地，中部黄土梁峁山陵，西北部秦王川断陷盆地，东南部什川黄河谷地4个自然单元。黄河流经皋兰境内约35千米，年均流量311亿立方米，峡谷地带蕴藏可观的水能资源。县内三川口工业园、中川工业经济园、北龙口现代物流园、九合新型工业物流园和什川生态旅游园等经济园区建设颇具规模，是兰州市重要的冶金、饲料、电力、建材、食品、机械加工生产地。皋兰文化积淀深厚，是“太平鼓之乡”和“中国民间艺术之乡”，太平鼓、兰州鼓子被列为国家非物质文化遗产；由来已久的什川万亩梨园被誉为“中国第一古梨园”；拥有独特“天斧砂宫”丹霞地貌，开发前景广阔。

【机构改革】　2010年，完成县政府机构改革。设置了县政府办等25个政府工作部门，县西电管理局等6个直属事业单位，县农办、县编办2个部门单独设置，列县委序列。新组建了县工业商务和信息化局等5个部门，对县发改委等3个单位进行了更名，对县农业扶贫开发办公室等8个单位进行了调整。完成了全县7个乡镇的机构改革任务，形成了“一部一办四中心”的乡镇机构管理体制。深入推进水管体制改革，完成了县西电管理局水管体制改革。根据省市要求，调整了国土资源管理体制，实施部门垂直管理，县国土局领导班子交市国土局管理，各乡镇国土所由县国土局垂直管理。

【宏观经济总量】　完成地区生产总值26.05亿元，同比增长15.1%。完成地区性财政收入2.81亿元，同比增长23.7%；完成一般预算收入1.16亿元，同比增长26.6%。完成社会消费品零售总额4.15亿元，同比增长18.2%。完成社会固定资产投资14.49亿元，同比增长36.2%。城镇居民可支配收入达到7165元，同比增长11.1%。农民人均纯收入达到3732元，同比增长16.4%。城镇人口增加5000人，城镇化率达到38%。

【农业和农村经济】　农业增加值完成4.23亿元，增长7.9%。粮经比例调整为48∶52，粮食播种面积19.04万亩，总产量达到48122吨；洋芋播种面积4.4万亩，总产量9321吨；油料作物种植3.74万亩，总产量5687吨；蔬菜种植10.37万亩，总产量214637吨；瓜类种植4.82万亩，总产量79100吨；果品种植7.11万亩，总产量23065吨。高原夏菜、富硒白兰瓜、旱砂西瓜、红砂洋芋和优质林果等特色产业不断扩大，建成标准化示范基地7.1万亩。新增设施农业3300亩。建设核桃基地7100亩。落实良种补贴、农机补贴政策，实施双垄沟播和节水技术推广、中低产田改造等项目。新建火家湾、漫湾等标准化养殖小区10个，新增规模养殖50户。畜禽存栏41.6万头只，肉类、鲜蛋总产量分别达到3493吨、1797吨。农业产业化水平进一步提高，蔬菜冷藏保鲜和养殖等龙头企业达16家，农民专业合作社84个，订单农业面积达到12万亩。实施西电大型泵站改造工程、农业综合开发和巩固退耕还林成果等项目，更新改造西电总干二泵站和长川一、二泵站，建成调蓄塘坝7座，衬砌渠道168公里。争取资金864万元，实施北庄、白崖等6个整村推进项目。投资844万元，建成五墩等5个村安全饮水工程。投资1810万元，完成水阜土地占补平衡项目，整理土地2337亩。

城乡一体化进程加快，实施政策性项目70项，到位资金2.81亿元。西岔、什川、忠和等镇区基础设施不断完善，中心乡完成撤乡建镇，改称九合镇。新农村建设顺利推进，完成中堡、蔡河、文山、老鹳、燕儿坪、四墩6个村试点建设任务。投资1.3亿元实施石洞寺路试点项目和平岘新村庄建设，初步形成了以点带线、以线带面、点线面梯次推进的新村庄建设格局。农村交通条件进一步改善，维修改造皋什、盐什、皋营和牛谢公路，完成“通畅”工程81公里、“通达”工程134公里。

【工业经济和招商引资】 实现工业增加值12.1亿元，同比增长16.6%。规模以上工业增加值完成10.2亿元，增长19.6%。县属企业生产迅速增长，实现总产值19.17亿元，增长75%；乡属企业实现总产值10.12亿元，增长16%。水泥、铁合金和电石等主要产品产量快速增长，企业效益大幅提升，产品销售率达到93.9%。新建成威程PE管材、戴维摩擦材料、重型油压机封头生产线、亿嘉1万吨废旧塑料回收利用和奥兰2000吨除尘框架生产线。罐装饮料、昌盛植物油、矿山机械铸造等项目基本建成。投资2.16亿元，实施鸿丰电石、锐驰铁合金、锦鑫铁合金公司矿热炉密闭及尾气综合利用技术改造项目，完成兰鑫公司30万吨钢材生产线、兰州臣大焦化厂捣固机及精洗煤节能改造项目。万元工业增加值能耗8.2吨标煤，下降7.21%。前进、胜利两厂政策性破产终结，新公司挂牌运营。企业出口创汇能力增强，实现出口创汇2080万美元。全年招商引资项目26项，合同引资35.5亿元，到位资金6.81亿元，其中亿元以上项目9个。特别是成功引进了上市公司福建阳光城集团什川生态旅游综合开发项目，为县域经济发展注入了活力。

【基础设施建设】 加快推进县城“西扩南展”战略，两纵六横路网框架基本形成，三川口主干道拓建工程全面完成，县城规划面积扩大到12平方公里，新增道路面积1.4万平方米，总面积达到16万平方米。加快房地产开发步伐，建成天添佳园、三汇沁园等住宅小区。推进城中村和旧城区改造，建成安庆家园安置小区，修建东湾河道便民桥2座，建设仿古文化街和东湖度假村。改造完善县城供水、供热和供气等基础设施，实施县城供水管网改扩建、三川口供水扩容和城区供暖设施改造工程，启动建设天然气供气工程。县城东西两山建成上水工程，完成造林1500亩。

【商贸旅游】 服务业增加值完成6.9亿元，从业人员2.9万人，占全社会从业人员总数的30%。传统服务业不断壮大，商贸、餐饮、娱乐等产业档次不断提高，服务形式呈现多样化趋势。现代服务业快速成长，金融、保险、交通运输、电信通讯持续较快发展，连锁经营、超市、电子商务等新型业态迅速发展。建成三川口菜市场和钱家窑农产品市场，完成“家电下乡”示范店升级改造4家。农村服务网络不断完善，建设农资连锁配送中心，建成农家店15家、便利超市25家。建设北龙口二手车交易市场、4S品牌汽车服务店。着力发展县城商贸服务业，推进温州品牌商贸城、城南商业步行街和三川口商贸一条街项目建设。投资480万元，完成皋兰购物广场改扩建工程。投资650万元，建成华东综合超市。什川生态旅游开发建设步伐加快，基础设施进一步完善，生态旅游知名度不断提高，全年接待游客60万人次，创收2500万元。

【劳动、就业与社会保障】 输转城乡劳动力2.97万人，劳务收入达到2.75亿元。争取再就业扶持资金978万元，开发公益性岗位150个，城镇新增就业740人，城镇登记失业率2.48%。建设经济适用房28套、廉租房201套；完成农村危房改造3800户，补助资金2359.4万元。实施地质灾害异地搬迁工程，搬迁284户1322人。基本形成了以城乡最低生活保障和养老、失业、医疗、工伤、生育保险为主的社会保障体系。养老、失业和医疗保险覆盖范围逐步扩大，新增各类参保人数6278人。新型农村合作医疗机制逐步完善，参合率达到95%，为6682名患者兑付住院医疗费用1357万元。全国新型农村养老保险试点工作全面展开。

【文教卫生】 文化体育设施不断完善，建成图书馆大楼，建设文化体育馆，完成26个村“一村一品”文化精品工程和43个村农民体育健身工程。广播电视数字化进程加快，完成“村村通”工程，覆盖率达到98%。完成四中、水阜中学整体搬迁，建成忠和中学、职教中心等5所学校综合教学楼、宿舍楼，配备多媒体设备60套。“两免一补”教育经费保障机制得到落实，免除学生教科书费、学杂费51125人次，发放寄宿生补助491.8万元、暖气补助80万元和各类助学金101万元，贫困生助学贷款731万元。义务教育覆盖率达到97.7%，普通高中招生1932人，入学率达到63.7%。建成县医院门急诊医技综合楼、什川卫生院住院综合楼和22

所市级标准化村卫生所，乡镇卫生院配备医用救护车。人口普查工作进展有序，计划生育工作得到加强，改建石洞计生服务所，新建忠和计生服务所。

【精神文明建设】 以落实国办《意见》和十七届五中全会精神为重点，深入开展大宣讲活动，成立县委宣讲团，组织开展了国办《意见》“进机关、入校园、进乡镇、入社区”和十七届五中全会精神宣讲对谈活动，举办实施“再造兰州”战略理论研讨班。开展了创先争优、“六大战役县区行”集中采访、贯彻落实国办《意见》和“再造兰州”战略、“回顾十一五、展望十二五”活动等宣传活动。宣传皋兰的专题片《辉煌的历程》荣获全国优秀稿件三等奖，《气温骤降甘肃皋兰供暖提前开始准备》《葵花开、游客来》等稿件在中央电视台和《人民日报》刊播。

完成公共文明指数测评、未成年人思想道德教育、市民教育培训等七大创建文明城市的重点工作任务。结合机关作风建设和行政效能建设年活动，开展了“讲文明礼仪、树皋兰新风暨推广使用普通话”“不搞谢师宴、弘扬新风尚”等特色活动，制定了《皋兰县公职人员文明礼仪基本规范(试行)》。弘扬和挖掘太平鼓文化，太平鼓队先后参加了全省农民文艺精品汇演、上海世博会兰州宣传日等重大演出活动。协助市广电总台、兰州广播电视传播中心拍摄了数字电影故事片《依然期待》。加强校园周边环境整治工作，依法打击抵制互联网有害信息传播，开展手机媒体色情信息专项整治，为未成年人健康成长创造了良好的社会文化环境。组建志愿者队伍40支8800多人，开展关注空巢老人、植树造林、文明通道、环境卫生整治等志愿服务活动8次。新申报省级文明单位3个，省级文明村1个，创建市级文明单位4个，文明乡镇1个，文明村1个。

领导名录

县 委

书　记　毛　仁(5月免)
　　　　徐大武(5月任)
副书记　宗满德　李文生
常　委　毛　仁(5月免)
　　　　徐大武(5月任)
　　　　宗满德　李文生
　　　　赫志龙　周松清
　　　　颜烨鲁　常千宗
　　　　辛秀先　王晓宁
　　　　魏泽邦　田宗英
纪委书记　常千宗

县人大

主　任　张恩玉
副主任　魏兴勤　杨启祥
　　　　杨富国　魏孔渊(女)

县政府

县　长　宗满德
副县长　辛秀先　马彩云(女)
　　　　王宇和　瞿开业

县政协

主　席　朱宗义
副主席　王学民　陈亲惠
　　　　许贞孝　魏职鹏

(王保钰)

永登县

【概况】 永登县地处甘肃省中部，总面积6090平方公里。东南与皋兰县、西固区、红古区相邻，西北与天祝藏族自治县、景泰县接壤。境内地形由北向南倾斜。海拔在1500米～3000米之间。县城距省会兰州114公里。总人口51.79万人，其中农业人口44.39万人，非农业人口7.4万人。有汉、回、满、土、壮、藏等多个少数民族。全县辖13镇5乡，239个村委会，11个社区居委会。

永登县深居内陆，大部分地区属温带半干旱气候。年降雨量在261毫米～435毫米之间，年均降雨量290.2毫米，年均气温5.9℃，年日照时数1744小时～2659小时，年均无霜期126天，绝对无霜期78天。全年多为西北风，风力一般为2级～4级，四季分明，阳光充足，冬无严寒，夏无酷暑，气候温和宜人。

永登县城西部的吐鲁沟自然风景区，山势峻峭，林木繁茂，溪流潺潺，温湿凉爽。被辟为国家级森林公园。连城石屏山峰险、林茂，俗有“小五台”之称。建于明初的连城显教寺、妙因寺、鲁土寺衙门，明弘治年间的红城感恩寺，明正统年间的城关海德寺都是省级文物保护单位。

永登县资源丰富。天然林覆盖面积达46万多亩，苦水是全国玫瑰产量最大的地区之一。县境内矿产资源更为丰富，已探明的矿产23种。有色金属矿主要有铁、锰、金、铜等；非金属矿产有石灰石、石英石、大理石、白云石等。

全县实现生产总值70.6亿元，同比增长12%，其中，第一产业实现增加值8.6亿元，同比增长7%；第二产业实现增加值32.5亿元，同比增长11%；第三产业实现增加值29.5亿元，同比增长13%。全社会固定资产投资完成50亿元，同比增长42%，增速继续保持全市第一。社会消费品零售总额完成10.7亿元，同比增长18%。城镇居民人均可支配收入达到8765元，同比增长15%；农民人均纯收入达到3541元，同比增长14%。

【农业经济】 大力推进农业结构调整，加快了农业产业化进程。一、二、三产业比例调整为12：46：42。粮食作物、经济作物、饲草作物三元种植结构比例调整为69.5：23：8.5。农业经济稳步发展，实现农业增加值8.6亿元，同比增长7%。特色产业完成高原夏菜8.1万亩、中药材1.42万亩，新增玫瑰5800亩。引大灌区农业开发建设成效显著，万亩高原夏菜完成1.27万亩、万亩优质洋芋完成1.32万亩、万亩玫瑰基地种植累计达到1.26万亩、万亩设施农业基地累计完成7360亩、5000亩枸杞基地累计完成5230亩。灌区完成经济作物面积12.08万亩，完成精细作物种植面积4.1万亩。养殖业快速发展，全县生猪、肉羊存栏数分别达到15.4万头、27.8万只，肉类总产量达到1237万公斤，鲜鱼产量1286万公斤。

【工业经济】 实施“工业强县”战略，积极调整产业结构，通过项目建设、技术改造和扩大产能，实现了速度、质量和效益的统一。全地区工业企业完成工业总产值136.5亿元，完成地区工业增加值26.5亿元，同比增长6%。其中，规模以上企业完成工业增加值23亿元，同比增长6%；县属企业完成工业增加值11.5万元，同比增长6%。节能减排取得明显成效，万元GDP能耗和万元工业增加值能耗分别下降了4.5%和5.2%。

【第三产业】 受益于国家扩大内需，刺激消费和家电、汽车下乡等一系列消费政策的拉动以及城乡居民收入的持续增长，全县消费品市场快速发展。实现全社会消费品零售总额10.7亿元，同比增长18%。旅游业有了新的提高，共接待游客81.9万人次，实现旅游收入5100万元，同比分别增长19.7%。

【招商引资与项目建设】 全县签约各类招商引资项目30个，到位资金15.5亿元，其中第十六届兰洽会签约项目25个，概算投资98亿元，创永登县参加兰洽会以来签约项目数量和引进资金之最。全力支持吉利轿车“6+1”、兰州交大大成太阳能光热产业园、连城铝业公司40万吨环保节能改造、祁连山日产5000吨干法水泥生产线、华兴公司石灰回转窑等重大项目建设，促进了工业结构优化升级和效益提高；重点扶持苦水玫瑰深加工、永登联邦麦芽生产线等项目建设，农业龙头企业带动作用不断显现；积极支持中石油300万方国家原油储备基地和兰州石化公司100万方生产运行原油储备库、连城330千伏变电站、大同110千伏变电站、连城二级水电站、杜家湾水电站、永古高速公路永登段改扩建等电力能源及基础设施项目建设，为优化永登投资环境、拉动全县经济增长提供了强劲地支撑。

【城乡基础设施与生态建设】 投资3626万元的玫乡路、胜利街和团结街延伸工程，投资2600万元的翻山岭水库城乡供水水源工程，投资4210万元的县城生活污水处理厂以及县城小街、小巷改扩建等工程；开工建设县城体育公园音乐喷泉广场、生活垃圾处理场工程；人民公园、迎宾广场、火车站广场、新城区中心供热站等项目前期工作有序进行。投资近2亿元，新建了亚太玫瑰园、华光现代城永泰、佳永住宅、西太华住宅和怡景住宅等现代化商住小区。通过招投标和公开拍卖，实现土地经营性收入近3亿元。投资5900万元实施了68项、351公里通村道路和河桥主卜、苦水猪驮山、红城玉山庄浪河、武胜驿庄浪河等7座桥梁建设工程，全县路网进一步优化。投资5300万元实施了一批小水维修、小流域治理、水土流失综合治理、梯田建设和庄浪河西大中型灌区节水配套改造项目、中川项目区综合治理等建设工程；6项农村人畜饮水安全工程全面完成，有效解决了4.49万人的饮水安全问题。林业生态建设，完成人工造林3.6万亩，补植补造5.73万亩，封山育林1.45万亩，三北四期工程7900亩，退耕还林工程8070亩，秦王川灌区生态防护林2.43万亩，绿色通道31.6公里，全民义务植树132万株。投资1500万元，重点扶持新农村示范点建设，全县74个村的新农村建设规划编制工作基本完成，中川宗家梁、龙泉寺深沟、苦水下新沟和树屏哈家嘴、刘家湾等村居民住宅建设有序推进。

【各项社会事业】 教育方面，全面落实“两免一补”政策，加强校园安全管理。投资2360万元的县城新城区小学建成投入使用，县城小学大班额问题得到有效解决；投资1205万元，实施了12所学校的危房改造工程。城乡医疗卫生方面，基本公共卫生服务均等化9大项目启动实施，医改各项工作稳步推进。全县乡镇卫生院、公立社区卫生服务中心初步实行了基本药物零差价销售。新型农村合作医疗工作扎实推进，全县42.3万人参合，参合率为95%。投资456万元的县中医院门诊大楼建成使用，投资3192万元的县医院医技综合楼完成主体工程，39个村卫生所建设全部完成。认真落实农村计划生育家庭奖励扶助优惠政策，发放各项补助资金261万元。投资240万元，建成6个乡镇计生服务站，投资90万元，建成150个“计生文化大院”。文化旅游，投资30万元，完成2个乡镇文化站改扩建；投资301万元，新建“农家书屋”86家。鲁土司衙门旅游设施开发建设世行贷款项目进展顺利，大通河生态游乐园建成投入运行，药水沟温泉开发和引大入秦工程博览园建设项目全面启动。成功举办第三届“中国玫瑰之乡永登苦水旅游节”。劳动就业与社会保障，新增城镇失业人员就业4237人；输转城乡富余劳动力11.3万人次，实现劳务收入9.2亿元。

【新城区建设】 集聚全县之力，强力推进秦王川综合开发，为市委“再造兰州”战略，建设“兰州新区”奠定了坚实的基础。园区建设掀开新篇章，成立了兰州新区树屏产业园、连海经济开发区庄浪河川产业园和连海经济开发区大通河川产业园3个管委会。园区发展定位、各项规划、功能区划分和水、电、路等基础设施建设准备工作正在有序推进。投资30亿元的兰州黄河工业园建设项目成功签约，投资7亿元的温州创业园项目即将开工建设，拉开了产业园区大建设的序幕。

领导名录

县　委

书　记	魏旭昶
副书记	杨　平(女)　保元德
纪委书记	赵承顺

县人大

主　任	张礼才
副主任	陈永国　徐大元　张泽林　魏元道　吴芳贤(女)　王正坤

县政府

县　长	杨　平(女)
副县长	马力仁　刘立山　毛自亮　郭新斌　杨建英

县政协

主　席	史存瑞
副主席	杨培华　黄　清　王卫东　撒永年　刘世荣　王建祯

（柳生昆）

法规文件

地方法规

兰州市保护城市重点公共绿地的规定

（2010年修订）

（1999年8月20日兰州市第十二届人民代表大会常务委员会第十六次会议通过，1999年9月26日甘肃省第九届人民代表大会常务委员会第十二次会议批准，2010年10月12日兰州市第十四届人民代表大会常务委员会第二十六次会议修订，2010年11月26日甘肃省第十一届人民代表大会常务委员会第十八次会议通过，2010年11月30日兰州市人民代表大会常务委员会公告第11号公布，自公布之日起施行）

第一条 为了加强城市重点公共绿地的保护和管理，美化城市环境，增进人民身心健康，根据国务院《城市绿化条例》及有关法律、法规，结合本市实际，制定本规定。

第二条 本规定适用于本市市区形成一定规模或占据重要位置，需要重点保护的城市公共绿地（含相关设施）。具体包括：

（一）黄河两岸的滨河绿化带；

（二）东方红广场绿地；

（三）文明示范街和标志性道路按规划配置的植物景观；

（四）其他广场、桥头或重要地段超过500平方米的绿地和游园。

前款第(三)、(四)项需要明确具体地点的和以后增加列入本规定保护的城市重点公共绿地，由市人民政府确定并向社会公布。

第三条 市、区人民政府必须加强对城市重点公共绿地规划、建设和管理工作的领导，把保护城市重点公共绿地作为建设文明城市的重要内容，制定目标，定期考核，认真做好宣传教育和组织协调等工作。

第四条 市、区城市园林绿化行政主管部门应当依其管辖权限和职责分工，对城市重点公共绿地逐块划定保护范围，建立档案，设置标志，依法监督管理，保证各自管辖范围内的绿地面积不减少、树木花草生长良好和有关功能设施正常发挥作用。

市、区规划、建设行政主管部门在各自职责范围内负责绿化用地规划和有关建(构)筑物的审批，配合做好城市重点公共绿地的保护和监督管理工作。

第五条 严禁任何单位和个人占用、出租、转让城市重点公共绿地，改变其用途或者破坏其地形、地貌、水体、植被等；不得在其保护范围内新建与园林景观无关的建(构)筑物和设施。发生上述情形，由城市园林绿化行政主管部门会同城市规划行政主管部门依照有关规定查处。

市政、公用设施建设需要穿越或者临时占用城市重点公共绿地的，须向市城市园林绿化行政主管部门提出申请，经批准并落实恢复绿地和相应的补救措施后方可进行。

第六条 城市重点公共绿地的规划设计和更新改造，必须体现布局合理、造型精美、各具特色、与周围环境相协调的原则。规划设计和更新改造方案按其重要程度和不同规模，分别由市城市园林绿化行政主管部门或市人民政府审定；特别重要或规模很大的，由市人民政府提请市人大常委会审议决定。

第七条 城市重点公共绿地必须按审定的规划进行建设。在其保护范围内，因历史原因和其他特殊情况已经市人民政府批准保留的单位，应当服从规划和管理，不得以任何方式扩大非绿化用地或者修建封闭式围墙。城市重点公共绿地周围新建建（构）筑物应当与绿地保持合理距离，保证树木花草生长不受影响。

第八条 城市重点公共绿地的日常种植、管护工作，由负责管理的部门向行业和社会招标，确定责任管理单位，并以责任书或合同方式规定相应的权利和义务。

第九条 本规定对单位、个人禁止的行为及其他限制性要求，均依照《兰州市城市园林绿化管理办法》的规定从严管理，维护城市重点公共绿地的优美环境。在城市重点公共绿地保护范围内，违反本规定应当给予罚款的，由市、区城市园林绿化行政主管部门依照《兰州市城市园林绿化管理办法》规定数额及幅度的 1 至 3 倍处以罚款。

第十条 永登、榆中、皋兰县和红古区城镇重点公共绿地的保护和管理，可参照本规定执行。

第十一条 本规定自公布之日起施行。

兰州市全民义务植树办法

(2010 年修正本)

(1988 年 12 月 17 日兰州市第十届人民代表大会常务委员会第十二次会议通过，1989 年 1 月 20 日甘肃省第七届人民代表大会常务委员会第六次会议批准，根据 2000 年 12 月 2 日甘肃省第九届人民代表大会常务委员会第十九次会议批准的《兰州市人民代表大会常务委员会关于修改〈兰州市全民义务植树暂行办法〉的决定》第一次修正，2000 年 12 月 9 日重新公布施行，2010 年 10 月 12 日兰州市第十四届人民代表大会常务委员会第二十六次会议第二次修订，2010 年 11 月 26 日甘肃省第十一届人民代表大会常务委员会第十八次会议通过，2010 年 11 月 30 日兰州市人民代表大会常务委员会公告第 11 号公布，自公布之日起施行)

第一条 为了实施可持续发展和西部大开发战略，深入持久地开展全民义务植树运动，促进城乡绿化，改善生态环境，根据全国人大《关于开展全民义务植树运动的决议》、《甘肃省全民义务植树条例》和有关法律、法规，结合本市实际，制定本办法。

第二条 全市的义务植树，在市绿化委员会统一领导下，按照“条块结合，以块为主”的原则，由县(区)人民政府及其绿化委员会和南北两山绿化、林业、园林主管部门组织实施。

机关、团体、学校、企事业单位、街道办事处、乡镇人民政府及其他组织应当根据所在地绿化委员会的安排部署，组织好本单位、本辖区的义务植树。

第三条 市、县(区)绿化委员会应当制定义务植树规划，报经同级人民政府批准后实施。

第四条 凡居住在本市行政区域内男性十八至六十周岁、女性十八至五十五周岁的公民，除丧失劳动能力者外，每人每年必须完成义务植树 5 棵或相应劳动量的绿化任务。对十一至十七周岁的青少年，可以根据他们的实际情况，就近安排植树或参加力所能及的绿化劳动。

第五条 每年 4 月份为全市集中义务植树时间。

第六条 义务植树投入的劳动，限于营造国有林、集体(单位)林和其他公共绿地。义务植树的重点是南北两山绿化和城市园林绿地、农村防护林建设。

第七条 各单位应当承包南北两山绿化任务，建立单位的义务植树基地。确实无力承包的单位，在所在县(区)人民政府和绿化主管部门划定的地段义务植树或承担其他绿化、管护任务。

第八条 郊区城镇单位除组织参加所在地义务植树劳动、搞好本单位的园林绿地建设外，有条件的也应当建立义务植树基地。

第九条 农村以乡(镇)、村、社为单位建立义务植树基地，或者组织村民到国有、集体林场(站)义务植树，也可以参加重点生态工程建设等与绿化有关的义务劳动。

第十条 个体工商户和城镇居民由街道办事处负责组织，在所在县(区)人民政府和绿化主管部门划定的地段义务植树。

第十一条 按照本办法第四条第一款规定应当参加义务植树的城镇公民，所在单位或责任单位由于特殊原因不能组织其直接参加义务植树劳动或者承包南北两山绿化的，经县(区)绿化委员会批准，可以按规定缴纳绿化费。具体缴纳标准依照有关程序和权限报经批准后执行。绿化费由县(区)绿化委员会或其委托的机构负责收取，实行财政专户、收支两条线管理，用于义务植树，不得挪作他用。

第十二条 使用义务劳动，在国有土地上栽植的树木，林权归经营管理单位所有；没有明确经营管理单位的，由所在县(区)人民政府指定的部门、单位所有；在承包荒山荒地上栽植的树木，归承包单位或个人所有；在集体土地上栽植的树木，归集体所有。如果情况特殊，另有约定的，按约定办理。

对林权所有者和在荒山荒地上建立义务植树基地的单位或个人，由县(区)人民政府发给林权证书和土地使用证。

第十三条 林权所有单位负责义务植树所需苗木的供给并提供技术服务，保证植树质量。

第十四条 义务栽植的树木，由林权所有单位按照有关法律、法规和规章负责管护。

第十五条 单位和个人在义务植树工作中成绩显著，或者制止、检举揭发损坏树木、花草行为有功的，由市、县(区)人民政府或绿化委员会给予表彰奖励。

第十六条 机关、团体、学校、企事业单位、街道办事处、乡镇人民政府及其他组织不组织适龄公民履行植树义务的，由县级以上人民政府绿化委员会办事机构通报批评，责令其补缴义务植树绿化费；逾期不缴的从滞纳之日起每日加收千分之五的滞纳金。

第十七条 对无故未完成义务植树任务或者有条件而不承包南北两山绿化的单位，由所在县（区）绿化委员会和南北两山绿化、林业、园林主管部门责令其限期完成或承包；逾期仍不完成、不承包的，由县（区）绿化委员会收缴二至三倍的绿化费，并追究有关领导和当事人的责任。

第十八条 年满十八周岁的成年公民无故不履行植树义务的，由所在单位、街道办事处、乡（镇）人民政府和居(村)民委员会进行批评教育，责令其限期履行义务，或者由县(区)绿化委员会办事机构处以应缴义务植树绿化费一倍的罚款。

第十九条 单位或个人对处罚决定不服的，可依法申请复议或提起诉讼；逾期不申请复议也不起诉又不履行处罚决定的，由作出处罚决定的机关申请人民法院强制执行。

第二十条 本办法自公布之日起施行。

连城国家级自然保护区条例

(2010年10月12日兰州市第十四届人民代表大会常务委员会第二十六次会议通过，2011年1月11日甘肃省第十一届人民代表大会常务委员会第十九次会议批准，2011年1月12日兰州市人民代表大会常务委员会公告第13号公布，自2011年3月1日起施行)

第一条 为加强连城国家级自然保护区的建设和管理，保护和合理利用自然资源，根据《中华人民共和国森林法》、《中华人民共和国自然保护区条例》等法律、法规，结合实际，制定本条例。

第二条 连城国家级自然保护区(以下简称保护区)是以保护天然青杆和祁连圆柏为主的森林生态系统保护区。

保护区地处兰州市永登县境内，位于东经102°36′至102°55′，北纬36°33′至36°48′，总面积47930公顷。

第三条 在保护区内从事相关活动的单位和个人，应当遵守本条例。

第四条 保护区的建设和管理应当坚持依法保

护、生态优先、持续发展的原则。

第五条 市人民政府根据省人民政府的授权对保护区实施统一管理，加强对保护区工作的领导，将保护区的发展纳入国民经济和社会发展计划，建立保护投入机制和生态补偿机制。

第六条 市林业行政主管部门负责保护区、的保护、建设和管理工作。

连城国家级自然保护区管理机构负责保护区的具体工作，并接受环保部门的监督。

市发展改革、财政、环保、公安、农业、国土、水利、文化、旅游、交通等部门应当在各自的职责范围内，做好保护区的相关工作。

第七条 保护区管理机构的主要职责：

(一) 贯彻执行有关保护区的法律、法规和具体政策；

(二) 编制保护区建设规划，制定相关管理制度；

(三) 负责保护区内自然环境和自然资源的保护；

(四) 组织、协助开展科学研究和科普工作；

(五) 依法开展森林防火和林业有害生物的防治工作；

(六) 依法查处保护区内破坏自然环境和自然资源的违法行为；

(七) 协调处理保护区与当地经济建设和居民生产生活的关系；

(八) 制定保护区内的旅游规划，并实施管理；

(九) 法律法规赋予的其他职责。

第八条 市林业行政主管部门应当协调保护区周边县、乡人民政府成立联防联保组织，负责制定保护公约，开展宣传教育，划定责任区，落实保护责任等有关事宜。

第九条 对建设、管理保护区以及在有关保护区的科学研究中做出显著成绩的单位和个人，由市人民政府给予表彰奖励。

一切单位和个人都有保护保护区内自然环境和自然资源的义务，并有权对破坏、侵占保护区的单位和个人进行检举、控告。

第十条 在保护区内的单位、居民和经批准进入保护区的人员，应当严格遵守保护区的各项管理制度，接受保护区管理机构的管理。

第十一条 保护区内核心区、缓冲区和实验区应当标明区界，设置界标，予以公告。

任何单位和个人，不得擅自移动或者破坏保护区界标。

第十二条 保护区内禁止：

(一) 盗伐、滥伐、毁坏林木或者破坏植被；

(二) 采挖野生植物、药材；

(三) 狩猎、打捞、捕获、收购、运输野生动物；

(四) 开垦、放牧、开矿、采石、挖沙、取土；

(五) 野外用火、排放污水、废气、倾倒固体废弃物；

(六) 擅自移动或者破坏保护设施；

(七) 法律、法规禁止的其他行为。

第十三条 核心区未经批准任何人不得进入。因科学研究的需要，进入核心区从事科学研究活动的，应当事先向保护区管理机构提交申请和活动计划，并按有关规定报经批准。

第十四条 缓冲区经批准可以从事科学研究、教学实习、标本采集活动。从事该活动的单位和个人，应当将活动成果的副本提交保护区管理机构。

第十五条 实验区内进行参观、旅游的单位和个人，应当服从保护区管理机构的管理。

在保护区宗教场所进行宗教活动，应当遵守国家有关的法律法规规定，并接受相关部门的指导、监督。

第十六条 保护区管理机构应当建立健全野生动物的保护和救护机制。

第十七条 保护区管理机构统一管理保护区内的各项经营活动，适度有序、科学合理地进行旅游资源开发。

第十八条 保护区的保护、建设和管理经费来源：

(一) 国家和地方政府对保护区投入的资金；

(二) 引进的资金；

(三) 国内外组织和个人的捐赠；

(四) 保护区管理机构组织开展参观旅游等活动的收益；

(五) 依法收取的各种保护管理费；

(六) 其他收入。

第十九条 保护区管理机构应当对出入保护区的车辆、人员进行检查登记；对进入保护区的动植物及其制品的检疫证进行查验；对违法运输木材、林木产品、林副产品和野生动植物及其制品、携带火种等行为依法进行查处。

第二十条 违反本条例第十一条规定，擅自移动或者破坏保护区界标及其保护设施，责令恢复原状，处以100元以上2000元以下的罚款。

第二十一条 违反本条例第十二条规定的，由保护区管理机构没收违法所得，责令停止违法行为，限期恢复原状或者采取其他补救措施；对保护区造成破坏的，可处以300元以上10000元以下罚款；构成犯罪的，依法追究刑事责任。

第二十二条 违反本条例第十四条规定，未经批准在缓冲区进行科学研究、教学实习、标本采集的，处以警告，并处100元以上5000元以下的罚款。

第二十三条 保护区管理人员滥用职权、玩忽职守、徇私舞弊，致使保护区自然环境和自然资源遭到破坏的，由其所在单位或者上级机关给予行政处分；构成犯罪的，依法追究刑事责任。

第二十四条 违反本条例规定的其他行为，由有关行政主管部门依照相关法律、法规予以处罚。

第二十五条 当事人对行政处罚决定不服的，可以依法申请行政复议或者提起行政诉讼。当事人逾期不申请复议，也不向人民法院起诉，又不履行处罚决定的，由作出处罚决定的机关申请人民法院强制执行。

第二十六条 本条例自2011年3月1日起施行。

兰州市城市节约用水管理办法

(2010年修正本)

(1999年12月24日兰州市第十二届人民代表大会常务委员会第十八次会议通过，2000年7月25日甘肃省第九届人民代表大会常务委员会第十七次会议批准，2010年10月12日兰州市第十四届人民代表大会常务委员会第二十六次会议修订，2010年11月26日甘肃省第十一届人民代表大会常务委员会第十八次会议通过，2010年11月30日兰州市人民代表大会常务委员会公告第11号公布，自公布之日起施行)

第一条 为加强城市节约用水管理，贯彻可持续发展战略，合理利用水资源，保障人民生活，促进经济和社会发展，根据《中华人民共和国水法》和国务院批准发布的《城市节约用水管理规定》等有关法律、法规，结合本市实际，制定本办法。

第二条 本办法适用于本市行政区域内城市节约用水管理工作。

在本市行政区域内经营、使用城市公共供水和自建设施供水的单位和个人，必须遵守本办法。

第三条 城市供、用水坚持开源与节流并重、资源合理配置的方针，实行计划控制和价格调节相结合的办法促进节约用水。

第四条 市和有关区(县)人民政府应当加强对城市节约用水工作的领导，把节约用水纳入国民经济和社会发展计划；开展节约用水宣传教育和创建节水型城市活动，增强用水单位和个人节约用水的意识；鼓励、支持节约用水、污水回收利用的科学技术研究和有关设施、设备、器具的研制开发，推广应用先进技术，提高节约用水的科学技术水平。

第五条 市建设行政主管部门主管全市城市节约用水的监督管理工作，市节约用水管理机构受其委托负责节约用水的日常工作。

红古区和永登、榆中、皋兰县建设行政主管部门，在本级人民政府领导和市节约用水管理机构指导下，负责本辖区城市节约用水的监督管理工作。

水行政主管部门，有关行业主管部门，以及发展改革、科技、财政、价格、规划等综合部门，依照有关规定，在各自职责范围内配合做好城市节约用水管理工作。

第六条 本市城市节约用水规划和年度用水计划，由市节约用水管理机构根据水资源统筹规划和城市用水中长期供求计划制定，经省、市建设行政主管部门审核，报市人民政府批准后实施。市节约用水管理机构可以根据供水状况和生活、生产需要调整用水计划，但须按前款规定程序报经批准。

第七条 市节约用水管理机构应当会同有关行业主管部门制定该行业的综合用水定额和单项用水定额，并根据城市供水能力、年度用水计划和行业用水定额，核定下达各用水单位的用水计划指标，按季进行考核。

第八条 供水单位应当按年度用水计划和核定的用水指标供水，定期向市节约用水管理机构提供各用水单位的实际用水情况和有关资料。

第九条 用水单位应与市节约用水管理机构签订计划用水责任书。用水单位拒不签订计划用水责任书的，其用水指标按同行业平均用水定额核定。

用水单位应指定部门和人员，具体负责节约用水管理工作，并按规定向市节约用水管理机构或有关区(县)建设行政主管部门报送有关统计资料。

第十条 工程施工、园林绿化、环境卫生等临时用水，有关单位应向市节约用水管理机构申请临时用水计划指标，供水部门按批准的用水指标供水。

第十一条 用水单位超出计划的用水量，按下列比例标准缴纳加价水费(超计划用水比例，按四舍五入办法以整数计)：

(一) 超用5%以内的部分，按现行水价的0.5倍加价收费；

(二) 超用6%至10%的部分，按现行水价的1倍加价收费；

(三) 超用11%至20%的部分，按现行水价的2倍加价收费；

(四) 超用21%至30%的部分，按现行水价的4倍加价收费；

(五) 超用31%至40%的部分，按现行水价的6倍加价收费；

(六) 超用41%至50%的部分，按现行水价的8倍加价收费；

(七) 超用51%以上的部分，按现行水价的10倍加价收费；连续两个季度超用51%以上仍未采取措施的，其超用部分全部按现行水价的10倍加价收费。

超计划用水单位必须在20日内以委托付款方式向市节约用水管理机构缴纳加价水费。逾期不缴纳的，按日加收5‰的滞纳金。加价水费收入列入市或有关区(县)财政专户管理，用于开展节约用水工作和补助城市供水工程建设开支。

第十二条 用水单位应按规定安装计量水表；居民生活用水应当安装分户计量水表，禁止实行包费制。

第十三条 月均用水量在2000立方米以上的单位，必须按规定时限进行水量平衡测试；月均用水量不足2000立方米的单位，应进行用水合理化分析。发现不合理用水和浪费水的问题，必须及时整治改进。

第十四条 供水、用水单位均须加强对供、用水设备和器具的维护管理，防止跑、冒、滴、漏。发生故障和事故，应及时修复和处理。供水、用水单位应当按规定装配节约用水设施，选用质量合格的节水型设备、器具，未经批准不得停止使用节约用水设施，禁止使用国家已明令淘汰的设备和器具。

第十五条 城市新建、扩建、改建工程项目，应当配套建设相应的节约用水设施，并与主体工程同时设计、同时施工、同时投入使用。未经验收或验收不合格的，不得投入使用。

月均用水量在5000立方米以上的建设项目，必须由市建设行政主管部门或其委托的节约用水管理机构审核节约用水设施的设计方案，并参加该设施的竣工验收。

第十六条 城市新建、扩建、改建房屋，必须安装符合国家质量标准的节水型便器水箱和配件。已经安装使用但属明令淘汰的，必须限期更换。

第十七条 新建宾馆、饭店、洗浴场所、文化体育设施、办公楼及居住小区，符合修建中水设施条件的，应当配套建设中水设施。

前款规定的中水设施是指将生活污水净化处理后达到国家规定的水质标准，在一定范围内作为非饮用水重复使用的设施。

第十八条 工业生产和机动车清洗、空调机冷却等用水应当循环使用，不得直接排放。水的重复利用率达不到行业标准的，不得新增用水量。

第十九条 用水单位经过考核符合节约用水奖励条件的，经市节约用水管理机构会同有关部门审核批准，按有关规定进行奖励。供水单位因节约用水减少的售水量和经济效益，不影响对其完成经济技术指标的考核和奖励。

第二十条 违反本办法规定，不按规定进行水量平衡测试、不采取措施整治不合理用水，或者应修建装配中水、节水设施而未修建装配，应实行循环用水而未实行的，责令其限期改正，逾期仍不改正的，取消其申报节水型企业(单位)的资格，限制其用水量；造成用水浪费的，可以按测算漏水量征收3至5倍的加价水费。

第二十一条 违反本办法规定，有下列行为之一的单位和个人，按管理职责分工分别由市或有关区(县)建设行政主管部门视情节予以处罚：

(一) 城市新建、扩建、改建房屋未按规定安装节水型便器水箱和配件，或者未按要求更换淘汰便器水箱和配件，对漏水严重的便器水箱和配件未按期进行维修或更新的，责令房屋产权单位限期改正，按测算漏水量月累计征收3至5倍加价水费，并可按每套便器水箱配件处以30元以上100元以下的罚款。

(二) 生活用水不安装分户计量水表，或者不按水表分户计量收费而实行包费制的，责令有关单位限期改正；逾期仍不改正的，可以按每户100元计算处以罚款。

(三) 城市新建、扩建、改建工程项目未按规定配套建设节约用水设施，或者未经验收、验收不合格而擅自使用的，限制其用水量，责令其限期完善节约用水设施，可以并处10000元以上50000元以下的罚款。

第二十二条 当事人对行政处罚决定不服的，可依法申请行政复议，或向人民法院起诉。逾期不申请复议也不起诉又不履行处罚决定的，由作出行政处罚决定的机关申请人民法院强制执行。

第二十三条 城市节约用水管理工作人员滥用职权、徇私舞弊、玩忽职守的，由其所在单位或者上级机关予以行政处分；构成犯罪的，依法追究其刑事责任。

第二十四条 本办法自公布之日起施行。兰州市人民政府1987年6月12日发布的《兰州市节约用水管理办法》同时废止。

兰州市城市生活饮用水水源保护和污染防治办法

(2010年修正本)

(1997年5月16日兰州市第十二届人大常委会第二次会议通过，1997年7月30日甘肃省第八届人大常委会第二十八次会议批准，2010年10月12日兰州市第十四届人大常委会第二十六次会议修订，2010年11月26日甘肃省第十一届人大常委会第十八次会议批准)

第一章 总则

第一条 为保护城市生活饮用水水源，防治污染，保障饮用水安全，促进经济社会全面协调可持续发展，根据《中华人民共和国水污染防治法》《中华人民共和国水法》等有关法律、法规，结合本市实际，制定本办法。

第二条 本办法适用于本市城市生活饮用水水源的保护和污染防治。

第三条 市、区(县)人民政府应当对本行政区域的生活饮用水水源环境质量负责，将其纳入国民经济和社会发展规划，保证城市生活饮用水水源保护和污染防治经费。

第四条 市、区(县)人民政府环境保护行政主管部门对本行政区域内城市生活饮用水水源的保护和污染防治实施统一监督管理。

发展改革、规划、建设、水利、卫生、城管执法、农牧、交通、国土、公安、安监等行政主管部门按照各自职责，做好城市生活饮用水水源的保护和污染防治工作。

第五条 本市城市生活饮用水水源的保护和污染防治实行目标责任制和考核评价制度。

市人民政府应当将城市生活饮用水水源的保护和污染防治目标完成情况作为对市人民政府相关部门和区(县)人民政府及其负责人考核评价的内容。

第六条 市人民政府应当根据经济社会发展需要，规划、建设新的城市生活饮用水水源保护区和应急备用水源地。

第七条 市、区(县)人民政府应当建立城市生活饮用水水源保护和污染防治领导协调机制，定期通报饮用水水源保护和污染防治情况，督促有关部门履行各自职责，确保饮用水安全。

第八条 任何单位和个人有保护城市生活饮用水水源和水环境的义务，并有权对污染、损害城市生活饮用水水源和水环境的行为进行制止和举报。

鼓励新闻媒体对城市生活饮用水水源保护和污染防治工作进行舆论监督。

第九条 环保行政主管部门或相关行政管理部门对接到的涉及城市生活饮用水水源保护和污染防治的举报，应当及时处理、答复并为举报人保密。

第十条 对在城市生活饮用水水源保护和污染防治工作中成绩显著的单位和个人，由市、区(县)人民政府给予表彰和奖励。

第二章 监督管理

第十一条 市、区(县)环保行政主管部门在城市生活饮用水水源保护和污染防治工作中的主要职责是：

(一) 组织制定和实施城市生活饮用水水源保护和污染防治规划；

(二) 监督实施水污染物排放总量控制制度；

(三) 负责监测城市生活饮用水水源的水质；

(四) 监督管理城市生活饮用水水源保护区周边排污单位污染物的排放；

(五) 检查、指导城市生活饮用水水源保护和污染防治工作，调查处理违反本办法的行为及污染事故；

(六) 法律、法规规定的其他职责。

第十二条 有关行政主管部门在城市生活饮用水水源保护和污染防治工作中的主要职责是：

(一) 发展改革行政主管部门在相关建设项目审批中，应当保护城市生活饮用水水源，不得审批可能对其造成污染的项目；涉及城市生活饮用水水源保护和污染防治的工程项目，应优先纳入年度计划；

（二）规划行政主管部门负责城市生活饮用水水源的保护纳入城市总体规划并监督实施；

（三）建设行政主管部门负责城市生活饮用水水源保护区内排水管网设施的管理；

（四）水利行政主管部门负责做好与水资源管理相关的城市生活饮用水水源保护和污染防治工作；

（五）卫生行政主管部门负责保护区内的水质卫生监测和卫生监督管理；

（六）城管执法行政主管部门负责保护区内城市生活垃圾和违法建设的监督管理；

（七）农牧行政主管部门负责对保护区内使用农药、农膜、化肥和从事养殖等污染水源的行为进行监督管理；

（八）交通行政主管部门及其海事管理机构负责保护区内交通工具对水环境污染的监督管理；

（九）国土资源行政主管部门对城市生活饮用水水源保护区周围矿产资源的开采和加工利用时，应当优先考虑水源的保护，严格审批和管理，防止水土流失和水源污染；

（十）公安、安监行政主管部门负责对可能造成城市生活饮用水水源污染的剧毒、危险化学品的运输、使用、储存进行安全监督管理。

第十三条　饮用水自流沟实行封闭管理。市、区人民政府负责周边环境整治和管理，供水单位负责封闭设施的建设和管理。

第十四条　市、区(县)人民政府应当制定饮用水水源污染事故处理应急预案。可能造成饮用水水源污染事故的企事业单位，应当采取必要的防范措施，防止污染事故的发生，制定事故应急预案，并报市、区(县)环境保护主管部门及其他有关部门备案。

发生突发事故，造成或者可能造成饮用水水源污染，市、区(县)人民政府和事故单位必须立即启动饮用水水源污染事故应急预案，并做好应急供水准备。

饮用水水源污染事故的信息披露，由市、区(县)人民政府按照《中华人民共和国突发事件应对法》和本市的有关规定执行。

第十五条　市环保行政主管部门应当建立城市生活饮用水水源信息定期通报制度，依法及时、准确发布城市生活饮用水水源水质信息。

第十六条　市、区(县)环保行政主管部门以及其他环境监督管理机构，有权对管辖范围内的排污单位进行现场检查。

被检查者应当如实反映情况，提供必要的资料。检查者有义务为被检查者保守商业秘密。

第三章　保护和污染防治

第十七条　本市城市生活饮用水水源保护区依据省人民政府批准的保护区范围划分为一级保护区、二级保护区，并可根据实际需要，在饮用水水源保护区外划定一定范围的准保护区。保护区范围应当向社会公布。

第十八条　城市生活饮用水水源水质应符合国家和地方有关标准要求。

第十九条　市、区(县)人民政府应当设立各级饮用水水源保护区界标，并在显著位置设立警示标志。

任何单位和个人不得移动或者损毁饮用水水源保护区界标和警示标志。

第二十条　本市对饮用水水源一级保护区采取隔离防护。在饮用水水源一级保护区内，禁止下列行为：

（一）设置排污口；

（二）新建、改建、扩建与供水设施和保护水源无关的建设项目；

（三）养殖、旅游、游泳、垂钓；

（四）倾倒、堆置工业废渣、医疗垃圾、生活垃圾等废弃物；

（五）使用化肥和化学农药；

（六）其他可能污染饮用水水体的活动。

第二十一条　在饮用水水源二级保护区内，禁止下列行为：

（一）排污口；

（二）新建、改建、扩建排放污染物的建设项目；

（三）设置固体废物贮存、堆放场所；

（四）设置养殖场；

（五）向水体排放生活垃圾、污水；

（六）在水体清洗车辆；

（七）在水体清洗装贮过油类或者有毒有害污染物的容器和包装器材；

（八）向水体排放其各类可能污染水体的物质。

第二十二条　在饮用水水源一级、二级保护区内，已建成的排放污染物的建设项目，由市、区(县)人民政府责令限期拆除或者关闭。

第二十三条　在饮用水水源准保护区内，禁止下列行为：

（一）新建、扩建污染水体的建设项目或者可能增加排污量的改建项目；

（二）设置危险废物、生活垃圾堆放场所和处置场所；

（三）在水体清洗装贮过油类或者有毒有害污染物的车辆、容器和包装器材；

（四）向水体排放含重金属、病原体、油类、酸碱类污水等有毒有害物质；

（五）堆放、倾倒和填埋粉煤灰、废渣、放射性物品、有毒有害物品等各种固体废物；

（六）新设规模化养殖场。

第二十四条 装载剧毒、危险化学品的车辆需要驶入城市生活饮用水水源保护区的，应当配备防止污染物散落、溢流、渗漏的设施设备。

第二十五条 排污单位排放的污染物可能造成水污染事故的，必须采取应急措施，通报受影响和危害的单位防范，并及时向所在地环保行政主管部门报告，接受并配合调查处理。

受害单位可以向市、区(县)环保行政主管部门反映情况，要求调查处理和督促有关单位排除危害。

第四章 法律责任

第二十六条 违反本办法第十四条，企事业单位不按照规定制定水污染事故的应急方案的，水污染事故发生后，未即时启动水污染事故的应急方案，采取有关应急措施的，由县级以上人民政府环保行政主管部门责令改正；情节严重的，处2万元以上10万元以下的罚款。

第二十七条 违反本办法第十九条规定，移动或者损毁饮用水水源保护区界标或者警示标志的，由县级以上环保行政主管部门责令其限期恢复原状，并处1000元以上3000元以下的罚款。

第二十八条 违反本办法第二十条第(三)项规定，从事养殖或者组织旅游、垂钓等有可能污染饮用水水体活动的，由环保行政主管部门责令停止违法行为，并处2万元以上10万元以下的罚款；个人在饮用水水源一级保护区内游泳、垂钓或者从事其他可能污染饮用水水体的活动的，由县级以上环保行政主管部门责令停止违法行为，可以处500元以下的罚款。

第二十九条 违反本办法第二十条第(四)项的规定，倾倒、堆放工业废渣的，由县级以上人民政府环保行政主管部门依照职权责令限期清理，并对责任单位处以2万元以上20万元以下的罚款。

第三十条 违反本办法第二十条第(五)项规定，在饮用水水源一级保护区内使用化肥和化学农药的，由农业行政主管部门责令改正，并可以处1万元以上2万元以下的罚款。

第三十一条 违反本办法第二十条第(一)项及第二十一条第(一)项规定，违法设置排污口的，由县级以上人民政府环保行政主管部门责令停止违法活动，并处10万元以上50万元以下的罚款；并报经有批准权的人民政府批准，责令拆除或者关闭。

第三十二条 违反本办法第二十四条未按规定配备相关设施设备的，由交通行政主管部门责令改正，并可处2万元以上10万元以下的罚款。

第三十三条 违反本办法规定，造成饮用水水源污染的，除依法对违法行为人进行处罚外，环保、水利等有关行政主管部门还可以责令违法行为人消除污染；拒不消除污染或不具备消除污染能力的，可以委托专业机构代为消除污染，所需费用由违法行为人承担。

因城市生活饮用水水源和水环境污染危害直接受到损失的单位和个人，有权要求致害者排除危害和赔偿损失。

第三十四条 违反本办法规定的其他行为，由环保行政主管部门或相关行政管理部门依照《中华人民共和国水污染防治法》等法律、法规给予处罚。

第三十五条 当事人对行政处罚决定不服的，可以申请行政复议，也可以向人民法院起诉；逾期不申请行政复议或者起诉，又不履行行政处罚决定的，由作出行政处罚决定的机关申请人民法院强制执行。

第三十六条 各级人民政府行政主管部门工作人员有下列情形之一的，给予行政处分；构成犯罪的，依法追究刑事责任：

（一）违法批准新建、扩建、改建建设项目或者其他设施的；

（二）对应当限期治理或者责令停业、关闭、拆除的违法行为不依法处理的；

（三）利用职权收受他人财物或者谋取其他利益的；

（四）发现违法行为或者接到对违法行为的举报后不予查处的；

（五）其他滥用职权、玩忽职守、徇私舞弊的行为。

第五章 附 则

第三十七条 未划入保护区范围的其他饮用水水源的保护和污染防治参照本办法执行。城市应急备用地下水水源地的具体保护办法由市人民政府另行制定。

第三十八条 本办法自2011年1月1日起施行，兰州市第十二届人大常委会第二次会议通过，甘肃省第八届人大常委会第二十八次会议批准的《兰州市城市生活饮用水源保护和污染防治办法》同时废止。

兰州市城市园林绿化管理办法

(2010年修正本)

(1989年8月28日兰州市第十届人民代表大会常务委员会第十六次会议通过，1989年11月28日甘肃省第七届人民代表大会常务委员会第十一次会议批准，1998年10月9日兰州市第十二届人民代表大会常务委员会第十一次会议第一次修订，1998年12月11日甘肃省第九届人民代表大会常务委员会第七次会议批准，2010年10月12日兰州市第十四届人民代表大会常务委员会第26次会议第二次修订，2010年11月26日甘肃省第十一届人民代表大会常务委员会第十八次会议通过，2010年11月30日兰州市人民代表大会常务委员会公告第11号公布，自公布之日起施行)

第一章　总　则

第一条　为了加强城市园林绿化的规划、建设和管理，提高绿化覆盖率，保护和改善生态环境，美化市容，增进人民身心健康，根据国务院《城市绿化条例》和有关法律、法规，结合本市实际，制定本办法。

第二条　本办法适用于本市城市规划区和建制镇规划区的园林绿化规划、建设、保护和管理。

第三条　本办法所称城市绿地，是指公共绿地、居住区绿地、单位附属绿地、防护绿地、生产绿地和城市风景林地。

第四条　本市城市园林绿化实行统一领导，分级负责，群众和专业队伍相结合的管理办法。

市城市园林绿化行政主管部门负责全市城市园林绿化的规划、建设、保护和管理，指导、监督、检查各区(县)、各单位的园林绿化工作。

各区(县)城市园林绿化行政主管部门负责各自辖区内城市园林绿化规划的实施和日常管理，指导、监督、检查辖区单位、街道和有关乡(镇)的绿化工作。

街道办事处和有关乡(镇)人民政府负责组织、督促辖区单位和居住区的绿化建设、管护和责任落实工作。

各单位负责其用地范围和责任地段的绿化管护工作，并接受当地人民政府和城市园林绿化行政主管部门的检查和指导。

城建、规划、市政、市容、环卫、环保、房产、公安、工商等部门，在各自职责范围内，配合城市园林绿化行政主管部门做好有关管理工作。

第五条　市、区(县)人民政府必须加强对城市园林绿化工作的领导，把城市园林绿化建设作为城市基础设施建设的重要组成部分，纳入国民经济和社会发展计划，并安排相应的投资和经费。

市、区(县)人民政府和城市园林绿化行政主管部门，应当鼓励、支持国内外组织和个人投资、捐资、合资建设城市园林绿化项目，并保护其合法权益。

第六条　凡在城市园林绿化规划、建设、保护、管理和科研工作中做出显著成绩的单位和个人，由市、区(县)人民政府或城市园林绿化行政主管部门给予表彰和奖励。

第二章　规划与建设

第七条　本市城市园林绿化建设规划，由市城市园林绿化行政主管部门会同城市规划行政主管部门编制，并纳入城市总体规划，报经市人民政府审定批准后组织实施。

各区(县)人民政府应当根据全市园林绿化建设规划的要求，制定本辖区的园林绿化建设规划，报市城市园林绿化行政主管部门审定后组织实施。

第八条　市城市规划行政主管部门和城市园林绿化行政主管部门应当根据国家有关规定和本市实际，制定城市绿化规划建设指标，报省建设行政主管部门核准，并据此审核、审批各类开发区、建设项目的绿地规划和建设计划，依法监督城市绿化各项规划指标的实施。

第九条　城市园林绿化工程的设计与施工，必须由具有相应资质的单位承担。禁止无证、越级设计和施工。

第十条　城市新建、扩建、改建工程和开发区、住宅区建设项目中的绿化工程设计，必须经市城市园林绿化行政主管部门会审同意；建设项目工程概算中必须包括绿化所需费用；绿化工程应与主体工程同时规划、同时设计、同时施工，并在规定的期限内完成绿化任务。

建设项目竣工验收，必须有城市园林绿化行政主管部门参加。绿化工程验收不合格的，由建设单位重新施工或由绿化专业单位代为施工，代施工的费用由建设单位承担。绿化建设工程竣工图送交所在区(县)城市园林绿化行政主管部门存档。

建设单位必须按批准或审定的绿化规划建设指标进行建设。因特殊情况不能按规定指标进行绿化建设的，必须经市城市园林绿化行政主管部门批准，并将所缺面积的建设资金交由市城市园林绿化行政主管部门作为统一安排城市绿化建设的补偿。

第十一条　敷设通讯、输电、燃气、给排水管线和架设公安、公交指示信号、标牌等公用设施需占用城市绿地的，应当采取避让办法妥善解决。无法避让的，有关单位应当按照市城市园林绿化行政主管部门的要求采取保护措施。

第三章　保护与管理

第十二条　本市行政区域内的单位和个人都有责任和义务保护城市绿地、树木花草和园林设施，参加绿化、美化城市的活动，有权制止、检举和控告侵占、危害、破坏城市绿地、树木花草和园林设施的行为。

第十三条　下列城市绿地、树木和园林设施的管理责任分别是：

(一) 公共绿地、生产绿地、防护绿地、风景林地的树木及设施，由市、区(县)城市园林绿化行政主管部门及所属专业单位负责管理；

(二) 单位附属绿地的树木及设施，由该单位负责管理；单位管界内防护绿地的绿化和养护，由该单位按国家有关规定管理；

(三) 居住区绿地的树木及设施，由产权单位或者所在区(县)城市园林绿化行政主管部门根据实际情况确定的单位管理；

(四) 铁路、公路两侧的绿化，由铁路和公路主管部门按国家有关规定负责建设和管护。

第十四条　本办法适用范围内所种的树木，均不得擅自砍伐、移植。确需砍伐、移植的，必须向所在区(县)城市园林绿化行政主管部门提出申请，经市城市园林绿化行政主管部门审查批准后，方可移植、砍伐，并按国家有关规定补植树木或按树木的价值和生态效益等综合价值进行补偿。

第十五条　百年以上树龄的古树和珍稀、名贵树木及具有历史价值和重要纪念意义的树木，应列为古树名木，建立档案和标志，划定保护范围，加强养护管理，严禁砍伐和擅自迁移。如遇特殊情况确需迁移时，必须经市城市园林绿化行政主管部门审查同意，并报市人民政府批准。

形成一定规模或者占据重要位置、代表城市形象的重点绿地，应采取特殊措施予以保护。具体办法另行规定。

第十六条　任何单位和个人都不得擅自占用城市绿化用地，改变用地性质，或者破坏其地形、地貌、水体和植被。擅自占用的，应当限期归还，并补缴占用绿地费。改变用地性质或者破坏其地形、地貌、水体和植被的，责令恢复原状；确实无法恢复原状的，按所占面积绿化建设的实际造价和生态效益等综合价值进行补偿。

第十七条　禁止将城市公共绿地、生产绿地、防护绿地、风景林地出租或者用作抵押；禁止侵占公共绿地搞其他建设项目。

第十八条　因建设需要或特殊原因占用城市绿化用地的，用地单位应持有关文件及规定比例的平面定位图，向市城市园林绿化行政主管部门申请，经审核同意并落实补偿措施后，依法向有关部门办理审批手续。

需临时占用城市绿化用地的，应向所在区(县)城市园林绿化行政主管部门提出申请，报市城市园林绿化行政主管部门审批。经批准临时占用绿地的单位和个人，必须服从绿地管理单位的管理，与其签订《恢复绿地保证书》，缴纳临时占用绿地费。

第十九条　市、区(县)城市园林绿化专业单位应对行道树和干道绿带的树木适时修剪，其他单位和个人不得擅自处置。为保证架空线路、地下管线安全使用需要修剪或移植的，由其管理单位向市城市园林绿化行政主管部门提出申请，经审查同意后按要求进行修剪或移植，费用由申请单位承担。

第二十条　市、区(县)城市园林绿化专业单位，要做好管辖范围内城市绿地、树木花草的养护管理工作，适时松土、浇水、施肥、修剪，去除死树、枯枝。对遭受意外伤害的树木及时采取救护措施，并查明原因和责任。要加强病虫害的预测预报及防治工作。各种树木、花卉和种子未经检疫或检疫不合格的，不得调入、调出本市。

第二十一条　在城市绿地及其保护范围内，任何单位和个人都不准有下列行为：

(一) 攀树折枝，伤害树木、绿篱，践踏绿地草坪；

(二) 依树搭棚盖房，或在行道树树冠范围和距绿地绿篱、花坛1.5米范围内设置煎、烤、蒸、煮等摊点；

（三）在树上钉钉、拴绳挂物、拴系牲畜、倚靠车辆；

（四）放牧捕猎，焚烧枯枝落叶，生火取暖或野炊；

（五）倾倒垃圾、污水；

（六）设置影响园林景观的标牌等；

（七）堆放物料，硬化树坑；

（八）驾驶车辆等作业撞伤、撞倒树木，损坏园林设施；

（九）其他损坏城市园林绿地、树木花草的行为。

第四章　法律责任

第二十二条　有下列行为之一的单位或个人，由市、区（县）城市园林绿化行政主管部门予以处罚：

（一）违反本办法第十条规定，擅自改变园林绿化建设设计方案或未按批准的设计方案施工的，责令其停止施工、限期改正或者采取其他补救措施；

（二）违反本办法第十六、十八条规定，擅自占用或临时占用城市绿化用地逾期不归还的，责令其限期归还、恢复原状，并对责任单位处以1000元以上10000元以下的罚款，对个人处以200元以上2000元以下的罚款；

（三）违反本办法第十四、十五、十九条规定；擅自砍伐、移植、修剪树木的，责令其停止侵害、补栽或采取补救措施，并处以实际损失三至五倍的罚款；砍伐、擅自迁移古树名木或者因养护不善致使古树名木受到损伤或死亡的，从重处罚；

（四）违反本办法第二十一条第（一）、（三）、（四）、（五）项规定的，责令其停止侵害；情节较重的，可处以50元以上1000元以下的罚款；

（五）违反本办法第二十一条第（八）、（九）项规定的，除责令其采取救护措施外，可处以2000元以下的罚款；

（六）违反本办法第二十一条第（七）项规定的，责令其限期改正，恢复原状，可处以3000元以下的罚款；

（七）违反本办法第二十一条第（二）项规定的，责令其限期迁出或者拆除，可处以5000元以下的罚款。

上述行为造成损失的，应负赔偿责任，赔偿标准由市人民政府规定；应当给予治安处罚的，由公安机关依照《中华人民共和国治安管理处罚条例》的有关规定处罚；构成犯罪的，依法追究刑事责任。

第二十三条　妨碍城市园林绿化管理部门及其工作人员依法执行绿化管护任务，应当给予治安处罚的，由公安机关依照《中华人民共和国治安管理处罚条例》的有关规定处罚；构成犯罪的，依法追究刑事责任。

第二十四条　城市园林绿化，管理部门及其工作人员必须忠于职守，秉公执法，及时受理人民群众的举报，制止和查处有损城市绿地和园林设施的违法行为。对管理工作中玩忽职守、滥用职权、徇私舞弊的，由所在单位或其上级机关给予行政处分；构成犯罪的，依法追究刑事责任。

第二十五条　当事人对行政处罚决定不服的，可以依法申请复议或提起诉讼，逾期不申请复议也不起诉，又不履行处罚决定的，由做出处罚决定的机关申请人民法院强制执行。

第五章　附　则

第二十六条　本办法规定的异地绿化建设费、绿化补偿费、占用绿地费由市人民政府依据有关规定确定后，报省物价行政主管部门审批。

第二十七条　本办法具体应用中的问题，由兰州市城市园林绿化行政主管部门负责解释。

第二十八条　本办法自公布之日起施行。

政府规章

兰州市政府投资项目招标投标管理办法

（2009年11月20日市政府第24次常务会议讨论通过，以人民政府令〔2010〕第1号公布，自2010年3月1日起施行）

第一条　为了规范政府投资项目招标投标活动，加强政府投资项目招标投标监督管理，根据《中华人民共和国招标投标法》《甘肃省招标投标条例》等法律、法规的规定，结合本市实际，制定本办法。

第二条　本办法适用于本市行政区域内政府投资项目的招标投标活动及对招标投标活动的监督管理工作。

本办法所称政府投资项目，是指使用包括预算资金、各类专项建设基金和政府使用国际组织、外国政府贷款、援助资金、政府融资及国有企事业单位自有资金，建设的各类房屋建筑、市政基础设施工程项目、生态环境保护工程项目，以及交通、水利、信息工程等专业工　程建设项目。

第三条　市招标投标管理机构负责本市政府投资项目招标投标活动监督管理工作，依法查处招标投标活动中的违法行为。

市政府批准设立的建设工程交易中心，为政府投资项目提供统一的交易服务，并发布相关信息。

第四条　下列政府投资项目应当进入建设工程交易中心进行交易：

（一）市政府投资项目；

（二）城关区、七里河区、西固区、安宁区以及高新技术产业开发区、经济技术开发区的政府投资项目；

（三）永登县、榆中县、皋兰县和红古区政府投资概算在1000万元人民币以上的工程建设项目。

第五条　政府投资项目，包括项目的勘察、设计、施工、监理以及与工程建设项目有关的重要设备、材料等的采购，达到下列标准之一的，应当进行公开招标：

（一）施工单项合同估算价在50万元人民币以上的；

（二）重要设备、材料等货物的采购，单项合同估算价在30万元人民币以上的；

（三）勘察、设计、监理等单项合同估算价在30万元人民币以上的；

（四）单项合同估算价低于第(一)、(二)、(三)项规定的标准，但项目总投资额在1000万元人民币以上的。

第六条　政府投资项目有下列情形之一的，经批准可以进行邀请招标：

（一）项目技术复杂或者有特殊要求，只有少数几家潜在投标人可供选择的；

（二）受自然地域环境限制的；

（三）涉及国家安全、国家秘密或者抢险救灾，应当招标但不宜公开招标的；

（四）拟公开招标的费用与项目的价值相比不对等的；

（五）法律、法规规定其他不宜公开招标的情形。

第七条　政府投资项目有下列情形之一的，经批准可以不进行施工招标：

（一）涉及国家安全、国家秘密或者抢险救灾而不适宜招标的；

（二）属于利用扶贫资金实行以工代赈需要使用农民工的；

（三）施工主要技术采用特定的专利或者专有技术的；

（四）施工企业自建自用的工程，且该施工企业资质等级符合工程要求的；

（五）在建工程追加的附属小型工程或者主体加层工程，原中标人仍具备承包能力的；

（六）法律、法规规定的其他情形。

第八条　政府投资项目招标方式由项目审批部门在审批项目时，予以核准。

政府投资项目招标方式变更的需经项目审批部门审批，重点项目招标方式变更的需报经市人民政府批准。

第九条　依法应当进行招标的政府投资项目，具备下列条件方可进行施工招标：

（一）工程建设项目的立项批文；

（二）工程建设项目规划许可证或土地使用批准文件；

（三）有相应资金或资金来源已经落实；

（四）初步设计批准文件；

（五）施工图审查批准书；

（六）政府投资项目评审机构出具的工程预算控制价审查意见；

（七）招标人或招标代理人资格及委托书和合同协议书；

（八）法律、法规规定的其他条件。

第十条　政府投资项目招标人可以采用自行招标或者委托招标的形式进行招标。

招标人不具备有关法律、法规规定的自行招标条件的，应当选择招标代理机构委托其办理招标事宜。

第十一条　政府投资项目招标人应当根据招标工程的特点和需要，按照规范的示范文本编制招标公告、资格预审文件和招标文件。

招标人提出的条款与示范文本不一致的，应当作特别说明。

第十二条　政府投资项目的招标人应当在招标文件中将不予受理投标或者无效标、废标以及不合格标等否定投标文件效力的否决性条款单列，招标文件的其他条款与该单列的否决性条款不一致或者未单列的，以单列的否决性条款为准。

第十三条 政府投资项目招标人应当科学合理地划分标段，对主体工程技术上不可分割的工程不得强制划分标段。

第十四条 具备资质的工程勘察、设计、施工、装饰装修、设备及材料供应、监理单位，均可申请参加与其资质等级和经营范围相适应的政府投资项目的投标。

第十五条 政府投资项目投标人应当根据招标文件要求和招标项目的具体特点，结合市场情况和自身竞争实力自主报价，但不得以低于成本报价投标。

第十六条 政府投资项目的投标人不得相互串通投标或者与招标人串通投标，不得以他人名义参加投标，不得以带资、垫资等不正当竞争手段参加投标活动。

施工、材料供应的投标人与工程监理单位有隶属关系和利害关系的，不得参加同一政府投资项目的投标。

第十七条 招标人不得对潜在投标人实行歧视性待遇，不得对潜在投标人提出与招标工程实际要求不符的过高的资质等级要求和其他要求。

第十八条 政府投资项目招标人应当对投标人进行资格预审或资格后审。

资格预审不合格的潜在投标人不得参加投标。

资格后审不合格的投标人，评标委员会应当对其投标作废标处理。

第十九条 政府投资项目招标人对投标人采取资格预审或资格后审的，招标人应当在资格预审文件或招标文件中载明资格审查的条件、标准和方法。

第二十条 政府投资项目资格预审，应当审查潜在投标人或者投标人是否符合下列条件：

（一）具有独立订立合同的权利；

（二）具有履行合同的能力，包括专业、技术资格和能力，资金、设备状况，管理能力，信誉和相应的从业人员；

（三）没有处于被责令停业，投标资格被取消，财产被接管、冻结或破产的状态；

（四）在最近三年内没有骗取中标和严重违约及重大工程质量问题；

（五）法律、法规规定的其他资格条件。

第二十一条 政府投资项目实行无标底招标。

第二十二条 政府投资项目评标定标组织工作由招标人负责。

评标委员会成员由招标人和有关的技术、经济等方面的专家组成，成员为5人以上单数，其中在政府专家库中随机抽取技术、经济等方面的专家不得少于成员总人数的三分之二。

特殊招标项目采取随机抽取方式无法满足项目评审要求时，招标人可以直接确定评标专家，但事先应在招投标管理机构备案。

第二十三条 政府投资项目评标委员会成员应当按照招标文件及有关规定独立评标。

第二十四条 政府投资项目投标有下列情形之一的，经评标委员会认定后，作串通投标处理：

（一）不同投标人的投标文件内容存在非正常一致的；

（二）不同投标人的投标文件错漏之处一致的；

（三）不同投标人的投标文件由同一单位或者同一人编制的；

（四）不同投标人的投标文件载明的项目管理班子成员出现同一人的；

（五）不同投标人的投标文件相互混装的；

（六）不同投标人委托同一人投标的；

（七）不同投标人使用同一人或者企业资金交纳投标保证金或者投标保函的反担保的；

（八）评标委员会认定的其他串通投标情形。

第二十五条 政府投资项目评标完成后，评标委员会应当向招标人作出书面评标报告，并根据招标文件要求推荐中标候选人或者作出明确的评标结论。

第二十六条 政府投资项目招标人应当按照评标委员会推荐的中标候选人的排序确定中标人。当确定中标的中标候选人放弃中标或者因不可抗力不能履行合同的，招标人可以依序确定其他中标候选人为中标人。

第二十七条 评标活动有下列情形之一的，招标投标管理机构可以要求评标委员会复议，或者要求招标人依法重新组建评标委员会评标：

（一）评标工作有明显错误的；

（二）招标人或者投标人对评标结论有重大异议的。

第二十八条 政府投资项目投标人无正当理由放弃中标资格的，招投标管理机构应当将其弃标行为作为不良记录予以记载。

第二十九条 政府投资项目招标人和中标人应当自中标通知书发出之日起30日内，订立书面合同。

招标人应当自订立书面合同之日起15日内，将合同报招标投标管理机构和有关行政管理部门备案。

第三十条 政府投资项目招标投标活动有下列情形之一的，招投标管理机构可以暂停或者终止招标投标活动：

（一）违反招标投标法律、法规、规章等有关规定的；

（二）违反招标投标程序、规则的；

（三）接到对招标投标有效投诉的；

（四）在招标投标活动中出现严重纠纷的；

（五）有严重违反公开、公平、公正、择优或者诚实信用原则的其他情形的。

第三十一条 招投标管理机构应当依据本办法对政府投资项目招标投标活动进行监督管理，依法查处招标投标活动中的违法违规行为。

第三十二条 建设行政管理部门及其市场监管、工程质量、施工安全监督机构、工程造价管理机构应当加强政府投资项目工程质量、施工安全、合同备案的监督管理，督促中标人全面履行投标承诺和承包合同，严格查处转包、违法分包、允许他人以本企业名义承揽工程、偷工减料、弄虚作假、降低工程质量等违法违规行为。

第三十三条 市行政监察部门对政府投资项目中的规避招标行为和招标投标活动中的违法违规行为，应当依照有关法律法规的规定进行责任追究。

第三十四条 市招投标管理机构及相关行政管理部门在政府投资项目招标投标监督管理工作中，有滥用职权、徇私舞弊行为的，由其上级机关或者监察部门给予行政处分；构成犯罪的，依法追究刑事责任。

第三十五条 本办法2010年3月1日起施行。

兰州市餐厨垃圾集中处置管理暂行规定

（2010年3月22日市政府第3次常务会议审议通过，以兰州市人民政府〔2010〕第2号令公布，自2010年5月1日起施行）

第一条 为了加强餐厨垃圾处置管理，维护城市市容环境卫生，保障食品卫生安全和人民群众身体健康，促进资源循环利用，根据《中华人民共和国固体废物污染环境防治法》、国务院《城市市容和环境卫生管理条例》和《兰州市城市市容和环境卫生管理办法》等法律、法规规定，结合本市实际，制定本规定。

第二条 本规定适用于本市行政区域内餐厨垃圾的产生、收集、运输、处理和监督管理。

第三条 本规定所称餐厨垃圾，是指除居民日常生活以外的食品加工、饮食服务、单位供餐等活动中产生的厨余垃圾和废弃食用油脂。其中，厨余垃圾是指食物残余和食品加工废料；废弃食用油脂是指不可再食用的动植物油脂和餐厨垃圾中的油脂及经油水分离器、隔油池等分离处理后产生的油脂。

第四条 市市容环境卫生行政主管部门对全市餐厨垃圾集中处置实施统一监督管理。

县、区市容环境卫生行政主管部门对本地区餐厨垃圾的产生、收集、运输、处理实施日常监督管理。

城市管理综合行政执法部门依法查处违反餐厨垃圾集中处置规定的行为。

第五条 食品药品监督管理部门负责餐饮消费环节的监督管理，依法查处餐饮单位以餐厨垃圾为原料制作食品的违法行为。

质量技术监督管理部门负责食品生产环节的监督管理，依法查处食品生产单位以餐厨垃圾为原料进行食品生产的违法行为。

工商行政管理部门负责食品流通环节的监督管理，依法查处销售废弃食用油脂的违法行为。

农业行政管理部门负责畜禽生产场所的监督管理，依法查处使用未经无害化处理的餐厨垃圾饲养畜禽的违法行为。

卫生、环境保护、公安、商务等其他有关部门，应当按照各自职责做好餐厨垃圾处置监督管理的相关工作。

第六条 本市餐厨垃圾集中处置管理实行“减量化、资源化、无害化”和“谁产生、谁负责”的原则，餐厨垃圾的收集、运输和处置应当确保实现无害化。

倡导通过净菜上市、改进食品加工工艺、文明就餐等方式减少餐厨垃圾的产生。

鼓励和支持餐厨垃圾处理技术的开发和设施建设、餐厨垃圾处理的科学研究和工艺改良，促进餐厨垃圾的资源化利用。

第七条 任何单位和个人，均有权对违反餐厨垃圾集中处置规定的行为进行举报、投诉。

相关餐厨垃圾监督管理部门在接到举报、投诉后，应当依照各自法定职能权限，及时予以核查处理，并将处理结果告知举报、投诉人。

第八条 餐厨垃圾的产生单位应当缴纳餐厨垃圾

处置费。

餐厨垃圾处置费纳入城市生活垃圾收费体系，其征收管理的具体办法和收费标准由市价格、财政部门会同市市容环境卫生行政主管部门另行制定，报市人民政府批准后实施。

第九条 本市餐厨垃圾实行统一收运、集中处理。

餐厨垃圾收集、运输和处理的市场化运作模式，应当通过招标等公平竞争方式在取得城市生活垃圾经营性处置服务审批的单位中确定本行政区域内的餐厨垃圾收集、运输和处理单位。餐厨垃圾收集、运输、处理应当形成网络系统，设置餐厨垃圾处理场所应当符合城市总体规划和土地利用总体规划。

第十条 餐厨垃圾产生单位应当遵守下列规定：

（一）在本规定公布施行后30日内，向所在区域的县、区市容环境卫生部门办理餐厨垃圾申报备案手续；

（二）将餐厨垃圾与其他垃圾分类贮存；

（三）将餐厨垃圾贮存在符合标准的容器内，并保持贮存容器完好，产生废弃食用油脂的，按规定安装油水分离器或者隔油池等污染防治设施；

（四）将产生的餐厨垃圾24小时内交给依法取得城市生活垃圾经营性处置服务审批的单位收运。

禁止餐厨垃圾产生单位将餐厨垃圾交由未取得城市生活垃圾经营性处置服务审批的单位或者个人收运、处理。

第十一条 从事餐厨垃圾收集、运输、处理服务活动应当依法向市市容环境卫生行政主管部门申请办理城市生活垃圾经营性处置服务审批。

本市餐厨垃圾收集、运输、处理服务的审批，由市市容环境卫生行政主管部门依照《国务院对确需保留的行政审批项目设定行政许可的规定》执行。

第十二条 申请从事餐厨垃圾收集、运输服务的单位应当符合以下条件：

（一）申请人是依法注册的企业法人，注册资本不少于人民币300万元；

（二）拥有防臭味扩散、防遗撒、防渗沥液滴漏功能的餐厨垃圾运输车辆；

（三）具有健全的技术、质量、安全和监测管理制度并能得到有效执行；

（四）具有合法的道路运输经营许可证、车辆行驶证；

（五）具有固定的办公及机械、设备、车辆停放场所。

第十三条 申请从事餐厨垃圾处理服务的单位应当符合以下条件：

（一）申请人是依法注册的企业法人，注册资本不少于人民币500万元；

（二）餐厨垃圾处理设施的选址符合城乡规划，并取得规划许可文件；

（三）每日处理能力不少于100吨；

（四）有至少5名具有初级以上专业技术职称的人员，其中包括环境工程、机械、环境监测等专业的技术人员；技术负责人具有5年以上餐厨垃圾处理服务工作经历，并具有中级以上专业技术职称；

（五）具有完善的工艺运行、设备管理、环境监测与保护、财务管理、生产安全、计量统计等方面的管理制度并能得到有效执行；

（六）具有完善的废水、废气、废渣等处理残余物达标处理排放方案；

（七）制定控制污染和突发事件预案。

第十四条 餐厨垃圾集中处置过程中，相关餐厨垃圾产生、收集、运输和处理服务单位应当遵守下列规定：

（一）禁止将餐厨垃圾排入下水道或者以其他方式随意倾倒；

（二）禁止将餐厨垃圾提供给未经主管部门许可的收运、处理单位或者个人进行收运、处理；

（三）禁止将餐厨垃圾直接或加工生产作为畜禽饲料；

（四）禁止将废弃食用油脂或者其加工产品用于食品加工。

第十五条 从事餐厨垃圾收集、运输的单位，应当遵守下列规定：

（一）配备符合有关环保标准和整洁、完好无损的收集容器、专业运输设备和工具；

（二）实行密闭化运输，在运输过程中不得丢弃、滴漏、遗撒；

（三）将产生的餐厨垃圾每日（含法定节假日）收集一次，做到“日产日收”；

（四）将餐厨垃圾当日运往取得城市生活垃圾经营性处置服务审批的单位处理。

第十六条 从事餐厨垃圾处理的单位，应当遵守下列规定：

（一）应当保证餐厨垃圾处理的设施、设备持续稳定运行；确需检修的，应当提前15日向市市容环境卫生行政主管部门报告备案；

（二）设立安全机构及专职安全管理人员，健全及落实安全管理制度，配套安全设施，制定有关安全应急预案，保证处理设施安全运行；

（三）按照环境保护的有关规定，在处理过程中采取有效的污染防治措施；

（四）禁止接收、处理未经城市生活垃圾经营性处置服务审批的单位或个人运送的餐厨垃圾；

（五）禁止将废弃食用油脂加工后再作为食用油脂销售；

（六）将餐厨垃圾的来源、数量、种类、运行数据等情况进行登记统计，并向所在地市容环境卫生行政主管部门报送相关报表；

（七）餐厨垃圾及其加工产品不得用于食品加工，不得作为饲料。

第十七条　市容环境卫生行政主管部门应当对本行政区域内餐厨垃圾的产生、收集、运输和处理服务单位执行本规定的情况，进行监督检查。

被检查的单位或者个人应当如实反映情况，提供与检查内容有关的材料，不得弄虚作假或者隐瞒事实，不得拒绝或者阻挠检查。

第十八条　市容环境卫生、城管执法等部门及其工作人员，违反餐厨垃圾集中处置监督管理规定，有下列行为之一的，由所在单位或者监察部门对主要负责人、主管负责人和直接责任人给予行政处分；情节严重构成犯罪的，依法追究刑事责任：

（一）不依法履行监督管理职责的；

（二）对餐厨垃圾产生单位和餐厨垃圾集中处置单位违反处置规定的行为，不及时查处或者查处不力的；

（三）对餐厨垃圾处置过程中发生的导致或者可能导致环境污染的，不及时采取有效措施的；

（四）对违反餐厨垃圾处置规定的违法行为举报、投诉，不及时予以查处或者查处不力的。

第十九条　餐厨垃圾产生单位违反本规定，有下列行为之一的，由城管执法部门责令限期改正，给予警告；逾期不改正的，处以1000元以上5000元以下罚款：

（一）不按规定向所属主管部门办理产生餐厨垃圾备案手续的；

（二）不按规定将餐厨垃圾与其他垃圾分类贮存的；

（三）将餐厨垃圾私自排入下水道或以其他方式随意倾倒的。

第二十条　餐厨垃圾产生单位违反本规定，将产生的餐厨垃圾交给未依法取得城市生活垃圾经营性处置服务审批的单位收运、处理的，由城管执法部门责令限期改正，给予警告；逾期不改正的，处以1万元以上3万元以下罚款。

第二十一条　从事餐厨垃圾收集、运输的单位违反本规定，有下列行为之一的，由城管执法部门责令限期改正，给予警告；逾期不改正的，处以2000元以上1万元以下罚款：

（一）不按规定配备符合有关环保标准和整洁、完好无损收集容器、专业运输设备和工具的；

（二）不按规定实行密闭化运输，在运输过程中丢弃、滴漏、遗撒的；

（三）不按规定将产生的餐厨垃圾每日(含法定节假日)收集的；

（四）不按规定将餐厨垃圾运往取得城市垃圾经营性处置服务审批的单位处理的。

第二十二条　从事餐厨垃圾处理的单位违反本规定，有下列行为之一的，由城管执法部门责令其停止违法行为，限期改正，给予警告；逾期不改正的，处以2000元以上1万元以下罚款：

（一）不按规定将餐厨垃圾的来源、数量、种类、运行数据等情况进行统计申报的；

（二）不按规定设立安全机构及专职安全管理人员，健全及落实安全管理制度，配套安全设施的；

（三）不按规定制定有关安全应急预案，保证处理设施安全运行的；

（四）不按规定维护保养，导致餐厨垃圾处理设施、设备不能持续稳定运行的；

（五）确需检修又不按规定时限向主管部门备案的。

第二十三条　从事餐厨垃圾处理的单位违反本规定，有下列行为之一的，由城管执法部门责令停止违法行为，限期改正，给予警告；逾期不改正的，处以1万元以上3万元以下罚款：

（一）不严格执行环境保护有关规定，在处置过程中采取的污染防治措施不力导致二次污染的；

（二）生产的产品不符合国家质量标准的；

（三）接收、处理未取得城市生活垃圾经营性处置服务审批的单位或个人运送餐厨垃圾的。

第二十四条　从事餐厨垃圾处理的单位违反本规定，有下列行为之一的，由市容环境卫生、食品药品监管、质量技术监督等部门依据《中华人民共和国食品安全法》第八十五条规定，没收违法所得、违法生产经营的食品和用于违法生产经营的工具、设备、原料等物品；违法生产经营的食品货值金额不足1万元的，并处2000元以上5万元以下罚款；货值金额1万元以上的，并处货值金额五倍以上十倍以下罚款；情节严重的，吊销许可证：

（一）将废弃食用油脂加工后再作为食用油脂销售的；

（二）将餐厨垃圾及其加工产品用于食品加工和作为饲料的。

第二十五条　当事人对依照本规定作出的行政处罚决定不服的，可以依法申请行政复议或者提起行政诉讼。

第二十六条　本规定自2010年5月1日起施行。

兰州市人民政府关于修改《兰州市建设工程地震安全性评价和抗震设防要求管理规定》的决定

(2010年4月27日市政府第5次常务会议讨论通过，以兰州市人民政府〔2010〕第3号令公布，自公布之日起施行)

一、立法依据将《甘肃省防震减灾条例》更换为《甘肃省地震安全性评价管理条例》。

二、明确地震安全性评价费用列入工程建设概算。

三、对地震安全性评价工程范围进行调整，并界定重大建设工程范围。

四、增加地震安全性评价单位行为规范。

五、增加地震安评报告的审定效力内容。

六、增加农村抗震设防的技术服务内容。

七、增加无资质单位进行地震安评和地震安评单位的相关法律责任。

八、对相关款、项的顺序、内容和文字表述进行调整。

九、《兰州市建设工程地震安全性评价和抗震设防要求管理规定》根据本规定作相应修改，重新公布。

兰州市建设工程地震安全性评价和抗震设防要求管理规定

第一章　总　则

第一条　为了加强对地震安全性评价和建设工程抗震设防要求的监督管理，防御与减轻地震灾害，保护人民生命和财产安全，根据《中华人民共和国防震减灾法》、国务院《地震安全性评价管理条例》和《甘肃省地震安全性评价管理条例》，结合本市实际，制定本规定。

第二条　本规定适用于本市行政区域内建设工程地震安全性评价和抗震设防要求的监督管理。

在本市行政区域内从事建设工程项目的地震安全性评价活动，进行建设工程抗震设防要求的确定和使用，必须遵守本规定。

第三条　规定所称建设工程项目，包括新建、改建和扩建工程。

本规定所称地震安全性评价，是指根据对建设工程场地周围的地震活动与地震地质环境的分析，按照工程设防的风险水准，给出与工程抗震设防要求相应的地震烈度和地震动参数，以及场地的地震地质灾害预测结果。

本规定所称抗震设防要求，是指建设工程抗御地震破坏的准则和在一定风险水准下抗震设计采用的地震烈度或地震动参数。

第四条　市地震工作主管部门主管全市地震安全性评价和建设工程抗震设防要求的监督管理工作。

县、区地震工作主管部门负责本行政区域内建设工程地震安全性评价和抗震设防要求的监督管理工作，业务上接受上级地震工作主管部门的监督和指导。

市、县、区人民政府负责建设项目审批的有关部门，应当按照各自的职责权限，协同做好建设工程地震安全性评价和抗震设防要求的监督管理工作。

第五条　政府鼓励和扶持建设工程地震安全性评价和抗震设防要求的科技研究，推广应用先进的科技研究成果，不断提高地震安全性评价的科技水平。

市、县、区地震工作主管部门和有关部门，应当将建设工程地震安全性评价和抗震设防要求的科技研究纳入科学技术发展规划和年度计划。

对在建设工程地震安全性评价和抗震设防要求的科技研究、成果使用及监督管理中做出突出贡献和显著成绩的单位和个人，由市、县、区人民政府或者市地震工作主管部门给予表彰奖励。

第二章　基本管理

第六条　建设工程地震安全性评价和抗震设防要求纳入基本建设管理程序。地震安全性评价所需费用列入工程建设概算。

必须进行地震安全性评价的建设工程，建设单位应当在选址之后初步设计之前进行地震安全性评价，并到市地震工作主管部门办理地震安全性评价和抗震设防要求相关手续。

对必须进行地震安全性评价的建设工程，建设单位应当将地震安全性评价结果和经地震工作主管部门审定的抗震设防要求，列入建设工程的可行性研究报告。

第七条　市、县、区负责建设项目审批的有关部门，应当把抗震设防要求作为建设工程可行性研究报告的审查内容。

对下列建设工程，项目审批部门不予批准立项，规划部门不予核发建设用地规划许可证：

（一）应当进行地震安全性评价而未进行的；

（二）可行性研究报告中无地震工作主管部门确定的抗震设防要求的。

第八条　规划、土地、建设等行政管理部门制定国土利用规划和城乡规划，应当依据经地震工作主管部门审定的地震安全性评价结果，综合考虑潜在的地震危险。

第九条　地震安全性评价单位在本市行政区域内承揽地震安全性评价业务的，应当持相应的资质证书到市地震工作主管部门备案。

第十条　地震工作主管部门应当会同有关部门，对必须进行地震安全性评价的建设工程进行阶段性检查，加强对建设工程抗震设防要求使用情况的监督；对不符合抗震设防要求的，应当向建设单位提出限期整改或者停工的建议。

必须进行地震安全性评价的建设工程竣工验收时，应当由地震工作主管部门对地震安全性评价结果和抗震设防要求使用情况进行验收。

第三章　地震安全性评价

第十一条　下列建设工程项目，必须进行地震安全性评价：

（一）对本市行政区域有重大价值或重大影响的建设工程；

（二）受地震破坏后可能引发水灾、火灾、爆炸、剧毒或者强腐蚀性物质泄露、放射性污染等严重次生灾害的建设工程；

（三）省级以上重点文物保护工程；

（四）位于地震活动断层区域的重要建设工程；

（五）占地范围较大或者跨越不同工程地质条件区域的重要建设工程；

（六）位于地震重点监视防御区和重点监视防御城市的重要建设工程；

（七）位于地震动参数区划图分界线附近两侧各8公里区域内的新建工程；

（八）国家和省人民政府有关部门确定的有特殊要求的其他需进行地震安全性评价的建设工程；

（九）需要进行地震安全性评价的其他建设工程。

第十二条　本规定第十一条第（一）项所称对本市行政区域有重大价值或重大影响的建设工程，是指下列工程：

（一）高等级公路、高速公路和铁路干线上的大中型桥梁、中长隧道、铁路大中型站的候车楼，机场及其新建和扩建的重要建筑物；

（二）城市供水、供电、供气、供热的枢纽控制中心和主要干线工程，污水处理工程，重要粮油仓库；

（三）大中型水库大坝，大中型水力、火力、风力发电工程，送变电枢纽工程；

（四）大中型广播电视发射工程，长途邮电通信枢纽工程，大中型工矿企业的主要生产厂房及调度、控制中心；

（五）城市的公安消防、道路交通安全指挥中心和医院、疾控中心、血站的重要建筑，金融机构，大型商场、地下公共建筑，住宅小区、学校、教学科研实验楼、图书馆、体育场馆、展览馆、档案馆、博物馆、宾馆、影剧院等人口密集场所的重要建设工程。

第十三条　本规定第十一条第(二)项所称受地震破坏后可能引发严重次生灾害的建设工程，是指下列工程：

（一）贮油、贮气工程，易燃、易爆、剧毒、强腐蚀性以及放射性物质、生物化学制剂和致病性微生物的生产实验及存储工程；

（二）输油、输气长输管道及其首末场站和中间加压泵站。

第十四条　本规定第十一条第(九)项所称需要进行地震安全性评价的其他建设工程，是指下列工程：

（一）坚硬和中硬场地高度达到60米以上、中软场地高度达到50米以上、软弱场地高度达到30米以上的高层建筑；

（二）建设单位要求进行地震安全性评价的建设工程；

（三）省、市地震工作主管部门确定的地震研究程度或者资料详细程度较差区域的新建重要建设工程；

（四）省、市人民政府确定进行地震安全性评价的建设工程。

第十五条　位于国家确定的地震重点监视防御区内但不需要进行地震安全性评价的其他建设工程，应当依法进行地震动参数复核。

第十六条　建设工程项目的地震安全性评价或地震动参数复核，由建设单位委托依法取得地震安全性评价资质证书的单位进行。

建设单位不得委托无地震安全性评价资质证书或者

与其资质证书的许可范围不相适应的单位进行地震安全性评价或地震动参数复核。

第十七条 受委托的地震安全性评价单位，必须依照国家有关技术规范进行地震安全性评价或地震动参数复核工作，编制地震安全性评价或地震动参数复核报告所采用的资料和有关数据必须真实、准确、全面，进行地震安全性评价或地震动参数复核时必须为建设单位保守商业秘密和技术秘密，并严格执行物价部门核定的收费范围和标准。

地震安全性评价单位不得超越资质许可范围承揽地震安全性评价业务，不得以其他单位的名义或者允许其他单位以本单位的名义承揽地震安全性评价业务，不得转借资质证书。

第十八条 地震安全性评价单位对建设工程进行地震安全性评价或地震动参数复核后，应当编制该建设工程的地震安全性评价或地震动参数复核报告。

建设单位应当将地震安全性评价报告或地震动参数复核报告报送市地震工作主管部门，由市地震工作主管部门负责按有关规定进行审定。

第十九条 未经审定或者审定未予通过的地震安全性评价结果不得使用。

地震安全性评价报告审定未通过的，地震安全性评价单位应当重新进行评价，所需费用由其承担。

第四章 抗震设防要求

第二十条 建设工程必须按照抗震设防要求进行抗震设防。

建设工程的抗震设防要求，按照下列规定分别予以确定：

（一）进行地震安全性评价的建设工程，其抗震设防要求按照经过地震工作主管部门审定的地震安全性评价结果确定；

（二）进行地震动参数复核的建设工程，其抗震设防要求按照经过地震工作主管部门审定的地震动参数复核结果确定；

（三）一般建设工程按照国家地震动参数区划图规定的抗震设防要求进行抗震设防，并由市地震工作主管部门确认。

第二十一条 建设工程项目的可行性论证、工程设计、建设审批，应当将抗震设防要求作为必备内容。

第二十二条 建设工程的勘察、设计、施工和监理单位对必须进行地震安全性评价的工程，应当按照地震工作主管部门审定的地震安全性评价结果及其确定的抗震设防要求和国家规定的抗震设计规范，进行抗震设计、施工和监理。

建设单位应当对建设工程的抗震设防质量负最终责任，勘察、设计、施工、监理单位应当承担各自与之相关的最终责任。

第二十三条 各级人民政府及有关部门应当加强对农村民居建设工作的指导和监督，引导农民建设具有抗震性能的房屋。

农村的建制镇、集镇规划区和村镇公用设施必须根据地震动参数区划图确定的抗震设防要求和抗震设计规范进行规划、设计和施工。

第二十四条 有关部门应当加强对农民防震抗震知识的宣传，提供农村民居地震安全的技术指导和服务。对于农村民居等建筑，应当采取建设示范点、免费提供设计图纸等措施，组织实施农村民居地震安全工程。

第五章 法律责任

第二十五条 建设单位违反有关法律、法规和本规定，有下列行为之一的，由市或县、区地震工作主管部门责令改正，并依照《中华人民共和国防震减灾法》的规定，处以 3 万元以上 30 万元以下的罚款：

（一）对应当进行地震安全性评价的建设工程项目不进行地震安全性评价的；

（二）不按照地震工作主管部门确定的抗震设防要求进行抗震设防的。

第二十六条 建设单位违反有关法律、法规和本规定，有下列行为之一的，由市或县、区地震工作主管部门责令改正，并处以 5000 元以上 3 万元以下的罚款：

（一）对应当进行地震动参数复核的建设工程不进行地震动参数复核的；

（二）不按照地震动参数复核结果确定的抗震设防要求进行抗震设防的。

第二十七条 设计、施工单位违反有关法律、法规和本规定，有下列行为之一的，由有关部门按照职责权限，责令限期改正，并依照《甘肃省地震安全性评价管理条例》的规定，处以 1 万元以上 5 万元以下的罚款；构成犯罪的，依法追究刑事责任：

（一）不按照地震工作主管部门审定的地震安全性评价结果及其确定的抗震设防要求和国家规定的抗震设计规范进行抗震设计的；

（二）不按照抗震设计进行施工的。

第二十八条 违反有关法律、法规和本规定，未取得地震安全性评价资质证书的单位承揽地震安全性评价或地震动参数复核业务的，其评价和复核结果无效，由市或县、区地震工作主管部门责令改正，并依照《甘肃省地震安全性评价管理条例》的规定，没收违法所得，处以1万元以上5万元以下的罚款。

第二十九条 地震安全性评价单位违反有关法律、法规和本规定，有下列行为之一的，其评价结果无效，由市或县、区地震工作主管部门责令改正，并依照《甘肃省地震安全性评价管理条例》的规定，没收违法所得，处以1万元以上5万元以下的罚款；情节严重的，由颁发资质证书的部门吊销资质证书：

（一）超越其资质许可的范围承揽地震安全性评价或者地震动参数复核业务的；

（二）以其他地震安全性评价单位的名义承揽地震安全性评价或者地震动参数复核业务的；

（三）允许其他单位以本单位的名义承揽地震安全性评价或者地震动参数复核业务的；

（四）转借资质证书的。

第三十条 地震安全性评价单位违反有关法律、法规和本规定，有下列行为之一的，由市或县、区地震工作主管部门责令限期改正；逾期不改正的，处以1万元以上3万元以下的罚款：

（一）进行地震安全性评价或地震动参数复核工作不执行国家有关技术规范的；

（二）编制地震安全性评价或地震动参数复核报告所采用的资料和有关数据不真实的。

第三十一条 建设单位申请办理地震安全性评价和抗震设防要求的相关手续，地震工作主管部门在规定的期限内既不办理也不答复的，以及受罚当事人对地震工作主管部门和有关部门依照本规定作出的行政处罚不服的，可以依法申请行政复议或提起行政诉讼。

第六章　附　则

第三十二条 本规定自2005年7月1日起施行。《兰州市建设工程场地地震安全性评价管理办法》(兰政发(1998)89号)同时废止。

兰州市生活饮用水卫生监督管理办法

(2010年4月27日市政府第5次常务会议讨论通过，以兰州市人民政府〔2010〕第4号令公布，自2010年7月1日起施行)

第一章　总则

第一条 为保证生活饮用水(以下简称饮用水)卫生安全，保障人体健康，根据《中华人民共和国传染病防治法》、《中华人民共和国水污染防治法》等法律、法规的规定，结合本市实际，制定本办法。

第二条 本市行政区域内从事饮用水集中式供水、二次供水、管道分质供水的单位(以下简称供水单位)，以及生产、销售、使用涉及饮用水卫生安全的产品(以下简称涉水产品)的单位和个人均应遵守本办法。

第三条 本市饮用水卫生工作实行预防为主的方针，采取防治结合、分类管理的方法。

市、县(区)人民政府将饮用水卫生工作纳入经济社会发展规划，积极开展饮用水卫生的宣传教育，普及饮用水卫生知识，提高市民的自我保护意识。

第四条 市、县(区)卫生行政部门主管本行政区域内的饮用水卫生监督管理工作。

市、县(区)卫生监督机构具体负责本行政区域内的饮用水卫生监督工作。

规划、建设、环保等行政管理部门应当在各自职责范围内，做好饮用水的相关管理工作。

第五条 政府依照国家产业政策，鼓励和支持有益于饮用水卫生安全的新技术、新工艺、新产品的推广和应用。

第二章　卫生管理

第六条 供水单位供应的饮用水应当符合国家生活饮用水卫生标准；生产、销售、使用的涉水产品应当符合国家相关卫生安全和产品质量标准。

第七条 供水单位应当取得县级以上卫生行政部门颁发的卫生许可证；城市市政供水单位和自建设施对外供水的单位，还应当取得建设行政管理部门颁发的《城市供水企业资质证书》。

第八条 供水单位新建、改建、扩建饮用水供水工程项目，应当符合卫生要求，项目选址、设计审查、竣工验收应当有规划、建设、卫生、环保等部门参加。

第九条　供水单位应当配备专职或者兼职卫生管理人员，建立健全饮用水卫生管理制度，组织供、管水人员进行卫生知识培训和健康检查，负责供水设施的日常卫生管理，开展水质检验工作。

第十条　集中式供水单位应当遵守下列卫生要求：

（一）水源水质符合国家生活饮用水水源水质的规定，生活饮用水水源的保护遵守水源卫生防护的有关规定；

（二）配备的水净化处理设备、设施达到净水工艺标准，有消毒设施，并保持正常运转；

（三）供水工程中的输水、蓄水和配水等设施密封，严禁与排水设施及非生活饮用水的管网相连接；

（四）新建水处理设备、设施、管网投产前及旧设备、旧设施、旧管网修复后严格进行清洗、消毒，经水质检验合格后方可正式通水；

（五）各类贮水设备每年清洗、消毒一次以上，建立清洗、消毒规章制度、规程和记录，管网末梢盲端易污染处定期放水、清洗，保证供水水质；

（六）有与其消毒方式相适应的消毒设施、设备，备有安全防范和泄漏处置的应急设备、设施和个人防护用品；

（七）划定生产区的范围，并设立明显标志，在其外围30米范围内，不得设置生活居住区和修建禽畜饲养场、渗水厕所、渗水坑，不得堆放垃圾、粪便、废渣和铺设污水渠道。

第十一条　集中式供水单位应当建立水质检验室，配备与供水规模和水质检验要求相适应的水质检验人员和设备，建立健全对水源水、出厂水、管网末梢水的水质检验制度，定期将水质检验资料报送所在地卫生监督机构。

第十二条　二次供水单位应当遵守下列卫生要求：

（一）供水设施周围保持环境整洁，运转正常，蓄水池周围10米内不得有渗水坑和堆放的垃圾等污染源；水箱周围2米内不得有污水管线及污染物；

（二）供水设施独立、封闭，水箱或者蓄水池加盖、上锁，由专人负责管理；

（三）贮水容器和供水设施的材质和内壁涂料无毒无害，使用的涉水产品持有省级以上卫生行政部门批准的有效证明资料；

（四）设置在建筑物内的水箱，其顶部距屋顶的距离大于0.8米，水箱上方不得有排水管线通过，水箱底部距地面大于0.2米，水箱四壁与房屋墙壁距离大于0.7米；

（五）水箱或蓄水池的溢流管、排空管均不得与下水管直接连通，水箱的容积设计不得超过用户48小时的用水量。

第十三条　二次供水管理单位应当做好二次供水设施及水质的卫生管理工作，保证设施及设备完好，每年对供水设施必须清洗、消毒一次以上；清洗、消毒后，应当经具备法定资质的检测机构对水质进行检验，检验合格方可使用。

第十四条　从事二次供水设施清洗消毒的单位应具备一定技术条件，严格按照清洗消毒操作规程进行工作，并向市卫生行政部门备案。

第十五条　管道分质供水单位应当遵守下列卫生要求：

（一）分质供水水质符合国家相关水质卫生标准；

（二）设立专用制水间；制水间面积应当满足生产工艺的要求；区域划分合理、封闭独立；铺设的地面、墙壁、天花板，使用防水、防腐和易消毒、易清洗的材料；地面有一定坡度，有废水排放系统；

（三）专用制水间设有空气净化装置、消毒装置和通风换气装置；生产设备、管道和储水设备等涉水产品采用无毒、无异味、耐腐蚀、易清洗的食品级材料制成，并持有省级以上卫生行政部门批准的有效证明资料；

（四）建立与生产能力相适应的自检实验室，严格质量控制，各项检验记录必须存档；

（五）分质供水输水管道的设计和安装科学合理，防止水质发生交叉污染。

第十六条　生产涉水产品的单位和个人，应当取得省级以上卫生行政部门的卫生许可批准文件后方可生产和销售；销售涉水产品的，必须持有省级以上卫生行政部门批准的有效证明资料，并向卫生行政主管部门备案。供水单位不得使用未经批准的涉水产品。

第十七条　供水单位应当负责组织本单位直接从事供、管水人员、清洗消毒人员每年进行一次健康体检，并经过饮用水卫生知识培训，取得健康培训合格证后方可上岗。

凡患有痢疾、伤寒、病毒性肝炎、活动性肺结核、化脓性或者渗出性皮肤病及其他有碍生活饮用水卫生的疾病和病原携带者，不得直接从事供水、管水工作。

第十八条 饮用水在生产、输送过程中被污染，可能危及人体健康时，有关单位或责任人应当立即采取措施，消除污染，并同时向当地人民政府及其卫生、建设、环保等有关行政部门报告。

第三章 卫生监督

第十九条 市、县(区)卫生监督机构饮用水卫生监督员，履行本行政区域内饮用水卫生监督管理职责。

饮用水卫生监督员有权向供水单位和生产、销售、使用涉水产品的单位了解情况，索取必要的资料，对供水场所和设施进行监督检查和采样检验。

被检查单位和相关人员应当配合饮用水卫生监督员的监督检查工作，并对所提供资料的真实性负责。

第二十条 供水单位办理卫生许可证，应当向县级以上卫生行政部门提交以下材料：

（一）卫生许可证申请书；

（二）水源基本情况和卫生防护平面图、水质净化消毒设施示意图、供水系统示意图；

（三）水质检测报告书；

（四）水质检验能力证明材料；

（五）供水卫生管理制度；

（六）涉水产品的索证资料；

（七）供、管水人员的健康培训合格证明；

（八）卫生行政部门规定的其他材料。

县级以上卫生行政部门应当对供水单位报送的材料进行审核，并现场审查，符合要求的，应当按照有关规定颁发卫生许可证；不符合要求的，应当书面说明理由。

供水单位卫生许可证有效期四年，每年复核一次，有效期满前六个月需重新提出申请换发新证。

第二十一条 市、县(区)卫生监督机构应当按照下列规定,对饮用水定期进行抽样监测，监测结果由本级人民政府进行公示：

（一）集中式供水的水源水、出厂水每年监测1—2次；

（二）集中式供水的末梢水,每月监测一次；

（三）二次供水每年监测一次以上；

（四）管道分质供水的末梢水每季度监测一次。

在枯水期、丰水期、传染病流行期，应当增加监测频次。

第二十二条 经市、县(区)卫生行政部门确认有质量认证资质的卫生技术服务机构负责对本辖区的饮用水进行水质卫生检验并出具检验报告。

第二十三条 对可能引发传染病流行或者对人体健康造成损害的饮用水突发公共卫生事件，县级以上人民政府及其卫生行政部门应当及时会同有关部门调查处理，责令供水单位或污染责任单位采取下列控制措施：

（一）控制、排除污染源；

（二）封闭供水设施，封存有关供水设备及用品；

（三）对供水设施及用品进行清洗、消毒；

（四）停止供水。

县级以上卫生行政部门会同有关部门责令集中式供水单位停止供水时，应报市人民政府批准，启动《兰州市突发性事故应急处置预案》。

第二十四条 市、县(区)卫生行政部门及卫生监督机构应当公开举报电话、电子邮箱等，受理涉及饮用水卫生安全的投诉、举报，并应依法调查处理。

第四章 法律责任

第二十五条 供水单位违反本办法规定，有下列情形之一的，由县级以上卫生行政部门给予警告，责令限期改正；逾期不改者，处以500元以上2000元以下罚款：

（一）未建立饮用水卫生管理制度或未配备专、兼职饮用水卫生管理人员的；

（二）从事供管水、清洗、消毒工作人员，未取得健康培训合格证的；

（三）未按规定进行水质检验、未报送检验报告的。

第二十六条 供水单位违反本办法规定，有下列情形之一的，由县级以上卫生行政部门给予警告，责令限期改正；逾期不改者，处以2000元以上5000元以下罚款：

（一）对饮用水不消毒或消毒不合格、未定期对供水设施进行清洗、消毒的；

（二）未按规定向有关部门报告饮用水污染事故或提供假证的；

（三）清洗、消毒单位未按规程对二次供水设施进行清洗、消毒的。

第二十七条 违反本办法规定，有下列情形之一的，由县级以上人民政府卫生行政部门给予警告，责令限期改正；逾期不改正的，处以5000元以上3万元以下的罚款，并依法吊销卫生许可证：

（一）新建、改建、扩建的供水工程未向卫生行政部门申请审查的；

（二）供水单位未取得饮用水卫生许可证或卫生许

可证未按规定年检的；

（三）集中式供水设施、二次供水设施、管道分质供水设施未按照卫生规范要求设计与建造的；

（四）生产、销售、使用的涉水产品未取得有效卫生许可批准文件或经检验涉水产品不符合卫生标准的；

（五）集中式供水、二次供水、管道分质供水水质不符合国家生活饮用水卫生标准要求的；

（六）供水单位对卫生行政部门所采取的控制水质污染的控制措施拒不执行的。

第二十八条　违反本办法规定，因饮用水污染造成水源性疾病流行的，由县级以上人民政府卫生行政部门对供水单位处以1万元以上5万元以下罚款；情节严重的处以5万元以上10万元以下罚款，并依法吊销卫生许可证；构成犯罪的，依法追究刑事责任，并承担民事责任。

第二十九条　供水单位违反本办法规定，在饮用水水源保护区修建危害水源水质卫生的设施或进行有碍水源、水质作业的，依据《中华人民共和国水污染防治法》的有关规定予以处罚。

第三十条　卫生行政部门、卫生监督机构及其工作人员，违反本办法规定，有下列行为之一的，由其上级主管部门或监察部门给予行政处分；构成犯罪的，依法追究刑事责任：

（一）未履行生活饮用水卫生监督、检查等职责的；

（二）未依法受理、颁发生活饮用水卫生许可证的；

（三）对不符合法定许可条件的事项予以审查认可或者许可的；

（四）接到举报或者发现违法行为不依法予以查处的；

（五）未履行其他法定职责的。

第五章　附　则

第三十一条　本办法下列用语的含义是：

集中式供水：由水源集中取水，经统一净化处理和消毒后，由输水管网送至用户的供水方式(包括市政供水、自备水源供水和农村简易自来水供水)。

二次供水：将来自集中式供水的管道水另行加压、贮存，再送至用户的供水方式。

管道分质供水：是指利用过滤、吸附、氧化、消毒等装置对需要改善水质的集中式供水(或者其它水源水)作进一步的净化处理，通过独立封闭的循环管道输送可直接饮用的供水方式。

涉及饮用水卫生安全的产品(简称涉水产品)：凡在饮用水生产和供水过程中与饮用水接触的联接止水材料、塑料及有机合成管材、管件、防护涂料、水处理剂、除垢剂、水质处理器及其他新材料和化学物质。

由省级初审、卫生部复审并颁发批准文件的涉水产品是防护涂料、水质处理器、新材料和化学物质。其他涉水产品由省级卫生行政部门批准，报卫生部备案。

直接从事供、管水的人员：从事净水、取样、化验、二次供水卫生管理及水池、水箱清洗、消毒人员。

第三十二条　农村小型集中式供水卫生管理参照本办法执行。

第三十三条　本办法自2010年7月1日起施行。1992年8月10日发布的《兰州市生活饮用水卫生管理暂行办法》同时废止。

兰州市城镇供热计量管理暂行规定

(2010年6月18日市政府第8次常务会议讨论通过，以兰州市人民政府〔2010〕第5号令公布，自2010年9月1日起施行)

第一章　总　则

第一条　为推进城镇供热体制改革，提高能源利用效率，促进节能减排工作，推行城镇供热计量，根据国务院《民用建筑节能条例》和《兰州市城市供热管理条例》等法律、法规规定，结合本市实际，制定本规定。

第二条　本市从事民用建筑规划、设计、施工、监理以及从事供热管理、经营的单位及用户，均应遵守本规定。

本规定所称供热计量包括热源、热力站供热量以及建筑物(热力入口)、热用户用热量的计量。

第三条 市建设行政主管部门负责全市城镇供热计量改革工作。市供热管理机构具体负责供热计量改革的组织实施。

榆中县、永登县、皋兰县和红古区供热计量工作由县、区建设行政主管部门负责，并接受市供热管理机构的业务指导。

质量技术监督、工商、价格等行政管理部门应当依照各自法定职责，做好城镇供热计量监督管理工作。

第四条 城镇供热计量应当推广应用先进技术、工艺和设备；鼓励和扶持节能减排和供热计量装置的科学技术研究。

建设行政主管部门应当积极开展城镇供热计量的宣传教育工作，增强市民的节能意识，并对在城镇供热计量工作中贡献突出的单位和个人给予表彰奖励。

第五条 既有民用建筑供热计量及节能改造，以市场化运作方式为主，应当发挥国家奖励资金的引导作用，采取多种筹资方式，建立政府、供热单位、产权单位、居民个人以及其他投资主体多元资金投入机制。

第二章　新建民用建筑供热计量管理

第六条 新建民用建筑供热系统均应安装供热计量装置、室内温度调控装置和供热系统调控装置，实行用热计量收费制度。

公建建筑的集中供热系统，应当安装使用分楼计量、分室控温和计量用热装置；民用建筑的集中供热系统，应当使用分户计量、分室控温和计量用热装置。

供热总管和供热入口处应当安装节能温控装置，实行计量用热，装置费用由供热单位和热用户合同约定。

第七条 建设单位应当委托符合资质要求的设计、施工和监理单位实施供热计量工程建设。

第八条 建设单位申请施工许可证时，在提交的施工图设计文件审查合格证明中，应当包含供热计量的相关内容；否则，建设行政主管部门不予颁发施工许可证。

第九条 建设工程质量监督机构应当加强对供热计量工程建设的监督管理，对违反供热计量强制性标准，不按施工图设计文件进行施工的，责令其限期改正。

第十条 建设单位对工程竣工验收，应当包含供热计量工程的有关内容，对达不到供热计量标准的民用建筑，建设行政主管部门不予办理竣工验收备案手续。

第三章　既有民用建筑供热计量管理

第十一条 建设行政主管部门应当会同相关行政管理部门，根据既有民用建筑与供热设施的建设年代、寿命周期、能源利用效率、供热能耗以及节能改造成本效益，拟定具备供热计量改造条件的项目，由供热管理机构制定具体改造方案，报本级人民政府批准后组织实施。

第十二条 既有民用建筑集中供热系统，按照公建建筑分楼计量和居住建筑分户计量，分室控温、计量用热的方式进行改造。

供热总管安装节能温控装置，改造后实行计量用热。

第十三条 供热单位的热源系统可按照智能群控等节能方式改造，改造后实现室外温度自动补偿、系统自控运行。

第十四条 供热管网系统可采取预制保温直埋敷设、安装温控装置等节能方式改造，改造后实现热网自动调节、节能运行。

第四章　供热计量装置管理

第十五条 市建设行政主管部门会同质量技术监督、工商等行政管理部门，本着公开、公平、公正的原则，组织供热计量器具资格审查备案工作，并向社会公布供热计量器具备案指导目录。

质量技术监督行政管理部门应当加强供热计量器具产品的质量监督抽查，依法查处产品质量不合格的单位。

第十六条 供热计量器具的安装和使用应当经法定计量检定机构检定合格。

鼓励建设、设计、施工单位选用政府供热计量器具备案指导目录内的供热计量器具。

第十七条 建设单位应当与供热单位签订合同，合同应当包括以下内容：

（一）建筑物热力入口，供热计量器具和室内温度调控装置的技术指标、质量标准；

（二）建设单位建筑节能质量责任和供热单位供热计量器具、温度调控装置的采购、管理责任以及违约责任。

第十八条 市供热管理机构对供热计量装置生产供应单位的售后服务质量进行跟踪调查，凡使用供热计量器具不达标和服务质量差的，应当予以公布，并取消政府供热计量器具备案指导目录相关内容。

第五章　供用热管理

第十九条　建成使用的供热计量装置由供热单位负责维护，其维护和更换费用列入热价成本，由供热单位承担，不得再向热用户收费。

供热单位可以对供热计量装置进行包装和锁闭。

第二十条　建设、使用单位及供热单位应当履行供热计量器具送检责任，做好供热分户计量器具的首次及后续检定工作，确保供热分户计量贸易公平，计量准确。

第二十一条　供热单位应当定期对热量表前的过滤装置进行检查和清洗，对热用户所用热量按月抄表，并以此为计费依据。

第二十二条　热用户对供热单位提供的热量数据有异议的，可向市供热管理机构提出复查申请。

第二十三条　热用户不得擅自调节或者改动、损坏公用管道控制装置和供热计量器具。

热用户擅自调节或者改动、损坏公用管道控制装置和供热计量器具造成损坏的，由供热单位及时更换修复，产生费用由热用户承担。

第二十四条　供热计量价格实行基本热价和计量热价相结合的两部制热价，热用费为基本热费与计量热费之和。

第六章　法律责任

第二十五条　在新建民用建筑供热计量管理中，对不按标准进行设计、施工、监理的设计、施工、监理单位，由建设行政主管部门依照相关法律、法规的规定予以处罚。

第二十六条　供热单位未经供热管理机构同意，擅自对达不到供热计量标准的新建民用建筑和具备改造条件而未按改造计划进行分楼(户)供热计量改造的既有民用建筑，接纳入网供热的，由建设行政主管部门责令其限期改正；逾期不改正的，处以警告，并处1万元以上3万元以下罚款。

第二十七条　供热单位违反供热价格标准和收费管理办法的，由价格行政管理部门依照有关规定予以处罚。

第二十八条　建设行政主管部门和供热管理机构的工作人员在城镇供热计量监督管理工作中有滥用职权、徇私舞弊、弄虚作假、玩忽职守行为的，由其所在单位或者上级机关依法给予行政处分；构成犯罪的，依法追究刑事责任。

第二十九条　当事人对建设行政主管部门和供热管理机构依照本规定作出的行政处罚不服的，可依法申请行政复议或者提起行政诉讼。

第七章　附　则

第三十条　本规定自2010年9月1日起施行。

兰州市无障碍设施建设管理规定

(2010年11月23日市政府第17次常务会议讨论通过，以兰州市人民政府令〔2010〕第6号公布，自2011年2月1日起施行)

第一条　为了加强无障碍设施建设管理，促进社会文明进步，根据《中华人民共和国残疾人保障法》、《中华人民共和国老年人权益保障法》等法律、法规规定，结合本市实际，制定本规定。

第二条　凡在本市行政区域内新建、改建和扩建的公共建筑、居住建筑、居住区、城市道路(含桥梁、人行过街天桥、人行地下过街通道)和主要旅游景区、景点等建设工程(以下统称建设项目)配套建设无障碍设施及其相关管理活动，适用本规定。

建设项目配套建设无障碍设施的具体要求和标准，按照国家《城市道路和建筑物无障碍设计规范》(以下简称《设计规范》)和本市有关规定、标准执行。

第三条　本规定所称无障碍设施，是指为保障残疾人、老年人、儿童及其他行动不便者的通行安全和使用便利，在建设项目中配套建设的服务设施。

第四条　市人民政府对全市无障碍设施建设管理实行统一领导。

县、区人民政府负责本行政区域内无障碍设施的建设管理和监督工作。

建设行政管理部门负责无障碍设施建设、维护的监督管理。

发展改革、规划、财政、民政、城管执法、交通、公安、质监、旅游、国土、房地产、商务、金融、文广、教育、体育、卫生等有关部门应当依照各自职责，做好无障碍设施建设管理相关工作。

残疾人联合会、老龄工作委员会、妇女联合会等社会团体负责监督、协调和检查本行政区域内无障碍设施的建设管理工作。

第五条　政府鼓励无障碍产品的开发应用，支持无障碍设施的科学技术研究。

第六条　规划、建设等有关部门应当按照本市经济社会发展状况编制无障碍设施建设专项规划。

市、县、区人民政府有关部门应当制定无障碍设施改造实施方案，并通过财政补贴、行政事业性收费减免等鼓励措施，积极推进建设项目的无障碍设施改造。

第七条　建设项目的无障碍设施应当与主体工程同时设计、同时施工、同时交付使用，并与建设项目周边已有无障碍设施相衔接。

第八条　建设无障碍设施应当符合安全、可达、可用和便利的基本要求，遵循以下具体规定：

（一）人行步道、公共建筑的地面平整、防滑；

（二）铺设盲道保持连续，盲道上不得有电线杆、拉线、地下检查井、树木等障碍物，并与周边的公共交通停靠站、过街天桥、地下通道、公共建筑的无障碍设施相连接；

（三）人行步道、公共建筑的出入口设置缘石坡道或者坡道；城市主要道路十字路口逐步设置过街语音提示系统；

（四）公共交通停靠站设置盲文站牌的，盲文站牌的位置、高度、颜色、形式和内容方便视力残疾者使用；

（五）公共交通车辆应当配备字幕报站和语音报站系统；公共停车场、存车处应当设置残疾人车辆专用停车位，并予以明示；

（六）为公众提供服务的区域或者场所设置服务台、电话的，同时设置低位服务台、低位电话；

（七）公共建筑的玻璃门、玻璃墙、楼梯口、电梯口、通道等处，设置警示性标志或者提示性设施；

（八）无障碍设施颜色鲜明，与周围环境有明显区别；

（九）有无障碍设施的，在显著位置设置符合规范和标准的无障碍标志。

第九条　县、区人民政府应当逐步完善火警、匪警、医疗急救、交通事故、安全疏散、社区公共服务等紧急呼叫与显示系统，确保其具备文字报警、呼叫功能，保障听力、言语障碍者的报警和急救需要。

公共服务机构应当根据残疾人的特点和需求，提供方便听力、言语、视力残疾人的文字信息、语音信息等信息交流无障碍服务。

第十条　建设项目设计单位在设计建设项目时，应当按照《设计规范》和本市无障碍设施建设标准，配套设计无障碍设施。

施工图设计文件审查机构审查设计文件时，应当按照《设计规范》和本市无障碍设施建设标准审查无障碍设施设计内容。对不按《设计规范》和本市无障碍设施建设标准设计无障碍设施的建设项目，建设行政管理部门不予核发《建设工程施工图设计文件审查合格书》和《建设工程施工许可证》。

第十一条　规划行政管理部门应当依据《设计规范》和本市无障碍设施建设标准组织编制有关专项规划。

第十二条　施工单位应当按照无障碍设施的设计要求进行施工。

工程监理单位应当依照法律、法规、规章以及有关技术标准、设计文件和建设工程承包合同，对无障碍设施施工实施监理。

第十三条　建设单位在组织建设项目竣工验收时，应当同时验收配套建设的无障碍设施，并在工程竣工验收文件中载明。

建设工程质量监督机构在向建设行政管理部门提交的建设工程质量监督报告中，应当含有无障碍设施建设的内容。

第十四条　无障碍设施是建设项目的组成部分，其保修责任根据相关法律、法规规定和合同约定承担，其养护、维修责任由建设项目的维护管理责任人承担。

城市道路范围内无障碍设施的养护，按照城市道路与交通标志和信号设施养护的分工，分别由建设、交通部门和公安交通管理部门负责。

无障碍设施维护管理责任人应当按照规定的标准和要求，对无障碍设施进行日常的养护和维修，确保无障碍设施正常使用。

第十五条　对本市建成区范围内已建成但没有配套建设无障碍设施，或者配套建设的无障碍设施不符合规定的标准和要求的建设项目，市建设行政管理部门应当根据城市建设发展需要，会同有关部门制定无障碍设施改造计划，报经市人民政府批准后实施。

第十六条　有关部门和单位应当采取多种形式，通过广播、电视、报纸、杂志、网络等媒体开展无障碍设施建设的宣传，普及无障碍知识，提高公众无障碍环境意识。

第十七条 任何单位或者个人不得损坏、擅自占用无障碍设施，不得影响无障碍设施的正常使用和改变无障碍设施的用途。

因工程施工等特殊情况需要临时占用城市道路中无障碍设施的，应当依法经有关部门批准，并且设置警示标志；占用期满，应当及时恢复原状。

第十八条 建设项目设计单位违反本规定和《设计规范》的强制性要求，没有设计配套无障碍设施的，由建设行政管理部门依照《建设工程质量管理条例》第六十三条的规定处理。

建设项目施工单位违反本规定和《建设工程质量管理条例》的相关规定，没有按照设计图纸、施工技术标准进行无障碍设施施工或者无障碍设施施工发生质量问题的，由建设行政管理部门依照《建设工程质量管理条例》第六十四条的规定处理。

建设单位违反本规定，未按照规定对建设的无障碍设施进行验收或者验收不合格擅自交付使用的，由建设行政管理部门依照《建设工程质量管理条例》第五十八条的规定处理。

第十九条 违反本规定第十七条，违法占用无障碍设施或者改变无障碍设施用途的，由建设行政管理部门责令停止侵害，恢复原状，并依据有关法律、法规规定予以处罚；造成无障碍设施损毁的，除依法赔偿损失外，由公安机关依照《中华人民共和国治安管理处罚法》的有关规定处罚。

第二十条 所有权人或者管理人未对无障碍设施进行有效维护管理，造成无障碍设施无法正常使用的，由建设行政管理部门责令其进行维护，并依照有关规定予以处罚。

因维护管理不当造成使用人人身、财产损害的，所有权人或者管理人应当承担赔偿责任。

第二十一条 行政机关及其工作人员在无障碍设施建设管理工作中，有滥用职权、徇私舞弊、玩忽职守行为的，由其所在单位或者上级主管部门给予通报批评，并责令限期改正；情节严重的，依法给予行政处分；构成犯罪的，依法追究刑事责任。

第二十二条 本规定自2011年2月1日起施行。

兰州市房屋登记办法

(2010年11月23日市政府第17次常务会议讨论通过，以兰州市人民政府〔2010〕第7号令公布，自2011年2月1日起施行)

第一章 总 则

第一条 为了规范房屋登记行为，维护房地产交易安全，保护权利人的合法权益，根据《中华人民共和国物权法》、《中华人民共和国城市房地产管理法》、《村镇和集镇规划建设管理条例》等法律、法规规定，结合本市实际，制定本办法。

第二条 本办法所称房屋登记，是指房屋登记机构依法将房屋权利和其他应当记载的事项在房屋登记簿上予以记载的行为。

第三条 市住房保障和房地产管理(以下简称“房产”)部门负责本市行政区域内的房屋登记工作。

市房产部门所属的房屋登记机构具体负责办理城关、西固、七里河、安宁和红古区的房屋登记工作。

永登、榆中、皋兰县房产部门负责本地区的房屋登记工作。

第四条 市房产部门应当建立本市行政区域内统一的房屋登记簿。

房屋登记簿是房屋权利归属和内容的根据，是房屋登记机构记载房屋基本状况、权利状况以及其他依法应当登记事项的特定簿册，由房屋登记机构管理。

第五条 房屋登记信息应当标准统一、数据准确完整、统计及时，实现全市房屋登记簿信息共享和异地查询。

房屋登记机构应当在统一建立的兰州房地产市场信息系统上办理业务。

第六条 房屋登记人员应当具备与其岗位相适应的专业知识。

从事房屋登记审核工作的人员，应当取得国务院建设主管部门颁发的房屋登记上岗证书，持证上岗。

第七条 房屋登记机构可以从房屋登记费中提取

10%的赔偿资金，专户储存，用于房屋登记错误损害赔偿。

第二章　一般规定

第八条　办理房屋登记，一般依照下列程序进行：

（一）申请；

（二）受理；

（三）审核；

（四）记载于登记簿；

（五）发放权属证书或者登记证明。

房屋登记机构认为必要时，可以就登记事项进行公告。

第九条　办理房屋登记，应当遵循房屋所有权和房屋占用范围内的土地使用权权利主体一致的原则。

第十条　房屋登记机构应当依照相关规定，确定申请房屋登记需要提交的材料，并将申请登记材料目录公示。

第十一条　房屋应当按照基本单元进行登记。房屋基本单元是指有固定界限、可以独立使用并且有明确、唯一的编号(幢号、室号等)的房屋或者特定空间。

国有土地范围内成套住房，以套为基本单元进行登记；非成套住房，以房屋的幢、层、间等有固定界限的部分为基本单元进行登记。

非住房以房屋的幢、层、套、间等有固定界限的部分为基本单元进行登记。

第十二条　申请房屋登记，当事人双方应当向房屋所在地的房屋登记机构提出申请，提交登记材料，接受询问并填写相关表格，配合实地查看。

第十三条　申请房屋登记，申请人应当使用中文名称或者姓名。申请人提交的证明文件原件是外文的，应当提供中文译本。

依据有关合同申请房屋登记的，一方当事人属于下列情形之一的，应当向房屋登记机构提交合同公证文书：

（一）外国自然人；

（二）华侨，包括居住在境外持有中国护照无国内身份证明者；

（三）港、澳、台居民；

（四）在外国和港、澳、台地区登记注册的法人或者其他组织。

第十四条　申请人委托他人代理登记申请的，应出具授权委托书。委托书应载明委托事项、登记房屋坐落和委托权利范围。

自然人处分房屋委托他人代理的，代理人应当向房屋登记机构提交身份证明和经公证的授权委托书；申请人为法人或其他组织的，代理人应当提交本人的身份证明及由法定代表人签署并加盖单位公章的授权委托书。

第十五条　未成年人的房屋，应当由其监护人代为申请登记。监护人代为申请未成年人房屋登记的，应当提交证明监护人身份的材料；因处分未成年人房屋申请登记的，还应当提供为未成年人利益的书面保证。

无民事行为能力人、限制民事行为能力人申请房屋登记的，应当由其法定代理人代理。

第十六条　企业法人破产的，破产企业房屋的登记应由人民法院指定的管理人进行。管理人申请办理登记时，应提交人民法院许可其进行登记的书面文件。

第十七条　设立中的法人在未完成设立登记前取得房屋的，可由发起人或股东之间的协议书确定的代表人申请登记。法人成立后，经法人申请，房屋登记机构应当将权利人变更为已成立的法人。

协议书应注明在登记完毕后如果法人未核准设立的，房屋权利应变更登记为已登记代表人所有或者申请变更登记为发起人全体共有。

第十八条　申请登记材料应当提供原件。不能提供原件的，应当提交经有关机关确认与原件一致的复印件。

申请人应当对申请登记材料的真实性、合法性、有效性负责，不得隐瞒真实情况或者提供虚假材料申请房屋登记。

房屋登记机构应当审核申请人提交的房屋权属证书、房屋登记证明的真实性及申请材料之间的一致性。

第十九条　申请人提交的申请登记材料齐全且符合法定形式的，房屋登记机构应当予以受理，并出具书面凭证。

申请人提交的申请登记材料不齐全或者不符合法定形式的，应当不予受理，并告知当事人不予受理的原因和需补正的内容。

第二十条　申请房屋登记，应当由有关当事人双方共同申请，但本办法另有规定的除外。

有下列情形之一，申请房屋登记的，可以由当事人单方申请：

（一）因合法建造房屋取得房屋权利；

（二）因人民法院、仲裁委员会的生效法律文书取得房屋权利；

（三）因继承、受遗赠取得房屋权利；

（四）有本办法所列变更登记情形之一；

（五）房屋灭失；

（六）权利人放弃房屋权利；

（七）法律、法规规定的其他情形。

第二十一条　共有房屋，应当由共有人共同申请登记。

共有房屋所有权变更登记，可以由相关的共有人申请，但因共有性质或者共有人份额变更申请房屋登记的，应当由共有人共同申请。

第二十二条　房屋登记机构应当查验申请登记材料，并根据不同登记申请就申请登记事项是否是申请人的真实意思表示、申请登记房屋是否为共有房屋、房屋登记簿记载的权利人是否同意更正，以及申请登记材料中需进一步明确的其他有关事项询问申请人。询问结果应当经申请人签字确认，并归档保留。经询问登记后，登记簿记载的房屋所有权人为实际所有权人，再办理房屋相关登记时不再审查是否存在共有人。

房屋登记机构认为申请登记房屋的有关情况需要进一步证明的，可以要求申请人补充材料。

第二十三条　办理下列房屋登记，房屋登记机构应当实地查看，并将查看结果予以记载：

（一）房屋所有权初始登记；

（二）在建工程抵押权登记；

（三）因房屋灭失导致的房屋所有权注销登记；

（四）法律、法规规定的应当实地查看的其他房屋登记。

第二十四条　登记申请符合下列条件的，房屋登记机构应当予以登记，将申请登记事项记载于房屋登记簿：

（一）申请人与依法提交的材料记载的主体一致；

（二）申请初始登记的房屋与申请人提交的规划证明材料记载一致，申请其他登记的房屋与房屋登记簿记载一致；

（三）申请登记的内容与有关材料证明的事实一致；

（四）申请登记的事项与房屋登记簿记载的房屋权利不冲突；

（五）不存在本办法规定的不予登记的情形。

登记申请不符合前款所列条件的，房屋登记机构应当不予登记，并书面告知申请人不予登记的原因。

第二十五条　房屋登记机构将申请登记事项记载于房屋登记簿之前，申请人可以撤回登记申请。

第二十六条　有下列情形之一的，房屋登记机构应当不予登记：

（一）未依法取得规划许可、施工许可或者未按照规划许可的面积等内容建造的建筑申请登记的；

（二）申请人不能提供合法、有效的权利来源证明文件或者申请登记的房屋权利与权利来源证明文件不一致的；

（三）申请登记事项与房屋登记簿记载冲突的；

（四）申请登记房屋不能特定或者不具有独立利用价值的；

（五）房屋已被依法征收、没收，原权利人申请登记的；

（六）房屋被依法查封期间，权利人申请登记的；

（七）法律、法规和本办法规定的其他不予登记的情形。

第二十七条　房屋转让实行成交价格申报制度。房屋转让权利人应当如实申报成交价格。

房屋转让以申报的房屋成交价格作为缴纳税费的依据。成交价格明显低于市场价格的，以税务征收机关核定的纳税参照价作为缴纳税费的依据。

涉及减免税金的，由税务机关核定，房屋登记机构应当予以配合。

第二十八条　自受理登记申请之日起，房屋登记机构应当于下列时限内，将申请登记事项记载于房屋登记簿或者作出不予登记的决定：

（一）国有土地范围内房屋所有权登记，30个工作日；集体土地范围内房屋所有权登记，60个工作日；

（二）抵押权、地役权登记，10个工作日；

（三）预告登记、更正登记，10个工作日；

（四）异议登记，1个工作日。

公告时间不计入前款规定时限。因特殊原因需要延长登记时限的，经房屋登记机构负责人批准可以延长，但最长不得超过原时限的一倍。

法律、法规对登记时限另有规定的，从其规定。

第二十九条　房屋登记簿应当记载房屋自然状况、权利状况以及其他依法应当登记的事项。

房屋登记簿可以采用纸介质，也可以采用电子介质。采用电子介质的，应当有唯一、确定的纸介质转化形式，并应当定期异地备份。

第三十条　房屋登记机构应当根据房屋登记簿的记载，缮写并向权利人发放房屋权属证书。

房屋权属证书是权利人享有房屋权利的证明，包括《房屋所有权证》《房屋他项权证》等。申请登记房屋为共有房屋的，房屋登记机构应当在房屋所有权证上注明“共有”字样。

预告登记、在建工程抵押权登记以及法律、法规规定的其他事项在房屋登记簿上予以记载后，由房屋登记机构发放登记证明。

第三十一条　房屋权属证书、登记证明与房屋登记簿记载不一致的，除有证据证明房屋登记簿确有错误外，以房屋登记簿为准。

第三十二条　房屋权属证书、登记证明破损的，权利人可以向房屋登记机构申请换发。房屋登记机构换发前，应当收回原房屋权属证书、登记证明，并将有关事项记载于房屋登记簿。

房屋权属证书、登记证明遗失、灭失的，权利人应当在市房产部门指定的公开发行的报刊上刊登遗失声明，30日期满无异议或者异议不成立的，经权利人申请，房屋登记机构予以补发，并将有关事项在房屋登记簿上予以记载。补发的房屋权属证书、登记证明上应当注明“补发”字样。

在补发集体土地范围内村民住房的房屋权属证书、登记证明前，房屋登记机构应当就补发事项在房屋所在地农村集体经济组织内公告。

第三十三条 申请房屋登记的，申请人应当按照国家有关规定缴纳登记费。

第三章 国有土地范围内房屋登记

第一节 所有权登记

第三十四条 因合法建造房屋申请房屋所有权初始登记的，应当提交下列材料：

（一）登记申请书；

（二）申请人身份证明；

（三）建设用地使用权证明；

（四）建设工程符合规划的证明；

（五）房屋已竣工的证明；

（六）房屋测绘报告；

（七）其他必要材料。

第三十五条 房地产开发企业申请房屋所有权初始登记时，应当对建筑区划内依法属于全体业主共有的公共场所、公用设施和物业服务用房等房屋一并申请登记，由房屋登记机构在房屋登记簿上予以记载，不颁发房屋权属证书。

第三十六条 发生下列情形之一的，当事人应当在有关法律文件生效或者事实发生后申请房屋所有权转移登记：

（一）买卖；

（二）互换；

（三）赠与；

（四）继承、受遗赠；

（五）房屋分割、合并，导致所有权发生转移的；

（六）以房屋出资入股；

（七） 因人民法院、仲裁委员会生效法律文书或人民政府生效的征收决定导致房屋所有权转移的；

（八）法人或者其他组织分立、合并，导致房屋所有权发生转移的；

（九）划拨；

（十）法律、法规规定的其他情形。

第三十七条 申请房屋所有权转移登记的，除提交申请书、申请人身份证明、房屋所有权证书外，还应当按照下列规定提交证明房屋所有权发生转移的材料：

（一）因买卖、互换、分割、合并、抵债、以房屋出资入股等原因致使房屋所有权发生转移的，提交相关的合同；

（二）因拍卖致使房屋所有权发生转移的，提交拍卖成交确认书；

（三）因赠与、继承和受遗赠等原因致使房屋所有权发生转移的，提交公证机构出具的公证书；

（四）因法人或者其他组织分立、合并、破产等原因致使房屋所有权发生转移的，提交法人或者其他组织分立、合并、破产的生效法律文书或者批准文件；

（五）因划拨致使房屋所有权转移的，提交批准划拨的文件；

（六）其他依照生效法律文书发生房屋所有权转移的，提交相关的法律文书；

（七）抵押人转让抵押房屋的所有权，提交抵押权人的身份证明、抵押权人同意抵押房屋转让的书面证明、房屋他项权证书。

第三十八条 因人民法院或者仲裁委员会生效法律文书、合法建造房屋、继承或者受遗赠取得房屋所有权，权利人转让该房屋所有权或者以该房屋设定抵押权时，应当将房屋登记到权利人名下后，再办理房屋所有权转移登记或者房屋抵押权设立登记。

因人民法院或者仲裁委员会生效法律文书取得房屋所有权，人民法院协助执行通知书要求房屋登记机构予以登记的，房屋登记机构应当予以办理。房屋登记机构予以登记的，应当在房屋登记簿上记载基于人民法院或者仲裁委员会生效法律文书予以登记的事实。

第三十九条 受理人民法院判决转移过户登记时，房屋登记机构应当核实人民法院工作人员的身份，收取以具体房屋为执行内容的裁定书、协助执行通知书和被执行房屋的所有权证书及受让人的身份证(或法人资格证明)等材料。

被执行房屋的所有权证书无法交回的，房屋登记机构应当依据人民法院注销被执行人房屋的所有权证书的协助执行通知书，依法注销被执行人房屋的所有权证书，并在报纸刊登注销公告后受理转移登记。

被执行房屋未办理过权属登记的，受让人申请登记时除提交司法文书外，还应当同时按照有关规定提交相关建设手续。不能提交相关手续的，不予受理，房屋登记机构向人民法院发出行政建议书说明原因。人民法院要求继续执行的，房屋登记机构应当办理，并予以注明，同时将人民法院回函附卷。

第四十条 发生下列情形之一的，权利人应当在有关法律文件生效或者事实发生后申请房屋所有权变更登记：

（一）房屋所有权人的姓名或者名称变更的；

（二）房屋坐落的街道、门牌号或者房屋名称变更的；

（三）房屋面积增加或者减少的；

（四）同一所有权人分割、合并房屋的；

（五）法律、法规规定的其他情形。

第四十一条 申请房屋所有权变更登记，除提交申请书、申请人身份证明、房屋所有权证书或者登记证明外，还应当按照下列规定提交证明发生变更事实的材料：

（一）房屋权利人姓名或者名称改变的，提交公安机关出具的姓名改变证明或者相关行政主管部门出具的名称改变证明文件；

（二）房屋面积、层数改变的，提交房屋测绘资料和有关部门出具的批准文件；

（三）同一所有权人分割、合并房屋的，提交房屋测绘资料；

（四）房屋用途改变的，提交规划部门出具的批准文件。

房屋坐落的街道名称、门牌号发生改变的，依据有关部门出具的证明办理变更登记。

第四十二条 经依法登记的房屋发生下列情形之一的，房屋登记簿记载的所有权人应当自事实发生后申请房屋所有权注销登记：

（一）房屋灭失的；

（二）放弃所有权的；

（三）法律、法规规定的其他情形。

第四十三条 申请房屋所有权注销登记的，应当提交下列材料：

（一）登记申请书；

（二）申请人身份证明；

（三）房屋所有权证书；

（四）证明房屋所有权消灭的材料；

（五）其他必要材料。

第四十四条 经依法登记的房屋上存在他项权利时，所有权人放弃房屋所有权申请注销登记的，应当提供他项权利人的书面同意文件。

第四十五条 经登记的房屋所有权消灭后，原权利人未申请注销登记的，房屋登记机构可以依据人民法院、仲裁委员会的生效法律文书或者人民政府的生效征收决定办理注销登记，将注销事项记载于房屋登记簿，原房屋所有权证收回或者公告作废。

第二节 抵押权登记

第四十六条 以房屋设定抵押，申请抵押权登记的，应当提交下列材料：

（一）登记申请书；

（二）申请人身份证明；

（三）房屋所有权证书；

（四）主债权合同；

（五）抵押合同；

（六）其他必要材料。

第四十七条 对符合规定条件的抵押权设立登记，房屋登记机构应当将下列事项记载于房屋登记簿：

（一）抵押当事人、债务人的姓名或者名称；

（二）被担保债权的数额；

（三）登记时间。

第四十八条 已经登记的抵押权变更、转让或者消灭的，当事人应当提交下列材料，申请变更登记、转移登记、注销登记：

（一）登记申请书；

（二）申请人身份证明；

（三）房屋他项权证书；

（四）证明抵押权发生变更、转移或者消灭的材料；

（五）其他必要材料。

因抵押当事人姓名或者名称发生变更，或者抵押房屋坐落的街道、门牌号发生变更申请变更登记的，无需提交前款第(四)项材料。

因被担保债权的数额发生变更，申请抵押权变更登记的，还应当提交其他抵押权人的书面同意文件。

第四十九条 以房屋设定最高额抵押，申请最高额抵押权设立登记的，应当提交下列材料：

（一）登记申请书；

（二）申请人身份证明；

（三）房屋所有权证书；

（四）最高额抵押合同；

（五）一定期间内将要连续发生的债权的合同或者其他登记原因证明材料；

（六）其他必要材料。

第五十条 已经登记的最高额抵押权变更、转让的，当事人应当提交下列材料，申请变更登记、转移登记：

（一）登记申请书；

（二）申请人身份证明；

（三）房屋他项权证书；

（四）最高额抵押权担保的债权尚未确定的证明材料；

（五）最高额抵押权发生变更、转移的证明材料；

（六）其他必要材料。

最高额抵押权担保的债权确定前，债权人转让部分债权的，除当事人另有约定外，房屋登记机构不得办理最高额抵押权转移登记。当事人约定最高额抵押权随同部分债权的转让而转移的，应当在办理最高额抵押权确定登记之后，依据本办法第四十八条的规定办理抵押权转移登记。

第五十一条　经依法登记的最高额抵押权担保的债权确定，申请最高额抵押权确定登记的，应当提交下列材料：

（一）登记申请书；

（二）申请人的身份证明；

（三）房屋他项权证书；

（四）最高额抵押权担保的债权已确定的证明材料；

（五）其他必要材料。

第五十二条　以在建工程设定抵押的，当事人应当申请在建工程抵押权设立登记。

第五十三条　申请在建工程抵押权设立登记的，应当提交下列材料：

（一）登记申请书；

（二）申请人身份证明；

（三）抵押合同；

（四）主债权合同；

（五）建设用地使用权证书；

（六）建设工程规划许可证；

（七）其他必要材料。

第五十四条　已经登记在建工程抵押权变更、转让或者消灭的，当事人应当提交下列材料，申请变更登记、转移登记、注销登记：

（一）登记申请书；

（二）申请人身份证明；

（三）登记证明；

（四）证明在建工程抵押权发生变更、转移或者消灭的材料；

（五）其他必要材料。

第五十五条　在建工程竣工并经房屋所有权初始登记后，当事人应当申请将在建工程抵押权登记转为房屋抵押权登记。

第三节　地役权登记

第五十六条　在房屋上设立地役权的，当事人可以申请地役权设立登记。

第五十七条　申请地役权设立登记，应当提交下列材料：

（一）登记申请书；

（二）申请人身份证明；

（三）地役权合同；

（四）房屋所有权证书；

（五）其他必要材料。

第五十八条　对符合规定条件的地役权设立登记，房屋登记机构应当将有关事项记载于需役地和供役地房屋登记簿，并可将地役权合同附于供役地和需役地房屋登记簿。

第五十九条　已经登记的地役权变更、转让或者消灭的，当事人应当提交下列材料，申请变更登记、转移登记、注销登记：

（一）登记申请书；

（二）申请人身份证明；

（三）登记证明；

（四）证明地役权发生变更、转移或者消灭的材料；

（五）其他必要材料。

第四节　预告登记

第六十条　有下列情形之一的，当事人可以申请预告登记：

（一）预购商品房；

（二）以预购商品房设定抵押；

（三）房屋所有权转让、抵押；

（四）法律、法规规定的其他情形。

第六十一条　预告登记后，未经预告登记的权利人书面同意，处分该房屋申请登记的，房屋登记机构应当不予办理。

预告登记后，债权消灭或者自能够进行相应的房屋登记之日起三个月内，当事人申请房屋登记的，房屋登记机构应当按照预告登记事项办理相应的登记。

第六十二条　预售人和预购人订立商品房买卖合同后，预售人未按照约定与预购人申请预告登记，预购人可以单方申请预告登记。

第六十三条　申请预购商品房预告登记，应当提交下列材料：

（一）登记申请书；

（二）申请人身份证明；

（三）已登记备案的商品房预售合同；

（四）当事人关于预告登记的约定；

（五）其他必要材料。

预购人单方申请预购商品房预告登记，预售人与预购人在商品房预售合同中对预告登记附有条件和期限的，预购人应当提交相应的证明材料。

第六十四条　申请预购商品房抵押权预告登记，应当提交下列材料：

（一）登记申请书；

（二）申请人身份证明；

（三）抵押合同；

（四）主债权合同；

（五）预购商品房预告登记证明；

（六）当事人关于预告登记的约定；

（七）其他必要材料。

第六十五条　申请房屋所有权转移预告登记，应当提交下列材料：

（一）登记申请书；

（二）申请人身份证明；

（三）房屋所有权转让合同；

（四）转让方的房屋所有权证书；

（五）当事人关于预告登记的约定；

（六）其他必要材料。

第六十六条　申请房屋抵押权预告登记的，应当提交下列材料：

（一）登记申请书；

（二）申请人身份证明；

（三）抵押合同；

（四）主债权合同；

（五）房屋所有权证书，或者房屋所有权转移登记的预告证明；

（六）当事人关于预告登记的约定；

（七）其他必要材料。

第五节　其他登记

第六十七条　权利人、利害关系人认为房屋登记簿记载的事项有错误的，可以提交下列材料，申请更正登记：

（一）登记申请书；

（二）申请人身份证明；

（三）证明房屋登记簿记载错误的材料。

利害关系人申请更正登记的，还应当提供权利人同意更正的证明材料。

房屋登记簿记载确有错误的，应当予以更正；需要更正房屋权属证书内容的，应当书面通知权利人换领房屋权属证书；房屋登记簿记载无误的，应当不予更正，并书面通知申请人。

第六十八条　房屋登记机构发现房屋登记簿的记载错误，不涉及房屋权利归属和内容的，应当书面通知有关权利人在规定期限内办理更正登记；当事人无正当理由逾期不办理更正登记的，房屋登记机构可以依据申请登记材料或者有效的法律文件对房屋登记簿的记载予以更正，并书面通知当事人。

对于涉及房屋权利归属和内容的房屋登记簿的记载错误，房屋登记机构应当书面通知有关权利人在规定期限内办理更正登记；办理更正登记期间，权利人因处分其房屋权利申请登记的，房屋登记机构应当暂缓办理。

第六十九条　利害关系人认为房屋登记簿记载的事项错误，而权利人不同意更正的，利害关系人可以持登记申请书、申请人的身份证明、房屋登记簿记载错误的证明文件等材料申请异议登记。

第七十条　房屋登记机构受理异议登记的，应当将异议事项记载于房屋登记簿。

第七十一条　异议登记期间，房屋登记簿记载的权利人处分房屋申请登记的，房屋登记机构应当暂缓办理。

权利人处分房屋申请登记，房屋登记机构受理登记申请但尚未将申请登记事项记载于房屋登记簿之前，第三人申请异议登记的，房屋登记机构应当中止办理原登记申请，并书面通知申请人。

第七十二条　异议登记期间，异议登记申请人起诉，人民法院不予受理或者驳回其诉讼请求的，异议登记申请人或者房屋登记簿记载的权利人可以持登记申请书、申请人的身份证明、相应的证明文件等材料申请注销异议登记。

第七十三条　人民法院、仲裁委员会的生效法律文书确定的房屋权利归属或者权利内容与房屋登记簿记载的权利状况不一致的，房屋登记机构应当按照当事人的申请或者有关法律文书，办理相应的登记。

第七十四条　司法机关、行政机关、仲裁委员会发生法律效力的文件证明当事人以隐瞒真实情况、提交虚假材料等非法手段获取房屋登记的，房屋登记机构可以撤销原房屋登记，收回房屋权属证书、登记证明或者公告作废，但房屋权利为他人善意取得的除外。

第七十五条　人民法院依法对下列房屋进行查封或者预查封时，房屋登记机构应当协助办理查封登记或者预查封登记：

（一）被执行人已办理权属登记的房屋；

（二）作为被执行人的房地产开发企业已办理了商品房预售许可证且尚未出售的房屋；

（三）被执行人购买的已由房地产开发企业办理了房屋权属初始登记的房屋；

（四）被执行人购买的办理了商品房预售合同登记备案手续或者商品房预告登记的房屋。

依法对房屋进行查封、预查封前，人民法院应当向房屋登记机构查询该房屋的权属及相关信息。

第七十六条　对房屋登记机构已经受理被执行人转让房屋的登记申请，尚未记载于登记簿的，可以协助办理查封、预查封登记；已记载于登记簿的，不予协助办理查封、预查封登记。

查封、预查封的房屋不符合本办法第七十五条第一款规定或者查封、预查封的房屋权属相关内容与房屋登记机构记载的房屋权属内容不一致的，不予协助办理查封、预查封登记。

解除查封、预查封或者查封、预查封期限届满、轮候查封效力消灭的，房屋登记机构应当注销查封、预查封登记。

第四章　集体土地范围内房屋登记

第七十七条　依法利用宅基地建造的村民住房和依法利用其他集体所有建设用地建造的房屋，可以依照本办法的规定申请房屋登记。

法律、法规对集体土地范围内房屋登记另有规定的，从其规定。

第七十八条　因合法建造房屋申请房屋所有权初始登记的，应当提交下列材料：

（一）登记申请书；

（二）申请人身份证明；

（三）宅基地使用权证明或者集体所有建设用地使用权证明；

（四）申请登记房屋符合城乡规划的证明；

（五）房屋测绘报告或者村民住房平面图；

（六）房屋已竣工验收备案证明或房屋质量自检报告；

（七）其他必要材料。

申请村民住房所有权初始登记的，还应当提交申请人属于房屋所在地农村集体经济组织成员的证明。

农村集体经济组织申请房屋所有权初始登记的，还应当提交经村民会议同意或者由村民会议授权经村民代表会议同意的证明材料。

按照本办法对房屋初始登记前，因房屋买卖、交换、赠与、继承、分割、合并等原因致使其权属发生转移的，由农村集体经济组织出具相关证明后，以实际房屋所有人为申请人办理初始登记。

第七十九条　办理村民住房所有权初始登记、农村集体经济组织所有房屋所有权初始登记，房屋登记机构受理登记申请后，应当将申请登记事项在房屋所在地农村集体经济组织内进行公告。公告期限为30日，经公告无异议或者异议不成立的，方可予以登记。

第八十条　房屋所有权依法发生转移，申请房屋所有权转移登记的，应当提交下列材料：

（一）登记申请书；

（二）申请人身份证明；

（三）房屋所有权证书；

（四）宅基地使用权证明或者集体所有建设用地使用权证明；

（五）证明房屋所有权发生转移的材料；

（六）其他必要材料。

申请村民住房所有权转移登记的，还应该提交农村集体经济组织同意转移和受让人符合申请使用宅基地条件的证明。受让人不属于房屋所在地农村集体经济组织成员的，除法律、法规另有规定外，房屋登记机构不予办理。

农村集体经济组织申请房屋所有权转移登记的，还应当提交经村民会议同意或者由村民会议授权经村民代表会议同意的证明材料。

第八十一条　依法以乡镇、村企业的厂房等建筑物设立抵押，申请抵押权登记的，应当提交下列材料：

（一）登记申请书；

（二）申请人身份证明；

（三）房屋所有权证书；

（四）集体所有建设用地使用权证明；

（五）主债权合同和抵押合同；

（六）其他必要材料。

第八十二条　房屋登记机构对集体土地范围内的房屋予以登记的，应当在房屋登记薄和房屋权属证书上注明“集体土地”字样。

第八十三条　办理集体土地范围内房屋的变更登记、注销登记、地役权登记、预告登记、更正登记、异议登记、查封登记、预查封登记等房屋登记，可以参照适用国有土地范围内房屋登记的有关规定。

第五章　法律责任

第八十四条　当事人依照《中华人民共和国物权法》第二十八条、第二十九条、第三十条规定享有房地产权利但未及时申请登记，导致房屋登记机构仍依房屋登记簿记载的内容办理登记，造成其损害的，由当事人承担。

第八十五条　非法印制、伪造、变造房屋权属证书或者登记证明，或者使用非法印制、伪造、变造的房屋权属证书或者登记证明的，由房屋登记机构予以收缴；构成犯罪的，依法追究刑事责任。

第八十六条　申请人提交错误、虚假的材料申请房屋登记，给他人造成损害的，应当承担相应的法律责任。

第八十七条　房屋登记机构及其工作人员违反本办法规定办理房屋登记，给他人造成损害的，由房屋登记机构承担相应的法律责任。房屋登记机构承担赔偿责任后，对故意或者重大过失造成登记错误的工作人员，有权追偿。

第八十八条　房屋登记机构工作人员有下列行为之一的，依法给予处分；构成犯罪的，依法追究刑事责任：

（一）擅自涂改、毁损、伪造房屋登记簿；

（二）对不符合登记条件的登记申请予以登记，或者对符合登记条件的登记申请不予登记；

（三）有其他玩忽职守、滥用职权、徇私舞弊行为的。

第六章　附则

第八十九条　具有独立利用价值的特定空间以及码头、油库等其他建筑物、构筑物的登记，可以参照本办法执行。

第九十条　本办法自2011年2月1日起施行。

兰州市人民政府决定废止的规章目录

（2010年12月17日市政府第18次常务会议讨论决定，以兰州市人民政府令〔2010〕第8号公布，自颁布之日起实施）

序号	发布日期	原文号	文件名称	废止说明
1	1989年5月1日	兰政发〔1989〕56号	兰州市排水设施有偿使用暂行办法	内容已被建设部《城市排水许可管理办法》(建设部令第152号)所替代
2	1990年4月5日	兰政发〔1990〕36号	兰州市戒烟所管理办法(试行)	在实际工作中已不使用
3	1992年8月10日	兰政发〔1992〕114号	兰州市生活饮用水卫生管理暂行办法	被《兰州市生活饮用水卫生监督管理办法》(市政府令〔2010〕第4号)代替
4	1994年7月1日	兰政发〔1994〕71号	兰州市拖拉机养路费征收管理办法	拖拉机养路费已于2009年1月1日起停止征收，该办法已不使用
5	1994年9月11日	兰政发〔1994〕87号	兰州市农村社会养老保险管理暂行办法	在实际工作中已不使用
6	1998年6月5日	兰政发〔1998〕32号	兰州市中小学实施素质教育试行规定	部分内容不适应当前教育改革和发展的新形势，已不使用
7	1998年7月30日	兰政发〔1998〕51号	兰州市“门前三包”责任制管理办法	被《兰州市市容环境卫生“门前三包”责任制实施办法》(兰政发〔2006〕49号)代替
8	1999年4月30日	兰政发〔1999〕40号	兰州市物业管理服务收费暂行办法	被《兰州市物业服务收费管理办法》(市政府令〔2008〕第6号)代替
9	1999年7月11日	兰政发〔1999〕90号	兰州市实施《中华人民共和国食品卫生法》办法	的法律依据《中华人民共和国食品卫生法》已废止
10	1999年11月3日	政府令〔1992〕第12号	兰州市劳动用工管理办法	内容被《中华人民共和国劳动合同法》、《劳动合同法实施条例》所涵盖
11	1999年11月4日	政府令〔1999〕第14号	兰州市实施防治城区冬季大气污染特殊工程处罚办法	内容被《兰州市实施〈大气污染防治法〉办法》所涵盖
12	2000年5月24日	兰政发〔2000〕59号	兰州市进一步扩大对外开放若干政策规定(试行)	内容已被市委发〔2006〕33号文件所涵盖
13	2000年5月24日	兰政发〔2000〕59号	兰州市鼓励外商投资若干政策规定(试行)	内容已被市委发〔2006〕33号文件所涵盖

14	2000年4月25日	政府令〔2000〕第2号	兰州市行政事业性收费票款分离暂行办法部分内容明显过时，与《兰州市政府非税收入管理暂行办法》(市政府令〔2007〕第6号）存在不一致，实际工作中已不使用
15	2000年12月1日	政府令〔2000〕第10号	兰州市道路交通管理办法与《中华人民共和国道路交通安全法》存在不一致，实际工作中已不使用
16	2001年7月17日	政府令〔2001〕第5号	《兰州市蔬菜基地管理办法》实施细则内容被《兰州市无公害蔬菜管理条例》所涵盖
17	2003年8月5日	政府令〔2003〕第4号	兰州市无公害蔬菜发展管理办法内容被《兰州市无公害蔬菜管理条例》所涵盖
18	2006年2月17日	政府令〔2006〕第2号	兰州市粮食流通管理办法内容被《兰州市粮食流通监督管理条例》所涵盖

文件选目

中共兰州市委文件

标　　题	发　文　号	发文时间
中共兰州市委常委会2010年工作要点	市委1号	2010.2.1
市委市政府关于印发《兰州市人民政府机构改革实施意见》的通知	市委2号	2010.1.13
市委市政府关于命名表彰“平安乡镇(街道)”的决定	市委6号	2010.2.21
市委市政府关于做好2010年全市农业和农村工作的意见	市委9号	2010.3.3
市委关于贯彻中央纪委等五部委9号和省纪委等五部门23号文件精神加强县区纪检监察机关建设的意见	市委13号	2010.5.27
市委关于表彰全市农村党建“三争一促”活动示范村的决定	市委14号	2010.6.18
市委市政府关于贯彻落实《国务院办公厅关于进一步支持甘肃经济社会发展的若干意见》加快推进兰州率先跨越式发展的实施意见	市委15号	2010.7.13
关于推进农村产权制度改革的意见	市委18号	2010.9.15
关于发展培育多元支柱产业的意见	市委19号	2010.9.29
市委市政府关于加快推进循环经济发展的实施意见	市委20号	2010.10.28
关于制定国民经济和社会发展第十二个五年规划的建议	市委21号	2010.11.24
关于加快发展旅游业的实施意见	市委22号	2010.12.7
关于进一步促进残疾人事业发展的实施意见	市委23号	2010.12.17
关于印发《兰州市中长期人才发展规划(2010—2020年)》的通知	市委24号	2010.12.31

中共兰州市委办公厅文件

标　　题	发文号	发文时间
市委办公厅市政府办公厅转发《中共甘肃省委办公厅、甘肃省人民政府办公厅印发〈甘肃省机关事业单位公务用车配备管理办法的通知〉》的通知	市委办 1 号	2010.1.13
市委办公厅市政府办公厅关于印发《兰州市 2010 年人口和计划生育工作要点》的通知	市委办 4 号	2010.1.21
市委办公厅市政府办公厅关于印发《兰州市国民经济和社会发展“十二五”规划编制工作安排意见》的通知	市委办5 号	2010.1.22
市委办公厅市政府办公厅关于全省循环经济电视电话会议参会情况的通报	市委办6 号	2010.1.25
市委办公厅市政府办公厅关于春节期间慰问困难企业和困难职工的通知	市委办7 号	2010.2.1
市委办公厅关于兰州市机构编制委员会办公室机关问题的通知	市委办10 号	2010.2.9
市委办公厅关于印发《2010 年兰州市党政密码工作要点》的通知	市委办12 号	2010.2.10
市委办公厅市政府办公厅关于切实加强机关单位交通安全管理工作的紧急通知	市委办13 号	2010.2.11
市委办公厅市政府办公厅关于印发《兰州市政务基础信息系统项目一期工程建设实施方案》的通知	市委办14 号	2010.2.11
市委办公厅市政府办公厅关于认真做好当前抗旱春耕生产及顶凌覆膜工作的通知	市委办15 号	2010.2.26
市委办公厅市政府办公厅关于分解落实 2010 年农业农村主要工作任务的通知	市委办16 号	2010.3.3
市委办公厅关于分解落实《中共兰州市委常委会 2010 年工作要点》的通知	市委办17 号	2010.3.4
市委办公厅市政府办公厅兰州警备区政治部关于开展培养民兵预备役创业致富带头人活动的通知	市委办19 号	2010.3.9
市委办公厅市政府办公厅关于组织开展全市“五五”普法检查验收工作的通知	市委办20 号	2010.3.10
市委办公厅关于印发《2010 年中共兰州市委督查工作要点》的通知	市委办21 号	2010.3.11
市委办公厅关于印发《2010 年全市政法工作要点》的通知	市委办22 号	2010.3.12
市委办公厅市政府办公厅关于开展行政效能建设年活动的意见	市委办23 号	2010.3.12
市委办公厅关于转发《中共兰州市委宣传部 2010 年全市宣传思想工作要点》的通知	市委办24 号	2010.3.16
市委办公厅市政府办公厅关于印发《兰州市突发公共事件新闻报道应急实施办法》的通知	市委办27 号	2010.3.23
市委办公厅市政府办公厅关于贯彻省委办发【2009】94 号文件精神的通知	市委办28 号	2010.3.23
市委办公厅市委宣传部关于全市县以上党委(党组)中心组政治理论学习的安排意见	市委办30 号	2010.3.26
市委办公厅市政府办公厅关于调整兰州市文化市场管理工作领导小组成员的通知	市委办31 号	2010.3.26
市委办公厅市政府办公厅关于印发《兰州市行政效能建设考核办法(试行)》的通知	市委办32 号	2010.4.6

市委办公厅关于2009年全市党风廉政建设责任制考核情况的通报	市委办33号	2010.4.7
市委办公厅关于2009年市管领导班子和领导干部年度考核情况的通报	市委办34号	2010.4.7
市委办公厅市政府办公厅关于印发《兰州市党政经济合作考察团赴粤港闽地区学习考察报告》的通知	市委办35号	2010.4.7
市委办公厅市政府办公厅关于印发《2010年全市村务公开和民主管理工作安排意见》的通知	市委办37号	2010.4.8
市委办公厅市政府办公厅关于印发《兰州市2010年重点调研课题计划》的通知	市委办39号	2010.4.13
市委办公厅关于印发《中共兰州市委政策研究咨询顾问制度》的通知	市委办40号	2010.4.13
市委办公厅市政府办公厅关于印发《第十六届兰州投资贸易洽谈会兰州市工作方案》的通知	市委办41号	2010.4.13
市委办公厅市政府办公厅关于印发《兰州市西固区人民政府机构改革方案》的通知	市委办42号	2010.4.16
市委办公厅市政府办公厅关于印发《兰州市城关区人民政府机构改革方案》的通知	市委办43号	2010.4.16
市委办公厅市政府办公厅关于印发《兰州市七里河区人民政府机构改革方案》的通知	市委办44号	2010.4.16
市委办公厅市政府办公厅关于印发《兰州市红古区人民政府机构改革方案》的通知	市委办45号	2010.4.16
市委办公厅市政府办公厅关于印发《兰州市安宁区人民政府机构改革方案》的通知	市委办46号	2010.4.16
市委办公厅市政府办公厅关于印发《永登县人民政府机构改革方案》的通知	市委办47号	2010.4.16
市委办公厅市政府办公厅关于印发《榆中县人民政府机构改革方案》的通知	市委办48号	2010.4.16
市委办公厅市政府办公厅关于印发《皋兰县人民政府机构改革方案》的通知	市委办49号	2010.4.16
市委办公厅市政府办公厅关于印发《兰州市试行社区矫正工作意见》的通知	市委办51号	2010.4.16
市委办公厅市政府办公厅关于2009年度全市目标管理考核情况的通报	市委办52号	2010.4.16
市委办公厅市政府办公厅关于印发《兰州市2010年精神文明建设和创建全国文明城市工作要点》的通知	市委办54号	2010.4.27
市委办公厅市政府办公厅关于建立健全创建全国文明城市长效机制的意见	市委办55号	2010.4.27
市委办公厅市政府办公厅关于做好市领导包案督办重点信访案件办理工作的通知	市委办57号	2010.4.29
市委办公厅市政府办公厅关于印发《兰州市宗教教职人员生活补助实施办法》的通知	市委办58号	2010.5.4
市委办公厅转发《中共兰州市委组织部宣传部关于在全市党的基层组织和党员中深入开展创先争优活动的实施意见》的通知	市委办60号	2010.5.5
市委办公厅市政府办公厅关于印发《兰州市文明单位、文明村镇、文明社区建设管理办法》的通知	市委办61号	2010.5.6

市委办公厅市政府办公厅转发市文化市场管理工作领导小组办公室关于《兰州市2010年文化市场管理(扫黄打非)行动方案》的通知	市委办62号	2010.5.6
市委办公厅市政府办公厅关于认真学习贯彻《国务院办公厅关于进一步支持甘肃经济社会发展的若干意见》的通知	市委办64号	2010.5.14
市委办公厅关于印发《兰州市统筹城乡基层党建试点工作实施意见》的通知	市委办65号	2010.5.18
市委办公厅市政府办公厅关于市领导包抓重大项目的通知	市委办66号	2010.5.19
市委办公厅市政府办公厅转发兰州市人民政府驻厦门办事处《关于厦门市重大项目和片区开发建设实施“指挥部模式”运行机制的调研报告》的通知	市委办67号	2010.5.20
市委办公厅关于印发《兰州市人才工作目标责任制考核暂行办法》的通知	市委办69号	2010.5.24
市委办公厅市政府办公厅关于转发《兰州市推进循环经济发展宣传方案》的通知	市委办70号	2010.5.25
市委办公厅市政府办公厅关于印发《兰州市第三届农民艺术节暨第九届黄河风情文化周活动方案》的通知	市委办72号	2010.6.3
市委办公厅市政府办公厅关于在全市重大项目和片区开发建设中实施指挥部模式的意见	市委办74号	2010.6.18
市委办公厅市政府办公厅印发《关于做好城乡一体化和新农村建设试点县区乡镇帮扶工作的意见》的通知	市委办75号	2010.6.22
市委办公厅市政府办公厅关于变更兰州市人民政府招待所管理权限的通知	市委办77号	2010.7.5
市委办公厅市政府办公厅关于进一步做好市级领导接待群众来访工作的通知	市委办79号	2010.7.9
市委办公厅市政府办公厅转发市信访联席办《关于贯彻落实省信访联席会议督导组督导建议整改措施的报告》的通知	市委办82号	2010.7.14
市委办公厅市政府办公厅关于对2010年全市重点工作开展集中督查活动的通知	市委办83号	2010.7.21
市委办公厅市政府办公厅关于进一步加强和改进法律援助工作的意见	市委办85号	2010.7.28
市委办公厅关于进一步加强全市党委办公部门应急信息报送工作的通知	市委办86号	2010.7.28
市委办公厅关于印发《兰州市党委系统督查工作暂行规定》的通知	市委办87号	2010.7.29
市委办公厅关于建立市委非公有制企业党建工作联席会议制度的通知	市委办88号	2010.8.6
市委办公厅关于认真学习贯彻中共兰州市十一届七次全委(扩大)会议精神的通知	市委办89号	2010.8.9
市委办公厅市政府办公厅关于建立健全环境保护约束激励机制的意见	市委办91号	2010.9.6
关于印发 《兰州市人民政府目标管理考核暂行办法》的通知	市委办93号	2010.9.14
市委办公厅市政府办公厅转发《中共甘肃省委办公厅甘肃省人民政府办公厅关于进一步强化工作措施坚决遏制非正常进京上访的通知》	市委办95号	2010.9.16
市委办公厅市政府办公厅关于印发《2010年全市重点工作集中督查活动情况报告》的通知	市委办97号	2010.9.30

市委办公厅市政府办公厅关于对2010年人口和计划生育目标完成情况进行考核的通知	市委办99号	2010.9.30
市委办公厅市委宣传部关于认真学习宣传贯彻党的十七届五中全会精神的通知	市委办100号	2010.10.21
市委办公厅市政府办公厅关于转发全市村级党组织和第七次村民委员会换届选举工作的意见	市委办101号	2010.11.1
市委办公厅市政府办公厅关于印发《兰州市领军人才队伍建设实施办法》的通知	市委办102号	2010.11.4
市委办公厅关于改进《市委领导批示》编发工作的通知	市委办104号	2010.11.10
市委办公厅市政府办公厅关于认真做好2011年《中共中央办公厅通讯》《秘书工作》和新华内参征订工作的通知	市委办105号	2010.11.11
市委办公厅关于贯彻落实全省农村基层组织建设工作现场会议精神的通知	市委办106号	2010.11.15
关于印发《兰州市建设国家创新型试点城市工作实施方案》的通知	市委办109号	2010.11.24
市委办公厅关于进一步推进学习型党组织建设的通知	市委办110号	2010.11.30
市委办公厅关于印发《兰州市市管重点企业领导人员管理暂行规定(试行)》的通知	市委办111号	2010.12.3
关于印发《兰州市2010—2020年深化干部人事制度改革实施意见》的通知	市委办113号	2010.12.6
关于印发《中共兰州市委农村工作办公室主要职责内设机构和人员编制规定》的通知	市委办114号	2010.12.7
市委办公厅市政府办公厅关于印发《兰州市拥军优属支持部队建设暂行规定》的通知	市委办115号	2010.12.7
关于进一步加强和改进新闻宣传工作的通知	市委办117号	2010.12.16
关于印发《兰州市流动人口计划生育基本公共服务均等化试点工作实施方案》的通知	市委办118号	2010.12.16
关于做好2010年市管领导班子和领导干部年度考核工作的通知	市委办119号	2010.12.21
印发《关于加强城市和谐社区建设的意见》的通知	市委办122号	2010.12.31

兰州市人民政府文件

标　　题	发 文 号	发文时间
关于进一步加强农产品质量安全监管工作的意见	兰政发〔2010〕2号	2010.1.5
关于2009年度兰州市科学技术奖励的决定	兰政发〔2010〕3号	2010.1.5
关于加强工业企业自主创新能力建设的实施意见	兰政发〔2010〕6号	2010.1.13
关于加快信息化和工业化融合发展的意见	兰政发〔2010〕7号	2010.1.13
关于分解落实2010年政府工作主要任务的通知	兰政发〔2010〕19号	2010.2.24
关于表彰2009年度城市管理绩效考评先进县区的决定	兰政发〔2010〕20号	2010.2.25
关于印发2010年为民兴办20件实事实施方案的通知	兰政发〔2010〕21号	2010.2.25
关于表彰奖励兰州众邦电线电缆集团有限公司等获得2009年甘肃省名牌产品企业的决定	兰政发〔2010〕23号	2010.2.26

关于表彰奖励完成 2009 年度环保目标任务先进单位的决定	兰政发〔2010〕29 号	2010.3.17
关于表彰 2009 年度招商引资先进单位和 2009 年度支持招商引资工作先进单位的决定	兰政发〔2010〕30 号	2010.3.23
关于命名 2009 年度兰州市花园单位花园式小区的决定	兰政发〔2010〕31 号	2010.3.24
关于印发兰州市 2010 年度国民经济和社会发展计划的通知	兰政发〔2010〕36 号	2010.3.30
关于印发兰州市经营性遗留问题用地收购补偿标准的通知	兰政发〔2010〕39 号	2010.4.8
关于印发兰州市统筹城乡综合配套改革试点工作方案的通知	兰政发〔2010〕41 号	2010.4.15
转发甘肃省人民政府关于印发基层医药卫生体制综合改革指导意见的通知的通知	兰政发〔2010〕43 号	2010.4.22
关于印发兰州市政务督查工作暂行规定的通知	兰政发〔2010〕52 号	2010.5.4
关于授予程一朔等 6 名同学首届兰州市青少年科技创新市长奖的决定	兰政发〔2010〕54 号	2010.5.11
关于印发兰州市贯彻执行甘肃省政府安全生产监督管理责任规定的实施细则的通知	兰政发〔2010〕55 号	2010.5.11
关于印发兰州市城乡医疗救助试行办法的通知	兰政发〔2010〕58 号	2010.5.21
关于印发兰州市城乡居民临时救助试行办法的通知	兰政发〔2010〕59 号	2010.5.21
关于印发兰州市城市发展专项资金管理办法的通知	兰政发〔2010〕60 号	2010.5.24
关于印发兰州市 2010 年经济体制改革工作指导意见的通知	兰政发〔2010〕61 号	2010.5.27
关于深入开展食品药品安全专项整治切实推进食品药品放心工程建设的安排意见	兰政发〔2010〕65 号	2010.6.3
关于遏制房价过快上涨的实施意见	兰政发〔2010〕83 号	2010.7.7
关于进一步加快全市中小学校舍安全工程建设工作的实施意见	兰政发〔2010〕84 号	2010.7.12
关于开展全市水利普查工作的通知	兰政发〔2010〕88 号	2010.7.19
关于解决房屋产权登记发证历史遗留问题的实施方案的通知	兰政发〔2010〕89 号	2010.7.22
关于印发兰州市环境污染治理行动计划的通知	兰政发〔2010〕90 号	2010.7.23
关于表彰奖励 2009 年度全市商务发展先进企业的决定	兰政发〔2010〕91 号	2010.7.26
关于对县级人民政府教育工作进行督导评估的实施意见	兰政发〔2010〕92 号	2010.7.26
关于转发甘肃省人民政府关于进一步完善惠农财政补贴一册明一折统发放管理工作通知的通知	兰政发〔2010〕93 号	2010.7.26
关于印发《兰州市人民政府常务会议议事规则》的通知	兰政发〔2010〕94 号	2010.7.27
关于印发《贯彻落实〈国务院办公厅关于进一步支持甘肃经济社会发展的若干意见〉分工方案》的通知	兰政发〔2010〕99 号	2010.8.11
关于禁止在兰州新区控制区域内乱搭乱建的通知	兰政发〔2010〕101 号	2010.8.16
关于加快推进农村土地承包经营权流转工作的意见	兰政发〔2010〕103 号	2010.8.24
关于加快兰州体育事业发展的若干意见的通知	兰政发〔2010〕105 号	2010.8.25
关于进一步加强防震减灾工作的意见	兰政发〔2010〕107 号	2010.8.27
关于做好 2009 年冬季退役士兵接受安置工作的通知	兰政发〔2010〕113 号	2010.9.9
关于印发兰州市个人住房信息系统建设工作实施方案的通知	兰政发〔2010〕117 号	2010.9.20
关于保持全市工业平稳较快发展的意见	兰政发〔2010〕121 号	2010.9.26
关于 2010 年度兰州市科学技术奖励的决定	兰政发〔2010〕124 号	2010.10.18
关于兰渝铁路等中央省属在兰建设项目存在问题整改的通知	兰政发〔2010〕125 号	2010.10.19
关于贯彻国办意见《分工方案》重点工作安排意见	兰政发〔2010〕130 号	2010.11.1
关于启动兰州市实施节能降耗应急措施的通知	兰政发〔2010〕133 号	2010.11.9
关于兰州仲裁委员会换届的通知	兰政发〔2010〕134 号	2010.11.15
关于印发《兰州市校园及周边安全管理工作职责规定》的通知	兰政发〔2010〕138 号	2010.11.16

关于转发甘肃省人民政府关于实行预警监控确保完成今年及“十一五”安全生产控制目标的通知的通知	兰政发〔2010〕139 号	2010.11.17
关于进一步加强淘汰落后产能工作的实施意见	兰政发〔2010〕142 号	2010.11.23
关于转发甘肃省人民政府关于加强调控监管保障供应保持市场价格基本稳定的通知的通知	兰政发〔2010〕145 号	2010.11.25
关于城市和国有工矿区棚户区改造实施意见	兰政发〔2010〕147 号	2010.11.26
关于在新建商品房开发项目中配建保障性住房的实施意见	兰政发〔2010〕148 号	2010.11.26
关于进一步调控房价的实施意见	兰政发〔2010〕149 号	2010.11.26

兰州市人民政府办公厅文件

标　　题	发 文 号	发文时间
关于印发兰州市农产品市场准入和产地准出工作实施方案的通知	兰政办发〔2010〕2 号	2010.1.5
关于转发甘肃省人民政府办公厅关于进一步加强和完善省直管县财政管理体制改革试点工作的通知的通知	兰政办发〔2010〕4 号	2010.1.7
关于认真做好城乡困难群众生活安排的通知	兰政办发〔2010〕11 号	2010.1.22
关于贯彻落实环境保护部张力军副部长在甘肃省 2009 年环保专项行动反馈会上讲话精神的通知	兰政办发〔2010〕15 号	2010.1.26
关于印发兰州市药品安全专项整治工作实施方案的通知	兰政办发〔2010〕19 号	2010.2.4
关于印发全市 2010 年城乡基础设施项目计划的通知	兰政办发〔2010〕35 号	2010.3.5
关于印发吉利汽车兰州生产基地扩能改造及零部件配套企业项目建设协调会议纪要的通知	兰政办发〔2010〕41 号	2010.3.9
印发关于贯彻市委打好以秦王川综合开发为重点的兰北新区建设战役实施意见的通知	兰政办发〔2010〕58 号	2010.3.22
转发甘肃省人民政府关于促进房地产市场平稳健康发展的通知的通知	兰政办发〔2010〕56 号	2010.3.19
印发兰州市劳动保障监察两网化管理实施意见的通知	兰政办发〔2010〕64 号	2010.3.25
关于印发行政效能建设年活动工作方案的通知	兰政办发〔2010〕63 号	2010.3.23
关于兰州市城市规划遥感监测分析报告(第一期)有关情况的通报	兰政办发〔2010〕61 号	2010.3.24
关于开展城市和国有工矿企业棚户区摸底调查工作的通知	兰政办发〔2010〕60 号	2010.3.24
关于印发兰州市新型农村合作医疗市级统筹实施细则的通知	兰政办发〔2010〕65 号	2010.3.25
关于印发兰州市区至中川机场高速公路沿线土地综合整治工作方案的通知	兰政办发〔2010〕67 号	2010.3.29
关于做好 2010 年第一批燃煤锅炉限期改造有关工作的通知	兰政办发〔2010〕77 号	2010.4.6
关于开展 2009 年度全市土地分片执法检查工作的通知	兰政办发〔2010〕72 号	2010.4.2
转发甘肃省人民政府办公厅关于印发 2010 年提高医疗卫生补助标准和加强城乡基层医疗卫生服务体系建设实施方案的通知的通知	兰政办发〔2010〕87 号	2010.4.13
关于印发兰州市低温雨雪冰冻灾害应急预案的通知	兰政办发〔2010〕94 号	2010.4.15
关于尽快制定推进农村产权改革相关配套政策制度的通知	兰政办发〔2010〕92 号	2010.4.15
转发甘肃省人民政府办公厅关于印发 2010 年农村危旧房改造等 4 个实施方案的通知的通知	兰政办发〔2010〕95 号	2010.4.15
关于印发兰州市城镇低收入家庭廉租住房共有产权配售管理实施意见的通知	兰政办发〔2010〕108 号	2010.4.27
印发关于城区房地产开发和道路改扩建拆迁范围内遗留建(构)筑物拆除有关问题的会议纪要的通知	兰政办发〔2010〕107 号	2010.4.27
关于印发兰州市安全生产目标责任考核办法的通知	兰政办发〔2010〕104 号	2010.4.24
关于印发兰州市 2010 年度地质灾害防治方案的通知	兰政办发〔2010〕111 号	2010.4.28

关于印发兰州市推进供热计量工作实施意见的通知	兰政办发〔2010〕109 号	2010.4.27
关于印发兰州市反对拐卖妇女儿童行动工作联席会议制度的通知	兰政办发〔2010〕117 号	2010.4.30
关于印发兰州市城中村改造土地出让金收支管理暂行办法的通知	兰政办发〔2010〕116 号	2010.4.30
关于印发兰州市普通高中课程改革工作实施方案的通知	兰政办发〔2010〕122 号	2010.5.6
关于兰州市城市低收入家庭认定标准的通知	兰政办发〔2010〕129 号	2010.5.11
转发甘肃省退耕还林工程建设领导小组关于做好退耕还林工程建设工作的通知的通知	兰政办发〔2010〕123 号	2010.5.5
关于印发 2010 年兰州市农村贫困残疾人危房改造项目实施方案的通知	兰政办发〔2010〕134 号	2010.5.13
关于转发甘肃省人民政府办公厅关于加强和规范全省驻京(驻外)办事机构管理工作的实施意见的通知	兰政办发〔2010〕132 号	2010.5.12
印发关于开展清理整治城市“牛皮癣”广告工作方案的通知	兰政办发〔2010〕133 号	2010.5.12
关于印发兰州市 2010 年公共机构节能工作要点的通知	兰政办发〔2010〕141 号	2010.5.20
关于印发兰州市公共机构能源资源消耗统计工作实施方案的通知	兰政办发〔2010〕142 号	2010.5.20
关于进一步支持重点工业企业发展的通知	兰政办发〔2010〕143 号	2010.5.25
关于印发《兰州市人力资源和社会保障工作目标管理责任书考核办法(2010 年度)》的通知	兰政办发〔2010〕149 号	2010.5.30
关于印发兰州市构筑社会消防安全防火墙工程实施方案的通知	兰政办发〔2010〕150 号	2010.6.1
印发关于贯彻国土资源部协议出让国有土地使用权规范(试行)实施意见的通知	兰政办发〔2010〕153 号	2010.6.1
关于印发兰州市深化医药卫生体制改革实施方案(2009—2011 年)的通知	兰政办发〔2010〕159 号	2010.6.13
关于印发 2010 年中国农产品市场协会常务理事会暨甘肃兰州高原夏菜产销对接会和兰州富硒农产品展销会活动方案的通知	兰政办发〔2010〕166 号	2010.6.13
转发甘肃省人民政府办公厅关于印发甘肃省 2010 年度地质灾害防治方案的通知的通知	兰政办发〔2010〕165 号	2010.6.13
关于印发兰州市市区河洪道综合治理利用实施方案的通知	兰政办发〔2010〕164 号	2010.6.13
关于印发兰州伊利乳业有限责任公司二期扩建项目有关事宜协调会议纪要的通知	兰政办发〔2010〕174 号	2010.6.29
关于进一步加强灾害性天气防御工作的通知	兰政办发〔2010〕173 号	2010.6.29
关于分解落实 2010 年全市污染减排重点工作任务的通知	兰政办发〔2010〕178 号	2010.7.7
关于印发兰州市保障粮油市场供应和价格稳定工作方案的通知	兰政办发〔2010〕186 号	2010.7.14
关于印发兰州铁路国际物流产业园建设领导小组第一次会议纪要的通知	兰政办发〔2010〕189 号	2010.7.16
关于印发兰州市开展减轻企业负担专项治理工作方案的通知	兰政办发〔2010〕233 号	2010.7.22
印发关于进一步加快全市特殊教育事业发展的实施意见的通知	兰政办发〔2010〕241 号	2010.7.25
关于印发兰州市教育督学聘任管理暂行办法的通知	兰政办发〔2010〕240 号	2010.7.26
关于印发兰州市突发地质灾害应急预案的通知	兰政办发〔2010〕272 号	2010.8.30
关于做好“十一五”创建全国无障碍建设城市验收准备工作的通知	兰政办发〔2010〕285 号	2010.9.15
转发甘肃省人民政府关于实行预警监控确保完成今年及“十一五”安全生产控制目标的通知的通知	兰政办发〔2010〕139 号	2010.11.17
转发甘肃省人民政府关于加强调控监管保障供应保持市场价格基本稳定的通知的通知	兰政办发〔2010〕145 号	2010.11.24

兰州专文·统计公报

"十二五"开局之年兰州市经济形势与社会建设分析与预测

兰州市社会科学院

一、2011年兰州市经济运行情况

(一)经济运行情况

1. 经济整体健康发展。2011年1至9月全市完成生产总值952.54亿元，增长14.22%。其中，第一产业实现增加值29.78亿元，增长5.22%；第二产业实现增加值458亿元，增长14.63%；其中，规模以上工业完成增加值327.8亿元，同比增长15%；第三产业实现增加值464.76亿元，增长14.44%。固定资产投资完成557.03亿元，同比增长50.66%；其中房地产开发完成投资104.27亿元，同比增长42.33%。从隶属关系看，中央企业完成投资113.58亿元，同比增长20.03%；省属企业完成投资86.72亿元，同比增长43.85%；市属及市以下完成投资356.73亿元，同比增长66.07%。实现社会消费品零售总额467.04亿元，同比增长17.8%。其中，城镇零售额407.38亿元，同比增长18.2%，乡村零售额59.66亿元，增长14.8%；地区性财政收入完成262.22亿元，增长19.02%；地方财政总收人完成96.89亿元，增长16.05%；城市居民人均可支配收入7959.5元，增长13.57%；农民人均现金收入2591元，增长22.39%。

2. 农业经济平稳发展。2011年兰州市农业经济坚持"一特五化"的路子，积极推进农业的产业化经营、标准化生产、规模化发展、精细化加工、社会化服务，推动传统农业向现代农业转变。一年来，兰州市充分发挥比较优势，积极发展设施农业，建设标准化示范基地，加大小型农田水利建设项目，在城市近郊区、沿黄和川台灌区、干旱山区、南部高寒阴湿区四个农业区，基于不同的地理、气候特征及独特的农业种质资源，积极依靠科技和资源优势来发展特色农业和富硒农产品，高原夏菜、玫瑰、百合、一月红提、西甜瓜、畜禽等优势农产品保持了较好的发展势头。2011年全市完成农作物播种面积325.82万亩，同比增加1.81%，前三季度蔬菜量171.35万吨，同比增长5.99%。畜牧业稳定增长，猪出栏31.01万头，同比增长7.3%；羊出栏21.63万只，同比增长5.98%；家禽出栏168.24万只，同比增长21.63%；牛出栏0.53万只，同比增长1.92%。

3. 工业经济平稳运行。今年以来，受国内外多种因素的影响，一季度兰州市工业经济低位运行。进入二季度，

市场需求略有回升，建材、有色、黑色、电力等重点支柱行业生产正常。上半年全市规模以上工业实现增加值218.3亿元，增长15%。重工业在黑色冶炼、装备制造等行业带动下，增速提升较快，完成增加值171.8亿元，同比增长15.9%。轻工业在烟草加工业带动下，增速略有提升，完成工业增加值46.5亿元，同比增长11.7%。分行业看，黑色金属冶炼及压延加工业，非金属矿物制品业，专用设备制造业，烟草制品业，石油加工，炼焦及核燃料加工业，化学原料及化学制品制造业分别增长38。3%、37%、27.8%、17.5%、11.9%和9.3%。2011年上半年，兰州市工业经济效益综合指数为261.8%，同比提高24.5个百分点。规模以上工业企业实现主营业务收入862.60亿元，同比增长21.63%。其中国有企业126.06亿元，同比增长34.56%；股份制企业672.64亿元，增长19.36%。规模以上工业企业税金总额保持增长，实现税金101.60亿元，同比增长4.59%：市属工业企业实现税金5.45亿元，同比增长23.58%。不过由于国际原油价格在高位运行，电、煤价格持续上涨，企业生产成本居高不下，石油加工、炼焦及核燃料加工业以及电力热力的生产和供应业利润有所下降。上半年，兰州市规模以上工业企业实现利润14.34亿元，同比下降56.40%。其中石油加工、炼焦及核燃料加工业亏损10.66亿元，比上年减少16.77亿元；电力、热力的生产和供应业5.10亿元，同比下降29.95%。

4. 固定资产投资快速增长。2011年是“十二五”规划的开局年，“再造兰州”战略实施的起步年。这一年兰州新区建设、高新区和经济区增容扩区积极推进，基础设施建设快步推进，招商引资规模不断加大，保障房建设加大力度，全社会固定资产投资快速增长。上半年，兰州市积极实施项目带动战略，按照“大范围、深层次、宽领域”要求，凝炼项目981项，总投资6554.8亿元，积极储备项目1993项，总投资概算近万亿，新签约项目189个，项目总投资225.43亿元。1至6月重大项目建设积极推进。100个重大项目开工建设79个，完成投资95.9亿元，占年度计划的29.98%，重大项目完成投资额占同期固定资产投资的33.3%。从投资进度看，续建项目完成67.7亿元，新开工项目完成28.2亿元；从时间进度看，续建项目完成33.2%，新开工项目完成24.3%。截至6月底，全市招商引资项目引进到位资金180.65亿元，完成年计划280亿元的64.52%。第十七届兰洽会兰州市省市专场签约项目79个，投资总额487.86亿元。2011年全市各类保障性住房建设任务50564套，占到全省任务的四分之一，上半年已开工建设保障性住房29567套，总开工率为58.5%。在重大项目建设等的带动下，1至6月兰州市完成固定资产投资额288.31亿元，同比增长53.15%，增速比上年同期加快34.97个百分点，是“十一五”以来最好水平。中央、省级、市及市以下分别完成74.38亿元、39.49亿元和174.46亿元，同比分别增长20%、36.35%和79.27%。工业项目投资达到112.49亿元，同比增长50.84%，增幅比上年同期提高51.7个百分点，占固定资产投资的比重为39.01%。县区投资均衡增长，增速均超过30%。其中，永登县、红古区、皋兰县、榆中县、七里河区投资同比增速超过50%。房地产投资继续增长，国家房价调控措施初见成效，全市房地产投资完成36.71亿元，同比增长43.2%，上半年商品房销售面积、销售额分别下降19.98%和22.2%。

5. 消费需求平稳增长。伴随着服务业态的多样化、群众消费结构的改善、元旦、“五一”、“十一”假日消费高峰，以及兰州国际马拉松、第十届环青海湖国际公路自行车赛、第十七届中国兰州投资贸易洽谈会、兰州国际汽车工业展览会等大型节会的相继举办，兰州市消费品市场更加繁荣活跃，呈现出需求增加、供给充裕、增速加快的良好态势。上半年全市社会消费品零售总额实现300.98亿元，同比增长17.4%。其中批发业、零售业、住宿业、餐饮业零售额分别增长23.59%、15.19%、24.4%、28.6%。城乡市场发展较快，城镇市场累计实现社会消费品零售额279.5亿元，同比增长16.86%；乡村实现21.47亿元，同比增长20%。1至7月限额以上企业实现社会消费品零售额141.05亿元，比2010年同期增长24.16%，消费品市场保持稳步增长，零售总额也有较大幅度的提高。

6. 进出口较快增长。2011年兰州市积极应对金融危机，采取有效措施扩大对外开放的空间和领域，加强招商引资、外贸和对外经济技术合作，在省上出台相关补助政策的刺激下，前三季度全市对外贸易实现进出口总值15.4亿美元，在甘肃省各市中排在第二位，占全省进出口总值的22.1%，增长59.8%。

7. 财政金融健康发展。在三次产业稳步发展的形势下，上半年兰州市大口径财政收入累计完成184.97亿元，同比增长20.93%。地方财政总收入累计完成63.15亿元，同比增长26.82%。一般预算收入累计完成43.17亿元，同比增长25.56%。一般预算支出累计完成57.35亿元，比上年同期增长25.02%，增支11.48亿元。上半年，随着央行提高存款准备金率，提高金融机构存贷款基准利率政策，对银行信贷规模加以控制，货币政策效果继续显现。9月底兰州市金融机构各项存款余额3612亿元，同比增长12.22%。其中城乡居民储蓄存款余额1390亿元，增长

12.53%。金融机构各项贷款余额2698亿元，增长19.09%。

8. 城乡居民收入持续增加。随着经济的平稳发展，城镇居民的工资性收入、财产性收入等有所提高。上半年城镇居民人均可支配收入7959.5元，同比增长13.57%。同时，2011年以来兰州市农产品价格持续高位运行，由于外出务工人员收入继续增加，经营性收入、财产性收入和转移性收入继续增加，另外，各项支农惠农政策实施到位，有效增加了农民收入，上半年农民人均现金收入2591元以上，同比增长22.39%以上。上半年，兰州市城镇新增就业36739人，培训各类劳动力25100人，输转城乡剩余劳动力23.25万人。

从总体运行情况看，前三季度兰州市经济保持了平稳健康的增长势头。但经济发展中依然面临着一些突出问题。

(二)经济发展中面临的突出问题

1. 国家宏观调控政策对兰州市经济发展带来较大影响。一是国家为抑制通胀势头回收流动性，2010年以来连续12次上调存款准备金率，5次加息，控制货币信贷规模，这虽然对宏观经济发展起到了重要的调控作用，但给兰州市一些企业的资金和经营带来压力，部分重大项目由于资金短缺，项目进度受到影响。如雁儿湾污水处理厂改扩建、市属企业棚户区危旧房屋改建等项目均因资金制约，进展缓慢。二是目前国家加大了对重大项目的审批调控力度，审批制度更加严格，不仅对项目前期工作、内容和深度要求更高，而且对环评、土地等前置手续要求更高，这些将不同程度的影响兰州市重大项目的顺利实施。三是国家开始实施新一轮节能减排计划，为淘汰落后、促进节能减排实施了"上大压小"、取消优惠电价政策，这些政策的出台给兰州市石化、有色冶金等产业带来较大影响。四是国家部分消费刺激政策边际效应递减，家电下乡和家电以旧换新等政策对消费的拉动作用减弱。

2. 农业生产面临诸多问题。一是2011年农资价格大幅上涨，主要农资价格涨幅均在30%以上，农资涨价造成了生产成本提升，农户投入负担加大。加之小额信贷门槛较高，农户贷款难度较大，农业农村发展资金严重不足，给农业生产带来一定困难。二是基础设施落后制约农业发展。兰州市干旱少雨，山大沟深，农业生产条件差，农业灾害发生频繁，抗风险能力不足。这种发展条件决定了兰州市农业更需要加强基础设施建设。但由于历史欠账多、农村面宽量大等原因，兰州市水利等基础设施老化、失修严重，对产业发展的制约越来越明显。三是农业规模化产业化经营质量不高。目前有影响力的优质知名品牌不多，龙头企业规模小、整体实力、市场竞争力和带动能力不足，农民的组织化、市场化程度低，产业化链条短，深加工能力弱，还未形成较强的品牌效应。四是产业发展不平衡。百合、玫瑰、一月红提、西甜瓜等特色产业规模小，畜牧业所占比重低，发展后劲不足。五是农业发展的支撑保障体系不完善，如基层农业技术推广、社会融资、质量监管、信息流通、社会化服务、综合执法监管等工作的机构和队伍尚不健全。

3. 制约工业经济的主要矛盾依然存在。一是工业增长缺乏新建重大工业项目的支撑。中央和省属企业在兰重大项目在"十一五"前三年已经基本完成并已达产达标。"十一五"末期，全市工业缺少重大项目，导致2011年缺乏新的增长点。由于受土地价格、环境容量等因素的制约，"十一五"期间工业方面的重大项目落地较少。同时，民营工业企业发展缓慢，缺少重大工业项目。二是部分重点企业开工不足。中石油兰州石化公司及兰州卷烟厂受国家生产计划的制约开工不足，这两家企业占兰州市全市工业的比重达到44%，对全市工业影响较大。三是主要原材料和能源价格持续上涨，劳动力成本不断上升，工业企业扩大生产受到一定程度影响。四是项目征地拆迁难、协调难，影响建设进度。因征地拆迁补偿标准相对较低、城镇居民房屋拆迁安置价差无解决渠道、被征地农民养老保险难以落实等因素，项目建设用地征拆矛盾突出，信访问题突出，加大了工作难度，一些项目用地无法及早落实，影响项目进度。同时，跨县区、乡镇街道的项目，需征用企业、单位用地的项目，涉及部队、省上单位、中央企业的项目，协调难度较大。

4. 物价维持较高水平。2011年，虽然国家加强物价调控和监管力度，积极引导市场预期，努力保障基本生活消费品和重要生产资料的生产和供应，但由于国际能源、金属矿等大宗商品价格持续上涨、主要经济体货币条件持续宽松，全球通胀压力不断加大，加之国内流动性充裕，农产品价格上涨，投资需求拉动，劳动力成本上升，短期季节性因素和长期结构性因素交织，通胀预期强烈、市场制度体系存在漏洞以及翘尾因素的影响，兰州市物价维持在较高水平。上半年兰州市居民消费价格总水平(CPI)呈现一季度上涨强劲，第二季度呈趋稳并下降的态势。上半年兰州市CPI同比上涨5.8%。居民消费价格的上涨，加大了城乡居民特别是中低收入群体的生活负担。同时，较强通胀压力对扩大消费有抑制作用。一方面，食品价格涨幅较高对其他消费的挤占效应逐渐显现，另一方面，

工业用品、服务价格和资源价格全面上涨对消费者信心的打击较大。

5. 兰州新区建设面临一些困难。随着兰州市“再造兰州”战略的深入推进，各项工作取得了突破性进展。但由于新区建设仍处于起步阶段，条件艰苦，基础薄弱，因此目前仍存在一些困难。一是建设资金缺乏。当前国家实行从紧的货币政策，严格控制政府融资平台，加大土地监控，新区融资难度较大。目前，虽然省市财政给新区建设支持力度较大，但新区基础设施建设、征地拆迁及规划设计等方面所需资金量大，资金缺口仍然很大。从财政支出看，兰州市财政用于正常运转的支出逐年增加。当前，随着财政配套保障范围逐年扩大，财政对社会公共领域的投人压力越来越大，财政缺口日益增加。加之兰州市经济发展市场化水平较低，资本市场发育不足，融资渠道单一，严重制约了经济建设和社会发展。二是人才缺乏。当前，各项重点工作缺乏急需之才、有用之才。兰州市人才资源总量不足、人才结构不尽合理、人才创新创业能力不够强，缺乏具有较强创新精神和管理能力的优秀企业家。三是兰州新区的建设缺乏国家层面的积极支持。目前，省市积极推动兰州新区建设，发展规划非常宏伟，但面临的困难也很多，非常需要国家层面的大力支持，亟须争取将兰州新区上升为国家级新区，由国务院批准给予政策、资金、基础设施、产业发展等方面的支持。

6. 关系民生的消费品市场还需多加关注。目前，受以食品为代表的消费品价格上涨的影响，城乡居民消费预期不佳，消费信心不足，消费行为趋于谨慎，这将对社会消费的持续健康发展带来不利影响，同时由于物价上涨，对中高档次的消费品产生了一定的挤出效应，因而也影响到消费需求的持续增长，不利于消费市场的平衡发展。其次，尽管在一系列惠农政策刺激下，农村消费品市场增长较快，但由于农民收入增长缓慢，农村居民收入水平与城市居民收入水平相比差距仍然较大，制约着农村消费品市场的发展，农村消费品市场所占的比重依然偏低，消费结构也相对单调。再次，消费环境和市场秩序都有待完善。近年来，市场监管力度不断加大，商品市场秩序有所改善，但在消费环境和商品质量、食品安全上都还存在一些问题，影响到消费品市场的健康发展。

二、2012 年兰州市经济形势分析与预测

(一)物价形势

通货膨胀压力是目前中国经济运行中最大的压力。2008 年下半年国际金融危机集中爆发，我国货币政策的方向、重点和力度进行了调整，由从紧转向适度宽松。2010 年以来，中国外部环境不稳，增长势头尚不牢固；同时，在 4 万亿投资之后，通胀预期突现。2010 年，我国通货膨胀压力呈逐渐加大的趋势，食品价格、农产品价格、资源性产品价格、资产类价格尤其是房地产价格叠加上行，面对持续较大的物价上涨压力，国家将货币政策从适度宽松转为稳健，按照实行稳健货币政策的总体要求，积极采取提高利率和存款准备金率、灵活开展公开市场业务等措施抑制物价上涨，虽然取得了一定的政策效果，但物价上涨在一定程度上仍造成货币的购买力不断下降，群众生活质量受到明显影响，加剧了贫富分化。

从国际环境来看，2010 年下半年，全球经济维持不稳定的温和复苏趋势，但世界经济复苏力度仍然疲弱，在刺激政策到期的情形下，经济仍缺少自主复苏的稳定动力，通胀压力由新兴市场国家向发达国家扩散，发达国家的“滞涨”局面初步形成。未来影响物价水平稳定性及上涨趋势的国际因素仍然存在，一是国际大宗商品价格持续上涨。2010 年以来国际大宗商品价格连续上涨，2011 年一季度，国际市场能源、原材料、金属矿价格累计分别比 2010 年末上涨了 18.8%、13.6%和 5.2%。受全球需求恢复、流动性充裕以及地缘政治和重大自然灾害等因素影响，大宗商品价格还可能继续上涨。二是全球通胀压力不断加大。一方面，新兴经济体通胀率继续高企。3 月份，巴西、俄罗斯、韩国和越南消费物价同比涨幅分别达到 6.3%、9.5%、4.7%和 13.9%。另一方面，发达经济体通胀呈抬头之势。3 月份美国消费价格同比上升 2.7%，是 2009 年 12 月以来的最高涨幅；欧元区消费价格上涨 2.6%，创 2008 年 10 月以来新高，连续第四个月呈上升态势。同时，美国提高债务发行上限已给全球和中国带来新一轮的通胀压力。三是主要经济体货币条件持续宽松。美联储相继推出了两轮量化宽松政策，第三轮量化宽松货币政策也可能相继出台，作为国际货币的美元的流通量的增多将导致国际商品价格大涨。欧央行主导利率虽提高至 1.25%，但现行利率仍处于历史较低水平。英格兰银行则保持 0.5%的基准利率水平不变。日本银行除了保持 0.1%的基准利率不变以外，还因地震进一步放宽了政策。这些都可能通过价格传导推高国内消费品和生产品的价格。

从国内环境来看，影响物价水平的国内因素依然存在，主要表现在：一是流动性充裕及能源、资源等大宗商

品价格上升使价格上涨压力加大。2011年全球流动性非常充裕，导致国际上资源品价格有个较大幅度上涨，国内能源、原材料价格“水涨船高”，向下游传导的压力加大，化肥、建材、交通、原材料等价格上涨。中国是一个资源品进口大国，原料成本的上升将带来输入型的物价上涨。二是各地提高最低工资标准使劳动力成本上升。继2010年全国30个省市上调企业用工最低工资标准之后，2011年一季度，山东、广东等12个地区再次上调企业最低工资标准，半数地区涨幅超过20%。随着国内劳动力成本趋升，农产品、服务业等包含人工成本较高的商品价格内在上涨压力较大。三是农产品价格上升，最近几年劳动力价格、农业生产资料价格、土地价格上涨，直接促进了粮食蔬菜等价格在2011年继续上涨。中国政府今年调高了一些粮食最高收购价，对粮食价格上涨起到了推动作用。这次价格上涨70%是食品价格上涨，还有20%的原因是住房，这两项加在一起超过90%。食品价格上涨，主要冲击低收入群体。四是投资需求拉动影响加大。为应对国际金融危机，过去两年我国投资规模持续扩大。2011年是实施“十二五”规划的第一年，各地的发展热情普遍较高，投资动力较强。投资快速扩张造成对生产资料和消费品的需求增加，导致能源、原材料和交通等经济“瓶颈”部门产品和消费品价格上涨。五是短期季节性因素和长期结构性因素交织。2011年物价上涨有短期因素，如受天气等自然灾害的影响，农产品价格上升，消费物价指数中粮食价格连续27个月环比上涨。但长期结构性因素如资源性产品价格的改革等，也产生了价格上涨的预期。六是国内货币市场流动性较强，中国的银行体系向国内市场投放了巨额信贷，大大增加了国内市场的流动性。尽管中央银行已经通过提高存款准备金率和加息来收紧流动性，但见到成效还有个过程；另外，人民币升值导致国际热钱也大量涌入，也会提高商品价格。七是翘尾因素。根据CPI定基比推算，2011年翘尾因素将拉动CPI2.6个百分点，显著高于2010年的1.2个百分点。八是通胀预期仍然较强。我国居民通胀预期比较敏感和脆弱，隐性推动了物价水平上涨。稳定物价总水平是当前我国宏观调控的首要任务。稳健的货币政策要更加积极稳妥地处理好保持经济平稳较快发展、调整经济结构、管理通胀预期的关系，把控制通胀放在更加突出的位置。九是市场制度体系不健全。如部分领域涨价不排除与人为炒作有关(如，2010年到2011年大蒜价格、绿豆价格的大涨大跌就有炒作因素)。价格机制的不健全导致涨价成了企业盈利的最直接、最简单、最省力的方式，这种制度的缺失使生产者无需技术创新，无需管理创新，更不需要价值创新。

物价形势预测。2011年下半年推动物价上涨的国内外因素仍然存在，而不同环节控制物价上涨的措施真正显效不仅需要有个过程，而且还可能有顾此失彼的情况，所以对下半年物价形势应保持谨慎乐观。特别是，目前的通胀主要还是被食品推动，比如全国5月份的CPI是5.5%，但食品是11.7%，近年来食品价格上涨幅度一直是整体CPI的一倍以上。2011年开春先是旱灾，到5月份又转为涝灾，这种罕见的灾害性气候，对今年的粮食生产构成不利影响，虽然夏粮丰收，秋粮形势向好，但由食品推动的通胀过程在三、四季度仍可能持续。除了显性通胀外，还存在隐性通胀压力。一方面，随着发改委约谈部分企业暂缓涨价的期限到来，部分消费类产品仍可能陆续涨价；另一方面，由于油、气、电、水等价格长期实施政府管制，要素价格形成机制改革推进缓慢，被迫用行政手段替代部分价格杠杆的作用，给我国带来了较大的隐性通胀压力。下半年，隐性通胀显性化的压力较大。对于制造业来说，虽然中国制造业大多数产品供大于求，产能过剩，并且人民币升值降低进口品价格，部分缓解通货膨胀压力，但原材料、能源、物流、劳动力成本的上升仍然是其价格维持高位运行的因素。

(二)经济增长形势

从国内来看，“十二五”时期全国经济继续加速上升的空间不大。宏观调控的侧重点是使经济走稳，防止各地借“十二五”开局之年盲目大干快上，防止借领导班子换届之机大搞“政绩工程”，防止整个经济增长由偏快转为过热，努力保持国民经济在适度增长区间平稳运行。为此，2011年和“十二五”时期，宏观调控首先要使经济增长率从应对国际金融危机冲击的恢复性大幅回升向适度增长区间平稳回落。2011年以来，宏观调控的首要任务是稳定物价总水平，“稳物价”与“稳增长”相辅相成。一年来，全国各地区各部门按照中央决策部署，以加快转变经济发展方式为主线，实施积极的财政政策和稳健的货币政策，着力稳物价、调结构、保民生、促和谐，经济保持平稳较快增长，农业生产形势良好，价格调控总体有效，市场供应得到较好保障，社会需求基本稳定，结构调整积极推进，重点改革继续深化，社会保障体系进一步健全，人民生活水平持续提高。上半年经济运行总体良好，继续朝着宏观调控预期的方向发展。但是，刺激政策退出对经济的收缩效应逐步显现，汽车、房地产市场销售反应尤其明显。包括规模以上工业增加值在内的一些主要经济指标增速连续数月走低，6月份中国制造业采购

经理指数PMI也降至50.9%，创下28个月以来新低，预示着制造业形势不容乐观，经济增速可能进一步放缓。6月份全国居民消费价格总水平(CPI)同比涨幅达到6.4%，创36个月新高，通胀压力依然严峻。下半年，国家宏观调控的基本取向不变，将坚持实施稳健的货币政策，保持社会融资总量合理增长，避免货币政策的滞后效应与多种因素叠加，对下一阶段实体经济产生大的影响。稳定物价总水平将作为宏观调控的首要任务。同时，国家楼市调控将继续从严，继续抑制不合理的住房需求。下半年，财政支出将进一步向民生领域倾斜。在通胀压力上行的情况下，针对农民种粮、养猪成本增加，将进一步加大对农民的补贴，调动农民的生产积极性，增加农民收入，稳定物价。

从兰州市来看，经济社会的发展有许多有利条件。首先，国家把区域发展总体战略放在实施西部大开发战略的优先位置，给予特殊的政策支持，这将有利于兰州市继续积极争取实施“十二五”规划重点项目。其次，甘肃省委、省政府对推动兰州经济发展，提高兰州中心带动作用非常重视，如甘肃省政府已出台了《关于加快推进兰州新区建设的指导意见》，对兰州新区进行了明确定位，提出兰州新区的功能布局要立足于建设高度集聚的产业发展区，着眼于集聚集约集群发展，重点发展战略性新兴产业、高新技术产业、石油化工、装备制造、新材料、生物医药、现代农业和现代物流、仓储等服务业。出台的《关于支持中央和省属在兰州市区工业企业向兰州新区拓展的意见》，提出省财政将预借5亿元、2011—2015年每年安排贴息资金1亿元，专项用于支持兰州新区基础设施建设，为中央和省属在兰州市区工业企业向兰州新区搬迁创造条件。加快推进兰州至中川铁路专用线建设，争取将兰州新区外围高速公路网建设纳入国家高速公路网规划。再次，兰州市委、市政府积极推动全市经济社会发展，各项重大规划相继出台。随着《兰州市国民经济第十二个五年规划纲要》、《兰州市第四版城市规划》、《兰州新区发展规划》、《关于兰州高新技术产业开发区和兰州经济技术开发区增容扩区的意见》和各专项规划的制定，兰州市经济社会将沿着这些重大战略部署有条不紊的开展起来；2010年年底兰州市政府出台了《兰州市加快推进循环经济的实施意见》，决定每年将从市级财政中拿出1000万元专项资金，用于补助循环经济示范项目建设，推动循环经济产业发展，构建以循环农业为基础、循环工业为主体、循环第三产业为补充的覆盖全社会的循环经济体系，争取用5年时间，把兰州建设成为全省循环经济示范城市，这将为兰州产业结构调整，促进产业升级和节能减排起到积极促进作用；2011年5月出台了《兰州市产业布局与园区发展规划》，进一步明确了全市产业园区的功能定位和总体布局，全市一、二、三产的空间布局、发展方向和重点，从政策、组织、资金、技术、人才、机制等方面提出了保障措施，这将成为今后一个时期兰州市全市产业布局与园区发展的指导性文件；制定了促进全市工业率先跨越发展的关于推进工业率先跨越发展的实施意见，以及关于发展培育石油化工、有色冶金、装备制造、能源和新能源、战略性新兴产业、特色农产品深加工等7个产业的实施方案，提出了行业发展思路、目标、发展重点和保障措施，为兰州市工业发展理清了思路。上述这些发展战略和发展规划的积极落实必将大大推动兰州经济持续、快速、健康发展。

2011年下半年，“十二五”规划重点项目还将陆续开工或加速建设，基础设施建设投资较多，保障房建设力度加大，项目建设进入“黄金施工期”，这些都带动投资持续增长，预计下半年投资将继续保持快速增长，对GDP的拉动作用强劲，政府投资对经济增长推动作用明显。下半年市场需求的逐步回升、国家大宗商品价格上涨势头有所遏制以及生产要素供应不断改善，将有利于兰州市工业经济的增长。随着兰州市成功举办国际马拉松赛、环青海湖国际公路自行车闭幕式以及兰洽会等大型活动，兰州市知名度和影响力大幅提升，为加快发展旅游业以及带动消费及服务业增长创造了良好条件。上半年城镇居民人均可支配收入和农民人均现金收入快速增长，增速比去年同期提高了3.58和5.7个百分点，这将有力促进城市和农村消费。综合各方面因素，从全年趋势判断，全市生产总值预计能够完成增长14%的目标任务，并有望达到15%。2012年兰州市投资仍然是经济增长的主要推动力，经济增长速度将超15.4%。

三、对策建议

(一)积极应对宏观经济环境和政策环境的变化

面对复杂的国内外经济政策环境，在整体偏紧的宏观经济背景下，兰州市要加快发展，提高发展的质量和效益，就必须积极利用国家支持西部省区发展、国办47条支持甘肃发展、国家支持甘肃构建循环经济体系等的政策倾向，积极争取国家更多的政策支持、资金支持和项目支持，使一些重大项目能够及时顺利的落户兰州，使兰州市传统主导产业能保持稳定和健康发展，使兰州新区建设能够如期加快推进，在产业支撑能力有效提高和城市建设稳步推进中，尽快产生预期的经济社会效益，有效提高兰州中心带动能力，加快兰州实现跨越式发展步伐。同时，要积极调整经济结构，实现产业的规模化、集群化发展，提高产业支撑力和企业竞争力：一是要在传统主导产业稳定发展的同时，积极培育和支持战略性新兴产业发展，使产业结构单一、产业抗市场风险、抗政策风险能力脆弱的状况能够逐年有所改善；二是积极发展民营经济，改善所有制结构单一，经济发展活力和对地方经济带动力还不够强，吸纳就业容量有限的现状；三是改善产品结构，要着眼于市场环境、产业发展前景、产品生命周期特点和需求结构和层次的变化，及时开发和生产有竞争力的产品，努力提高企业的产销率和利润率，提高经济社会效益。

(二)更加重视经济增长的质量和效益

2011年以来，兰州市固定资产投资快速增长，重大项目积极推进，基础设施项目、工业项目和招商引资力度较大，投资对经济的拉动作用非常强劲。现在的投资需求在项目建成后会变成未来的供给，因此，在“大干快上”的形势下，我们应特别防止盲目上项目而造成的低水平重复建设，布点分散混乱，形成落后产能构成的过剩生产能力。我们应把转变经济发展方式作为主线，真正使经济增长转到主要依靠科技进步和提高劳动者素质上来。另外，2008年国际金融危机形势下，全球经济增速放缓，引来市场较为普遍的担忧。兰州市今年还将保持较高的经济增长速度，但在实施“十二五”规划和提高中心带动能力的过程中，我们要在保持适度增长速度的同时，更多的着眼长远发展，重视经济增长的质量和效益，提高产业自我发展能力和经济增长的可持续性，使经济增长速度与增长质量、增长效益相协调。

(三)坚决稳定物价总水平

在全球通胀压力不断加大，国内物价仍维持在高位的形势下，要重视物价过度上涨对经济社会发展所带来的不利影响，关注和切实保障中低收入群体的基本生活。要积极贯彻落实国家和甘肃省委、省政府关于调控物价的各项政策措施，从生产、流通、储备、进出口等环节入手，做好重点商品生产和供应工作；要及时对优抚对象、城乡低保对象、农村五保供养以及大中专院校学生和食堂实行临时价格补贴；要健全价格机制，加强市场监管，规范经营行为，严厉打击价格欺诈、哄抬价格、变相涨价、合谋涨价和囤积居奇等恶劣行为，清理和取消不合理的各种收费项目等，维护市场经济秩序；稳定居民生活基本生活必需品和重要生产资料价格，引导市场预期。

(四)优化农业经济发展环境

立足于兰州市农业发展自然条件恶劣、生态环境脆弱的现实，须着力转变农业发展方式，积极调整农业产业结构，充分发挥比较优势(如富晒农产品和地方特产)，积极培育地方农产品特色品牌，发展优势特色产业；要以市场为导向，提高农业生产和销售的信息化水平，使农业生产和市场需求有效衔接，努力提高农业经济效益，同时坚决落实国家各种强农惠农政策，努力增加农民收入；要因地制宜地加强实用农业科技的推广，破解农业持续健康发展难题，加快推进农业生产的规模化和产业化发展步伐，同时积极构建农业循环经济体系，加快完善和推进榆中、皋兰等蔬菜基地尾菜无害化处理与再利用项目的步伐，全面推动传统农业向现代农业、生态农业转变。

(五)政府软环境建设迈出实质步伐

从欠发达地区经济发展的经验来看，市场经济条件下市场自动选择的长期性使得经济发展会成为一个较为缓慢的过程。而对于兰州这样一个投入产出水平较低，对生产要素吸引力不强，同时又急需加快发展的城市而言，要快速有效提高产业支撑力，单纯依靠市场机制是不可能实现的，必须要有政府强有力的推动。因此，我们必须要形成一个亲商、高效、廉洁、规范的政府体制和运行机制。目前，兰州市委、市政府为提高兰州中心带动能力，实现跨越式发展做出了很大努力。今后还应在优化政府软环境上迈出更大的步伐。政府作用的范围应是弥补市场的缺陷和不足；政府干预的目的是促使市场机制恢复功能；政府干预的结果必须要比干预前的情况要有所改善和好转。政府应通过提供完善的制度保障、充足的公共产品、充分的信息资源、公平有序的市场经济秩序、高效便捷的服务等，有效地促进经济领域各项事业的发展。特别要指出的是，产业发展中政府应积极培育产业集群，更多地关注如何把更多的相关企业和机构吸引到集群中发展，以形成稳固紧密的产业链，对于具体企业如何发展应由企业自己去决定。政府的服务要促使原来散、乱、小的工业企业集中到统一规划的工业区中，改善工业空间布局，优化企业之间生产协作流程，促进企业之间共享基础设施，加强生态环境保护，同时帮助企业扩大产品市场。

四、2011年兰州社会建设的总体情况

(一)促进就业的政策效应显现，城乡就业不断扩大

2011年城乡居民就业工作主要突出了五个方面，一是突出高校毕业生就业。通过大力实施高校毕业生就业计划，组织开展到农村中小学任教、到乡镇卫生院和基层兽医站工作、三支一扶、进村(社区)工作等高校毕业生就业活动，举办了高校毕业生专场招聘会，组织多家用人单位参加了甘肃省内高校毕业生“双选会”，发挥高校毕业生就业见习基地的作用等多种措施促进高校毕业生就业。二是突出就业服务和就业援助。积极通过市场配置促进各类人员就业，抓紧建立健全公共就业服务信息网络系统及全市就业信息监测制度，实现供求双方有效对接，提高就业信息服务质量和水平。三是突出以创业带动就业。以做好国家级创业型城市创建验收准备工作为重点，进一步完善创业政策体系、优化创业环境、强化创业培训，扩大小额担保贷款规模，重点鼓励和支持高校毕业生、返乡农民工等群体创新创业。四是突出劳务经济发展。在巩固原有基地的基础上，努力开发新的劳务基地，不断提高劳务输转规模和水平。培育和打造一批新的劳务品牌，并重点扶持和鼓励其做大做强，切实增加劳务经济收入。在促进劳务经济发展中充分发挥职业技能对就业的引导促进作用，整合各方面资金和培训资源，加大对农民工的职业技能培训工作，扩大职业技能鉴定规模，特别是将失地农民的职业培训确定为2011年兰州市劳务经济的亮点工作，六是突出构建和谐稳定的劳动关系。建立和完善工资指导线制度，指导企业合理确定工资水平，减少收入分配两极分化的现象。不断加大《最低工资标准》的执行力度，对用人单位贯彻执行最低工资标准的情况进行专项检查，查处和纠正低于最低工资标准支付的行为。落实农民工工作保证金制度，开展农民工工资支付情况专项执法检查。加强劳动人事争议调解仲裁，加大劳动保障监察执法力度，开展用人单位劳动保障监督检查。有效遏制了违反劳动保障法律法规和侵害劳动者合法权益的行为。

通过这些努力，2011年以来兰州就业形势良好，城镇就业总量不断增加。截556月底，全市城镇新增就业人数3.67万人，完成目标任务的68.67%；城镇登记失业率为2.97%，实现了控制在4%以内的目标；落实失业人员小额贷款担保基金2500万元，完成目标任务5000万元的50%。新增小额担保贷款17225万元，完成目标任务的53.83%。职业技能培训人数25100人，完成目标任务的61.22%。创业能力培训4060人，完成目标任务的62.46%。安置困难群众就业8522人，完成目标任务的142.03%。农村劳务经济稳步扩大。截至6月底，全市实现劳务收入17.82亿元，完成目标任务27亿元的66%；输转农村剩余劳动力25.2536万人，完成目标任务的84.18%。就业市场供求相对平衡，劳动关系稳定发展，用工薪酬逐步提升。

(二)社会保障体系不断完善，社会保障水平稳步提高

今年的社会保障建设主要突出六个方面：一是全面推进新型农村养老保险试点和失地农民参加养老保险工作。截至6月底，3个新农保试点县区中，榆中县、红古区、皋兰县新农保参保率分别达98.16%、95.89%、85.88%。全市共有22785名失地农民办理了养老保险手续，其中已有7370人享受了相应待遇。全市新型农村养老保险新增126863人，参保率超出全年目标任务5.7个百分点。二是着手解决“五七工，家属工”参加养老保险问题。截至6月底，全市共有2670名“五七工、家属工”办理了参加养老保险手续。三是调整城镇职工医保政策标准。提高了参保人员住院支付标准，降低了参保人员部分支付项目缴付比例等，并于3月1日起对城镇职工实行参加医疗保险缴费年限管理。四是认真组织实施“老工伤”人员纳入工伤保险统筹管理工作，2011年上半年已彻底解决“老工伤”人员工伤待遇问题。五是进一步完善覆盖城乡的新型社会救助体系。出台《兰州市农村居民最低生活保障管理操作规程(试行)》，进一步细化了申请、审核、审批程序，明晰了农村居民最低生活保障工作管理及相关部门和各级工作任务责任。明确将具有兰州市农业户口，且在当地农村居住一年以上，因病、因残、因灾以及生存条件恶劣等原因造成上年度家庭年人均纯收入低于当地农村居民最低生活保障标准的居民列入申请人范围，将家庭收入和致贫原因统筹考虑，对在劳动年龄段内有完全劳动能力，无正当理由拒不参加劳动、就业和不如实申报家庭收入的人员进行了限制，突出了“保主保重”的保障原则，为维护全市社会和谐稳定发挥了积极作用。2011年再次提高城乡低保标准，城市居民低保标准提高10%后，五区由2010年的278元提高到306元；三县由209元提高到230元。农村低保标准由2010年的850元提高到1200元，月人均补差不低于72元。全市10.8万城市低保对

象、9.8万农村低保对象基本生活得到有效保障。加强了五保户保障千作，全市共有3770户，4036人享受农村五保，完全保障了五保户吃、穿、住、医、葬五个方面的实际需要。医疗救助制度不断探索完善。全市医疗救助和城乡居民临时救助广泛开展，截至6月底，全市累计救助城乡困难群众56028人次，累计实施临时救助2743人，真正为城乡困难群众撑起了生活救助的“保护伞”。六是着力加强社保基金征缴和管理，确保基金正常运行。七是保障性住房建设力度不断加大。2011年兰州市保障性住房建设任务50564套。为确保目标任务按期完成，兰州市政府专门召开全市保障性住房建设工作会议，制定了《关于全力做好2011年保障性住房建设工作的实施意见》和《兰州市人民政府办公厅关于下达全市2011年保障性住房建设任务的通知》，将目标任务细化分解到县区政府等14个建设责任主体，并签订了目标责任书。同时，建立市直部门分包任务责任制，实行保障性住房建设“指挥部”模式，由兰州市政府主要领导亲自负责，分管领导具体指挥，对保障性住房建设项目涉及的所有审批手续，由指挥部“一门受理，联审联批，限时办结”，确保保障性住房建设顺利推进。截至2011年8月中旬，兰州市保障性住房共开工41118套，总开工率达82.7%。

(三)办学水平稳步提升，教育改革发展不断深化

兰州市教育近年虽有了长足的发展，但随着经济社会的发展，对教育提出了更高的要求，教育相对于经济社会发展滞后的情况依然存在，一些热点难点问题不容忽视。2011年全市教育系统全面贯彻落实《兰州教育满意行动计划》，着力解决人民群众关心的热点难点问题：

一是教育基础设施建设稳步推进。21所城乡幼儿园建设项目有7个已经开工建设，其他14个在加紧办理前期手续，下半年即将开工建设。全市40所中小学校舍安全工程项目学校，已开工项目学校34所，开工率达85%，累计完成投资5116万元。

二是大力发展学前教育。2011年上半年，国务院出台《关于当前发展学前教育的若干意见》，兰州市紧紧抓住国家和省上大力发展学前教育的重大战略机遇，研究制定了《兰州市学前教育三年行动计划(2011—2013年)，细化了国家、省、市对有效缓解“入园难”的总体要求和具体措施，并确定将学前教育相关项目纳入政府每年实施的民生工程。全面开展了幼儿园分类评估，积极实施城乡幼儿园结对帮扶。全市23所省、市级示范幼儿园和23所相对薄弱的城乡幼儿园实行一对一结对帮扶，有效促进了优质学前教育资源向薄弱幼儿园倾斜，为提升了全市幼儿教育的办园质量和整体水平创造了条件。

三是进一步办好义务教育。今年各级财政用于“两免一补”的经费8355万元。积极推进15所学校联校办学、联片办学和集团化办学，“一体化办学”逐步推进。23个城区优质小学和23个农村薄弱小学实现结对帮扶，使农村薄弱的学校管理水平进一步提高，促进了义务教育均衡化、特色化发展。全市10万名进城务工子女就近安排入学，人民群众享受公平教育的权利得到了有效保障。

四是力推普通高中教育优质化。实行新的绩效评价体系，持续推进高中教学绩效进一步提升。全市一本上线率为10.1%，二本上线率为14.6%，全省文理科前100名中，兰州市78名，占全省的39%。反映出兰州市的学生生源质量有了较大提高。深入推进高中新课程改革，通过样本校工作带动全市高中课改工作不断向前推进。积极研究制定《兰州市特色普通高中建设实施方案》，积极打造一批在课程建设与管理、课堂教学、文化建设、学生管理、教师培训、资源配置等方面有创新、有特色的普通高中学校，推进学校办学模式改革，走个性化、特色化的内涵式发展之路。

五是强化各类教育的统筹协调发展。职业教育发展取得长足进步。2011年，市、县区两级共安排职业教育专项经费7500万元，占城市教育附加预计收入的30%。已建成1个国家示范性专业，3个省级教改试点专业，4个校级特色专业。东西部联合办学进一步加强，职业教育交流与合作不断发展。加强“双师型”教师队伍建设。继续实施乡镇成人学校提升工程。确定专门人员负责组织实施扫盲和扫盲后继续教育活动，逐步形成扫盲和扫盲后继续教育的长效机制。对民办学校(机构)办学资质全面审核，对不合格的14所实行限期整改，3所予以停办，进一步规范对民办学校的管理。进一步扶持特殊教育发展，成立兰州市特殊教育中心，强化适龄残疾儿童少年随班就读工作。积极推进兰州盲聋哑学校的迁建工作，榆中县特殊教育学校建设进展有序，永登特殊教育学校建设已完成可行性报告。民族团结教育的内容、途径和方法进一步丰富，提高了全市民族团结教育的实效。

六是加快推进教育改革。中考制度改革稳步推进，制订了《兰州市中考改革实施方案(试行)》，将思想品德、历

史、地理、生物、体育等5个学科，纳入中考科目，全市3万多八年级学生参加中考，促进了初、高中教学的有效衔接。高中招生工作的统筹管理进一步加强，城市四区地方普通高中教育与中等职业教育招生计划比例调整为55:45。优质高中对口招生比例继续扩大，从20%调整为25%，比2010年增加了5%，同时，调整了对口分配覆盖面，促进了优质高中招生的公平公正。取消事业单位中学和民办中学考试招生制度，进一步规范了义务阶段招生秩序。深化德育改革，创新学校德育内容、方法、途径等德育运作机制，继续开展主题教育活动，加强未成年人思想道德建设。

在培养青少年科技创新能力方面也有了新进展。一是与兰州市科协联合组织了第二届兰州市科技创新市长奖的评选和颁奖活动。经过评选，共有6名学生获得市长奖，5名学生获得提名奖。二是组织开展第26届兰州市青少年科技创新大赛活动。共有来自兰州市150所中、小学及相关单位的近16万多名学生参加，兰州市取得丰硕成果，获奖作品数量居参赛16支代表队前列。两活动进一步激发中小学生科技创新的热情，增强了全市中小学生的创新意识和实践能力。

七是加大教师队伍建设力度。成功举办第四届“全国校长发展学校”第三期培训班，举办教育发展论坛，苏州特色办学论坛，加强地区间教学实践的合作与交流。实施中小学骨干教师培养计划。开展市属学校县区级骨干教师培训。积极开展名优教师选拔活动。公开选拔市级骨干教师540名，县区级骨干教师1172名。首创“名师工作室”。首批选拔20名名师，让他们充分发挥优秀教师在教师专业成长和教育科研中示范、引领和辐射带动作用。

(四)医药卫生体制改革稳步推进，医疗卫生事业全面发展

2011年，兰州医疗卫生体制改革全面展开，卫生事业全面发展。一是基层医疗卫生服务体系建设不断推进。继续实施2008—2010年国家扩大内需卫生基础设施建设项目155个，目前已竣工投入使用140个、在建12个，完成投资1.04亿元，占总投资的56.74%。二是公共卫生服务均等化项目覆盖面不断扩大，人民群众健康保障水平进一步提高。基本公共卫生服务经费保障机制进一步完善，居民健康档案建档数大幅提升，社区疾病预防控制和重点人群保健服务得到有效落实。在城乡居民健康档案管理、健康教育、0~36个月儿童健康管理、孕产妇健康管理、老年人健康管理、预防接种、传染病报告和处理、高血压患者健康管理、2型糖尿病患者健康管理、重性精神疾病患者管理等方面都取得了进展。三是国家基本药物制度实施力度加大。目前政府办的42家社区卫生服务机构全部实行了基本药物制度，基本药物配备覆盖率和零差率销售率均达到100%。四是新型农村合作医疗制度更加完善，广大农民群众从新农合制度中得到了实实在在的好处。2011年兰州市全市参合农民112.5万人，参合率达95.5%。新农合政府补助标准由人均130元提高到210元。新农合即时结报率达100%、政策范围内报销率为63.75%、实际补偿率为45.61%。有效落实了新农合中医药报销优惠政策，各级中医院新农合报销门槛费降低了10%，报销比例提高了25%，另外，新农合信息平台于2011年3月份开始试运行，对做好新农合管理服务工作打下良好基础。五是公立医院改革积极推进。公立医院改革以优化诊疗程序，控制医疗费用，降低群众就医负担作为重点，实行公立医院降低费用目标责任制，规定今年市属各医院扣除物价上涨因素后，平均门诊和住院费用要在上年基础上降低3%，并制定了具体措施为确保实现目标。六是公共卫生服务工作不断加强。卫生应急能力建设，防控重大传染病的暴发流行，地方病、结核病防治工作均完成了阶段性工作目标，职业病科、公共卫生管理科、防保科建设进展顺利，开展了疾病谱排序、流行病学调查分析和每周疾病谱统计工作，排出疾病谱进行分析比较，发现异常及时开展流行病学调查与分析，制定实施群体预防、群体干预的措施。全市县级医疗机构和所有乡镇卫生院、社区卫生服务机构均设置了健康咨询室，开展了健康咨询工作。积极开展控烟工作，讨论修订了《兰州市公共场所控制吸烟条例》，目前正在征求意见。七是采取措施加快中医药事业发展。研究制定《兰州市人民政府关于进一步加快和促进中医药事业发展的实施意见》，并大力开展中医特色创建活动，加强基层中医药服务能力建设和适宜技术推广，开展了中医医院管理年活动。八是着力加强卫生人才队伍建设。多措并举，加强领军人才、人才梯队、实用性人才队伍建设。制定了《兰州市中长期卫生人才规划》，建立人才培养经费长效机制，规定市级医院按业务收入1.5%~3%的比例提取人才建设基金，专门用于本单位人才队伍建设。实施基层卫生人员素质提升工程，为基层医疗机构培养和引进实用性人才。九是加强对医疗机构的规范管理。通过推广优质护理服务、强化医疗质量核心制度的落实、建立抗生素分级管理制度、进一步优化诊疗程序等措施，在兰州市各级医院推进规范化管理工作。

(五)文化建设全面推进

2011年以来，兰州市按照“高举旗帜、围绕大局、服务人民、改革创新”的总要求，积极推进城乡公共文化服务体系建设，加快文化产业发展，加强文化市场和广播影视社会管理，强化文物和文化遗产保护，加快人才队伍培养，文化建设呈现出繁荣发展之势。一是先后举办一系列大型文化活动，彰显了兰州城市文化特色，丰富了城乡群众的精神文化生活。各剧院及专业乐团专业演出累计突破900场，并组织开展文化下乡、“千台大戏送农村、颂歌唱给共产党”等节庆和广场文化活动130多场次，观众300余万人次，取得良好的社会反响。二是公共文化服务体系建设不断加强。强化农村文化体系建设，重点扶持农村文化建设项目，加强农村文化队伍业务建设、坚持送文化下乡和扶持农民剧团、文化大院、进行非遗保护。兰州市市图书馆全面实行免费开放；市博物馆积极推进兰州历史文物基本陈列改版工作，引进、举办各类艺术展览，接待国内外观众12万人；“八办”纪念馆在完成基础设施建设的同时，开展《八路军驻甘办事处与甘肃抗日救亡》展览陈展方案设计；兰州画院联袂天水书画院、陇中画院、庆阳画院等周边城市画院，共同发起组织“红色起点写生行”采风活动，创作出了一批思想性与艺术性俱佳的作品。三是广播电视建设有序推进。制订了“十二五”时期全市621个20户以下自然村广播电视“村村通”建设方案。加强对广播电视广告的监管，强化广播电视安全播出，完善安全运行保障体系。四是文化遗产保护力度加大。文物普查工作转入普查资料的整理、汇总、数据库建设和普查成果公布阶段，制定了《兰州市第三次全国文物普查工作报告》编制方案，启动了《兰州市不可移动文物名录》汇编工作。在第三次全国文物普查中，兰州市8县区共调查各类文物点922处，其中新发现384处，约占兰州市文物遗存总数的42%，核实消失文物点196处。加强对工业遗产的保护、管理和利用，结集出版了《兰州市工业遗产图录》，目前正在对保存较好、具有较高历史、艺术、科研价值的工业遗产开展挂牌保护工作。完成了兰州黄河铁桥维修加固工程、二郎庙(过殿)维修等工程。制定并公布了《兰州市“十二五”非遗保护规划》、《兰州市非遗代表性项目传习所管理办法》，苦水下二调、榆中古建模型、永登硬狮子舞、何家营滚灯等4个项目新人选省级“非遗”名录。兰州太平鼓参加了第三届中国(成都)国际非物质文化遗产节，并摘取非遗节“太阳神鸟金奖”。五是重点文化产业发展项目积极推进。兰州文化创意产业园依托金城关已有的仿古建筑群进行建设，项目总投资1.4亿元，已列入国家“十二五”文化发展规划和省上“十二五”发展规划。其中，兰州彩陶博物馆已完成馆舍改造，于2011年8月份建成对外开放；甘肃老字号一条街预计2012年5月份建成；兰州黄河铁桥博物馆已完成陈展内容设计、预计年内建成开馆；城市雕塑建设系列、兰州音乐厅建设有序进行。

(六)体育事业发展取得新进展

今年，兰州体育事业取得重大进展。一是成功举办2011兰州国际马拉松赛。吸引了肯尼亚、埃塞俄比亚、德国等16个国家和地区的48名专业运动员和国内9省(市)及高校的86名专业运动员报名参赛。这是兰州市首次举办国际性赛事，也是兰州历史上规模空前、群众广泛参与的一次全民健身运动。充分展现了兰州改革开放的成就，展现了兰州黄河之都、山水名城的美好形象，为兰州走向全国、走向世界搭建了一个具有较高价值的国际化平台。二是体育基础设施建设力度加大。“十一五”全市累计建成县区级公共体育活动场地11个，建成全民健身路径387条，全市公共体育场地面积达到101.9万平方米，人均公共体育用地面积达0.31平方米。今年，兰州市体育公园升级改造工程顺利进行。体育中心建设项目全面启动。又制订了120条全民健身路径的配建实施方案，积极推进乡镇及社区7个体育健身中心的建设。三是推进全民健身事业蓬勃发展。成功组织举办了第39届“元旦环城赛”、第22届“冬泳”表演以及“龙腾狮跃闹元宵”全国大联动等活动。“三·八”和“五·一”期间，在兰州市体育公园组织举办了全市妇女健身展演活动及庆“五·一”全民健身系列活动。制订出台了“兰州市机关企事业单位体育活动室配建方案”，大力推进职工体育活动的开展。前半年，参加各类群体活动人数已达20万人次，全民健身氛围日益浓厚。五是大力开展社会体育指导员培训。先后组织举办了三期社会体育指导员培训，培训社会体育指导员145人。强化群众晨(晚)练点群众健身服务指导工作，促进全民健身工作的普及与发展。四是全力促进竞技体育水平提升。围绕备战第七届全国城市运动会，强化体育训练和管理，先后完成了田径、柔道、跆拳道等8个项目的预赛工作，截至6月30日，兰州市代表团已有91名运动员进入七城会决赛。五是积极探索体育产业市场化运作新模式。充分利用2011兰州国际马拉松赛的有利平台，对赛事无形资产进行了广泛开发，通过市场化运作，成功引进兰州银行、乔丹体育等16家赞助单位，为大赛的成功举办提供了物资保障。

(七)人口与计划生育工作取得新进展

2011年以来，兰州市全市人口与计划生育工作以稳定低生育水平、提高出生人口素质、促进人的全面发展为核心，以立足全省争一流、面向全国创先进为总体目标，积极推进人口计生利益导向政策体系建设、“生殖健康服务进家庭”行动和流动人口计划生育基本公共服务均等重点工作，全市人口计划和主要目标任务有序推进，整体工作水平全面提升。一是统筹解决人口问题的长效机制不断完善。3月15日，兰州市委、市政府召开了全市统筹解决人口问题工作会暨流动人口工作促进会议，在全省乃至全国首次将人口计生工作会更名为统筹解决人口问题工作会，制定出台了一系列有利于人口计生工作顺利开展的政策、制度和措施，为全市人口计生工作健康稳步发展创造了良好的政策环境。二是人口计生工作健康稳步发展的良好局面全面形成。各县区不断健全日常服务管理工作制度，切实强化各项管理服务措施，加大了结婚、生育、节育全过程的服务管理力度，“以房管人”、户籍地和单位相互配合的服务管理模式全面落实。人口计生信息化工作水平快速提升。人口计生整体工作水平发展态势良好。三是已经形成利益导向政策体系及兑现机制。在危房改造、就学就业、生产帮扶、医保低保、新农保等政策中对计生家庭给予了倾斜和照顾。市级人口计生事业费预算稳步增加，各县区把落实优惠政策所需资金列入财政预算，并全部纳入财政惠农资金“一册明一折统”管理。四是流动人口服务管理进一步加强。围绕创新流动人口服务管理体制，立足于统筹大人口的战略层面，打造平台，深化改革，着力推进流动人口计划生育基本公共服务均等化，在全市掀起了各具特色、分类探索实现流动人口计划生育、优生优育和生殖健康基本公共服务均等化的工作高潮。20个均等化服务示范乡镇(街道)建设有序推进。“六进社区”、“亲情四送”、“维权服务”、“困难帮助”、“政策帮扶”、“人口文化大篷车”等为载体的均等化服务活动，既有针对性，更有创新性，收到了显著成效，博得了市民的一致好评。

(八)社会管理进一步创新和加强

2011年以来，兰州市有关部门不断创新社会管理模式，完善社会管理体制，以更好地保障民生，努力实现生产安全、社会安宁、生活安定、百姓安居。一是社区与社会组织建设得到加强。全面完成第四次城市社区居民委员会换届选举工作，全市398个城市社区居委会中，应换届的364个社区全面按期完成了换届选举工作，一批年轻有为、高学历、能办事、会管理的优秀人才进入社区两委班子，为全市城市社会稳定提供了坚实的组织保证。第七次村委会换届选举全面完成，为发展农村经济，增加农民收入，确保农村经济持续快速健康发展，提供了坚强有力的组织保证。全面完成8个“难点村”治理，使村民参与到村级事务决策的渠道畅通，村务、村级财务公开进一步规范，公开内容更加完善，全市村务公开面达到100%，规范率达到95%以上。城乡社区建设统筹推进，全市共建成社区服务设施383个，建筑总面积达到9.2万多平方米，使多年来社区没有办公服务用房的老大难问题得到较好解决，为社区服务提供了良好的公共平台。全市兴建社区服务大厅100多个、便民服务站点8300多个，有2万多人在社区或通过社区协调实现了再就业。和谐社区和示范社区创建积极推进，全市70%以上的社区达到了创建标准，有1个区、1个街道、14个社区分别达到国家或省级社区建设示范标准。开展了社会组织清理规范工作，对名存实亡、长期不开展活动、连续两年不年检的99家社会组织，根据有关规定给予注销处理。二是全市防灾减灾和社会福利工作稳步推进。围绕全面提升灾害应急救助水平和防灾减灾能力的目标，全力做好救灾减灾各项工作，突出防灾减灾项目建设和受灾群众生活安排“两个关键”，着力健全救灾应急响应机制、救灾综合协调机制和救灾资金保障机制，努力做好救灾预案制定、救灾资金监管、受灾群众救助和重点项目建设。2011年，兰州市救灾物资储备库通过市项目投资评审中心评审，即将开始建设。三是全市70%的街道有老年福利服务中心，90%的社区有老年福利服务站，初步形成了“以居家养老为基础、社区服务为依托、机构养老为补充”的社会养老服务体系。四是社会安全得到高度重视。兰州市委、市政府高度重视社会矛盾纠纷排查调处工作，一些群众反映强烈的社会热点难点问题得到初步解决，社会治安防控体系建设进一步加强，预防青少年犯罪和职务犯罪的各项措施得到落实，社会治安进一步好转，防范和处置重大公共突发事件的能力明显增强。中小学校学生人身安全事故预防与处理办法、深化安全生产专项整治，促使社会安全工作迈上一个新台阶。城市房屋拆迁管理、加强监管严肃处理城镇房屋拆迁和农村土地征用中违法违纪行为、加强和改进信访工作、加强劳动管理等方面政策措施的出台，进一步充实和强化了社会管理工作。

五、2011年兰州社会建设中存在的问题

2011年兰州社会建设中的主要问题有：

(一)今年的就业形势面临许多复杂和不确定因素

在2011年年初经济快速增长的带动下，上半年就业形势相对较好，但随着经济发展不确定因素的增多，特别是通货膨胀预期的上升，劳动工资和薪酬标准的提高，企业经营的困难加大，利润空间缩小，就业市场有可能出现一定程度的回归，大学毕业生就业困难依然存在，城镇失业现象不容忽视。不同就业群体面临的就业困难出现分化。农民工尚未成为城镇户籍居民，就业不稳定，社会保障不健全，面临周期性失业风险，仍然是劳动力市场上的脆弱人群。大学毕业生个人就业意愿和技能与劳动力市场机会及需求之间的不匹配，结构性就业和摩擦性的自然失业问题上升。还有，兰州市就业困难人员普遍存在技能差、技能单一的缺陷，加之部分就业困难人员受年龄、观念、救助依赖性等因素影响，难以实现稳定就业。

(二)社会保障体系仍需完善

虽然兰州市社会保障体系已经初步建立，但也存在社会保险统筹程度低、保险基金征缴缺口大，保障水平不高，城乡保障一体化难度大等问题，保障房建设加快推进，但竣工率、分配入住率不高，保障性分配的政策、程序和监督、纠错机制尚未健全，社会保障体系仍需进一步完善。

(三)教育依然难以满足人们的需求

无论是愈演愈烈的择校竞争还是高考制度、学前教育等，兰州市的教育还不能完全适应全市经济社会发展和人民群众接受良好教育的需要，人才培养模式尚不适应时代发展和学生成长的要求；教育投入仍显不足，城乡差距依然较大，教育资源不均衡问题突出；教育管理体制机制不顺，教育质量、水平有待提高。

(四)医疗卫生体制改革仍需攻坚克难

近几年，兰州医疗卫生体制改革积极推进，取得一定成效。但由于医疗卫生体制改革关系到一系列重大利益，特别是市场化与公益性之间的矛盾，改革面临的复杂艰难超乎一般人的想象，存在的困难和矛盾也十分突出，特别是医疗保障的能力与需要之间，财政实力与投入需求之间，医疗机构、医务工作者的切身利益与医院公益化之间的矛盾突出，医疗卫生体制改革仍需付出极其艰苦的努力。

(五)文化体制改革任务艰巨

兰州与文化相关的基础设施较差，新型文化产业发展缓慢，特别是文化创意产业发展滞后；重大文化建设项目投入不足，渠道单一；人才短缺问题突出，文化队伍的整体素质亟待提高。例如体育事业方面，人民群众对健身的需求日益强烈，但从兰州市的情况来看，体育健身场地少，健身设施缺乏，健身活动指导人员不足等问题十分突出。与人民群众的需要存在较大差距，需要进一步加大体育健身投入，增加居民建设活动场地，加快健身设施的建设，努力满足人民群众的健身需求。

(六)社会管理尽管成就突出，但仍然存在不少问题

一是基层社区服务功能与社区群众的需求仍有一定的差距，特别是在解决居民各类生活问题、化解社会矛盾中心有余而力不足。二是在社会管理、公用事业管理等方面，存在一些体制性问题，亟待改进。三是社会组织作用有待发挥，民间组织的发育相对滞后，与经济社会发展的各项需求不相适应，无法更好地为公共服务型政府建设提供配套支撑。

(七)通货膨胀严重

物价涨幅大，而城乡居民收入增长不足，严重影响了人们的生活。房价居高不下，那些既不能享受到保障性住房政策又无力负担高房价的“夹心阶层”的住房问题成为矛盾的焦点，必须加以解决。但国家未出台相关政策，因此还没有有效的办法和措施。

六、2011—2012年兰州社会建设趋势预测

2011年以来，随着经济发展方式转变的推进，社会发展面临的任务更加明确，发展的要求更加迫切，发展形势更加催人奋进。2011年年初中共中央举办省部级领导干部研讨班，提出创新社会管理方式，强化社会管理的任

务。2011年10月，中共中央第十七届六中全会主要任务就是讨论文化改革发展问题，对促进文化大发展大繁荣作出全面部署。教育、卫生、社会保障等也在按照中央的统一部署，着力推进改革发展。在此形势下，高度重视并促进各项社会事业加快发展，健全和完善公共服务体系，促进经济社会协调全面发展，既是兰州发展的一项重要任务，也是兰州发展面临的一次重大机遇。在各级政府、各相关部门的努力下，兰州社会发展将迈上新水平。从2011年下半年到2012年，兰州就业形势将保持基本稳定，但随着经济形势不确定等因素的增多，扩大就业的难度也会有所增加，特别是2012年大学毕业生就业问题可能会更加突出。社会保障体系建设正在加速推进，按照中央的要求，2011年新型农村养老保险制度将覆盖60%的县，2012年年底将覆盖所有农村。所以做好农村养老保障工作将成为今明两年的一项重要任务。随着社会保障体系的逐步建立，统筹各类社会保障的要求强烈，加快各类社会保障的统筹，也将是今后社会保障发展的重要方向和工作着眼点。预计通过今明两年的努力，基本的社会保障体系将初步建立，并逐步转入常态化管理。教育改革发展是“十二五”时期的一项重要任务，特别是2011年中央提出财政教育经费投入要达到GDP总量4%以上的目标，各级财政对教育的投入力度加大，将对兰州教育事业发展带来重大影响。一方面教育基础设施建设将加快推进，城乡教育均衡发展的条件提高。另一方面，教育教学改革加快推进，素质教育成为教育发展的主要方向，但由于高考制度依然是现在选拔大学生的主要方式，应试教育仍将难以得到根本的改观。卫生体制改革中公立医院改革成为公共卫生体制改革的难点和重点，今明两年是卫生体制改革能否取得突破的重要时期。在基层卫生服务体系关系基本理顺，药物零差率销售已经覆盖乡镇卫生院的基础上，今明两年，乡镇卫生院、村卫生室建设将进一步加快，乡村两级卫生人才培养建设将不断加大力度，基层公共卫生服务体系将进一步完善。文化体制改革将加快推进，所有文化出版、广播影视等院团转企改制全面推开，推进文化产业发展将成为新时期经济社会发展的重要内容。同时公益性文化事业建设力度将逐步加大，文化惠民工程基本覆盖城乡社区。按照要求2011年将全面完成乡镇文化站建设任务，2012年将全面完成广播电视村村通任务。在加快市级“三馆”建设的同时，县级“三馆”建设将逐步纳入建设规划，“三馆”免费开放的财政补助也将逐步纳入财政预算。虽然2011年兰州成功承办“国际马拉松比赛”，但兰州体育设施相对落后的问题也日益突出，今明两年体育健身设施投入有望进一步加大，体育场馆建设将加快推进，开创兰州体育健身活动的新高潮。社会建设和社会管理创新的步伐加快，经济增长与社会发展协调度进一步提高；城乡公共服务需求快速增长，公共政策转型和创新力度进一步加大；体制改革与扩大投入同步推进，一些制约民生问题解决的突出问题得到有效解决；民众有序参与公共决策将迈出更有力步伐。根据我们的预测，2012年兰州市城乡居民收入可保持两位数的增长，就业、社会保障、教育、卫生保健等主要社会发展指标的增长水平预计高于今年；城镇登记失业率控制在4%以内，对就业、教育、科技、文化、社会保障、社会治安等领域的公共财政投入将继续增加；社会发展的综合指数有望高于2011年水平。

七、2012年社会建设的对策建议

加快社会事业发展，构建基本公共服务体系，已经成为各级政府的重要任务。社会发展事关人民群众的切身利益，必须充分发挥广大人民群众的能动作用，保障公民权益，保证公民广泛参与。要创新社会管理体制和机制，提升公民社会自治能力。

(一)加快教育、卫生和文化体育设施建设

加大资金争取和投入力度，加快社会事业基础设施建设。坚持向农村和贫困乡镇倾斜原则，加快农村中小学教育基础设施建设，推进教育资源合理均衡布局。完善城乡幼儿教育基础设施建设，加大城区中小学校配套设施建设力度，构建各类教育均衡发展、布局结构合理、符合兰州发展新阶段要求的国民教育体系。强化职业教育实训基地建设，推进实训基地资源的共享。推进部分教育基础设施向社会开放，提高资源利用率。大力推进城乡的医疗卫生服务体系建设，加强乡镇卫生院和村卫生室示范点建设，强化基层医疗卫生基本设备的配置。进一步健全疾病预防控制、健康教育、妇幼保健、精神卫生、应急救治等专业公共卫生服务网络，提高突发公共卫生事件应急处置能力。集中力量改建和新建一批重要文化体育设施，提高承办国际性文化交流活动和国际重要赛事的能力，为兰州文化体育事业发展创造良好的条件。继续推进覆盖城乡、功能健全、实用高效的公共文化设施网络建设，大力推动优质文化资源向基层、向农村、向企业倾斜，不断满足人民群众的精神文化需求。

（二）完善城乡社会事业发展基础设施的布局规划

加强社会事业发展中长期规划研究，细化社会发展基础设施建设布局规划。加强促进社会事业发展的地方性法律法规立法工作，在城市发展中预留社会事业发展场馆所需土地，对城市居住区配建社区用房、社区医院、幼儿教育、文化健身等设施提出明确要求。进一步加强农村村庄规划管理工作，在村庄发展中预留公共服务场地。对中心村配建公共服务设施提出明确要求，确保公共服务场地设施的改善和发展。

（三）加快推进社会管理创新

兰州在下一步推进社会管理创新方面，要根据中央精神，重点解决好流动人口服务管理、特殊人群帮教管理、社会治安重点地区综合治理、网络虚拟社会建设管理、社会组织管理服务等问题。第一，推进流动人口服务管理创新，要公平对待、切实保护流动人口的合法权益，从就业、居住、就医、子女教育等基本民生入手，不断创新统一有效管理新机制，结合城镇化建设，积极稳妥地推进户籍管理制度改革，实现城乡一体化和服务全覆盖的人口互动管理模式，疏堵有机结合，使流动人口能够全面参与并真正融入当地社会生活，变流动为活力，从根本上解决流动人口不稳定、不和谐等问题。第二，推进特殊人群帮教管理创新，要建立健全对服刑在教人员、刑满释放解教人员、社会闲散人员特别是青少年以及吸毒人员等高危人群的常态化帮教管控机制，充分发挥基层组织和社会组织和积极作用，推动教育改造与安置帮教工作双延伸。对特殊人群的帮教管理，要有措施、有方法、有体系，应在有利于解决他们的实际困难、促进他们的发展上下功夫，尤其是应当致力于建构和完善帮助其更好地融入社会的机制制度，从根本上化解社会矛盾。第三，推进社会治安重点地区综合治理的创新，要将城中村、城乡结合部等地区的治理和城乡规划、地区改造相结合，在完善基础设施、改善生活环境的基础上，健全基层组织、延伸公共服务，切实处理好整治、服务、管理和发展的相互关系；要对小旅馆、娱乐、洗浴场所等实行耐心指导、重点防控、过程监管，完善长效机制，突出指导服务理念。第四，推进虚拟社会建设管理创新，要提高对互联网的认识，注重研究互联网的内在规律和规则，充分运用法律、行政、经济等手段，加强互联网的建设与有效管理，特别是要认真研究和充分利用法律手段，依法保证互联网健康有序发展。既要把网络舆情作为听民声、察民意的重要渠道，又要高度重视和评估舆情影响，主动回应社会关切，有效地制定互联网管理建设政策，正确引导网上舆论，维护网上秩序，营造有利于社会稳定的舆论环境。第五，推进社会组织管理服务创新，要致力于对社会组织的研究，承认社会组织在国家发展与建设中尤其是社会管理创新中的重要地位和积极作用，并按照社会组织发展规律施以有效监管，健全和完善相关法律规范。推进社会管理创新，完善参与型及自治型治理结构，重视对优秀的管理者、优秀的专业人员和优秀的社会组织的培养和培育，通过对社会管理领域进行过程的引导和规范，实现政府对创新活动和创新行为的有意识引导、调控和激励，形成卓有成效的社会管理创新生态机制。

（四）实质性地打破城乡二元体制的羁绊，进一步推动城乡一体化建设

2011 年 8 月 9 日，兰州市公安局邀请兰州市发改委、财政局、人社局等单位，召开了城乡统一户口户籍制度研讨会，兰州或将在年底实行城乡统一户口登记管理制度。届时，全市范围内将取消“农业户口”和“非农业户口”的性质类别划分，将城镇居民、农村居民的户口统一登记为“居民户口”。新制度建立后，要加快城乡就业社保体系的并轨，兰州市各城镇的用人单位招用进城务工农民时，除了依法签订劳动合同外，还要参加基本养老、基本医疗、失业、工伤、生育等社会保险。另外，兰州市劳动保障部门要积极探索与经济社会发展相适应的养老、失业、工伤、生育和医疗保险等制度，形成城镇与农村相衔接、相配套的社会保险制度，进一步解决农村劳动力转移的后顾之忧。

另外，要做好以下工作推进兰州市城乡一体化建设。第一在全面推进城乡规划有机融合上取得新突破，按照一体化、全覆盖要求，优化城镇空间规划，加快完善村镇布局规划，工业、农业、居住、生态、水系等重大专项规划逐步实现城乡对接；推进规划体制改革，促进城镇建设、土地利用、产业发展、生态建设“四规”有机融合，镇村布局、村庄建设、农业发展、乡村旅游、水系等规划有机衔接。充分发挥规划的引领作用，科学配置城乡资源，优化城乡产业布局，盘活存量建设用地，拓展新的发展空间。第二在大力推进公共服务均等化上取得新突破。合理配置基本公共服务资源，建立城乡义务教育均衡发展机制和方便城乡居民共享的公共卫生、计划生育和基本医疗服务体系，鼓励优秀师资和优秀医务人员向农村流动。建立统筹城乡的文化事业发展机制，加速城市文化功能向农村延伸。积极发展农村养老事业，构建农村居家养老服务平台，鼓励社会力量开办农村养老机构。坚持把

集多种功能于一体的新型社区服务中心，作为促进城乡公共服务均等化的重要载体，引导农民转变观念和生产生活方式，提高生活质量和水平，建设城乡和谐社区。提升城乡交通、水利、电力、电信、环保等重大基础设施统筹建设水平，促进城乡基础设施共建共享共用。加大农村环境保护力度，加快农村污水和固体废弃物治理设施建设，建立健全农村环境保护监管体系，提高城乡生态环境质量。第三在巩固完善富民长效机制上取得新突破。改善农村创业环境，大力发展农村新型服务业态，积极培育服务性、公益性、互助性社区社会组织，形成广覆盖、多层次、社会化的农村社区服务体系，拓展农村就业空间。更加重视农村资产的优化整合和配置，加大富民载体建设力度，鼓励和支持农村新型合作经济组织参与城市化、工业化和城乡一体化建设，更好地发挥对农民持续增收的促进和保障作用。

兰州历史文化名镇名街

金钰铭

一、概述

根据对文献记载的统计，兰州市现有建制镇33个，非建制但以“镇”命名的两个(东岗镇、岗镇)，撤销镇建制的一个(窑街镇)。至迟在明清时期形成的历史文化街区有6个，都分布在今城关区境内。

今兰州地区各名镇、乡、街区的形成有其历史渊源，大致归纳为以下五种情况：一是秦设榆中县(在今东岗镇一带)、汉设金城县(在今西固城一带)、令居县(在今永登县城一带)、浩门县(在今连城、河桥一带)、枝阳县(在今永登红城、苦水一带)、允街县(在今红古区湟水北岸花庄一带)，逐渐发展成为今天重要乡镇、街区所在地。二是西魏、北周、隋、唐、宋、元各代在今城关区修筑兰州城和军事防御工事(堡、寨、墩等)，逐渐发展成为今天重要乡镇、街区和兰州旧城区所在地。三是明清两代大规模多次修葺和扩建兰州城，形成了今天城关中心区的重要街区；为防止北虏侵扰而修筑堡、寨、营、驿，形成了今天散布兰州各县、区的重要乡、镇、街、村和居民点。四是中华民国时期随着兰州城市的建设和发展需要而形成的重要街区、随着行政区划的调整和工农业经济发展而形成的乡、镇、区(如湟惠渠管理局)。五是新中国成立后伴随经济发展、工业和交通集中而设立的建制镇；以及90年代随着经济开发、行政中心迁移、小城镇建设、乡镇企业发展而新设立的镇(如榆中县和平镇、永登县中川镇、红古区海石湾，镇等)。

但是，在兰州市的建制镇中，真正具有较早建置或形成历史久远、历史文化遗存比较丰富且具有特色、经济发展和地域文化特点明显的乡、镇、街、村并不多。根据文献记载，重点的名镇、名街主要有榆中县城关镇、青城镇、七里河区阿干镇、永登县城关镇、红城镇、连城镇、河桥镇和城关区老城区的6大重要街区。此外，榆中县的小康营、三角城、甘草店、金崖、皋兰县的石洞镇、什川镇、永登县的中堡镇、武胜驿镇、城关区的东岗镇、盐场堡、七里河区的石佛沟、小西湖、安宁区的十里店、安宁堡、沙井驿、西固区的新城、河口、红古区的海石湾、窑街等地，也都有较早的建置历史、相对丰富的有关传说和文化遗存。

从现有建制镇最早有行政建置的历史看，建于秦汉时期，超过两千年的主要集中在榆中县(勇士县和榆中县)一带；城关区一带(榆中县)；西固区一带(金城县)；红古区一带(允街县)；皋兰县一带(媪围县)；永登县一带(令居、浩门、枝阳三县)。建于魏晋至宋元时期的，超过八百年的有一部分；主要建于明清超过四百年的比较多。

本篇报告依据的主要文献是《兰州市志》和《重修皋兰县志》、市辖各县区地方志、《甘肃乡镇辞典》、其他相关史志文献。收录的关于面积、人口等内容一般以1990年为限。

二、重点乡镇和街区

(一)榆中县城关镇

1. 概况：城关镇位于榆中县中部川塬地区偏南，东靠小康营乡，西南隔兴隆山林区与上庄、马坡两乡接壤，西北与连搭乡相连，东北连三角城乡。1990 年总面积为 89.21 平方公里，辖 14 个村民委员会、64 个自然村、1 个居民委员会。(另一资料记载为 91.5 平方公里，人口 33390 人)。镇人民政府驻南关村小桥子。该镇为全县经济、政治、文化中心。该镇地势南高北低、三面环山，海拔约 1950 米，属高寒二阴地带，经济以农业为主。

2. 历史沿革：自秦设榆中县至宋代设堡、寨、城，榆中县城一直不在今城关镇。元世祖至元七年(1270 年)，撤销原龛谷县、定远县，并入金州，即今榆中县。明太祖洪武二年(1369 年)，金州降为金县，县城由龛谷(今小康营)移至今城关镇，从此成为县治(或言县城)所在地，至今有 636 年的历史。明清两代，今城关镇辖地被划为“在城里”，先后为金县 12 里、8 里、5 里之一(明清以前，各县内划为分乡、里两个行政层次)，地位十分重要。清道光二十二年(1842 年)改为金川里，辖区比今城关镇要大的多。民国 16 年(1927 年)，改里为区，今城关镇为第一区。民国 23 年(民国 34 年)改区为乡镇，第一区划分为栖云镇和龛谷乡，两年后栖云镇实行保甲制，辖 7 保 63 甲。栖云镇以县城西南 5 公里的栖云山(今统称兴隆山)命名，是当时榆中县 4 个镇之一（另外三个是新营镇、甘草镇、金崖镇)。新中国成立后，先后设为栖云区公所、榆中县第一区、城关乡、第二人民公社、城关人民公社等，管辖范围与今城关镇不完全一致。1983 年 5 月，撤销人民公社，恢复乡镇设置，城关镇为榆中县当时唯一建置镇。

3. 历史文化遗存：城关镇历史文化遗存十分丰富。据县志记载，位于城关镇的县博物馆馆藏文物 13 类 2874 种，其中一级文物 27 件，二级文物 40 件，三级文物 818 件，一般文物 1989 件。除此而外，城关镇地面和地下出土文物也很多，其中主要是：分豁岔新石器时代马家窑文化和齐家文化遗址，表明距今 5000 年前就有人类在这里生息；城关镇朱家湾村唐代石棺墓、金代砖墓、蒲察氏墓、刘一明墓的发现表明自唐至清代，这里都是重要的经济发展和人类活动区域；兴隆山革命烈士陵园有碑、亭、坊、桥等建筑，埋葬着甘肃最早的共产党员张一悟及 915 名革命烈士遗骨，为甘肃省重要的爱国主义和革命传统教育基地之一；城南的兴隆山保留有云龙桥、丘祖阁、菩萨阁、太白泉等古迹，恢复重建了大量古典建筑；并有成吉思汗陵寝移厝纪念大殿等。兴隆山被誉为“甘省名山、兰郡胜地”，原中共中央总书记胡耀邦题为“陇右名山”。

据民国 17 年(1928 年)《榆中县各项调查表》记载，当时尚存古迹有：浩门桥、神济桥、铜音碑、雁塔、鼓楼、凤凰阁、冲天柱、混元阁、自在窝、藏书洞、仙人洞、藏人壁、上天梯、二公祠、朝元观、真人墓、太白泉、二仙台、三教洞、玉液泉等，今大部损毁。

（二）榆中县青城镇

1. 概况：青城镇位于榆中县西北边缘的黄河南岸，东靠上花乡，西邻皋兰县什川乡、北与白银市隔河相望，南与哈岘乡接壤，镇政府驻地距县城 54.2 公里(民国 7 年《榆中县各项调查表》记为 180 里)，1990 年总面积 138.04 平方公里，辖 14 个村民委员会(另一资料记载为 137 平方公里，人口 22130 人)，镇政府驻新城罗家大院。该镇处于黄河谷地，地势南高北低，海拔约 1450 米，为兰州市最低，经济以利用黄河水利优势，形成水烟种植与加工、渔业养殖、蔬菜与商贸并重的特点。

2. 历史沿革：据《青城记》记载，唐代在今青城地戍兵，筑有龙沟堡。宋代秦州刺史狄青巡边时，在青城地修筑一条城堡，后为纪念狄青，称为青城。明朝万历六年(1579 年)设守备驻防。清道光二十二年（1842 年)至民国 15 年(1926 年)，青城、东滩一带属榆中县(金县)广积里，民国 16 年改为第五区。民国 23 年(1934 年)以后改属第六区。民国 25 年改划为青城乡，辖 6 保 61 甲，实行保甲制度。新中国成立初，榆中县设 9 个区公所辖 67 个乡，青城为区公所驻地，辖 6 个乡。1955 年撤区并乡后，青城为县政府直辖。1958 年 9 月成立第五基层人民公社，驻青城，辖 5 个生产大队。1964 年以后为青城人民公社。1983 年 5 月改为青城乡，2003 年撤乡建镇。

3. 历史文化遗存：青城镇的历史文化遗存相当丰富。早在明崇祯七年(1634 年)，东滩农民就修建有普泽渠，引黄河水灌溉田地。清乾隆年间建有高氏祠堂、二龙山戏楼，清嘉庆年间建有青城城隍庙，清道光年间建有青城书院、六德书院，培养了一大批人才。仅青城书院自道光十六年之后，就考选进士、翰林 8 人，举人 23 人，贡生 72 人，荐举孝廉方正 10 人。尊师重教、崇仁尚文的风气至今保持。最值得一提的是明、清、民国建成的传统民居，独具特色，目前仍有 18 处保存完好，另有 12 处局部保存。传统的水烟加工器具、传统农具、传统纺机、黄河水车、羊皮筏子等留传下来。青城镇已申报甘肃省历史文化名镇，2005 年 9 月 17 日至 19 日举办了“黄河上游千年古镇——青城民俗文化旅游节”，盛况空前。

(三)永登县连城镇

1. 概况：位于永登县城西南部、八宝川北端、黄河的二级支流大通河两岸，东接永登县的民乐乡和大有乡，西连甘肃天祝县和青海乐都县，北通青海的北山林场和甘肃天祝县，南邻河桥镇。镇政府驻连城村，距县城65公里。全镇总面积423.1平方公里，总人口31460人(另一资料记载为419平方公里，33300人)。

连城镇地势西北高，东南低，东西靠山，中间为大通河谷阶地，平均海拔2652米。经济以农业为主，主要种植小麦、玉米、马铃薯等。河谷地带被称为"兰州冶金谷"，有西北铁合金厂等工业企业，连城试验林场占地37万亩，有松、桦、杨等次生林木。

2. 历史沿革：西汉时，今连城一带设有浩门县，属金城郡。宋徽宗政和五年(1115年)正月，熙河路经略使刘德领兵与秦凤经略使刘仲武领兵共同夹击西夏设在永登县的卓罗和南监军司，刘德所率大军直抵古骨龙(今连城境内)，大败西夏军队，修筑震武城，次年北宋王朝改震武城为震武军。徽宗宣和七年(1125年)陕宪郭傅师巡视震武军，在今连城水磨沟荨麻湾石壁题诗一首。明太祖洪武三年，流落河西的蒙元贵族后裔脱欢归降明朝，封为土司，世袭连城，至明成祖永乐十六年(1423年)，赐姓为鲁，直到民国21年(1932年)"改土归流"，同时改为永登县第六区驻地连城镇，直到永登解放前夕一直是建制镇。新中国成立后改为连城区，下设若干乡，后又改为第八区、连城区。1958年至1962年，连城为八宝人民公社划归红古区，旋又于1963年10月划回永登县，名称又变为连城人民公社，但曾在1966年至1970年春称为井冈山人民公社。1983年改为连城乡，1984年9月改为连城镇。

3. 历史文化遗存：关于连城的得名，有两种说法，一说连城水磨沟口建有宋代古城，明朝在其东又建城堡，二城相连故名。另一说由十二座山城环绕相连而得名。连城镇历史文化遗存相当丰富且十分珍贵。杜家坪新石器时代文化遗址为马家窑类型，为省级文物保护单位。金家门台遗址、二官保坪遗址为马厂类型，有明代修筑的金儿坪烽墩。宋代古城(震武军故址)遗址和宋代摩崖、宋代善治堡（即丰乐山城）。明代所建藏传佛教寺院显教寺和雷坛寺，其中显教寺是永登境内现存最早的建筑。连城镇最为有名、保存基本完好、兰州唯一的国家级重点文物保护单位——鲁土司衙门建筑群，其中衙门各类建筑226间，建筑面积7755平方米；衙门西侧的妙音寺，占地面积3500平方米，建筑面积2200平方米；土司家族墓地分布于上享堂、下享堂、西享堂，总占地面积约10万平方米。此外，连城镇北2.5公里石屏山唐代始建寺，藏语称"珠贡"，俗称哷哒寺，元、明、清三代屡有增修，1958年被毁，1985年始复修。

(四)永登县红城镇

1. 概况：红城镇位于永登县城东南部庄浪河下游东西两岸，东接树屏镇、中川镇，西连七山乡，南靠苦水镇，北邻龙泉寺镇。总面积341.1平方公里，总人口25897人(另一资料记载为总面积200平方公里，人口25077人)。红城镇海拔平均为1836米，经济以农业为主。全镇千亩以上灌区11个，干、支、毛渠成网，灌溉条件较好，主产小麦。兰新铁路、甘新公路纵贯全镇南北。

2. 历史沿革：西汉时红城镇境应属金城郡枝阳县地，枝阳县治所在今永登苦水一带。(另一说为金城郡允街县属地，据最新研究成果，允街县应在红古区花庄一带)。宋仁宗宝元元年(1038年)西夏设12个监军司，其中的卓罗和南监军司就设在红城一带，统治永登、天祝、皋兰、景泰、靖远、会宁一线。当时在庄浪河西岸筑城，城为红土筑成，称红城子，元代城毁。明洪武二年(1369年)又在庄浪河东岸重新筑城，沿用红城子之名，称为红城子堡。清代红城子堡属平番县(今永登县)。清咸丰六年(1856年)，红城居民百余人作乱，被红城营守备率兵平息。民国初年，红城子堡改为红城镇。民国32年，在红城镇设永登自卫大队一中队，下设4个分队。新中国成立初，仍设红城镇，为永登县红城区驻地(区辖9个乡)。后改为第三区驻地，1956年为红城镇，为全县两个镇之一。1958年8月后改为红城人民公社，1966年至1970年曾改名为永红人民公社。1983年改为红城乡，1984年改为红城镇至今。因此，红城镇筑堡2000多年(按汉设枝阳县时间算起)，建镇100余年，历史悠久。

3. 历史文化遗存：据《永登县志》记载：明孝宗弘治八年(1495年)建成红城感恩寺(今大佛寺)；明思宗崇祯六年(1632年)建成红城文庙文昌殿；清乾隆二十一年(1756年)建成红城山陕会馆等。根据对现存和发现的文物古迹反映，红城庙儿坪遗址为新石器时代马家窑文化马厂类型，被公布为县级文物保护单位，此外还有把家坪遗址、薛家坪遗址、凤凰山遗址，都属马厂类型，表明在4000年前的今红城，已是远古居民的聚居地。红城还有约20米长的明代长城遗迹、5处烽墩(其中徐家磨墩完整保留)。红城还有玉山古城一座，残留西北角，县志记为"汉允街县故城"，据前面分析，应为汉枝阳故城。明代修建的感恩寺俗称大佛寺，位于红城镇永安村，坐北朝南，属藏传佛教寺院，主体建筑自南向北，建筑面积400余平方米，保存较好，唯有寺内一部用朱砂书写的藏文版《大藏经》、名人书写的牌匾、碑碣毁于“文革”。现为省级文物保护单位。明代修建的文庙，现仅存文昌殿；清代修建的山陕会馆基本完好，是县内仅存的会馆建筑；二者均为县级文物保护单位。此外，“红市花灯”还成为清代“平番八景”之一。

(五)永登县城关镇

1. 概况：城关镇位于县境中部偏北、庄浪河中游、青龙山西麓。东邻清水乡，西依通远乡，北连中堡镇，南接柳树乡。总面积67.3平方公里，总人口26346人(另一资料记为17平方公里，总人口27326人)。城关镇海拔2109米，东西依山，中间为河谷川地。境内农作物以小麦为主，境内有众多工业企业，商业网点密布，是永登县经济、政治、文化中心。

2. 历史沿革：汉武帝元狩二年(前121年)设令居塞，后令居塞改设为令居县，今城关镇应为其辖地。汉昭帝始元六年，令居县改属金城郡。今学者认为，令居塞、令居县治所即在今城关镇或其附近。东汉至魏晋时令居县或更名，或改属，至晋建兴四年(316年)，从令居县、枝阳县中各分出部分地方设置永登县，得名“永登”至今近1690年。十六国以后至南宋时，永登县或更名，或改属，或为少数民族占据，至忽必烈至元元年(1264年)改设庄浪县，在今城关镇修筑庄浪城，元朝为庄浪县，得名“庄浪”、并在今城关镇有明确筑城的记载至今741年。明洪武五年(1372年) 改为庄浪卫，洪武十一年(1378年)，大将冯胜展筑庄浪卫城(县城)，大致为今城关镇城区。清康熙二年(1663年) 改庄浪卫为庄浪千户所。清雍正元年、二年(1723年—1724年)，清军先后在永登平息青海罗布藏丹津、庄浪藏族写尔素的叛乱之后，为纪念其事，于雍正二年五月裁庄浪千户所，改设平番县，同时设庄浪监屯厅(原为监屯同知)，县城仍为今城关镇，永登得“平番”之名至今281年。乾隆二年(1737年)在城南五里修筑满城，派八旗兵驻守。民国17年(1928年)改平番县为永登县，县名从此固定，县治所在的城关改为枝阳镇。以后又设枝阳区，区治所在地在枝阳镇，即今城关镇。元代以后，今城关镇一直是永登的统治中心。新中国成立初，今城关镇地为枝阳区，城区为枝阳镇。1955年，全县设1镇（即枝阳区改为城关镇)、9区、60乡。1958年开始，城关镇改为城关人民公社，1964年以后复改为城关镇，1966年至1970年曾称红卫镇，以后还为城关镇至今。

3. 历史文化遗存：由于有悠久的建置历史，城关镇保留了较丰富的文物、古迹。镇内的县博物馆馆藏文物2281件，其中新石器时代陶器1019件、彩陶占60%。城东部青龙山有汉长城边壕遗迹，长约4公里；明长城遗迹1240米。有烽墩4处，其中满城砖墩尚在(墙包砖已拆)，其余坍塌。城南的满城城墙保存较完整，城墙包砖已拆，城内原建筑无存，是县级文物保护单位。县城东北角的海德寺始建于明永乐年间，现存大佛殿三间，为省级文物保护单位。城内清代所建钟鼓楼为县级文物保护单位。另有西关的清真寺建于民国29年(1940年)，为县级文物保护单位。城关镇还有满城汉墓、凤凰山汉墓等古墓葬和邢家湾化石点，内涵丰富。清代青龙山建有大量古典建筑，惜毁于兵燹，1985年以后陆续重新设计建设，为永登县重要游览地。

(六)永登县河桥镇

1. 概况：河桥镇位于永登县境西南大通河谷地两岸，东邻七山乡，西连青海省乐都县、民和县，南依兰州市红古区，北接连城镇、通远乡，面积150平方公里，人口35747人(另一资料记为170.1平方公里、33986人)。全镇平均海拔2144米，东西依山，中为北南向的大通河谷阶地，河两岸灌溉系统完备，主产小麦，另有玉米、马铃薯、蔬菜等。境内矿藏主要为石灰石，省属企业连城铝厂、连城电厂。

2. 历史沿革：西汉时应属金城郡浩门县辖地(有学者认为今河桥即为西汉浩门县治所在地)。东汉魏晋南北朝至隋代，此地常为汉羌或汉与吐谷浑争夺之地，其中南北朝时的西魏在这里恢复设立浩门县，到北周时又废。唐代宗广德元年(763年)被吐蕃占据。宋神宗熙宁五年(1072年)建河桥驿，后称大同堡，为震武军所辖。得名“河桥”是因驿城建于大通河西岸，有桥通过，距今933年。明代重筑，改称西大通堡。清代改设为驿站，称为河桥驿。为保障驿站畅通，先设浩门分县，后改为西大通分县。民国时属窑街，划入永登县第四区，民国27年(1938年) 改属永登县窑街镇，新中国成立初属永登县窑街区。1956年以后为永登县窑街区河桥乡。1958年至1963年，曾属永登县八宝公社、红古区河桥公社，后又划归永登县为河桥公社，1966年至1970年曾称东方红公社，1983年改建为河桥乡，1984年改建为河桥镇至今。

3. 历史文化遗存：河镇桥历史文化遗存以新石器时代遗存最为重要。团庄遗址位于独山村团结社所在地，遗

址保存面积10万多平方米，为马家窑文化的马家窑、马厂两个类型共存的居址和墓地遗址，其遗物的类型、形制等代表着河湟地区、兰州东部的过渡带，且遗址位于相对河床高度1000米的山顶上，对了解马家窑文化的西延和羌民早期生活状况具有极高的史学研究价值，被定为省级文物保护单位。此外，蒋家坪的上坪遗址、下坪遗址，鳌塔遗址、乐山峨巴坪遗址等均属马家窑文化马厂类型遗址，有较高的考古研究价值，被定为县级文物保护单位。这些都说明，今河桥镇在4100年至3700年是远古人类的聚居区。河桥镇有烽墩3处，其中菜子山墩、边墙岭墩保存完好。河桥镇山岭上坪有何虎臣将军墓，地下墓室保存完整。河桥镇四渠村残存红门寺遗存，虽建筑年代无考，破坏严重(存有4个残窟)，但对研究兰州地区石窟建筑艺术还有价值。

(七)皋兰县什川镇

1. 概况：什川乡位于皋兰县西南部，东南与榆中县接壤，西南邻兰州市城关区，西连皋兰县忠和镇，北连皋兰县水阜乡、石洞镇，距县城20公里。总面积405平方公里，总人口19244人（另一资料记载为405平方公里，19220人）。境内四面环山。其中东南山区占总面积90%以上，海拔达2000米；中部为河谷川地，海拔为1500米，两岸土地肥沃，气候湿润，果树成林，是兰州有名的瓜果之乡和避暑消闲之地。农作物主要为小麦、果蔬，其中果园面积为总耕地面积近50%；水果产量为粮食产量的三倍以上，果品40余种，特产冬果梨，被誉为“兰州梨乡”。

2. 历史沿革：秦始皇三十三年(前214年)设榆中县后，什川黄河东岸应属榆中县管辖，此后一直为榆中、金县管理，至明代始有100多户归皋兰县管辖，被称为“瓯脱地”。明弘治八年(1495年)筑什川堡，因位于上峡至河口、东山至泥湾的什字路上，故俗称什字川堡，简称什川堡，得名“什川”距今510年。（另一资料记载为因古时筑12座城堡，什川为其中一堡，故称什字川堡。另据《读史方舆纪要》引《通志》的记载：“县北八十九里有什字川仓”，不知是什字川仓先建？还是什字川堡先有?按《通志》记，似为先有什字川仓，地名因之)。康熙二十六年(1687年)《金县志》记载，明朝设金县(指今榆中县)为十二里，什川属十二里之一的三角里，清代什字川堡仍属三角里。据道光二十二年(1842年)《金县志》记载，此时三角里(包括什字川堡)已并入金川里。光绪三十三年(1908年)《金县新志稿》记载说，什字川堡中“有古碑一，大书‘新筑戍堡’四字，系明弘治八年立”，可知什字川堡是为防御鞑靼侵扰所筑。民国16年(1927年)，里改为区，什川划入第五区。民国23年(1934年)，改区设乡镇，原属第五区的什川分立为什川乡。民国25年改属金崖镇，为镇下什川乡，下辖1保9甲，直至榆中解放。新中国成立后，什川乡人民政府属金崖区公所，旋为第五区、第六区、金崖区所属什川乡。1958年2月，什川乡划归皋兰县至今有48年历史。当年成立什川人民公社，后随皋兰县撤销(1958年)和恢复(1961年)，先后归白银市、皋兰县管辖。1983年，什川公社改建为什川乡，1984年又改建为什川镇至今。

3. 历史文化遗产：根据清宣统元年(1909年)《兰州府金县地理调查表》记载，此时什川尚存隍庙、魁星阁、关帝庙、家祠等建筑(现均无存)，但未记明代什字川堡尚存否。新编《皋兰县志》也没有记载什川的其他文物古迹。虽其如此，什川镇仍以古树名木和良好的耕作生态著称兰州，具有林业研究和旅游开发价值。古树名木中已知和现存最早的为什川古槐，位于镇之南庄什字街，明代所植，树龄400余年，树径5.2米，树冠覆地数十米，树高约15米。在各类果树中，则以梨树为久远。

(八)七里河区阿干镇

1. 概况：阿干镇位于七里河区东南部，东靠榆中县，南邻榆中县银山乡和临洮县，西与本区魏岭乡相接，北依本区八里镇。面积80.05平方公里，其中城镇面积2.7平方公里；人口34810人，其中城镇人口21914人。阿干镇地处兰州南部山区，南高北低，阿干河自南向北穿镇而过。东西两山隔河相对，山峦起伏，沟壑纵横，海拔最高处3121米。镇辖区城镇为居民区，主要从事煤炭业、商贸业；农村为粮食作物区，主要种植小麦、豆类、马铃薯和少量经济作物。

2. 历史沿革：阿干南山古称阿干阪，“阿干”以傍山面水、山体高峻而得名（另一说“阿干”为鲜卑族人对兄长的称呼)。北宋元丰六年(1083年)在此设阿干堡，以防御西夏。金大定二十二年(1182年)将阿干堡升为阿干县，属兰州。元至元七年(1270年)阿干县撤销。明代为阿干里，属临洮府兰县。明洪武年间(1368年—1398年）阿干煤炭开始有规模开发，粗陶瓷烧制十分普遍，产品远销西北数省，阿干镇因此有“陶瓷古镇”之称。清代阿干为兰州府皋兰县附城西川和南乡之地。清宣统元年，为阿干镇，属皋兰县南乡，并在阿干镇设甘肃矿务总局，管理煤炭开采。民国19年(1930年)为皋兰县第三区，兰州设市后阿干区仍属皋兰。新中国成立初，原属兰州市第八区的阿干一带改设为阿干区，1960年阿干区并人七里河区，从此为七里河区辖地，为阿干人民公社，1961年撤销。1962年设阿干街道办事处管理，以适应大规模的煤炭工业发展，此后再无大的变化。1986年，撤销铁冶乡和阿干街道办事处，合并成立阿干镇至今。

阿干镇地处关隘要冲，丝绸之路中路开通后，从长安到临洮后即沿阿干河谷到兰州渡河去西域。盛唐以来，这条线路成为关中到河西最重要的交通线。明清时在和尚铺一带设塘汛，在摩云关设驿站，称摩云驿。

3. 历史文化遗存：阿干镇历史悠久，但所存历史文化遗存不多。主要有：新石器时代文化遗址——古城坪遗址，位于大煤山西沟北坡台地，属马家窑类型和半山类型。阿干林区的石佛沟曾在清嘉庆年间建有石佛寺(沟因佛寺得名)，同治年间被毁，民国初年重修，“文革”时期再毁。石佛沟有一眼泉，名为七星泉，清道光三年(1823年)在泉旁立碑，楷书“七星泉”，今存。阿干镇与临洮交界处，明代设巡检司，立关卡稽查行旅，故称关山；清代设摩云驿，传递文书，民国时撤销。但相关建筑已无存。

(九)重要街区

1. 张掖路　为市区东西向区干道，西起西关什字东口，东至静宁路什字，全长1275米，是兰州城区最古老的街道之一。1279年元朝建立后，在今省政府设有元兰州州署衙门，推测此时张掖路已形成，距今应有700多年以上。

明建文元年(1399年)，明肃王府由甘州迁兰县，在元兰州州署衙门、明初为兰县县署衙门所在地修建肃王府，王府门前今张掖路通称“大街”。大街西起永宁门(今西关什字)，东至承恩门(今静宁路什字)，已形成兰州城的商业文化街。

清康熙五年(1666年)兰州成为省会后，扩展城区，修建衙署，拓建道路，城内形成棋盘式路网格局。至清乾隆时，今张掖路仍称“大街”，在今陇西路北口与张掖路相交之处建有鼓楼。大街西起镇远门(今西关什字)，东至来煦门(今静宁路什字)。道路北侧从西向东分布着唐代庄严寺、宋代城隍庙、清代藩署、督署、东岳庙、东华观、凝熙观等建筑，南侧有县文庙、贡院等建筑，其他建筑以商铺为多，十分繁华。

清代中后期，沿路建筑密布，商贸昌盛，原明朝肃王府改驻陕甘总督署，路名也有了变化。全路自西向东分为：镇远门至钟鼓楼为西大街(今西关什字至陇西路北口一线)，钟鼓楼至今通渭路南口为侯府宅，通渭路南口至辕门(今省政府)为西栅子，辕门至箭道巷南口为东栅子，箭道巷南口至来熙门为东大街。路宽8米，铺装石板。西大街、侯府宅、西栅子、东栅子、东大街一线成为兰州最繁华的街道之一。

民国时期，因石板在长期碾压中磨损不堪，曾先后三次铺装为碎石路面，路基拓宽至16米，车道宽9米，拆除西门(镇远门)瓮城，至民国31年(1942年)全路统一更名为中华路。原陕甘总督署驻地改为民国甘肃省政府。中华路仍是兰州城主要的商贸繁华街和文化集中的街区。

新中国成立后，拆除钟鼓楼，打开东西城墙，重新铺筑道路，埋设雨水管道，至1958年更名张掖路至今。由于街道两侧建筑密布，拆迁量大，始终未能按规划宽度拓开。原民国甘肃省政府驻地改驻甘肃省人民政府。张掖路至今仍是兰州最繁华的商业街区，全路保留古迹仅剩陕甘总督署大门、兰州府城隍庙建筑群、基督教堂(后彻底改建)等。

2. 武都路　西起中山路，东至金昌路，全长2012米。其中中山路至静宁路一段长1317米，为历史街区；静宁路至金昌路一段695米，为1994年至1995年新拓建道路。以下介绍不含新拓展的一段。

明洪武十年(1377年)，在元代兰州城的基础上扩筑城郭内城后，今武都路即为明兰州城内城的东西向主干道，因此，这条道路的形成有600多年以上的历史。

明肃王府迁兰后，原设在元兰州署衙的兰县署衙搬迁至今武都路，这条道路因此一直被称为县门街。至清康熙、乾隆时期，成为设官署衙门最多的道路，自西向东路两侧设有兰泉驿、县署、中营署、城守营、臬府、中营都司署、府署、道署、左营署、石营署、兰厅署、贡院等，还建有火神庙、县文庙、元府文庙、唐普照寺等，另有不少商铺。路名仍称县门街，是当时比较繁华的政治、商业街区。

清代中晚期，部门设置增多，商贸更趋繁华，路名也有变化。自西向东，西城巷至永昌路一段称百字楼，永昌路至陇西路称县门街，陇西路至酒泉路称部门街，酒泉路至贡元巷称学院街，均因官署所在而得名。

民国31年(1942年)，此条道路统一称为崇信路，皋兰县政府、兰州市政府、皋兰地方法院、兰州地方法院、国民党甘肃省党部驻此路西段北侧。兰州市政府拓修为路基宽12米、车道宽7米，铺筑砂石路面的道路，东延至今静宁路，西破城墙与左公路相接，路面下设排水暗沟或渗水井，面貌一新，促进了商贸、文化的繁荣。

新中国成立后，因东段建有中苏友好馆，1954年遂更名友好路，1957年铺筑沥青路面。1958年定名为武都路，以后路面又有多次改造。1994年拓建静宁路至金昌路段，路宽22米。2005年拓宽中山路至静宁路段。全路现存古迹仅剩府文庙大成殿、普照寺门厅等。静宁路至中山路一段现仍为市中心重要商业街区。

3. 庆阳路　　这段路西起南北向的中山路，东至广场东口，其中南关什字至广场东口为原庆阳路，南北向中山路至南关什字原为东西向中山路，2001年两路合并统称为庆阳路，全长1994米。

根据史籍对宋元兰州城规模的零星记载，今庆阳路元代时仍为南城外道路。明代筑兰州内城后，今庆阳路成为内城外干道，东联陕甘驿道，西接甘新驿道。后扩建外城后，今庆阳路处内外城之内，商贸开始繁荣，东起迎恩门(今广场西口一带)，经通远门(今小稍门一带)至崇文门(今南关什字一带)为东关，崇文门以西称南关。因此庆阳路的形成也有600年以上的历史。

清代的今庆阳路更加繁华，今静宁路口至永昌路口一带已是商铺林立。到晚清时，兰州机器制呢局、甘肃文高等学堂、陆军学堂先后建于庆阳路东段毗邻的畅家巷一带，天主堂医院也设于此。全路名称也有变化，自西向东，今中山路至南关什字一带到静宁路称为南关街，静宁路至广场西口一带称为东关上街、东关下街，成为出内城皋兰门后，最繁华街道和居民聚住区。

民国时期多次整修庆阳路，拓宽路面，铺筑砂石，至民国25年(1936年)分段称为南关正街(今中山路至南关什字)、东关正街(今南关什字至颜家巷口)、福寿街(今颜家巷口以东)。民国31年(1942年)东关正街、福寿街改为益民路；南关正街改为中山路。

新中国成立以后，庆阳路经多次改修、拓建，路名也有变化。1949年10月命名为和平路，1958年改为庆阳路，后又将南关什字以西改为中山路，2001年全路统一为庆阳路。为把庆阳路改造成为现代化的金融商贸一条街，1995年至1996年进行了史无前例的大规模拓建。拓建中，东段明代外城墙彻底被毁无存，沿街名人故居（如明兵部尚书彭泽故宅)和不少传统民居全部拆毁。中段广福寺(明代所建)残留建筑已无存。全路现存古迹仅剩白衣寺塔、市博物馆门厅(铁柱宫享殿迁建)。建于1974年，当时称甘宁青新四省区最大的百货大楼——南关什字百货大楼也于2004年拆除。

4. 酒泉路　　北起中央广场，南接白银路，全长1466米，为旧城老街，至迟至元代形成，至今有700多年的历史，一直是兰州商贸最繁华街区。明代修筑内城后，自肃府辕门南至崇文门形成南北向内城主干道，后扩筑外城，此路南向延伸至拱兰门(今酒泉南路与甘南路相交处一带)。

清代，兰州内城、外城路网密布，道路布局完备，今酒泉路又是南去名胜五泉山的要道，商业十分繁华，路名分段相称。自北向南，张掖路(院门、或辕门)至武都路称绸铺街，武都路至庆阳路(皋兰门)为南大街，南关什字至井儿街西口(金花庙)为福禄街，井儿街西口至甘南路(拱兰门)为孝友街。路面为石板铺筑。到清末时，由北向南有内城的绸铺街、南大街至内城南门(皋兰门)；外城的孝友街至外城南门(拱兰门)。这条大街发展成为兰州最繁华的街道之一。此时全路破碎石板，铺为碎石路面，修建排水沟。

民国15年(1926年)，挖除旧碎石路面，改铺为浆结碎石路面，因质量问题，仅过了10年就进行了翻修。民国30年(1941年)兰州市政府成立后，把北起省政府、南至五泉山的道路拓宽、加长列为重点改建计划，称为府泉线。当年10月开工，年底完工。拓建中保留了内城南门(皋兰门)城楼和城门。民国31年(1942年)，全路统一名称为中正路，外城南门(拱兰门)随之改为中正门。后在路面铺厚石子底，上敷厚细砂，人行道补砌青砖。

新中国成立之初的1949年10月，全路更名为人民路，后又铺筑沥青路面，安装人行道板，至1958年更名为酒泉路至今。1995年至1996年拓建南关什字至光华宾馆，1998年拓建光华宾馆至白银路，再南接五泉路。2005年拓建省政府至南关什字一段，酒泉路全线拓开，成为现代化商贸街。

酒泉路为历史古街，民国时期尚存兰州传统的民居建筑、文教建筑、宗教建筑和商铺建筑及明清两座关城门楼建筑(皋兰门和拱兰门)。现仅存南关清真寺(已改建，原貌无存)、八路军驻兰办事处旧址等。其他均已拆除或改建。其中皋兰门城楼于1952年10月6日，被混入解放军某部的张贵钰纵火烧毁，成为闻名全国的"'万里金汤'

事件”。这使当时以皋兰门城楼为主体，建设大型广场和环行道路的规划彻底落空。

5. 中山路　　北起中山铁桥接南滨河东路，南至白银路(原为北起中山铁桥至胜利宾馆东折至南关什字，全长1675 米)。2001 年，南关什字至胜利宾馆一段的东西向中山路并入庆阳路，胜利宾馆往北的安定门外路并入中山路。因此南北向中山路总长超过 500 米，其中原安定门外路 207 米。中山路为市区南北向主干道，是隋、唐、宋、元城西外(推测)和明清的内城西门外道路，至今应有千年以上历史，为兰州最古老的街道之一。

隋唐宋元各代西城门外，大致为今中山路，但当时道路情况史无确考，如依金城关的设置和渡河北、西而去应经之地考虑，应已形成道路。

明代修筑内外城郭后，今中山路当时北起天水门(门北为镇远浮桥、后为中山铁桥)，南至今市交通局一带(明代内城西南角外)，再北向永康门(今安定门外至白银路)，为内城西门外(明代永宁门)的南北向大道，当时为商旅要道，过镇远浮桥北去宁绥驿道，西去河湟、河西驿道，必经此路。明代阿干煤矿已经开采，城内所用煤炭取自阿干，经袖川门入西城门外至此路屯集，贩卖。同时还贩卖供官绅人家烧用的木炭。

清代兰州成为省会后，拓展道路，更改关门名称，发展对外交通。至乾隆时，原明代天水门更名桥门，原明代永宁门更名镇远门，原明代永康门更名安定门。于是，自桥门至镇远门为桥门街，自镇远门至安定门为炭市街，可见屯集、贩卖煤炭已成规模，(至 20 世纪 70 年代前，路西侧仍有大型售煤厂)。至民国 36 年，此种道路布局、街名和特点仍然保留。清代中期以后，桥门更名为通济门，进通济门为桥门街，街南西侧建有清真寺(俗称桥门清真寺)。

民国 12 年至 15 年(1923 年至 1926 年)桥门街、炭市街下铺碎石，上覆黄土。民国 17 年(1928 年)，路北头的镇远铁桥更名中山桥，以纪念中山先生。民国 27 年(1938 年)拓开安定门外路。民国 30 年(1941 年)，为彻底沟通中山路与左公西路(今白银路)，由兰州市政府再次拓筑安定门外路，铺为碎石路面。民国 31 年(1942 年)，为纪念孙中山先生，全路更名为中山路(当时指桥头至安定门以北再折向南关什字一线)，清代的镇远门也改名中山门。可见，当时中山路就不含安定门外路。此后中山路、安定门外路多次翻修、补修。解放后，除拆除中山门以外，路名再无大的更改。

历史上中山路最大的特色在于炭市街，而炭市街的最大特色又在于匠作铺(院)的林立。炭市街在今临夏路东口往南武都路口，习惯上称为下炭市；武都路口往南至今胜利宾馆，习惯上称为上炭市，大概是从南高北低的地势而来的。匠作铺大多集中在下炭市，有木匠铺、铁匠铺、铜匠铺、假银铺、灯笼铺、鞍架铺、皮坊院、染坊院、裁缝铺、油漆匠铺、裱糊匠铺、待诏铺(理发铺)、糖坊、豆腐铺、石匠铺、麻衣铺(杠坊，即今之殡葬服务、抬棺材之类)，另杂碎铺、脏面铺(今之肥肠面馆)、锅盔铺、油店、当铺等众多行业，能满足兰州城各阶层人的各方面生活需要。生产的金属农具、匠具和各种质地的生活用具质量可靠，价格稳定，讲究信誉，很多已成为兰州及周边地区的驰名产品，所以形成自清代至解放初杂货、小吃商货街，十分繁华。另据记载，炭市街心有一棵古老的木榆树，主干得三四人合围，枝干硕大，树冠遮天，市内少见。树在今兰州剧院门前街心，设有神龛、匾额，成为人们祈福的神树，香火常年不断，是为一景。解放后拓建道路时被挖毁。

6. 北滨河路　　北滨河路原规划东起城关黄河大桥(实际已往东延伸)，西至沙井驿黄河大桥(实际要往西延伸)，全长约 35 公里，是市区黄河北岸东西向主干道。本报告介绍的北滨河路，是黄河铁桥北头往东至盐场堡、往西过金城关一带，大致相当于原金城路、靖远路、盐场路一线。其中，黄河铁桥往西越金城关为北滨河中路东段，黄河铁桥往东至城关黄河大桥为北滨河东路西段，两段总长计约 4000 米。以兰州市区道路而言，这段道路形成于千年以前，历史十分悠久。

隋唐时期，丝绸之路经兰州的中线已经开通，今黄河铁桥北头往西去河西、新疆的路线已经形成(包括今金城关一带至桥头)。《隋书·地理志》记载说，“大业初改县为金城，置金城郡，有关官”。其“关官”的职责就是把守黄河北的道路关口。到《新唐书·地理志》就记载更加清楚：五泉县“咸亨二年更名金城，天宝元年复故名，北有金城关。”说明隋唐在兰州城关旧城区建城后，在黄河北设有金城关，以盘查行旅，道路自然已形成。到宋代时，据《宋史·地理志》说：“金城关，绍圣四年进筑，南距兰州约二里。”重视筑关，说明此条道路已十分重要了。到了明代，出天水门，过黄河镇远浮桥，往西上河西驿道，往东上宁夏驿道，本报告所称之北滨河路（原金城路、靖远路、盐场路）已完全形成。

清代北过镇远浮桥往东经靖远路、盐场路为兰宁驿路(兰宁官马大道)的一段，也是兰州通往靖远的运粮大道。但桥头上今靖远路为一个大上坡，坡顶高出今白塔山公园大门数米，然后东下烧盐沟底，再转弯上坡，又下坡至庙滩子，道路十分坎坷。往东经今金城关一段相对平缓。清光绪初年，陕甘总督左宗棠整修甘新驿道，将此段路整修为3.3米宽左右，能并行两驾马车，路况有了较大改善，而金城关雄姿依旧。

民国时期，对后之金城路、靖远路、盐场路屡有修缮改造。民国16年(1927年)，甘肃省政府修汽车路，由皋兰县政府雇民工整修金城路一线道路，以期能通行汽车。民国17年(1928年)，甘肃省政府征派民工整修靖远路为兰包公路一段，但未改变高坡、急弯的坎坷路况。民国25年(1936年)，盐场堡一带商户居民集资整修盐场路一线。民国31年(1942年)，为保证抗日军事物资运输，确保中苏战略运输线路畅通，省政府组织扩建甘新公路，炸毁金城关，拓宽道路为7米。民国32年(1943年)，下决心解决靖远路的坡陡弯急问题，路基高度下降至公园大门相当水平（比现路基仍高3~5米)，路基拓宽至18米，中间为6米汽车道，路面铺筑10厘米厚的碎石，遇河沟筑砖拱石台桥一座，大小涵洞共五座，大小水井七座。这一工程是民国时期兰州城市道路规模最大、最复杂的道路交通工程，其工程效益十分显著。今白塔山公园大门东侧的高台护坡，即是当年工程中下挖路基的见证。民国时期的整修使原马车道路实现初步公路化，黄河北的近代工业也在交通改善中逐步发展起来，金属冶炼煅铸、日用化工、棉毛纺织等企业纷纷兴办。以黄河桥头为界，路名也固定下来，以西通新疆而称甘新公路，以东去靖远所以命名为靖远路。

新中国成立后，此段道路多次分段拓宽、整修和路基、路面改造，到20世纪80年代先后成为黑色碎石路面和沥青路面。全路因金城关、原靖远路、盐场堡三地名而分段命名为金城路、靖远路和盐场路。80年代中，市人民政府决心修建沿黄河的兼具交通、游览、护城的多功能、高标准城市干道——北滨河路。1992年，首先开辟黄河铁桥至城关黄河大桥一段，全长2160米（含城关黄河大桥北桥头环路)。这段路与靖远路部分重叠，与盐场路毫无关系。1997年，续建黄河铁桥至七里河黄河大桥一段，全长6.089公里，至1999年竣工。这段路的东段与金城路重叠。这段路修成后，金城路的路名不复存在。此后，北滨河路东向、西向继续延伸建设，此不赘述。

此段北滨河路的道路形成历史悠久，交通作用独特，战略地位特殊，历史文化遗存非常丰富，是兰州重要的历史文化街区。

三、其他乡、镇、街道

除上述重点介绍的镇、街外，其他不少乡、镇、街道也有相当的历史文化遗存，其乡镇街的形成和得名也有其独特的历史渊源。按照《兰州市申报国家历史文化名城——兰州历史文化遗存文献检索报告》的统一要求，本应列表通示，但又易与其他专项检索报告交叉重复，故不列表，仅作概说如下：

皋兰县石洞镇，境内魏家庄村阳坡社明代建有石空寺，后名石洞寺，镇因其寺得名。

皋兰县水阜乡，境内水阜村旧城子建于明代定火城遗址之上，乡以驻地得名，驻地史自明定火城。

榆中县夏官营镇，境内夏官营村在十六国时期大夏国驻军于此，为夏国营，后讹为夏官营，镇名由此而来。

榆中县金崖镇，境内金家崖村北靠山，三面临崖，初始住户为金姓，村以此得名，镇因村得名。清代、民国，金崖文教兴盛，又是中共在兰最早建立农村组织——金崖党支部的所在，具有光荣革命传统。

榆中县小康营乡，北宋元丰四年为与西夏争战设龛谷寨，后筑为龛谷堡。金代升为龛谷县，后设金州，龛谷县为金州所在地。元代废龛谷县改为金州，今小康营又为金州治所。明代改为金县，后将金县移至今榆中县城关镇。龛谷因境内小龛山而得名。明代永乐年间设兵戍守，称小龛营，后讹为小康营。小康营乡历史悠久，位置重要可窥其斑。

榆中县定远镇，境内早在唐代由名将郭元振率定远军西征至此筑城，此城所在地后为定远村，镇以村得名。

永登县武胜驿镇，明代设有武胜驿站，是中原进入河西的第一驿，战略位置十分重要，镇因此得名。

永登县大同乡，境内明代设南大通堡，清道光时称山中驿，左宗棠改称大通，后形成村庄为大通村。解放后依谐音改为大同村，乡依村名。

红古区窑街街道办事处，原为窑街镇。明代洪武年是就开窑采煤，烧制粗陶，形成街道，故名窑街镇。

红古区海石湾镇，属河湟地区，农业开发较早，并发现地质时期马门溪龙化石，为“兰州龙”的故乡之一。

境内大通河峡谷西出口(享堂峡)两岸崖石发黑，峡道形势弯曲，遂名黑石湾，后讹为海石湾，镇以海石村而名。

西固区西固城街道，以明清城堡西古城而得名。有专家认为西汉武帝时所设金城县即在境内或附近。

西固区新城街道(后改为新城镇)，境内有宋代所筑盖机滩堡，以控制西夏，人称老古城。明成化年间在古城东部又建城堡，防御鞑靼侵扰，人称新城，因此沿用至今。

西固区岗镇，是地名，不是建置镇，属西固区河口乡。位于庄浪河人黄河口的两岸，地势高亢，明代因称沙岗墩，清代称沙金岗，民国时改为岗镇。岗镇地处兰州通往河西、河湟的要津，宋代称喀罗川口之地，地理形势十分重要。当地有肃王世子逃难于此，归属当地张姓以求庇护的传说。抗战时曾在这里设“兰州海关”，向国际运输队中国出口产品办理出关和关税手续，查验货品。北面莲花山建有佛寺。

安宁区安宁堡，明弘治十八年，为防御鞑靼部侵扰而筑堡，取安宁无患之意名为安宁堡，堡城规模宏大，现残留明代长城、安宁堡神庙记碑等，有后人绘制的堡城复原图。境内北部仁寿山，恢复重建古典建筑。安宁堡有“十里桃乡”之称，清《荷车纪行》就有明确记载。每至花开季节，引得市民春游赏花，一年一度的桃花会在全市最具影响。

七里河区西园街道，以明清兰州旧城西面的菜园、果园而得名，为明肃王去莲荡池(西湖)的必经之地。境内有肃王墓、彭泽墓、八蜡庙等古迹及现代园林、雕塑。

城关区东岗镇街道，东岗镇一带秦代设榆中县，并筑城，为兰州建城之始，距今2219年。1942年5月曾设东岗镇，因地势高亢迎河，形似高岗，地处市东而得名，境内现存有新石器时代文化遗存。

四、小结

(一)兰州建置历史悠久，自古以来战略地位十分重要，自秦至元代的1600年间一直是中原汉族与少数民族争夺的重要地区。秦设榆中县，汉设榆中、金城、允吾、枝阳、浩门、允街、媪围、勇士等县及金城郡，是出于中原王朝与匈奴、羌族的争夺。至于魏晋至宋代，城、堡、营、寨、军等的设置，也都出于军防的目的和兵屯的作用。蒙元为强化统治，沿袭州、县设置并作出调整。明清时期，兰州地处腹地，社会长时期安定，经济稳步发展，兰州的政治军事和经济地位不断抬升。这些就是兰州城形成、周围各乡镇发展起来，乡镇与古城呈众星捧月之势的历史背景。文献记载表明，大部分乡镇是自明代开始发展至今的，其中也有不少的乡镇有着更早的历史渊源。但是，真正将一定数量的明清以来地面历史文化遗存保存至今的名镇不少，可举者仅为榆中青城镇、永登连城镇。加强对此二镇历史文化遗存的挖掘、整理、保护和合理开发利用，已显得十分紧迫，而其他各乡镇对现有残存古迹更要想方设法予以维修保护。

(二)兰州古城的建筑可上溯秦(榆中县)汉(金城县)，此二县城的设置和县城的建筑锁定了今兰州市区的东西范围。但真正在今兰州市中心区形成有规模、稳定的古城，则始自明代。因此，兰州市区有历史渊源的重要街区，一般也自明代发展而来，多数具有600年左右的历史。但由于天灾、兵燹、人为破坏等原因，这些古旧街区地面历史文化遗存零星分布，已失去明清风貌。现有北滨河路黄河铁桥东西两边的北侧较多地保留、移建、新建了历史文化遗存或保护性建筑，成为黄河风情线的最大亮点。因此，进一步科学规划、加快建设，使黄河北岸成为兰州历史文化的富集地，同时保护好市区内各历史文化地面遗存，显得十分重要。黄河沿线要建设多个兰州历史文化、地域文化的主题馆、园，更有助于使黄河两岸呈现历史文化与现代文明交相辉映的雄浑壮美景观。

(三)保护、弘扬兰州历史文化，建议继续做足、做大、做好”一线两城四镇”的文章。即黄河风情线的文章，秦榆中县城和汉金城县城的文章，青城镇、什川镇和红城镇、连城镇的文章。黄河风情线的文章正在做，已初显规模和成效。“两城”的文章，建议复原建筑秦榆中县城、汉金城县城，建成后秦榆中县城内设为黄河民俗文化博物馆；汉金城县城内设为丝绸之路博物馆；黄河北岸设置彩陶博物馆；从而丰富以河为带的兰州历史文化内涵。四镇的文章重在规划保护和合理开发利用。

(四)尽快建设兰州明清古城缩微景观园，形象地展示兰州城市的历史文化，市区重要名胜古迹的位置、占地、型制和原貌，成为游览景区之一和回顾历史、弘扬先进文化的形象依托。

2010年兰州市国民经济和社会发展统计公报

兰州市统计局　国家统计局兰州调查队

2010年，面对复杂多变的国际国内宏观经济环境，全市紧紧围绕省委区域发展战略、市委“1355”总体发展思路和“再造兰州”战略，以“抓发展、治污染、拓空间、畅交通、强管理、提效能、保民生、促和谐”为重点，牢牢抓住加快发展这条主线，抢抓机遇、攻坚克难，全力落实各项措施，全市经济保持较快增长，各项社会事业全面进步，为实施“十二五”规划奠定了坚实基础。

一、综合

初步核算，全市实现生产总值1100.39亿元，比上年增长12.8%。其中，第一产业增加值33.79亿元，增长5.01%；第二产业增加值529.18亿元，增长13.72%；第三产业增加值537.42亿元，增长12.39%。三次产业比例为3.07：48.09：48.84。非公有制经济增加值433.4亿元，增长23.1%，占全市GDP的比重为39.4%。

安全生产形势总体稳定。亿元GDP生产安全事故死亡人数为0.27人；道路交通万车死亡人数为6.53人；煤矿百万吨死亡人数5.06人。

图1　2005–2010年兰州市生产总值及增长速度

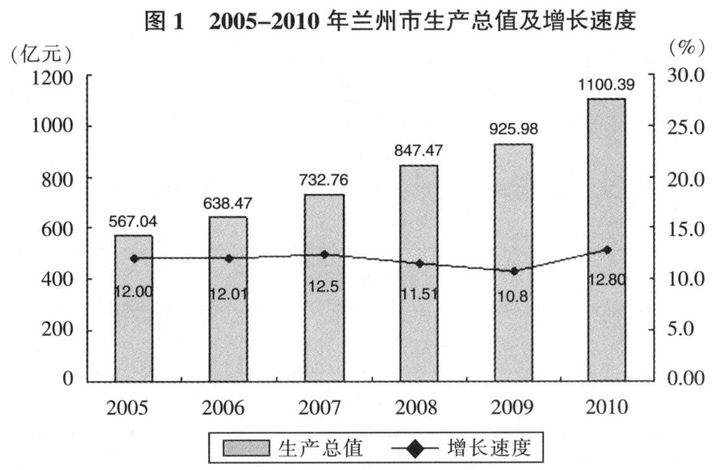

二、农业

全年农作物播种面积320.03万亩，其中粮食作物播种面积　194.94万亩，比上年下降2.29%，双垄全膜覆盖栽

图2　2005–2010年兰州市粮食产量及增长速度

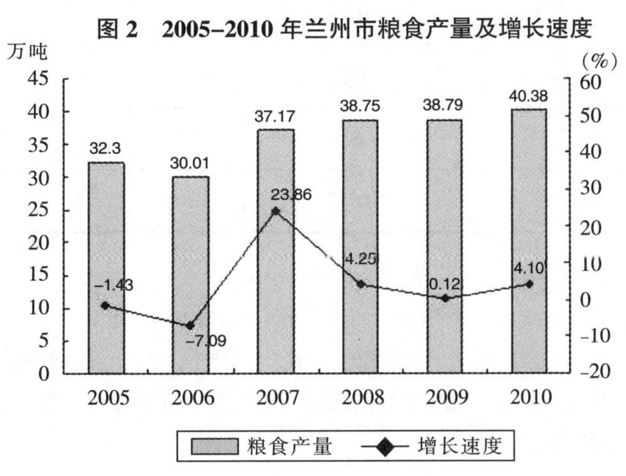

培面积 45.79 万亩。粮食总产量 40.38 万吨，比上年增长 4.10%；其中：夏粮 18.08 万吨，较上年增长 9.39%；秋粮 22.31 万吨，比上年增长 0.18%。蔬菜播种面积 73.17 万亩，增长 2.12%；蔬菜产量 198.07 万吨，增长 6.11%。

年末拥有农业机械总动力 140.54 万千瓦，完成机耕 97.83 千公顷、机播 60.09 千公顷、机收 20.29 千公顷。全市新增有效灌溉面积 0.88 万亩，化肥消耗总量 13.80 万吨。

图 3　2005-2010 年蔬菜产量及增长速度

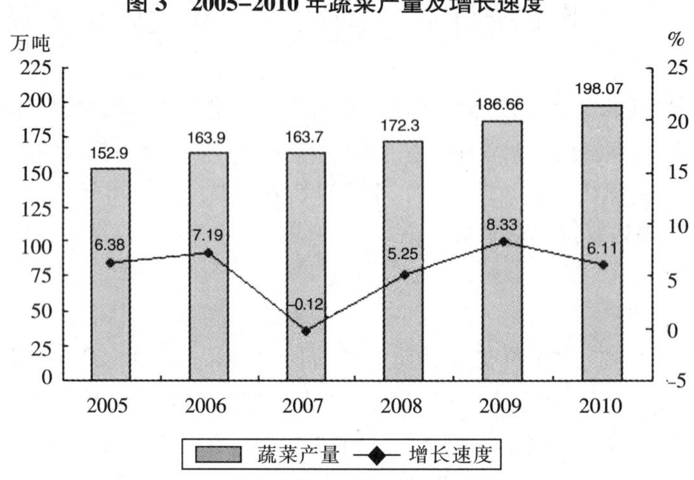

表 1　2010 年主要农产品产量

单位：万吨

产品名称	产　量	比上年增长(%)
粮食	40.38	4.1
蔬菜	198.07	6.11
油料	2.26	13.96
瓜类	12.29	-1.4
肉类	3.13	7.19
#猪肉	2.4	7.21
牛肉	0.06	9.9
羊肉	0.38	9.05
鲜蛋	1.73	7.45
牛奶	6.5	5.51
水产品	0.12	-40.5

三、工业和建筑业

全市实现工业增加值 399.06 亿元，比上年增长 11.82%。其中，规模以上工业增加值 372.67 亿元，增长 12.3%；规模以下工业增加值 26.39 亿元，增长 5.0%。规模以上市属工业实现增加值 97.94 亿元，增长 14.7%。全市工业经济效益综合指数为 227.2%，较上年提高 13.9 个百分点。

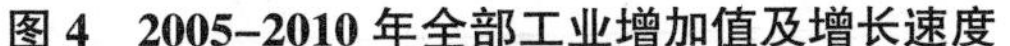

图 4 2005–2010 年全部工业增加值及增长速度

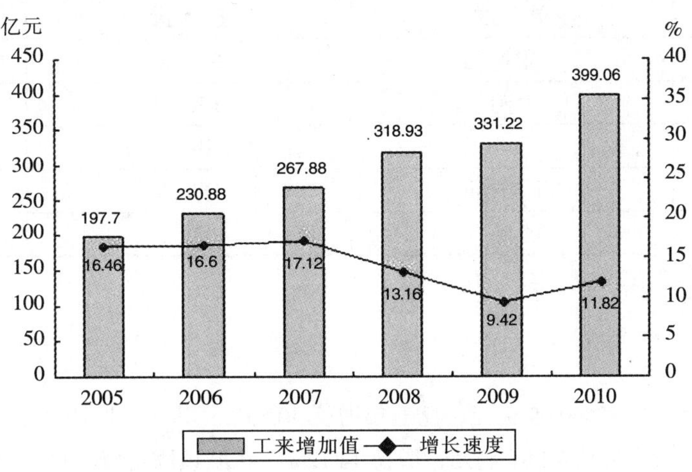

表 2 2010 年规模以上工业增加值

单位：亿元

指 标	2010 年	比上年增长(%)
规模以上工业增加值	372.67	12.3
# 轻工业	76.19	19.4
重工业	296.48	10.5
# 国有经济	70.59	23.9
集体经济	8.91	–5.4
股份合作	0.29	14.6
股份制	268.39	9.7
外商及港澳台	15.79	11.7
其他	8.7	26.8
# 国有控股	293.93	12.4
# 大中型企业	279.91	10.2
# 国有企业	42.2	20.7

表 3 2010 年主要工业产品产量

产品名称	单 位	产 量	比上年增长(%)
啤酒	万升	47015	9.1
卷烟	亿支	239.58	5.8
原煤	万吨	486.03	7.3
原油加工量	万吨	1033.72	–1.1
汽油	万吨	201.7	–14.6
水泥	万吨	548.06	7.7

续表

产品名称	单　位	产　量	比上年增长(%)
平板玻璃	万重量箱	653.89	28.7
钢材	万吨	138.63	-3.9
原铝	万吨	79.72	5.7
发电量	亿千瓦小时	169.27	3
铁合金	万吨	45.55	14.4

全社会建筑业完成增加值 130.12 亿元，比上年增长 21.28%。

四、固定资产投资

全年全社会固定资产投资总额 660.69 亿元，比上年增长 30.52%。其中，城镇固定资产投资完成 591.98 亿元，增长 24.45%；农村固定资产投资完成 22.91 亿元，增长 14.12%。在城镇固定资产投资中，房地产开发投资 118.28 亿元，增长 19.95%。

图 5　2005–2010 年全社会固定资产投资总额及增长速度

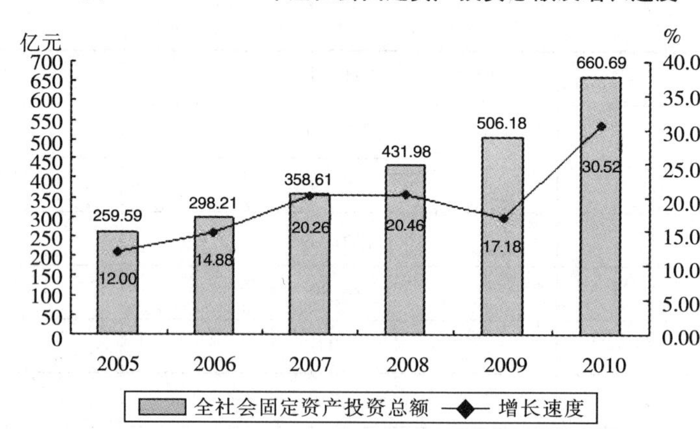

在全社会固定资产投资中，第一产业 5.68 亿元，占 0.86%；第二产业 219.84 亿元，占 33.27%；第三产业 435.17 亿元，占 65.87%。全社会新增固定资产 384.48 亿元，比上年增长 54.55%。

城市基础设施建设步伐加快，城市整体服务功能不断提升，城市管理水平日益强化。一批与人民群众生活密切相关的道路、综合整治、环境治理等工程建设取得重要进展。南山路、庙滩子地区整体改造、西热东输管网等一批重点项目加快推进。

五、国内贸易和物价

全年完成社会消费品零售总额 545.11 亿元,比上年增长 18.51%。

全年居民消费价格总额指数为 103.8%，比上年增长 3.8%。

表 4　2010 年社会消费品零售总额按行业分组

单位：亿元

指　标	2010 年	比上年增长(%)
社会消费品零售总额	545.11	18.51
# 批发业	39.67	23.06
零售业	417.14	18.74
住宿业	4.02	16.82
餐饮业	84.28	15.5

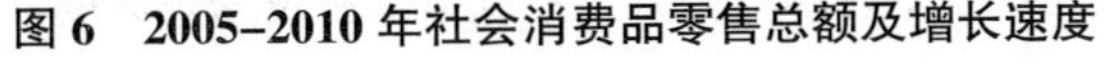

图 6　2005-2010 年社会消费品零售总额及增长速度

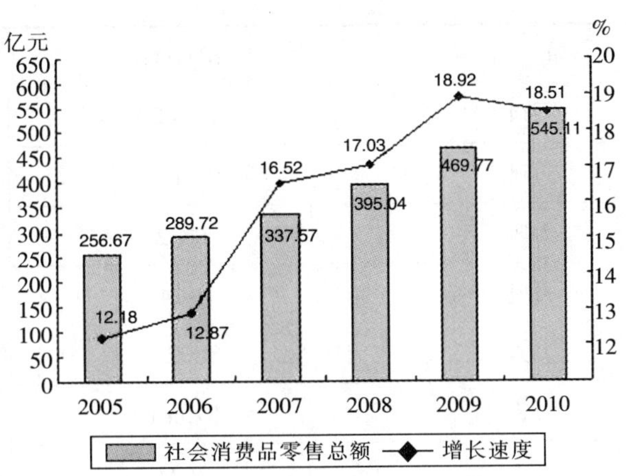

六、对外经济和旅游

表 5　2010 年居民消费价格比上年上涨（%）

指　标	2010 年
居民消费价格总指数	3.8
# 服务项目价格指数	1.1
# 食品	9.7
烟酒及用品	5.8
衣着	-1.7
家庭设备用品及维修服务	-0.9
医疗保健和个人用品	3.8
交通和通讯	-1.5
娱乐教育文化用品及服务	-0.5
居住	3.3

外贸进出口总额 10.6 亿美元，比上年增长 117.2%。其中，出口 8.7 亿美元，比上年增长 184.3%；进口 1.9 亿美元，比上年增长 4.4%。成功举办了第十六届兰洽会，全年签约各类国内合同项目 269 项，引进资金到位 235.8 亿元。

全年接待国内旅游人数 887.5 万人次，比上年增长 26.8%；入境旅游人数 3.1 万人次，比上年增长 33.8%。国内旅游收入 62.8 亿元，比上年增长 69.7%。

七、交通和邮电

交通运输业稳步发展，交通基础设施进一步完善。

全年完成电信业务总量 34.35 亿元，邮政业务总量 1.70 亿元。全市拥有固定电话机 104.66 万部，其中公用电

表 6　2010 年各种运输方式完成运输量及增长速度

指　标	单　位	2010 年	比上年增长(%)
货运量	万吨	8054.29	9.46
铁路	万吨	1221.15	1.57
公路	万吨	6832	11
民航	万吨	1.14	9.62
客运量	万人	3802.3	12.73
铁路	万人	975.81	11.62
公路	万人	2627	12
民航	万人	199.49	30.72

话 16.37 万部(含智能网专用接入终端公用电话)。移动用户达 349.25 万户，GSM 数字移动通信交换机总容量达 450 万门，CDMA 数字移动通信交换机容量达 240 万门。计算机互联网用户达 50.04 万户。

八、财政、金融和保险业

全年地区性财政总收入 304.13 亿元，比上年增长 19.36%；一般预算收入 72.76 亿元，增长 27.56%。一般预算支出 146.93 亿元，增长 22.61%。

年末金融机构各项存款余额 3235.84 亿元，比上年增长 23.45%。各项贷款余额 2359.28 亿元，比上年增长 17.54%。城乡居民储蓄存款余额 1295.95 亿元，比上年增长 18.90%。

全年承保总额达 12335.43 亿元，比上年增长 82.56%；保险业务收入 58.12 亿元，增长 24.40%；支付已决赔款 11.12 亿元，下降 8.2%。

九、城市建设

城区污水“全收集、全处理”工程有序推进，2010 年铺设配套管网 125 公里，西固、盐场、雁儿湾 3 座污水处理厂抓紧建设。人居环境得到较大改善，生态环境建设、大气污染综合整治和黄河水污染治理进一步加强，城区空气质量稳步好转，全年城区空气质量优良天数达到 223 天，水环境质量保持稳定，危险废物监管得到加强，城区声环境得到改善。

十、教育、文化体育和卫生

各类学校在校学生 91.8 万人。其中，高等学校 35.6 万人，中等专业学校 8.8 万人，普通中学 19.9 万人，小学 21.8 万人。各级各类教育事业全面发展,义务教育整体水平稳步提高。学龄儿童入学率达 100%，普通初中升学率 90%。近郊四区高中阶段教育入学率达 97.75%。

全市拥有图书馆 9 个，文化馆 10 个。举办了 2010 新年音乐会、第八届春节文化庙会、首届“舞台精品奉献社会”新年演出月活动，举办了《大梦敦煌》创演 10 周年研讨活动、第三届兰州农民艺术节暨第九届黄河风情文化周活动、“爱国歌曲大家唱”群众周末红歌会活动、第六届兰州读书节、上海世博会“兰州文化周”。成功策划举办了中国象棋全国名宿精英邀请赛、第二届羊皮筏子黄河漂流活动、2010 年中国·兰州国际太极拳交流大会等体育活动。

全市拥有各级各类医疗卫生机构 1552 个，设置床位 25479 张，拥有卫生技术人员 24348 人，每千人拥有卫生技术人员 7.3 人。

十一、人口与人民生活

全市户籍总人口 323.54 万人，其中，市区人口 210.36 万人。户籍总人口中非农业人口 202.92 万人，比上年增加 0.15 万人；农业人口 120.62 万人，比上年减少 0.2 万人。

全年新增城镇就业人员 5.67 万人，城镇登记失业率为 3.12%。完成了城乡低保和农村五保提标工作。保险覆盖面不断扩大。全市参加养老保险的单位 4826 户，参保职工 32.4 万人；参加失业保险的企事业单位达到 4486 户，参保职工 57.31 万人；参加医疗保险人数为 78.68 万人。

全年城镇居民人均可支配收入 14061.84 元,比上年增长 10.20%，其中工资性收入 9623.8 元，增长 7.02%。人均消费性支出 10930.39 元，增长 13.23%。城镇居民家庭恩格尔系数为 38.83%。农村居民人均纯收入 4587 元，比上年增长 14.6%，其中工资性收入 2226 元，增长 14.30%。人均生活消费支出 3256 元，增长 12.25%。农村居民家庭恩格尔系数为 38.42%。

图 7　2005–2010 年城镇居民人均可支配入及增长速度

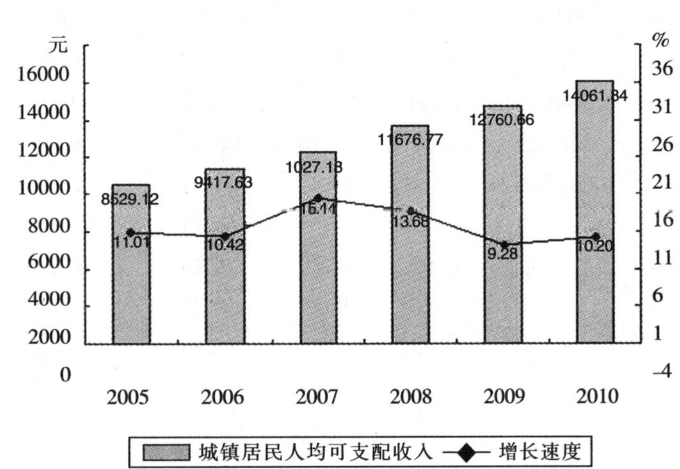

图 8　2005–2010 年农村居民人均纯收入及增长速度

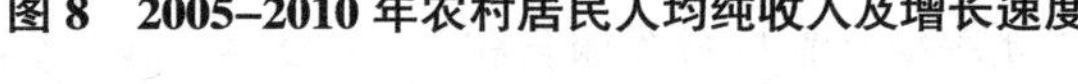

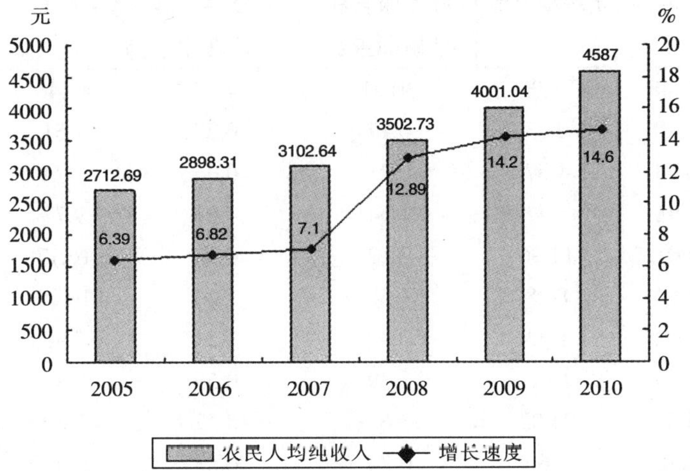

注：1. 统计范围为兰州行政辖区内全部社会经济活动。

2. 生产总值(GDP)、各产业增加值按现行价格计算，增长速度按可比价格计算。

甘肃省市州主要指标对比

地区生产总值(2010年)

单位：亿元

	地区生产总值	第一产业	第二产业	工业	建筑业	第三产业	#交通运输、仓储及邮政业	#信息传输、计算机服务和软件业	#批发和零售业
兰州市	1 100.39	33.79	529.18	399.06	130.12	537.42	71.53	19.50	108.40
嘉峪关市	184.32	2.46	147.76	143.44	4.32	34.10	8.19	3.43	8.64
金昌市	210.51	11.18	166.91	152.36	14.55	32.43	3.37	1.23	5.61
白银市	311.18	37.64	171.12	144.09	27.03	102.42	19.40	6.17	19.75
天水市	300.22	60.18	113.27	80.12	33.15	126.77	22.72	7.58	23.78
武威市	228.77	60.45	91.54	60.47	31.06	76.78	17.51	2.11	11.76
张掖市	212.71	62.33	75.40	55.40	19.98	74.97	12.55	4.20	13.80
平凉市	231.89	50.59	108.79	88.42	20.37	72.51	8.90	6.48	6.97
酒泉市	405.03	54.19	210.21	173.03	37.18	140.63	22.20	5.49	27.61
庆阳市	357.61	51.02	214.86	193.48	21.37	91.74	9.10	6.84	12.04
定西市	156.02	47.72	39.17	24.59	14.58	69.13	10.85	3.23	7.89
陇南市	169.42	44.55	48.51	33.62	14.89	76.36	10.35	3.35	7.31
临夏州	106.38	24.06	31.55	21.70	9.85	50.77	3.14	3.36	5.01
甘南州	67.69	15.89	16.04	14.45	1.59	35.76	2.66	0.79	3.11

续表

	#住宿和餐饮业	#金融业	#房地产业	#科学研究、技术服务和地质勘查业	#水利、环境和公共设施管理业	#教育	#卫生、社会保障和社会福利业	人均生产总值(元)
兰州市	28.63	42.48	35.09	30.21	4.90	45.48	15.41	30672
嘉峪关市	0.85	2.80	2.23	0.17	0.27	1.51	0.85	85214
金昌市	1.84	4.03	1.87	0.21	0.33	2.74	1.36	45374
白银市	5.30	6.41	5.42	1.54	1.08	9.77	8.30	17956
天水市	5.41	4.01	11.96	3.12	0.90	16.17	4.86	9202
武威市	1.87	1.94	8.28	1.58	1.60	10.05	3.95	12250
张掖市	3.06	4.02	5.33	0.99	1.54	7.92	3.23	17093
平凉市	2.79	7.19	6.85	2.39	0.59	8.52	3.54	11202
酒泉市	8.56	8.73	21.02	3.67	5.12	7.89	10.52	38305
庆阳市	8.84	4.70	5.66	0.74	0.83	13.63	2.86	15095
定西市	3.13	2.95	6.71	1.90	0.42	13.81	6.95	5530
陇南市	3.36	5.75	5.01	0.98	0.36	9.59	4.95	6020
临夏州	3.00	2.65	4.40	0.81	0.65	7.11	2.08	5441
甘南州	2.08	2.35	1.41	0.50	0.24	5.14	1.81	9876

地区生产总值指数(2010年)

(上年=100)

	地区生产总值	第一产业	第二产业	工业	建筑业	第三产业	#交通运输、仓储及邮政业	#批发和零售业	人均生产总值
兰州市	112.8	105.0	113.7	111.8	121.3	112.4	107.8	114.9	111.3
嘉峪关市	117.5	107.1	120.8	121.2	107.4	105.9	107.0	108.9	110.0
金昌市	111.3	104.8	112.1	112.3	110.5	108.4	108.4	105.1	111.1
白银市	113.9	106.0	117.7	118.6	112.0	111.1	108.5	109.8	115.3
天水市	111.5	107.5	113.8	113.0	115.5	111.0	105.7	113.9	111.5
武威市	113.5	106.1	119.1	119.7	118.0	113.8	110.3	122.8	121.7
张掖市	111.5	106.0	116.5	119.1	107.9	110.8	107.9	108.4	115.2
平凉市	114.5	107.1	119.7	120.2	117.2	112.8	110.3	103.2	114.4
酒泉市	117.5	105.3	125.1	128.5	108.3	112.9	108.3	105.6	113.2
庆阳市	115.8	106.3	120.7	121.5	115.9	109.4	105.9	111.4	123.4
定西市	110.5	105.8	113.5	114.0	112.7	112.1	110.4	109.0	116.1
陇南市	111.8	104.1	119.6	121.1	116.4	112.0	117.7	115.7	118.1
临夏州	111.0	106.3	111.6	112.7	108.9	112.8	108.5	109.4	110.0
甘南州	113.2	107.4	120.8	118.9	139.2	112.7	111.7	105.3	112.4

各地区生产总值构成(2010年)

单位：%

	地区生产总值	第一产业	第二产业	工业	建筑业	第三产业	#交通运输、仓储及邮政业	#批发和零售业
兰州市	100.00	3.07	48.09	36.27	11.82	48.84	6.50	9.85
嘉峪关市	100.00	1.33	80.16	77.82	2.34	18.50	4.44	4.69
金昌市	100.00	5.31	79.29	72.38	6.91	15.41	1.60	2.66
白银市	100.00	12.10	54.99	46.30	8.69	32.91	6.23	6.35
天水市	100.00	20.05	37.73	26.69	11.04	42.23	7.57	7.92
武威市	100.00	26.42	40.01	26.43	13.58	33.56	7.65	5.14
张掖市	100.00	29.30	35.45	26.04	9.39	35.25	5.90	6.49
平凉市	100.00	21.81	46.92	38.14	8.78	31.27	3.84	3.01
酒泉市	100.00	13.38	51.90	42.72	9.18	34.72	5.48	6.82
庆阳市	100.00	14.27	60.08	54.10	5.98	25.65	2.54	3.37
定西市	100.00	30.59	25.11	15.76	9.34	44.31	6.95	5.06
陇南市	100.00	26.30	28.63	19.84	8.79	45.07	6.11	4.31
临夏州	100.00	22.62	29.66	20.40	9.26	47.73	2.95	4.71
甘南州	100.00	23.47	23.70	21.35	2.35	52.83	3.93	4.59

工业、投资、消费主要指标

单位：亿元、%

	规模以上工业增加值		全社会固定资产投资总额		社会消费品零售总额	
	2010年	增长	2010年	增长	2010年	增长
兰州市	372.67	12.3	660.69	30.5	545.11	18.5
嘉峪关市	142.72	22.0	49.58	22.6	24.01	17.4
金昌市	150.11	12.3	107.78	20.9	37.00	15.2
白银市	128.31	22.3	189.11	31.7	85.97	19.3
天水市	54.82	16.2	245.56	39.2	125.55	19.6
武威市	51.01	21.6	189.17	49.0	75.36	17.6
张掖市	45.40	23.0	126.50	32.9	67.70	18.6
平凉市	71.12	22.1	266.00	36.6	87.98	18.7
酒泉市	140.40	29.5	438.60	46.1	87.59	19.5
庆阳市	182.37	22.1	488.02	38.0	93.47	19.6
定西市	12.96	17.7	193.98	54.4	53.32	17.4
陇南市	25.27	21.6	246.20	22.5	41.20	17.5
临夏州	15.24	19.4	100.85	31.9	33.58	17.9
甘南州	9.95	9.7	90.51	45.2	19.65	18.0

财政收入、城乡人民收入

单位：亿元、元%

	一般预算收入		城镇居民人均可支配收入		农民人均纯收入	
	2010年	增长	2010年	增长	2010年	增长
兰州市	72.76	27.6	14062	10.2	4587	14.6
嘉峪关市	8.86	14.9	16741	10.7	7865	13.1
金昌市	10.22	10.7	17679	8.4	5953	9.4
白银市	11.84	19.3	14213	8.2	3386	13.5
天水市	14.39	26.6	11507	15.9	2825	17.5
武威市	6.43	32.7	11551	10.6	4551	14.6
张掖市	7.58	20.1	10855	6.9	5575	11.7
平凉市	13.02	36.7	11766	10.2	3136	15.5
酒泉市	16.68	38.4	15104	10.2	7234	12.9
庆阳市	30.02	32.6	12453	11.9	3154	17.4
定西市	7.25	43.7	10790	9.5	2702	13.5
陇南市	9.33	17.5	10623	12.1	2299	0.7
临夏州	5.55	37.8	8260	13.3	2375	13.7
甘南州	3.83	27.4	10374	17.3	2689	16.9